“101 计划”核心教材
计算机领域

计算机科学导论

——计算思维程序实践

主　编　战德臣

副主编　聂兰顺　李骏扬　王立松　蔡宇辉

李　戈　李　雪　张丽杰

中国教育出版传媒集团

高等教育出版社·北京

内容提要

本书是教育部计算机领域本科教育教学改革试点工作（“101 计划”）核心课程“计算概论（计算机科学导论）”之配套教材，也是面向所有大学生的第一门计算机课程的配套教材，由哈尔滨工业大学牵头，东南大学、南京航空航天大学、湖南大学、北京大学等五所高校的优秀教师组成的课程建设组编写。

大学生的第一门计算机类专业核心课程，应是计算机类专业的一门纲领性课程，也是所有专业学生必修的计算思维教育课程，旨在培养学生的科学与工程思维——计算思维，为学生今后深入学习设计、构造和应用各种计算系统求解学科问题奠定思维基础。关于如何培养计算思维，本书试图通过进阶化的程序实践项目，为读者提供可研读、可体验、可实践的实现计算思维的程序，使其能够构建关于计算系统 / 工具的思维体系，是通过程序实践培养计算思维的一种新探索。

本书由 16 章内容构成：第 1 章介绍计算思维教育教学内容体系以及进阶化程序实践项目的总体设计方法；第 2 章简要介绍程序设计语言 Python 及其编程实践环境；第 3~16 章，每章介绍一个程序实践项目，包括项目涉及的典型计算思维、项目总体设计方案、编程任务分解及其说明、关键编程任务的源代码等。本书的实践项目包括函数曲线绘制、曲线拟合、扫雷、CPU 仿真、文件存储仿真、分形图案绘制、二十四点计算、数独、旅行商问题求解、五子棋、网络构建、网络数据传输、应用数据库、神经网络建模与训练。本教材中所有项目的编程任务源代码以开源的形式供读者索取和研究。

本书可作为不同类型高校计算机类专业第一门计算机教育课程的教材，也可作为各层次高校所有专业学生第一门计算机教育课程的教材。对于各类计算机教育工作者、从事计算机各领域工作的人员，本书也是一本极具价值的参考书。

计算机科学导论

——计算思维程序实践

1 计算机访问https://abooks.hep.com.cn/1266243 或手机微信扫描下方二维码进入新形态教材网。

2 注册并登录后，计算机端进入“个人中心”，点击“绑定防伪码”，输入图书封底防伪码（20位密码，刮开涂层可见），完成课程绑定；或手机端点击“扫码”按钮，使用“扫码绑图书”功能，完成课程绑定。

3 在“个人中心”→“我的学习”或“我的图书”中选择本书，开始学习。

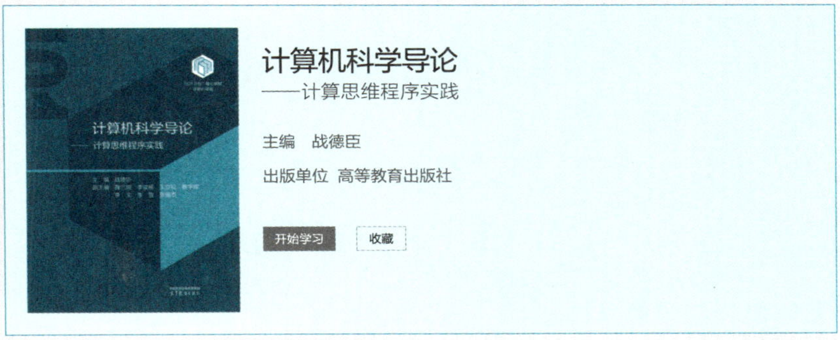

受硬件限制，部分内容可能无法在手机端显示，请按照提示通过计算机访问学习。如有使用问题，请直接在页面点击答疑图标进行咨询。

扫描二维码
访问新形态教材网
小程序

https://abooks.hep.com.cn/1266243

出版说明

为深入实施新时代人才强国战略，加快建设世界重要人才中心和创新高地，教育部在 2021 年底正式启动实施计算机领域本科教育教学改革试点工作（简称“101 计划”）。“101 计划”以计算机类专业教育教学改革为突破口与试验区，从教育教学的基本规律和基础要素着手，充分借鉴国际先进资源和经验，首批改革试点工作以 33 所计算机类基础学科拔尖学生培养基地建设高校为主，探索建立核心课程体系和核心教材体系，提高课堂教学质量和水平，引领高校人才培养质量的整体提升。

核心教材体系建设是“101 计划”的重要组成部分。“101 计划”系列教材基于核心课程体系的建设成果，以计算概论（计算机科学导论）、数据结构、算法设计与分析、离散数学、计算机系统导论、操作系统、计算机组成与系统结构、编译原理、计算机网络、数据库系统、软件工程、人工智能引论等 12 门核心课程的知识体系为基础，充分调研国际先进课程和教材建设经验，汇聚国内具有丰富教学经验与学术水平的教师，成立本土化“核心课程建设及教材写作团队”，由 12 门核心课程负责人牵头，组织教材调研、确定教材编写方向以及把关教材内容。工作组成员高校教师协同分工，一体化建设教材内容、课程教学资源和实践教学内容，打造一批具有“中国特色、世界一流、101 风格”的精品教材。

在教材内容上，“101 计划”系列教材确立了如下的建设思路和特色：坚持思政元素的多元性，积极贯彻《习近平新时代中国特色社会主义思想进课程教材指南》，落实立德树人根本任务；坚持知识体系的系统性，构建核心课程的知识图谱，系统规划教学内容；坚持融合出版的创新性，规划“新形态教材＋网络资源＋实践平台＋案例库”等多种出版形态；坚持能力提升的导向性，借助“虚拟教研室”组织形式、“导教班”培训方式等多渠道开展师资培训，提升课堂教学水平，提高学生综合能力；坚持产学协同的实践性，遴选一批领军企业参与，为教材的实践环节及平台建设提供技术支持。总体而言，“101 计划”系列教材将探索适应专业知识快速更新的融合教材，在体现爱国精神、科学精神和创新精神的同时，推进教学理念、教学内容和教学手段方面的有效提升，为构建高质量教材体系提供建设经验。

本系列教材在教育部高等教育司的精心指导下，由高等教育出版社牵头，联合机械工业出版社、清华大学出版社、北京大学出版社等共同完成系列教材出版任务。“101 计划”工作组从项目启动实施至今，联合参与高校、教材编写组、参与出版社，经过多次协调研讨，确定了教材出版规划和出版方案。同时，为保障教材质量，工作组邀请 23 所高校的 33 位院士和资深专家完成了规划教材的编写方案评审工作，并由 21 位院士、专家组成了教材主审专家组，对每本教材的撰写质量进行把关。

感谢“101 计划”工作组 33 所成员高校的大力支持，感谢教育部高等教育司的悉心指导，感谢北京大学郝平书记、龚旗煌校长和学校教师教学发展中心、教务部等相关部门对“101 计划”从酝酿、启动到建设全过程给予的悉心指导和大力支持。感谢各参与出版社在教材申报、立项、评审、撰写、试用等出版环节的大力投入与支持，也特别感谢 12 位课程建设负责人和各位教材编写教师的辛勤付出。

“101 计划”是一个起点，其目标是探索适合中国本科教育教学的新理念、新体系和新方法。“101 计划”系列教材将作为计算机类专业 12 门核心课程建设的一个里程碑，与“101 计划”建设中的课程体系、知识点教案、课堂提升、师资培训等环节相辅相成，有力推动我国计算机领域本科教育教学改革，全面促进课堂教学效果的进一步提升。

“101 计划”工作组

序 I

随着数字化、网络化、智能化浪潮的螺旋更迭，计算思维的内涵不断丰富、边界不断拓展、体系日益复杂。具有良好计算思维的大学生，不仅需要在快速变化的信息时代理解不断产生的新现象、新概念，勇敢驾驭不断涌现的机遇，更需要推动各行各业科技创新，成为新质生产力发展需要的宝贵人才。

自计算机诞生以来，计算思维大致呈现经典计算思维、网络计算思维、智能计算思维等有机衔接的思维体系。经典计算思维发端于 20 世纪 30—40 年代，以图灵机模型和冯·诺依曼体系结构的提出为起点，涵盖过程思维、递归思维、算法思维、建模思维、系统思维等，旨在用计算机解决能够“说清楚”的问题。网络计算思维兴起于 20 世纪 90 年代，计算机网络的大规模应用使其快速发展，强调连接思维、网络思维、标准思维、迭代思维、开源思维、松耦合思维、大数据思维、演化思维、生态思维等，其“成长式构造、适应性演化”的机理有力推动了大量网络化应用的成功实施，帮助人们构建可持续发展的生态系统。智能计算思维在构造人机物混合增强系统的过程中形成，强调机器智能与人类智能的相互作用，其将开发者和用户纳入智能系统设计，强调人在回路中的重要“计算”作用，包括机器学习思维、复杂性思维、涌现思维等，探索理解“说不清楚”的问题。

当今的计算思维是人机物融合过程中形成的行之有效的思维方式的统称，不仅涉及计算机科学与技术学科的大量专业课程，也涉及“计算 +”和“+ 计算”、“网络 +”和“+ 网络”、“智能 +”和“+ 智能”等众多交叉技术和交叉应用方向，对其理解和运用往往要结合具体真实案例，对学生既往的见识和经验要求较高，属于教学难度很大的课程，其教学工作自然面临诸多挑战。第一，在教学内容层面，要求为学生构建一个“既见森林、又见树木”的教学体系，在抽象的思维方式和具象的复杂应用之间搭建一个个“桥梁”，这些“桥梁”是能够让学生产生共鸣的实践项目，并最终内化为学生自身知识体系中的锚点。第二，在课程实验层面，提供给学生的实践项目是“可运行”的，且尽可能是真实的软硬件系统，学生能够对其进行修改、运行和创新，甚至据此构建更好的实践项目。第三，在教学研究层面，能够持续不断地创造多样化、高质量的实践项目，并且与产业科技前沿保持同步，这需要构建一种产教融合的可持续发展的教研体系。这些工作在课前、课中、课后等环节均对教师提出更高的要求。

国际计算机教育界普遍采用计算机程序设计实验来辅助计算思维能力培养，帮助学生理解抽象的计算思维概念。但这些实验多以程序设计语言为中心，围绕如何应用和发掘计算机语言的优势展开，与构造抽象计算思维与真实复杂应用之间的“桥梁”——实践项目有很大差距。项目式教学已逐渐成为计算机与人工智能领域的新教学形式，例如 MIT 的 NEET（The New Engineering Education Transformation）计划，在大学低年级即进入项目实践，在项目实践中激发学生兴趣进而在下一阶段的课程中实现有使命的学习，项目实践与课程学习有效促进，计算思维与不同学科思维有效融通。由于计算思维通常被设置为全校性课程，如何在大学低年级有效地开展项目实践，并不是简单地布置一个项目实践任务让学生独立完成，而是需要搭建融自主化选择、数字化学习、个性化辅导、自动化评测于一体，支撑学生自我学习能力提升的数字化教学资源体系，同时需要建设大量不同类型的实践项目。

该教学团队不仅仅是编写了一部教材，而是基于产教融合，与头歌平台密切合作，为学生和教师搭建了这样一个数字化教学资源体系，实践项目的场景选题、教学流程、项目代码和实验任务需要闭环设计、开源建设，充分考虑了大学低年级学生的特点，实现了“做中学”和“学中做”，为低年级学生开展项目实践提供了项目进阶实践、远程实验指导和远程在线评测与管理一体化的体系，很有特色。新质生产力的一种实现形式就是各学科人员能够开发“工具”，将各学科理论以“工具”的形式实现来服务更多场景。这些“工具”包括体现计算机与自动化、智能化的计算工具、仿真工具、自动产生系统与内容的工具等。这些“工具”的开发与应用，需要有各学科符号系统的数字化、可视化、算法化、网络化和系统化的能力，也即前述的经典计算思维、网络计算思维和智能计算思维的实现能力。该教学团队将计算思维的学习过程与各学科工具开发所需要的能力培养，以一个个实践项目融合起来，以“实现一个完整系统”为抓手，将不同类型的计算思维教学和系统实战案例有机结合，精心选择了 14 个计算思维程序实践项目：(1) 每一个实践项目的目标系统都是计算思维教学仿真工具，学生通过不断地演化丰富仿真内容，可深入理解计算思维，同时贯彻了不仅要应用“工具”而且要开发“工具”的教学理念，通过开发“工具”，可激发学生计算思维的实现兴趣，激发学生开发面向本学科“工具”的兴趣；(2) 不仅涵盖面向对象思维、递归思维、系统思维、最优化思维、博弈思维等经典计算思维，也纳入了网络思维、标准思维、数据库思维、机器学习思维等网络计算和智能计算思维；(3) 按照递进式能力培养思路，搭建项目实践阶梯，使学生从零基础编程逐步过渡到能够实现完整系统；(4) 在学生完成项目的过程中及时提供必要的条件和指导，包括完整的开发和运行环境，以及阶梯式任务的程序实现路径。本教材的实践项目构建过程充分体现了“网络计算思维”和“智能计算思维”，令人欣喜和振奋。若能在各高校各专业推而广之，则将有效地促进各专业学生将所学理论与技术转化为“工具”和“系统”的意愿和能力，为形成更多新质生产力作出贡献。

撰写本教材的“计算概论（计算机科学导论）”教学团队由国家级教学名师战德臣教授领衔，是教育部计算机领域本科教育教学改革试点工作（“101 计划”）确定的计算机类专业 12 个核心课程建设团队之一。该团队不仅在前述方面开展了卓有成效的创造性工作，还基于 14 个实践项目的开源构建过程总结出一套“基于多方开源共建—校本在线演化的大规模在线实验教学”的“K + M + N”开源教研教学模式，依托“计算思维导论课程”虚拟教研室和头歌平台，直接带动 176 所中西部地区高校参与系统案例的共建共享，辐射全国 1 072 所高校，初步构建了一种“项目式实践训练、跨院校协同建课、大规模教学应用”的大规模开放在线实践（massive open online practice，MOOP）教学生态。此项成果作为从全国高校遴选的 16 个优秀案例之一，被纳入《迈向公平之路——慕课西部行发展报告》。

希望读者不仅仅将本教材视为计算思维的教学参考书和实验指导书，还要充分汲取其以学生为中心的教育理念，积极推动在大学低年级开展项目式教学。也希望读者不仅仅使用本教材提供的实践项目资源，还会积极参与其发起的 MOOP 教学生态、开展实践项目的共建共享——这是一种发起于我国高校教研需求的开源社区。我相信，这颗宝贵的开源教研火种能够点燃燎原之势，不仅将持续带动和激励教师的教研项目创新，也将带动和激励大学生们的大规模实践作品创新。

中国科学院院士

“101 计划”专家委员会成员

序 II

当前，国家越来越重视以信息技术、人工智能技术引领的新质生产力的建设。新质生产力的一种形式就是各学科能够开发融合人工智能技术的计算 / 仿真工具，并运用这些工具求解各学科问题，实现各行业产品与技术创新，这也是国家推动"计算 +""互联网 +""人工智能 +"的目的之一。新质生产力，需要学生拥有计算与智能思维意识，思维有多远，学生未来的创新就能走多远；同时需要赋予学生程序设计和系统工具研制的能力，计算 / 仿真工具的实现能力是学生未来将思维变成现实、用所学知识创新世界及改造世界的能力。

对于如何赋能学生，传统的培养方式是学习计算机语言，如 C 语言程序设计、Python 语言程序设计等。随着大模型技术的出现以及计算机语言的快速发展，传统的以某一种计算机语言语法为中心的教学越来越难以满足新时代学生的需求，语言学习了、考试通过了，但还是不会编写程序、不能开发系统，这种状态亟待改变。同时，各学科由于计算思维与程序实现能力的不足，仍然畏惧学科计算 / 仿真工具的开发，而只是强调应用别人的工具来解决问题，这种状态同样亟待改变。

在"101 计划"框架下，以战德臣教授为首的跨校教学团队编著出版的《计算机科学导论——计算思维程序实践》一书就是一种新的探索。该团队的思路是试图在大学低年级开设项目实践课，以计算思维程序实践项目的探究培养学生计算思维程序实现能力，建立软件开发的程序系统思维，即以程序系统实现为主、计算机语言学习为辅。同时，通过项目实践，使学生认识到知识短缺和能力不足，进而引导学生有使命地去学习高年级课程。如何在低年级开设好项目实践课是不容易的，不能仅仅是布置项目由学生去完成，而是要给予学生细致的指导。如何指导、谁来指导、怎样指导，这是摆在广大计算机公共课教师面前的难题，也正是这些难题阻挡了计算机公共课的教学改革。该书试图通过进阶式自演化的程序实践项目，为学生提供可研读、可体验、可实践的系统化实现计算思维的程序，使学生能够构建关于计算工具 / 系统的思维实践体系。教材围绕各学科计算 / 仿真工具开发与应用所需要的核心知识，如学科符号系统的数字化处理、可视化处理、算法处理、人机交互处理以及“互联网 +”“人工智能 +”思维融入等，精心选择了 14 个计算思维程序实践项目，为学生搭建了一个五级阶梯的程序实现路径，每个项目都给出了总体设计、各级阶梯任务分解、界面演进顺序图、函数关系调用图和源程序，使学生不仅可以研究教材中的项目实现思路和源程序，还可通过特色化的程序实现演化项目，激发探索开发面向各学科计算 / 仿真工具的兴趣，进一步提高系统能力。同时，学生所实现的目标系统又可以为其他学生通过模拟仿真进而理解和应用计算思维提供手段和帮助。团队基于产教融合，借助头歌平台的研发力量，为学生搭建了由零基础开发到最终系统实现的初始版程序和远程在线实验环境，配置了详细的在线实验指导，可供学生远程在线调试与研讨。

综上，该教材是在“101 计划”框架下由多校教师共同打造的推动计算思维和人工智能教育的重要改革成果，可以看出团队不仅仅是编写教材，而且是历经两年用程序“做”出了教材，体现了新理念、新思路、新探索、新实践，将“大学计算机”“计算机语言程序设计”等大学第一门计算机课程的教学改革向前推进了一步。如果全面推广该教材及其中的实践项目，将推动我国高校计算机语言课程的教学改革，从以计算机语言为中心的教学真正过渡到以程序设计实践、以系统实现为中心的教学；也将反推计算机专业核心课程的教学改革，使其能够更上一层楼，适应时代发展；还将带动各学科的学生开发面向各学科的计算 / 仿真工具，将他们领进开发计算 / 仿真工具的大门。这些是该教材新探索的重要意义。我特别推荐全国高校积极选用该教材，并在此基础上开展教学改革，切实推动我国计算与智能思维赋能多学科学生快速成长。

从计算与智能思维赋能学生人才培养角度，该教材是一本难得的好教材，做了很好的探索工作。建议高教社今后和作者以及大学计算机课程教指委一起，通过举办有针对性的培训活动，令计算与智能思维赋能学生的思想更加深入人心，让这类教材在改善计算机公共课教学，培养面向未来的人才方面发挥突出的作用。

感谢作者奉献了这样一本富有创新和改革气息的教材，是为序。

郑庆华

中国工程院院士

教育部高等学校大学计算机课程教学指导委员会主任委员

前言

教育部计算机领域本科教育教学改革试点工作（“101 计划”）的目标是集中国内优势力量，建设好 12 门核心课程，形成完整的计算机核心课程体系，同时通过现场听课和研讨，促进课堂教学效果提升，培养一批优秀的核心课程授课教师。本书是 12 门核心课程之一——“计算概论（计算机科学导论）”课程的配套教材。

计算概论又可称为计算机导论、计算机科学导论、计算思维导论等，既是计算机类专业的一门纲领性课程，也是面向大学所有一年级学生开设的第一门计算机专业核心课程（有些学校也称为大学计算机），旨在培养学生的科学与工程思维——计算思维（计算思维不仅是程序思维和算法思维，还包含“计算＋”思维、“互联网＋”思维、“大数据”思维和“人工智能＋”思维），促进学生从思维层面深入理解计算与计算机的本质，理解计算系统的构成与特征，理解问题求解与算法、大数据、互联网、人工智能等思维及其对社会发展的影响和促进作用，理解计算学科的研究对象、研究方法及核心课程体系，为学生今后深入学习设计、构造和应用各种计算系统求解学科问题奠定思维基础。

大学生应该学习计算思维的观点已经成为社会共识，但如何培养学生的计算思维，目前正处于多元化探索中。本书就是其中一种探索，试图通过进阶化、自演化的程序实践项目，为学生提供可研读、可体验、可实践的实现计算思维的程序，使学生能够构建关于计算系统与计算工具的思维体系。计算思维的培养，一是培养“意识”——使学生具有通过计算手段解决问题的意识，二是“赋能”——使学生能够编写程序、构造计算工具和计算系统来解决问题。传统的计算机语言类课程的目的是培养学生使用计算机语言来编写程序，但执行过程中教师往往有意或无意地强化了语言语法要素的教学而淡化了程序设计能力的培养，学生也只注重语言语法要素的学习，而没有构建计算工具和计算系统的整体认知体系，使学习成效大打折扣。能否将学习的重点真正引导到既有思维训练、又有赋能手段，就需要强调“以程序实现为目的、以计算机语言为辅助”的教学思想，强调学生是为了实现程序项目而学习计算机语言，而不是为了学习计算机语言而学习计算机语言，进而促进学生“有使命地学习”，即为了实现“计算系统”而学习计算机语言。

本书在“101 计划”框架下组织了哈尔滨工业大学、东南大学、南京航空航天大学、湖南大学和北京大学等高校的优秀教师，经过充分研讨，精心选择了 14 个计算思维程序实践项目，系统剖析了每一个实践项目的计算思维，搭建了一个五级阶梯的程序实现路径，同时借助头歌平台的研发力量提供了由零基础开发到最终系统实现的初始版程序和程序实现环境，供学生上机调试与研讨。

本书由 16 章内容构成：第 1 章介绍计算思维教育教学内容体系以及进阶化程序实践项目的总体设计方法；第 2 章简要介绍程序设计语言 Python 及其编程实践环境（本书实践项目均以 Python 语言实现，读者也可用其他语言予以实现）；第 3~16 章，每章讲解一个程序实践项目，包括项目涉及的典型计算思维、项目总体设计方案、编程任务分解及其说明、关键编程任务的源代码等。本教材的实践项目包括：第 3 章——函数曲线绘制，第 4 章——曲线拟合，第 5 章——扫雷，第 6 章——CPU 仿真，第 7 章——文件存储仿真，第 8 章——分形图案绘制，第 9 章——二十四点计算，第 10 章——数独，第 11 章——旅行商问题求解，第 12 章——五子棋，第 13 章——网络构建，第 14 章——网络数据传输，第 15 章——应用数据库，第 16 章——神经网络建模与训练。本教材中所有项目的编程任务源代码以开源的形式供读者索取和研究。

本书特点如下。(1) 精选的实践项目贯彻了“既要应用计算工具，又要设计开发计算工具”的基本思想，所设计、开发的仿真系统（即实践项目的最终开发结果）可以为学生“不编程序体验计算思维”提供实验支撑，同时能使学生通过设计、开发这些仿真系统，即“编写程序实践计算思维”，为其他学生提供实验支撑。(2) 精选的实践项目覆盖了面向对象思维、系统思维、算法思维、编译思维、博弈思维、网络化思维、数据库思维和人工智能思维等构建计算系统或计算工具所需要的常见计算思维，使学生通过这些实践项目学习到这些计算思维的特点和实现技巧，为将来构造面向各学科的计算系统与计算工具奠定坚实的基础。(3) 对每个实践项目，不仅讲解了其所涉及的关键计算思维，讲解了项目实现的基本思路，而且呈现了项目程序实现的技巧及系统分解与函数抽象的方法，并且给出了项目关键任务的源程序，在开源社区中提供了所有源程序和程序的调试与运行环境。这些内容有助于学生研读、调试并体验，进而形成设计系统的核心思维。(4) 本书虽然给出了每个实践项目相应编程任务的源程序，但仅仅是初始程序，读者在理解这些初始程序后，可通过改进、优化、扩展，形成功能更强、质量更高、体验感更好的程序，换句话说，这些实践项目不仅是让读者复现已知的程序结果，更希望读者能够创新项目程序，进而使实践项目商品化程度更高。

本书适合高校各专业本科生学习，建议在大学一年级开设相应课程，建议学时为64学时，其中授课16学时、实践48学时。授课学时主要用于编程语言的简要学习、计算思维的简要讲解和学生程序实践项目的讲解和指导，实践学时主要为学生程序设计实践项目的编程实践。各项目着力培养的计算思维及项目实践适用专业如表1所示。不同基础的学校、不同学时的课程，可选择不同的内容进行学习和实践。如果结合头歌平台的实验环境，各学校可以采用如表2所示的各种模式组织实验。

表1 各实践项目着力培养的计算思维与项目实践适用专业一览表

程序实践项目	“计算+”思维（算法思维）	“计算+”思维（系统思维）	“互联网+”思维	“大数据”思维	“人工智能+”思维	适用专业（不编程体验计算思维）	适用专业（编写程序实践计算思维）
第3章 函数曲线绘制	科学计算思维（插值与误差等）	应用系统构造思维				所有专业，尤其文科类专业	所有专业，尤其涉及科学计算相关专业
第4章 曲线拟合	科学计算思维（拟合、回归等）	应用系统构造思维		数据规律发现思维	机器学习思维（回归）	所有专业，尤其文科类专业	所有专业，尤其涉及智能化相关专业
第5章 扫雷		面向对象思维；应用系统构造思维				所有专业，尤其文科类专业	所有专业，尤其涉及复杂系统控制的专业
第6章 CPU仿真		机器系统思维；应用系统构造思维				所有专业，尤其文科类专业	所有专业，尤其涉及设备自动控制的专业
第7章 文件存储仿真		化整为零的管理思维；应用系统构造思维				所有专业，尤其文科类专业	所有专业，尤其偏管理和领导力训练的专业
第8章 分形图案绘制	递归与计算思维	应用系统构造思维				所有专业，尤其文科类专业	所有专业，尤其涉及复杂算法相关专业

续表

程序实践项目	“计算+”思维（算法思维）	“计算+”思维（系统思维）	“互联网+”思维	“大数据”思维	“人工智能+”思维	适用专业（不编程序体验计算思维）	适用专业（编写程序实践计算思维）
第9章 二十四点计算	表达式的构造与解析—执行思维	编译思维；应用系统构造思维				所有专业，尤其文科类专业	所有专业，尤其偏相关计算工具应用和设计相关专业
第10章 数独	回溯算法思维	应用系统构造思维				所有专业，尤其文科类专业	所有专业，尤其涉及计算问题求解与仿真相关专业
第11章 旅行商问题求解	非精确化求解复杂问题算法思维	应用系统构造思维				所有专业，尤其文科类专业	所有专业，尤其涉及计算问题求解与仿真相关专业
第12章 五子棋	算法思维	面向对象思维；应用系统构造思维			博弈思维	所有专业，尤其文科类专业	所有专业，尤其涉及智能化相关专业
第13章 网络构建		面向对象思维；网络系统构造思维	网络互联互通思维			所有专业，尤其文科类专业	所有专业，尤其涉及网络化或互联网相关专业
第14章 网络数据传输		面向对象思维；网络系统构造思维	协议与分层思维			所有专业，尤其文科类专业	所有专业，尤其涉及网络化或互联网相关专业
第15章 应用数据库		应用系统构造思维		结构化数据管理思维		所有专业，尤其文科类专业	所有专业，尤其涉及数据管理相关专业
第16章 神经网络建模与训练		应用系统构造思维		大数据智能化思维	神经网络机器学习思维	所有专业，尤其文科类专业	所有专业，尤其涉及智能化相关专业

表 2　计算思维程序实践项目实验模式及学分建议一览表

实验模式	模式说明	适用专业	建议学分
应用项目成果体验计算思维【不编程序级】	应用项目成果，不编程序交互式体验计算思维。可部署一个或多个程序实践项目，学生在运行项目程序的过程中，交互式完成各种体验计算思维的实验任务	文科类专业，对编程能力要求较低的专业，或者学生计算机基础较弱的学校	建议每 4 个项目可赋予 1 个学分
研读与调试实践计算思维【初级系统级】	安排学生研读教材中某些实践项目的所有编程任务的源程序，并将其在编程环境中调试且能成功运行	对编程能力有一定要求的理工农医类专业，有一定计算机基础的学校	建议每 3 个项目可赋予 1 个学分
初级编程实践计算思维【初级程序级】	选择实践项目中 X1～X2 级中的所有编程任务，要求学生完成源程序编写，并将其在编程环境中调试且能成功运行	对编程能力有较低要求的各类专业	建议每 4 个项目可赋予 1 个学分
中级编程实践计算思维【中级系统级】	补足式编程，即选择实践项目中 X1～X4 级中的部分编程任务，要求学生完成源程序编写，并将其在编程环境中调试且能成功运行，同时形成功能较为完整的系统	对编程能力有中等要求的理工农医类专业	建议项目的编程任务数每超 8 个给 1 个学分
高级编程实践计算思维【高级系统级】	补足延展式编程，即选择实践项目中 X4～X5 级中的部分编程任务，要求学生完成源程序编写，并将其在编程环境中调试且能成功运行。X4～X5 中的编程任务要求体现学生在完成实践项目中的扩展和创新，并形成功能更丰富且体验性更好的系统	对编程能力有较高要求的理工农医类专业	建议项目的编程任务数每超 8 个给 1 个学分
闯关式部分编程实践计算思维【中级程序级】	选择实践项目中 X1～X4 级中的部分编程任务，要求学生以闯关方式自前向后完成源程序编写，并将其在编程环境中调试且能成功运行，同时形成功能较为完整的系统	对编程能力有中等要求的理工农医类专业	建议项目的编程任务数每超 8 个给 1 个学分
闯关式完全编程实践计算思维【高级系统级】	选择实践项目中 X3～X5 级中的部分编程任务，要求学生以闯关方式自前向后完成程序编写，并将其在编程环境中调试且能成功运行。X4～X5 中的编程任务要求体现学生在完成实践项目中的扩展和创新，并形成功能更丰富且体验性更好的系统	对编程能力有较高要求的理工农医类专业	建议项目的编程任务数每超 8 个给 1 个学分

本书由战德臣教授负责教材总体思路的规划、设计和实施，并负责编写第 1 章、第 10 章和第 15 章。聂兰顺教授负责编写第 2 章、第 7 章和第 14 章，李骏扬副教授负责编写第 3 章、第 9 章和第 12 章，王立松教授负责编写第 4 章、第 5 章和第 8 章，蔡宇辉副教授负责编写第 6 章和第 13 章，张丽杰教授负责编写第 11 章，李雪老师负责编写第 16 章，李戈教授参与并指导了第 11 章、第 12 章和第 16 章的编写。张小东老

师对全书的程序做了程序正确性检查，张丽杰教授和谷松林老师负责书稿编著出版的研讨、协调与组织工作。

本书得到教育部“101 计划”工作组的指导。王怀民院士、郑庆华院士分别为本书作序，南京大学陈道蓄教授担任本书主审，教育部虚拟教研室建设试点“计算思维导论课程虚拟教研室”的众多一线教师为本书提出了很好的建议，在此向他们表示感谢。头歌平台组织多位工程师参与了本书各实践项目的程序编写与调试工作，并搭建了实验环境，在此特别表示感谢。哈尔滨工业大学本科生院、计算学部及高等教育出版社、头歌平台等对本书出版工作给予了大力支持，在此对本书出版工作作出贡献的所有人员一并表示衷心的感谢。

尽管已经十分努力，但教材中的内容难免存在不完善之处，尤其是实践项目中的程序，本书仅给出了实践项目的初始版程序，供读者阅读和实践。系统在不断演变，程序也在不断演变，所完成的项目成果也在不断演变，这些演变都是发展过程中存在的，我们也将在不断实践中迭代优化教材中的程序。敬请广大读者谅解，并诚挚地欢迎各位读者提出宝贵建议。作者联系方式为 dechen@hit.edu.cn。

主编于哈尔滨工业大学

2024 年 4 月 30 日

目录

第 1 章

计算与计算思维

本章要点：了解为什么要学习计算思维，什么是计算思维，有哪些典型的计算思维，怎样学习和体验计算思维，以及本教材的基本思想与内容组织思路。

1.1 为什么要学习计算思维

1.1.1 计算与社会 / 自然深度融合

各学科 + 计算 / 计算机 当前，随着计算机、互联网与人工智能技术的发展，计算与社会 / 自然等各学科深度融合，促进了各学科向计算化、网络化、智能化等高端技术方向发展。计算与医学的融合催生了“远程诊疗”“智慧医疗”“手术机器人”等，医生对疾病的诊断与治疗已越来越离不开计算化与智能化的仪器；计算与数理科学的融合催生了“计算物理学”“计算数学”等；计算与化学化工的融合催生了“计算化学”“智慧化工”等；计算与生物学的融合催生了“计算生物学”“生物信息学”等；计算与交通、市政的融合催生了“智慧交通”“智慧城市”等；计算与社会学、经济学的融合催生了“计算语言学”“计算经济学”“社交网络”等；计算与文学、艺术的融合催生了“数字媒体”“数字艺术”“数字游戏”等……各学科的高端研究似乎越来越与计算 / 计算机相关联。计算机学科也在不断融合其他学科技术形成新的研究方向，如“智能计算”“普适计算”“社会计算”“服务计算”等。

基于计算的创新层出不穷 例如，携程旅行网将世界各地的旅行社、航空公司、酒店、银行、保险公司、电信运营商等分散的资源聚集于互联网平台，为用户提供一条龙式的、整合的服务；Uber 和滴滴出行以手机 App 为载体建立了众多车主、乘客和服务平台之间的联系，聚集了不同类型的分散化的车辆和司机，形成了移动互联网时代下的现代化出行方式——网约车，改变了传统的租车或打车方式；ChatGPT（chat generative pre-trained transformer）——一款基于互联网、可用大数据训练及文本生成深度学习模型的聊天机器人程序，使人们对人工智能技术充满想象；元宇宙——基于数字技术构建的由现实世界映射或超越现实世界并可与现实世界交互的虚拟世界，构建了以数字生活空间为特征的新型社会体系……

1.1.2 新工科、新医科、新农科与新文科

“四新”学科 国家从战略层面于 2017 年提出了新工科，随后又提出了新医科、新农科和新文科，统称“四新”学科。“四新”学科的一个重要范畴，是各学科融合计算机相关技术，或者是计算机学科融合更多其他学科技术。这里的计算机是指“计算 +”“互联网 +”“大数据”“人工智能 +”等广义的计算含义。国家推出“四新”学科战略的目的是推动各行各业基于互联网 +、人工智能技术的创新，引导各行各业及各个学科进行高端研究，从单一的产品本身的技术，发展为计算化、网络化、智能化的系统化、生态化的产品技术，推动科技进步，进而引领社会发展。

“四新”学科人才培养 信息社会离不开计算化、网络化、智能化，各学科人才未来可能会从事两方面的工作，如图 1.1 所示。

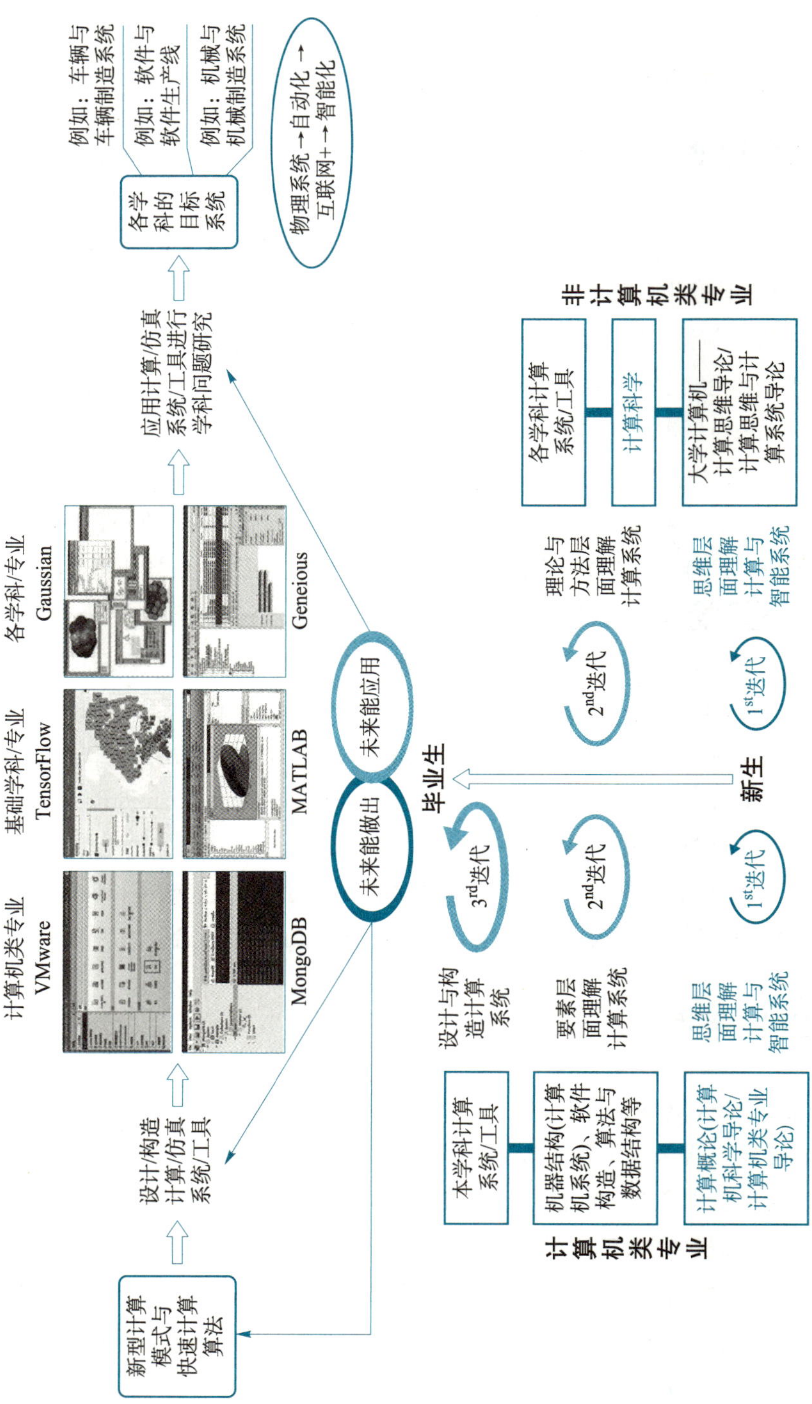

图 1.1　学生未来工作场景及能力培养示意图

一方面能够应用本学科相关的计算 / 仿真系统 / 工具来研究本学科问题。例如，生物技术人员利用高通量测序平台或基因组设计与分析软件（如 Geneious）来研究基因组排序等生物技术相关问题，医疗人员利用远程诊疗系统和诊疗辅助仪器来进行疾病诊治，化学化工人员利用量子化学分析软件（如 Gaussian）来研究化学学科相关的问题，智能相关人员利用深度学习训练软件（如 TensorFlow）来研究学科相关的智能模型，各种仿真人员利用数学建模与仿真软件（如 MATLAB）来研究各学科问题的模型及仿真结果，计算技术人员利用虚拟机管理软件（如 VMware）来构建云计算环境、利用数据库管理系统软件（如 MongoDB）来管理大数据等。

另一方面能够设计 / 构造本学科相关的计算 / 仿真系统 / 工具。设计一款计算 / 仿真系统 / 工具，使学科相关人员能够利用该工具从事学科相关问题的研究，应该说是所有学科的重要使命之一，尤其是各基础学科（如数学学科、物理学科、化学学科等）的重要使命，也是源头创新的关键。诺贝尔奖曾多次授予计算系统相关的化学研究人员能够说明这一点：1998 年的诺贝尔化学奖授予 John Pople 以表彰其研制了一个量子化学计算软件包，使所有量子化学研究人员基于该软件从事专业研究工作；2013 年的诺贝尔化学奖、2017 年的诺贝尔生理学或医学奖等也是如此。各学科未来的人才不仅仅局限于本学科知识和能力的学习，还需要学习计算学科相关的知识，但更重要的是计算学科与本学科知识与能力的融合。

计算机类学科人才如何成长 如果学生选读的是计算机类专业，则建议在大学一年级首先学好一门计算思维类课程（如计算概论、计算机科学导论、计算机类专业导论等，无论课程名是什么，只要强调计算思维培养均可），强化从思维层面理解一个完整的计算系统，强化计算思维意识的培养和计算思维赋能的训练。未来成长首先要有思维，要能贯通知识，思维有多远，就能走多远。然后在大学二年级从要素层面理解计算系统，打好三方面的基础：机器结构（侧重计算机硬件）、软件构造（侧重计算机软件）、数据结构与算法分析和设计（侧重算法）。最后在大学三、四年级学习计算机类学科更为深入的理论与工程知识，目标是能够设计与构造通用计算系统。

非计算机类学科人才如何成长 如果学生选读的是非计算机类专业，则建议在大学一年级首先学习一门计算机类课程（如大学计算机、计算思维导论、计算思维与计算系统导论等，无论课程名是什么，只要强调计算思维培养均可），强化从思维层面理解一个完整的计算系统，强化计算思维意识的培养和计算思维赋能的训练。未来成长首先要有思维，要有开发面向各自学科计算工具或计算系统的基本思维，未来才可能真正去开发这样的计算工具或计算系统。然后在大学二年级继续学习计算科学，以及一些计算工具中经常运用的计算理论、计算方法等，从而打好基础。最后在大学三、四年级学习本专业更为深入的理论和技术，与前面学过的计算思维相融合，探究本学科相关计算系统或计算工具的开发与应用。

1.2 什么是计算思维

科学研究的三种手段 当前，计算手段已发展为与理论手段和实验手段并存的科学研究的第三种手段。**理论**手段是指以数学学科为代表，以推理和演绎为特征的“逻辑思维”，用“定义”限定研究的对象，用“公理”和“定理”表达研究对象相关的性质或规律，用“证明”确认公理和定理的正确性，是发现社会/自然现象及规律的重要方法。**实验**手段是指以物理、化学学科为代表，以观察和总结为特征的“实证思维”，用“实验”再现社会/自然现象及其规律，通过“观察”和“归纳”的方法，发现社会/自然现象及规律。**计算**手段则是以计算机学科为代表，以设计和构造为特征的“计算思维”，用构造计算算法、构造计算系统进行大规模数据的自动计算来研究社会/自然现象及规律。

技术进步已经使得现实世界中的各种事物都可感知、可度量，进而形成大规模的数据。对这些数据采用人工观察并发现规律越来越困难，例如生物领域产生的大量数据，通过人工观察并不能达到研究的目的。因此依靠计算手段发现和预测规律成为不同学科的科学家进行研究的重要手段。例如，生物学家利用计算手段研究生命体的特性，化学家利用计算手段研究化学反应的机理，建筑学家利用计算手段研究建筑结构的抗震性，经济学家、社会学家利用计算手段研究社会群体网络的各种特性等。由此计算手段与各学科结合形成了“计算科学”，如计算物理学、计算化学、计算生物学、计算经济学等。或者说，计算科学是将计算机科学与各学科结合所形成的以各学科计算问题为研究对象的科学。计算科学的基础就是计算思维。

计算思维 周以真教授指出，计算思维（computational thinking）是运用计算机科学的基础概念去求解问题、设计系统和理解人类行为的一系列思维活动的统称，它是所有人如同都具备“读、写、算”能力一样，都必须具备的思维能力，计算思维建立在计算过程的能力和限制之上，由人或机器执行。因此，理解一些计算思维，包括理解“计算机”的思维，即理解“计算系统是如何工作的，计算系统的功能是如何越来越强大的”，以及利用计算机的思维，即理解现实世界的各种事物如何利用计算系统进行控制和处理等，培养一些计算思维模式，对于所有学科的人员建立复合型的知识结构、进行各种新型计算手段研究以及基于新型计算手段的学科创新都有重要意义。技术与知识是创新的支撑，而思维是创新的源头。

不同组织对计算思维重要性的认识 《2015地平线报告》指出，复杂性思维教学是一种挑战，计算思维是一种高阶复杂性思维技能，是复杂性思维能力培养的重要支撑，强调计算思维教育，可以帮助学习者解读真实世界的系统并解决全球范围的复杂问题。美国麻省理工学院（MIT）认为，计算思维是新时代人才应具备的11种思维能力之一（11种思维能力是指：制造、发现、人际交往技能、个体技能与态度、创造性思维、系统性思维、批判与元认知、分析性思维、计算思维、实验性思维和人本主义思维）。我国推行了一系列信息技术引领的行动计划，如“互联网+”行动计划、新一代人工智能发展规划等，其关键和基础是要培养一批具有“互联网+”思维、“大数据”思维、“人工智能”思维的人才。而这些思维广义上都是计算思维。“思维有多远，就能走多远”，思维是创新的源头。

1.3 有哪些典型的计算思维——计算之树

前面对计算思维给出了定义，通俗地讲，计算思维就是蕴含在计算机学科中那些对人们现在和未来仍然产生影响的一些经典的、伟大的思维。那么，计算（机）学科究竟存在哪些“经典的”计算思维，哪些计算思维会对学生的未来产生影响和借鉴呢？

计算之树——大学计算思维教育空间 自20世纪40年代出现电子计算机以来，计算技术与计算系统的发展就像一棵枝繁叶茂的大树，不断地成长与发展，为此，本书将计算技术与计算系统的发展绘制成一棵树，如图1.2所示，称为“计算之树”，试图通过计算之树概括大学计算思维的教育空间，为学生指明未来的学习方向。

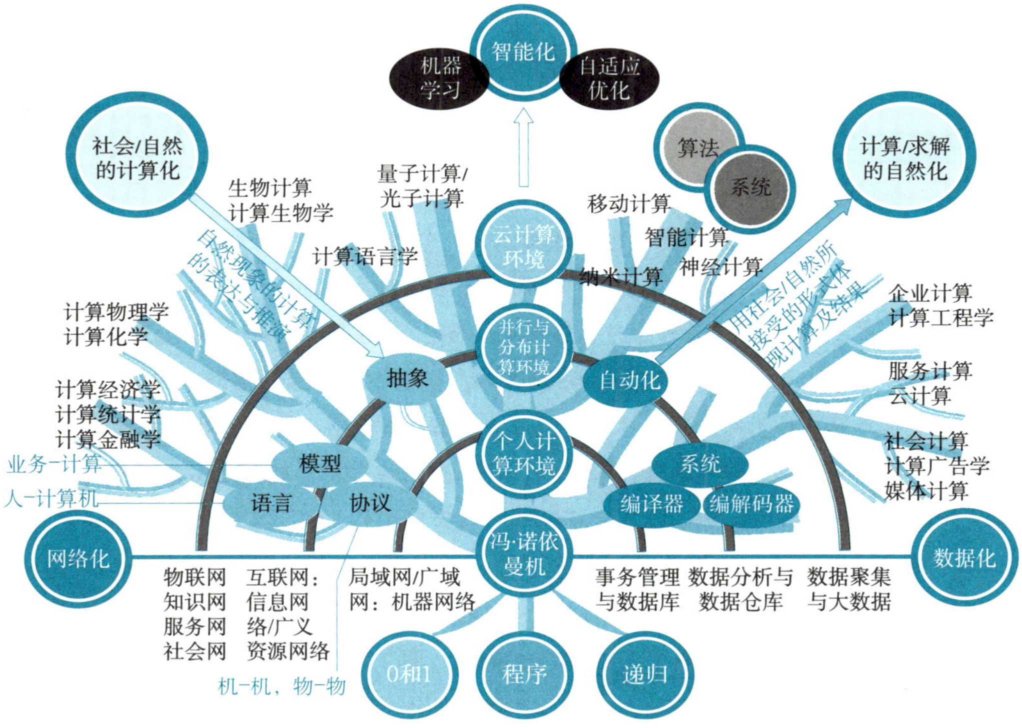

图1.2 计算之树——大学计算思维教育空间

树根体现的是奠基性的技术或思维：0和1、程序和递归。树干体现的是通用计算环境的演化过程："冯·诺依曼机""个人计算环境""并行与分布计算环境"和"云计算环境"。树枝的两种颜色体现的是"算法"和"系统"这两种不同的思维。各个树枝体现的是计算学科的分支研究方向，也体现了与其他学科相互融合产生的新研究方向，从树枝到树干体现的是"抽象"——越来越抽象，而从树干到树枝体现的是"自动化"——越来越自动化。有三个层面的抽象与自动化机制："协议"和"编解码器"、"语言"和"编译器"、"模型"和"系统（执行引擎）"。由内向外的三个同心半圆，可看到一是"网络化"思维的发展（由机器网络到互联网再到万物互联、万事互联），一是"数据化"思维的发展（由数据库到数据仓库再到大数据），一是"智能化"思维的发展（一方面是机器学习和深度学习，另一方面是自适应优化和自动化）。

这棵计算之树给出了很多术语来刻画相应的计算思维，这些术语并不要求我们现在就能深入理解，而是需要在后续的学习过程中不断地理解，理解这些术语及其所体现的计算思维对今后构造、设计和应用计算技术/计算工具/计算系统将有重要的影响。

1.4 怎样学习计算思维

1.4.1 联想体验式学习计算思维

计算思维学习示例 图1.3给出了一种计算思维的学习方法示例、问题及求解的详细说明，这里仅表述思路。

（1）首先从一个问题"小白鼠检验毒水瓶"的求解开始，如何进行求解？用十进制编号没有求解思路，那么能否换一种思维，用二进制为水瓶编号？编号的位数是否为所需小白鼠的数量？还要思考针对小白鼠如何喝水制定喝与不喝的规则：水瓶二进制编号中某一位为1则使对应该位的小白鼠喝水，否则不喝。最后判断小白鼠是否死掉，如果死掉则其对应位为1，否则其对应位为0，如此可依据小白鼠的状态判定哪瓶水有毒。这就是图1.3左上方的问题求解思路。（2）进一步分析，如图1.3右上方所示，其蕴含的思维是：**用0和1表达世界上任何两种状态的事件，可以实现不同事件基于同一个0–1串的无缝转换**，这是非常重要的思维。还有二分法思维、二进制思维、符号变换思维、过程化思维等，读者可以仔细分析并体验计算思维的内涵与意义。（3）在理解了这些计算思维后，要体会其究竟有什么价值。图1.3右下方给出了另一个问题求解场景"校验位检验数据传输错误"，类比"小白鼠检验毒水瓶"的方式，对数据位进行二进制编号，编号的位数就是校验位的位数，校验位是1还是0的产生办法即小白鼠

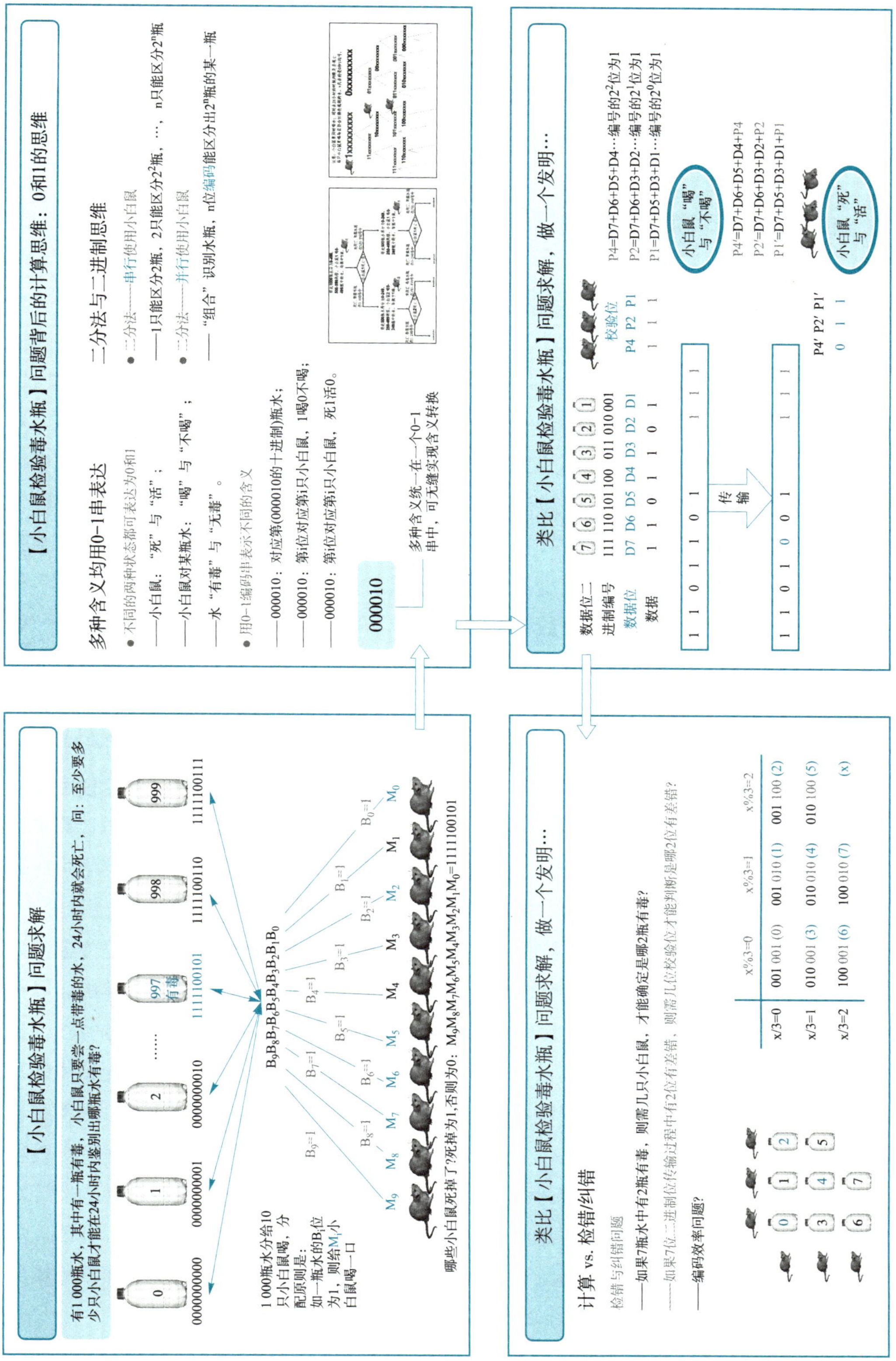

图 1.3 联想体验式学习计算思维示例

喝与不喝的规则，传输后重新生成校验位的过程即判断小白鼠是否死活的过程，重新产生校验位所形成的编号即传输错误数据位的编号。(4) 类比该方法进一步研究问题求解的相关细节。如此通过对比联想，能否体验计算思维的奥妙？这就是联想体验式计算思维学习方法，读者不妨尝试练习。

1.4.2　编程项目式实践计算思维

理解计算思维与实践计算思维　学习并理解计算思维，是为了未来能有创新的想法，将计算手段（含“互联网+”、大数据和人工智能等）与各个学科的理论与实践相结合。例如，将传统机械领域技术与“计算+”“智能+”相结合，开辟智能机械技术；将汽车技术与“互联网+”“智能+”相结合，开辟自动驾驶技术；将能源技术与“互联网+”、大数据相结合，开辟互联网能源技术；将医疗技术与“互联网+”、大数据相结合，开辟智能医疗技术……然而仅有思维是不够的，将思维变成现实则需要实践计算思维，即所谓“玩游戏”不如“开发一款游戏让别人玩”更有意义。目前每个学科都有一些计算/仿真工具供人们进行学科问题研究而使用，那么能否开发这些“学科相关计算/仿真工具”呢？回答是肯定的，只是这些计算/仿真工具的开发不能一蹴而就，需要一些技术手段的支撑。本书通过一些编程实践项目使读者实践并体验项目中所蕴含的计算思维及其实现手段，这些思维和手段将是开发学科相关计算/仿真工具所必需的。有了这些思维和手段，随着学科理论学习的深入，人们就会将所学理论以计算/仿真的形式运用于各种系统，为未来真实系统的设计和应用奠定坚实的基础。

编程项目式实践计算思维　图 1.4 给出了计算概论、计算思维程序实践与计算机语言等课程的关系示意图。计算概论（或计算思维导论）课程的主要目标是培养学生的计算思维意识，以计算思维训练为主，其不只关注问题求解与算法思维，还覆盖计算+、互联网+、大数据和人工智能+思维。而计算思维程序实践课程的主要目标是为学生赋能，即通过编程手段实现计算思维的能力，强调以项目实践为主，不限定具体的计算机语言，学生应完成规定数量和质量的标志性程序编写，同时不只要理解核心的算法，更要理解在核心算法基础上如何形成系统。学生在完成项目的过程中可能涉及具体的计算机语言类课程，这些语言类课程的目标是使学生熟悉语言的语法和框架，熟悉编程环境以及编写、调试程序的方法。关于计算机语言的内容，学生可在完成程序实践项目的过程中因需要而学习。计算思维程序实践秉承一部分学生通过程序设计构造计算系统/计算工具来深入理解计算思维的思想，其所开发的计算系统/计算工具可以使另一部分学生不必编写程序来体验计算思维的奥妙，从而达成进阶式实践计算思维的目标。

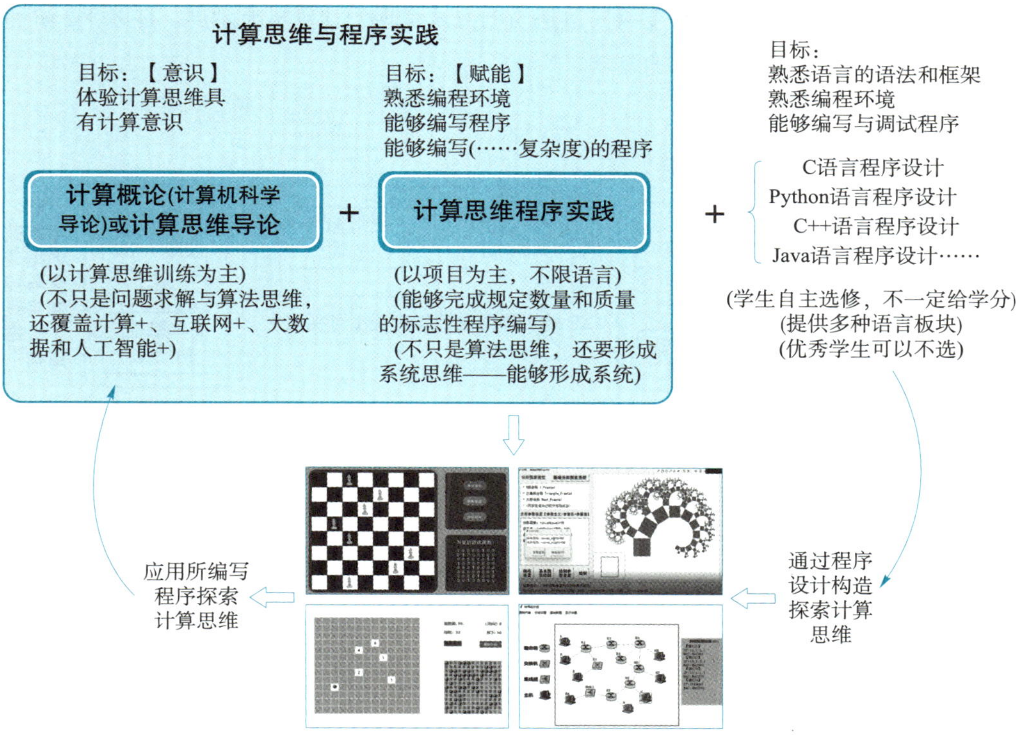

图 1.4　计算概论、计算思维程序实践课程与计算机语言课程的关系

1.5　本教材的基本思想与内容组织思路

进阶式编程项目实践——计算思维程序实践项目设计基本思想　本教材按照进阶式计算思维程序实践思想，对每个项目按照六个阶梯进行设计，如图 1.5 所示。

X0 阶梯：非编程体验性实践。这是编程实践项目 X1～X5 阶梯的整体输出目标，即让读者利用 X1～X5 阶梯的编程结果，不编写程序体验相关的计算思维。此阶梯可由读者依据项目最终完成的计算 / 仿真系统人—机交互式体验计算思维。具体实践方法不在本书中描述，读者可通过 X1～X5 阶梯的编程实践理解 X0 阶梯的实践内容。

X1 阶梯：零基础数据变化与控制实践。这是零基础入门式的编程实践，主要是对后续图形显示用的数据进行处理和变换，读者在学习了计算机语言基本知识后便可完成。本实践虽不涉及图形界面，但需通过变换和赋值等基本编程，理解后续图形界面显示用的数据结构及其相关含义。

X2 阶梯：输出界面设计与实现。本实践涉及图形用户界面（graphical user interface，GUI）的实现技术，对每个项目都有显示用的数据结构，读者在 X1、X3 或 X5 阶梯中对该数据结构赋值后，本实践便将其以适当的方式呈现于计算机显示屏。注意 X2 阶梯仅涉及单向的输出和图形界面的显示。

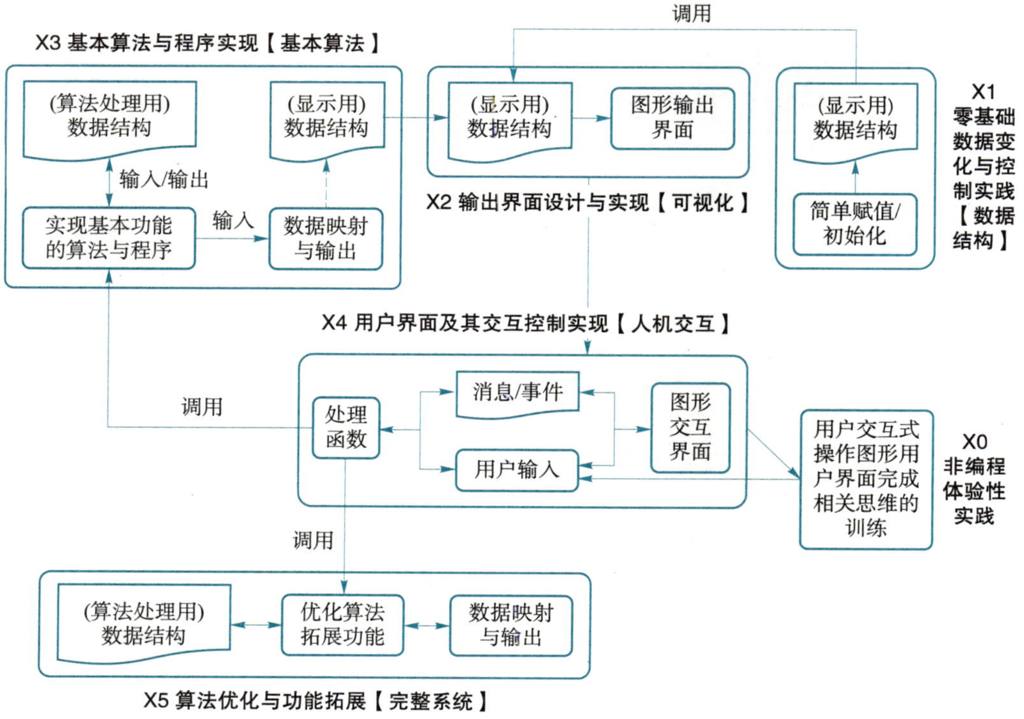

图 1.5　计算思维程序实践项目进阶式编程示意图

X3 阶梯：基本算法与程序实现。每个项目都有一些核心的算法，即体现相关计算思维的算法，而算法可能使用自己特殊的数据结构（即不同于显示用的数据结构）来处理，本实践就是基于特定的数据结构实现这些核心算法。注意 X3 阶梯仅是算法的编程实现，不涉及图形用户界面，若要将算法的结果进行输出，则将其结果数据转换到显示用的数据结构，然后由 X2 阶梯的程序显示输出。

X4 阶梯：用户界面及其交互控制实现。本实践是在 X2～X3 阶梯基础上，进一步增加用户交互功能。用户交互是实现 X0 阶梯所需要的不编程体验计算思维的重要方面，依据“让用户更好地体验计算思维的核心内容”，增加相应的交互控制要素（如功能菜单、按钮、输入框和输出框等）。这些交互控制要素所需完成的功能，则由 X3 和 X5 阶梯的编程实践来完成。

X5 阶梯：算法优化与功能拓展。这是在 X1～X4 阶梯编程实践基础上的更高级的编程实践，例如对所完成计算 / 仿真系统的功能扩展、算法的进一步优化、用户交互体验的进一步完善等。

X1～X5 阶梯的编程实践是一种进阶式编程的项目实践，X1、X3 和 X5 阶梯与图形用户界面 X2 和 X4 阶梯之间仅是数据层面的交换——这是重要的编程模式。此外，X1～X5 阶梯不仅是算法的编程实现，其体现了重要的系统思维——如何开发一个计算 / 仿真系统，每一个项目强调“完整的计算 / 仿真系统”的实现，需特别注意：所实现系统是否完整很重要，用户体验也很重要。能否实现一个“用户体验很好且功能完整的系统”是决定一个计算 / 仿真系统能否成功的关键。要有好的体验和完整的功能，就需要更为精巧的算法，需要算法的优化和系统的优化。

教材精选项目所体现的基本思维模式 本教材精心选择了 14 个计算思维程序实践项目，如图 1.6 所示，分别是函数曲线绘制、曲线拟合、扫雷、CPU 仿真、文件存储仿真、分形图案绘制、二十四点计算、数独、旅行商问题求解仿真、五子棋、网络构建仿真、网络数据传输仿真、应用数据库、神经网络建模与训练。

“函数曲线绘制”项目涉及函数计算的数值方法、插值与误差等基本思维，是数学建模领域常用的方法。“曲线拟合”项目涉及依据样本数据点寻找最优曲线的基本思维，是大数据规律发现、机器学习等常用的方法。“扫雷”项目体现了如何通过类产生一个个对象进而实现复杂场景的构建与运行的基本思维，是面向对象的编程思维。“CPU 仿真”项目体现的是一种系统思维，即机器硬件如何执行程序的思维，理解这种思维对于将来利用计算手段实现设备自动控制有重要意义。“文件存储仿真”项目体现的是一种管理思维，即化整为零和还零为整，对现实世界的立体仓库、物流运输等方面有重要的影响。“分形图案绘制”项目体现的是一种递归思维，即如何递归地实现复杂的具有自相似性的操作，递归思维是计算系统的重要思维模式。“二十四点计算”项目体现了表达式的构造与自动计算思维，在各种计算 / 仿真系统构造中起到基础支撑作用。“数独”项目体现了回溯法自动求解复杂问题的算法思维。“旅行商问题求解仿真”项目体现的是利用非精确化算法求解复杂问题的算法思维。“五子棋”项目体现了博弈论思维，是人机交互与人工智能的重要思维模式。“网络构建仿真”项目体现的是计算机网络互联的基本思维。“网络数据传输仿真”项目体现的是数据在网络中如何传输与控制的协议与编解码器的基本思维。“应用数据库”项目体现的是结构化数据管理的基本思维。“神经网络建模与训练”项目体现的是神经网络深度学习的基本思维。

可以看出，本教材精心选择的实践项目既覆盖了程序思维、算法思维、系统思维等计算 + 思维，也覆盖了互联网 + 、大数据和人工智能等的基本思维，其中所蕴含的思维方法对于各学科学生未来构造学科相关计算 / 仿真系统或工具都有着重要影响。

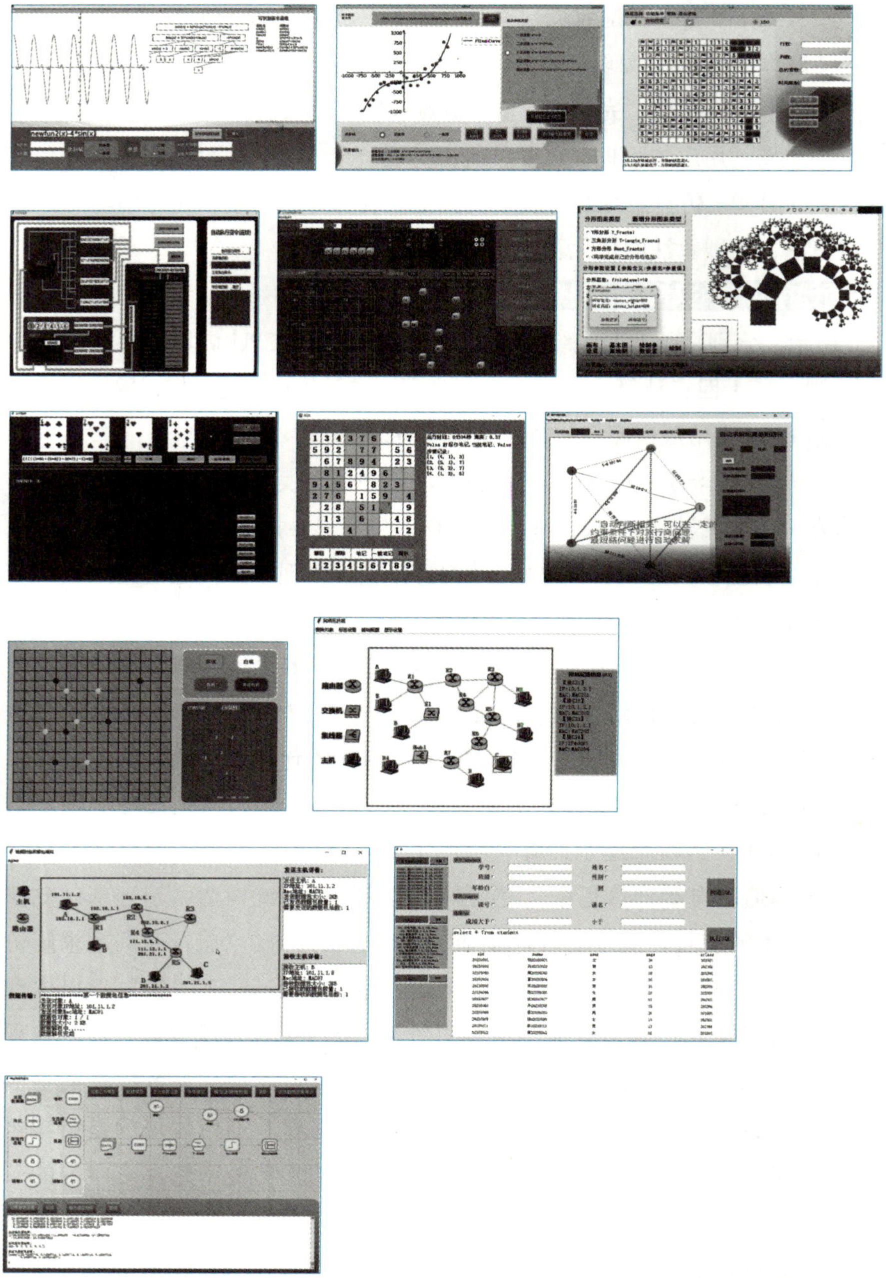

图 1.6　计算思维程序实践项目图形界面示意（精准界面以实际项目运行为准）

思考题

1. 为什么所有人都要学习计算思维？计算思维对不同专业（结合自己的专业）的价值在哪？如何实现基于计算的创新？

2. 计算是如何与社会 / 自然深度融合的？试举例说明。

3. 为什么说“计算”是科学研究的第三种手段？什么是计算？其有何特点？

4. 人们要学习哪些计算思维？本教材的项目实践脉络是怎样的？

5. 怎样学习计算思维？联想体验式计算思维学习法和编程项目式计算思维实践法的要点分别是什么？

第 2 章

计算机语言与基本编程环境

本章要点：理解 Python 语言的基本语法要素——常量与变量，算术、逻辑与比较表达式，顺序、分支与循环控制结构，函数；熟悉 Python 语言编程环境及集成开发环境；了解 Python 语言的各种类库资源及使用方法；能够用 Python 语言编写简单程序。本章旨在为后续各章的编程项目实践奠定计算机语言和编程环境基础。

2.1 Python 语言及其语法要素

2.1.1 计算机语言与 Python 语言简介

计算机语言 计算机语言又称程序设计语言，是程序编写所遵循的一套语法规则的统称。计算机语言包括高级语言、汇编语言和机器语言。其中，机器语言通常是用机器所能识别的以 0、1 编码的指令和数据编写程序的语言；汇编语言是将机器指令对应成符号（助记符），进而利用符号编写程序的语言。本章介绍的计算机语言是指高级语言，不涉及机器语言和汇编语言，但需要注意的是，用高级语言编写的程序需要经过编译器转换成机器语言程序才能被机器执行。常用的高级语言有很多，如 C 语言、C++ 语言、C# 语言、Java 语言、Python 语言等，本书仅介绍 Python 语言。在有了程序设计基础后，读者可通过类比方式很容易地学会其他计算机语言。

Python 语言 Python 是一种程序设计语言，其特点为语法约束少、编程简单，提供了丰富的数据结构，并能实现面向对象、命令式、函数式和过程式等多种范式的编程，拥有强大的标准库资源和丰富的第三方类库资源，可实现跨平台程序运行等。这些特点使其成为最受欢迎的程序设计语言之一。

计算机语言学习什么 一般而言，计算机语言的学习有四个方面。一是**程序要素**，指一个程序中可能出现的各种要素，包括常量、变量、表达式、语句、函数等。二是**语法规则**，指具体计算机语言对程序要素的书写规范。程序要素可能是相同的，但不同语言的书写规范可能是不同的，如 C 语言用“花括号 {}”区分语句段落，而 Python 语言用“同长度的缩进”区分语句段落，同种语言的不同版本其书写规范也可能会发生变化。如无特指，本章的语法规则均按 Python 语言进行表达。三是**编程环境**，指能够进行程序编写、程序编译、程序调试与程序执行的环境，也被称为集成开发环境（integrated development environment，IDE）。四是**程序设计**，指用程序要素及其组合完成一个问题求解的程序编写。

2.1.2 常量、变量与表达式

计算机语言的第一组要素：常量和变量 程序是用来处理数据的，因此，数据是程序的重要组成部分。程序中通常有两种数据：常量（constant）和变量（variable）。所谓**常量**是指在程序运行过程中其值始终不发生变化的量，通常就是固定的数值或字符串。例如，45、30、−200、"Hello!"、"Good" 等都是常量。常量可以在程序中直接使用，例如，x = 30*40 是一条程序语句（表示将 30 乘以 40 的结果赋值给 x），30 和 40 都是常量，可以直接出现在程序中。常量又分为**数值型常量**和**字符串型常量**，前者可直接书写并使用，而后者需用引号括起。

所谓**变量**是指在程序运行过程中其值可以发生变化的量。在高级语言中，变量可以用指定的名字来代表，换句话说，变量由两部分组成：变量的**标识符**（又称“变量名”）以及变量的**内容**（又称“变量值”）。变量的内容在程序运行过程中是可以变化的。例如，一个变量的名字为 Exam，其内容可以为 50，也可以为 70，就像一个房间一样，变量名相当于房间的房间号，而内容相当于居住在房间的不同人员等。

变量名的命名规则是：变量名可以是由连续的（中间不能有空格的）字母或数字组合而成的任何名字（但不能是系统的保留字，保留字是计算机语言中所使用的具有特定含义的名字）。

注意：有些计算机语言区分大小写，则“Exam”和“exam”就被认为是不同的变量；而有些计算机语言不区分大小写，则“Exam”和“exam”就被认为是相同的变量。注意 Python 语言是区分大小写的语言。“Exam_one”是一个变量，而“Exam one”在作为变量使用时则可能被报错，因为它被当作了两个标识符。注意，空格是区分不同要素或者要素不同部分之间的重要标志。为避免与自己不知道的保留字发生冲突，建议读者在命名变量名时采用非英语单词来命名，如 List1、List2 等，或者通过下画线连接两部分字符构成变量名，如 Exam_one、Test_value 等。

在程序中，变量最常见的类型有三种：数值型、字符型和逻辑型。其中，**数值型**又分为整数型和实数型；**字符型**表示该变量的值是由字母、数字、符号甚至汉字等构成的字符串；**逻辑型**也称布尔型，表示该变量的值只有“真”和“假”两种，本书直接将其表示为 True 和 False。

计算机语言的第二组要素：表达式 程序对数据的处理是通过一系列运算来实现的，而运算通常是由表达式来表达的。**表达式**通常采用中缀表示法，即两个操作数在两边，一个运算符在中间。一个表达式可以作为操作数嵌入另一个表达式，如此层层嵌入，便可以构造出更为复杂的表达式。

表达式的形式规则：

变量或值　< 运算符 >　变量或值
变量或值　< 运算符 >　（变量或值　< 运算符 >　变量或值）

通常有三种类型的表达式，即算术表达式、比较表达式（又称关系表达式）和逻辑表达式。

算术表达式即用算术运算符构造的表达式。常见的加、减、乘、除等算术运算符采用“+”“−”“*”“/”等符号来表达。算术表达式的结果一般是一个整数型或实数型的数值，例如“Area/20”“(200 + 100) *50/30”等都是算术表达式。常见的乘幂运算，

Python 采用“**”来表达，例如 2^3 表达为“2**3”，而 3^5 表达为“3**5”。Python 还采用“%”“//”来表达常用的取模（取余）运算、取整运算。

比较表达式即用比较运算符构造的表达式。常见的等于、不等于、大于、大于或等于、小于或等于、小于等比较运算符采用“==”（双等号）“<>”或“!=”“>”“>=”“<=”“<”等符号来表达。比较表达式用于比较两个**值**之间的大小关系，结果是**逻辑值**：比较关系成立则其值为“**真**”（True），而比较关系不成立则其值为“**假**”（False）。注意，比较的两个值应属于同种数据类型，例如，“3>=2”成立，其结果为 True；“6<>6”不成立，其结果为 False。

逻辑表达式即用逻辑运算符构造的表达式。常见的与、或、非等逻辑运算符采用“and”“or”“not”等符号来表达。逻辑表达式用于对逻辑值进行逻辑判断操作，结果仍然是逻辑值。每个逻辑值又可由比较表达式或逻辑表达式来代替。

各种运算符把不同类型的常量和变量按照语法要求连接在一起就构成了表达式，这些表达式还可以用括号复合起来形成更复杂的表达式。表达式的运算结果可以赋给变量，或者作为控制语句的判断条件。需要注意的是，单个变量或常量也可以看作一个特殊的表达式。

计算机语言的第三组要素：赋值语句 赋值语句是程序设计语言中最基本的语句，通常将一个表达式的计算结果保留在一个变量中。变量可以在使用过程中被重新**赋值**。

赋值语句的形式规则：

```
变量名=值 或 <表达式>;
```

其中，“=”称为**赋值符号**，表示将右侧的值或表达式的计算结果赋给左侧的变量予以保存；“；”通常表示一条语句的结束。

要注意在计算机语言中普通的“=”是赋值符号，而数学含义的“等号”在计算机语言中表达为“==”。例如，“Exam=50；”表示将 50 赋值给变量 Exam。当重新给变量赋值，如“Exam=70；”时，新赋的值将替换原来的值。也可将各种表达式的值（机器会自动计算表达式的结果）赋给变量，例如“Exam=Exam−20；”，其中右侧的“Exam−20”是一个表达式，其计算结果再赋值给 Exam。阅读程序的关键是识别标识符及各种表达式。

【示例 2.1】若干表达式和赋值语句的示例。

示例 2.1 给出了若干表达式和赋值语句。注意“#”后面的内容给出的是该语句或表达式的解释。下述示例的共同特点是将右侧表达式的计算结果赋值给最左侧的变量，不论赋值号右侧的书写多么复杂，总归是表达式，只要耐心细致地识别即可。但要记住：如果括号不匹配，则意味着表达式构造错误。

```
X=100;         # 将 100 送到 X 中保存
X=2**3;        # 将 2 的 3 次幂送到 X 中保存
X=X+100;       # 将 X 的值加上 100 后的结果再送回 X 中保存
M=X>Y+50;      # 将 X 和 Y+50 的比较结果赋给变量 M。如果已知
                 X=10，Y=-30，则表达式结果将为 False，即
                 M=False；如果已知 X=100，Y=10，则表达式结
                 果将为 True，即 M=True。M 的值将依赖于变量 X
                 和 Y 的值来确定。算术表达式优先于比较表达式
N=(A-B)<=(A+B);  # 将 A-B 和 A+B 的比较结果赋给变量 N。
                   如果已知 A=10，B=-20，则表达式结
                   果将为 False，即 N=False；如果已知
                   A=90，B=20，则表达式结果将为 True，
                   即 N=True。N 的值将依赖于变量 A 和 B
                   的值来确定
M=(X>Y)and(X<Y);   # 可以看出，不论 X、Y 取何值，X>Y 和
                     X<Y 中都至多有一个为 True，因此
                     整个表达式结果将始终为 False，即
                     M=False
N=(X>=Y)or(X<Y);   # 可以看出，不论 X、Y 取何值，X>=Y 和
                     X<Y 中都至少有一个为 True，因此整个
                     表达式结果将始终为 True，即 N=True
K=((A>B)or(B>C))and((A<B)or(B<C));
# 该式中，如果假设 A=25，B=19，C=25，则 K=True；如果假
  设 A=25，B=19，C=16，则 K=False。K 的值依赖于 A、B、
  C 的值来确定
```

2.1.3　语句与程序控制

高级语言程序的主体是由语句（statement）组成的。语句决定了如何对数据进行运算，也决定了程序的走向，即根据运算结果确定程序下一步将要执行的语句。

程序语句基本可以分为三类：赋值语句、控制语句、输入/输出语句。**赋值语句**是程序设计的基础，如前所述。**控制语句**是程序设计的核心，它决定了程序执行的路径，

决定了程序的结构，如分支结构、循环结构等。**输入 / 输出语句**主要用于程序获取外界的数据或者将程序结果输出到外界等。此外，为了便于理解源程序，高级语言中一般还提供一种不可执行的注释语句，它的作用是对一段程序的含义进行注释，以便使程序易于理解，如本章中用“#”引出的内容便是一种注释语句。

计算机语言的第四组要素：分支控制语句 通常，程序默认的执行方式是一条语句接着一条语句地执行，这是基本的程序结构，即**顺序结构**。但有时需要依据一个条件判断来改变程序执行的路径，就像“道路上的交叉口向左转还是向右转，需要依据条件做出选择”，称为**分支结构**。分支结构通常采用 If 语句。

If 语句的形式规则：

```
(1) If  条件:(条件为真时执行的)语句 1;
(2) If  条件:
        语句 11;              # 条件为真时执行该段落的语句
        语句 12;              # 用等长缩进标明一个语句段落
(3) If  条件:
        (条件为真时执行的)语句序列 1;    # 条件为真时执行语句序列 1，以等长缩进
                                        书写序列 1 的语句
    Else
        (条件为假时执行的)语句序列 2;    # 条件为假时执行语句序列 2，以等长缩进
                                        书写序列 2 的语句
```

其中（1）主要用于条件为真时仅执行一条语句的情况。如果条件为真，则执行语句 1，然后执行该 If 语句后的下一条语句；如果条件不为真，则顺序执行该 If 语句后的下一条语句。而（2）用于仅包含条件为真时的语句序列。如果条件为真，则执行语句 11、语句 12 等用等长缩进标明的语句序列，然后接着执行该 If 语句后的下一条语句；如果条件不为真，则顺序执行该 If 语句后的下一条语句。（3）既包含条件为真时的语句序列，也包含条件为假时的语句序列。即条件为真时，执行语句序列 1；条件为假时，执行 Else 后的语句序列 2。各语句序列均用等长缩进来标明。

【示例 2.2】分支语句的简单示例。

```
If  (D1>D2): D1=D1-5;
D1=D1+10;
```

如果已知 D1=10，D2=5，则以上程序的条件是满足的，因此将先执行 D1=D1-5，结果为 D1=5，然后执行 D1=D1+10，最终结果是 D1=15。如果已知 D1=8，D2=10，则以上程序的条件是不满足的，因此将执行 D1=D1+10，最终结果是 D1=18。因此可以看出，程序随条件表达式“D1>D2”的结果改变程序执行的路线。阅读时能够注意上面是两条语句，题目就不难理解了。

上述语句如果写成下面的形式，是否更为清晰呢？

```
If  (D1>D2):
    D1 = D1-5;
D1 = D1 + 10;
```

【示例2.3】如果开始时X = 100，Y = 50，Z = 80，分析下面一段程序的执行过程，并说出每一步的结果，以及最终X、Y、Z的值。

```
X = Z + Y;          # X开始时是100，但此语句为X重新赋值，则
                      X = 130
If Y > Z:           # 注意一个语句段落的开始或结束要看语句之间是
                      否等长缩进
   X = X - Y;
Else:
   X = X - Z;       # 由于Y>Z条件不满足，因此执行X = X-Z，此时
                      X = 130-80 = 50
X = X + Y;          # 将X+Y的结果送回X保存，此时X = 50 + 50 = 100
If X > Z:  X = Y;   # 由于X>Z（即100>80）条件满足，因此执行
                      X = Y，此时X = 50
X = X - Z;          # 将X-Z的结果赋值给X，此时X = 50 - 80 = -30
If X > Y:
   X = X - Y;       # 由于X>Y条件不满足，因此不执行X = X-Y，X
                      保留 -30，程序结束
```

上述程序最终结果为X = −30，Y = 50，Z = 80。可以看出，不论程序如何变化，只要一步一步模拟执行并分析，便可得到正确结果。读者可通过赋予X、Y、Z不同的初始值来模拟程序的运行结果。

计算机语言的第五组要素：循环控制语句 程序结构除前面介绍的顺序结构和分支结构外，还经常使用一种结构，即循环结构。循环结构是用于实现同一段程序多次重复执行的一种控制结构。通常循环结构有两种形式：有界循环结构和条件循环结构。有界循环结构又称**For循环**，用For语句表达。

For语句的形式规则：

```
For 计数器变量 in range(起始值，结束值，[增量]):
    循环语句序列;
```

For 语句的含义为：以**计数器变量**为变量，从**起始值**开始，每次按**增量**增加，直至**结束值**为止，每次执行一遍循环语句序列。循环语句序列称为循环体，每执行一次循环体，计数器变量都做一次修改。这里的“增量”是可以省略的，形式规则中以 [ ] 表示，如果其省略则按默认增量值 1 来执行。由此可见，For 循环语句需明确知道起始值和结束值，或者说循环次数，才能被应用，因此其又被称为有界循环语句。

【示例 2.4】用循环结构实现求和 1＋2＋3＋…＋1000 的程序。

```
Sum=0;                          // 令 Sum 表示和，首先初始化为 0
For I in range (1,1000,1):      //I 为计数器，从 1 到 1000 计数，I 每次加 1
    Sum=Sum+I;                  // 循环地将 I 值与 Sum 值相加，结果再保存到 Sum 中
```

该程序为一个循环结构的程序，通过阅读可以发现，其包括四个部分：初始化部分、循环体、修改部分和控制部分。初始化部分为循环做准备，设置计算结果的初值，如语句“Sum＝0；”，如果缺失本条语句，则计算结果将不正确。循环体是核心，是将要重复执行的程序段落，如语句序列“Sum＝Sum＋I；”，该语句序列将被重复执行。修改部分在执行一次循环体后修改循环次数或修改循环控制条件，如上述循环每当执行一次，I 的值将加 1。控制部分用于判断循环是否结束，如判断循环次数是否减为 0 或者达到某个预定值，也可能判断某个循环控制条件是否被满足。

For 语句是循环次数已知的一种循环结构。如果循环次数未知，则要使用条件循环结构。条件循环结构又称 **While 循环**，通常可用 While 语句或者 Do While 语句来表达。

While 语句的形式规则：

```
While(条件):
    循环语句序列;
```

其含义为：当条件满足时，重复执行循环语句序列，直到条件不满足时为止，跳出循环。循环语句序列也被称为**循环体**。

【示例 2.5】用 While 循环编程，求从 X＝1、Y＝2 开始循环计算 X＋Y，X 和 Y 每次加 1，直到 X＋Y 的值大于 10000 时为止。此时循环次数是未知的，所编程序如下：

```
X=1;
```

```
Y=2;
Sum=0;
while(Sum<=10000):
      Sum=X+Y;
      X=X+1;
      Y=Y+1;
```

2.1.4 函数定义与函数调用

计算机语言的第六组要素：函数 除顺序结构、分支结构和循环结构外，还有一种非常有用的结构即函数结构。**函数结构**是一种调用—返回式的程序控制结构。**函数（function）**是由多条语句组成的能够实现特定功能的程序段落，是对程序进行模块化封装的一种组织方式，是一种抽象，即将执行某功能的一个程序段落定义为一个名字，即函数名，以后可以用该函数名来使用相应的程序段落。**函数**一般由函数名、参数、返回值和函数体四部分构成。其中函数名和函数体是必不可少的，而参数和返回值可根据需要进行定义。对于有参数的函数，在对其进行定义时所使用的参数称为形式参数，在定义函数的函数体中使用形式参数进行程序设计；在调用该函数（即使用函数）时，调用者则必须给出该函数所需的实际参数，即将函数的功能作用于实际参数上，换句话说，在调用时用实际参数对应地取代形式参数来执行函数体以获取计算结果。对于有返回值的函数，在函数执行完毕后将向调用者返回一个执行结果。图 2.1 为函数定义与函数调用示意。注意：数学上的函数只是一个符号表达或者说符号抽象，而计算机语言中的函数则是一段可以执行的程序，不仅是符号抽象，而且用程序给出了其计算方法。

定义**函数**的形式规则：

```
def  函数名(形式参数 1,形式参数 2,…):
     函数体系列语句;
```

调用**函数**的形式规则：

```
变量名=函数名(实际参数 1,实际参数 2,…);
```

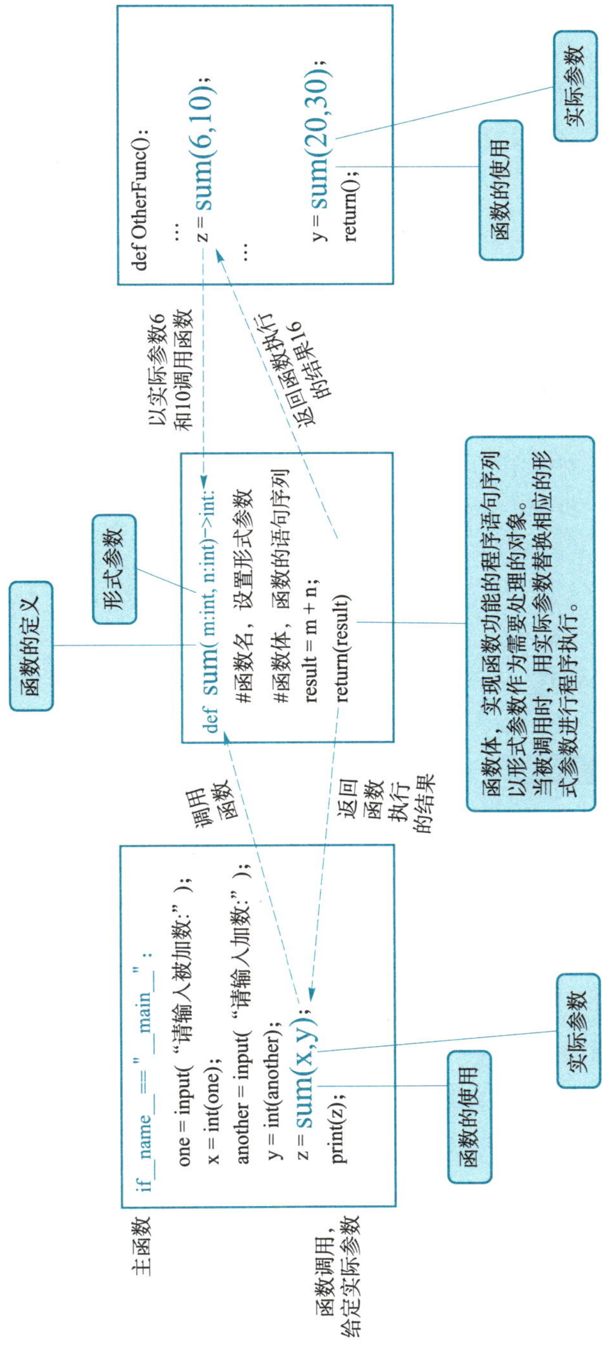

图 2.1 函数定义与函数调用示意

【示例 2.6】函数定义与函数调用示例。

```
def mysum (m: int, n: int)->int:
    s=m+n;
    return s;
```

在该函数定义中，mysum 为函数名，m 和 n 为形式参数，其实际值将由调用者按此格式传递给该函数。函数体可由多条语句组成程序段落，以形式参数 m 和 n 来编写程序。调用该函数时，将由实际参数对应地替换 m 和 n 代入函数体进行计算获得结果。

最终的程序通常是由一个或多个函数构成的，其中有一个特殊的函数，它是整个程序执行的入口，称为主函数。

```
if_name_=="_main_":          # Python 的主函数
   x=10;
   y=15;
   z=mysum(x, y);
   print(z)
```

2.1.5 多元素变量——数组与列表

一维数组：多元素变量 一维数组（one-dimensional array）是 n 个数据元素的有序序列，即 X[0]，X[1]，X[2]，X[3]，…，X[n−1]，又称**向量（vector）**。在计算机语言中与此相似，向量可采用一个变量名和一个索引来唯一确定一个元素。其中索引可以为常量，则其指向固定的元素；索引也可以为变量，当其值由 0 逐渐变为 n−1 时，则分别指向第 1 个元素到第 n 个元素，而且索引可以参与运算。如图 2.2（a）所示，向量中的一个元素由变量名 Mark 和一个索引来标识，例如 Mark[0] 表示向量的第 1 个元素，Mark[4] 表示向量的第 5 个元素，如果索引用变量 I 来表示，则 Mark[I] 将随 I 值的变化而访问向量中的不同元素，如 Mark[I+1] 和 Mark[I−1] 表示访问 Mark[I] 的后一个元素和前一个元素（注：Mark[I+1] 和 Mark[I]+1 是不同的，前者表示向量中 Mark[I] 的后一个元素，而后者表示向量中 Mark[I] 元素的值加 1）。因此说向量这一数据结构使得算法可以遍历其中的所有变量而不需要显式地为每个变量单独命名。

高级语言中按次序访问某一向量的每一个元素可由一个循环结构程序实现。例如：

```
Mark=[82,95,100,60,80];          # 一维向量 Mark 赋初始值，参见图 2.2(a)
n=5;
Sum=0;
```

```
for I in range(0,n-1,1):          # I 为计数器，从 1 到 n 计数循环，I 每次加 1
        Sum=Sum+Mark[I];          # 5 个学生的成绩被存储在向量 Mark[] 中，循环累
                                    加到 Sum 中
Avg=Sum/n;                        # Avg 是 5 个学生的平均成绩
```

二维数组：多元素变量 在某些情况下，将数据以表（table）的形式组织更为方便，如图 2.2（b）所示。表是二维的，其对应的数据结构称为矩阵（matrix）或二维数组（two-dimensional array）。二维数组也具有广泛的用途，例如乘法口诀表是一个 10×10 的数组，每个交叉点上的数据是行、列索引的乘积；再如成绩单也是一个二维数组，数据是某个学生某门课程的成绩；地球上的经纬度网格也是一个二维数组，表示经度和维度交叉确定的位置。

类比一维数组，访问二维数组中的元素需要两个索引，分别是行（row）和列（column）。记第 5 行第 3 列的元素为 A[4][2]（自 0 开始），如果 A 是一个乘法口诀表，则 A[4][2] 的值是 (4+1)×(2+1)=15。类似于向量，可以有 A[X][Y]、A[X+4][Y−5]，前者表示矩阵 A 中第（X+1）行第（Y+1）列的元素，后者表示矩阵 A 中第（X+4+1）行第（Y−5+1）列的元素。注意计算机中自 0 开始计数，而现实语义自 1 开始计数，因此该行列索引有“+1”的动作，即计算机中 M[1][2] 的现实语义表述为第 2 行第 3 列，参见图 2.2（b）。二维数组在某些计算机语言中被表达为 A[i, j] 形式，请注意。

高级语言中可用嵌套循环来访问一个二维数组。例如遍历整个成绩表可以利用嵌套循环：外层循环遍历所有学生，内层循环遍历某个学生的所有课程，或者相反。如图 2.2（b）所示，假设 M[][] 存储的是 4 个学生 4 门课的成绩，行代表学生的学号，列代表课程的编号，则统计所有学生所有课程的平均成绩的程序如下所示：

```
Sum=0;
for I in range(0,3,1):            # I 为计数器，从 0 到 3 计数循环，I 每次加 1
for J in range(0,3,1):            # J 为计数器，从 0 到 3 计数循环，J 每次加 1
        Sum=Sum+M[I][J];          # 内层循环一个学生的 4 门成绩被累加——M[I][0]
                                    至 M[I][3]，外层循环 4 个学生的 4 门成绩被累
                                    加——M[0][0] 至 M[3][3]
Avg=Sum/16;                       # Avg 是 4 个学生 4 门课的平均成绩
```

算法或程序也可以使用更为复杂、具有更高维度的数组，例如，一个三维数组的结构类似一个立方体，需要三个索引来确定其中的一个元素。

列表：多元素变量 列表也是 n 个数据元素的有序序列，它被表达成一个用逗号区分的数据序列。例如，list1 = ['physics', 'chemistry', 1997, 2000] 是由 4 个元素构成的列表，list2 = [1, 2, 3, 4, 5] 是由 5 个元素构成的列表，list3 = ["abc", "bef", "cd",

值	变量名
82	Mark[0]
95	Mark[1]
100	Mark[2]
60	Mark[3]
80	Mark[4]

(a) 向量或一维数组的逻辑结构示意

表实例（行\列）	0	1	2	3
0	11	25	22	25
1	45	39	8	44
2	21	28	0	100
3	34	83	75	16

M[1][2]

(b) 表或二维数组的逻辑结构示意

图 2.2 数组（变量名与索引）的含义及数据保存示意

"dfg", "mkbkl", "aklgh"] 是由 6 个元素构成的列表。上述列表也可以由一个变量名和一个索引来唯一确定一个元素，例如 list1 列表用 list1 [0]、list1 [1]、list1 [2]、list1 [3] 等分别读取第 1~4 个元素。列表也有二维列表和多维列表。二维列表如 list4 [] [] = [[3, 4, 5], [2, 4, 5], [7, 8, 9]] 也是一个多元素变量，只是这里的每个变量又是一个列表。二维列表或多维列表也如二维数组或多维数组一样进行操作。列表是 Python 语言最常使用的数据结构，有许多内置函数的参数是用列表保存的，读者可多使用、多体验。

2.1.6 Python 内置函数及其调用

除前面介绍的用户自定义的函数外，具体计算机语言通常还提供给用户丰富的内置函数（或称系统函数），这些内置函数是一系列事先已经编制的程序，可被用户直接调用。

例如，print () 和 input () 即为两个内置函数，前者用于将字符串按指定格式输出到屏幕，后者用于接收键盘的输入，并按指定格式将其存储于相应变量中，在程序编写时可以直接调用。Python 还提供了许多内置函数，如求绝对值的函数 abs ()、求和的函数 sum ()、求最小值的函数 min ()、求最大值的函数 max ()、转换成十六进制的函数 hex ()、转换成浮点数的函数 float ()、转换成 ASCII 码的函数 ascii ()、转换成整数的函数 int ()、转换成字符串的函数 str ()、求字符串长度的函数 len ()、获取范围数据的函数 range ()、获取列表型数据的函数 list () 等，读者需要时可查阅 Python 手册了解函数的种类和详细使用方法。

2.2 一种支持 Python 的编程环境简介

程序设计过程与程序开发环境 狭义地讲，程序设计过程包括编写源程序、编译、链接、发布运行四个阶段。编写源程序阶段是指按程序设计语言的语法要求，用合适的编辑软件进行相应语言源程序的编写；编译阶段是指用相应的编译器对源程序进行编译，产生机器能够识别的目标程序代码；链接阶段是指将目标代码与相关函数库进行链接（注：函数库中存放着程序中所使用的相关函数的目标代码），形成可执行程序；发布运行阶段是指将可执行程序及相关的其他辅助文件安装到拟使用该程序的计算机中，其将脱离编程环境，可独立运行。

集成开发环境又称程序开发环境，是为了方便程序开发人员进行程序设计，将源程序编辑、编译、链接、运行以及一些辅助功能集成到一起的一个应用软件套件。一般而言，程序开发环境通常包含编辑器、编译器、链接器、调试器、函数库以及工程管理器等若干基本组成部分，如图 2.3 所示。编辑器（editor）不仅能够编辑源程序文件，还能提供语法检查、代码自动生成等功能。调试器（debugger）可帮助模拟程序执行的步骤，一步步或一段段地执行程序，跟踪程序中某些变量的值，判断这些值的正确性和程序的正确性。编译器（compiler）负责将源程序翻译为目标机器能够识别的程序，通常为二进制代码的目标程序。链接器（linker）可以实现目标程序与函数库中函数的连接，也可以实现多个目标程序及其相关文件之间的连接，最终生成一个统一的可执行文件。函数库（library）是为了方便程序员编写程序，由开发环境提供的一套事先编译完成的二进制代码库，函数库中封装了大量可重复使用的函数。工程管理器（project manager）主要对所开发应用程序的所有文件提供组织和管理功能。一些大型应用程序往往包含成千上万的程序文件，这些文件既有源程序文件，也有程序所需要的声音、图像、动画等资源文件，此外还包括有关程序编辑、编译、链接等所需的一些配置文件等，对这些文件进行有效、合理的管理即工程管理器的功能。

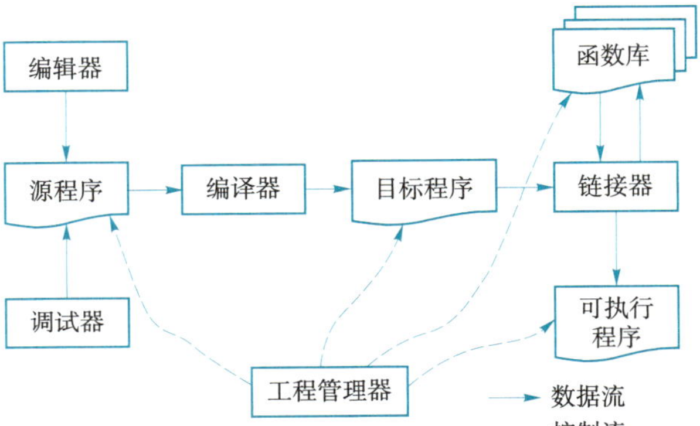

图 2.3 集成开发环境示意图

Python 与 PyCharm 的安装与测试 本章以 PyCharm 为例介绍编程环境，读者可借鉴本章介绍来学习其他编程环境。PyCharm 是 JET Brain 公司开发的一种集成开发环境，可以编辑并运行 Python 程序，其中的 Community（社区版）是免费、开源的版本。安装过程请参见软件相关说明书，也可通过互联网获得相关指南和指导。当 Python 和 PyCharm 安装完毕后，可按下列步骤检查、测试是否安装成功。

（1）启动 PyCharm。（2）选择“Create New Project”选项，输入工程文件的存储位置和名称（如输入“D:\firstProject”）。注意：如果之前已进入某个工程文件，则可通过菜单选择“File → New Project”进入此状态。系统将该工程中的相应文件存储于该路径下。（3）通过菜单选择“File → New…→ Python file”，输入 Python 源程序文件名称（如输入“firstPythonProgram”，此时在 Project 窗口将出现一个“firstPythonProgram.py”文件），并出现源程序编辑窗口，此时可编辑 Python 源程序。在源程序编辑窗口中输入下列语句：

```
#-*-coding:utf-8-*-
print("你好，编程环境建立成功")
```

然后在 Project 窗口中选中“firstPythonProgram.py”并右击，选择“Run ‘firstPythonProgram’”，观察 Run 窗口中是否出现“你好，编程环境建立成功”这句话。如果出现，则表明 PyCharm 初步安装成功。

熟悉 PyCharm 的几个重要窗口 当前述过程完成后，系统会出现如图 2.4 所示的界面。需要熟悉 PyCharm 集成开发环境。（1）浏览菜单，观察其有哪些操作，哪些功能在哪个主菜单项下。（2）浏览工具栏，观察这些按钮具有什么功能。特别注意，框线框起的“列表 firstPythonProgram ”和“右向三角按钮 ▶ ”表示单击右向三角按钮则执行其左侧列表中当前显示的程序。特别提醒：在调试过程中要注意运行的是哪个程序。（3）观察 Project 窗口，该窗口用于管理当前工程中的所有文件。注意识别：Python 源程序文件是后缀 .py 扩展名的文件。双击某个源程序文件，则在源程序编辑窗口中打开该文件。当选择某个源程序文件，鼠标右击将出现快捷菜单，它是一种随选择对象不同而有不同功能项的弹出式菜单。若要执行一个不同于工具栏上的新的 Python 文件，则选择此快捷菜单中的“Run ‘…’”功能项即可。（4）源程序编辑窗口，在此窗口中输入程序语句，编写程序。（5）Run 窗口，展示程序运行的结果或者提示程序在运行过程中出现的错误。PyCharm 支持编写程序的同时运行程序，可随时单击工具栏上的“右向三角按钮 ▶ ”执行刚编辑的程序。

熟悉 Python 程序编写的基本语法规则 在编写 Python 程序时，需要知道以下基本语法规则。

（1）Python 以“#”引起一条单行注释语句，即一行中“#”后面的内容为注释。以一组’’’（三单引号）括起一个段落，使该段落成为注释段。

（2）如编辑含有中文的注释，则需在程序第一行增加“#-*-coding: utf-8-*-”

语句，表明采用 UTF-8 编码存储源程序，系统默认按 ASCII 码存储源文件。

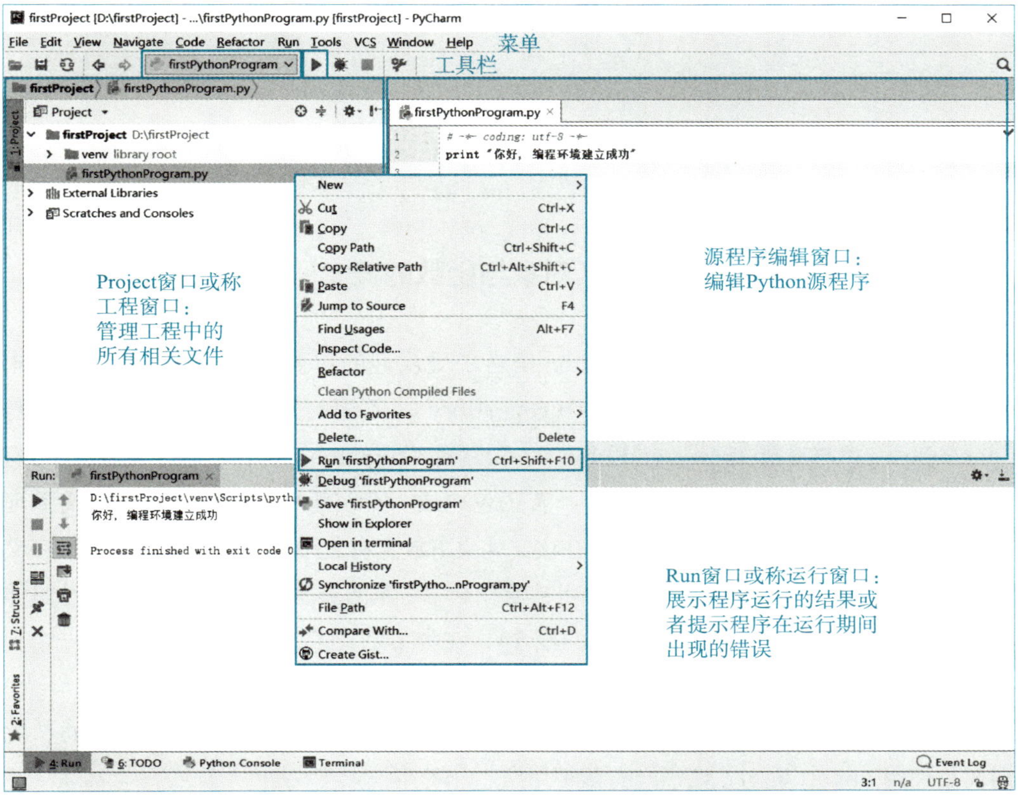

图 2.4 PyCharm 集成开发环境界面示意

（3）如程序中需处理中文，则在源程序开始处增加下列语句：

```
import sys;
reload(sys);
sys.setdefaultencoding('utf-8');
```

（4）Python 程序采用“同长度缩进”区分语句段落。**不同缩进的语句是属于不同段落的，**“缩进”就相当于本书用以区分语句段落的“{}”。例如一个函数什么时候开始、什么时候结束，是用缩进来区分的，而分支结构中不同分支上的程序语句段，以及循环结构中的循环体语句段，均用缩进来区分。这一点与其他语言不同，要注意适应。

（5）Python 可以使用或不使用“；”结束一条语句，可在一行以“；”区分书写多行语句。

（6）Python 语言是大小写相关的，即如“Exam”“exam”“eXam”等表示的是不同标识符。

（7）Python 程序中的变量可以直接赋值并使用，而无须事先定义其类型。当自上而下运行到某一行，需要某个变量的值，则该变量必须在该行之前已经定义并赋值。

2.3 Python 语言的标准类库资源

2.3.1 资源库、模块、类 / 对象与函数的概念

关于资源库、模块和函数 Python 语言广受欢迎的重要因素，是其拥有大量丰富的、面向各专业应用开发的资源库（repository），不同的资源库中包含了不同的包（package）、类与对象（class and object）和函数（function）。若干函数被封装于类 / 对象中，若干类 / 对象被封装于包中，若干包构成一个资源库。也可以这样来简单理解：一个“包”通常是一个文件夹，在该文件夹下放置有若干程序文件，在每个程序文件中定义了“类”（注：简单理解，类可被看作一组对象的类型，而对象是类的一个具体实例，后续章节会深入讲解类和对象的概念），在类中定义了“函数”，用类创建一个个对象，然后用对象调用相应的函数。一组类 / 对象被称为一个模块（module）。

如何使用模块及其函数 Python 程序通常会用到模块（包、类 / 对象和函数），此时需要使用 Import 语句，该语句有两种用法。一种用法如下：

```
import PackageName as anotherName;
import PackageName
```

上述语句是将模块作为对象导入本程序（即使用模块中的类在本程序中创建对象，以便对象使用类中的函数）。使用该模块中的类 / 对象、函数时，需加前缀“PackageName.”或“anotherName.”，其中 anotherName 是本程序定义的该模块的别名。另一种用法如下：

```
from PackageName import*
```

上述语句是将该模块的所有内容导入本程序，可直接使用该模块中的类 / 对象、函数，而无须加前缀“PackageName.”。

模块及函数使用异常 当使用了某模块的类 / 对象和函数时，若仍然出现类似于“模块或对象或函数没有定义”的错误，则可能表明该模块没有被正确导入本工程文件。此时可通过菜单“File → DefaultSettings”，选择“Project Interpreter”进行安装。

怎样了解模块或函数的使用方法 当不了解某模块的功能或使用方法时，可通过

互联网搜索引擎搜索相关的使用方法，或者查询官网发布的相关信息。

Python 语言提供了丰富的类库资源，分为标准类库资源和第三方类库资源。本节先简要介绍几个标准类库资源，下一节再简要介绍典型的第三方类库资源。详细使用方法可参考后续各章的编程实践。

2.3.2 os 模块——操作系统功能调用模块

os 模块 os 是 Python 标准类库中的一个模块，为编程者提供访问操作系统功能的方法，允许应用程序与操作系统进行交互，执行文件和目录操作、获取环境变量、管理进程等。使用时需在程序中使用“import os”引入该模块，然后即可调用相应函数完成相应功能。

os 模块常用的函数及功能如下。

（1）文件和目录操作

–os.getcwd()：获取当前工作目录的路径。

–os.chdir(path)：修改当前工作目录为指定路径。

–os.listdir(path)：返回指定目录下的所有文件和文件夹列表。

–os.mkdir(path)：创建一个新目录。

–os.remove(path)：删除文件。

–os.rmdir(path)：删除空目录。

–os.path.exists(path)：检查文件或目录是否存在。

（2）获取环境变量

–os.environ：包含当前环境变量的字典。

–os.getenv(key)：获取指定环境变量的值。

–os.putenv(key, value)：设置指定环境变量的值。

（3）进程管理

–os.system(command)：在操作系统中执行指定的命令。

–os.spawn* 和 os.exec* 系列函数：用于执行外部程序。

（4）路径操作

–os.path.join(path, *paths)：将多个路径组合成一个完整的路径。

–os.path.abspath(path)：返回指定路径的绝对路径。

–os.path.basename(path)：返回路径中的文件名部分。

–os.path.dirname(path)：返回路径中的目录部分。

（5）其他功能

–os.name：字符串标识当前操作系统的名称。

–os.rename (src, dst)：将文件或目录重命名。

前述内容只是 os 模块的部分功能，它还有许多其他功能。读者可通过查阅官方文档来了解更多关于 os 模块的详细信息。

2.3.3 sys 模块——系统环境编程控制模块

sys 模块 sys 是 Python 标准类库中的一个模块，为编程者提供与 Python 解释器及其环境交互的功能，允许应用程序访问命令行参数、控制解释器行为、与操作系统进行交互以及处理异常等。使用时需在程序中使用“import sys”引入该模块，然后即可调用相应函数完成相应功能。

sys 模块常用的函数及其功能如下。

（1）命令行参数

–sys.argv：包含命令行参数的列表。

–sys.argv [0]：当前脚本程序的名称。

–sys.argv [1:]：命令行传递给脚本程序的参数列表。

（2）系统相关信息

–sys.version：Python 解释器的版本信息。

–sys.platform：当前运行的平台名称。

–sys.executable：Python 解释器的可执行文件路径。

（3）标准输入、输出和错误

–sys.stdin：标准输入流对象。

–sys.stdout：标准输出流对象。

–sys.stderr：标准错误输出流对象。

（4）运行时环境和配置

–sys.path：Python 模块搜索路径的列表。

–sys.modules：已加载的模块字典。

–sys.getsizeof (object)：返回对象占用内存的字节数。

（5）Python 解释器行为控制

–sys.exit ([arg])：退出程序，并可选择返回一个指定的退出码。

–sys.maxsize：整数类型的最大值。

–sys.setrecursionlimit (limit)：设置递归调用的最大深度限制。

（6）异常处理

–sys.exc_info ()：返回当前异常的相关信息。

–sys.exc_clear ()：清除当前的异常信息。

前述内容只是 sys 模块的部分功能，它还有许多其他功能。读者可通过查阅官方文档来了解更多关于 sys 模块的详细信息。

2.3.4 math 模块——常用数学函数计算模块

math 模块 math 是 Python 标准类库中的一个模块，为编程者提供许多数学函数计算的功能。它包含各种数学操作，例如三角函数、指数函数、对数函数、幂函数、取整函数等。使用时需在程序中使用“import math”引入该模块，然后即可调用相应函数完成相应功能。

math 模块常用的函数及功能如下。

（1）常数

-math.pi：圆周率 π 的近似值。

-math.e：自然常数 e 的近似值。

（2）数值操作

-math.ceil (x)：返回不小于 x 的最小整数。

-math.floor (x)：返回不大于 x 的最大整数。

-math.trunc (x)：返回 x 的整数部分。

-math.pow (x, y)：返回 x 的 y 次幂。

-math.sqrt (x)：返回 x 的平方根。

-math.exp (x)：返回 e 的 x 次幂。

-math.log (x, base)：返回以 base 为底的 x 的对数。

-math.log10 (x)：返回以 10 为底的 x 的对数。

（3）三角函数

-math.sin (x)：返回 x 的正弦值。

-math.cos (x)：返回 x 的余弦值。

-math.tan (x)：返回 x 的正切值。

-math.radians (x)：将角度 x 转换为弧度。

（4）反三角函数

-math.asin (x)：返回 x 的反正弦值。

-math.acos (x)：返回 x 的反余弦值。

-math.atan (x)：返回 x 的反正切值。

（5）其他常用函数

-math.abs (x)：返回 x 的绝对值。

-math.factorial (x)：返回 x 的阶乘。

–math.modf (x)：将 x 拆分为整数部分和小数部分。

前述内容只是 math 模块的部分功能，它还有许多其他功能，例如对数函数、双曲函数、特殊函数等。读者可通过查阅官方文档来了解更多关于 math 模块的详细信息。

2.3.5 random 模块——伪随机数处理模块

random 模块 random 是 Python 标准类库中的一个模块，为编程者提供生成伪随机数的功能，可以用于生成随机数、随机选择元素、打乱列表、生成随机字符串等操作。使用时需在程序中使用“import random”引入该模块，然后即可调用相应函数完成相应功能。

random 模块常用的函数及功能如下。

（1）随机数生成函数

–random.random ()：生成一个范围在 [0.0，1.0) 的随机浮点数。

–random.randint (a, b)：生成一个范围在 [a，b] 的随机整数。

–random.uniform (a, b)：生成一个范围在 [a，b] 的随机浮点数。

–random.choice (seq)：从序列 seq 中随机选择一个元素。

–random.choices (population, weights = None, k = 1)：根据权重从种群中随机选择 k 个元素。

–random.sample (population, k)：从种群中无重复地随机选择 k 个元素。

（2）随机序列操作

–random.shuffle (lst)：随机打乱列表中元素的顺序。

–random.sample (population, k)：从序列中随机选择 k 个元素并返回一个新列表。

（3）随机种子控制

–random.seed (a = None, version = 2)：设置随机数生成器的种子。

使用 random 模块需注意，它生成的是伪随机数，即基于固定的种子值生成的序列，因此在每次程序运行时都会得到相同的随机数序列。如果需要更安全和更高质量的随机数，则可使用 secrets 模块。读者可通过查阅官方文档来了解更多关于 random 模块的详细信息。

2.3.6 time 模块——时间相关处理模块

time 模块 time 是 Python 标准类库中的一个模块，为编程者提供与时间相关的功能和操作，可以用于测量代码的执行时间、进行时间延迟、获取当前时间等。使用时需在程序中使用“import time”引入该模块，然后即可调用相应函数完成相应功能。

time 模块常用的函数及功能如下。

(1) 时间获取

–time ():返回当前时间的时间戳(从 1970 年 1 月 1 日零点开始的秒数)。

–gmtime ([seconds]):将时间戳转换为格林尼治标准时(GMT)的时间元组。

–localtime ([seconds]):将时间戳转换为本地时间的时间元组。

–ctime ([seconds]):返回一个表示时间的字符串,常用于输出时间。

(2) 时间格式化

–strftime (format [, t]):格式化时间元组或时间戳为指定的字符串格式。

–strptime (string, format):根据指定的格式,解析字符串为时间元组。

(3) 时间延迟

–sleep (secs):暂停程序的执行,延迟指定的秒数。

(4) 计时器

–perf_counter ():返回一个精确的 CPU 计时器的值,用于性能测量。

(5) 计时功能

–time () 和 perf_counter () 配合使用,可以测量代码的执行时间。

使用 time 模块需注意,它的时间精度可能受系统限制,不适合进行高精度的时间测量。如果需要更高级的时间操作和日期计算,则可使用 datetime 模块。读者可通过查阅官方文档来了解更多关于 datetime 模块的详细信息。

2.3.7 Tkinter 模块——图形用户界面处理模块

Tkinter 模块 Tkinter(Tk interface)是一个用于创建图形用户界面(GUI)的 Python 标准类库中的一个内置模块。它基于 Tk GUI 工具包,为编程者提供创建桌面应用程序的简单且易于使用的方式。

Tkinter 的一些特点和概念如下:

(1) 跨平台性:Tkinter 是跨平台的,可以在各种操作系统(如 Windows、macOS、Linux)中运行。

(2) 组件:Tkinter 提供了一系列可视化组件(如按钮、文本框、标签、列表框等),可以通过这些组件来构建用户界面。

(3) 布局管理器:Tkinter 提供了多种布局管理器(如 pack、grid 和 place),用于管理和安排组件在窗口中的位置和大小。

(4) 事件驱动:Tkinter 是事件驱动的,可以为组件绑定事件处理函数,响应用户的操作(如点击按钮、输入文本等)。

当使用 Tkinter 创建 GUI 应用程序时,会涉及以下常用对象。

（1）Tk 对象

–Tk：主窗口对象，也称为根窗口。

（2）组件对象

–Button：按钮组件对象，用于响应用户点击操作。

–Label：标签组件对象，用于显示文本或图像。

–Entry：文本输入框组件对象，用于接收用户输入的文本。

–Text：文本框组件对象，用于多行文本输入和显示。

–Frame：框架组件对象，用于组织和布局其他组件。

–Listbox：列表框组件对象，用于显示列表中的选项。

–Checkbutton：复选框组件对象，用于选择一个或多个选项。

–Radiobutton：单选按钮组件对象，用于选择一个选项。

–Scrollbar：滚动条组件对象，用于在容器中滚动内容。

（3）布局管理器对象

–pack：按顺序将组件放置在容器中，自动调整大小和位置。

–grid：使用网格布局管理器，在表格中按行列位置放置组件。

–place：直接指定组件在容器中的位置和大小。

（4）事件对象

–Event：事件对象，封装了与用户交互相关的事件信息，如鼠标点击、键盘按键等。

这些对象是 Tkinter 中的核心概念，可以根据需要选择合适的对象来构建 GUI 程序。使用这些对象，可以创建、布局和管理各种组件，以及响应用户的操作和事件。

使用 Tkinter 的步骤如下。

（1）导入 Tkinter 模块：在 Python 脚本中导入 Tkinter 模块，可以使用 import tkinter 或 from tkinter import*。

（2）创建主窗口：创建一个主窗口对象，通常使用 Tk () 函数。

（3）添加组件：使用各种 Tkinter 提供的组件类（如 Button、Label、Entry 等）创建组件对象，并将它们添加到主窗口中。

（4）布局管理：使用布局管理器（如 pack、grid、place）来管理和安排组件在主窗口中的位置和大小。

（5）绑定事件：为需要响应用户操作的组件绑定事件处理函数，例如为按钮绑定点击事件的处理函数。

（6）运行主循环：调用主窗口对象的 'mainloop () ' 方法，进入 Tkinter 的事件循环，等待用户交互。

Tkinter 提供了丰富的文档和示例代码，读者可通过查阅官方文档来了解更多关于

Tk 模块的详细信息。

2.3.8 json 模块——Web 交互数据格式处理模块

json 模块 json 是 Python 标准类库中的一个模块，用于处理 JSON（JavaScript object notation）格式的数据。JSON 是一种常用的数据交换格式，它基于 JavaScript 对象语法，但已成为许多编程语言的通用格式。json 模块提供了一组功能，用于解析 JSON 数据、生成 JSON 数据和操作 JSON 对象。使用时需在程序中使用“import json”引入该模块，然后即可调用相应函数完成相应功能。

json 模块常用的函数及功能如下。

（1）JSON 解析

–json.loads (json_string)：解析 JSON 字符串，将其转换为 Python 对象。

（2）JSON 序列化

–json.dumps (obj)：将 Python 对象转换为 JSON 字符串。

（3）文件读写

–json.load (file)：从 JSON 文件中读取数据，将其转换为 Python 对象。

–json.dump (obj, file)：将 Python 对象写入 JSON 文件。

json 模块还提供了其他功能，如自定义编码器和解码器、格式化输出、处理特殊数据类型（如日期时间对象）等。使用 json 模块，可以方便地将数据转换为 JSON 格式，或将 JSON 数据解析为 Python 对象，以便在程序中进行处理和操作。json 模块通常在与 Web API 交互、读取和写入 JSON 数据文件、处理配置文件等场景中使用。读者可通过查阅官方文档来了解更多关于 json 模块的详细信息。

2.3.9 re 模块——表达式解析与处理模块

re 模块 re 是 Python 的标准类库中的一个模块，为编程者提供正则表达式操作的功能。正则表达式是一种模式匹配和文本处理工具，用于在字符串中搜索、匹配和操作特定模式的文本。re 模块提供了一组函数和方法，用于处理正则表达式的编译、匹配、搜索、替换等操作。使用时需在程序中使用“import re”引入该模块，然后即可调用相应函数完成相应功能。

re 模块常用的函数及功能如下。

（1）正则表达式操作函数

–re.match (pattern, string)：从字符串的开头开始匹配模式。

–re.search (pattern, string)：在字符串中搜索匹配模式的第一个位置。

–re.findall (pattern, string)：返回字符串中所有匹配模式的非重叠列表。

–re.finditer (pattern, string)：返回一个迭代器，迭代字符串中所有匹配模式的对象。

–re.sub (pattern, repl, string)：将字符串中匹配模式的部分替换为指定字符串。

–re.split (pattern, string)：根据模式将字符串分割成列表。

（2）正则表达式修饰符

–re.I 或 re.IGNORECASE：忽略大小写匹配。

–re.M 或 re.MULTILINE：多行匹配。

–re.S 或 re.DOTALL：让 '.' 匹配任意字符，包括换行符。

–re.X 或 re.VERBOSE：支持详细的正则表达式写法，忽略空白字符和注释。

（3）正则表达式模式语法

– 字符类：[...]，表示字符集合。

– 量词：*、+、?、{m}、{m，n}，表示匹配次数。

– 锚点：^、$，表示字符串的开始和结束位置。

– 分组：(...)，表示捕获分组。

– 转义字符：\，用于转义特殊字符。

re 模块提供的正则表达式功能可用于文本处理、数据提取、模式匹配和字符串操作等多个方面。通过使用正则表达式，编程者可以轻松地处理字符串匹配、搜索和替换操作，处理复杂的文本模式。读者可通过查阅官方文档来了解更多关于 re 模块的详细信息。

2.3.10　collections 模块——聚集型数据结构处理模块

collections 模块　collections 是 Python 标准类库中的一个模块，为编程者提供一组额外的数据结构和容器，用于扩展内置的数据类型。它包含了一些有用的数据结构，以及用于处理数据的工具函数。使用时需在程序中使用“import collections”引入该模块，然后即可调用相应函数完成相应功能。

collections 模块常用的函数及功能如下。

（1）基本数据结构

–namedtuple：创建具有命名字段的元组，可用于定义简单的数据对象。

–deque：双端队列，支持高效的头尾插入和删除操作。

–Counter：计数器，用于快速计算可迭代对象中元素的出现次数。

–defaultdict：默认字典，提供默认值的字典类型。

–OrderedDict：有序字典，记录元素的插入顺序。

–ChainMap：链式映射，将多个字典链接在一起形成逻辑上的单个映射。

–UserDict：字典的包装类，用于创建自定义字典类的基类。

–UserList：列表的包装类，用于创建自定义列表类的基类。

–UserString：字符串的包装类，用于创建自定义字符串类的基类。

（2）其他功能

–namedtuple () 函数：用于创建命名元组的工厂函数。

–deque 类的旋转和扩展操作：支持向左或向右旋转元素，并支持在两端扩展队列。

–Counter 类的常用操作：如元素计数、最常见元素、计算多个计数器的并集或交集等。

–defaultdict 类的默认值：用于提供默认值，当访问不存在的键时不会引发 KeyError。

–OrderedDict 类的按顺序访问键值对：支持按照插入顺序遍历字典的键值对。

–ChainMap 类的合并字典：将多个字典链接在一起，形成逻辑上的单个字典。

–UserDict、UserList 和 UserString 类的基类：用于创建自定义字典、列表和字符串类的基类。

collections 模块可以帮助编程者更方便地处理各种数据。读者可通过查阅官方文档来了解更多关于 collections 模块的详细信息。

2.3.11　threading 模块——多线程模块

threading 模块　threading 是 Python 的标准类库中的一个模块，为编程者提供多线程编程的功能，允许在单个程序中同时执行多个线程，从而实现并发性和并行性。使用时需在程序中使用“import threading”引入该模块，然后即可调用相应函数完成相应功能。

threading 模块常用的函数及功能如下。

（1）线程创建和管理

–Thread (target, args)：创建一个新的线程对象，并指定要执行的目标函数和参数。

–start ()：启动线程，使其开始执行目标函数。

–join ()：阻塞主线程，直到该线程执行完毕。

–is_alive ()：检查线程是否处于活动状态。

（2）线程同步和锁

–Lock ()：创建一个互斥锁对象，用于线程同步。

–acquire ()：获取互斥锁，阻塞其他线程的访问。

–release ()：释放互斥锁，允许其他线程继续访问。

（3）线程间通信

–Queue：提供线程安全的队列对象，用于线程之间的数据传递。

–Event：提供线程间的事件对象，用于线程同步和通知。

（4）线程控制

–Thread.isDaemon ()：检查线程是否为守护线程。

–Thread.setDaemon (daemonic)：设置线程是否为守护线程。

（5）线程定时器

–Timer (interval, function)：创建一个定时器对象，在指定时间后执行函数。

（6）线程局部存储

–local ()：创建一个线程局部存储对象，用于在线程间共享数据。

使用 threading 模块，可以创建多个线程，并利用线程的并发性来执行多个任务。通过适当的线程同步和线程间通信，可以实现数据共享和协调多个线程的执行。需注意，threading 模块提供的线程是基于线程的模拟实现，而不是操作系统级别的线程。对于更高级的并发需求，可能需要使用 multiprocessing 模块。

2.3.12　其他模块

其他模块 除以上模块外，Python 还有许多其他模块，具体如下。

– 文本处理服务模块：提供了字符串文本处理的系列函数。常用的如 string 模块。

– 数据类型转换模块：提供了数据类型处理与转换相关的系列函数。

– 函数式编程模块：提供了为高效循环而创建迭代器的系列函数。如 itertools 模块。

– 数据持久化模块：提供了数据库访问相关的系列函数。

– 数据压缩和存档模块：提供了数据压缩相关的系列函数。

– 文件格式模块：提供了文件格式转换相关的系列函数。

– 加密服务模块：提供了加密、解密等常用的系列函数。

– 二进制数据服务模块：提供了处理二进制数据相关的系列函数。

– 互联网数据处理模块：提供了互联网相关的编码、解码等系列函数。

– 标记语言处理模块：提供了 HTML、XML 语言相关的系列函数。

– 多媒体服务模块：提供了读写不同格式多媒体文件的系列函数。

– 图形用户界面模块：提供了图形用户界面处理相关的系列函数。常用的如 Tk 模块。

– Python 语言相关模块：提供了 Python 语言语法解析与执行相关的系列函数。

2.4 Python 语言的第三方类库资源

2.4.1 第三方类库资源概述

Python 语言有十余万个第三方库，几乎覆盖信息技术所有领域，下面简要介绍。

网络爬虫： 爬取网页、提取网页内容等相关的类库。常用的有 Scrapy（用于抓取网站并从其页面中提取结构化数据的一种爬虫框架）、Crawley（高速爬取对应网站的内容，支持关系和非关系数据库，数据可以导出为 JSON、XML 等）、Portiad（可视化爬取网页内容）、lxml（可支持 HTML 和 XML 的解析，支持 XPath 的解析方式）等。

Office 相关类库： 操作 Excel、Word、MySQL、PDF 等相关的类库。常用的有 XlsxWriter（操作 Excel 工作表的文字、数字、公式、图表等）、pymysql（操作 MySQL 数据库）、pymongo（将数据写入 MongoDB，一种文档数据库）、openpyxl（一个处理 Excel 文档的 Python 第三方库，支持读写 Excel 的 xls、xlsx、xlsm、xltx、xltm 等格式文件）、python-docx（一个处理 Word 文档的 Python 第三方库，支持读取、查询以及修改 doc、docx 等格式文件，并能够对 Word 常见样式进行编程设置）、pdfminer（一个可以从 PDF 文档中提取各类信息的第三方库）等。

数据分析及可视化： 计算和生成各种图表等相关的类库。常用的有 matplotlib（一个 Python 2D 绘图库，能够生成各种可用于出版品质的硬拷贝格式和跨平台交互式环境数据）、numpy（进行科学计算所需的基础包，用于存储和处理大型矩阵，如矩阵运算、矢量处理、*N* 维数据变换等）、Plotly（Plotly 提供的图形库可以进行在线 Web 交互，支持线图、散点图、区域图、条形图、误差图、框图、直方图、热图、子图、多轴图、极坐标图、气泡图、玫瑰图、热力图、漏斗图等众多图形）等。

Web 开发类库： 开发各种 Web 应用程序等相关的类库。常用的有 Django（一个开放源代码的 Web 应用框架）、Pyramid（一个通用、开源的 Python Web 应用程序开发框架）、Tornado（一种 Web 服务器软件的开源版本）等。

机器学习类库： 机器学习与自然语言处理等相关的类库。常用的有 NLTK（一个自然语言处理的第三方库，NLP 领域中常用，可支持单词计数、词频分析、模式识别、关联分析、情感分析、可视化等）、TensorFlow（谷歌的第二代机器学习系统，是一个使用数据流图进行数值计算的开源软件库）、Keras（一个高级神经网络 API，使用 Python 编写，能够在 TensorFlow、CNTK 或 Theano 之上运行）、Caffe（一个深度学习框架，主要用于计算机视觉，对图像识别的分类具有很好的应用效果）、theano（深度学习库，与 Numpy 紧密集成，支持 GPU 计算、单元测试和自我验证，擅长处理多维数组、大规模神经网络算法运算）等。

图像和视频类库： 处理和现实图像或视频相关的类库。常用的有 OpenCV（图像和视频工作库）、PIL（Pillow, Python 语言在图像处理方面重要的第三方库，支持图像存储、显示和处理，几乎能够处理所有图像格式，可以完成对图像的缩放、裁剪、叠加以及向图像添加线条、图像和文字等操作）、pydub（支持多种格式声音文件，可进行多种信号处理、信号生成、音效注册、静音处理等）、TimeSide（能够进行音频分析、成像、转码、流媒体和标签处理的 Python 框架）。

电子游戏类库： 专门处理电子游戏相关的类库。常用的有 pygame（游戏设计与开发类库）。

2.4.2 SymPy 类库——一种符号计算相关的类库

SymPy 类库 SymPy 是一个用于符号计算的 Python 第三方类库，为编程者提供一组符号数学运算、符号代数、微积分、解方程、符号化简、微分方程求解等的功能函数。

SymPy 类库常用的函数及其功能如下。

（1）符号表达式

–Symbol：创建符号变量，用于表示数学符号。

–Expr：符号表达式的基类，支持符号计算。

（2）数学函数

–sin，cos，tan：三角函数。

–exp，log，sqrt：指数、对数和平方根函数。

–factorial，`gamma：阶乘和伽马函数。

–integrate，diff：积分和微分计算函数。

（3）代数运算

–simplify：简化符号表达式。

–expand：展开符号表达式。

–factor：因式分解符号表达式。

–collect：收集符号表达式的项。

–subs：替换符号表达式中的符号变量。

（4）方程求解

–solve：解方程或方程组。

–Eq：创建方程对象。

（5）线性代数

–Matrix：创建矩阵对象。

–det，inv，eigenvals：矩阵行列式、逆矩阵和特征值计算。

（6）微分方程求解

–dsolve：求解常微分方程。

–Eq：创建微分方程对象。

SymPy 可用于数学建模、符号计算、数值计算和教学等领域。它提供了一种以符号形式进行数学运算的方式，使得复杂数学问题的处理更加方便和直观。读者可通过查阅官方文档来了解更多关于 SymPy 类库的详细信息。

2.4.3 NumPy 类库——一种科学计算和数据分析相关类库

NumPy 类库 NumPy（Numerical Python）是一个用于科学计算和数据分析的 Python 类库，它提供高性能的多维数组对象和用于处理这些数组的函数。NumPy 是许多数据处理和科学计算库的基础，其简化了对数组数据的操作，使得数值计算更加高效和方便。

NumPy 类库常用的函数及其功能如下。

（1）多维数组对象（ndarray）

–ndarray：用于存储多维同类型数据的数组对象。

–shape：获取数组的维度和大小。

–dtype：获取数组的数据类型。

（2）数组创建和初始化

–array ()：从 Python 列表或元组创建数组。

–zeros ()：创建指定大小的全 0 数组。

–ones ()：创建指定大小的全 1 数组。

–random ()：创建指定大小的随机值数组。

（3）数组操作

– 数组索引和切片：获取和修改数组元素的值。

– 数组运算：支持数组间的逐元素运算，如加法、减法、乘法、除法等。

– 数组转置：将数组的维度进行转置操作。

– 数组重塑：改变数组的形状。

（4）数组计算

– 数组统计：计算数组的均值、方差、最大值、最小值等统计量。

– 数组聚合：对数组的部分或整体进行聚合计算，如求和、求积、求累积和等。

– 线性代数运算：进行矩阵的乘法、逆矩阵求解等线性代数运算。

（5）广播（broadcasting）

– 支持不同形状的数组之间的逐元素操作，自动调整数组形状以满足运算要求。

NumPy 提供了丰富的函数库和方法，用于处理数组数据和进行数值计算，是科学计算、数据分析和机器学习等领域的重要工具。读者可通过查阅官方文档来了解更多关于 NumPy 类库的详细信息。

2.4.4　Pandas 类库——一种数据分析和数据处理相关类库

Pandas 类库 Pandas 是一个开源的数据分析和数据处理类库，是 Python 中常用的数据处理工具之一，提供了高性能、易用的数据结构和数据分析工具，主要包含两个核心的数据结构：Series 和 DataFrame。

（1）Series

–Series 是一维标签化的数组，类似于带标签的列表或列向量；可以包含不同的数据类型，例如整数、浮点数、字符串等；具有类似 NumPy 数组的向量化操作功能，同时具备了额外的索引标签，可以通过标签进行数据访问和操作。

（2）DataFrame

–DataFrame 是一个二维的表格型数据结构，类似电子表格或关系数据库中的表，由行和列组成，每一列可以是不同的数据类型，可以包含数字、字符串、日期等数据。DataFrame 提供了许多功能，包括数据的选择、过滤、排序、分组、聚合等，以及对缺失数据的处理。

（3）其他功能

– 数据的导入和导出：支持从多种文件格式（如 CSV、Excel、SQL）中导入和导出数据。

– 数据的合并和连接：支持多个数据集的合并和连接操作。

– 数据的重塑和透视：支持数据的转置、旋转、透视表等操作。

– 时间序列数据处理：提供了强大的时间序列数据处理功能。

– 数据的可视化：集成了 Matplotlib 库，可以轻松进行数据可视化。

Pandas 是一个广泛应用的数据处理类库，适用于数据清洗、数据分析、数据建模等领域。读者可通过查阅官方文档来了解更多关于 Pandas 类库的详细信息。

2.4.5　Pillow 类库——一种图像处理相关类库

Pillow 类库 Pillow 是一个流行的 Python 图像处理类库，为编程者提供广泛的功能和工具，用于加载、处理和保存图像文件。Pillow 是基于 PIL（Python Imaging Library）库的一个分支，为 Python 提供了更简单、更直观的图像处理接口。

Pillow 类库常用的函数及其功能如下。

（1）图像打开和保存

–Image.open（filename）：打开图像文件，返回一个 Image 对象。

–Image.save（filename）：将图像保存到指定的文件。

（2）图像基本操作

–Image.size：获取图像的尺寸。

–Image.crop（box）：对图像进行裁剪，指定裁剪区域的坐标框。

–Image.resize（size）：调整图像的尺寸。

–Image.rotate（angle）：旋转图像，指定旋转的角度。

–Image.transpose（method）：对图像进行转置操作，如水平翻转、垂直翻转等。

（3）图像处理

–Image.filter（filter）：应用滤镜或图像增强操作，如模糊、锐化等。

–Image.convert（mode）：转换图像的色彩模式，如灰度、RGB 等。

–Image.merge（mode，bands）：将多个图像通道合并为单个图像。

（4）图像绘制

–ImageDraw.Draw（image）：创建一个可用于绘制图像的 ImageDraw 对象。

–ImageDraw.text（xy，text，options）：在图像上绘制文本。

–ImageDraw.rectangle（xy，options）：在图像上绘制矩形。

（5）图像显示

–Image.show（）：显示图像。

Pillow 还支持处理图像的像素级别操作、图像滤波、颜色转换等高级图像处理功能，适用于图像处理、计算机视觉、图像分析等各种应用领域。读者可通过查阅官方文档来了解更多关于 Pillow 类库的详细信息。

2.4.6 PyAutoGUI 类库——一种图像处理相关类库

PyAutoGUI 类库 PyAutoGUI 是一个 Python 类库，用于自动化控制鼠标和键盘操作。它提供了一组功能强大的函数，可以模拟鼠标移动、点击、拖曳，以及键盘按键操作。PyAutoGUI 可以用于自动化任务、GUI 测试、屏幕录制等应用场景。

PyAutoGUI 类库常用的函数及其功能如下。

（1）鼠标操作

–moveTo（x，y）：将鼠标移动到指定的坐标（x，y）处。

–click（）：模拟鼠标左键单击操作。

–rightClick（）：模拟鼠标右键单击操作。

–doubleClick（）：模拟鼠标双击操作。

-dragTo (x, y)：模拟鼠标拖曳操作，将鼠标从当前位置拖曳到目标位置 (x, y) 处。

(2) 键盘操作

-typewrite (message)：模拟键盘输入，将字符串“message”输出到当前活动窗口。

-press (key)：模拟按下指定的键。

-hotkey (key1, key2, …)：模拟按下多个键组合，例如组合键 Ctrl+C。

(3) 屏幕信息

-size ()：返回当前屏幕的宽度和高度。

-position ()：返回当前鼠标的位置坐标。

-screenshot (filename)：截取当前屏幕的图像，并保存为指定的文件。

(4) 延迟操作

-sleep (seconds)：在执行后续操作前暂停指定的秒数。

PyAutoGUI 还提供了其他功能，如定位图像、查找图像等，用于在屏幕上识别和操作特定的图像元素，能够模拟人类的鼠标和键盘操作。需要注意的是，使用 PyAutoGUI 进行自动化操作时，要确保代码在运行过程中不被遮挡，并且要小心处理异常情况，以避免意外的结果。读者可通过查阅官方文档来了解更多关于 PyAutoGUI 类库的详细信息。

2.4.7 PyMySQL 类库——一种关系数据管理相关类库

PyMySQL 类库 PyMySQL 是一个 Python MySQL 客户端类库，用于在 Python 中连接和操作 MySQL 数据库，提供执行 SQL 查询、事务处理、结果集获取等常用的数据库操作功能。

PyMySQL 类库常用的函数及其功能如下。

(1) 连接 MySQL 数据库

-connect (host, user, password, database)：建立与 MySQL 数据库的连接。

-connection.cursor ()：创建一个游标对象，用于执行 SQL 查询和获取结果。

(2) 执行 SQL 查询

-Cursor.execute (query, args)：执行 SQL 查询，支持参数化查询。

-Cursor.fetchone ()：获取查询结果集中的下一行。

-Cursor.fetchall ()：获取查询结果集中的所有行。

-Cursor.fetchmany (size)：获取查询结果集中指定大小的行。

(3) 事务处理

-Connection.begin ()：开始一个新的事务。

-Connection.commit ()：提交当前事务。

–Connection.rollback ()：回滚当前事务。

（4）参数化查询

– 使用占位符 %s 或 %(name) s 在 SQL 查询中指定参数，通过传递参数值来执行参数化查询，避免 SQL 注入等安全问题。

（5）错误处理

– 捕获和处理数据库操作中可能出现的异常，如连接错误、查询错误等。

PyMySQL 提供了与标准 Python DB API 2.0 规范兼容的接口，使得其可以与其他 Python 数据库（如 SQLite、PostgreSQL）进行类似的用法。其适用于各种 MySQL 数据库操作，包括数据查询、数据插入、数据更新和数据删除等。读者可通过查阅官方文档来了解更多关于 PyMySQL 类库的详细信息。

2.4.8 Matplotlib 类库——一种数据可视化处理相关类库

Matplotlib 类库 Matplotlib 是一个流行的 Python 数据可视化类库，用于创建各种类型的静态、动态和交互式图形，可用于生成线图、散点图、柱状图、饼图、等高线图、3D 图形等多种类型的图表。

Matplotlib 类库常用的函数及其功能如下。

（1）图表绘制

–plot (x, y)：绘制折线图或散点图。

–bar (x, y)：绘制柱状图。

–pie (x, labels)：绘制饼图。

–imshow (image)：显示图像。

（2）坐标轴和标签

–xlabel ()：设置 x 轴标签。

–ylabel ()：设置 y 轴标签。

–xlim ()：设置 x 轴的范围。

–ylim ()：设置 y 轴的范围。

–legend ()：添加图例。

（3）标题和注释

–title ()：设置图表的标题。

–text ()：在指定位置添加文本注释。

（4）图表样式和属性

–color、linewidth、linestyle：设置线条的颜色、宽度和样式。

–marker、markersize、markerfacecolor：设置散点图的标记符号、大小和颜色。

-grid ()：显示网格线。

（5）多图形和子图

-subplot ()：创建多个子图。

-add_subplot ()：添加子图。

（6）图形保存

-savefig ()：将图形保存为图像文件。

Matplotlib 还支持自定义图表样式、图例、颜色映射、文本渲染等高级功能；可以与 NumPy、Pandas 等数据处理类库集成，方便可视化数据处理。读者可通过查阅官方文档来了解更多关于 Matplotlib 类库的详细信息。

2.4.9 requests 类库——一种 Web 程序处理相关类库

requests 类库 requests 是一个常用的 Python 类库，用于发送 HTTP 请求和处理响应，为编程者提供 Python 中进行网络请求和处理的函数。使用 requests 类库，可以轻松地进行 GET 请求、POST 请求、文件上传、会话管理等操作。

requests 类库常用的函数及其功能如下。

（1）发送 GET 请求

-requests.get (url, params = None, headers = None)：发送 GET 请求，并可选地传递查询参数和请求头。

（2）发送 POST 请求

-requests.post (url, data = None, json = None, headers = None)：发送 POST 请求，并可选地传递表单数据、JSON 数据和请求头。

（3）处理响应

-response.status_code：获取响应的状态码。

-response.text：获取响应的文本内容。

-response.json ()：将响应的 JSON 数据解析为 Python 对象。

-response.headers：获取响应的头信息。

（4）设置请求头

-headers：可以通过字典形式设置请求头。

（5）处理会话

-session：使用会话对象可以保持一系列请求之间的会话状态，如 cookie、身份验证等。

（6）文件上传

-files：可以通过字典形式设置上传文件。

requests 还提供了其他功能，如处理身份验证、设置超时时间、处理重定向、处理代理等，常用于爬虫、API 请求、Web 开发等场景。读者可通过查阅官方文档来了解更多关于 requests 类库的详细信息。

2.5 本书实践项目涉及的类库 / 模块

表 2.1 为本书实践项目涉及的类库 / 模块一览表。前述各节仅简要介绍了 Python 相关的类库资源，本书后续实践项目将应用这些类库资源完成相关实践项目的开发。读者可在后续实践项目开发过程中，借助相关手册或文档详细了解这些类库 / 模块的使用。

表 2.1 本书实践项目涉及的类库 / 模块一览表

实践项目名称	涉及的类库 / 模块
函数曲线绘制	Tkinter、math、numpy、sympy、matplotlib
曲线拟合	Tkinter、math、numpy、sympy、matplotlib
扫雷	Tkinter、random、time、threading、pyautogui、pymouse、messagebox
CPU 仿真	Tkinter、pillow、messagebox
文件存储仿真	Flask、json、request
分形图案绘制	Tkinter、math
二十四点计算	Tkinter、re、collections、pillow、messagebox
数独	Tkinter、numpy、time、random、time
旅行商问题求解	Tkinter、pandas、request、json、messagebox
五子棋	Tkinter、pillow、random、numpy、messagebox
网络构建	Tkinter、pymysql、pandas
网络数据传输	Tkinter、pymysql、pandas、numpy
应用数据库	Tkinter、pymysql、pandas、messagebox
神经网络建模与训练	Tkinter、os、sys、numpy、pandas、pillow

思考题

1. 程序的基本要素包括哪些内容？常量和变量有什么区别？变量名的命名规则是怎样的？表达式有几种类型？怎样判断一个表达式是否书写正确？高级语言通常有几种语句？其形式语法及其控制规则是怎样的？

2. C 语言以 {} 来区分语句段落，Python 语言是如何区分语句段落的？

3. 什么是函数？ Python 语言如何定义和使用函数？

4. 一维数组、二维数组和三维数组有什么作用？怎样遍历这些数组中的每一个元素？

5. 如何使用类库资源？什么是包？什么是类与对象？ “资源库”“包”“模块”“类和对象”“函数”等概念存在一种什么样的关系？调用类库中某一函数的过程是怎样的（提示：引入包或模块→由类创建对象→由对象调用相应的函数）？

6. 请介绍 3~4 个 Python 语言内置模块及其作用和使用方法，并介绍 3~4 个常用第三方类库资源及其作用和使用方法。

第 3 章

数值计算与曲线绘制

本章要点：了解数值计算的几种典型方法；基于基本函数组合的运算式解析，完成复杂函数计算及其曲线绘制。

3.1 数值计算的典型方法

3.1.1 什么是数值计算

数值计算 数值计算是一种通过计算机来求解数学问题的方法。数值计算往往使用在数学推理困难或解析过程复杂、难以快速获得结果的情形下，利用计算机，通过迭代、逼近、近似等方式，获得工程中有效、实用的数值。数值计算利用了计算机的高速运算能力、精度控制能力以及存储能力，对于一般的数学求解来说，属于“另辟蹊径”，即在有限时间内达到精度满足要求的解，而非严格且完美的数学解析解。数值计算在科学计算、工程设计、金融统计，以及人工智能等领域有着广泛的应用。

典型的数值计算方法 数值计算不是一种方法，而是一类方法，如数值逼近、数值微积分、数值代数、数值优化、数值微分方程等。这些数值计算方法可以用来解决一些复杂的数学问题，如求解非线性方程、求解微分方程、求解矩阵方程等。

3.1.2 插值与误差

插值 插值是一种数值计算方法，用于在给定的有限个离散数据点之间构造函数，以确定其他连续数据点上的近似值。插值可以用于数据平滑、曲线拟合、函数逼近等领域。

误差 误差是指数值计算中的近似值与真实值之间的差异。由于数值计算方法具有近似性，因而在数值计算中无法获得完全准确的结果，其计算结果总会存在一定程度的误差。误差是数值计算中需要理解的重要概念。

误差产生的原因 数值计算的近似值与真实值之间会产生误差。除此之外，计算机表达数据的浮点格式本身也会引入误差，包括浮点格式导致的误差，以及浮点计算导致的误差。浮点格式导致的误差：计算机中常用的浮点格式是 IEEE 754 标准，它将实数表示为一个符号位、指数位和尾数位组成的科学记数法形式；由于计算机中只能表示有限位数的二进制小数，因此在进行实数转换时，可能会产生舍入误差。浮点计算导致的误差：由于浮点表达误差的存在，浮点计算同样会引起误差，这类误差来自数值计算过程，也可能来自小数点的对齐；这类误差随着计算步骤的增多还会累积，并产生更大的误差。

工程运用中允许的误差 在工程运用中，允许的误差通常是根据具体的工程要求和实际应用情况来确定的。不同的工程领域和应用场景对误差的要求不同，一般会根据实际情况进行合理的设定。而无论是数值计算引起的误差，还是浮点格式导致的误差，通常均满足实际运用对误差的容许度。

插值精度、稳定性与计算量 插值的精度取决于所用的插值方法以及数据的性质。一般来说，插值的精度会随着使用更高阶的插值多项式或更复杂的插值方法而提高。线性插值通常在局部范围内是比较稳定的，但对于更复杂的函数或数据集可能不够准确。多项式插值方法（如拉格朗日插值、牛顿插值）在数据点较密集的情况下可能表现较好，但在数据稀疏或在数据点附近变化较大的区域可能导致插值结果的不稳定性，即过拟合问题。样条插值方法通常对于稀疏数据和变化较大的区域具有较好的稳定性，因为它使用分段低次多项式来逼近数据。这样可以在局部范围内灵活地适应数据的变化，减少全局的插值误差。线性插值的计算相对简单，它只涉及对两个相邻数据点之间的线性关系进行插值，计算量通常较小。多项式插值方法，如拉格朗日插值和牛顿插值，涉及多项式的计算和插值节点的系数计算。随着插值阶数的增加，计算复杂度也会增加，尤其是在高次多项式插值时。样条插值方法通常涉及解线性方程组，其计算复杂度相对较高。但由于样条插值在每个局部区域使用较低次数的多项式，因此在某些情况下，其计算量相对较小。

下面介绍几种典型的插值方法。

线性插值 线性插值是指通过一条直线连接相邻的两个数据点，由此构造一个线性函数，从而得到插值结果，是一种基本的插值方法。

假设在给定数据点为（x_1，y_1）、（x_2，y_2）之间的某个点 x 上进行插值计算，其插值函数为：

$$f(x)=y_1+\frac{y_2-y_1}{x_2-x_1}(x-x_1)$$

曲线插值 曲线插值是一种通过数据点构造曲线函数来进行插值计算的方法。与线性插值不同，曲线插值使用的插值函数通常是高阶多项式函数或其他曲线形式，可以更好地逼近原始数据，并提供更高的插值精度。曲线插值在许多领域中都有广泛的应用，如计算机图形学、工程设计、数据分析等。常见的曲线插值方法如下。

拉格朗日插值：通过构造一个由数据点组成的拉格朗日多项式来进行插值计算，从而得到插值曲线。虽然这种方法易于理解和实现，但随着数据点数量增加，多项式的次数将变得非常高，使得插值曲线出现振荡和不稳定的情况。

分段插值：将插值区间分为若干子区间，对每个子区间内的数据点进行插值计算，从而得到分段的插值曲线。该方法可以有效避免拉格朗日插值中的振荡和不稳定问题。

三次样条插值：通过连接相邻的数据点，并保证插值函数的一阶和二阶导数连续来进行插值计算，从而得到光滑的插值曲线。该方法通常具有较高的插值精度和稳定性。

拉格朗日插值的计算公式或方法 给定一组数据点（x_i，y_i），$i=0$，1，2，…，n，其中 x_i 互不相同，拉格朗日插值多项式可以表示为：

$$P(x)=\sum_{i=0}^{n} y_i \prod_{j=0,\ j\neq i}^{n} \frac{x-x_j}{x_i-x_j}$$

其中 $P(x)$ 是插值多项式。计算过程包括计算每个基函数 $\prod_{j=0,\ j\neq i}^{n} \frac{x-x_j}{x_i-x_j}$ 和相应的权重 y_i。

三次样条插值的计算公式或方法 三次样条插值使用分段三次多项式逼近数据。在每个相邻数据点 x_i 和 x_{i+1} 之间，插值函数是一个三次多项式。设 $S_i(x)$ 表示第 i 段的插值多项式，则整个插值函数可以表示为：

$$S(x)=\begin{cases} S_0(x), & x_0\leqslant x\leqslant x_1 \\ S_1(x), & x_1\leqslant x\leqslant x_2 \\ \cdots & \\ S_{n-1}(x), & x_{n-1}\leqslant x\leqslant x_n \end{cases}$$

每个 $S_i(x)$ 的表达式为 $S_i(x)=a_i(x-x_i)^3+b_i(x-x_i)^2+c_i(x-x_i)+d_i$，其中 a_i、b_i、c_i、d_i 是待定系数，需要根据边界条件和插值点的要求来确定。典型的边界条件包括自然边界、固定边界和周期性边界。计算过程涉及解线性方程组以确定每一段的系数。

3.1.3 数列与泰勒级数

数列 数列是由一系列数字按照一定规律排列组成的序列，通常用 a_1，a_2，a_3，…，a_n 表示，其中 a_i 表示数列中的第 i 个数，i 称为数列的下标或项数。数列可以是有限的，也可以是无限的。

数列的定义通常包括两个方面：首先需要明确数列中每个元素的取值；其次需要确定数列中各个元素之间的关系或规律，即数列的通项公式或递推公式。

例如，斐波那契数列就是一个常见的数列，其定义如下：

$$f(i)=\begin{cases} 1, & i=1 \\ 1, & i=2 \\ f(i-1)+f(i-2), & i>2 \end{cases}$$

许多自然现象都可以用数列来描述，例如光的干涉、生物的进化、经济的发展等。通过对这些现象中的数列进行研究，人们可以更好地理解和掌握自然规律。

数列在很多实际问题中都有着重要的应用。例如，金融领域中的复利计算、物流领域中的货物运输问题、计算机领域中的排序算法等，都与数列密切相关。通过对数列进行研究和应用，人们可以解决各种实际问题。

利用数列进行物理推理（欧拉法） 欧拉法是一种基于数列的物理推理方法，通常在微分方程组的求解过程中，依据当前的状态以及变化的幅度，推得一定步长后下一步骤的状态。

具体来说，假设有一个一阶常微分方程 $\frac{dy}{dx}=f(x, y)$，那么 $y_{n+1}=y_n+\Delta x f(x_n, y_n)$。在这里，$f(x, y)$ 即变化的幅度，Δx 为步长，y_n 和 y_{n+1} 即当前状态和下一步的状态。

这就是欧拉法的基本迭代公式，不断迭代、不断推理下去，可以计算出每一个 y_n。显然，步长越小，推理越精确，但是计算量也随之增加。例如，计算一个雨滴下落的过程，由于受到空气阻力的影响，雨滴的下落加速度为 $\frac{dv}{dt}=g-\frac{1}{2}kv^2$，按照欧拉法，雨滴的下落速度可以进行 $v_{n+1}=v_n+\Delta t\left(g-\frac{1}{2}kv_n^2\right)$ 的推算，在不同的时间间隔下，雨滴的下落速度与时间的关系如图 3.1 所示：

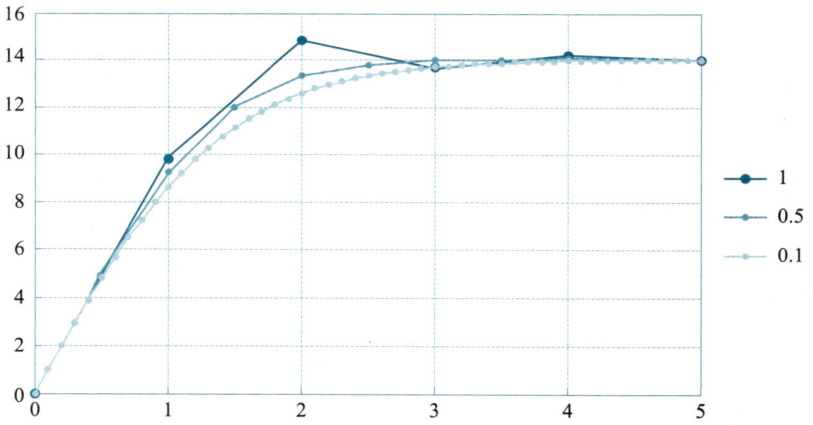

图 3.1　通过欧拉法不同步长推理得到的雨滴下落速度曲线

欧拉法的优点是简单易懂，易于实现，但其精度较低。比欧拉法精度更高、计算量也更大的有龙格－库塔方法（Runge–Kutta method）等，本书不作介绍。

泰勒级数 泰勒级数（Taylor series）是一种重要的数学工具，用于将任意可微函数在某点处展开成无穷多项式级数。计算机中往往采用泰勒级数来近似计算初等函数的数值。不同的初等函数，其泰勒展开式是不同的。

利用泰勒级数进行初等函数的计算，以 $\sin(x)$ 为例：

$$\sin(x)=\sum_{n=0}^{\infty}\frac{(-1)^n}{(2n+1)!}x^{2n+1}$$
$$=x-\frac{x^3}{3!}+\frac{x^5}{5!}+\frac{x^7}{7!}+\cdots$$

在利用数值方法求 sin (*x*) 时，随着迭代次数的增加，其收敛速度也是不同的。从图 3.2 不难发现，泰勒级数计算 sin (*x*) 的收敛速度是很快的，几乎只需要计算几项就能达到较高的精度。

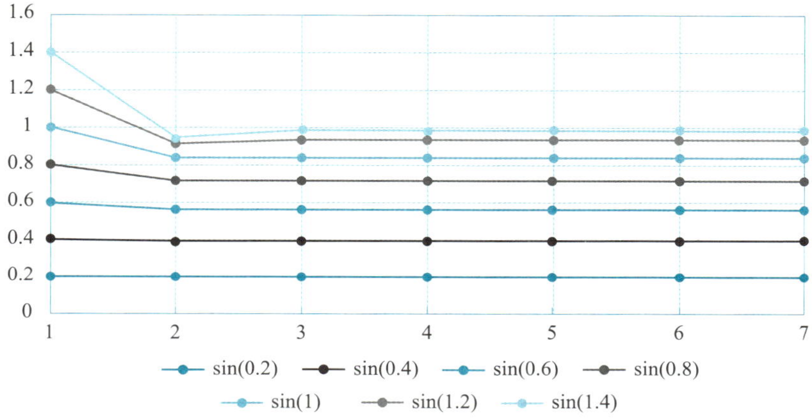

图 3.2　不同的 *x* 在 sin (*x*) 泰勒级数下的收敛

3.1.4 数值微分、积分与牛顿迭代

数值方法求导数：有限差分 采用数值方法求导数，比较简单的方法是有限差分法。例如，只要 h 足够小，就能求得较高精度的导数：

$$f'(x)\approx\frac{f(x+h)-f(x)}{h}$$

数值方法求积分：面积累加 采用数值方法求定积分，常用方法则是面积累加。矩形法是最简单的面积累加法，其基本思想是将区间 $[a,\ b]$ 分成 n 个子区间，然后在每个子区间内取一个样本点，将该子区间内的函数值作为一个矩形的高，子区间长度作为矩形的宽，计算得到该矩形的面积，再将所有矩形的面积相加，得到近似的积分值。矩形法的公式为：

$$I\approx\sum_{i=1}^{n}f(x_i)\Delta x$$

梯形法比矩形法精确度更高，但同样也是面积累加，其基本思想是将每个子区间内的函数值看作一个梯形的高，将相邻两个子区间的函数值连线作为梯形的上底和下底，计算得到该梯形的面积，再将所有梯形的面积相加，得到近似的积分值。梯形法的公式为：

$$I \approx \frac{1}{2}\sum_{i=1}^{n}\left(f(x_{i-1})+f(x_i)\right)\Delta x$$

数值方法求积分：数格子与蒙特卡洛 数格子法是一种基于网格的数值模拟方法，如图 3.3 所示。其基本思想是将问题分解为小的网格单元，并进行统计计算。例如求 π，只需数一下圆中的格子数量就能大致得到圆的面积，再反推出 π 即可。

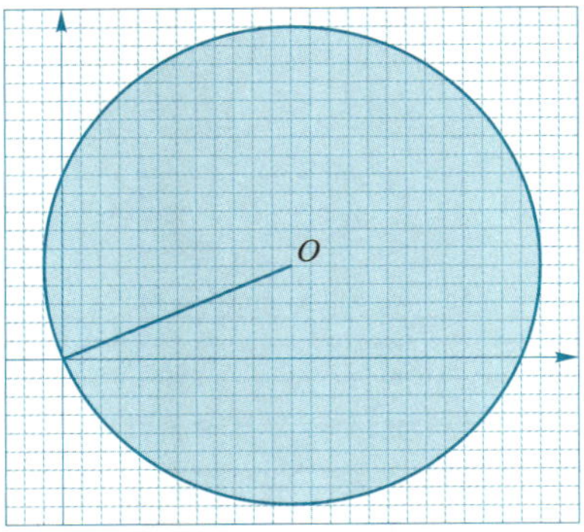

图 3.3　数格子法计算圆周率示意图

数格子法看似简单，在流体力学中则发展为格子玻尔兹曼法（Lattice Boltzmann method），其通过将流体分解为小的网格单元，并在每个网格单元内计算流体的运动状态，然后通过复杂的计算来模拟流体的运动过程。该方法具有高效、高精度、易于并行化等优点，在流体模拟、多孔介质模拟、热传导模拟等领域得到了广泛应用。

蒙特卡洛方法（Monte Carlo method）是一种基于概率统计的数值计算方法，其基本思想是通过随机抽样的方式来求解问题。蒙特卡洛方法通常通过模拟大量的随机事件来计算某些复杂问题的解，然后根据这些随机事件的统计规律来得到问题的近似解。蒙特卡洛方法在金融工程、物理学、生物学、计算机科学等领域得到了广泛应用。

同样是求 π，蒙特卡洛方法可以在一个正方形中随机取点，并统计落在正方形内切圆和落在正方形中的点的比例，该比例近似于内切圆与正方形面积的比例，由此反推出 π，如图 3.4 所示。

数值方法函数求解：牛顿迭代法 在函数求解问题中，如果函数难以写出解析解，则可以采用牛顿迭代法。牛顿迭代法（Newton method）是一种常用的用于解决非线性方程组和优化问题的数值方法。其基本思想是在当前点做切线，与 x 轴相交，在交点处再做函数切线，再寻找与 x 轴的交点。如此往复，则切线与 x 轴的交点会迅速收敛于函数本身与 x 轴的交点。如图 3.5 所示。

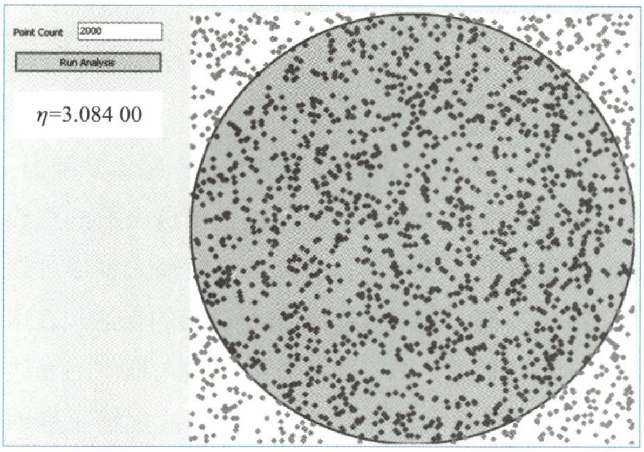

图 3.4 蒙特卡洛方法计算圆周率示意图

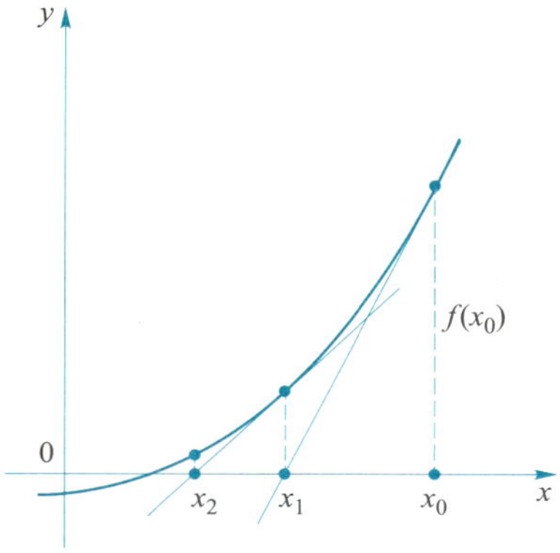

图 3.5 牛顿迭代法示意图

对于一般的非线性方程组 $f(x)=0$，牛顿迭代法的迭代公式为：

$$x_{i+1}=x_i-\frac{f(x_i)}{f'(x_i)}$$

牛顿迭代法具有收敛速度快、精度高等优点，在实际问题中得到了广泛应用。但是，牛顿迭代法可能会出现收敛失败的情况，例如在初始值选取不当、函数存在多个根或者函数的二阶导数不连续等情况下。此外，高阶牛顿迭代法的计算过程中需要求解雅可比矩阵和其逆矩阵，因此在实际计算中可能会存在一些困难。

解析法和数值方法的比较 解析法和数值方法是两种求解数学问题的方法。总体来说，解析法基于数学公式和符号计算，通过对问题进行分析和推导，得到问题的精确解，通常适用于问题比较简单、结构比较明显的情况，例如一些基本函数的求导、积分等问题。解析法对于简单问题具有计算精度高、计算速度快等优点，但是对于一些复杂问题，解析法可能无法得到精确解，或者得到的解式过于复杂，难以使用。数值方法则适用于问题比较复杂、难以用解析法求解的情况，例如一些微分方程、积分、优化等问题。在计算机时代，工程中大量利用计算机通过数值方法来计算满足要求的近似解。数值方法具有计算精度可控、适用范围广等优点，但是在实际计算中需要考虑误差、稳定性等问题，同时数值方法的计算速度较慢，需要消耗更多的计算资源。而在实际应用中，解析法和数值方法也常常相互结合，例如可以使用解析法推导出问题的一些性质，然后再利用数值方法进行求解。

3.2 数值计算与曲线绘制项目总体设计

目标系统说明 本项目拟实现一个复杂函数计算及其曲线绘制系统，基本功能为：(1) 在函数输入框中输入某个一元基本函数，系统能在屏幕上正确显示该函数的直线或曲线。系统可识别的一元基本函数在屏幕右侧提示用户。(2) 在函数输入框中可以使用已经可识别一元基本函数通过加、减、乘、除、乘方等运算符组合后的表达式表达的一元函数，系统能正确地计算并显示函数的曲线。(3) 能够将用户输入框中的表达式函数，给定一个新函数名称，使其成为新的可识别一元基本函数。(4) 能够正确处理坐标轴刻度比例与函数值之间的关系，保证显示的正确性。(5) 未来扩展功能：能够将用户提供的新函数及其计算程序添加到系统中，使其成为可识别一元基本函数，能够参与新函数的构造。读者可基于前述功能不断扩展此系统的功能。

3.2.1 项目总体思路

总体思路 数值计算与曲线绘制项目开发的总体思路如图 3.6 所示。首先是 Python 库中基本函数的调用练习，然后是求积分、求微分函数的编程练习。接着是用算术运算符 +、−、*、/、**（乘方）等符号组合基本函数构造复杂函数并显示复杂函数曲线的编程练习。再进一步是用户可递归定义复杂函数的编程练习，即：(1) 首先显示“可识别基本函数”。可识别基本函数为 Python 库中可调用并完成计算的函数，如 Sin (x)、Cos (x) 等。(2) 用户命名并新增基本函数，例如用户可任意编程定义一个新的基本函数 P (x) = Sin (x) + Cos (x)。此时 P (x) 是由“可识别基本函数”定义的函数，当其被加入可识别函数时，便成为基本函数。(3) 随后用户又能够以 P (x) 为基本函数再定义更复杂的函数，例如 Q (x) = P (x) **2 + P (x) **3，可再将 Q (x) 添加到“可识别基本函数”中。如此可递归定义函数，形成复杂的函数计算系统。

项目分为五个层面的开发内容，难度由低到高被区分为：

X1：数据的变化与基本控制【数据结构】——参见 3.3 节。

X2：屏幕元素及其显示输出【可视化输出】——参见 3.4 节。

X3：问题求解相关的算法设计与函数实现【基本算法】——参见 3.5 节。

X4：屏幕元素事件识别与控制【人机交互】——参见 3.6 节。

X5：问题求解相关的算法优化与系统功能拓展【完整系统】——参见 3.7 节。

1. 随机赋值：随机给出1 000个点的<x, y>值，赋值给xyMap。
2. 依据函数计算赋值：任设函数 y=f(x)，计算x=0到1 000的y值，赋值给xyMap。
3. 依据函数计算赋值：任设函数 y=f(x)，计算x=−500到+500的y值，赋值给xyMap。
4. 依据函数计算赋值：任设函数 y=f(x)，按给定步长计算1 000个点的y值，赋值给xyMap。

5. 绘制xy坐标轴：绘制包括x=<−maxV/2, +maxV/2>的坐标轴，和x=<0, maxV>的坐标轴。
6. 绘制曲线：依据前面的xyMap值在坐标轴范围内绘制曲线。

10. 人机交互界面：完成界面并增加相应的功能按钮。
11. 人机交互功能：使相应的按钮完成正确的功能，即正确调用相应的函数。

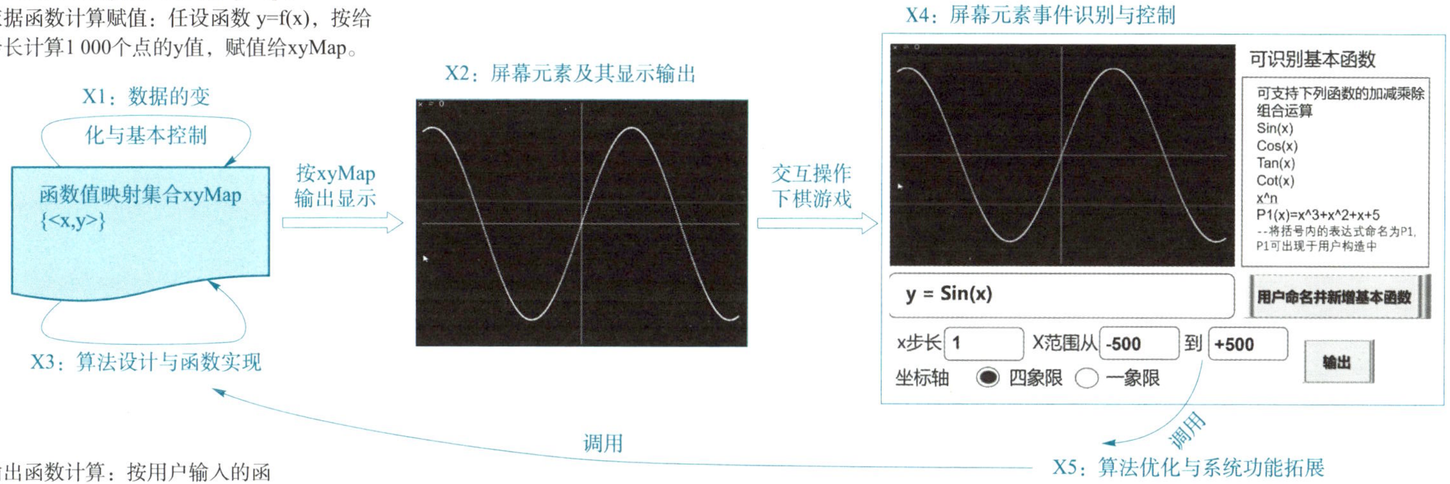

7. 输出函数计算：按用户输入的函数形式及参数计算并产生坐标值。
8. 计算过程：解析用户输入的函数形式，构造语法树展示计算过程。
9. 参数设置：设置步长、数值x的个数、坐标轴形式等参数。

12. 用户命名并新增基本函数：将用户输入的函数(由可识别基本函数通过加减乘除与括号构造的数学函数)命名为一个新函数，给出名字并添加到可识别基本函数中。
13. 输出：扩展任务7。用户输入的函数形式中可支持追加的可识别函数并计算。
14. 计算过程：语法树计算过程，可以将后追加的可识别函数作为运算符节点。
15. 输出：扩展任务13。可识别基本函数中由单一因变量扩展到多因变量及组合。

图 3.6　数值计算与曲线绘制项目开发总体思路图

其中，X1是练习编制基本函数计算程序，并将函数值的映射集合赋值给xyMap。X2是依据xyMap产生输出界面，显示坐标轴与函数曲线，以及求微分、求积分等基本函数的计算程序。X3是编写曲线绘制的基本函数。X4是交互式控制复杂函数形式的输入与输出曲线绘制。X5是编写可由用户命名的新函数，并利用新函数以及表达式构造复杂函数，输出复杂函数的曲线及计算过程示意图。

3.2.2 项目涉及的类库资源

本项目中使用的类库如下所示。请在后面的源程序文件的起始部分放入相关语句。

```
from time import sleep
from tkinter import*
import tkinter.font as tkFont
import random
from tkinter import messagebox
import numpy as np
from matplotlib.figure import Figure
from matplotlib.backends.backend_tkagg import FigureCanvasTkAgg
import sympy
from numpy import arange
from sympy import symbols, lambdify
from functionUtil import FunctionUtil
import math
from PIL import ImageTk, Image
```

3.2.3 项目主要函数调用关系图与项目输出界面演进图

项目主要函数调用关系图如图3.7所示。项目输出界面演进图如图3.8所示。

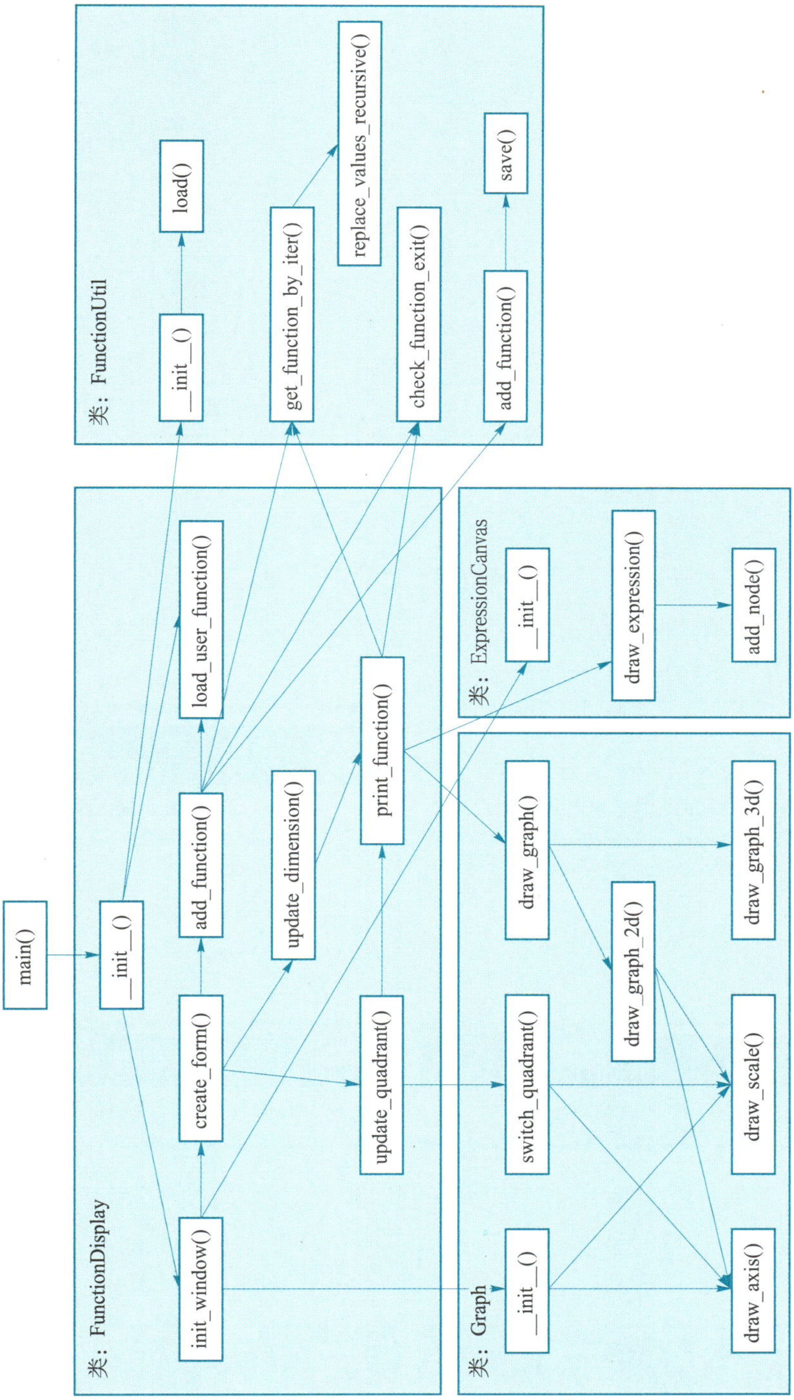

图 3.7 项目主要函数调用关系图

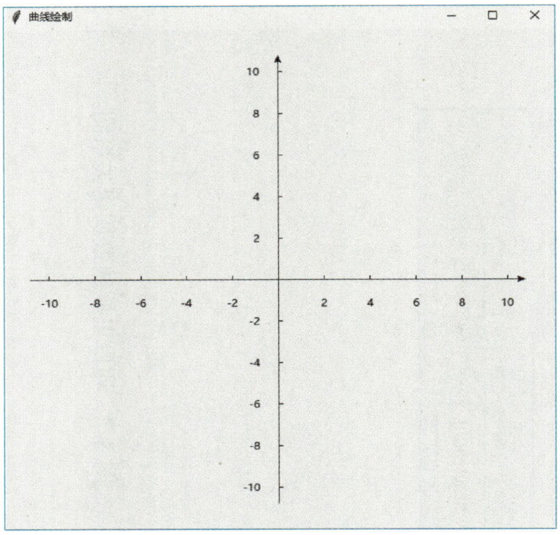

(a) 坐标轴及刻度的实现

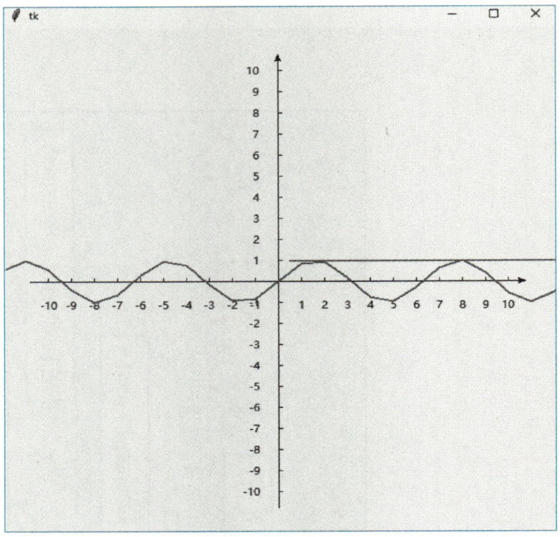

(b) 函数曲线在坐标轴上的输出

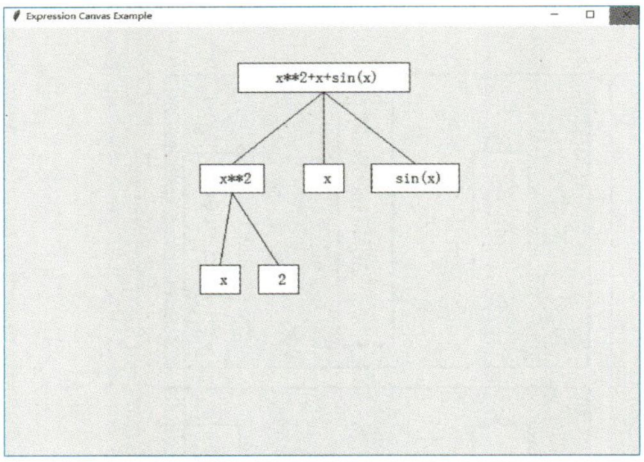

(c) 函数表达式的计算过程输出示意

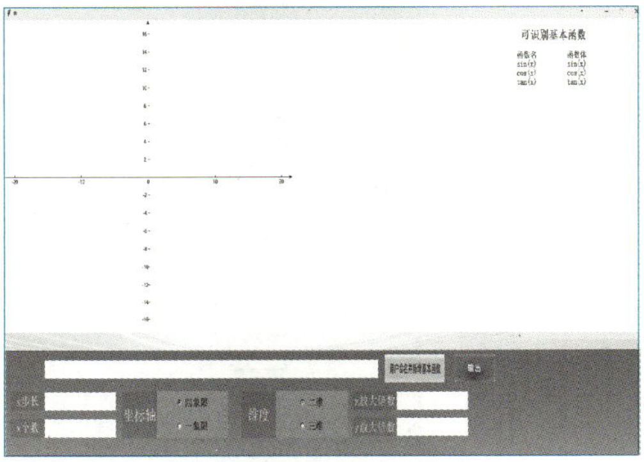

(d) 完整系统输出界面

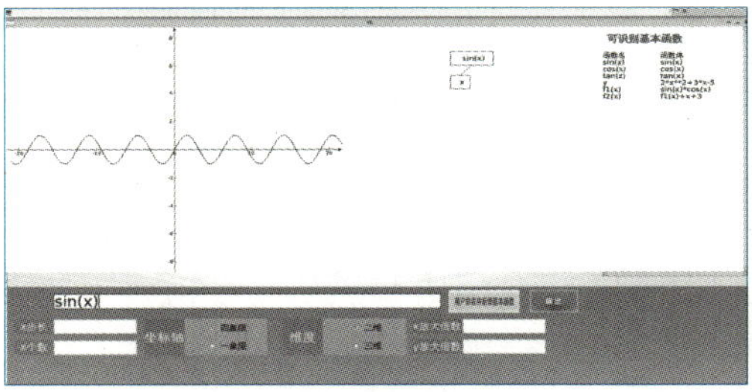

(e) 基本函数的函数曲线

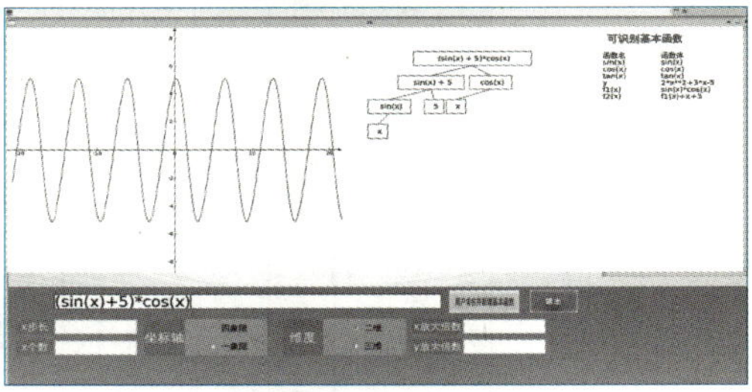

(f) 基本函数组合形成的函数曲线

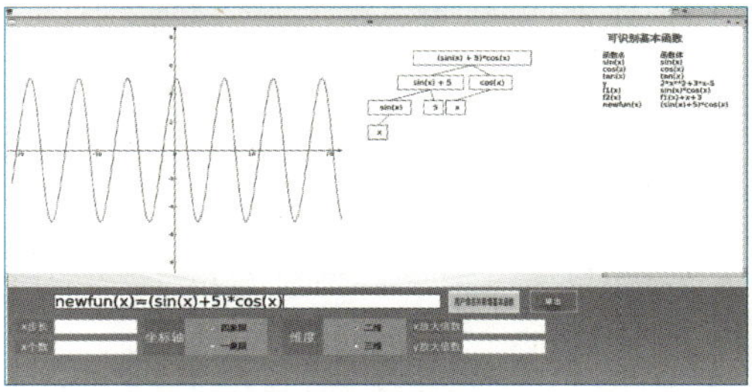

(g) 定义为新的函数

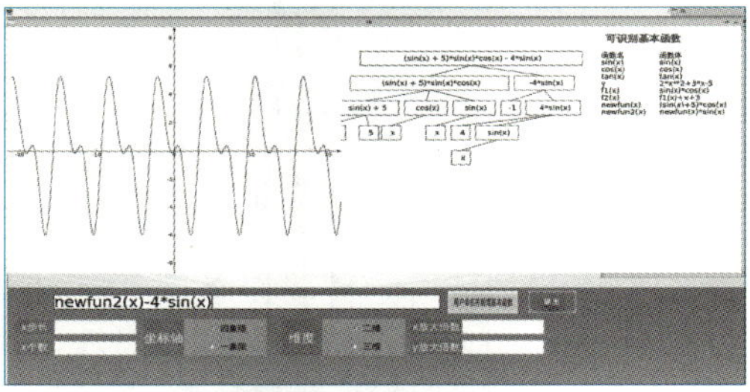

(h) 由新定义函数再组合构造函数

图 3.8　项目输出界面演进图

3.3 数据的变化与基本控制：X1-数据结构

【编程 3.1】编制程序：随机给出 1000 个点的 <x，y> 值，赋值给 xyMap。

【目的及编程说明】读者通过编程 3.1 可理解数值对的数据结构表达方式，绘制曲线第一步是要确定数据对，即 x、y 坐标值。1000 个坐标点即 1000 个随机数对，为了保证数据点相对集中，可将数据值归一化在 0～10 范围内，数值类型为浮点数（不要使用整数）。具体实现要求为：(1) 创建一个数据列表 xyMap；(2) 循环 1000 次，分别随机产生 x、y 值，数据类型为浮点数，范围为 0～10；(3) 将 <x，y> 添加到 xyMap 中；(4) 返回 xyMap。

【程序编写】

函数： x1_1()。

```
def x1_1():   # 随机给出 1000 个点的坐标，赋值给 xyMap，<class'numpy.ndarray'>
    xy_Map=[]
    for_in range(1000):
        x=random.uniform(0,10)
        y=random.uniform(0,10)
        xy_Map.append((x,y))
    return xy_Map
if__name__=='__main__':
    print(x1_1())
```

【编程 3.2】编制程序：程序设定任一函数形式 y=f(x)，计算 x=0 到 1000 的 y 值，赋值给 xyMap。

【目的及编程说明】读者通过编程 3.2 实现通过函数产生数值对的过程。具体实现要求为：(1) 创建一个数据列表 xyMap；(2) 任意给定一个函数形式 y=f(x)，例如 y=x**2+2*x+1；(3) 循环 1000 次，从 x=1 到 1000，计算 y 值，将 <x，y> 添加到 xyMap 中；(4) 返回 xyMap。

【程序编写】

函数： x1_2()。

```
def x1_2():   # 程序给出任一函数 y=f(x)，计算 x=1 到 1000 的 y 值，赋值给 xyMap
    xyMap=np.random.rand(1000,2)
    for x in range(1,1001):
        xyMap[x-1][0]=x            #xyMap 序号为 0～999
        xyMap[x-1][1]=x**2+2*x+1
    return xyMap
```

```
if __name__=='__main__':
    print(x1_2()[:50])
```

【编程 3.3】编制程序：程序设定任一函数形式 y = f (x)，计算 x = −500 到 500 的 y 值，赋值给 xyMap。

【目的及编程说明】读者通过编程 3.3 实现通过函数产生数值对的过程。具体实现要求为：(1) 创建一个数据列表 xyMap；(2) 任意给定一个函数形式 y = f (x)，例如 y = sin (x) /x；(3) 循环 1000 次，从 x = −500 到 500，计算 y 值，将 <x，y> 添加到 xyMap 中；(4) 返回 xyMap。注：f (x) 包含除数为 0 的情况，因此当 x 为 0 时需要特别处理。

【程序编写】

函数： x1_3()。

```
def x1_3():  # 程序给出任一函数 y=f(x)，计算 x=-500 到+500 的 y 值，赋值给 xyMap
    c=0      # 此处 x 赋值为 -500 到 500 共 1001 个
    xyMap=np.random.rand(1001,2)
    for x in range(-500,500):
        xyMap[c][0]=x
        if(x <> 0):
            xyMap[c][1]=math.sin(x)/x
        else:
            xyMap[c][1]=0
        c+=1
    return xyMap
if __name__=='__main__':
    print(x1_3())
```

【编程 3.4】编制程序：程序设定任一函数形式 y = f (x)，按给定步长产生 1000 个点的 y 值，赋值给 xyMap。

【目的及编程说明】读者通过编程 3.4 可理解步长的概念。具体实现要求为：(1) 创建一个数据列表 xyMap；(2) 定义一个函数 y = f (x)，如 $y = (x/100)^2 + 2(x/100) + 1$；(3) 循环 1000 次，x 随机产生一个值，计算 y 值，将 <x，y> 添加到 xyMap 中，再将 x 值按照步长增加；(4) 返回 xyMap。

【程序编写】

函数： x1_4()。

```
def x1_4(step):
    x_list=[]
    i,cont=0,0
```

```
    while(True):
        if(cont==1000):
            break
        else:
            x_list.append(i)
            i+=step                          # 步长实现
            cont+=1
    x=np.array(x_list)                       # 转化为 numpy 数据格式
    xyMap=np.random.rand(1000,2)             # 创建一个 xyMap
    for i in range(len(x)):
            xyMap[i][0]=x[i]
            xyMap[i][1]=(x[i]/100)**2+2*(x[i]/100)+1
    return xyMap
if __name__=='__main__':
    step=3
    print(x1_4(step))
```

3.4 屏幕元素及其显示输出：X2-可视化输出

【编程 3.5】编制程序：绘制 x、y 坐标轴，包括 x=<-maxV/2，+maxV/2> 的坐标轴和 x=<0，maxV> 的坐标轴。

【目的及编程说明】读者通过编程 3.5 实现坐标轴绘制，初步体验图形化编程技巧。具体实现要求为：(1) 定义最大值 maxV 和步长 step（刻度间隔）；(2) 计算 x 轴、y 轴的刻度值；(3) 绘制 x 轴；(4) 绘制 y 轴；(5) 返回坐标轴。

【程序编写】

函数：draw_axis()。
输入：最大值 maxV，刻度间隔 step。
输出：坐标轴显示。

```
def draw_axis(canvas,maxV,step,scale_x,scale_y):
    global pixels_per_unit_x,pixels_per_unit_y,origin_x,origin_y
    canvas_width=canvas_height=600                          # 作为常量使用
    margin=50                                               # 添加边距
    ### 换算实际坐标与像素坐标 ####
    scale_width=canvas_width-2*margin
    scale_height=canvas_height-2*margin
    pixels_per_unit_x=scale_width/(2.0*maxV)*scale_x
```

```
    pixels_per_unit_y=scale_height/(2.0*maxV)*scale_y
    origin_x,origin_y=canvas_width/2,canvas_height/2
    canvas.create_line(margin-20,origin_y,canvas_width-
margin+20,origin_y,arrow=tk.LAST)                          #绘制x轴
    for x in range(-int(maxV),int(maxV)+1,step):           #绘制x刻度与读数
        pixel_x=origin_x+x*pixels_per_unit_x
        if margin<=pixel_x<=canvas_width-margin and x!=0:
          canvas.create_line(pixel_x,origin_y,pixel_x,origin_y-5)
          canvas.create_text(pixel_x,origin_y+20,text=str(x),anchor=
tk.N)
    canvas.create_line(origin_x,margin-20,origin_x,canvas_height-
margin+20,arrow=tk.FIRST)                                  #绘制y轴
    for y in range(-int(maxV),int(maxV)+1,step):           #绘制y刻度与读数
        pixel_y=origin_y-y*pixels_per_unit_y
        if margin<=pixel_y<=canvas_height-margin and y!=0:
          canvas.create_line(origin_x,pixel_y,origin_x+5,pixel_y)
          canvas.create_text(origin_x-20,pixel_y,text=str(y),
anchor=tk.E)
    return pixels_per_unit_x,pixels_per_unit_y,origin_x,origin_y
if __name__=='__main__':
    maxv,step=10,2
    window=tk.Tk()                                           #创建窗口
    window.title("曲线绘制")
    canvas=tk.Canvas(window,width=600,height=600)            #创建画布
    draw_axis(canvas,maxv,step,1,1)
    canvas.pack()
    window.mainloop()
```

【编程3.6】编制程序：按xyMap值在坐标轴上绘制曲线。

【目的及编程说明】读者通过编程3.6可实现绘制曲线的过程。具体实现要求为：(1) 获取xyMap已有的数值对；(2) 分别获取x值和y值的列表；(3) 调用图形库中绘制曲线函数绘制曲线；(4) 刷新显示图形。

【程序编写】

函数： draw_graph()。
输入： xyMap。
输出： 曲线显示。

```
def draw_graph(canvas,xyMap,scale_x,scale_y):
    for i in range(len(xyMap)-1):
        x1,y1=xyMap[i]
        x2,y2=xyMap[i+1]
        pixel_x1=origin_x+x1*pixels_per_unit_x*scale_x
```

```
        pixel_y1=origin_y-y1*pixels_per_unit_y*scale_y
        pixel_x2=origin_x+x2*pixels_per_unit_x*scale_x
        pixel_y2=origin_y-y2*pixels_per_unit_y*scale_y
        canvas.create_line(pixel_x1,pixel_y1,pixel_x2,pixel_y2,fill=
"red",width=2)
if __name__=='__main__':
    maxV,step=10,1
    xyMap=x1_3()                          # 根据 3.3 获取 xyMap
    root=tk.Tk()
    canvas_width=canvas_height=600
    canvas=tk.Canvas(root,width=canvas_width,height=canvas_height)
    canvas.pack()
    draw_axis(canvas,maxV,step,1,1)       # 绘制坐标轴
    draw_graph(canvas,xyMap,1,1)          # 绘制曲线
    root.mainloop()
```

3.5 算法设计与函数实现：X3-基本算法

【编程 3.7】编制程序：显示输出，按用户输入的函数形式及参数，输出函数曲线图形。

【目的及编程说明】读者可通过编程 3.7 实现根据用户输入内容生成相应的曲线函数，体验如何将用户输入的表达式转化为可计算的函数调用，为“输出”按钮提供程序。具体实现要求为：(1) 让用户输入函数表达式、参数范围、步长；(2) 将用户输入的函数表达式（字符串）转化为实际函数；(3) 构造函数曲线上的参数列表：起始 x 值、x 值列表、y 值列表；(4) 绘制曲线；(5) 显示图形。注：此函数还可以考虑实现缩放功能。

【程序编写】

函数： print_function()。
输入： 表达式 expression_str，起始点 start_x，终止点 end_x，步长 step_size。
输出： 图像显示。

```
def print_function(expression_str,start_x,end_x,step_size):
    x=np.arange(start_x,end_x+step_size,step_size)
    xyMap=np.zeros((len(x),2))            # 创建一个 xyMap
    for i,val in enumerate(x):            # 填充 xyMap
        y_val=eval(expression_str.replace('x',"("+str(val)+")"))
```

```
        xyMap[i][0]=val                     # 将 x 值和对应的 y 值填入 xyMap
        xyMap[i][1]=y_val
    return xyMap
if __name__=='__main__':
    expression_str,start_x,end_x,step_size='x**2',-10,10,0.1
    maxV,step,scale_x,scale_y=10,2,1,1
    window=tk.Tk()
    window.title("曲线绘制")
    canvas=tk.Canvas(window,width=600,height=600)
    canvas.pack()
    xyMap=print_function(expression_str,start_x,end_x,step_size)
    draw_axis(canvas,maxV,step,scale_x,scale_y)
    draw_graph(canvas,xyMap,scale_x,scale_y)
    window.mainloop()
```

【编程 3.8】编制程序：解析用户输入的函数形式，构造语法树显示函数的计算过程。

【目的及编程说明】读者可通过编程 3.8 实现将函数组合解析为语法树的过程，解析用户输入的函数形式，构造语法树显示函数的计算过程。具体实现要求为：数值节点为 x，运算符节点为加、减、乘、除以及可识别计算的基本函数（界面右侧列表给出的）。系统会维护一个可参与表达式构造的函数形式及其可执行函数的列表。通过表达式解析，可以识别具体的函数形式，并构建表达式语法树，展示用户输入函数表达式的计算过程，如图 3.9 所示。

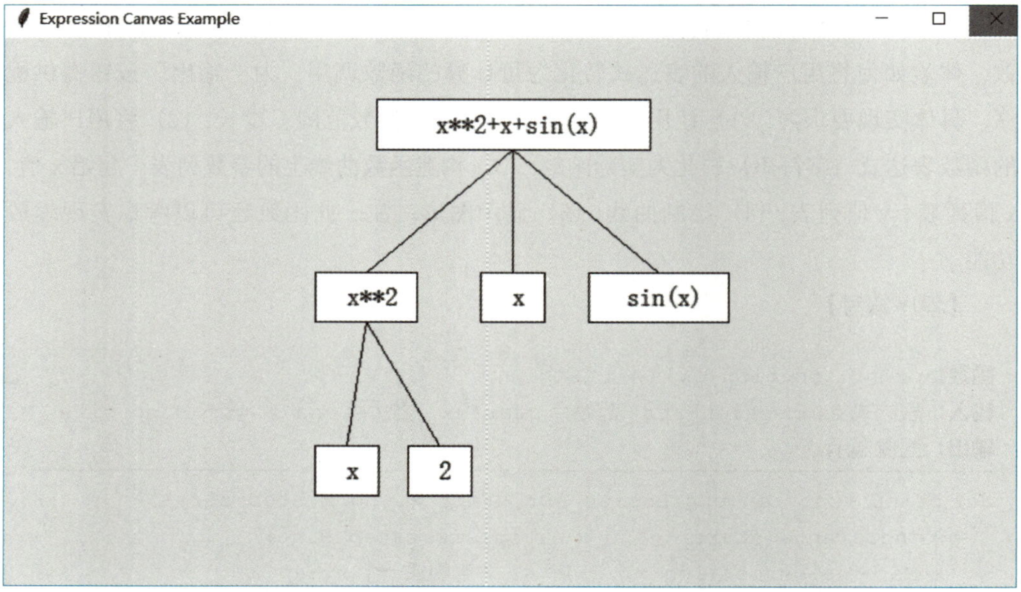

图 3.9　函数表达式及其树形计算操作示意图

【程序编写】

类 / 函数： ExpressionCanvas。

```
class ExpressionCanvas(Canvas):
    def __init__(self, master, *args, **kwargs):
        super().__init__(master, *args, **kwargs)
        self.node_width=100
        self.node_height=40
        self.x_spacing=15
        self.y_spacing=70
        self.level={}

    def add_node(self, text, x, y, parent=None):
...

    def split_by_operators(self, expression):    # 使用正则表达式根据加减号分割表达式
        parts=re.split(r'([-+])', expression)    # 去除空格并且去除加减号
        parts=[part.strip() for part in parts if part.strip() and part not in['+','-']]
        return parts
    def split_by_multiply_divide(self, expression):  # 使用正则表达式根据乘除号分割表达式
        parts=re.split(r'([*/])', expression)        # 去除空格
        parts=[part.strip() for part in parts if part.strip() and part not in['*','/']]
        return parts
    def draw_expression(self, expression, x, y, parent=None, level=0):
        # 将整个最初表达式提交为一个节点
        node=self.add_node(str(expression), x, y+level*self.y_spacing, parent)
        parts=self.split_by_operators(expression)    # 按运算符拆分表达式为部分
        if len(parts)>1:                  # 如果表达式可以拆分,则递归处理每个部分
            sub_x=x-(len(parts)-1)*(self.node_width+self.x_spacing)/2
            for part in parts:
                self.draw_expression(part, sub_x, y+self.y_spacing, node, level+1)
                sub_x+=self.node_width+self.x_spacing
        else:                             # 如果不能,则尝试按乘法 / 除法拆分
            parts=self.split_by_multiply_divide(expression)
            if len(parts)>1:
                sub_x=x-(len(parts)-1)*(self.node_width+self.x_spacing)/2
                for part in parts:
```

```
                self.draw_expression(part, sub_x, y+self.y_spacing,
node, level+1)
                sub_x+=self.node_width+self.x_spacing
        return node
if __name__=='__main__':
    root=tk.Tk()
    root.title("Expression Canvas Example")
    canvas=ExpressionCanvas(root, width=800, height=600)
    canvas.pack(expand=True, fill="both")
    expression="x**2+x+sin(x)"      # 指定表达式
    canvas.draw_expression(expression, 400, 50)
    root.mainloop()
```

【编程 3.9】编制程序：参数设置，如步长、x 数值个数、坐标轴形式等。

【目的及编程说明】读者通过编程 3.9 可理解函数曲线绘制各参数的含义；可通过设置不同的参数，输出不同的曲线。

【程序编写】

```
if __name__=='__main__':
    expression_str, start_x, end_x, step_size='x**2', -15, 15, 0.1
    # 设置函数相关参数
    maxV, step, scale_x, scale_y=10, 2, 1, 2              # 设置坐标系相关参数
    window=tk.Tk()
    window.title("曲线绘制")
    canvas=tk.Canvas(window, width=600, height=600)
    canvas.pack()
    xyMap=print_function(expression_str, start_x, end_x, step_size)
    draw_axis(canvas, maxV, step, scale_x, scale_y)
    draw_graph(canvas, xyMap, scale_x, scale_y)
    window.mainloop()
```

【编程 3.10】编制程序：数值积分。

【目的及编程说明】读者通过编程 3.10 可理解数值积分，可用梯形法实现（还可以用矩形）。具体实现要求为：(1) 定义函数表达式、积分区间、步长；(2) 通过梯形法实现小步长梯形面积的累加。

【程序编写】

函数： trapezoidal_rule()。
输入： 积分区间起始点 a，积分区间结束点 b，划分的子区间数 n。
输出： 积分近似值 integral。

```
def trapezoidal_rule(a,b,n):
    h=(b-a)/n                                      # 子区间宽度
    x=[a+i*h for i in range(n+1)]                  # 子区间的节点
    y=[x_i**2 for x_i in x]                        # 子区间节点对应的函数值
    integral=(h/2)*(y[0]+2*sum(y[1:n])+y[n])       # 梯形法计算积分值
    return integral
if __name__=='__main__':
    a=0                                            # 积分区间的起始点
    b=1                                            # 积分区间的结束点
    n=100                                          # 划分的子区间数
    integral=trapezoidal_rule(a,b,n)
    print("数值积分的近似值:",integral)
```

【编程 3.11】编制程序：数值微分。

【目的及编程说明】读者通过编程 3.11 可理解数值微分 / 求导的实现过程，使用中心差分计算导数（还可以用前向差分）。具体实现要求为：(1) 定义求导函数表达式和步长；(2) 定义求导点；(3) 使用中心差分计算公式计算。

【程序编写】

函数： central_difference()。
输入： 要求导数的函数 f，求导点的横坐标 x，步长 h。
输出： 导数值 df。

```
def central_difference(f,x,h):
    df=(f(x+h)-f(x-h))/(2*h)       # 中心差分法计算导数
    return df
def f(x):
    return x**2
if __name__=='__main__':
    x=2                            # 求导点的横坐标
    h=0.01                         # 步长
    print("数值积分的近似值:",integral)
```

【编程 3.12】编制程序：牛顿迭代法。

【目的及编程说明】读者通过编程 3.12 可理解牛顿迭代法的含义。牛顿迭代法是指找到函数值为 0 的解。具体实现要求为：(1) 定义函数表达式、起始迭代点、迭代次数、迭代精度；(2) 使用牛顿迭代法计算起始迭代点的函数值，判断此函数值与迭代点的差值是否小于迭代精度，若小于则停止返回，若大于则按照步长向下移动迭代点，直到迭代次数完毕；(3) 返回解值。

【程序编写】

函数： newton_method()。
输入： 要求解的函数 f，函数的导数 f_prime，初始猜测值 x0，容差 tol，最大迭代次数 max_iter(可选，默认为100)。
输出： 解的近似值 solution。

```
def newton_method(f,f_prime,x0,tol=1e-6,max_iter=100):
    x=x0                        # 初始猜测值
    for_in range(max_iter):
        fx=f(x)                 # 函数值
        if abs(fx)<tol:         # 已达到容差要求,返回解的近似值
            return x
        fpx=f_prime(x)          # 函数的导数值
        if abs(fpx)<tol:        # 导数值过小,无法继续迭代
            break
        x-=fx/fpx               # 牛顿迭代公式
    return None                 # 迭代未收敛或超过最大迭代次数,返回 None 表示未找到解
def f(x):
    return x**2-4
def f_prime(x):
    return 2*x
if__name__=='__main__':
    x0=1                        # 初始猜测值
    solution=newton_method(f,f_prime,x0)
    print("解的近似值:",solution)
```

3.6 屏幕元素事件识别与控制：X4-人机交互

【编程 3.13】编制程序：实现一个可不断增加新函数构造的界面。

【目的及编程说明】读者通过编程 3.13 可理解如何将已实现的一个函数添加到系统中，以便后来的用户可用该函数构造新的函数表达式的过程。要求：完成如图 3.10 的界面设计与实现。布局为：(1) 绘图区的界面布局；(2) 输入框、列表框的界面布局；(3) 各类参数输入框、提示信息的界面布局；(4) 各类按钮、选项控件的界面布局。

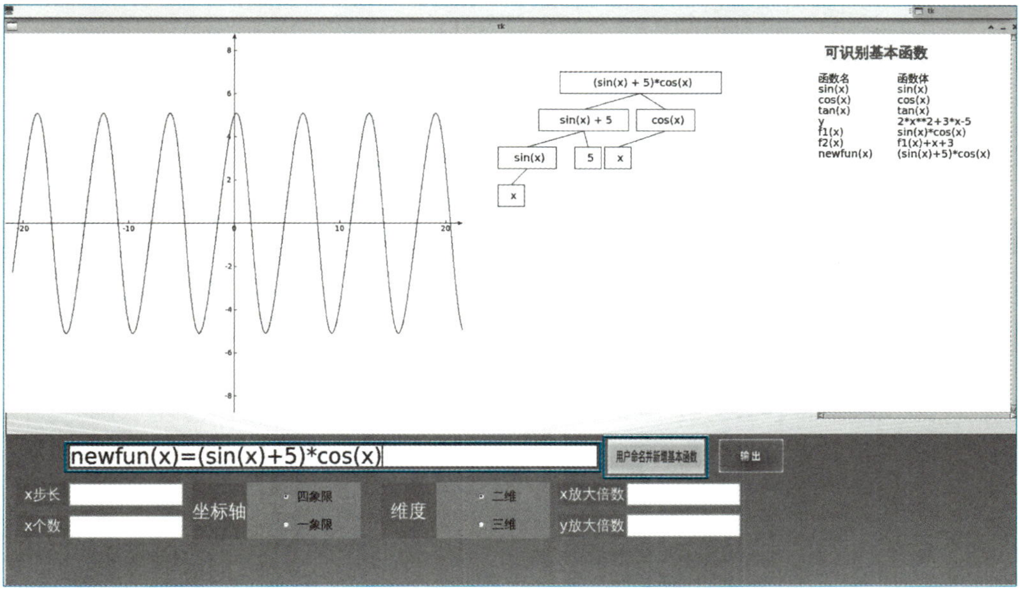

图 3.10 添加新函数计算到系统

【程序编写】

类 / 函数： 函数显示类 FunctionDisplay，创建界面 create_form()。

```
class FunctionDisplay:定义函数显示类
...                                                  # 初始化
    def __init__(self,master,*args,**kwargs):
        super(). __init__(master,*args,**kwargs)
        self.font_style=tkFont.Font(family="Lucida Grande",size=30)
        self.functions=FunctionUtil()
        self.width=int(self.cget("width"))
        self.height=int(self.cget("height"))
        self.background_img = ImageTk.PhotoImage(Image.open(sys.
path[0]+"/./image/背景@3x.jpg"). resize((self.width,self.height)))
        self.create_image(0,0,image=self.background_img,anchor=NW)
        self.master=master
        self.init_window()
        self.load_user_function()

    def create_form(self):                           # 创建界面控件
### 创建按钮对象——add_func_button、print_function_button ###
        self.func_input=Entry(bottom_frame,font=self.font_style)
        self.func_input.place(x=margin_left,y=margin_top,anchor=NW,
width=1000,height=height)
        self.add_func_image=ImageTk.PhotoImage(Image.open("../image/
```

```
用户命名并新增基本函数@3x.png"). resize((150,42)))
        self.add_func_button=Button(bottom_frame,image=self.add_
func_image,bd=0,relief="solid",bg="#f7f7f7",
                  highlightthickness=0,command=NULL)
        self.add_func_button.place(x=1140,y=20,anchor=NW)
...                     # 省略print_function_button类似代码
### 创建输入框对象——x_step、x_count、x_scale、y_scale、func_input ###
        self.label_img=ImageTk.PhotoImage(Image.open("../image/文字背
景@3x.png"). resize((100,42)))
        bottom_frame.create_image(label_margin_left,112,image=self.
label_img)
        bottom_frame.create_text(label_margin_left,112,text="x步长",
fill="white",font=("",14))
        self.x_step=Entry(bottom_frame,font=self.font_style)
        self.x_step.place(x=margin_left+label_width,y=112-21,
width=215,height=42)
...                     # 省略x_count、x_scale、y_scale、func_input类似代码
### 选项卡——quadrant、dimension ###
        self.quadrant=IntVar()
        self.quadrant.set(4)
        Radiobutton(bottom_frame,text="四象限",command=self.update_
quadrant,font=("",14),bg="#b9b9f7",highlightthickness=0,highlightc
olor="#aaaaf2",
value=4,variable=self.quadrant). place(x=label_margin_
left+label_width*2+entry_width+58,y=90,height=(height*2+margin_
top)/2,width=entry_width,anchor=NW)
        Radiobutton(bottom_frame,text="一象限",command=self.update_
quadrant,font=("",14),bg="#b9b9f7",highlightthickness=0,highligh
tcolor="#aaaaf2",value=1,variable=self.quadrant). place(x=label_
margin_left+label_width*2+entry_width+58,y=90+(height*2+
margin_top)/2,height=(height*2+margin_top)/2,width=entry_
width,anchor=NW)    # 功能函数
    ...                 # 省略dimension类似代码
if__name__=='__main__':
    root=Tk()
    screenwidth=root.winfo_screenwidth()
    screenheight=root.winfo_screenheight()
    root_attr="width":int(screenwidth*1),"height":int(screenheight*1),}
    alignstr='%dx%d+%d+%d'%(root_attr['width'],root_attr['height'],
(screenwidth-root_attr['width'])/2,(screenheight-root_attr['height'])/2)
    root.geometry(alignstr)
    app=FunctionDisplay(root,width=root_attr["width"],height=
root_attr["height"])
```

```
    app.place(x=0,y=0,anchor=NW)
    root.mainloop()
```

【编程 3.14】编制程序：使相应的按钮完成正确的功能，即正确调用相应的函数。

【目的及编程说明】读者通过编程 3.14 完成程序界面的事件响应与用户交互。具体实现要求为：(1) 列表框选择的事件响应，当用户浏览列表框中的函数列表时，可将其标准形式复制到表达式输入框中以参与表达式的构造；(2)“输出”按钮的事件响应，该按钮应关联编程 3.7 的程序；(3) 其他相关的事件响应。一些参数设置，当用户单击“输出”按钮时便按照新参数重新绘制表达式框中的曲线。

【程序编写】

函数：函数显示类 FunctionDisplay 中的 print_function()，load_user_function()。

```
class FunctionDisplay():                    # 在 3.13 基础上添加功能
    def create_form(self):
    ## 在 3.13 基础上链接 add_function 函数
    self.add_func_button=Button(bottom_frame,image=self.add_func_im
age,bd=0,relief="solid",bg="#f7f7f7",highlightthickness=0,command=
add_function)
    ## 在 3.13 基础上链接 print_function 函数
    self.add_func_button=Button(bottom_frame,image=self.add_func_
image,bd=0,relief="solid",bg="#f7f7f7",highlightthickness=0,comma
nd=print_function)
...
```

3.7 算法优化与系统功能拓展：X5-完整系统

【编程 3.15】编制程序：用户命名并新增基本函数。

【目的及编程说明】读者通过编程 3.15 可实现用户命名并新增基本函数。将用户已实现的函数表达式作为一个新的基本函数，存入列表后面的数据库，进而该函数便成为可识别基本函数，通过加减乘除与括号构造新的数学函数，基本函数库定义为 FuncLib={<函数名，执行函数名，函数显示字符串>}。具体实现要求为：(1) 输入一个函数表达式，例如“SinPlusCos(x)=sin(x)+cos(x)”，注意它应是用户已经编写的函数，如 SinPlusCos(x)；用户可选择其参与新表达式的构造 Newfunc(x)（即函数名），例如 Newfunc(x)=SinPlusCos(X)*2（此为函数显示字符串），当表达式解析识别出 SinPlusCos(x) 时，则其调用 SinPlusCos(x)（即执行函数名）即可完成 sin(x)+cos(x)

的计算；(2) 单击按钮“用户命名并新增基本函数”进行事件响应。

【程序编写】

函数： FunctionDisplay.add_function()。

```
class FunctionDisplay:                         # 在原有基础上添加功能
    def add_function(self): """用户添加函数"""
        input_func=self.func_input.get()
        if input_func=="":
            messagebox.showwarning("注意",message="请输入函数!")
            return
        elif input_func.find("=")<0:
            messagebox.showerror("注意",message="添加函数的格式为:
\nSinPlusCos(x)=sin(x)+cos(x)")
            return
        left_var=input_func.split("=")[0]
        right_var=input_func.split("=")[1]
        if self.functions.check_function_exit(left_var):
            result=messagebox.askokcancel(title='提示',message=f'函
数{left_var}已经存在,是否需要覆盖?')
            if result:
                self.functions.add_function(left_var,right_var)
                messagebox.showinfo(title="提示",message="覆盖成功!")
                self.func_input.delete(0,END)
                self.load_user_function()
            return
        self.functions.add_function(left_var,right_var)
        messagebox.showinfo(title="提示",message="添加成功!")
        self.func_input.delete(0,END)
        self.load_user_function()
if __name__=='__main__':
    root=Tk()
    screenwidth=root.winfo_screenwidth()
    screenheight=root.winfo_screenheight()
    root_attr={"width":int(screenwidth*1),"height":int(screenheight*1)}
    alignstr='%dx%d+%d+%d'%(root_attr['width'],root_attr['height'],
(screenwidth-root_attr['width'])/2,(screenheight-root_attr['height'])/2)
    root.geometry(alignstr)
    app=FunctionDisplay(root,width=root_attr["width"],height=root_
attr["height"])
    app.place(x=0,y=0,anchor=NW)
    root.mainloop()
```

【编程 3.16】编制程序：用户输入的函数形式中可支持追加的可识别函数并计算。

【目的及编程说明】读者通过编程 3.16 完成高级的用户自定义函数，为“输出”按钮的升级版。具体实现要求为：(1) 让用户输入一个数学表达式；(2) 将其解析为语法树；(3) 逐个读取用户输入的函数，如果它是一个可识别的基本函数，则调用相应的函数进行计算，否则报错。

【程序编写】

函数： 解析用户输入的函数形式，并转换为最原始的函数形式进行计算，即 get_function_by_iter。

```
class FunctionDisplay():                          # 在 3.15 基础上添加功能
    def add_function(self):
        try:
            function = self.functions.get_function_by_iter(right_var)
            sympy.sympify(function, evaluate = False)
        except Exception as E:
            messagebox.showerror("注意", message = "函数解析错误，请仔细检
查函数是否正确！")
            self.func_input.delete(0, END)
            return
    ...
class FunctionUtil:
    def get_function_by_iter(self, key):          # 读取用户输入的函数
        result = key
        for dict_key in self.data.keys():
            if result.find(dict_key) >= 0:
                value = result.replace(dict_key, "(" + self.data[dict_
key] + ")")
                result = self.replace_values_recursive(value)
        return result
    # 调用相应的函数进行计算
    def replace_values_recursive(self, value):
        for key in self.data:
            if key in value:
                replacement = self.data[key]
                value = "(" + value.replace(key, replacement) + ")"
        return value
if __name__ == '__main__':
    root = Window()
    app = FunctionDisplay(root, root_attr)
    root.mainloop()
```

【编程 3.17】编制程序：语法树可以将后追加的可识别函数作为运算符节点。

【目的及编程说明】读者通过编程 3.17 实现用户可理解语法树的追加节点计算过程的展示，为“计算过程”按钮提供程序。具体实现要求为：(1) 输入自定义函数表达式，如“f(x)=sin(x)+cos(x)”；(2) 单击“计算过程”按钮，则解析该函数表达式为语法树；(3) 展示语法树，即展示自定义函数的计算过程。

【程序编写】

类/函数： ExpressionCanves 及其 add_node()。

```
class ExpressionCanvas(Canvas):          # 在 3.8 基础上补充 add_node 函数以绘
                                           制语法树
    def add_node(self,text,x,y,parent=None):
        node_width=len(text)*15+20
        if node_width<40:
            node_width=50
    # 创建节点
        coords=[x-node_width/2,y,x+node_width/2,y+self.node_height]
        if coords[1]in self.level:
            max_x=max(self.level[coords[1]])
            if coords[0]<=max_x:
                x=max_x+node_width/2+self.x_spacing
            node_id=self.create_rectangle(x-node_width/2,y,x+node_
width/2,y+self.node_height,fill="white")
            self.update()
        elif text=="x":
            x=self.coords(parent)[0]+node_width/2
            node_id=self.create_rectangle(x-node_width/2,y,x+node_
width/2,y+self.node_height,fill="white")
            self.update()
        else:
            node_id=self.create_rectangle(x-node_width/2,y,x+node_
width/2,y+self.node_height,fill="white")
            self.update()
        coords=[x-node_width/2,y,x+node_width/2,y+self.node_height]
        if coords[1]in self.level:
            self.level[coords[1]].append(coords[2])
        else:
            self.level[coords[1]]=[coords[2]]
        text_id=self.create_text(x+5,y+self.node_height//2,text=text,
anchor="center",font=("",15))
        self.update()
        # 绘制父节点和当前节点的连线
```

```
        if parent:
           try:
                parent_coords=self.coords(parent)
                parent_x=parent_coords[0]+(parent_coords[2]-parent_
coords[0])//2
                parent_y=parent_coords[1]+(parent_coords[3]-parent_
coords[1])//2
                self.create_line(parent_x,parent_y+self.node_height//
2,x,y,fill="black")
                self.update()
                except Exception as E:
                    pass
           return node_id
if__name__=='__main__':
    root=tk.Tk()
    root.title("Expression Canvas Example")
    canvas=ExpressionCanvas(root,width=800,height=600)
    canvas.pack(expand=True,fill="both")
    expression="x**2+x+sin(x)"
    canvas.draw_expression(expression,400,50)
    root.mainloop()root.mainloop()
```

【* 编程 3.18】编制程序：可识别基本函数中由单一的因变量扩展到因变量的算术运算组合。

【目的及编程说明】通过编程 3.18 为“输出”按钮提供高级别功能，可实现函数系统支持多变量函数，如 max(x, y, z) 等。具体实现要求为：(1) 函数解析器支持多参数函数；(2) 新增若干多参数函数的支持；(3) 用户自定义函数的多参数支持；(4) 绘图从二维转变到三维，坐标变换后还需要进行三维到二维的投影映射。

【程序编写】

函数： Graph.draw_graph()，Graph.draw_graph_2d()，Graph.draw_graph_3d()。

```
class Graph:                    # 在原有基础上添加功能
...
    ### 切换不同的显示维度
    def draw_graph(self,dimensvion,func,draw_precision=0.1,count=
1000,bili_x=20,bili_y=40,):
        if dimension==1:
            self.draw_graph_3d(func,draw_precision,count,bili_x,bili_y,)
        else:
            self.draw_graph_2d(func,draw_precision,count,bili_x,bili_y,
c='blue')
```

```
### 二维图形显示
def draw_graph_2d(self, func, draw_precision=0.1, count=1000, bili_
x=20, bili_y=40, c='blue'):
    self.fig.get_tk_widget(). destroy()
    self.bili_x, self.bili_y=int(bili_x), int(bili_y)
    self.draw_axis()
    self.draw_scale()
    w1, w2=self.bili_x, self.bili_y    # w1、w2 为自变量和函数值在横、纵
                                        轴上的放大倍数
      xmin, xmax=-math.ceil((self.origin[0]/self.bili_x))+1,
math.ceil(
    (self.width-self.origin[0])/self.bili_x)
    co2=[]
    try:
        for x in arange(xmin, xmax, draw_precision): # draw_precision
                                                      ——画图精度
            y=sympy.sympify(func, convert_xor=True).subs("x", x).evalf()
            coord=self.origin[0]+w1*x, self.origin[1]-w2*y, self.
origin[0]+w1*x+1, self.origin[1]-w2*y+1
            co2.append((self.origin[0]+w1*x, self.origin[1]-w2*y))
        if count is None:
            length=len(co2)
        else:
            length=len(co2[:int(count)])
        for i in range(length):
            if(draw_precision>=1):
                self.create_line(co2, fill=c, width=1)
            if(i+1==len(co2)):
                break
            if(abs(co2[i][1]-co2[i+1][1])>100):
                continue
        else:
            self.create_line(co2[i], co2[i+1], fill=c, width=1)
        self.update()
### 三维图形显示
def draw_graph_3d(self, func, draw_precision=0.1, count=1000, bili_
x=20, bili_y=40,):
    self.fig.get_tk_widget().destroy()
    self.delete("all")
    x, y=symbols('x y')
    self.bili_x, self.bili_y=int(bili_x), int(bili_y)
    # 将表达式转换为可计算的函数
    expr=lambdify((x, y), func, modules=['numpy'])
```

```
        xmin,xmax=-math.ceil((self.origin[0]/self.bili_x))+1,math.ceil(
            (self.width-self.origin[0])/self.bili_x)
        # 创建数据网格
        X=np.linspace(xmin,xmax,int(draw_precision*100))
        Y=np.linspace(xmin,xmax,int(draw_precision*100))
        X,Y=np.meshgrid(X,Y)
        Z=expr(X,Y)
        # 创建一个 Figure 对象
        fig=Figure(figsize=(7,5.5),dpi=120)
        # 在 Figure 上创建一个 3D 子图
        ax=fig.add_subplot(111,projection='3d')
        ax.auto_scale_xyz(X,Y,Z)
        # 绘制三维图形
        ax.plot_surface(X,Y,Z,cmap='viridis')
        self.fig=FigureCanvasTkAgg(fig,master=self)
        self.fig.draw()
        self.fig.get_tk_widget(). pack(fill=BOTH,ipadx=0,ipady=0,pady=
0,padx=0,expand=True)
if__name__=='__main__':
    root=Window()
    app=FunctionDisplay(root,root_attr)
    root.mainloop()
```

第 4 章

数据预测与曲线拟合

本章要点：了解数据预测的几种典型方法，尤其要理解什么是（数据）拟合问题——依据样本数据点反求方程参数等；掌握最小二乘法和梯度下降法进行（参数求解的）曲线拟合的思想和算法，完成针对不同样本数据集的曲线拟合、数据预测及绘制。

4.1 数据预测的典型方法

4.1.1 拟合问题与方程求解

什么是数据预测 顾名思义，数据预测是指以已经掌握的样本数据为依据，挖掘潜藏在样本数据背后的特点和规律形成模型，再以模型为基础代入新发生数据，预测尚未掌握的信息。简单来说，就是运用当前和历史数据进行分析、挖掘、判定，得出对未来数据的预判。

什么是曲线拟合 曲线拟合（curve fitting）是典型的数据预测方法，即对于给定的一批数据样本，选择适当类型的曲线来拟合样本数据之间的规律，并用拟合的曲线方程分析变量间的关系，基于拟合后的曲线方程完成数据预测。

4.1.2 最小二乘法

什么是最小二乘法 最小二乘法（又称最小平方法）是指通过误差的平方和最小化，寻找给定样本数据的最佳匹配函数，是法国数学家勒让德在 19 世纪发现的一种曲线拟合方法，是回归分析最常用的方法。

最小二乘法的形式如下：

$$\text{目标函数 } L=\sum(\text{观测值}-\text{理论值})^2$$

其中，观测值是给定样本数据的值，理论值是依据假设的拟合函数所计算的值，目标函数又称损失函数或残差函数。最小二乘法的目标是求解使目标函数最小化时的拟合函数的各项系数（或称参数）。例如，有 n 个只有两个特征的样本（其中一个被作为自变量 x，另一个被作为因变量 y），记为：

$$((x_1, y_1), (x_2, y_2), \cdots, (x_n, y_n))$$

采用以下形式的拟合函数：

$$h(x)=a+bx$$

其中（a, b）为系数，最小二乘法就是要找到一组（a, b），使得 $\sum_{i=1}^{n}(h(x_i)-y_i)^2$ 最小，即求 $\min\sum_{i=1}^{n}(h(x_i)-y_i)^2$，也即求 $\min\sum_{i=1}^{n}(a+bx_i-y_i)^2$ 时的（a, b）值。

常用的最小二乘法算法有基于解方程组和基于矩阵方法两种，这里以一元线性回归中最基本的形式来解释其原理和算法。

基于解方程组的最小二乘法算法 该方法是对 a 和 b 分别求偏导数，令偏导数为

0，得到一个关于 a 和 b 的二元方程组，求解该方程组可得 a 和 b 的值。

$$\frac{\partial L}{\partial a}=\sum_{i=1}^{n}2(a+bx_i-y_i)$$

$$\frac{\partial L}{\partial b}=\sum_{i=1}^{n}2x_i(a+bx_i-y_i)$$

即对以下方程组求解：

$$\sum_{i=1}^{n}2(a+bx_i-y_i)=0$$

$$\sum_{i=1}^{n}2x_i(a+bx_i-y_i)=0$$

解的结果如下：

$$a=\frac{\sum_{i=1}^{n}x_i^2\sum_{i=1}^{n}y_i-\sum_{i=1}^{n}x_i\sum_{i=1}^{n}x_iy_i}{n\sum_{i=1}^{n}x_i^2-\left(\sum_{i=1}^{n}x_i\right)^2}$$

$$b=\frac{n\sum_{i=1}^{n}x_iy_i-\sum_{i=1}^{n}x_i\sum_{i=1}^{n}x_iy_i}{n\sum_{i=1}^{n}x_i^2-\left(\sum_{i=1}^{n}x_i\right)^2}$$

基于矩阵方法的最小二乘法算法

令 $\boldsymbol{W}=\begin{bmatrix}a\\b\end{bmatrix}$，$\boldsymbol{x}=\begin{bmatrix}1\\x_i\end{bmatrix}$，则 $\boldsymbol{y}=a+bx_i=\boldsymbol{W}^{\mathrm{T}}\boldsymbol{x}$

损失函数 $L=\sum_{i=1}^{n}(y_i-\boldsymbol{W}^{\mathrm{T}}x_i)^2$

再令 $\boldsymbol{Y}=\begin{bmatrix}y_1\\y_2\\\vdots\\y_n\end{bmatrix}$，$\boldsymbol{X}=\begin{bmatrix}1,x_1\\1,x_2\\\vdots\\1,x_n\end{bmatrix}$，则 $\boldsymbol{Y}-\boldsymbol{XW}=\begin{bmatrix}y_1-(a+bx_1)\\y_2-(a+bx_2)\\\vdots\\y_n-(a+bx_n)\end{bmatrix}$

$$(\boldsymbol{Y}-\boldsymbol{XW})^{\mathrm{T}}=[y_1-(a+bx_1),\ y_2-(a+bx_2),\ \cdots,\ y_n-(a+bx_n)]$$

$$(\boldsymbol{Y}-\boldsymbol{XW})^{\mathrm{T}}(\boldsymbol{Y}-\boldsymbol{XW})=\sum_{i=1}^{n}(y_i-\boldsymbol{W}^{\mathrm{T}}x_i)^2=L$$

进一步，可以将损失函数表示为如下形式：

$$L=\boldsymbol{Y}^{\mathrm{T}}\boldsymbol{Y}-\boldsymbol{W}^{\mathrm{T}}\boldsymbol{X}^{\mathrm{T}}\boldsymbol{Y}-\boldsymbol{Y}^{\mathrm{T}}\boldsymbol{XW}+\boldsymbol{W}^{\mathrm{T}}\boldsymbol{X}^{\mathrm{T}}\boldsymbol{XW}$$

L 对 $\boldsymbol{W}$ 求偏导，可得：

$$\frac{\partial L}{\partial \boldsymbol{W}}=0-\boldsymbol{X}^{\mathrm{T}}\boldsymbol{Y}-(\boldsymbol{Y}^{\mathrm{T}}\boldsymbol{X})^{\mathrm{T}}+(\boldsymbol{X}^{\mathrm{T}}\boldsymbol{X}+(\boldsymbol{X}^{\mathrm{T}}\boldsymbol{X})^{\mathrm{T}})\boldsymbol{W}$$

$$\frac{\partial L}{\partial W}=-2X^{\mathrm{T}}Y+2X^{\mathrm{T}}XW$$

令导数为 0，则有：

$$X^{\mathrm{T}}Y=X^{\mathrm{T}}XW$$

进而可以求得：

$$W=(X^{\mathrm{T}}X)^{-1}X^{\mathrm{T}}Y$$

最小二乘法计算示例 关于游戏币的预测。

步骤一： 确定预测主题——预测多少钱能买多少游戏币。现要用钱去买游戏币，售币处贴出公示如下：

10 元——11 个游戏币

20 元——23 个游戏币

50 元——58 个游戏币

100 元——123 个游戏币

步骤二： 收集数据与处理。显然，支付的钱数与得到的游戏币之间存在某种线性关系，设有 $y=ax+b$，代入以上数据得：

$$11=10ax+b$$
$$23=20ax+b$$
$$58=50ax+b$$
$$123=100ax+b$$

步骤三： 选择方法与建立模型。构造损失函数 L：

$L=(10a+b-11)^2+(20a+b-23)^2+(50a+b-58)^2+(100a+b-123)^2$

分别对 a、b 求偏导，并令其等于 0，才能使 L 取得最小值。

$20(10a+b-11)+40(20a+b-23)+100(50a+b-58)+200(100a+b-123)=0$

$2(10a+b-11)+2(20a+b-23)+2(50a+b-58)+2(100a+b-123)=0$

$20(10a+b-11)+40(20a+b-23)+100(50a+b-58)+200(100a+b-123)=0$

$2(10a+b-11)+2(20a+b-23)+2(50a+b-58)+2(100a+b-123)=0$

解出结果：$a=1.243\ 9$，$b=-2.224\ 5$。从而所求出的函数为：$y=1.243\ 9x-2.224\ 5$。

步骤四： 测试和评估预测效果。有了该函数，即可对未知点进行预测，例如 $x=80$ 元大约可以买 $y=97$ 个游戏币，而 $x=125$ 元大约可以买 $y=153$ 个游戏币。

4.1.3 梯度下降法

最小二乘法在当且仅当矩阵可逆时可以使用，且需要的存储空间是 n^2，当 n 很大时需要的内存很多，在实际情况下经常不适用。因此就有了一种新的计算方法：梯度下降法。

什么是梯度下降法 梯度下降法又称最速下降法，是一种运用贪心迭代法求解最小二乘问题的方法（线性和非线性都可以，只要一阶导数存在便可），是一阶最优化算法。

梯度 在单变量的函数中，梯度就是函数的导数，代表函数在某个给定点的切线的斜率。在多变量函数中，梯度是函数对每个变量的偏导数组成的向量。梯度的方向就是这个向量的方向。它是函数在给定点的上升（下降）最快的方向。

梯度下降法算法 该算法的基本思想是随机选择一个参数组合计算损失函数，再寻找下一个令损失函数值更低的参数组合，持续以上过程直到一个损失函数局部最小值，即获得最优参数组合。

设拟合函数为 $h(x)=a+bx$，求目标函数 $L=\dfrac{1}{2}\sum\limits_{i=1}^{n}(a+bx_i-y_i)^2$ 的最小值。采用如下公式进行迭代，直到参数值不再变化或者变化很小（可接受为止）：

$$a:=a-\eta\frac{\partial L}{\partial a},\quad b:=b-\eta\frac{\partial L}{\partial b}$$

其中 η 表示沿梯度方向移动的步长。这里给出梯度计算公式的简要推导过程：

令 $u=L=\dfrac{1}{2}\sum\limits_{i=1}^{n}(a+bx_i-y_i)^2$，$v=h(x)$，则$\dfrac{\partial L}{\partial a}=\dfrac{\partial u}{\partial a}=\dfrac{\partial u}{\partial v}\cdot\dfrac{\partial v}{\partial a}$

$$\frac{\partial u}{\partial v}=\frac{\partial}{\partial v}\left(\frac{1}{2}\sum_{i=1}^{n}(v-y_i)^2\right)=\frac{1}{2}\frac{\partial}{\partial v}\left(\sum_{i=1}^{n}(v-y_i)^2\right)=\frac{1}{2}\left(\sum_{i=1}^{n}\frac{\partial}{\partial v}(v-y_i)^2\right)$$

$$=\frac{1}{2}\left(\sum_{i=1}^{n}\frac{\partial}{\partial v}(v^2-2vy_i+y_i^2)\right)=\frac{1}{2}\left(\sum_{i=1}^{n}(2v-2y_i)\right)=\sum_{i=1}^{n}(v-y_i)$$

$$\frac{\partial h(x_i)}{\partial a}=\frac{\partial v}{\partial a}=\frac{\partial}{\partial a}(a+bx_i)=1$$

$$\frac{\partial L}{\partial a}=\frac{\partial u}{\partial a}=\frac{\partial u}{\partial v}\cdot\frac{\partial v}{\partial a}=\sum_{i=1}^{n}(v-y_i)\cdot 1=\sum_{i=1}^{n}(h(x_i)-y_i)$$

$$\frac{\partial h(x_i)}{\partial b}=\frac{\partial v}{\partial b}=\frac{\partial}{\partial b}(a+bx_i)=x_i$$

$$\frac{\partial L}{\partial b}=\frac{\partial u}{\partial b}=\frac{\partial u}{\partial v}\cdot\frac{\partial v}{\partial b}=\sum_{i=1}^{n}(v-y_i)\cdot x_i=\sum_{i=1}^{n}(h(x_i)-y_i)\cdot x_i$$

由此可得：

$$a:=a-\eta\sum_{i=1}^{n}(h(x_i)-y_i)$$

$$b:=b-\eta\sum_{i=1}^{n}(h(x_i)-y_i)\cdot x_i$$

下面采用前述虚拟币预测的计算示例，直观演示梯度下降法的计算过程。通过观察可以看出支付金额与虚拟币之间存在某种线性关系，设为 $h(x)=a+bx$，结合给定的样本数据：

$$11=10ax+b$$

$$23=20ax+b$$

$$58=50ax+b$$

$$123=100ax+b$$

按照上述梯度下降过程进行迭代求解，随机生成 (a, b) 的初始值，假设 $(a_0, b_0)=(3, 4)$，给定 $\eta=0.000\ 1$；按照梯度下降法循环多轮，求解 (a, b) 的最优解。

第一轮： $a_1=a_0-\eta\sum_{i=1}^{n}(h(x_i)-y_i)=a_0-0.000\ 1\cdot((a_0+b_0\cdot 10-11)+(a_0+b_0\cdot 20-23)+(a_0+b_0\cdot 50-58)+(a_0+b_0\cdot 100-123))$

代入 $(a_0, b_0)=(3, 4)$，$a_1=2.948\ 3$，$b_1=b_0-\eta\sum_{i=1}^{n}(h(x_i)-y_i)=b_0-0.000\ 1\cdot((a_0+b_0\cdot 10-11)\cdot 10+(a_0+b_0\cdot 20-23)\cdot 20+(a_0+b_0\cdot 50-58)\cdot 50+(a_0+b_0\cdot 100-123)\cdot 100)$

代入 $(a_0, b_0)=(3, 4)$，$b_1=0.323$

得到第一轮的优化结果：$(a_1, b_1)=(2.948\ 3, 0.323)$

第二轮： $a_2=a_1-\eta\sum_{i=1}^{n}(h(x_i)-y_i)=a_1-0.000\ 1\cdot((a_1+b_1\cdot 10-11)+(a_1+b_1\cdot 20-23)+(a_1+b_1\cdot 50-58)+(a_1+b_1\cdot 100-123))$

代入 $(a_1, b_1)=(2.948\ 3, 0.323)$，$a_2=2.962\ 806\ 680\ 000\ 000\ 4$，$b_2=b_1-\eta\sum_{i=1}^{n}(h(x_i)-y_i)=b_1-0.000\ 1\cdot((a_1+b_1\cdot 10-11)\cdot 10+(a_1+b_1\cdot 20-23)\cdot 20+(a_1+b_1\cdot 50-58)\cdot 50+(a_1+b_1\cdot 100-123)\cdot 100)$

代入 $(a_1, b_1)=(2.948\ 3, 0.323)$，$b_2=1.427\ 030\ 6$

得到第二轮的优化结果：$(a_2, b_2)=(2.962\ 806\ 68, 1.427\ 030\ 6)$

第三轮： $a_3=a_2-\eta\sum_{i=1}^{n}(h(x_i)-y_i)=a_2-0.000\ 1\cdot((a_2+b_2\cdot 10-11)+(a_2+b_2\cdot 20-23)+(a_2+b_2\cdot 50-58)+(a_2+b_2\cdot 100-123))$

代入 $(a_2, b_2)=(2.962\ 806\ 68, 1.427\ 030\ 6)$，$a_3=2.957\ 435\ 006\ 528$，$b_3=b_2-\eta\sum_{i=1}^{n}(h(x_i)-y_i)=b_2-0.000\ 1\cdot((a_2+b_2\cdot 10-11)\cdot 10+(a_2+b_2\cdot 20-23)\cdot 20+(a_2+b_2\cdot$

$50-58)\cdot 50+(a_2+b_2\cdot 100-123)\cdot 100)$

代入 $(a_2, b_2)=(2.962\ 806\ 68, 1.427\ 030\ 6)$，$b_3=1.095\ 560\ 299\ 759\ 999\ 8$

得到第三轮的优化结果：$(a_3, b_3)=(2.957\ 435\ 006\ 528, 1.095\ 560\ 299\ 759\ 999\ 8)$

以此类推，当 (a_i, b_i) 的值不再变化或者基本不再变化，得到 (a, b) 的值逐步向最优解（−2.22，1.24）逼近。

最终得到：−2.221 727 660 431 678, 1.243 839 301 632 342 1, 5.316 338 036 857 472。目标函数的值为 5.316 338 036 857 472。

4.2 曲线拟合项目总体设计

目标系统说明 本项目拟实现一个给定样本点集合，能够完成曲线拟合与显示的系统，基本功能为：(1) 通过交互方式使用户能够快速且更加直观地进行函数拟合。用户首先产生样本数据，产生样本数据有两种方式，一是数据装载——用户选择一个数据文件来读取样本数据，二是用户手动输入样本数据集。(2) 用户选择要拟合的函数类型，比如线性函数、二次函数、三次函数等基本函数类型，同时用户也可以增加新类型的函数。(3) 当用户单击“拟合”按钮时，即可得到对应函数类型的拟合函数的参数，同时可以对样本数据集以及拟合曲线进行显示。

4.2.1 项目总体思路

总体思路 项目开发的总体思路如图 4.1 所示，项目分为五个层面的开发内容，难度由低到高被区分为：

X1：数据的变化与基本控制【数据结构】——参见 4.3 节。

X2：屏幕元素及其显示输出【可视化输出】——参见 4.4 节。

X3：问题求解相关的算法设计与函数实现【基本算法】——参见 4.5 节。

X4：屏幕元素事件识别与控制【人机交互】——参见 4.6 节。

X5：问题求解相关的算法优化与系统功能拓展【完整系统】——参见 4.7 节。

其中，X1 是编制为样本数据集合 sampleData={<sx, sy>}、拟合曲线数据集合 curveData={<x, y>} 赋值的程序。X2 是依据 sampleData 和 curveData 产生输出界面。X3 是编写曲线拟合的基本函数。X4 是交互构建曲线拟合函数及曲线可视化。X5 是高级和复杂函数的实现，如更多函数形式的拟合函数以及拟合函数库的管理。

1. 样本点赋值：在0~1 000范围内，随机给出20个点的<sx, sy>值，赋值给sampleData。
2. 函数赋值：给定一个已知函数，按给定步长计算x=0~1 000的y值，赋值给curveData。

3. 绘制xy坐标轴：绘制包括x=<-maxV/2, +maxV/2>的坐标轴和x=<0, maxV>的坐标轴。
4. 绘制样本点：按之前输入的sampleData以某种颜色在坐标轴上绘制圆点(样本点)。
5. 绘制函数曲线：按之前输入的curveData以某种颜色在坐标轴上绘制曲线(拟合曲线)。

13. 人机交互界面：完成界面并增加相应的功能按钮。
14. 人机交互功能：使相应的按钮完成正确的功能，即正确调用相应的函数。

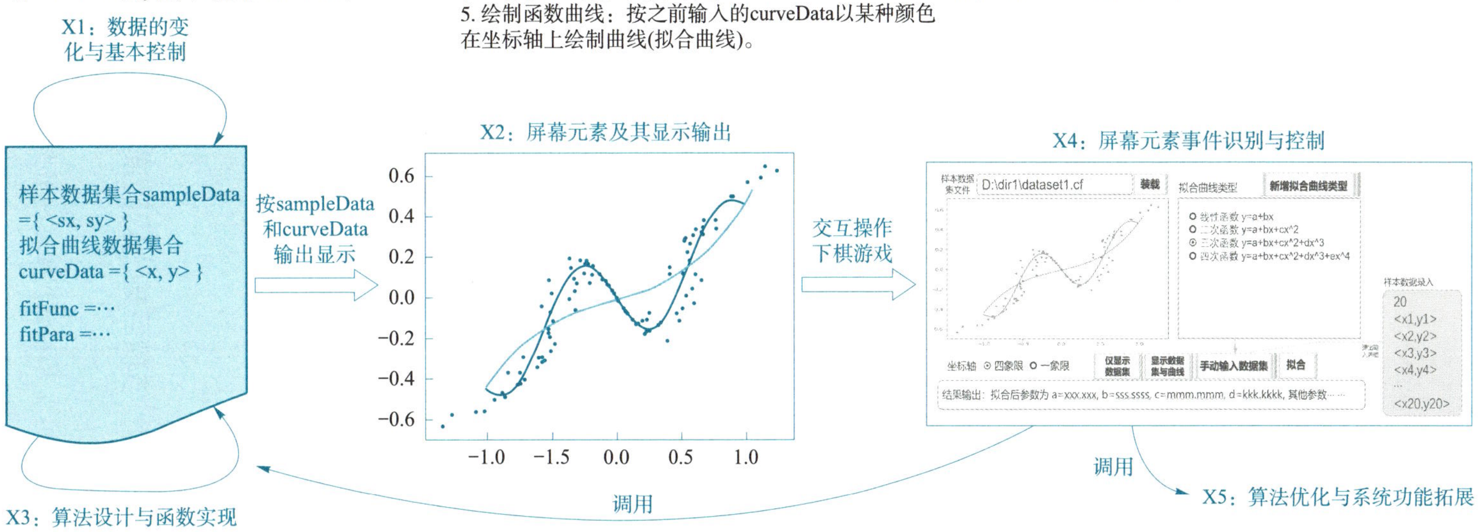

6. 装载：将样本数据集文件中的数据读入sampleData并显示。
7. 仅显示数据集：重新绘制图形输出，仅按sampleData输出显示。
8. 显示数据集与曲线：在sampleData显示基础上叠加显示curveData。
9. 手动输入数据集：以另弹出界面形式，弹出输入框，以输入样本数据。第一个数据为样本点数目，后续一行为一个样本点坐标。输入结果存储到sampleData中。
10. 结果输出：将拟合后的结果(包括函数的形式、函数的所有系数、误差计算方法、最终误差等)转换成字符串在界面下方输出。
11. 坐标轴设置：设置四象限坐标轴(中心点为原点)或一象限坐标轴(左下为圆点)。
12. 线性函数拟合：程序给出线性拟合函数形式 y=ax+b(未知系数，待求)。以某种拟合方法(如最小二乘法、梯度下降法等)求最优拟合曲线并显示(产生curveData，调用X2中函数输出)。同时将计算相关信息按“结果输出”要求进行输出。

15. 新增拟合曲线类型：将系统可完成的新的拟合曲线类型命名后增加至库中，并显示在列表中。
16. 拟合曲线类型选择：用户可在列表中选择一种拟合曲线类型，默认为线性函数类型。系统后台维护一个拟合类型函数库——{<显示名称, 形式, 函数名>}。
17. 拟合：按照用户选择的拟合曲线类型来调用相应的拟合函数完成拟合计算并显示。
18. 二次函数拟合、三次函数拟合、四次函数拟合：程序给出相应的拟合函数形式(未知系数，待求)。以某种拟合方法(如最小二乘法、梯度下降法等)求最优拟合曲线并显示(产生curveData，调用X2中函数输出)。同时将计算相关信息按“结果输出”要求进行输出。
扩展：其他形式的拟合函数(如指数函数、对数函数、双曲函数等)。

图 4.1 曲线拟合项目开发总体思路图

4.2.2　项目涉及的类库资源

本项目中使用的类库如下所示。请在后面的源程序文件的起始部分放入相关语句。

```
import mpl_toolkits.axisartist as axisartist # 绘图中轴的外观和行为
from scipy.optimize import curve_fit         # 拟合数据集的曲线
from pandas import DataFrame                 # 数据处理和分析
import matplotlib.pyplot as plt              # 创建和绘制各种类型的图表和图形
import numpy as np                           # 数值计算、数组操作和线性代数等
import pylab as mpl                          # 数据可视化
from tkinter import*                         # 图形用户界面
import data as gl_data                       # 自定义全局变量函数
import pandas as pd                          # 类和函数来读取、处理和分析数据
mpl.rcParams['font.sans-serif'] = ['SimHei']
                                             # 解决 matplotlib 中文不显示问题
plt.rcParams['axes.unicode_minus'] = False
                                             # 解决 matplotlib 负数坐标显示问题
```

全局变量文件 data.py:

```
global Canvas2                  # 用于显示函数的画布
Img1 = None                     # 绘制的 dot.png 图像
Img2 = None                     # 绘制的 line.png 图像
Xian_index = 0                  # 当前选择的函数编号
Quadrant = 0                    # 当前选择的象限信息, 0 为四象限, 1 为一象限
MAXV = 1000                     # 最大值
INDEX = 5                       # 拟合函数索引
Out = ''                        # 拟合输出信息
LOW = -MAXV                     # 坐标轴显示上界
HIGH = MAXV                     # 坐标轴显示下界
MAGNIDICATION = 1.0             # 放大倍数
SampleData = None               # 样本数据
CurveData = None                # 拟合数据
FITT_SAVE = {}
FITT_LIST = []
```

4.2.3　项目主要函数调用关系图与项目输出界面演进图

项目主要函数调用关系图如图 4.2 所示。项目输出界面演进图如图 4.3 所示。

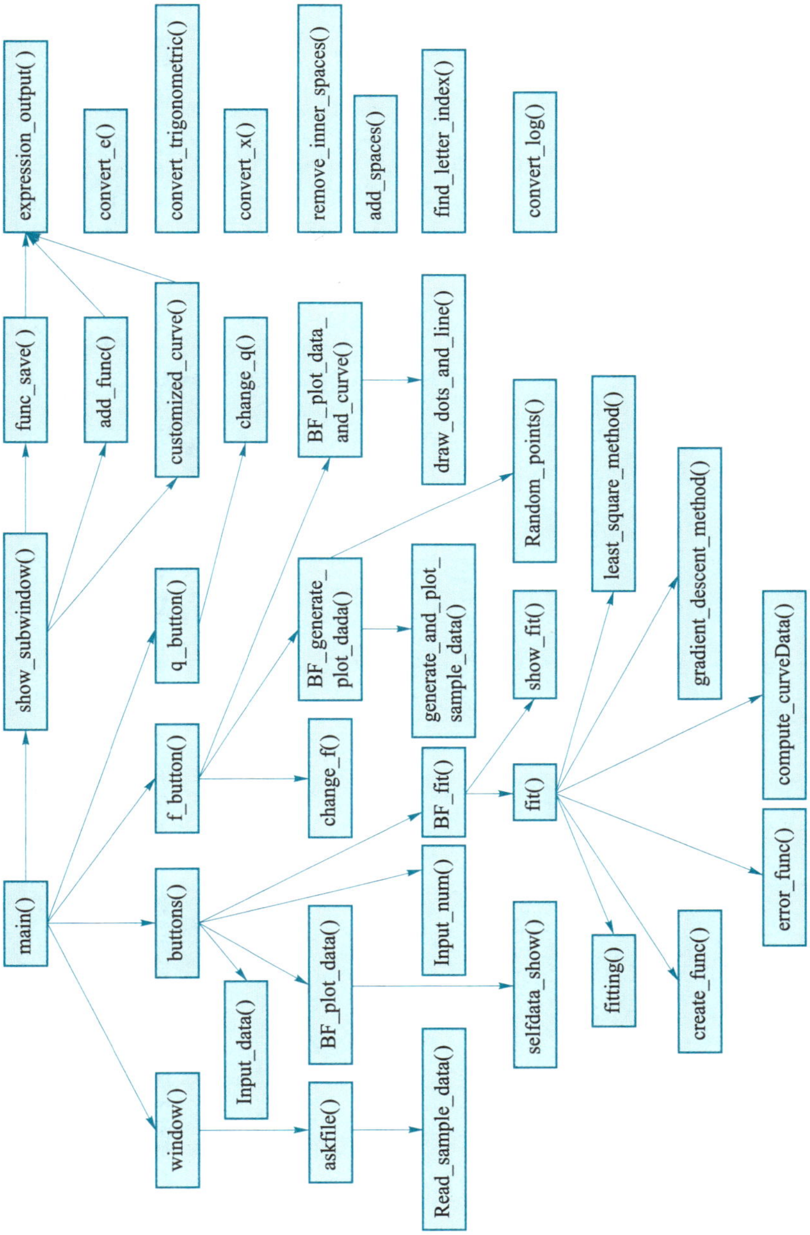

图 4.2 项目主要函数调用关系图

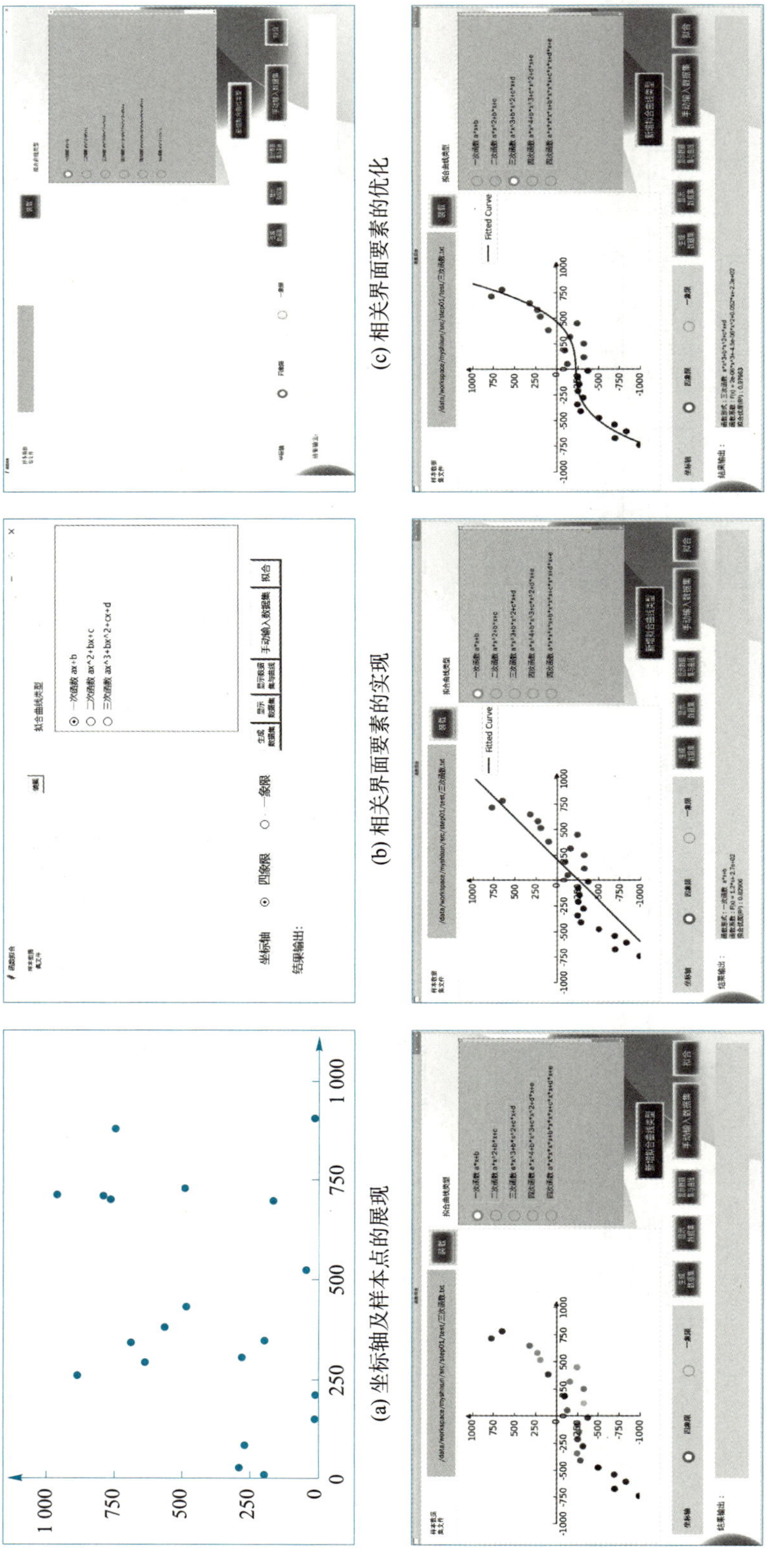

(a) 坐标轴及样本点的展现

(b) 相关界面要素的实现

(c) 相关界面要素的优化

(d) 装载样本数据

(e) 线性函数拟合结果

(f) 三次函数拟合结果

图 4.3　项目输出界面演进图

4.3 数据的变化与基本控制：X1-数据结构

【编程 4.1】编制程序：在 0～1 000 范围内，随机给出 20 个点的 <sx, sy> 值，赋值给 sampleData。

【目的及编程说明】读者通过编程 4.1 可实现生成随机数的功能。生成的随机数将来要作为函数拟合的坐标数据。具体实现要求为：(1) 创建一个空的样本数据字典 sampleData；(2) 随机生成 20 个点的 sx 和 sy 值，sx 范围为 0～1 000，并将它们添加到样本数据字典中；(3) 返回 sampleData。

【程序编写】

函数： random_points()。
输入： 需要生成的数据数量 sampleNum，样本数据的范围 Low、High。
输出： 随机生成的 sampleNum 个点数据。

```
def random_points(sampleNum,Low,High):
    sx,sy=[],[]
    for i in range(sampleNum):
        sx.append(random.uniform(Low,High))          # 生成随机浮点数
        sy.append(random.uniform(Low,High))
    sx,sy=np.array(sx),np.array(sy)                  # 列表转数组
    gl_data.SampleData=np.array(list(zip(sx,sy)))    # 拼接成二维数组并
                                                       存入全局变量
    return gl_data.SampleData
if __name__=='__main__':
    sampleData=random_points(20,0,1000)
    print(sampleData)
```

【编程 4.2】编制程序：程序给出函数 y=f(x) [给出系数]，按给定步长计算 x=0～1 000 内的 y 值，赋值给 curveData。

【目的及编程说明】读者通过编程 4.2 理解拟合曲线的过程。该数据是通过拟合函数的参数计算得到的预测数据，用于函数拟合图像的绘制。具体实现要求为：(1) 定义函数 f(x)，使用二次函数作为示例；(2) 定义给定步长；(3) 定义 x 的取值范围；(4) 定义函数 f 的系数；(5) 计算 x=0～1 000 内的 y 值，并将它们添加到曲线数据字典中；(6) 返回 curveData。

【程序编写】

函数： compute_curveData()。
输入： 数据范围 Low、High，步长 step，二次函数系数 coefficient，多项式阶数 m。
输出： 生成的样本点集合 curveData。

```
def quadratic_function(coefficient,x): # 构造二次函数 y=a*x^2+b*x+c 示例
    return coefficient[0]*x**2+coefficient[1]*x+coefficient[2]
def compute_curveData(Low,High,step,coefficient,m):
                                         #coefficient 代表二次函数系数
    x_values=np.arange(Low,High,step)
    if m==2:
        y_values=quadratic_function(coefficient,x_values)
                                         # 调用函数计算 y 值
    gl_data.CurveData=np.column_stack((x_values,y_values))
                                         # 将 x、y 堆叠成二维数组
    return gl_data.CurveData
if __name__=='__main__':
    coefficient=[1,2,3]
    curveData=compute_curveData(gl_data.LOW,gl_data.HIGH,1,coefficient,2)
    print(curveData)
```

4.4 屏幕元素及其显示输出：X2-可视化输出

【编程 4.3】编制程序：绘制 x、y 坐标轴，包括 x=[−maxV/2, +maxV/2] 的坐标轴和 y=[0, maxV] 的坐标轴。

【目的及编程说明】读者通过编程 4.3 实现绘制坐标轴。通过给定的范围对左边轴的范围进行设置，也就是后续坐标轴的一象限和四象限。具体实现要求为：(1) 定义最大值 maxV 和步长 step（刻度间隔）；(2) 计算 x 轴、y 轴的刻度值；(3) 绘制 x 轴；(4) 绘制 y 轴；(5) 返回坐标轴。

【程序编写】

函数： draw_axis()。
输入： 坐标轴最小值 low，坐标轴最大值 high，坐标轴尺度 step。
输出： 根据所给条件绘制坐标轴。

```
def draw_axis(low,high,step=250):
    fig=plt.figure(figsize=(4.4,3.2)) # 设置显示大小
    ax=axisartist.Subplot(fig,111)    # 使用 axisartist.Subplot 方法创
                                        建一个绘图区对象 ax
    fig.add_axes(ax)                  # 将绘图区对象添加到画布中
    ax.axis[:].set_visible(False)     # 通过 set_visible 方法设置绘图区
                                        所有坐标轴隐藏
    ax.axis["x"]=ax.new_floating_axis(0,0)   # 添加新的 x 轴
```

```
    ax.axis["x"].set_axisline_style("-|>",size=1.0)  # 给 x 轴加上箭头
    ax.axis["y"]=ax.new_floating_axis(1,0)      # 添加新的 y 轴
    ax.axis["y"].set_axisline_style("-|>",size=1.0)  # 给 y 轴加上箭头
    ax.axis["x"].set_axis_direction("bottom")   # 设置 x 轴、y 轴上刻度显示
                                                  方向
    ax.axis["y"].set_axis_direction("left")     # 设置 x 轴、y 轴上刻度显示
                                                  方向
    ax.set_xlim(low,high);ax.set_ylim(low,high)

                                                # 设置 x 轴和 y 轴的刻度范围
    ax.set_xticks(np.arange(low,high+5,step)) # 设置 x 轴的刻度间隔
    ax.set_yticks(np.arange(low,high+5,step)) # 设置 y 轴的刻度间隔
    # plt.show()
    return ax
if __name__=='__main__':
    draw_axis(gl_data.LOW,gl_data.HIGH)
```

【编程 4.4】编制程序：按 sampleData 值在坐标轴上以不同颜色绘制圆点（样本点）。

【目的及编程说明】读者通过编程 4.4 可了解 Python 画图函数库。此函数对应后续的显示数据集按钮。具体实现要求为：(1) 读取样本点 sampleData 的坐标数据；(2) 将每个点随机定义一种颜色；(3) 绘制 x 轴、y 轴；(4) 在坐标轴上显示样本数据点。

【程序编写】

函数： selfdata_show()。
输入： 样本点数组 sampleData，坐标轴最小值 low，坐标轴最大值 high。
输出： 根据所给条件在坐标系中绘制样本数据点，以圆点展示。

```
def selfdata_show(sampleData,low,high):
    x,y=sampleData[:,0],sampleData[:,1]
    ax=draw_axis(low,high)                  # 绘制 x 轴、y 轴
    ax.scatter(x,y,c='red')                 # 绘制样本数据点
    plt.savefig(r"dot.png",facecolor='w',bbox_inches='tight')
                                            # 保存为 png 文件
    # plt.show()                            # 显示图像
    plt.clf()
    # set_phtot(1)                          # 后续函数，将图像显示在主界面中
if __name__=='__main__':
    sampleData=random_points(20,0,1000) # 生成样本点
    selfdata_show(sampleData,0,1000)        # 绘制样本数据点
```

【编程 4.5】编制程序：按 curveData 值在坐标轴上绘制曲线（拟合曲线）。

【目的及编程说明】读者通过编程 4.5 可以熟悉如何使用最小二乘法拟合曲线。具

体实现要求为：(1) 定义 x 和 y 坐标数据；(2) 定义多项式阶数 m，使用 x 的幂次来构造 A 矩阵；(3) 计算拟合系数 theta，即通过最小二乘法计算出最优的多项式系数；(4) 使用 theta 和 x 的幂次计算拟合曲线：创建图形对象并使用 ax.plot ( ) 函数绘制拟合曲线，使用 ax.scatter ( ) 函数绘制样本点，添加标签并显示图形。

【程序编写】

函数： least_square_method()，draw_dots_and_line()。
输入： 多项式阶数 m，样本点数据 sampleData。
输出： 拟合的函数系数 theta，协方差矩阵 covariance_matrix。输出如图 4.4 所示。

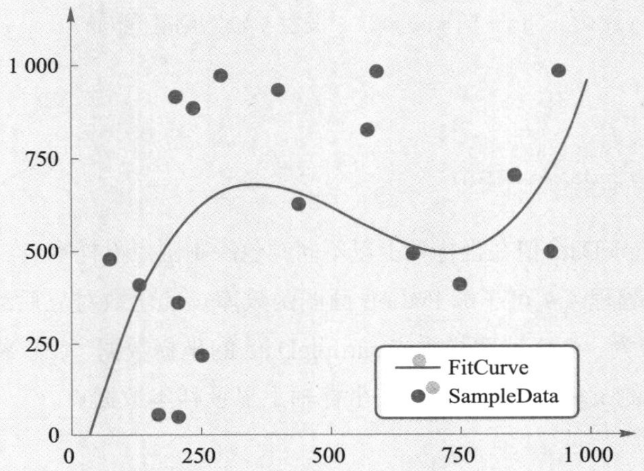

图 4.4　函数拟合曲线输出示意图（三次函数）

```
def least_square_method(m,sampleData):  # m 次多项式的最小二乘法
    x,y=sampleData[:,0],sampleData[:,1]
    A=np.vander(x,m+1)                       # 使用多项式阶数 m 和 x 的幂次来构造 A 矩阵
    theta=np.linalg.inv(A.T@A)@A.T@y  # 计算拟合系数 theta，使用最小二乘
                                         法的正规方程
    residuals=y-A@theta                   # 计算残差平方和
    residuals_squared_sum=residuals.T@residuals
    degrees_of_freedom=len(y)-(m+1)       # 计算均方误差
    mean_squared_error=residuals_squared_sum/degrees_of_freedom
    covariance_matrix=np.linalg.inv(A.T@A)*mean_squared_error
                                         # 计算协方差矩阵
    return theta,covariance_matrix
def draw_dots_and_line(curveData,sampleData,low,high):
    x_fit,y_fit=curveData[:,0],curveData[:,1]
    x,y=sampleData[:,0],sampleData[:,1]
    ax=draw_axis(low,high,step=250)       # 创建图形对象并绘制拟合曲线和样本点
    ax.plot(x_fit,y_fit,label=f'FitCurve')
    ax.scatter(x,y,color='red',label='SampleData')
```

```
    plt.legend()
    plt.show()
if __name__=='__main__':
    LimitNum=1000;m=3
    sampleData=random_points(20,0,1000)
    theta,covariance_matrix=least_square_method(m,sampleData)
    curveData=compute_curveData(0,1000,1,theta,m)
    draw_dots_and_line(curveData,sampleData,0,1000)
```

4.5　算法设计与函数实现：X3-基本算法

【编程 4.6】编制程序：将样本数据集文件中的数据读入 sampleData 并显示。

【目的及编程说明】读者通过编程 4.6 可熟悉读入文件的方法。具体实现过程为：(1) 打开样本数据集文件并读取每行数据：创建一个二维数组 sampleData，用于存储样本数据。(2) 遍历所有行，将每行数据解析为 sx 和 sy 值，转换为浮点数并存储到 sampleData 中。(3) 使用循环遍历样本数据并输出。

【程序编写】

函数： read_sample_data()。
输入： file_path(需要读取的文件地址)。
输出： 读取 filepath 对应的文件，并将每行数据解析为 sx 和 sy 值，转换为浮点数并存储到 sampleData 中。

```
def read_sample_data(file_path):
    x,y=[],[]                                  # 初始化 x,y
    with open(file_path,'r')as file:
        for line in file:                      # 逐行读文件
            line=line.strip('\n')              # 移除换行符
            sx,sy=line.split('')               # 以空格分割 x,y
            x.append(float(sx))                # 将 sx 转换为浮点数并加入数组
            y.append(float(sy))                # 将 sy 转换为浮点数并加入数组
            print(f'sx:{float(sx)},sy:{float(sy)}')    # 转换并输出
    gl_data.SampleData=np.array(list(zip(x,y)))
                                               # x,y 数组转为 array 并赋值给全局变量
```

函数： askfile()。
输入： 无。
输出： 弹出一个文件管理器，让用户选择一个文件进行读取，然后调用 read_sample_

```
data 和 print_sample_data 进行数据处理。
def askfile():
    default_path=r"/data/workspace/myshixun/src/step01/test/"
    # 选择需要加载的数据文件,并返回文件的路径
    filename=tkinter.filedialog.askopenfilename(initialdir=default_path)
    if filename!='':                        # 若选中了一个文件,则对文件进行读取
       label3.config(text=filename)         # 显示文件路径
       read_sample_data(filename)           # 将文件读取并存储到 sampleData 中
       selfdata_show(gl_data.X,gl_data.Y,gl_data.LOW,gl_data.HIGH)
    else:                                   # 若未选择文件,则显示为空
       label3.config(text='')
if __name__=='__main__':
    askfile()
```

【编程 4.7】编制程序：重新绘制图形输出，随机生成样本点数据集保存到 sampleData 中并输出显示。

【目的及编程说明】读者通过编程 4.7 可实现重新绘制图形输出。假设函数随机生成 25 个坐标点，将坐标点读入 sampleData，且将各坐标点绘制成图并在画布上显示。具体实现要求为：(1) 生成 25 个随机样本数据，保存至 sampleData 中；(2) 绘制坐标轴；(3) 绘制样本数据点；(4) 显示图形。

【程序编写】

函数： generate_and_plot_sample_data()。
输入： 样本点数据 sampleData，函数下界 low，函数上界 high。
输出： 随机生成 25 个点，并绘制到坐标轴中。

```
def generate_and_plot_sample_data(sampleData,Low,High):
    sx,sy=sampleData[:,0],sampleData[:,1]
    draw_axis(Low,High)                     # 绘制坐标轴
    plt.scatter(sx,sy,color='red')          # 绘制样本数据点
    plt.savefig(r"dot.png",facecolor='w',bbox_inches='tight')
                                            # 保存到本地
    plt.close()                             # 清除内存
    set_phtot(1)                            # 后续函数,显示到主界面 4.7 示例时没有
                                              编程该函数
if __name__=='__main__':
    num_samples=25                          # 设置样本点数量
    sampleData=random_points(num_samples,-1000,1000)
                                            # 生成 25 个随机样本数据
    generate_and_plot_sample_data(sampleData,gl_data.LOW,gl_data.HIGH)
```

【编程 4.8】编制程序：在 sampleData 显示基础上叠加显示 curveData。

【目的及编程说明】读者通过编程 4.8 可实现依据 sampleData 进行曲线拟合生成 curveData。通过获取当前用户选择的拟合曲线类型，调用相应的拟合函数，获得拟合曲线 y=f(x)，按照给定步长计算 x=0~1 000 内的相应 y 值，并赋值给 curveData，将初始坐标点与拟合后的曲线绘制成图并显示在画布上。具体实现要求为：(1) 从 sampleData 中提取所有的 x 值和 y 值；(2) 使用最小二乘法计算斜率和截距；(3) 绘制坐标轴和样本点；(4) 绘制拟合曲线。

【程序编写】完善 X2 中的 draw_dots_and_line()。

函数： draw_dots_and_line()。
输入： 拟合曲线数据 curveData，样本数据 sampleData，函数下界 low，函数上界 high。
输出： 在图上同时绘制原始数据点与拟合曲线。

```
def draw_dots_and_line(curveData,sampleData,low,high):
    x_fit,y_fit=curveData[:,0],curveData[:,1]
    x,y=sampleData[:,0],sampleData[:,1]
    draw_axis(low,high)                         # 绘制 x、y 坐标轴
    positive_mask=y>=0.0                        # 给样本点分类
    negative_mask=y<0.0                         # 给样本点分类
    positive_colors=['red'if xx>=0.0 else'blue'for xx in x]
                                                # 给样本点分类
    negative_colors=['green'if xx>=0.0 else'purple'for xx in x]
                                                # 给样本点分类
    ax=draw_axis(low,high,step=250)             # 创建图形对象并绘制拟合曲线和样本点
    # 根据样本点类型决定样本点颜色
    ax.scatter(x[positive_mask],y[positive_mask],color=np.array
(positive_colors)[positive_mask],lw=1)
    ax.scatter(x[negative_mask],y[negative_mask],color=np.array
(negative_colors)[negative_mask],lw=1)
    plt.plot(x_fit,y_fit,color='blue',label='Fitted Curve') # 绘制拟合曲线
    plt.legend()
    plt.show()
    #set_phtot(2)                               # 后续将图显示到主界面中
if __name__=='__main__':
    LimitNum=1000
    sampleData=random_points(20,0,1000)
    x,y=sampleData[:,0],sampleData[:,1]
    sampleData=np.array(list(zip(x,y)))         # 将两个一维数组拼接成二维数组
    m=3                                         # 假设使用三次多项式拟合
    theta,covariance_matrix=least_square_method(m,sampleData)
    curveData=compute_curveData(0,1000,1,theta,m,x.mean(),x.std())
    draw_dots_and_line(curveData,sampleData,0,1000)
```

【编程 4.9】编制程序：弹出界面，以输入样本数据的第 1 个数据为样本点数目，后面一行是一个样本点坐标。输入结果存储到 sampleData。

【目的及编程说明】读者通过编程 4.9 可以实现手动构建 sampleData。用户通过自行输入样本点，赋值给 sampleData 作为初始坐标点。具体实现要求为：(1) 创建输入环境；(2) 要求用户输入；(3) 获取输入并保存；(4) 在后台 sampleData 数组中存储输入值。

【程序编写】

函数： input_num()。
输入： tk 主界面 root_tk。
输出： 获取坐标点个数并打开数据输入界面。

```
def input_num(root_tk):
    global top
    top=tk.Toplevel(root_tk);top.title('坐标点个数')
    label1=Label(top,text="坐标点个数")
    label1.grid(row=0)        # 这里的 side 可以赋值为 LEFT RTGHT TOP BOTTOM
    num1=IntVar();entry1=Entry(top,textvariable=num1)
    num1.set(0);entry1.grid(row=0,column=1)
    Label(top,text=""). grid(row=0,column=3)
    Button(top,text="确定",command=lambda:input_data(root_tk,
                                int(entry1.get()))).grid(row=0,column=3)
    top.mainloop()
if__name__=='__main__':
    root=tk.Tk()
    root.withdraw()
    input_num(root)
```

函数： input_data()。
输入： tk 主界面 root_tk，需要输入的点数量 num。
输出： 将该点存储到 sampleData 数组中。

```
def input_data(root_tk,num):
    global top,numx,sample_data,entry_x,entry_y,label_status
    numx=num;sample_data=[];top.destroy();top=tk.Toplevel(root_tk)
    top.geometry("300×200");top.title('坐标')
    label_x=tk.Label(top,text="X 值:");label_x.pack();
    entry_x=tk.Entry(top);entry_x.pack()
    label_y=tk.Label(top,text="Y 值:");label_y.pack()
    entry_y=tk.Entry(top);entry_y.pack()
    button_add=tk.Button(top,text="添加",command=add_sample_data)
    button_add.pack()
```

```
    button_check=tk.Button(top,text="检查",command=check_sample_data)
    button_check.pack();label_status=tk.Label(top,text="")
    label_status.pack()
    top.mainloop()
```

函数： add_sample_data()。
输入： tk 主界面 root_tk，需要输入的点数量 num。
输出： 将该点存储到 sampleData 数组中。

```
def add_sample_data():
    global sample_data,entry_x,entry_y,label_status,numx
    try:
        x=float(entry_x.get())
        y=float(entry_y.get())
    except:
        label_status.config(text="输入不合法")
        return
    entry_x.delete(0,tk.END);entry_y.delete(0,tk.END)
    if min(x,y)< gl_data.LOW or max(x,y)> gl_data.HIGH:
        label_status.config(text="输入超过范围")
        return
    elif len(sample_data)<numx:
        label_status.config(text="点对已添加");sample_data.append((x,y))
    else:
        label_status.config(text="已达到最大数量")
```

函数： check_sample_data()。
输入： tk 主界面 root_tk，需要输入的点数量 num，数组 sample_data。
输出： sample_data 数组结果。

```
def check_sample_data():
    global label_status,numx,sample_data
    if len(sample_data)==numx:
       label_status.config(text="已达到最大数量")
       print('已添加',sample_data)
       sys.exit()
    else:
       label_status.config(text="需输入{}个点".format(numx-len
(sample_data)))
       print(sample_data)
```

【编程 4.10】结果输出：将拟合后的结果（包括函数的形式、函数的所有系数、误差计算方法、最终误差等）转换成字符串输出。

【目的及编程说明】读者通过编程4.10可理解字符串的含义。将拟合后的结果转换成字符串的形式进行输出。具体实现要求为:（1）定义拟合函数和误差函数;（2）调用已实现的函数进行拟合;（3）拟合完成后，计算误差，并将拟合结果转换成字符串输出。

【程序编写】

函数： fit, error_func()。
输入： 样本点数据 sampleData，拟合多项式的阶数 m。
输出： 拟合信息。

```
def error_func(func,sampleData,theta): # 定义误差函数
    sx,sy=sampleData[:,0],sampleData[:,1]
    y_pred=func(theta,sx)              # 使用 func 函数和参数 theta 计算预测值
    error=np.sum((sy-y_pred)**2)        # 计算误差平方和
    ss_tot=np.sum((sy-np.mean(sy))**2) # 计算总平方和
    r_squared=1-(error/ss_tot)          # 计算决定系数 (R^2)
    return error,r_squared
def fit(sampleData,m):                 # 定义拟合函数
    theta,covariance_matrix=least_square_method(m,sampleData)
                                        # 计算拟合结果
    # 计算拟合误差
    if m==2:func=quadratic_function     # 此处以 m=2 为例,省略其他函数
    error,r_squared=error_func(func,sampleData,theta)
    fit_function_name=func.__name__    # 输出拟合函数的形式、系数、误差和优度
    print("拟合函数形式:{}".format(fit_function_name))
    print("标准化拟合系数:{}".format(theta))
    print("误差:{:.4f}".format(error))
    print("拟合优度 (R^2):{:.4f}".format(r_squared))
if __name__=='__main__':
    sampleData=random_points(20,0,1000)
    m=2                                 # 假设选择使用二次函数拟合
    fit(sampleData,m)
```

【编程4.11】坐标轴设置：设置四象限坐标轴（中心点为原点）或一象限坐标轴（左下为原点）。

【目的及编程说明】读者通过编程4.11可实现按照既定需求实现坐标轴，具体需求为设置四象限坐标轴（中心点为原点）或一象限坐标轴（左下为原点）。具体实现要求为:（1）创建一个subplots对象，分别设置四象限坐标轴和一象限坐标轴的参数;（2）将左边轴设置在原点，将右边轴隐藏，将上方轴隐藏;（3）对于一象限坐标轴，设置坐标范围;（4）显示图形。

【程序编写】

函数： q_button()。
输入： 无。
输出： 绘制两个按钮，用于切换显示的象限。
注： 在编程 4.3 坐标轴的显示中，函数显示上下限决定显示的坐标轴范围。当显示下限为 0 时，则只显示一象限；当显示下限为 -maxV 时，则显示四象限。

```
def q_button():
    r=7.5;rr=2.5
    for widget in q_root.winfo_children():
        widget.destroy()
    q_cv=tk.Canvas(q_root,width=450,height=500);q_cv.place(x=0,y=0)
    l=tk.Label(q_root,text='坐标轴',bd=0,font=("微软雅黑",16),anchor=W)
    l.place(x=20,y=0,width=80,height=50,)
    b1=tk.Button(q_root,text='四象限',bd=0,font=("微软雅黑",16)
                        ,command=lambda:change_Q(0),anchor=W)
                                                        # 四象限按钮
    b1.place(x=170,y=0,width=80,height=50,)
    b2=tk.Button(q_root,text='一象限',bd=0,font=("微软雅黑",16)
                ,command=lambda:change_Q(1),anchor=W)   # 一象限按钮
    b2.place(x=320,y=0,width=80,height=50,)
    q_cv.create_oval(140-r,25-r,140+r,25+r,fill="white",width=1,
outline="black")                        # 绘制标记框
    q_cv.create_oval(290-r,25-r,290+r,25+r,fill="white",width=1,
outline="black")
    if gl_data.Quadrant==0:             # 根据当前的象限选择值来填充标记框
        q_cv.create_oval(140-rr,25-rr,140+rr,25+rr,fill="black",
width=1,outline="black")                # 绘制象限
    else:
        q_cv.create_oval(290-rr,25-rr,290+rr,25+rr,fill="black",
width=1,outline="black")
if __name__=='__main__':
    q_root=tk.Tk()                      # 象限选择相关界面
    q_root.geometry("500x550")          # 设置窗口的大小和位置
    q_button()
    q_root.mainloop()
```

函数： change_q()。
输入： 象限编号。
输出： 调整全局变量 gl_data.LoW。

```
def change_q(no):
    gl_data.Quadrant=no         # 更改全局变量的象限显示
```

```
    if no:                          # 若为一象限，则修改显示下限为 0
        gl_data.LOW=0
    else:                           # 若为四象限，则修改显示下限为 -gl_data.maxV
        gl_data.LOW=-gl_data.MAXV
    q_button()                      # 更新象限显示面板
```

【编程 4.12】线性函数拟合：程序给出线性拟合函数形式 $y=ax+b$（未知系数，待求）。以某一种拟合方法（如最小二乘法、梯度下降法等），求最优拟合曲线并显示（产生 curveData，调用 X2 函数输出），同时将计算相关信息设置在“结果输出”所需要的相关参数中。

【目的及编程说明】读者通过编程 4.12 可实现最小二乘法拟合曲线的过程。具体实现要求为：(1) 读取 sampleData 值，以数组形式进行存储；(2) 定义模型为 $y=ax+b$；(3) 定义误差函数 error_function ( )；(4) 定义梯度函数 gradient ( )，用于梯度下降法；(5) 输出最终的拟合结果，其中包括拟合函数形式、所有系数、误差计算方法和最终误差。

【程序编写】

函数： gradient_descent_method(), error_function, gradient()。
输入： 样本数据集 sampledata，梯度下降法拟合函数阶数 degree。
输出： 最终的拟合结果。

```
def gradient_descent_method(sampleData,degree,learning_rate=0.001,
iterations=50000):
    def error_function(y_pred,y):      # 定义误差函数 error_function()
        return y_pred-y
    def gradient(degree,error,x_normalized,sampleNum,learning_rate):
                                       # 定义梯度函数
        for i in range(degree + 1):    # 对每个参数计算梯度
            # 计算损失函数对参数的偏导数（梯度）
            gradient=np.dot(error,x_normalized**i)*2/sampleNum
            # 梯度下降更新参数
            theta[i]-=learning_rate*gradient
        return theta
    sx,sy=sampleData[:,0],sampleData[:,1]
    theta=np.zeros(degree+1)           # 初始化参数（多项式系数）为 0
    sampleNum=len(sx)                  # 样本数量
    # 归一化 x 以改善数值稳定性
    x_normalized=(sx-sx.mean())/sx.std()
    # 迭代梯度下降
    for_in range(iterations):
       y_pred=np.polyval(theta[::-1],x_normalized)
```

```
                                        # 通过当前参数计算多项式的值
        # 计算预测值与真实值之间的误差           # 计算梯度并更新 theta
        error=error_function(y_pred,sy)
        theta=gradient(degree,error,x_normalized,sampleNum,learning_rate)
    # 设计矩阵和计算残差方差
    A=np.vander(x_normalized,N=degree+1,increasing=True)
    residuals=sy-np.polyval(theta[::-1],x_normalized)
    residuals_squared_sum=.np.sum(residuals**2)
    variance=residuals_squared_sum/(sampleNum-(degree+1))
    # 估计协方差矩阵          # 这里使用 A 的伪逆来近似最小二乘法中的 (A^T A)^-1 项
    covariance_matrix=np.linalg.pinv(A.T@A)*variance
    return theta,covariance_matrix
# 重写 compute_curveData 以适应标准化数据的需要
def compute_curveData(low,high,step,theta,m,x_mean,x_std):
    x_fit=np.arange(low,high,step)
    x_fit_normalized=(x_fit-x_mean)/x_std                # 将 x_fit 标准化
    A_fit=np.vander(x_fit_normalized,m+1,increasing=True)
    y_fit=A_fit@theta
    return np.column_stack((x_fit,y_fit))
if __name__=='__main__':
    sampleData=random_points(20,0,1000)
    sx,sy=sampleData[:,0],sampleData[:,1]
    degree=4                                             # 多项式的阶数
    theta,covariance_matrix=fit(sampleData,degree)
    curveData=compute_curveData(0,1000,1,theta,degree,sx.mean(),
sx.std())
    draw_dots_and_line(curveData,sampleData,0,1000) # 绘制拟合结果
```

4.6　屏幕元素事件识别与控制：X4-人机交互

【编程 4.13】完成体现如图 4.5 所示功能的界面。

【目的及编程说明】函数拟合图形界面程序旨在通过交互的方式使用户能够快速且更加直观地进行函数拟合。如图 4.5 所示，用户首先生成数据，生成数据有两种方式，一是数据装载——用户选择一个数据文件来生成数据，二是用户手动输入数据集。然后用户可以选择想要拟合的函数类型，比如线性函数、二次函数、三次函数、四次函数等基本函数类型，也可以增加新的函数类型进行函数拟合。最后用户单击“拟合”按钮即可得到对应函数类型的拟合参数。同时用户可以对数据集以及拟合曲线进行显示，也可

自行选择图像的坐标轴象限。

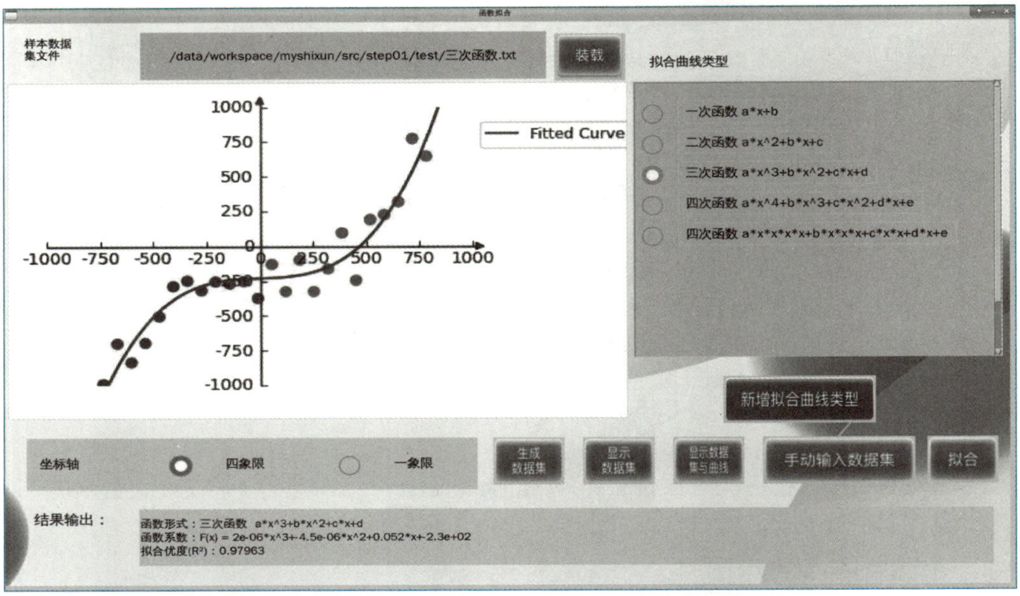

图 4.5　函数拟合图形界面示例

【程序编写】

函数： window()。
输入： 无。
输出： 主界面。

```
def window():
    global root_window
    global label1,label2,label3
    root_window=Tk();root_window.title('函数拟合')
    root_window.geometry('900×600')              # 设置窗口大小：宽 × 高
    # 设置主窗口的背景颜色
    root_window["background"]="white";root_window.resizable(0,0)
    label1=tk.Label(root_window,text="样本数据\n集文件",font=('Times',8),
bg="white",
                    width=13,height=3,          # 设置标签内容区大小
                    padx=0,pady=0,borderwidth=0,)
    label1.place(x=10,y=4)          # 设置填充区距离、边框宽度和其样式（凹陷式）
    label3=tk.Label(root_window,text="",font=('Times',8),bg="white",
fg="black",width=39,height=2,padx=0,pady=0,borderwidth=0,relief=
"ridge",highlightcolor="blue")
    label3.place(x=122,y=10)
    # 使用按钮控件调用函数
```

```
    tk.Button(root_window,text="装载",relief=RAISED,command=lambda:
askfile()).place(x=370,y=12)
    label2=tk.Label(root_window,text="拟合曲线类型",font=('Times',12),
bg="white",
                width=20,height=3,              #设置标签内容区大小
                padx=0,pady=0,borderwidth=0,)
    #设置填充区距离、边框宽度和其样式（凹陷式）
    label2.place(x=450,y=4)
    gl_data.Canvas2=tk.Canvas(root_window,bg='white',width=450,
height=330)
    gl_data.Canvas2.place(x=4,y=60)
if __name__=='__main__':
    window()
```

函数： buttons()。
输入： 无。
输出： 各个按钮。

```
def buttons():
    #随机生成样本点并显示
    b_dot=tk.Button(root_window,text="生成\n数据集",relief=RAISED,
bd=4,bg="white",font=("微软雅黑",10),command=None)
    b_dot.place(x=455,y=410)
    #显示当前样本点
    b_show=tk.Button(root_window,text="显示\n数据集",relief=RAISED,
bd=4,bg="white",font=("微软雅黑",10),command=None)
    b_show.place(x=510,y=410)
    #显示数据集与曲线
    b_line=tk.Button(root_window,text="显示数据\n集与曲线",relief=
RAISED,bd=4,bg="white",font=("微软雅黑",10),command=None)
    b_line.place(x=565,y=410)
    #手动输入数据集
    b_input=tk.Button(root_window,text="手动输入数据集",relief=RAIS
ED,bd=4,bg="white",pady=7,font=("微软雅黑",13),command=None)
    b_input.place(x=633,y=410)
    #拟合并输出拟合结果
    b_fit=tk.Button(root_window,text="拟合",relief=RAISED,bd=4,bg=
"white",pady=7,font=("微软雅黑",13),,command=None)
    b_fit.place(x=771,y=410)
if __name__=='__main__':
    window()
    buttons()
```

函数： f_button()，q_button()。
输入： 无。
输出： 右侧框和象限。

```
def f_button():
    r,rr=7.5,2.5                                              # 设置按钮大小
    for widget in F_root.winfo_children():
        widget.destroy()                                      # 清空原有按钮
    f_cv=tk.Canvas(F_root,width=400,height=330)               # 新建画布
    f_cv.place(x=0,y=0)                                       # 放置画布
    # 设置画布边框及底色
    f_cv.create_rectangle(2,2,398,328,fill='white',outline="#0099ff")
if__name__=='__main__':
    window()
    buttons()
    # 函数选择相关界面
    F_root=tk.Frame(root_window,width=400,height=330,bg='white',)
    F_root.place(x=490,y=60)
    # 象限选择相关界面
    Q_root=tk.Frame(root_window,width=400,height=50,bg='white',)
    Q_root.place(x=20,y=410)
        f_button()
        q_button()
```

函数： show_fit()。
输入： 无。
输出： 结果输出框。

```
def show_fit():
    L=tk.Label(root_window,text='结果输出:',bg='white',font=("微软雅黑",16)
                                    ,anchor=W)
    L.place(x=20,y=480,width=100,height=30)
    ans=tk.Label(root_window,text=gl_data.Out,font=("微软雅黑",14)
                                      ,anchor=W,justify='left')
    ans.place(x=120,y=480,width=760,height=100)
if__name__=='__main__':
    ···  # 接上面主函数
    show_fit()
    root_window.mainloop()
```

【编程 4.14】使相应的按钮完成正确的功能，即正确调用相应的函数。

【目的及编程说明】参考 4.6 节曲线拟合的基本函数实现，进行相应按钮的事件添加即可。

【程序编写】

函数： buttons()，BF_generate_plot_dada()，BF_plot_data()，BF_plot_data_and_curve()，BF_fit()。
输入： 无。
输出： 绑定各个按钮与函数。
说明： 将 X2、X3 实现的函数绑定在对应的按钮上测试。

```
def buttons():                           # 编程 4.13 中 buttons 方法重写
    # 随机生成样本点并显示
    b_dot=tk.Button(…,command=lambda:BF_generate_plot_dada(gl_
data.LOW,gl_data.HIGH))
    # 显示当前样本点
    b_show=tk.Button(…,command=lambda:BF_plot_data(gl_data.
SampleData,gl_data.LOW,gl_data.HIGH))
    # 显示数据集与曲线
    b_line=tk.Button(…,command=lambda:BF_plot_data_and_curve(gl_
data.CurveData,gl_data.SampleData,gl_data.LOW,gl_data.HIGH))
    # 手动输入数据集
    b_input=tk.Button(…,command=lambda:input.input_num(root_window))
    # 拟合并输出拟合结果
    b_fit=tk.Button(…,command=lambda:BF_fit(gl_data.Xian_
index,gl_data.SampleData))
def BF_generate_plot_dada(low,high):
    num_samples=25                                   # 设置样本点数量
    sampleData=random_points(num_samples,low,high)
                                                     # 生成 25 个随机样本数据
    generate_and_plot_sample_data(sampleData,low,high)
                                                     # 生成样本点并显示
def BF_plot_data(sampleData,low,high):
    selfdata_show(sampleData,low,high)               # 显示样本点
def BF_plot_data_and_curve(curveData,sampleData,low,high):
    draw_dots_and_line(curveData,sampleData,low,high)
                                                     # 显示样本点与拟合曲线
def BF_fit(xian_index,sampleData):
    fit(xian_index,sampleData)      # 根据选择的函数进行拟合并得到拟合结果信息
    show_fit()                      # 显示计算的函数拟合信息到输出框
```

4.7　算法优化与系统功能拓展：X5–完整系统

【编程 4.15】新增拟合曲线类型：将系统可完成的新的拟合曲线类型命名后增加至库中，并显示在列表中。

【目的及编程说明】读者通过编程 4.15 可实现更高级的拟合曲线的函数。其实现流程为：(1) 在程序中新增一个拟合函数的实现，并定义其函数形式和输入参数；(2) 将新增的拟合函数名称加入一个列表，用于显示在可选择的拟合曲线类型列表中；(3) 在界面中新增一个下拉框或选择框，用于选择拟合曲线类型；(4) 在程序中根据选择的拟合曲线类型调用相应的拟合函数，并将计算结果输出或显示在界面上。

【程序编写】

函数： show_subwindow()。
输入： 无。
输出： 一个新窗口，用于增加拟合的函数类型。

```
def show_subwindow():
    global subwindow
    subwindow=tk.Toplevel(root_window)
    subwindow.geometry('1400×700')
    subwindow.title('新增拟合函数')
    #创建画布
    global show_canvas
    canvas_width=1400
    canvas_height=700
    canvas=Canvas(subwindow,width=canvas_width,height=canvas_
height,bg="#ADD8E6")
    canvas.pack()
    show_canvas=Canvas(canvas,width=840,height=700,bg="white")
    show_canvas.place(x=0,y=0)
    #创建输入框及标签
    global entry1,entry2,entry3
    label_font_size=14
    label1=tk.Label(canvas,text="函数名:",font=("",label_font_size))
    label1.place(x=910,y=70)
    entry1=tk.Entry(canvas,font=("",label_font_size))
    entry1.place(x=910,y=140,width=420,height=56)    #更新位置和尺寸
    ···#函数式与测试函数式的标签 label2、label3 与函数名标签 label1 的构建方式类似
    #创建按钮
    button_font_size=14
    button1=tk.Button(canvas,text="生成函数",command=add_func,font=
```

```
("",button_font_size))
    button1.place(x=910,y=560)
    ··· # 函数曲线 customized_curve 和函数确认 func_save 的按钮与生成函数代码类似
```

函数： add_func，make_func()。
输入： 数学式。
输出： 函数系数，数学式公式。

```
# 确保用户输入的函数是有效的
def add_func():
    result1=entry1.get()
    result2=entry2.get()
    if result1 and result2:
        if check_formula_syntax(result2):
            letters,result=expression_output(result2)
            if result==None:
                messagebox.showinfo('提示','你输入的数学公式错误！')
            else:
                make_func(letters,result)
        else:
            messagebox.showinfo('提示','你输入的数学公式错误！')
    else:
        messagebox.showinfo('提示','你未输入完成！')
# 创建函数，并在 GUI 中展示该函数的图形化表示
def make_func(letters,result):
    letter=str(letters).split(',')
    n=len(letter)-1
    decimals=[round(random.uniform(-10,10),
                    1)for_in range(n)]
    # 将指定的字符替换为数字
    target_result=functional_formula(letter[1:],result,decimals)
    # 清除以前的值
    entry3.delete(0,tk.END)
    # 填入函数
    entry3.insert(0,target_result)
    code_str=fitting('x',target_result)
    # 获取当前函数 func
    target_func=create_func(code_str)
    curve_func(target_func)
```

函数： curve_func，show_image()。
输入： 数学式。
输出： 函数曲线图。

```
def curve_func(func):
    # 绘制拟合结果
    draw_axis(-100,100,20)
    x_fit=np.linspace(-100,100,100)
    y_fit=func(x_fit)
    plt.plot(x_fit,y_fit,'r-',label='sample curve')
    # 将图例放在图的外面
    plt.legend(loc='center left',bbox_to_anchor=(1,0.9))
    plt.xlabel('x')
    plt.ylabel('y')
    plt.savefig('line.png',bbox_inches='tight')
    # 清除当前图形状态
    plt.clf()
    show_image()
def show_image():
    # 加载图像
    image=Image.open("line.png")
    image=image.resize((850,700))
    # 在画布上显示图像
    image_tk=ImageTk.PhotoImage(image)
    root_window.image_tk=image_tk
    show_canvas.create_image(0,0,anchor="nw",image=image_tk)
```

函数： customized_curve()。
输入： 无。
输出： 函数曲线图。

```
def customized_curve():                    # 函数曲线按钮对应的函数
    ···  # 与 add_func 相似，以确保用户输入的数据是有效的
    else:                                  # 如果用户输入的公式正确
        # 删除空格
        result2=result2.replace('','')
        # 使用正则表达式替换数字为空字符串
        result3=re.sub(r'[-]?\d+(\.\d+)?','',result2)
        letter=str(letters). split(',')
        decimals=[1 for_in range(len(letter)-1)]
        # 将指定的字符替换为数字
        result4=functional_formula(letter[1:],result,decimals)
        result4=result4.replace('1','')
        result4=re.sub(r'[-]?\d+(\.\d+)?','',result4)
        result4=result4.replace('','')
        if result3==result4:
            code_str=fitting('x',result2)
```

```
        func=create_func(code_str)          # 获取当前函数 func
        curve_func(func)
    else:
        messagebox.showinfo('提示','请检查你修改的函数是否与函数式相对应！')
```

函数： save, fun_save()。
输入： 函数相关信息。
输出： 将函数保存在 xlsx 表中。

```
def func_save():                                # 函数确认按钮对应的函数
    ...                   # 与 add_func 相似，以确保用户输入的数据是有效的
    else:
        save(result1,letters,result,result2)
        subwindow.destroy()                     # 关闭子页面
        gl_data.Xian_index=gl_data.INDEX
        f_button()
def save(result1,letters,result,result2):       # 将函数保存到存储文件中
    gl_data.INDEX=len(gl_data.FITT_SAVE['no'])
    gl_data.FITT_SAVE['no'][gl_data.INDEX]=gl_data.INDEX
    gl_data.FITT_SAVE['name'][gl_data.INDEX]=result1
    gl_data.FITT_SAVE['variable'][gl_data.INDEX]=letters
    gl_data.FITT_SAVE['function'][gl_data.INDEX]=result
    gl_data.FITT_SAVE['demo'][gl_data.INDEX]=result2
    file_path='functions_new.xlsx'              # 设置路径
    # 将字典转换为 DataFrame
    df=pd.DataFrame(gl_data.FITT_SAVE)
    # 将 DataFrame 保存为 Excel 文件
    df.to_excel(file_path,index=False)
if __name__=='__main__':
    ...  # 编程 4.13 主函数
    tk.Button(root_window,text="新增拟合曲线类型",bd=4,
command=show_subwindow).place(x=int(740*screen_size),y=int(12)*
screen_size)
```

【编程 4.16】拟合曲线类型选择：用户可在列表中选择一种拟合曲线类型，默认为线性函数类型（系统后台维护一个拟合类型函数库——{<显示名称，形式，函数名>}）。

【目的及编程说明】读者通过编程 4.16 可实现更多类型的拟合曲线的函数。其实现流程为：（1）在界面上创建并显示一个下拉列表，其中包含不同的拟合曲线类型选项；（2）假设拟合曲线类型库已经存在，并以字典类型变量 fit_type_library 存储，格式为 {"显示名称"：{"形式"："函数名"}}；（3）根据用户需求可添加更多类别的曲线类型。

【程序编写】

函数： f_button()。
输入： fit_type_library 曲线类型库。
输出： 显示按钮用于切换当前用于拟合的函数。

```
def change_f(no):
    gl_data.xian_index=no                  # 设置全局函数编号为该函数
    f_button()                             # 重新绘制函数显示界面
def f_button():
    ··· # 编程 4.13 的 f_button 方法续写功能
    cur=0                                  # 函数计数
for i in range(gl_data.INDEX):             # 遍历函数库
    # 绘制标记框
        f_cv.create_oval((20-r),(20+15+cur*30-r),
           (20+r),(20+15+cur*30+r),fill="white",width=1,outline="black")
        if gl_data.FITT_SAVE['no'][i]==gl_data.Xian_index:
           f_cv.create_oval((20-rr),(20+15+cur*30-rr),
                (20+rr),(20+15+cur*30+rr),fill="bl"
                "ack",width=int(screen_size),outline="black")
        # 绘制切换按钮，单击则将当前使用函数切换为该函数
        button=tk.Button(F_root,text=gl_data.FITT_SAVE['name'
              "][i]+''+gl_data.FITT_SAVE['demo'][i],bd=0,
              bg="white",font=("微软雅黑",12),command=lambda x=
              gl_data.FITT_SAVE['no'][i]:change_f(x),anchor=W)
        # 将按钮放置在 Canvas 中
        f_cv.create_window(40,(35+cur*30),
                          window=button,anchor="w")
        cur+=1# 计数加一
    f_cv.configure(scrollregion=f_cv.bbox("all"))
if__name__=='__main__':
    ··· # 编程 4.13 主函数
    f_button()
```

【编程 4.17】拟合：按照用户选择的曲线类型来调用相应的拟合函数完成拟合并输出。

【目的及编程说明】读者可通过编程 4.17 实现用户交互式构建曲线拟合函数。具体实现要求为：(1) 根据用户选择的拟合曲线类型，从系统维护的拟合类型函数库中获取对应的拟合函数名；(2) 将样本数据集传递给拟合函数，并调用拟合函数完成拟合过程，得到拟合函数的系数及其他相关信息；(3) 将拟合函数系数及其他信息存储到结果输出所需要的相关参数中，用于后续结果输出；(4) 调用 X2 函数，根据拟合函数及系数，生成拟合曲线数据，并显示在坐标轴上。

【程序编写】

函数： fit()。
输入： 当前函数按钮选择的函数 xian_index，样本点数据 sampleData。
输出： 在图上同时绘制原始数据点与拟合曲线。

```
class Function:
    def __init__(self,no,name,v,fun,complete='',demo=''):
        self.name=name                       # 函数名称
        self.variable=v                      # 变量个数
        self.function=fun                    # 函数表达式
        self.no=no                           # 函数编号
        self.show=0                          # 是否显示
        self.complete=complete               # 完整函数
        self.demo=demo                       # self.print=''
    def get_fun(self):
        if self.variable==2:
            ...
        elif self.variable==3:               # 以二次函数为例，省略其他函数
            return self.fun3
    def fun3(self,x,a0,a1,a2):
        return eval(self.function)           # self.function 中是二次函数方法的代码
def fit(xian_index,sampleData):
    sx,sy=sampleData[:,0],sampleData[:,1]
    cur=function.Fun[xian_index]             # 装载正在选择的函数 Fun[index] 存储
                                               着对应 Function 对象
    func=cur.get_fun()                       # 获取当前函数 func
    params_count=func.__code__.co_argcount-2          # 计算参数数量
    if params_count <=3 and len(sampleData)<=20:
                                             # 当参数和样本点数量较少时
        popt,pcov=least_square_method(func,sx,sy)
                                             # 用最小二乘法对数据进行拟合
    else:                                    # 当参数和样本点数量较多时
        popt,pcov=gradient_descent_method(func,sx,sy)
                                             # 用梯度下降法对数据进行拟合
    x_normalized=(sx-np.mean(sx))/np.std(sx)          # 标准化处理的 x
    yvals_pow=func(x_normalized,*popt)                # 获取 y 的预测值
    gl_data.CurveData=compute_curveData(func,popt,sampleData)
                                             # 计算拟合曲线数据
    err,rr=error_func(yvals_pow,sy) # 计算本次拟合的 R*R 值，用于表示拟合优度
    # 输出拟合后的各个参数值
    ans='\n 函数标准化系数：F(x)='
    for i in range(cur.variable):
        if i==4:
```

```
        ans+='\n'
    if i!=0:
        ans+=','
    ans+=chr(ord('a')+i)+'='+'{:.2e}'.format(popt[i])
gl_data.Out='函数形式:'+cur.name+''
gl_data.Out+=cur.demo
gl_data.Out+=ans
gl_data.Out+='\n 拟合优度 (R\u00b2):'+str(round(rr,5))
```

【编程 4.18】二次函数拟合、三次函数拟合、四次函数拟合：程序给出相应的拟合函数形式（未知系数，待求）。以某一种拟合方法（如最小二乘法、梯度下降法等），求最优拟合曲线并显示（产生 curveData，调用 X2 函数输出），同时将计算相关信息设置在结果输出所需要的相关参数中。扩展：其他形式的拟合函数（如指数函数、对数函数、双曲函数等）。

【目的及编程说明】读者可通过编程 4.18 实现用户交互式构建多类型、复杂的曲线拟合函数。具体实现要求为：(1) 定义二次、三次、四次函数；(2) 构建方程组，初始化系数；(3) 使用某一种方法进行拟合，也就是求解方程组的过程；(4) 根据系数绘制曲线。

【程序编写】

函数： fit()，create_func()，fitting()。
输入： 当前选择的函数 xian_index，样本数据点 sampleData。
输出： 拟合后的数据。

```
# 为了适应扩展的函数,需要根据用户输入的函数类型构造函数
def fitting(letters,result):
    code_str='''
def func({}):
    return{}
    '''.format(letters,result)
    return code_str
# 构造用户自定义的函数
def create_func(code_str):
    # 创建一个空的命名空间
    namespace={}
    # 使用 exec 函数执行字符串代码,并指定命名空间为 locals
    exec(code_str,globals(),namespace)
    # 返回命名空间中的函数对象
    return namespace['func']
# 重写 fit
def fit(xian_index,sampleData):
```

```
    sx,sy=sampleData[:,0],sampleData[:,1]
    letters,result=gl_data.FITT_SAVE['variable'][xian_index],gl_
data.FITT_SAVE['function'][xian_index]
    code_str=fitting(letters,result)    # 获取当前选择函数的表达式
    func=create_func(code_str)          # 构造当前函数的 func 方法
    ...                                 # 与编程 4.17 中类似
if __name__=='__main__':
    ... # 编程 4.13 主函数
    buttons()
```

第 5 章

面向对象与扫雷程序

本章要点：通过扫雷程序的编制，理解面向对象的相关概念，尤其要理解图形用户界面的组成、事件与鼠标事件的处理等。

5.1 面向对象思维与图形用户界面

5.1.1 面向对象的基本概念

面向对象是构造复杂系统的基本思维 现实世界，或者说系统，是由一个个可区分的**对象**构成的：（1）从现实世界来看，对象可被看作一个个具有某种功能 / 行为的个体；（2）从软件系统来看，对象可被看作一个个可执行某种程序的个体。两种视角的对象都具有“独立性或称自主性”，即：对象执行自身的动作或者程序而无须其他对象干预，对象和对象之间仅通过消息传递进行交互。面向对象技术通过对对象的封装，既实现个体程序之间的独立性，又实现若干个体程序之间的交互，形成复杂系统。

关于对象的几个概念 对象是相互可区分的一个个“个体”，每个对象有唯一的**对象标识**区分于其他对象；对象是有状态属性的个体，每个对象有一组状态属性，即相当于一组数据来刻画其自身的状态信息，被称为对象的**属性**；对象是有独立行为或功能的个体，即每个对象有自己的可以执行的程序，被称为对象的**函数**，又称为对象的**方法**。对象在接收到需要服务的请求时，可为其他对象提供服务，即每个对象有一组其可以处理的消息，被称为对象的**消息**，而响应消息的，则是对象的函数（或称方法）。也就是说，当对象接收到消息时，依据消息类别，调用自身相应的函数或方法来响应和处理。综上，基于面向对象的思想，程序的所有活动都是对象的活动，可以说一切事物皆为对象，对象是属性及其方法的封装体。

类与对象 **类**是对象的抽象或称对象的类型，定义了同类型对象的形式框架：名字、属性和方法。对象是类的实例，是实际运行的个体。参见图 5.1，首先可定义一个类，在类中定义属性和函数，然后由类产生一个个对象，这些对象都有类中定义的同名属性和函数，虽然属性名字相同，但不同对象的属性值是不同的；虽然有同名函数，但各自是自己的函数值。例如，“张三”和“李四”是两个对象，虽然都有“性别”“身高”和“体重”等属性，但张三的三个属性值分别是“男”“1.80 m”“70 kg”，而李四的三个属性值分别是“女”“1.72 m”“56 kg”；虽然都有“回答身高 ()”这个函数，但张三执行函数得到的是 1.80 m，而李四执行函数得到的是 1.72 m。

消息、事件与事件驱动 **消息**是对象之间传递的内容，如指示、询问、请求等，是对象之间交互的唯一的内容。从另一个角度来看，消息是“对象 . 函数 ()”的调用和执行。对象的函数如何执行，是当其他对象给该对象发送一个消息，触发该对象的函数的执行。对象自身识别不同的消息，然后执行不同的函数。**事件**是外界产生的一种能够激活对象功能的特殊消息，当发生事件后将给所涉及对象发送一个消息，对象便可执行相应的功能，这被称为“事件驱动”。例如一个教师对象在上课过程中发生了一个事件

"电话铃响"，此时便会调用事先编好的函数"张三 . 电话铃响 ()"来进行响应（此时的函数名由两部分构成，一是对象"张三"，二是对象能够响应的事件"电话铃响"）；如发生了一个事件"有人敲门"，则会调用事先编好的函数"张三 . 有人敲门 ()"来进行响应。再比较一下：事件是一个动作，由系统事先设定的、能被对象识别和响应的动作，往往是用户触发的动作（例如点击了鼠标左键、右键，或者按下了键盘的某个按键等），而消息是一条信息，传递给系统的信息可能是一个数值，也可能是有一定结构的信息。事件驱动是面向对象软件系统的一个重要特征，有别于结构化软件系统相对确定的执行流程，事件驱动的软件系统大多只是规定了"当某事件发生时做某某事"，并未对事件何时发生、事件在特定的时间段内发生了多少次等做出预设。事件驱动是一种编程范式，其中程序的流程由诸如用户动作（鼠标点击、按键等）、外部数据输入或来自其他程序的消息之类的事件确定。事件驱动描述了面向对象系统的时间和变化有关的系统性质。

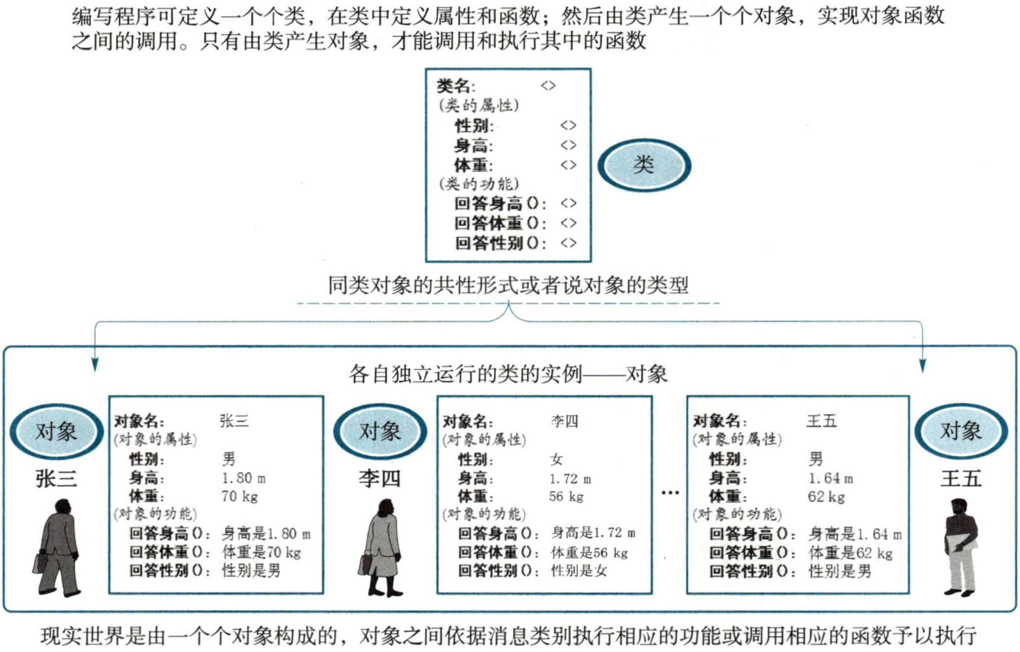

图 5.1 类与对象的关系

面向对象的其他特性 面向对象还有其他特性，如继承（一个对象 / 类继承另一个对象 / 类的属性与函数）、多态（不同对象对同一消息的不同响应，即允许方法重名）、虚函数型多态（子类可以重定义父类的函数）、重载型多态（同一函数名的函数参数可以有不同的形式）。注意，这些特性不急于在本书中理解，本书仅需理解面向对象的基本思维。

5.1.2 图形用户界面

图形用户界面 图形用户界面（GUI）已成为应用程序的标准界面，当前的主流操作系统，如 Windows 和 Linux 等，都支持图形用户界面。图形用户界面是典型的面向对象的系统，每一个应用程序都呈现为一个**窗口（window）**，一个个窗口便是一个个**对象（object）**。除窗口外，**对话框**也是一个对象。在窗口和对话框中还有**文本框**、**列表框**、**按钮**、**单选框**、**复选框**和**滚动条**等也是可以被区分和单独处理的对象，与窗口和对话框不同的是，这些对象必须依附于窗口或对话框对象，统一被称为**组件（widges）**或**控件（control）**对象。通常，系统为每个对象类型（前文介绍的“类”）编写了若干程序隐藏在后面，使用时，用该**类（class）**创建一个个**对象（object）**，则该对象便可以被显示并按要求进行工作，例如“按钮”的静态显示和单击时按钮的动态变化，“文本框”中用户输入内容的接收和显示等，这些操作细节无须关心，系统都已经为我们准备好了。而需要关心的是：如何用窗口对象和控件对象组合形成所需要的界面，以及当发生某些事件时怎样让其执行编写的程序，如图 5.2 所示。

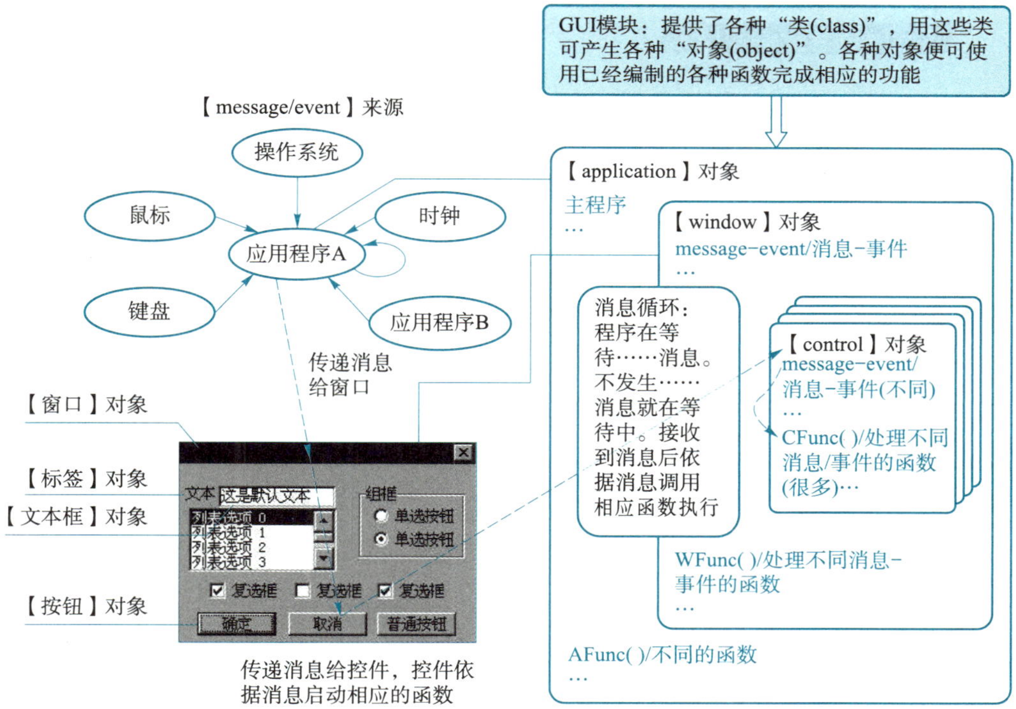

图 5.2 GUI 界面要素及其程序对象与消息传输路径

图形用户界面的关键是消息循环 GUI 程序的运行是依靠传递和接收消息来进行的。系统在准备好初始工作后，就处于一个循环等待状态，等待各种**消息（message）**

或**事件（event）**的产生（事件是从结果角度来说的，而消息是从计算机处理角度来说的，所谓的事件也就是产生了一条或多条消息），然后依据消息执行相应的程序。操作系统执行GUI程序也是一样的，当GUI程序准备好后，也需处于一个循环等待状态，因为GUI界面的目的就是显示界面并与用户交互。完成这种“循环等待并监测—接收消息—依消息调用相应程序执行”的工作也需要有一个程序，该程序就称为**消息循环**。消息循环在不间断地运行，以监测是否有消息产生。消息可以源自键盘、鼠标等外界用户的操作事件，也可以源自系统时钟产生的时间相关的事件，还可能来自操作系统、另一个应用程序或当前程序本身。消息也可以被看作事件，即某对象的某些特性发生改变，便可认为是发生了一个事件，该事件便由一个消息来表示。例如用户通过鼠标单击了某个按钮或者用户在文本框中输入了一个字符，操作系统的消息循环就会监测到这个事件，便产生一个消息传递给应用程序。应用程序的消息循环监测到这个消息/事件后便会调用相应的事件驱动程序来响应该消息或事件。

5.1.3 使用Python模块Tkinter制作图形用户界面

Tkinter的界面制作逻辑 前面讲到，操作系统为GUI的每个对象类型编写了若干程序，这些程序如何被使用呢？这就需要类似Tkinter这样的GUI模块来支持，它将操作系统提供的程序以一种易于使用的方式做了封装，因此也有人称Tkinter为操作系统的一种GUI接口。Tkinter中包含了很多类，如Tk类、Button类、Label类、Entry类和StringVar类。不同的类将产生不同的对象，如Tk类可以产生**主窗口**对象，Button类可以产生**按钮**对象，Label类产生**标签**对象，Entry类产生**单行输入框**对象，StringVar类产生**接收用户输入**对象。每个类中都有不同的函数来完成不同的功能，例如Tk类有title()、geometry()等函数来分别设置窗口的标题、窗口的大小，Button类、Label类、Entry类等有grid()函数来设置各对象在窗口中的位置，StringVar类还有set()函数、get()函数等来设置输入框中的默认值、读取输入框中用户输入的值。类中的函数只有在用该类产生了对象后，由相应对象调用这些函数予以执行，调用方法为“**对象名.函数名()**”。一个类中有哪些函数，该函数具有什么功能，函数中的参数是什么含义，除特别重要的由本书予以介绍外，其他内容读者可以查阅相应手册予以了解并按要求使用。

用Tkinter制作图形用户界面的过程如下。(1)首先用Tk类产生一个**主窗口**对象，例如命名主窗口对象为masterWindow，然后用该对象调用Tk类的相应函数masterWindow.title()、masterWindow.geometry()，设置该对象的几何大小和标题（即显示在窗口的标题栏中的内容）。(2)在主窗口对象中，用Button类、Label类、Entry类分别产生一个对象，可任意命名如calcAdd、dataLabel1和dataInput1，在产生这些对象时都要用到masterWindow，表明这些对象是在masterWindow对象中创建。

(3) Button 类的对象需要设置显示在按钮上面的文字。例如在其参数中设置“text='加'”，表明该按钮是希望做加法运算的按钮。(4) Label 类的对象主要用于显示静态信息。例如在其参数中设置“text='数据1'”，表明该标签显示的信息是“数据1”。(5) Entry 类的对象需要设置用于接收用户输入的变量(该变量是另一个对象名，被嵌入到 Entry 对象中一起使用)。例如本例中 Entry 类的对象为 dataInput1，而其中接收用户输入的对象为 defaultValue1。如果想让该输入对象框显示一个默认值，则可用 set 函数，即 defaultValue1.set()；而如果想让程序读取输入对象框中的输入内容，则可用 get 函数，即 defaultValue1.get()，读取的内容赋值给一个变量保存即可。(6) grid() 函数用于设置相关对象的位置(具体参数设置可参见相应手册或从网站检索)。(7) 程序最后需要有一行 masterWindow.mainloop()，即消息循环函数。所谓**消息循环**是指系统在窗口创建完成后将其保留在显示屏上，等待用户的操作(鼠标操作、键盘操作)，系统会将用户的操作传递到该窗口对象或其内部的对象中，依据不同的操作调用相应函数予以执行。系统始终在等待用户操作，直到用户选择退出为止，故名“消息循环”。读者可自行尝试，如果去掉该语句会呈现什么效果。

Tkinter 除了设计界面外，还可用于绘制图形。Tkinter Canvas 是用于绘制图形和展示图片的一个控件，它可以创建各种几何图形，如直线、矩形、椭圆、多边形等，也可以创建文本、图像、按钮等小部件。Canvas 控件有许多属性和方法，可以用来设置画布的大小、背景色、边框等，以及对画布上的对象进行操作，如移动、缩放、旋转等。Canvas 控件还支持事件绑定，可以实现交互式的图形编辑器功能。其绘制图形的思路如下：(1) 导入 tkinter 模块或者从 tkinter 模块导入需要的控件类；(2) 用 Tk 类创建一个**主窗口**对象 masterWindow；(3) 用 Canvas 类在 masterWindow 中创建一个**画布**对象 oneCanvas，可以设置画布的宽度、高度与背景色。然后就可以绘制各种图形了。Canvas 常用的绘图方法有 create_line(绘制直线)、create_oval(绘制椭圆)、create_polygon(绘制多边形)、create_text(绘制字符串)、create_arc(绘制圆弧)等，并且对每个图形的绘制可以进行参数的调整，如颜色、边框宽度、线条虚实、是否有箭头、拐点形态等。

5.2 扫雷程序项目总体设计

本节将以设计和实现扫雷程序为目标，使读者更好地体验通过设计合适的数据结构来具体描述一个问题和存储该问题中的关键数据及其关系，通过操作数据结构来精确求解问题，体验如何设计和实现一个集交互界面和核心算法于一体的游戏程序，体验面向对象思维中的一些概念和控制方法。

扫雷程序 扫雷是一款游戏程序，如图 5.3 所示，在一个给定的 M×N 方格盘中埋藏了 k 颗雷（图 5.3 示意的是 10×10 方格盘，埋藏了 10 颗雷），用户一步一步翻转方格，若未遇到雷，则顺利翻开；若遇到雷且还有未翻开的方格，则游戏结束，宣告用户失败。当用户将所有未埋雷的方格都翻开后，若未触发雷，则宣告用户获胜。

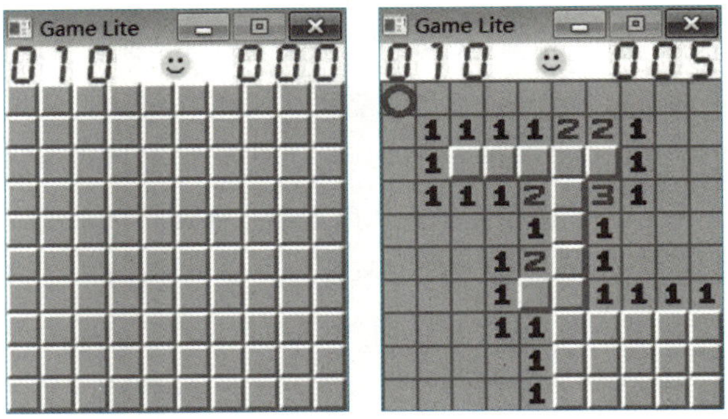

(a) 初始状态示意图　　(b) 中间状态示意图

图 5.3　扫雷程序主界面

目标系统说明 系统按用户要求产生一个 M×N 的方格盘，每个格子可以看作一个“按钮”对象，方格盘中按钮的背后可能埋下了雷，能够支持用户翻转并正确显示方格的状态，即支持用户游戏扫雷。具体功能为：（1）能够设置方格盘的大小和拟埋雷的数量；（2）按用户要求随机埋雷（出题）；（3）系统演示自动挖雷的步骤（解题）；（4）系统显示剩余雷的数目，以及方格盘中已翻开格子周边所拥有雷的数目，如图 5.3（b）所示；（5）系统设置一个“笑脸”按钮，单击该按钮则开始手工挖雷，当获胜或失败时改变“笑脸”按钮的状态。

5.2.1　项目总体思路

扫雷程序特点简要分析 仔细分析图 5.3 可以发现：（1）M×N 的方格盘可以用 M×N 的数组来保存其中的数据，例如是否翻开、是否有雷、周围雷的数目等；（2）每个格子是可以操作的，可以为每个格子放置一个按钮对象，设置按钮“单击左键”为翻开，“单击右键”为标记为雷或取消标记等。界面仅显示结果和接受事件，而相关算法仅围绕 M×N 的数组进行即可。这是典型的面向对象的程序。

总体思路 扫雷程序项目开发的总体思路如图 5.4 所示，拟实现交互界面与交互控制、数据结构和扫雷算法等，分为五个层面的开发内容，难度由低到高被区分为：

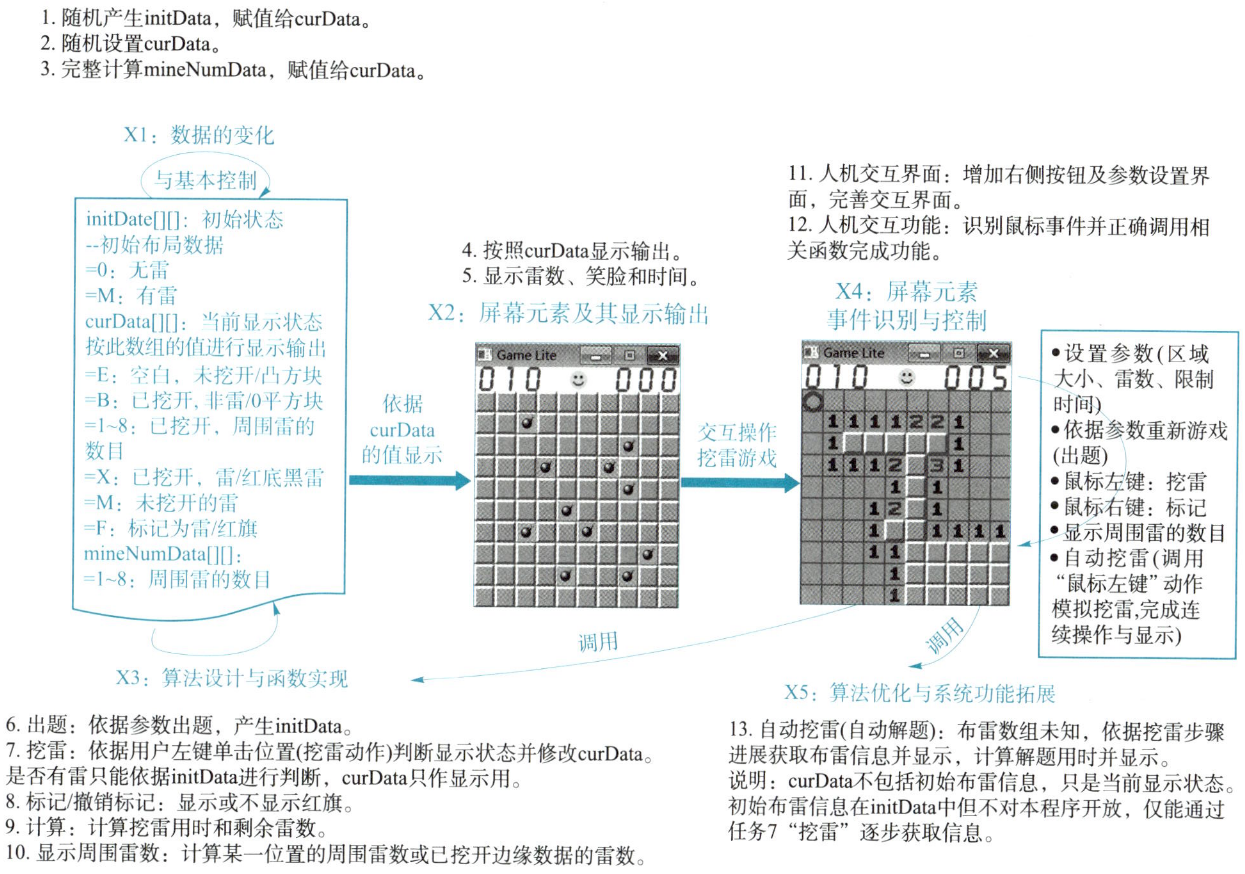

图 5.4　扫雷程序项目开发总体思路图

X1：数据的变化与基本控制【数据结构】——参见 5.3 节。

X2：屏幕元素及其显示输出【可视化输出】——参见 5.4 节。

X3：问题求解相关的算法设计与函数实现【基本算法】——参见 5.5 节。

X4：屏幕元素事件识别与控制【人机交互】——参见 5.6 节。

X5：问题求解相关的算法优化与系统功能拓展【完整系统】——参见 5.7 节。

最终开发的程序可以由用户交互式操作（无须编写程序）来体验扫雷游戏。

5.2.2 数据结构设计

要实现扫雷程序，首先要解决的问题是信息如何在程序内部表示与存储以及在界面上如何展现。观察图 5.3，整个程序界面可分成两个部分，一个是头部区域，另一个是主体区域。头部区域需要描述的信息主要包括：(1) 扫雷计数器，表示当前还有多少颗地雷没有被找到（被标记）；(2) 扫雷计时器，游戏所用时间的计时；(3) 扫雷表情包，正常为“笑脸”，失败为“悲伤脸”。对于计数器和计时器，用程序设计语言中的整型变量即可表示，表情包则可用图片进行显示。

主体区域由 M×N 个方格组成，使用鼠标左键单击方块，会翻开方块，如果方块中埋的是地雷，则扫雷失败；使用鼠标右键单击方块，会在方块上插一面旗帜标记该方块下有雷。在不考虑界面显示要求的情况下，需要描述、存储和处理的信息包括：(1) 方格数量；(2) 方格坐标；(3) 方格中是否有雷；(4) 方格是否被挖开；(5) 方格是否被标记；(6) 方格周围雷数的数字标记。

由于主体区域由 M×N 个方格组成，扫雷游戏的信息都在方格里，M×N 个方格显然组成了一个矩阵形式，而程序设计语言中矩阵可以用二维数组表示。考虑到扫雷游戏是一个过程，需要表示和存储整个游戏过程的状态空间数据，可以设计多个二维数组来表示和存储这些信息，包括初始状态、游戏中的状态和结束状态等，特别地，由于中间状态信息有多种情况，因此表示和存储中间状态的二维数组的每个元素可以表示为一个结构体。

根据上述分析和总体设计，扫雷程序可以分成三个模块，分别是主程序模块、头部程序模块和主体程序模块。下面先给出一个具体数据结构设计，为后续编程实现奠定基础。

5.2.2.1 扫雷程序头部的数据结构设计

针对头部信息处理要求，可以定义如下变量。其功能含义如表 5.1 所示。

表 5.1 扫雷程序头部数据结构

变量	功能描述
mine_number	剩余的地雷数量
mine_number_x	地雷图片的 x 坐标
mine_number_y	地雷图片的 y 坐标
face_x	脸图片的 x 坐标
face_y	脸图片的 y 坐标
Clock	记录扫雷的用时
clock_x	计时器图片的 x 坐标
clock_y	计时器图片的 y 坐标

5.2.2.2 扫雷程序主体部分的数据结构设计

主体部分的数据结构要记录扫雷过程中所有操作的结果和状态的变化，包括初始状态、游戏过程中的状态和游戏结束状态等。通过操作这些数据结构，掌握扫雷各项功能对应的程序状态变化之间的关系。

由于扫雷程序主体部分由 M×N 个方块构成，存储记录扫雷状态及其变化的数据结构都可以用不同的二维数组表示，可以将主体部分的数据结构分成三个部分：一是记录初始状态的数据结构；二是基于初始状态，记录每个方格周围雷数的数据结构；三是记录过程状态的数据结构。不妨设 BOARD_ROWS 表示行数，BOARD_COLS 表示列数，则三个数据结构设计如下（如图 5.5 所示）。

（1）初始状态数据结构 initData [BOARD_ROWS] [BOARD_COLS]。initData[] [] 用于存储初始布局数据，也就是扫雷程序的初始状态表示。赋值为 0 表示无雷，赋值为 M 表示有雷。

（2）无雷方块周围雷数的数据结构 mineNumData [BOARD_ROWS] [BOARD_COLS]。mineNumData[] []: =1~8，即每个方格周围雷的数目是 1 至 8 个雷。

（3）扫雷过程状态数据结构 curData [BOARD_ROWS] [BOARD_COLS]。curData[] [] 记录扫雷过程中的状态，按此数组的值进行显示输出也就表示了当前状态。其取值和含义为：=E：空白，未挖开 / 凸方块；=B：已挖开，非雷 /0 平方块；=1~8：已挖开，周围雷的数目；=X：已挖开，雷 / 红底黑雷；=M：未挖开的雷；=F：标记为雷 / 红旗。

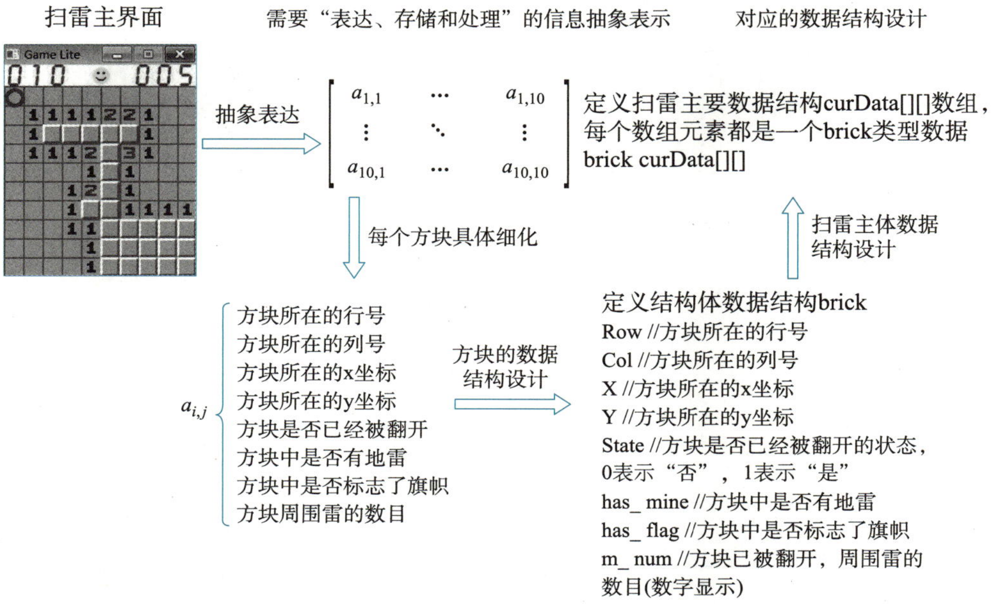

图 5.5　扫雷程序主体部分的数据结构设计过程

5.2.3　项目涉及的类库资源

本项目中使用的类库如下所示。请在后面的源程序文件的起始部分放入相关语句。

```
from tkinter import scrolledtext,END             # 滚动框,滚动框自动下拉到最后一行
from pymouse import PyMouse                      # 模拟鼠标自动点击
import tkinter as tk                             # UI 界面
import threading                                 # 多线程任务
import pyautogui                                 # 获取窗口位置信息
import random                                    # 随机数
import time                                      # 应用 sleep 函数睡眠
TIME_LIMIT=10;CLOCK=0;                           # 扫雷限时,扫雷用时记录
TIMER_RUN=False;GAME_OVER=False;                 # 计时器是否启动,游戏是否结束
curData=[]                                       # 方块状态数组
initData=[]                                      # 初始布雷方案数组
SHOW_BOARD_STATE=[]                              # 是否显示过方块状态
BUTTONS={}                                       # 方块按钮字典
BOARD_ROWS=20;BOARD_COLS=20;                     # 扫雷方块行数与列数
MINES=30;mine_number=30;                         # 总的雷数,剩余的雷数
DIGIT_WIDTH=5;DIGIT_HEIGHT=1;                    # 数字的大小
FACE_WIDTH=40;FACE_HEIGHT=40;                    # 笑脸的大小
mine_number_x=40;mine_number_y=20;               # 计数器的位置
```

```
HEADER_WIDTH=20*40; HEADER_HEIGHT=40;      # 头部栏的大小
RIGHT_WIDTH=300;                           # 右侧栏宽度，固定不变
BOTTOM_HEIGHT=150;                         # 底部栏高度，固定不变
face_x=20*40/2; face_y=20;                 # 脸图的位置
clock_x=20*40-40; clock_y=20;              # 计时器的位置
MINE_WITH_FLAG=0                           # 是地雷且被标旗帜的按钮总数
NO_MINE_BUT_FLAG=0                         # 不是地雷但是被标旗帜的按钮总数
OPEN_BUTTONS=0                             # 所有被打开的按钮总数，等于所有按
                                             钮数 - 所有雷数
```

5.2.4 项目主要函数调用关系图与项目输出界面演进图

项目主要函数调用关系图如图 5.6 所示。项目输出界面演进图如图 5.7 所示。

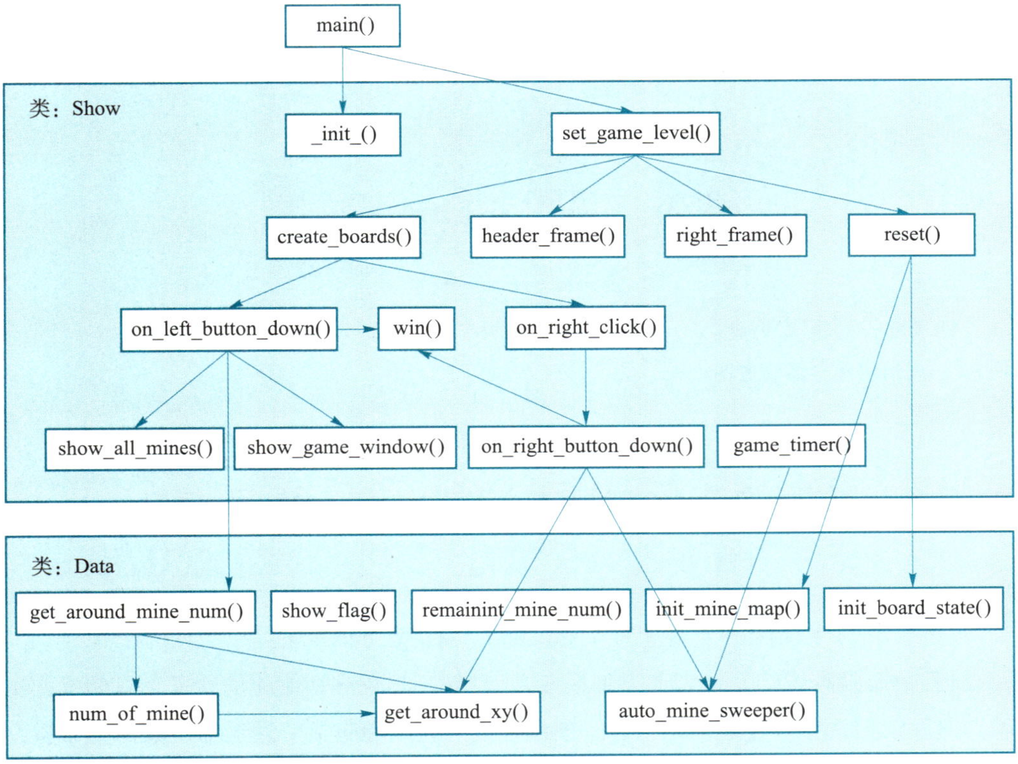

图 5.6 项目主要函数调用关系图

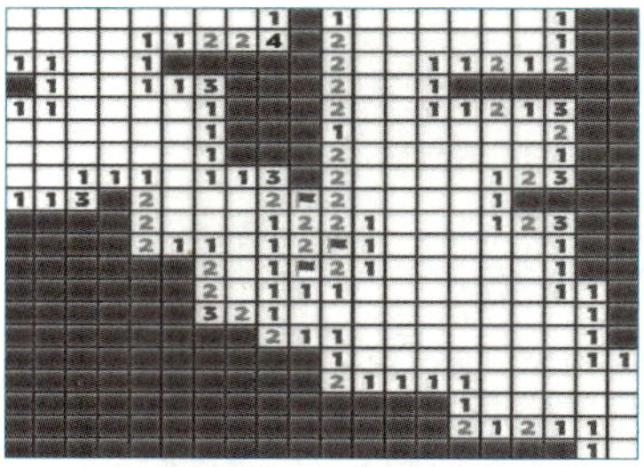

(a) 扫雷主体区域实现

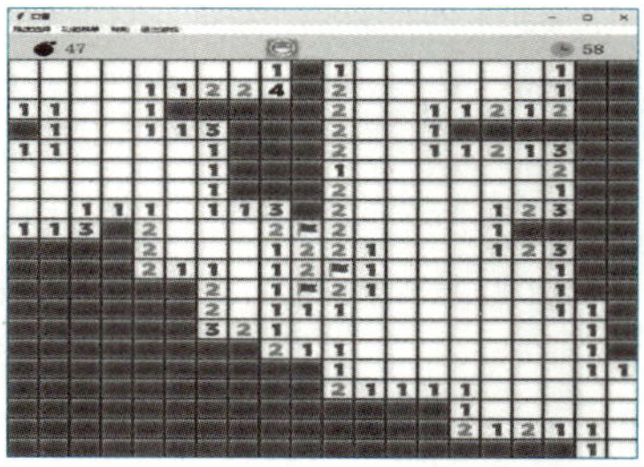

(b) 扫雷完整界面实现

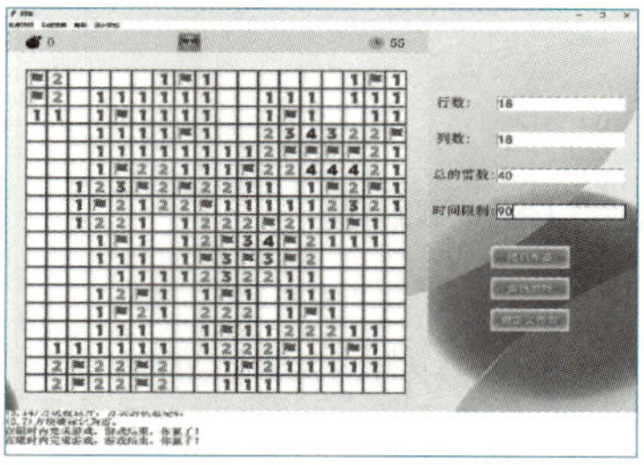

(c) 扫雷主体区域自定义界面实现

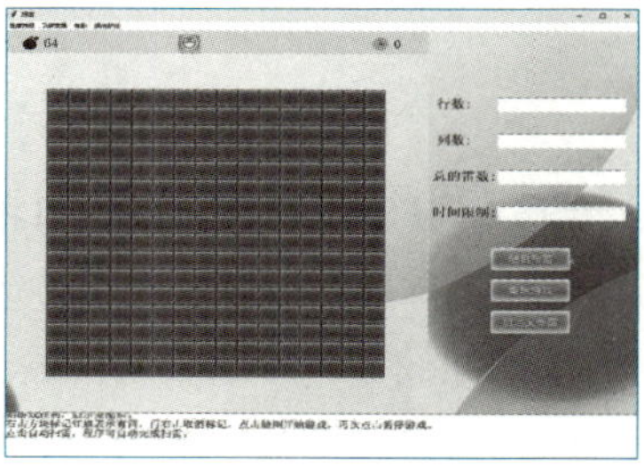

(d) 游戏开始——自动布雷

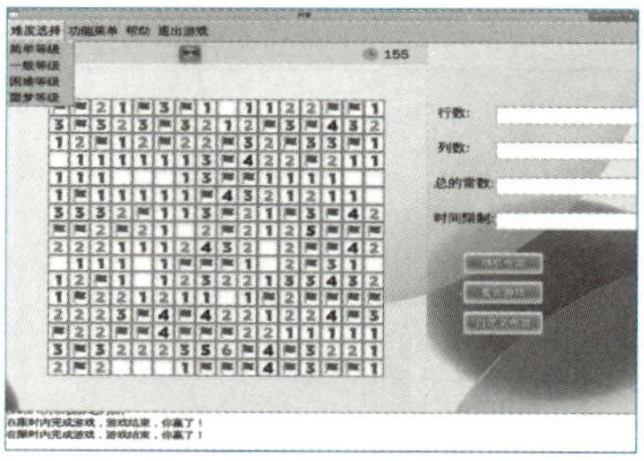

(e) 游戏——自动挖雷实现

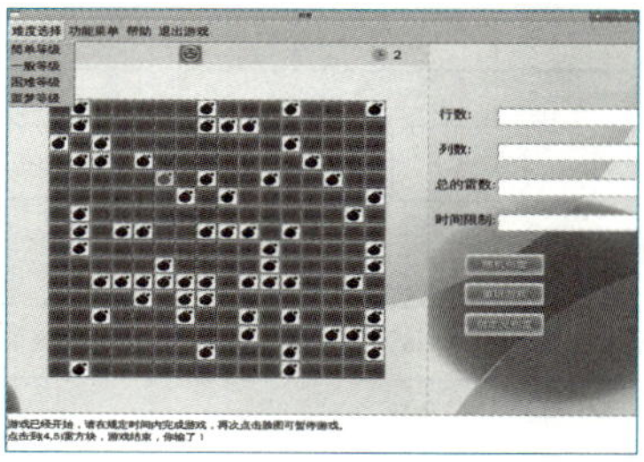

(f) 游戏——用户手动挖雷及失败示意

图 5.7 项目输出界面演进图

5.3 数据的变化与基本控制：X1-数据结构

【编程 5.1】编制程序：随机产生 initData，赋值给 curData。

【目的及编程说明】读者通过编程 5.1，理解扫雷程序初始化的意义和具体操作实现，为后续扫雷算法建立初始状态。该编程的主要步骤包括：通过随机数产生布雷方案。直接的方案就是随机产生 initData [] [] 两个下标，表示对应的方块有雷，赋值为 M，总布雷数量不超过方块总数量即可；其他方块则赋值为 0。完成 initData [] [] 的初始化后，将相应的布雷方案赋值给 curData [] []。

【程序编写】该函数为练习性函数，X3 中在类中定义的同名函数为正式系统采用函数。

函数： init_mine_map(mines)。
输入： 随机输入一个小于行列数乘积的 mines。
输出： 全局变量 cur_Data 和 init_Data。

```
def init_mine_map(mines):
    global BOARD_ROWS,BOARD_COLS,initData,curData   # 全局变量
    initData=[[0 for i in range(BOARD_COLS)]for j in range(BOARD_ROWS)]
                                                    # 循环赋初值 0
    for i in random.sample(range(BOARD_COLS*BOARD_ROWS),mines):
        initData[i//BOARD_COLS][i%BOARD_COLS]='M'   # 分别取整、取模得到
                                                      行列下标并定义为雷
    curData=initData
    return curData,initData
if__name__=='__main__':
    init_mine_map(MINES)                            # 初始化 initData 赋
                                                      值给 curData
    for i in range(BOARD_ROWS):
        print(curData[i])
```

【编程 5.2】编制程序：随机设置 curData。

【目的及编程说明】通过编程 5.2 可理解扫雷程序过程中的状态空间组成和变化规律，这些过程和状态用 curData 表示，扫雷状态变化通过 curData 的数据变化来反映。本程序是随机设置，实现方法是通过随机数，随机设置的值包括：=E：空白，未挖开 / 凸方块；=B：已挖开，非雷 /0 平方块；=1～8：已挖开，周围雷的数目；=X：已挖开，雷 / 红底黑雷；=M：未挖开的雷；=F：标记为雷 / 红旗。

【程序编写】该函数仅为练习性函数。

函数： random_set_state()。
输出： 随机状态矩阵 curData。

```
def random_set_state():                                 # 随机设置状态
    global curData,BOARD_COLS,BOARD_ROWS
    randomList=['E','M','B','X','F',1,2,3,4,5,6,7,8]    # 随机状态数列
    curData=[[0 for j in range(BOARD_COLS)]for i in range(BOARD_ROWS)]
                                                        # 矩阵初始化
    for r in range(BOARD_ROWS):
        for c in range(BOARD_COLS):
            r_index=random.randint(0,len(randomList)-1) # 获取随机下标
            curData[r][c]=randomList[r_index]           # 随机赋予状态
    return curData
if__name__=='__main__':
    set_random_state()                                  # 随机设置 curData
```

```
for i in range(BOARD_ROWS):
    print(curData[i])
```

【编程 5.3】编制程序：完整计算 mineNumData，赋值给 curData。

【目的及编程说明】通过编程 5.3 可理解扫雷程序如何根据初始布雷方案，计算每个无雷方格周围的雷数，该数字是扫雷判定中的主要信息。根据 initData 给定方块下有雷和无雷的布局情况，循环计算每个无雷方块周围雷的数目，该数值为 1~8，计算结果赋值到 mineNumData 对应方格。最后将计算结果赋值给当前状态数据结构 curData。

【程序编写】该函数为练习性函数，X3 中在类中定义的同名函数为正式系统采用函数。

函数： get_mine_num_data()。
输入： curData 或 initData(curData 中的值是 0，M 和 E)。
输出： 雷数数据矩阵 curData。

```
def get_mine_num_data():                 # BOARD_ROWS 行数,BOARD_COLS 列数
    global initData,curData,BOARD_COLS,BOARD_ROWS
    mineNumData=initData                 # 复制布雷方案
    for i in range(BOARD_ROWS):
        for j in range(BOARD_COLS):
            if initData[i][j]=='M':      # 如果为雷,则点击结束
                continue
            else:                        # 如果不为雷,则将该位置的值改成周围
                                           的雷数 0~8
                aroundxy=around(i,j)
                minesum=0
                for r,c in aroundxy:
                    if initData[r][c]=='M':
                        minesum+=1
                mineNumData[i][j]=minesum # 将值改成周围雷的数量
    curData=mineNumData
    return curData,mineNumData
def around(x,y):                          # 返回对应坐标周围八个方块坐标的列表
    global BOARD_ROWS,BOARD_COLS
    return[(i,j)for i in range(max(0,x-1),min(BOARD_ROWS-1,x+1)+1)
                                          # 计算周围方块坐标
            for j in range(max(0,y-1),min(BOARD_COLS-1,
                        y+1)+1)if i!=x or j!=y]      # 不包括本身
if __name__=='__main__':
    init_mine_map(MINES)                  # 引用编程 5.1 的函数初始化 initData
                                            并赋值给 curData
    get_mine_num_data()                   # 获取 mineNumData 更新 curData
                                            并输出
```

```
for i in range(BOARD_ROWS):
    print(curData[i])
```

5.4 屏幕元素及其显示输出：X2-可视化输出

【编程 5.4】编制程序：按照 curData 显示输出。

【目的及编程说明】通过编程 5.4，将 curData 中的状态变化展现在界面上，可直观理解扫雷程序中的状态变化和功能实现，完成根据 curData 显示输出功能。

（1）curData 为初始状态，如图 5.8（a）所示。

（2）无雷方块。方块周围分别有 8～0 个雷，显示输出样例如：。

（3）中间状态显示样例，如图 5.8（b）（c）所示。

（4）标记，点击到雷（失败），已挖开的雷的样例：。

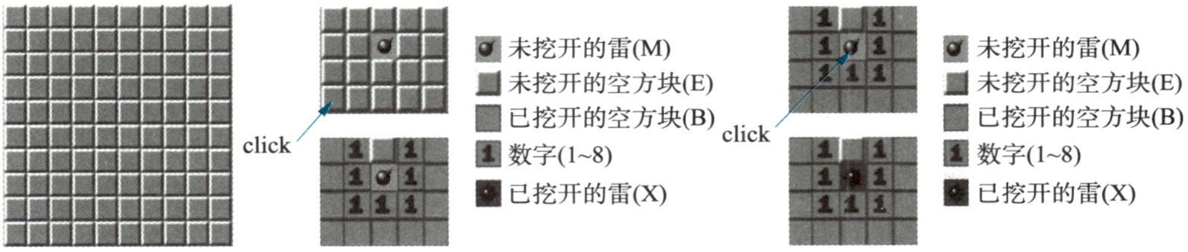

(a) 初始board　(b) 无雷方格及其翻开后的显示　(c) 有雷方格及其翻开后的显示

图 5.8　扫雷程序初始状态及中间状态显示示意图

【程序编写】

函数或类： 显示类 Show 及其 init () 函数（构造函数，初始化程序）。

```
class Show: # 显示类
    def __init__(self):                          # 构造函数，定义成员属性
        self.root = tk.Tk()                      # 初始化窗口
        self.root.title('扫雷')                  # 窗口标题
        self.root.resizable(width = False,
            height = False)                      # 设置窗口是否可变，宽不可变，
                                                   高不可变，默认为 True
        self.root.geometry(f'{BOARD_COLS*40}×{(BOARD_ROWS
                    +1)*40}')                    # f'{}×{}', {} 内放置表达式
        self.top = tk.Frame(self.root, bg = 'white', relief = "sunken",
                width = HEADER_WIDTH, height = HEADER_HEIGHT)
```

```
                                        # 头部栏设计
    self.label_mine=tk.Label(self.top,text=str(MINES),
            height=DIGIT_HEIGHT,width=DIGIT_WIDTH,bg='white',
            fg='red',font=('幼圆',22))    # 显示雷数
    self.label_clock=tk.Label(self.top,text=str(CLOCK),
            height=DIGIT_HEIGHT,width=DIGIT_WIDTH,
            bg='white',fg='red',font=('幼圆',22))    # 显示扫雷用时
    self.btn=tk.Button(self.top,bg='white',height=FACE_HEIGHT,
                    width=FACE_WIDTH,relief='raised')
                                        # 脸图按钮
    self.face1_img=tk.PhotoImage(file='img/face1.gif')
                                        # 加载图片资源
    self.face2_img=tk.PhotoImage(file='img/face2.gif')  # 耍酷脸
    self.face3_img=tk.PhotoImage(file='img/face3.gif')  # 哭脸
    self.p0=tk.PhotoImage(file='img/0.gif')             # 空白方块
    self.p1=tk.PhotoImage(file='img/1.gif')             # 数字1
    ...                                 # 后续self.p2~self.p11如
                                          上装载数字2至数字8和爆
                                          炸雷和标错雷的图片
```

函数： 显示类 Show，增加一个函数 create_boards()。
输入： curData。
输出： 依据 curData 值的显示输出。

```
class Show:                         # 显示类
    def create_boards(self):        # 初始化BOARD_ROWS*BOARD_COLS个button对象
        global BOARD_ROWS,BOARD_COLS,BUTTONS
        for row in range(BOARD_ROWS):        #row为行,0到BOARD_ROWS-1
            for col in range(BOARD_COLS):    #col为列,0到BOARD_COLS-1
                button=tk.Button(self.root)  # 创建button对象
                button.place(y=(row+1)*40,x=col*40)
                BUTTONS[row,col]=button      # 以坐标为键,按钮对象为值
```

函数： 显示类 Show，增加一个函数 show_game_window()。

```
class Show:                               # 显示类
    def show_game_window(self):           # 根据当前curData显示游戏界面
      global curData,BOARD_ROWS,BOARD_COLS,BUTTONS
      for row in range(BOARD_ROWS):       #row为行,0到BOARD_ROWS-1
        for col in range(BOARD_COLS):     #col为列,0到BOARD_COLS-1
          if curData[row][col]=='M':      # 如果是雷
            BUTTONS[row,col]['image']=self.p13
          elif curData[row][col]=='X':    # 如果是挖开的雷
            BUTTONS[row,col]['image']=self.p9
```

```
elif curData[row][col]=='E':      # 如果是未挖开的方块
    BUTTONS[row,col]['image']=self.p12
elif curData[row][col]=='F':      # 如果是旗帜
    BUTTONS[row,col]['image']=self.p11
elif curData[row][col]=='B':      # 如果是挖开的空方块
    BUTTONS[row,col]['image']=self.p0
elif curData[row][col]==1:        # 如果是数字 1~8
    BUTTONS[row,col]['image']=self.p1
elif curData[row][col]==2:
    BUTTONS[row,col]['image']=self.p2
elif curData[row][col]==3:
    BUTTONS[row,col]['image']=self.p3
elif curData[row][col]==4:
    BUTTONS[row,col]['image']=self.p4
elif curData[row][col]==5:
    BUTTONS[row,col]['image']=self.p5
elif curData[row][col]==6:
    BUTTONS[row,col]['image']=self.p6
elif curData[row][col]==7:
    BUTTONS[row,col]['image']=self.p7
elif curData[row][col]==8:
    BUTTONS[row,col]['image']=self.p8
BUTTONS[row,col]['relief']='groove'   # 按钮变为平面
```

【编程 5.5】编制程序：显示雷数、笑脸和时间。

【目的及编程说明】通过编程 5.5，绘制扫雷程序的头部元素，包括雷数计数、笑脸（哭脸）表情包、计时器等信息，定义函数实现这些功能，主要功能和步骤如下。

头部（header）由地雷数量、脸和计时器三个部分构成，如图 5.9 所示：

图 5.9　头部由三个部分构成

绘制头部区域时要求：(1) 三者均匀分布在一栏中；(2) 脸的位置居中。

【程序编写】

函数：显示类 Show，增加一个函数 header_frame()。

```
class Show:
    def header_frame(self):
        global HEADER_WIDTH,mine_number_x,mine_number_y,clock_
x,clock_y,face_x,face_y
        self.top['width']=HEADER_WIDTH
```

```
        self.top.place(x=0,y=0,anchor=tk.NW)   # 右侧栏
        self.label_mine.place(x=mine_number_x,y=mine_number_y,anchor=
tk.CENTER)
        self.label_clock.place(x=clock_x,y=clock_y,anchor=tk.CENTER)
        self.btn['image']=self.face1_img           # 笑脸
        self.btn.place(x=face_x,y=face_y,anchor=tk.CENTER)
if __name__=='__main__':
    test=Show()                                # 创建 test 对象
    test.create_bordes()
    test.header_frame()                        # 根据初始参数确定头部栏
                                                 信息
    test.root.mainloop()                       # 显示 UI
```

5.5　算法设计与函数实现：X3-基本算法

【编程 5.6】编制程序：依据参数出题，产生 initData。

【目的及编程说明】编程 5.6 要求，定义一个函数，至少包括一个雷数作为参数，该函数可以根据一定规则（例如随机数法）完成布雷方案的设置，这些设置存储在 initData 数组中。

【程序编写】定义一个数据类 Data，数据类没有定义成员属性，因此可以不要构造函数。

函数或类： 数据类 Data，函数 init_mine_map。
输入： 随机输入一个小于行列数乘积的 mines。
输出： 初始雷图矩阵 initData。
注意： 本书采用编程 5.1 的方案，读者可修改为其他方案。

```
class Data:
    def init_mine_map(self,mines):                # 初始化布雷方案
        global BOARD_ROWS,BOARD_COLS,initData     # 全局变量行数
        initData=[[0 for i  in range(BOARD_COLS)]for
                  j in range(BOARD_ROWS)]         # 无雷初始化,先列后行
        for i in random.sample(range(BOARD_COLS*BOARD_ROWS),mines):
            initData[i//BOARD_COLS][i%BOARD_COLS]='M'
                                                  # 计算行列下标并定义为雷
        return initData
if __name__=='__main__':
    test=Data()                                   # 创建 test 对象
```

```
    test.init_mine_map(MINES)                              # 初始化 initData
    for i in range(BOARD_ROWS):                            # 输出 initData
        print(initData[i])
```

【编程 5.7】编制程序：挖雷。依据用户左键单击位置（挖雷动作）判断显示状态并修改 curData。

【目的及编程说明】通过编程 5.7，实现用户扫雷动作对应的程序，了解用户的动作对扫雷程序状态的影响。这里要求是否有雷只能依据 initData 进行判断，curData 只作显示用。编程实现中，可根据用户鼠标左键单击给定的位置而确定方块，从 initData 中找出该方块是否有雷，从而修改 curData 相应的数据，用以记录扫雷过程状态变化。

当用户用鼠标左键单击某个方块时，需要考虑更多的扫雷功能：

（1）如果该方块没有地雷，则需要将该方块翻开；

（2）如果该方块的相邻方块也没有地雷，则需要将该方块的相邻方块也翻开；

（3）对相邻方块采用递归操作，例如，假设用户单击图中左上角的方块时，通过一次单击可以翻开一大片区域。

算法设计思路：算法要求实现一个具备递归功能的检测算法，翻开某个方块时，需要检测相邻的八个方块是否也可以翻开。例如，鼠标左键单击某个方块时：（1）如果该方块没有地雷，则翻开该方块；（2）同时检测该方块相邻的八个方块是否可以被翻开。如果某个相邻方块可以被翻开：（1）对每个相邻方块，再递归调用翻开其相邻的方块；（2）假设都没有地雷，则都可以翻开。

【程序编写】

函数或类： 数据类 Data，增加三个函数：(1)init_board_state()；(2)get_around_xy()；(3)get_around_mine_num()。

函数 (1) 初始化数据 curData。

函数 (2) 的输入： 随机输入一个方块的 x、y 坐标。**输出：** 方块状态矩阵。

函数 (3) 的输入： 一个方块的 x、y 坐标。**输出：** 递归获取周围雷数。

```
class Data:
    def init_board_state(self):                       # 初始化方块状态
        global curData,SHOW_BOARD_STATE,BOARD_ROWS,BOARD_COLS
        curData=[['E'for i in range(BOARD_COLS)]for j in range(BOARD_ROWS)]
        SHOW_BOARD_STATE=[[0 for i in range(BOARD_COLS)]for j in range
(BOARD_ROWS)]
    def get_around_xy(self,x,y):                      # 返回对应坐标周围的坐标列表
        global BOARD_ROWS,BOARD_COLS
        return[(i,j)for i in range(max(0,x-1),min(BOARD_ROWS-1,x+1)+1)
                for j in range(max(0,y-1),min(BOARD_COLS-1,
                                     y+1)+1)if i!=x or j!=y]
```

```
    def get_around_mine_num(self,x,y):        # 递归获取周围雷数
        global curData,initData               # 雷的状态,布雷方案,是否计算过
        if initData[x][y]=='M':               # 挖开的是雷,游戏结束
            curData[x][y]='X'                 # 更新状态为翻开的雷
            return 0                          # 返回结果,是雷
        around_xy=self.get_around_xy(x,y)     # 周围按钮的下标
        num=self.num_of_mine(x,y)             # 记录周围的总雷数
        if num==0:                            # 如果为 0,则更新状态为 B 且递归
                                                调用函数进行雷数计算
            curData[x][y]='B'
            for i,j in around_xy:
                if curData[i][j]=='E':        # 将周围未翻开的方块全部检查一遍
                    self.get_around_mine_num(i,j)
        return 1                              # 返回结果不是雷,且方块已经翻开,显
                                                示结果
if __name__=='__main__':
    test=Data()                               # 创建 test 对象
    test.init_mine_map(MINES)                 # 引用编程 5.6 的函数初始化 initData
    test.init_board_state()                   # 初始化 curData
    test.get_around_mine_num(0,0)             # 如果 (0,0) 不是雷,则翻开
    for i in range(BOARD_ROWS):               # 输出查看结果
        print(curData[i])
```

【编程 5.8】编制程序：标记 / 撤销标记：显示或不显示红旗。

【目的及编程说明】编程 5.8 实验程序接收界面鼠标右击操作：如果是未翻开并且未标记的方块，则显示标记了红旗的方块；如果是未翻开并且标记了红旗的方块，则取消红旗显示；如果是已翻开的方块，则不做任何操作。该实验编程基于 curData 数据结构完成。

【程序编写】

函数或类： 数据类 Data，增加一个函数 show_flag()。
输入： 随机输入方块的 x、y 坐标。
输出： 方块状态矩阵。

```
class Data:
    def show_flag(self,x,y):
        global curData
        if curData[x][y]=='E':          # 若按钮未翻开且未标记,则显示旗帜标志
            curData[x][y]='F'
        elif curData[x][y]=='F':        # 若按钮未翻开且已经标记,则取消显示
            curData[x][y]='E'
        else:
```

```
        return                              # 如果按钮已经翻开,则不做任何操作
if __name__=='__main__':
    test=Data()                             # 创建 test 对象
    test.init_board_state()                 # 引用编程 5.7 的函数初始化 curData
    test.show_flag(0,0)                     # 将 (0,0) 方块标记为雷,即状态改为 F
    for i in range(BOARD_ROWS):             # 输出查看结果
        print(curData[i])
```

【编程 5.9】编制程序：计算挖雷用时和剩余雷数。

【目的及编程说明】通过编程 5.9 实现扫雷程序中定时器功能和雷数的计数功能。对于挖雷用时可按如下步骤进行编程。当用户点击脸图片时：(1) 启动定时器，开始计时；(2) 每隔 1 秒，定时器中显示的数字加 1。对于剩余雷数的计数功能，可按如下步骤进行编程：(1) 用户标记了某个未翻开的方块，则雷数计数器变量减 1；(2) 剩余雷数显示数字也相应减 1。

【程序编写】

函数： 数据类 Data，增加两个函数：(1)game_timer()；(2)remaining_mine_num()。
函数（1）的输出： 调用相应的事件处理函数。
函数（2）的输出： 剩余雷数整数值。

```
class Data:
    def game_timer(self):                           # 计时器
        global GAME_OVER,TIMER_RUN                  # TIMER_RUN 为计时器是否运行
        if GAME_OVER:                               # 如果游戏结束,则不再响应
            return
        def count():                                # 该函数完成读秒功能,将运行在子
                                                      线程中
            global TIMER_RUN,CLOCK,GAME_OVER,TIME_LIMIT
            while TIMER_RUN and CLOCK<=TIME_LIMIT:      # 开始计时条件
                CLOCK+=1
                print(CLOCK)                        # 测试代码
                time.sleep(1)                       # 休眠 1 秒。模拟读秒
                if CLOCK>TIME_LIMIT:                # 如果超时,则游戏失败
                    GAME_OVER=True
            # 子线程状态为未启动,则启动子进程,并将状态设为 True
        if not TIMER_RUN:
            TIMER_RUN=True
            count()                                 # 开始计时
            # 子线程状态为启动,则暂停子进程,并将状态设为 False
        elif TIMER_RUN:
            TIMER_RUN=False                         # 暂停计时
    def remaining_mine_num(self):                   # 得到剩余雷数
```

```
    global MINES,BOARD_ROWS,BOARD_COLS,GAME_OVER,\
      TIMER_RUN,initData,curData,mine_number,\
      MINE_WITH_FLAG,NO_MINE_BUT_FLAG,OPEN_BUTTONS
    MINE_WITH_FLAG=0                    #所有按钮下有地雷且被标旗帜的
                                         总数
    NO_MINE_BUT_FLAG=0                  #所有按钮下没有地雷但是被标旗帜
                                         的总数
    OPEN_BUTTONS=0                      #所有被打开的按钮总数,等于所有按
                                         钮数-所有雷数
    for i in range(BOARD_ROWS):         #i为行,0到BOARD_ROWS-1
        for j in range(BOARD_COLS):     #j为列,0到BOARD_COLS-1
            if initData[i][j]=='M'and\
                    curData[i][j]=='F': #如果该按钮下地雷被标记
                MINE_WITH_FLAG+=1
            elif initData[i][j]!='M'and\
                    curData[i][j]=='F': #如果该按钮下无地雷被标记
                NO_MINE_BUT_FLAG+=1
            elif initData[i][j]!='M'and\
            curData[i][j]!='E':         #如果该按钮不是雷且已被打开
                OPEN_BUTTONS+=1
    mine_number=MINES-(MINE_WITH_FLAG+
                NO_MINE_BUT_FLAG)       #mine_number为剩余地雷数
    if mine_number<0:                   #如无雷也被标记
        mine_number=0                   #标记为旗帜的所有块>实际雷数,
                                         仍显示0个雷
    return mine_number
if __name__=='__main__':
    test=Data()                         #创建test对象
    test.init_mine_map(MINES)           #引用编程5.6的函数初始化initData
    test.init_board_state()             #引用编程5.7的函数初始化curData
    test.show_flag(0,0)                 #引用编程5.8的函数将(0,0)标为
                                         雷,雷数减1
    print(test.remaining_mine_num())    #初始雷数为96
```

【编程5.10】编制程序:显示周围雷数:计算某个位置的周围雷数或已挖开边缘数据的雷数。

【目的及编程说明】通过编程5.10,实现对于给定某方块,如果其为无雷方块并且已经在打开状态,则根据initData计算该方格周围雷的数目,并保存在curData相应的方格中。可以通过遍历initData[row][col]的左上方、上方、右上方、左边、右边、左下方、下方、右下方所有八个格子的数值,如果是雷,则将minenum+1,最后返回minenum。

【程序编写】

函数： 数据类 Data，增加一个函数 num_of_mine()。
输入： 随机输入方块的 x、y 坐标。
输出： 周围雷数整数值或 None（为雷）。

```
class Data:
    def num_of_mine(self,x,y):                    # 获取(x,y)处周围的雷数
        global initData,curData
        minenum=0                                 # 保存雷数
        if initData[x][y]!='M':                   # 如果不是雷
          for i,j in self.get_around_xy(x,y):     # 遍历周围的方块
              if initData[i][j]=='M':
                  minenum+=1                      # 是雷则雷数加 1
          curData[x][y]=minenum                   # 更新该方块的状态
          return minenum                          # 不是雷，返回周围雷数
if __name__=='__main__':
    test=Data()                                   # 创建 test 对象
    test.init_mine_map(MINES)                     # 引用编程 5.6 的函数初始化 initData
    test.init_board_state()                       # 引用编程 5.7 的函数初始化 curData
    for i in range(BOARD_ROWS):                   # 输出初始布雷方案，用于验证雷数是
                                                    否正确
        print(initData[i])
    print(test.num_of_mine(0,0))                  # (0,0)周围的雷数，为 None 表示
                                                    (0,0)是雷
```

5.6 屏幕元素事件识别与控制：X4-人机交互

【编程 5.11】编制程序：增加右侧按钮及参数设置界面，完善交互界面。

【目的及编程说明】在扫雷程序的右侧增加参数设置和按钮功能。编程实现的功能如下。

（1）用户可以设置区域大小、雷数、限制时间等参数，并保存用户设置的参数。

（2）依据参数重新初始化游戏，相当于重新出题。

（3）屏幕事件：鼠标左键单击，即挖雷。

（4）屏幕事件：鼠标右键单击，即标记。

（5）对于打开的方块，显示周围雷的数目。

（6）增加按钮“自动挖雷”，该按钮单击后调用“鼠标左键”动作模拟挖雷，完成

连续操作与显示。

【程序编写】

函数： 显示类 Show，新增成员属性并修改或新增函数：(1)init ()；(2)right_frame ()；(3)get_data ()；(4)create_boards ()。
函数 (2) 的输出： 在右侧增加一个信息栏。
函数 (3)： 按钮绑定。
函数 (4) 的输出： 界面如图 5.10 所示。

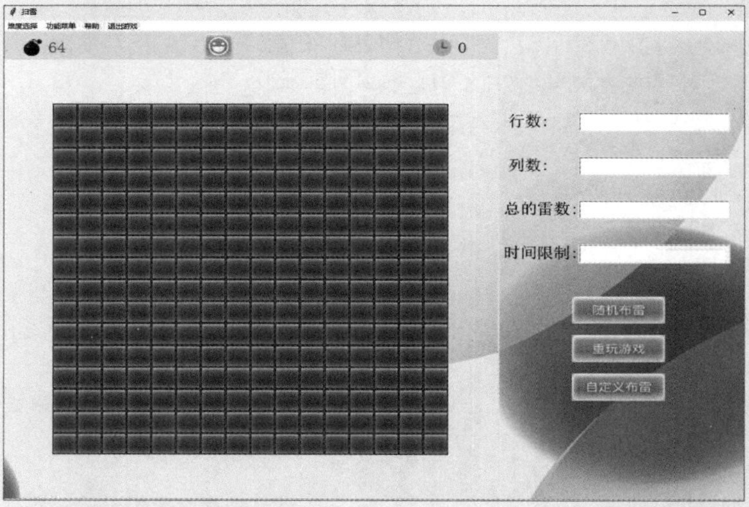

图 5.10　扫雷程序的输出界面示意

```
class Show:
    def __init__(self):
        # 以下修改了编程 5.4 的 self.btn，其余都是编程 5.11 新扩展的成员属性
        self.btn = tk.Button (self.top, bg = 'white', height = FACE_HEIGHT,
                width = FACE_WIDTH, command = lambda: self.thread (
                self.game_timer), relief = 'raised')                # 脸图按钮
        self.data = Data ()                             # 创建数据类对象，用于调用
                                                          数据类中的方法
        self.label_set = tk.Label (self.top, text = '设置',
                height = DIGIT_HEIGHT, width = 5, bg = 'white',
                fg = 'red', font = ('幼圆', 20))         # 游戏设置
        self.label_time = tk.Label (self.top, text = str (TIME_LIMIT),
                height = DIGIT_HEIGHT, width = 5, bg = 'white',
                fg = 'red', font = ('幼圆', 22))         # 显示限时时间是多少
        self.right = tk.Frame (self.root, bg = 'yellow', relief = 'sunken',
                        width = RIGHT_WIDTH)  # 右侧栏
        self.bottom = tk.Frame (self.root, bg = 'white', relief = 'sunken',
                        height = BOTTOM_HEIGHT)        # 底部栏
```

```
        self.scroll = scrolledtext.ScrolledText(self.root, bg='white',
bd=2,
                relief='sunken', height=5, font=('楷体', 14))    # 滚动框
        self.label_row = tk.Label(self.right, text='BOARD_ROWS:',
height=1,
                width=11, bg='white', fg='black', font=('TimesNewRoman',
                14), relief='raised')          # 用户自定义设置行值大小
        self.entry1 = tk.Entry(self.right, textvariable=tk.StringVar(),
                bd=2, width=13, highlightcolor='black',
                highlightthickness=2, font=('楷体', 12))
        ···  # 相似方法定义列值大小、地雷数量、时间限制
        self.btn2 = tk.Button(self.right, text='提交', bd=3, bg='white',
                font=('楷体', 15), fg='black', width=4, relief='raised',
                activebackground='red', command=self.get_data)
                                               # 提交按钮
        self.btn3 = tk.Button(self.right, text='自动挖雷', bd=3, bg='white',
                font=('楷体', 15), fg='black', width=8, relief='raised',
                activebackground='red', command=lambda: self.thread
                (self.data.auto_mine_sweeper))  # 自动扫雷按钮

    def right_frame(self):                        # 右侧栏
        global BOARD_ROWS, HEADER_WIDTH, HEADER_HEIGHT
        # 以最后的按钮位置 y=160 为依据（加上按钮本身有高度，大致为 180）
        self.right['height'] = BOARD_ROWS*40      # 右侧栏高度和雷图高度一致
        self.right.place(x=HEADER_WIDTH+1, y=HEADER_HEIGHT,
                         anchor=tk.NW)                # 右侧栏位置
        self.label_row.place(x=80, y=15+(BOARD_ROWS*40-180)/2,
                         anchor=tk.CENTER)            # 更新位置
        self.entry1.place(x=220, y=15+(BOARD_ROWS*40-180)/2,
                         anchor=tk.CENTER)
        self.label_col.place(x=80, y=50+(BOARD_ROWS*40-180)/2,
                         anchor=tk.CENTER)
        self.entry2.place(x=220, y=50+(BOARD_ROWS*40-180)/2,
                         anchor=tk.CENTER)
        self.label_m.place(x=80, y=85+(BOARD_ROWS*40-180)/2,
                         anchor=tk.CENTER)
        self.entry3.place(x=220, y=85+(BOARD_ROWS*40-180)/2,
                         anchor=tk.CENTER)
        self.label_limit.place(x=80, y=120+(BOARD_ROWS*40-180)
                                   /2, anchor=tk.CENTER)
        self.entry4.place(x=220, y=120+(BOARD_ROWS*40-180)/2,
                         anchor=tk.CENTER)
        self.btn2.place(x=220, y=170+(BOARD_ROWS*40-180)/2,
```

```
                    anchor=tk.CENTER)         # 提交按钮
    self.btn3.place(x=120,y=170+(BOARD_ROWS*40-180)/2,
                    anchor=tk.CENTER)         # 自动挖雷

def get_data(self):                           # 提交按钮绑定函数
    if self.entry1.get()==''or self.entry2.get()==''or\
        self.entry3.get()==''or self.entry4.get()=='':
        self.scroll.insert('end','参数不能为空,请重新设置参数\n')
        self.scroll.see(END)                  # 自动下拉到最后一行
        return
    dataString=self.entry1.get()+self.entry2.get()\
            +self.entry3.get()+self.entry4.get()
    for i in range(len(dataString)):
        # 是整数则继续判断,不是整数则跳出提示
        if dataString[i]>='0'and dataString[i]<='9':
            continue
        else:
            self.scroll.insert('end','参数只能为正整数,'
                '请重新设置参数\n')           # 非整数参数,显示提示
            self.scroll.see(END)              # 自动下拉到最后一行
            return
    row=int(self.entry1.get())                # 用get方法取得用户填
                                              写的正整数参数
    col=int(self.entry2.get())
    mine=int(self.entry3.get())
    time=int(self.entry4.get())
    if row < 6 or col < 6 or row > 20 or col > 40:
        self.scroll.insert('end','行数范围是[6,20],'
            '列数的范围是[6,40],请重新设置参数\n')  # 防止区域超出屏幕
        self.scroll.see(END)                  # 自动下拉到最后一行
        return                                # 最简单的等级行列数为
                                              6,不能小于6
    if mine > row*col:
        self.scroll.insert('end','雷数不能多于行列数乘积'
                        ',请重新设置参数\n')
        self.scroll.see(END)
        return                                # 雷数不能多于总方块
                                              数量
    if time > 99999:                          # 时间阈值限制
        self.scroll.insert('end','最高限时99999s,请重新设置参数\n')
        self.scroll.see(END)
        return
    # 调用函数按照用户提交的参数重新启动游戏
```

```
        self.set_game_level(row,col,mine,time)

    def create_boards(self):                          # 更新了编程 5.4 的代码
        global BOARD_ROWS,BOARD_COLS,BUTTONS
        for row in range(BOARD_ROWS):
          for col in range(BOARD_COLS):
            def on_right_click(event,x=row,y=col):
              self.on_right_button_down(event,
                    x,y)                              # 鼠标左、右键分别绑定
                                                        函数
            button=tk.Button(self.root,command=
              lambda x=row,y=col:self.on_left_button_down(x,y))
            #(row+1):头部栏占了一行,所以雷图整体下移一行
            button.place(y=(row+1)*40,x=col*40)
            # 绑定 on_right_button_down(event,x,y)
            button.bind("<Button-3>",on_right_click)
            # 以坐标为键,将该坐标处的 button 作为值,一一对应
            BUTTONS[row,col]=button
    def header_frame(self):                           # 更新了编程 5.5 的代码
        ...                                           # 编程 5.5 代码
        self.top['width']=HEADER_WIDTH+RIGHT_WIDTH          # 更新代码
        self.label_set.place(x=HEADER_WIDTH+RIGHT_WIDTH/2,
                             y=20,anchor=tk.CENTER)         # 扩展代码
        self.label_time.place(x=HEADER_WIDTH+RIGHT_WIDTH-50,
                             y=20,anchor=tk.CENTER)         # 扩展代码
if __name__=='__main__':
    test=Show()                                   # 创建 test 对象
    test.set_game_level(20,20,128,2400)           # 调用 right_frame 等函数初始化
    test.root.mainloop()                          # 显示 UI
```

【编程 5.12】编制程序：识别鼠标事件并正确调用相关函数完成功能。

【目的及编程说明】编程 5.12 涉及鼠标交互控制事件，每个事件都需要设计相关函数来处理该事件，完成对应功能，这些事件主要包括鼠标左键单击、鼠标右键单击等：(1) 单击鼠标左键，如果单击的是 header 中的脸，则启动游戏；如果单击的是 board 的方块，则翻开方块；(2) 单击鼠标右键，在方块上标记旗帜。

【程序编写】

【编程 5.12-1】鼠标左键处理函数：实现扫雷程序的鼠标左键处理功能。

函数：显示类 Show，增加三个函数：(1) show_all_mines()；(2) on_left_button_down()；(3) win()。
函数 (1) 的输入：鼠标单击的坐标 x、y。**输出：**显示所有雷。

函数 (2) 的输入： 鼠标单击的坐标 x、y。**输出：** 依据位置，调用相应的事件处理函数。
函数 (3) 的输出： 判断是否胜利。

```
class Show:
  def show_all_mines(self,x,y):                        # 点到雷则游戏结束，并
                                                         显示所有的雷
    global initData,curData,BOARD_ROWS,BOARD_COLS,BUTTONS
    # 如果是因为超时而失败传来的无意义参数 -1,-1 则不处理
    if x >=0 and y >=0:
      BUTTONS[x,y]['relief']='groove'          # 按钮变为平面
      BUTTONS[x,y]['image']=self.p9            # 显示被单击的爆炸雷
      curData[x][y]='X'                        # 更新状态，翻开的爆炸雷
    for row in range(BOARD_ROWS):              #row 为行，0 到 BOARD_ROWS-1
      for col in range(BOARD_COLS):            #col 为列，0 到 BOARD_COLS-1
        if initData[row][col]=='M'and curData[row][col]\
            !='F'and curData[row][col]!='X':
          BUTTONS[row,col]['relief']='groove'   # 按钮变为平面
          BUTTONS[row,col]['image']=self.p13
          curData[row][col]='M'                 # 更新状态，未挖开的雷
        if initData[row][col]!='M'and curData[row][col]\=='F':
                                                # 不是雷被标记
          BUTTONS[row,col]['relief']='groove'   # 按钮变为平面
          BUTTONS[row,col]['image']=self.p10
          curData[row][col]=initData[row][col]  # 更新

  def on_left_button_down(self,x,y):
    global curData,SHOW_BOARD_STATE,GAME_OVER,TIMER_RUN
    # 游戏结束不再响应，做了雷标记，按钮左键单击无效
    if GAME_OVER or curData[x][y]=='F':
      return
    if not TIMER_RUN:                          # 游戏未开始，左右键均不能使用
      self.scroll.insert('end','游戏未开始，请点击脸图开始游戏之后，再使
用左键\n')
      self.scroll.see(END)                     # 消息框自动下拉到最后一行
      return
    if curData[x][y]=='E':                     # 未点开的方块才响应
      # 返回值为 0，单击了有雷的按钮，游戏结束
      if self.data.get_around_mine_num(x,y)==0:
        self.show_all_mines(x,y)               # 将所有雷显示出来
        GAME_OVER=True                         # 游戏结束标志
        TIMER_RUN=False                        # 计时暂停
        self.btn['image']=self.face3_img       # 把笑脸改为哭脸
        self.scroll.insert('end','点击到('+str(x)+
        ','+str(y)+')'+'雷方块，游戏结束，你输了!\n')
```

```
            self.scroll.see(END)                    # 消息框自动下拉到最后一行
            return
        for i in range(BOARD_ROWS):
            for j in range(BOARD_COLS):             # 被点开且未显示信息
                if curData[i][j]!='E'and curData[i][j]!='F'\
                    and SHOW_BOARD_STATE[i][j]==0:
                    self.scroll.insert('end','('+str(i)+','
                        +str(j)+')'+'方块被点开，方块的状态是'+
                        str(curData[i][j])+'。\n')         # 显示信息
                    self.scroll.see(END)            # 消息框自动下拉到最后一行
                    SHOW_BOARD_STATE[i][j]=1        # 已显示信息，不重复显示
        self.show_game_window()                     # 点击的不是雷，刷新游戏窗口
                                                      显示
        self.data.remaining_mine_num()              # 更新剩余雷数
        self.win()                                  # 判断是否胜利，此处依据为非雷
                                                      的方块是否全部点开

    def win(self):                                          # 判断是否胜利
        global GAME_OVER,TIMER_RUN,MINE_WITH_FLAG,\
            NO_MINE_BUT_FLAG,OPEN_BUTTONS
        self.label_mine['text']=str(mine_number)        # 显示剩余雷数
            if (MINE_WITH_FLAG==MINES and NO_MINE_BUT_FLAG==0)\
                    or (OPEN_BUTTONS==BOARD_COLS*BOARD_ROWS-
                        MINES and OPEN_BUTTONS!=0):
                # 胜利条件是：1.正确标记雷的按钮数=雷的实际数量，且不正确标记为0
                self.btn['image']=self.face2_img
                #2.单击打开的非雷按钮数=按钮总数-雷的实际数量，且打开的按钮不
能为0
                GAME_OVER=True
                TIMER_RUN=False
                self.scroll.insert('end','在限时内完成游戏，'
                                    '游戏结束，你赢了！\n')      # 显示信息
                self.scroll.see(END)
if __name__=='__main__':
    test=Show()                                         # 创建test对象
    test.set_game_level(20,20,128,2400)                 # 进入游戏
    TIMER_RUN=True                                      # 测试代码，默认初始为False
    test.root.mainloop()                                # 显示UI
```

【编程 5.12-2】鼠标右键处理函数：实现扫雷程序的鼠标右键处理功能。

函数： 显示类 Show，增加一个函数 on_right_button_down()。
输入： 参数 event 为鼠标事件，参数 x、y 为鼠标单击的 x、y 坐标。

输出： 调用相应的事件处理函数。

```
class Show:                                        # 显示类
  def on_right_button_down(self,event,x,y):        # 鼠标右键事件
      global curData,TIMER_RUN,GAME_OVER,BUTTONS
      if GAME_OVER or (curData[x][y]!='E'and curData[x][y]
                      !='F'):                    # 游戏结束或按钮已被打开,则不响应
          return                                 # 或者游戏已经结束,不再响应
      if not TIMER_RUN:                          # 游戏未开始,左右键均不能使用
          self.scroll.insert('end','游戏未开始,请点击脸图'
                          '开始游戏之后,再使用右键\n')
          self.scroll.see(END)                   # 消息框自动下拉到最后一行
          return
      self.data.show_flag(x,y)                   # 修改被右击的方块状态
      if curData[x][y]=='F':                     # 根据更新的状态显示信息
          self.scroll.insert('end','('+str(x)+','+str(y)
             +')'+'方块被标记为雷。\n')          # 在底部消息框中显示信息
          self.scroll.see(END)
      else:
          self.scroll.insert('end','('+str(x)+','
               +str(y)+')'+'方块取消标记为雷。\n')
          self.scroll.see(END)
      self.show_game_window()                    # 根据当前 curData 显示游戏界面
      self.data.remaining_mine_num()             # 修改剩余雷数
      self.win()                                 # 判断是否胜利
```

【编程 5.12-3】实现扫雷程序游戏的开始和暂停控制功能。

函数： 显示类 Show，增加一个函数 game_timer()。
输出： 调用相应的事件处理函数。

```
class Show:                                        # 显示类
    def game_timer(self):                          # 控制游戏开始和暂停
        global GAME_OVER,TIMER_RUN                 #TIMER_RUN 为计时器是否运行
        if GAME_OVER:                              # 如果游戏结束,不再响应
            return
        def game_start():
            global GAME_OVER,TIMER_RUN,CLOCK,TIME_LIMIT
            self.scroll.insert('end','游戏已经开始,请在规定'
                '时间内完成游戏,再次点击脸图可暂停游戏。\n')  # 显示信息
            self.scroll.see(END)
            TIMER_RUN=True                                # 开始计时
            while TIMER_RUN and CLOCK <=TIME_LIMIT:       # 计时结束条件
                CLOCK+=1
```

```
            # 将秒数显示在 label_clock
            self.label_clock['text'] = str(CLOCK)
            time.sleep(1)                    # 休眠 1 秒。模拟读秒
            if CLOCK > TIME_LIMIT:           # 如果超时，则游戏失败
                self.btn['image'] = self.face3_img
                # 将所有地雷都展开。且因超时失败，只能传递非坐标参数做判断
                self.show_all_mines(-1,-1)
                self.scroll.insert('end','未在限时内完成游戏，'
                    '游戏结束，你输了！\n')       # 显示游戏结束信息
                GAME_OVER = True
    def game_stop():
        global TIMER_RUN                     #TIMER_RUN 为计时器是否运行
        TIMER_RUN = False                    # 暂停计时，并将状态设为 False
        self.scroll.insert('end','游戏已经暂停，点击脸'
                    '图重新启动游戏。\n')        # 显示游戏暂停信息
        self.scroll.see(END)
    if not TIMER_RUN:
        game_start()
    else:
        game_stop()
```

5.7 算法优化与系统功能拓展：X5-完整系统

【编程 5.13】编制程序：自动挖雷（自动解题：布雷数组未知，依据挖雷步骤进展获取布雷信息并显示，计算解题用时并显示）。

【目的及编程说明】curData 不包括初始布雷信息，只是当前显示状态。初始布雷信息在 initData 中但不对本程序开放。仅能通过编程 5.7“挖雷”来逐步获取信息。

【程序编写】

函数：数据类 Data，增加四个函数：(1)auto_mine_sweep()；(2)find_coordinates_E(self)；(3)find_neighbors(self)；(4)counting_surrounding_points()。
函数 (1) 的输出：自动进行扫雷。
函数 (2) 的输入：扫雷过程状态矩阵。**输出：**没有被打开格子的坐标。
函数 (3) 的输入：扫雷过程状态矩阵。**输出：**返回周围点的信息与坐标。
函数 (4) 的输入：坐标信息。**输出：**实现标记与打开格子。

```
class Data:                                  # 显示类
    def auto_mine_sweeper(self):             # 自动扫雷
```

```
    global BOARD_ROWS, BOARD_COLS, curData, \
        TIMER_RUN, GAME_OVER                          # 全局变量
    if GAME_OVER:                                     # 游戏结束，不再响应
        return
    # 如果游戏已经开始，先暂停，确保在游戏进行途中也能使用自动扫雷
    if TIMER_RUN:
        time.sleep(1)                                 # 沉睡 1 秒，与计时器进程
                                                        保持时间一致
        m_list = [i for i in range(1,9)]
        while 1:
            if GAME_OVER                              # 游戏结束，不再响应
                return
            # 统计 curData 中空白数量
            curData_new = [i.count('F') for i in curData]
            for row in range(BOARD_ROWS):
                for col in range(BOARD_COLS):         # x 对应列，y 对应行
                    # 如果不为 E 证明被打开了，则跳过
                    if curData[row][col] in m_list:
                        self.counting_surrounding_points(row, col)
            if curData_new == [i.count('F') for i in curData]:
                if MINES == sum(curData_new):         # 判断雷数是否标记完成
                    break
                else:                                 # 没有提示，只能随机打开
                    # 查找没有被打开的格子
                    coordinates_list = self.find_coordinates_E(curData)
                    coordinates_new = coordinates_list[random.randint(0,
                            len(coordinates_list)-1)]
                                                        # 随机抽取格子
                    test.on_left_button_down(coordinates_new[0],
                            coordinates_new[1])         # 实现单击打开
                    time.sleep(0.1)                     # 沉睡 1 秒，与计时器
                                                          进程保持时间一致
        print('扫雷完成')

def find_coordinates_E(self, input_list):
    coordinates_list = []
    for i in range(len(input_list)):
        for j in range(len(input_list[i])):
            if input_list[i][j] == 'E':
                coordinates_list.append((i, j))
    return coordinates_list

def find_neighbors(self, matrix, row, col):
```

```
    rows = len (matrix)
    cols = len (matrix[0])
    neighbors = []
    coordinate = []
    # 遍历周围的八个点（包括对角线方向）
    for i in range (-1, 2):
        for j in range (-1, 2):
            # 排除当前点以及超出矩阵边界的点
            if i == 0 and j == 0:
              continue
            if row + i  >= 0 and row + i  < rows and col + j\
                 >= 0 and col + j  < cols:
              neighbors.append (matrix[row + i] [col + j])
              coordinate.append ((row + i, col + j))
    return neighbors, coordinate

def counting_surrounding_points (self, x, y):
    global curData, BOARD_ROWS, \
        BOARD_COLS, Distance_X, Distance_Y
    neighbors, coordinate = self.find_neighbors (curData, x, y)
    if neighbors.count ('E') == 0:
      return
    time.sleep (0.1)                    # 沉睡 1 秒，与计时器进程保持时间一致
    if neighbors.count ('F') == curData[x] [y]:
      indexes = [index for index, value in enumerate (
                neighbors) if value == 'E']
      for i  in indexes:
          test.on_left_button_down (coordinate[i] [0],
                coordinate[i] [1])  # 左键单击按钮
          time.sleep (0.1)              # 沉睡 1 秒，与计时器进程保持时间一致
    elif (neighbors.count ('E') + neighbors.count ('F')
                ) == curData[x] [y]:
     indexes = [index for index, value in enumerate (
                neighbors) if value == 'E']
     for i  in indexes:
         test.on_right_button_down (3,
                coordinate[i] [0], coordinate[i] [1])
         time.sleep (0.1)               # 沉睡 1 秒，与计时器进程保持时间一致
```

第 6 章

系统思维与机器程序执行仿真

本章要点： 理解机器程序是如何被执行的系统思维，并进行典型程序实践——机器程序执行仿真实践。

6.1 一种系统思维——实现机器程序自动执行的系统

6.1.1 存储程序与冯·诺依曼计算机

存储程序的思想 “冯·诺依曼计算机”的基本思想是**存储程序**，即“将**指令**和**数据**以同等地位事先存于**存储器**中，可按地址寻访，机器可从存储器中**自动读取**指令和数据，并实现**连续自动执行**”。它将**存储**和**执行**分别进行实现，解决了执行速度（快）与输入输出速度（慢）的匹配问题，即如果“输入一条指令执行一条指令，边输入边执行”，则计算机的速度无法提升，而如果将“大批指令/程序事先存于存储器中，由机器自动读取并执行”，则计算机可在短时间内执行大量程序。

冯·诺依曼计算机的基本构成 为实现存储程序的思想，冯·诺依曼将计算机分解为五大部件：存储器（memory）、运算器（arithmetic and logic unit，ALU）、控制器（control unit）、输入设备（input）和输出设备（output）。五个部件各司其职，并有效连接以实现整体功能。**运算器**是负责执行逻辑运算（如与、或、非等）和算术运算（如加、减、乘、除等）的部件。**控制器**是读取指令、分析指令并执行指令，以调度运算器进行计算、调度存储器进行读写的部件，它能够控制程序（一组有序的操作命令）对数据进行输入、计算或者变换以及输出，它依据事先编制的程序，控制计算机各个部件有条不紊地工作，完成所期望的功能。**存储器**是负责数据和指令保存与自动读写的部件。**输入设备**负责将程序和指令输入计算机。**输出设备**负责将计算机处理的结果显示或打印出来。

6.1.2 运算器和控制器——CPU 的计算部件和指令执行部件

图 6.1 给出了一台完整的计算机的示意图，为关注核心和便于理解，这里暂时忽略了输入设备和输出设备。计算机的核心为运算器、控制器和存储器。运算器和控制器被集成到一片集成电路中，称为**中央处理器（central processing unit，CPU）**，因此也可以说计算机的核心为 CPU 和存储器。

存储器 先看存储器。它包含一个**地址寄存器**，用于临时保存要读写存储单元的地址，图中给出的是 16 位地址 $A_{15}\cdots A_0$，说明其地址空间为 0000 0000 0000 0000 到 1111 1111 1111 1111；还包含一个**内容寄存器**，用于临时保存从存储单元读出的内容或要写入存储单元的内容，后续图中可看到，其存储字长为 16 位，即 $D_{15}\cdots D_0$。当要读写存储单元时，首先将要读写存储单元的地址送给地址寄存器，然后存储器便可将对应该地址的存储单元内容读出到内容寄存器中，或者将内容寄存器中的内容写入对应地址的存储单元。

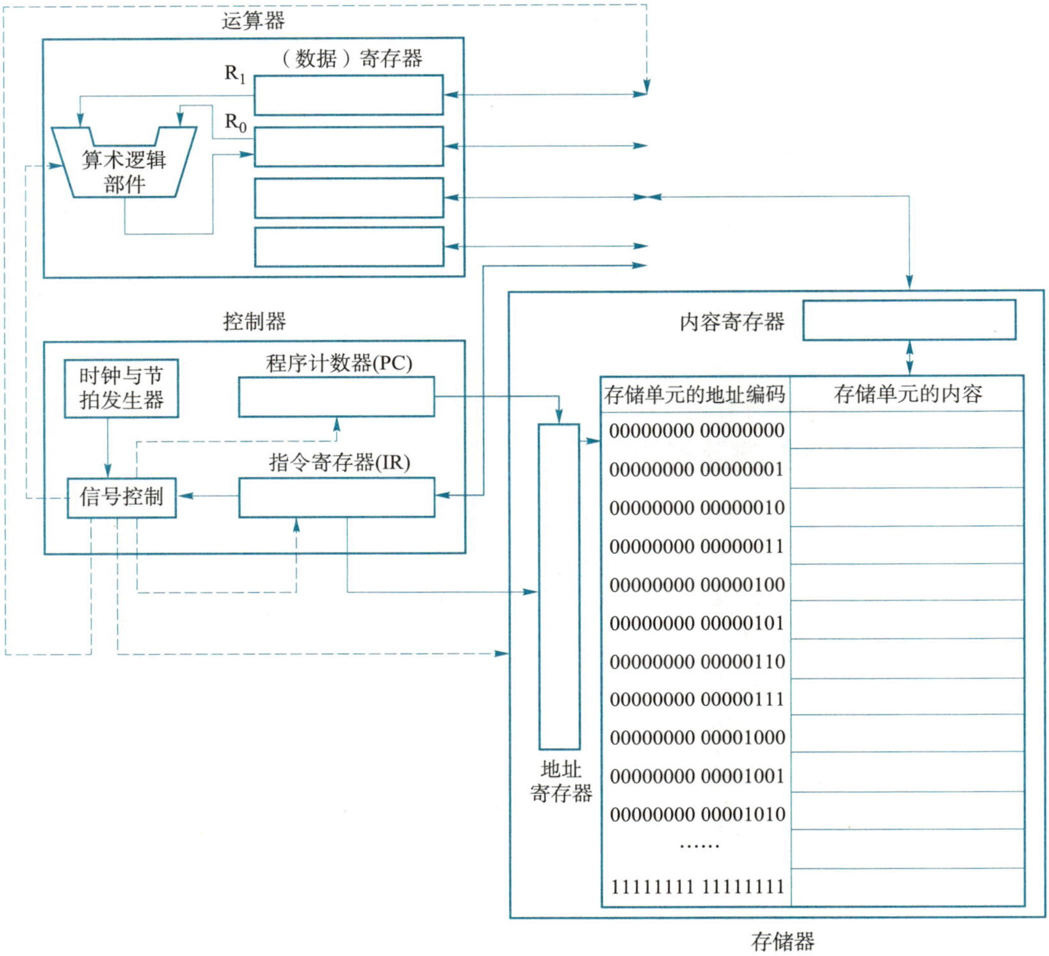

图 6.1　一台完整的计算机示意图

运算器 再看运算器，它包含一个**算术逻辑部件**和若干临时保存数据的**数据寄存器**。算术逻辑运算部件的两个输入端和输出端均与这些寄存器相连接，表示两个操作数和运算结果都可以由这些寄存器临时保存。

控制器 控制器中也有一些寄存器：(1) **指令寄存器（instruction register，IR）**，该寄存器用于临时保存当前正在执行的指令内容。指令的执行需要一定时间，在指令执行期间需要保存这条指令。(2) **程序计数器（program counter，PC）**，该寄存器用于临时保存下一条指令（在存储器中）的地址。机器程序通常按照连续的地址编码被保存于存储器中，一条指令执行完成后，默认执行下一个地址编码的指令，因此 PC 具有一种自动加 1 的功能。PC 非常重要，它是 CPU 控制程序执行次序的重要手段，若要改变程序的执行次序，则改变 PC 的值即可。

可以看出存储器中的内容寄存器分别与运算器中的数据寄存器、控制器中的指令寄存器相连接，说明存储器中的内容既可送给（或来自）运算器，也可送给（或来自）控制器。那么究竟送给（或来自）谁呢？这就需要控制。控制器中有一个**信号发生器**（图中的信号控制部件），专门产生各种控制信号以便控制各部件正确运行：可以控制运算器中的数据寄存器接收来自存储器的数据，可以控制指令寄存器接收来自存储器的数据，可以控制运算器开始运算，可以控制存储器开始读或写，可以控制程序计数器自动加 1 以指向下一条指令的地址等。例如，如果希望 IR 接收存储器的内容，则信号发生器会产生一个控制信号给 IR，打开 IR 与存储器内容寄存器之间的连接通道，此时 IR 便可接收来自存储器的内容；而如果希望数据寄存器 R_0 接收存储器的内容，则信号发生器会产生一个控制信号给 R_0，打开 R_0 与存储器内容寄存器之间的连接通道，此时 R_0 便可接收来自存储器的内容。如果希望 IR 和 R_0 同时接收，则同时给 IR 和 R_0 发出控制信号，则二者便可同时接收。

产生的控制信号有时间冲突，即两个动作不能同时进行，例如十字路口直向行驶和横向行驶车辆不能同时穿行，怎么办？控制器中还有一个**时钟与节拍发生器**，控制着不同信号在不同时钟与节拍下发出。通过时钟与节拍控制，使控制信号有序地产生与发挥作用。机器中有一个**时钟发生器**，产生基本的**时钟周期**，而其快慢是影响机器运行速度的核心要素，通常所说的 CPU **主频**即指该时钟发生的频率，是区分不同信号的最小时间单位。通常将一条标准指令执行的时间单位称为一个**机器周期**，一个机器周期可能包含若干时钟周期，即**节拍**，不同节拍发出不同的信号，完成不同的任务。

什么是指令的执行 所谓指令的执行，即由信号发生器产生各种电信号，发送给各个部件，各个部件依据控制要求再产生相应的电信号，各种电信号在传递过程中需要接受时钟和节拍的控制，以保证有条不紊地进行。这种电信号的产生、传递和变换过程就是指令的执行过程。

6.1.3 机器指令与机器程序

机器指令就是一种编码 若要使算法能够被机器执行，则需要用机器指令来编写程序。所谓**机器指令**就是机器（严格地说是 CPU）可以直接分析并执行的命令。机器所能执行的所有指令的集合被称为**指令系统**。不同的机器，其指令系统可能是不同的，但不管怎样，它本质上就是一种 0 和 1 形式的编码系统。通常情况下，一条指令被区分为两部分：**操作码**和**地址码**。操作码告诉 CPU 所要执行的操作类别，而地址码告诉 CPU 所要操作的数据在哪，典型的数据可以存储在运算器中，也可以存储在存储器中。例如，“000001 0000001000”是一条机器指令，其中前 6 位“000001”表示该指令是从存储器中取数的指令，而后10位则给出了将要读取的数据在存储器中的地址，该条指令说明将存储器中地址为“0000001000”（十进制8号）的存储单元内容读到运算器中。特别说明：操作码和地址码的位数可能随不同指令系统而存在差异，这里仅是简单示意。类似的指令“000001　0000011100”，则说明将存储器中地址为“0000011100”（十进制28号）的存储单元内容读到运算器中。操作码不变，地址码变化，则说明操作类别是相同的，而操作数则来自不同地址的存储单元。为便于后续机器程序理解，给出简单指令系统如下：“000001”为取数指令，“000010”为存数指令，“000011”为加法指令，“000100”为乘法指令，“000101”为打印指令，“000110”为停机指令等。用机器指令编写的程序被称为**机器程序**。所有程序最终都需转换为机器程序，才能被CPU执行。所有程序在执行前需装入内存，然后才能被控制器读取，被运算器运算，完成机器程序的执行。

6.1.4　机器程序的存储与执行

模拟机器程序的执行过程　下面来看CPU（即控制器和运算器）如何执行机器程序，如图6.2所示。

图6.2给出了第1条指令的完整执行过程。一条指令的执行周期为一个机器周期，通常包含4个节拍T_0、T_1、T_2、T_3，图中带圆圈的数字编号表示是第几个节拍传递的信号，圆圈中数字相同表示是同一节拍可传递的信号，当前PC的值为00000000 00000000。如图6.2（a）所示，第1个节拍① T_0：将PC中的地址00000000 00000000（第1条指令的地址）发往存储器，并由信号发生器发出一个信号通知存储器工作。第2个节拍② T_1：存储器进行地址译码找到相应的00000000 00000000号存储单元，通过内容寄存器输出其内容00000100 00001000（第1条指令，含义是取出8号单元的数据）；同时，信号发生器发出一个信号控制IR接收其内容，指令码000001（指令的操作码部分，这是取操作数指令）传递给信号发生器，接下来信号发生器将依据指令码000001产生并发送控制信号。注意：这两个节拍完成了“取指令”，即将存储器中的指令取出到指令寄存器IR的过程，两个节拍中，第1个节拍传递了2个信号，第2个节拍传递了2个信号。

继续如图6.2（b）所示，第3个节拍③ T_3：使PC的内容加1，以使其指向下一条指令的存储地址；将指令中的地址码0000001000发往存储器；信号发生器发出一个信号通知存储器工作。第4个节拍④ T_4：存储器进行地址译码找到相应的00000000 00001000号存储单元，通过内容寄存器输出其内容00000000 00000011（8号存储单元内容为3）；同时，信号发生器发出一个信号通知数据寄存器R_0接收其内容。注意：这两个节拍完成了“分析指令并执行指令”，即执行IR中的指令

“00000100 00001000”，将 8 号存储单元的内容取出送给运算器中的数据寄存器 R_0，8 号存储单元内容为 3，执行该指令后，运算器中的 R_0 数据寄存器内容为 3。第 3 个节拍传递了 3 个信号，第 4 个节拍传递了 2 个信号。至此完成了一条指令的执行，CPU 将启动下一个机器周期“取指令”和“分析指令并执行指令”。如此循环往复完成一段程序的执行。

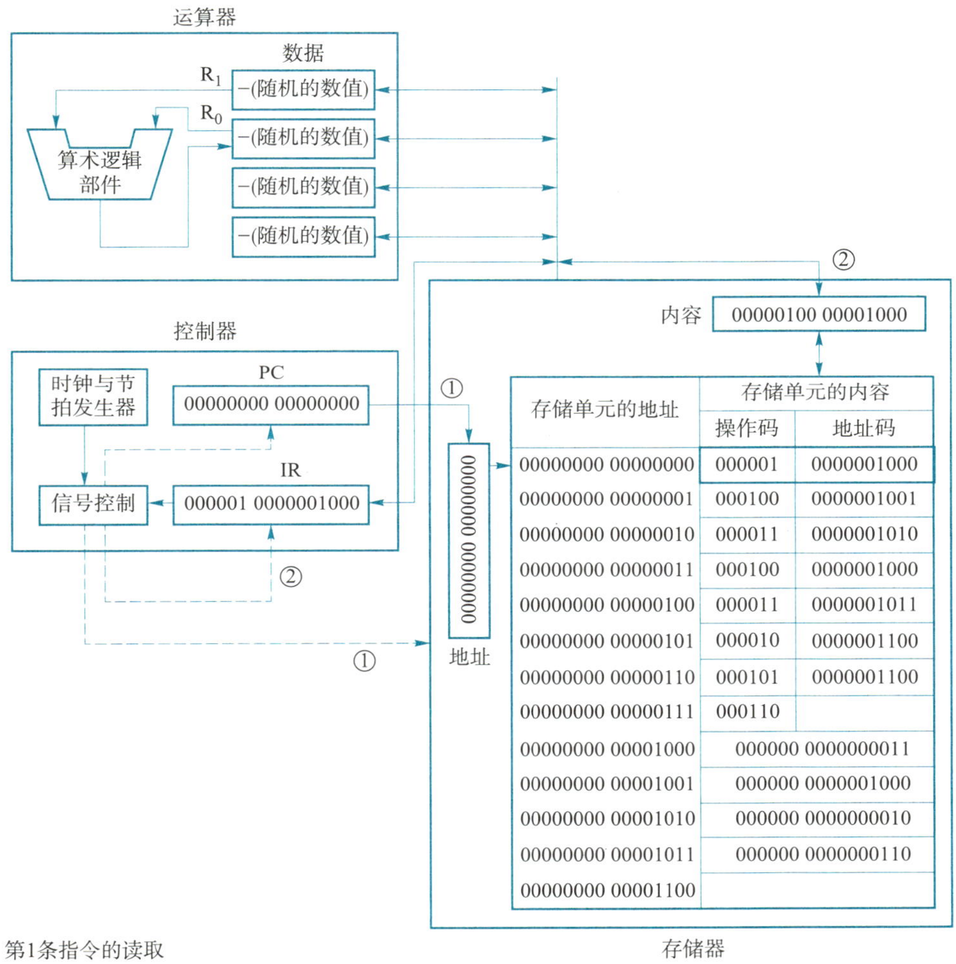

(a)

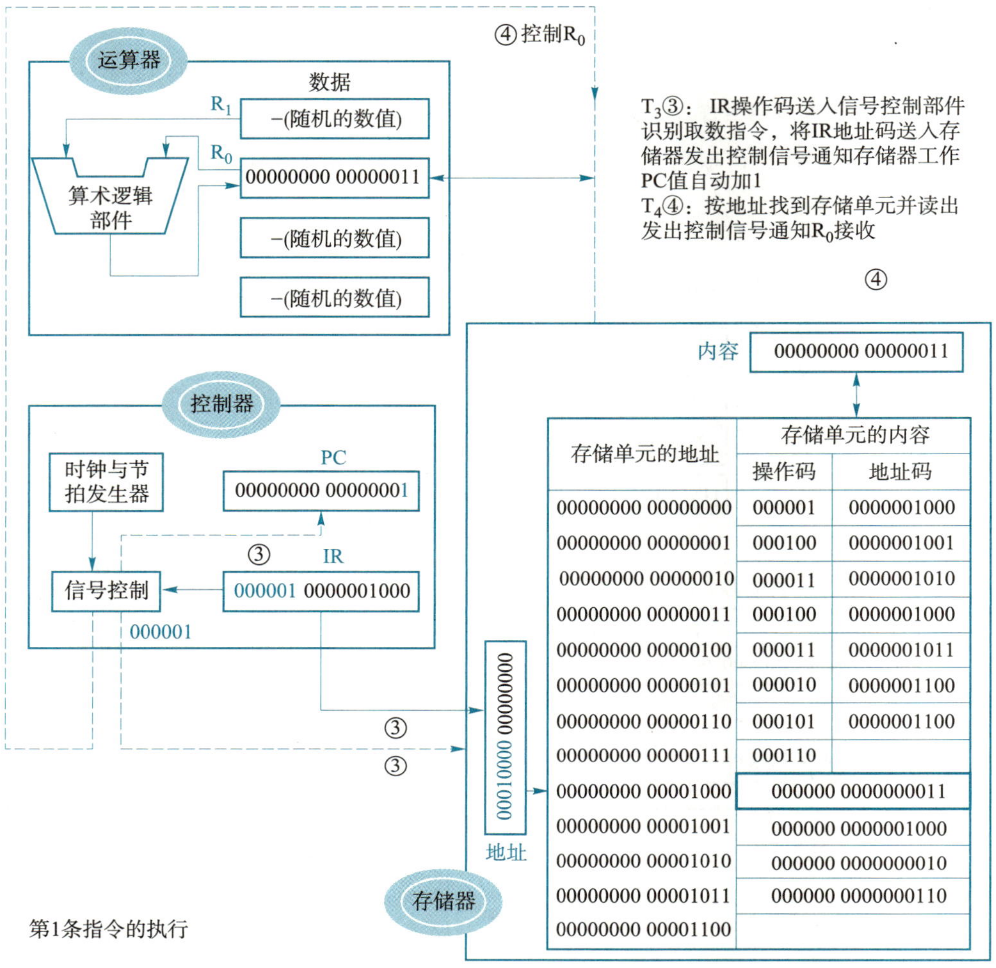

(b)

图 6.2　第一条指令的执行过程示意（圆圈中数字为节拍次序）

6.2　机器程序执行仿真项目总体设计

本章后续内容将以机器程序执行过程仿真为目标，使读者更好地体验 CPU 是如何执行机器程序的思维，体验如何设计和实现一个基本计算系统。

目标系统说明 机器程序执行仿真项目拟实现一个仿真系统，能够让读者在不编写程序的情况下通过仿真系统理解机器程序及其执行过程：(1) 能够模拟装载一段机器程序于存储器中；(2) 能够模拟一段机器程序的执行过程；(3) 能够模拟一条机器指令的执行过程——读者手动修改机器指令执行过程中各寄存器的值；(4) 能够模拟一条机器指令各个时间节拍下的信号变化。

6.2.1 项目总体思路

总体思路 机器程序执行仿真项目开发的总体思路如图 6.3 所示，拟仿真四项内容：运算器的仿真、控制器的仿真、存储器的仿真和机器程序执行过程仿真，最终开发的程序可以由用户交互式操作（无须编写程序）来模拟体验 CPU 执行机器程序的过程。分为五个层面的开发内容，难度由低到高被区分为：

X1：数据的变化与基本控制【数据结构】——参见 6.3 节。

X2：屏幕元素及其显示输出【可视化输出】——参见 6.4 节。

X3：问题求解相关的算法设计与函数实现【基本算法】——参见 6.5 节。

X4：屏幕元素事件识别与控制【人机交互】——参见 6.6 节。

X5：问题求解相关的算法优化与系统功能拓展【完整系统】——参见 6.7 节。

其中，X1 为直接赋值运算器、控制器、存储器仿真用数据结构，理解各数据项的含义，便于理解后续程序的功能。X2 为基于 X1 描述的数据绘制出运算器、存储器和控制器（仅抽象出核心要素的部件对象及其连接线）。X3 为编写一些函数仿真机器指令的执行过程，该仿真仅要求改变寄存器的值，即一条指令执行完毕后，反映出机器中各个寄存器的值是如何变化的。X4 为实现交互式控制计算机的各个部件，即能够手动控制各个部件的改变，例如手动输入一段程序、手动设置相关寄存器的值等。X5 在 X3 基础上实现机器指令的执行过程，不仅改变寄存器的值，也要反映各个信号线的变化，还能够由信号变化定义一个新指令，并能执行该新指令。此外还有其他特殊功能以增加用户的良好体验。

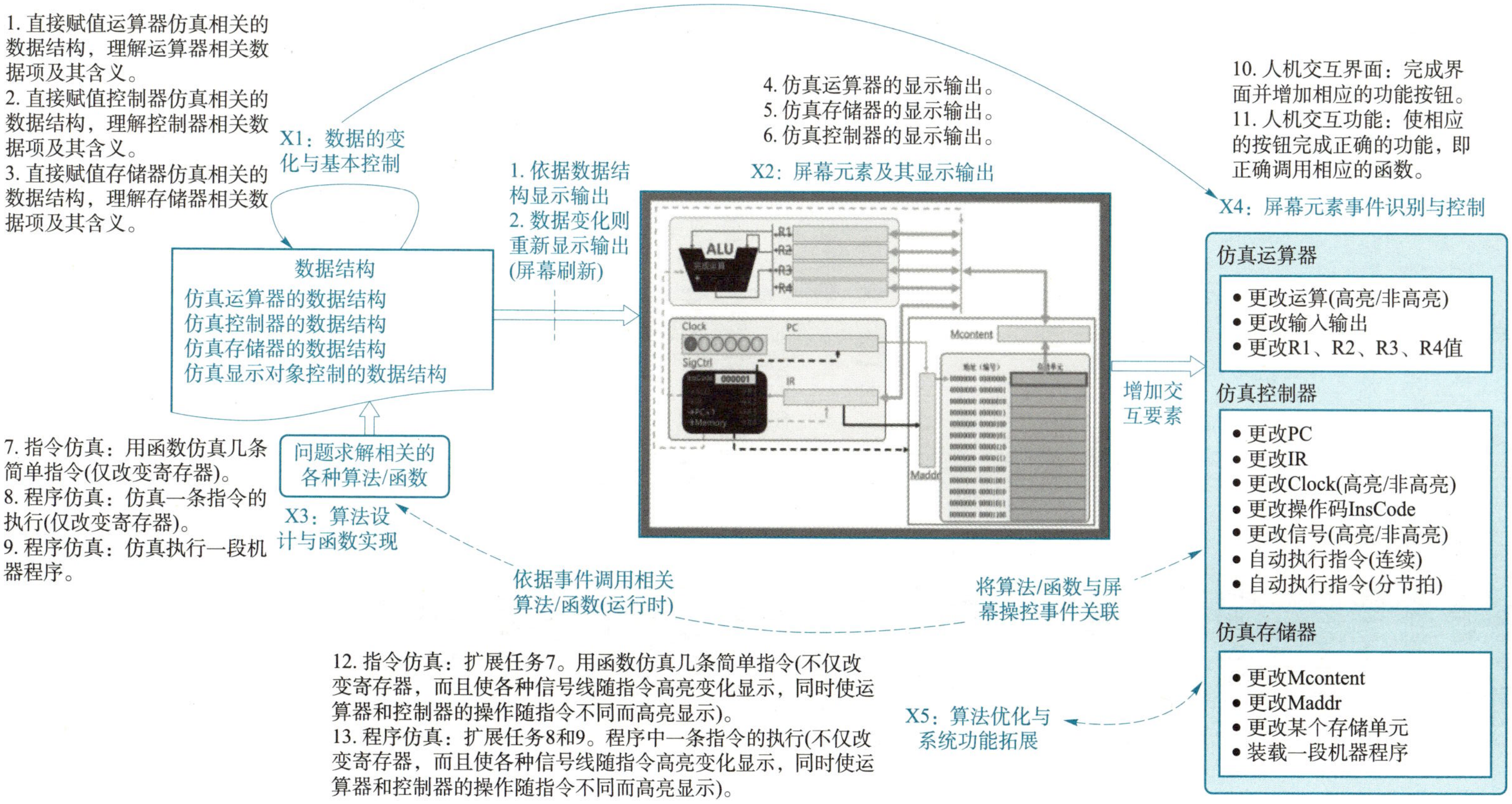

图 6.3　机器程序执行仿真项目开发总体思路图

6.2.2 项目涉及的类库资源

本项目中使用的类库如下所示。请在后面的源程序文件的起始部分放入相关语句。

```
import re; import time; from tkinter import filedialog, ttk; from gui import*
inscode_map = {'取数':'000001','存数':'000010','加法':'000011','减法': '000111',
'乘法':'000100','除法':'001000','打印':'000101','停机':'000110','跳转': '001001'}
```

项目文件概述 项目编写的程序文件及其内容如下。

main.py：项目的启动文件，显示主界面，并将按钮“自动执行程序（连续）”与响应函数 Program1 绑定，将按钮“自动执行程序（分节拍）”与响应函数 Program2 绑定。

UI.py：绘制程序的主界面。

ExecInstructWithText.py：包含 ExecInstructWithText 类的实现，用于完成机器程序的自动执行，并以文字方式输出执行步骤。AUTO 类使用全局变量 cpu（CPU 对象）、cl（ClockStep 对象）、mem（MEM 对象）、cal（CAL 对象）等来完成核心任务。

ExecInstructWithAnim.py：包含 ExecInstructWithText 类的实现，用于分节拍执行机器程序，并以动画方式显示执行步骤。

RightPanel.py：包含 RightPanel 类的实现，用于显示右侧的 UI 面板。

data.py：包含 CPU 类的实现，用于模拟 CPU。

alu.py：包含 ALU 类的实现，用于模拟算术逻辑单元 ALU。

SIG_ctrl.py：包含 SIG 类的实现，用于模拟控制器。

memory.py：包含 MEM 类的实现，用于模拟存储器。

calculation.py：包含 CAL 类的实现，用于完成加减乘除计算指令。

Siminstr.py：控制各节拍信号线的绘制。

Print.py：包含 Print_line 类的实现，用于输出关键信息。

6.2.3 项目主要函数调用关系图与项目输出界面演进图

项目主要函数调用关系图如图 6.4 所示。项目输出界面演进图如图 6.5 所示。

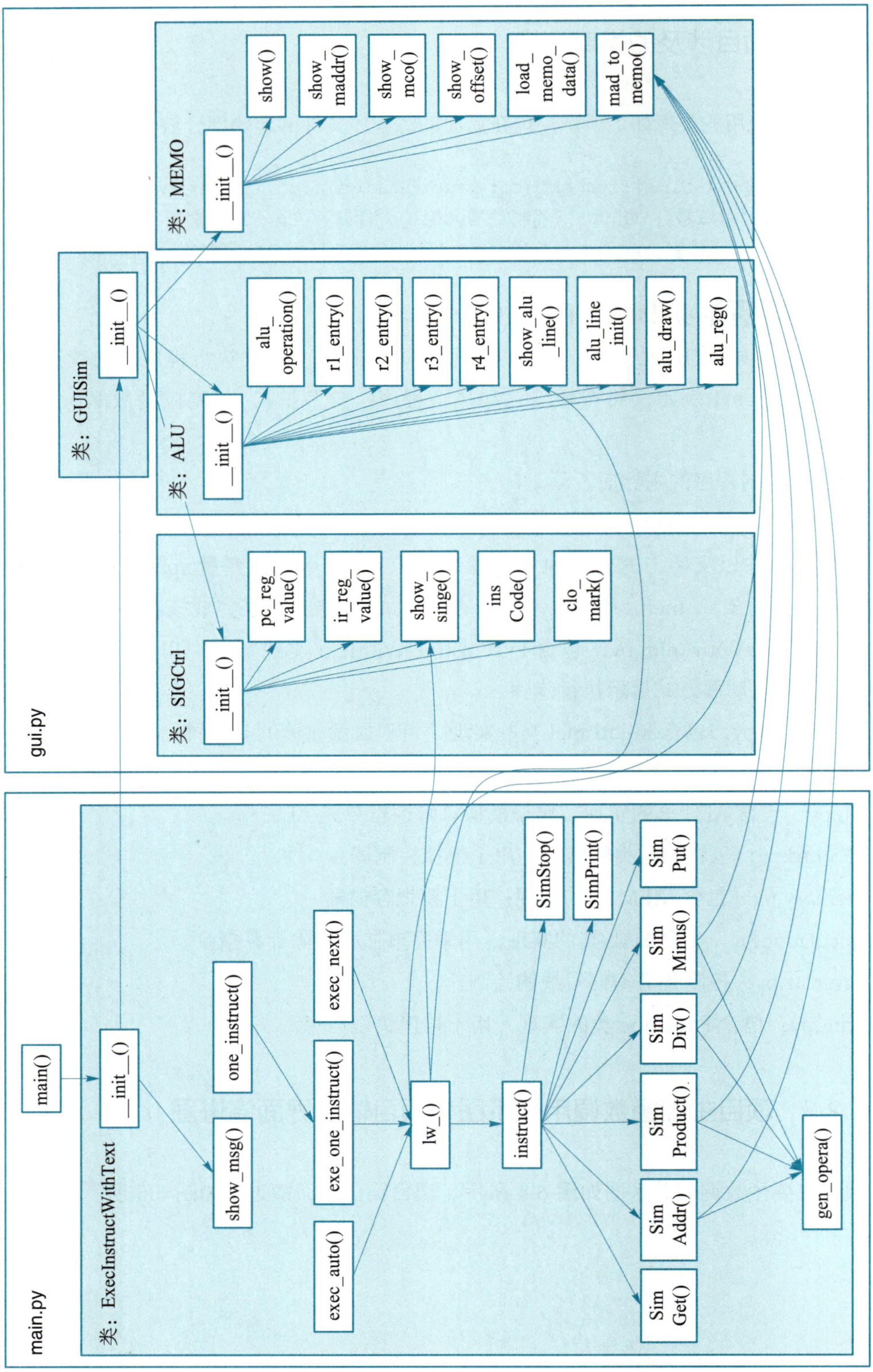

图 6.4　主要函数调用关系图

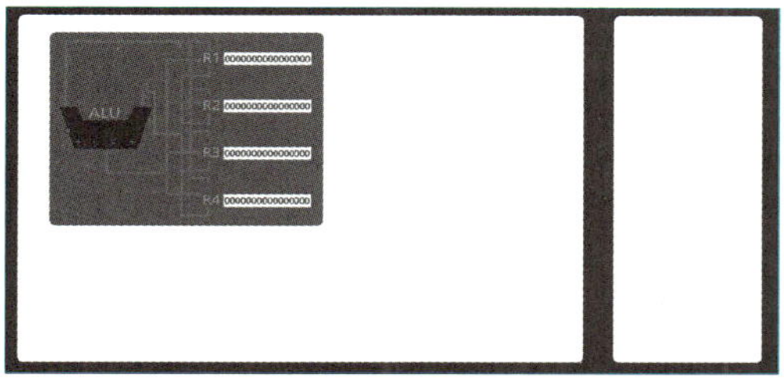

(a) 运算器的抽象与仿真

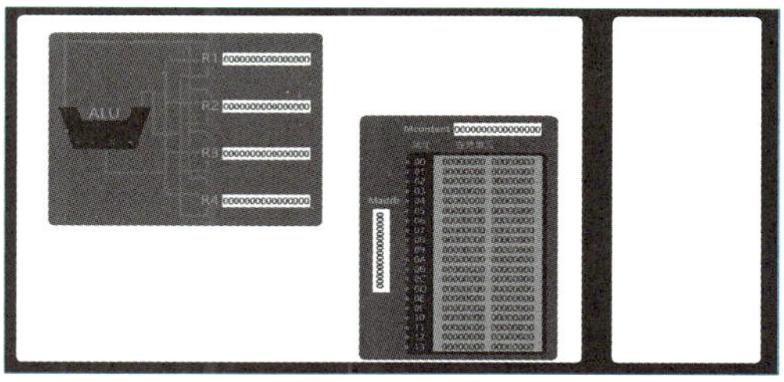

(b) 存储器的抽象与仿真

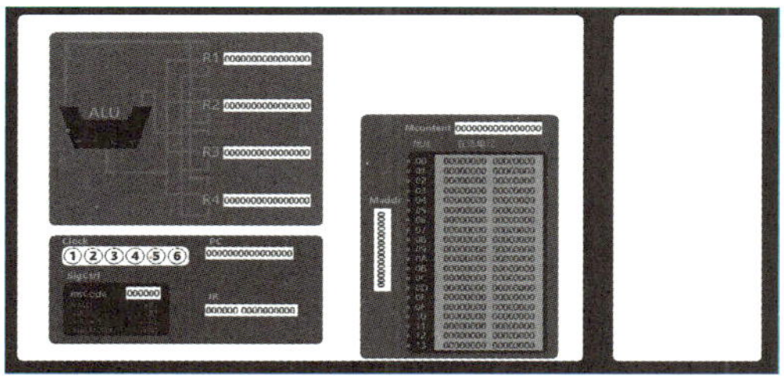

(c) 控制器的抽象与仿真

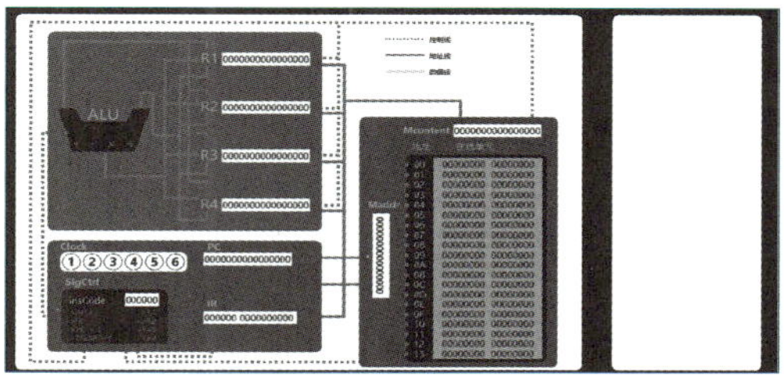

(d) 完整计算机抽象与仿真

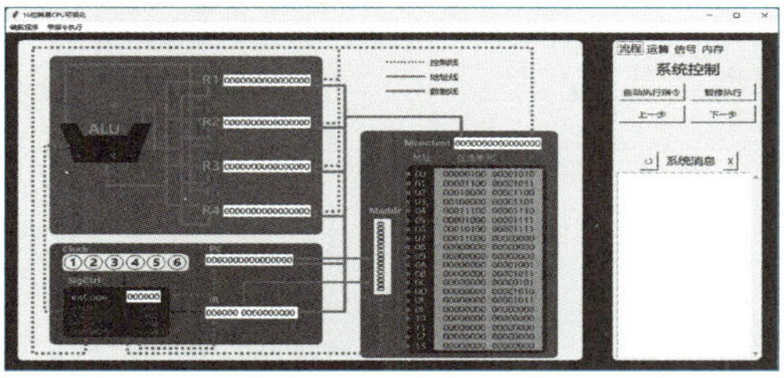

(e) 机器程序的装载与执行过程仿真

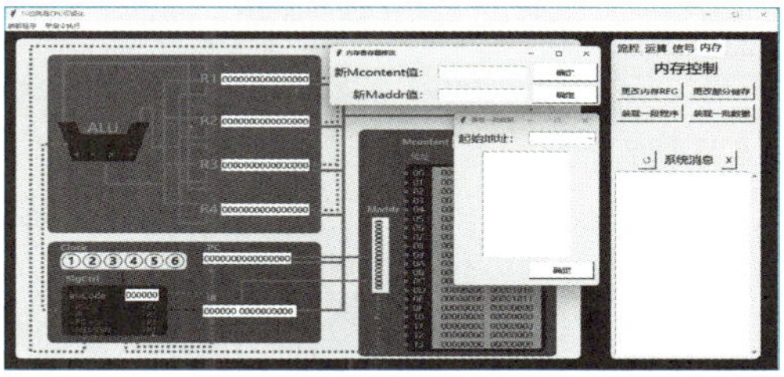

(f) 存储器的交互式控制：手动模拟程序编制与存储

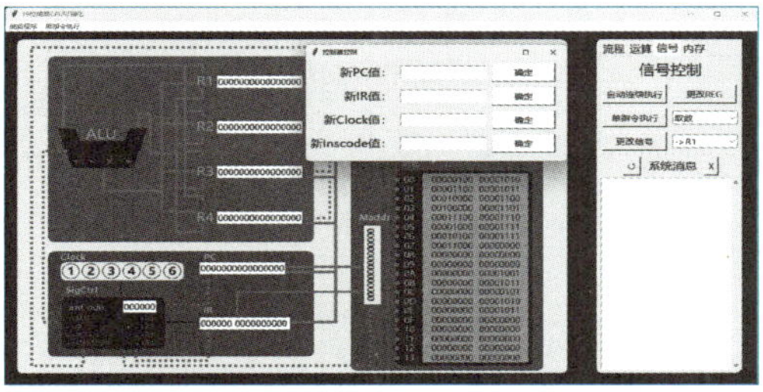

(g) 控制器的交互式控制：手动模拟程序执行

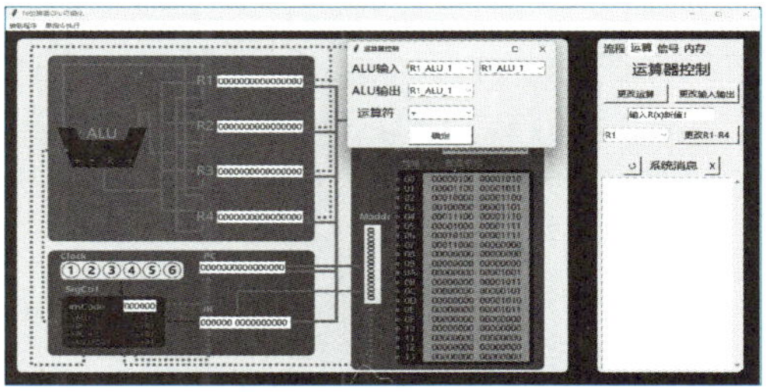

(h) 运算器的交互式控制：手动模拟程序运算

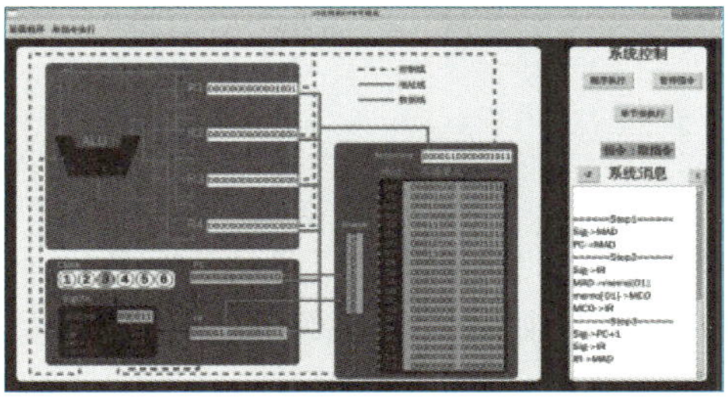

(i) 程序执行过程仿真：信号传输与控制输出

图 6.5　项目输出界面演进图

6.3　数据的变化与基本控制：X1-数据结构

【编程 6.1】编制程序：对运算器仿真相关的数据结构赋值。

【目的及编程说明】读者通过编程 6.1 可理解运算器仿真相关的数据结构及其作用，其中 ALUop [] = {< 运算符对象, True/False>}，ALUop 控制着 ALU 仿真运算符对象的高亮显示和非高亮显示（一个时刻最多只有一个运算符高亮）。ALUop 初始值为 {<“+”, false>, < “−”, false>, < “∗”, false>, < “÷”, false>}，其中 true 为高亮，false 为非高亮。初始值为依据指令系统的指令码设置相应的显示运算符，这里指令系统仅能完成加减乘除运算。

ALUio [] = {< 输入输出对象，True/False>}，控制 ALU 两个输入操作数和结果输出操作数与 R1、R2、R3、R4 四个寄存器的连接线的高亮 / 非高亮显示。ALUio 初始值为 {<“R1 → ALU”, false>、<“R2 → ALU”, false>、<“R3 → ALU”, false>、<“R4 → ALU”, false>、<“ALU → R1”, false>、<“ALU → R2”, false>、<“ALU → R3”, false>、<“ALU → R4”, false>}，默认显示均为 false 非高亮显示。

【程序编写】

函数： alu_op，alu_io。
文件： cpu_data.py。
输入： 无。
输出： ALUio，ALUop。

```
def alu_op():                                        # 初始化 ALUop
  return{i:False for i in'+-x÷'}
def alu_io():                                        # 初始化 ALUio
  ALUio=dict()
  Register=["R1","R2","R3","R4"]
  for reg in Register:
    ALUio[f"{reg}_ALU_1"]=False
    ALUio[f"{reg}_ALU_2"]=False
    ALUio[f"ALU_{reg}"]=False
  return ALUio
if_name_=='_main_':
  ALUio=alu_io(); print(ALUio); print(ALUop)
```

【编程 6.2】编制程序：对控制器仿真相关的数据结构赋值。

【目的及编程说明】读者通过编程 6.2 可理解控制器仿真相关的数据结构及其作用。

（1）ClockStep [] = {true/false}：下标为节拍次序，表示第 1~6 个节拍，其值为 true 则高亮显示，表示当前位于该节拍，否则非高亮显示。

（2）SigObj [] = {<BasicSig, SigObjID, True/False, Category>}：控制显示输出的信号以

及信号线对象。例如，BasicSig 为“→ PC + 1”对应“信号控制部件指向程序计数器的一条信号线对象”，依据 True 或 False 使该信号及该信号线对象高亮显示或非高亮显示。

SigObj [] 的初始值为 {<"→ ALU", "→ ALU", false, "CtrlSig">,
<"→ PC + 1", "→ PC + 1", false, "CtrlSig">,
<"IR → SigCtrl", "IR → SigCtrl", false, "CtrlSig">,
<"→ Memory", "→ Memory", false, "CtrlSig">,
<"→ IR", "→ IR", false, "CtrlSig">,
<"→ R1", "→ R1", false, "CtrlSig">,
<"→ R2", "→ R2", false, "CtrlSig">,
<"→ R3", "→ R3", false, "CtrlSig">,
<"→ R4", "→ R4", false, "CtrlSig">,
<"Memory → Mcontent", "Memory → Mcontent", false, "DataSig">,
<"Mcontent → R1", "Mcontent → R1", false, "DataSig">,
<"Mcontent → R2", "Mcontent → R2", false, "DataSig">,
<"Mcontent → R3", "Mcontent → R3", false, "DataSig">,
<"Mcontent → R4", "Mcontent → R4", false, "DataSig">,
<"Mcontent → IR", "Mcontent → IR", false, "DataSig">,
<"PC → Maddr", "PC → Maddr", false, "DataSig">,
<"IR → Maddr", "IR → Maddr", false, "DataSig">}

【程序编写】仅给出初始化 SigObj 的函数。初始化 ClockStep 的函数 Clock_step 略。

函数： sig_obj。
文件： cpu_data.py。
输入： 无。
输出： ClockStep, SigObj。

```
def sig_obj():                                      # 初始化 SigObj
  SigObj = dict(); Register = ["R1", "R2", "R3", "R4", "IR"]
  ctrl = ["ALU", "ALU_1", "ALU_2", "PC+1", "Memory"]
  for r in Register:
    SigObj[f"Mcontent->{r}"] = [f"Mcontent->{r}", False, "DataSig"]
    SigObj[f"->{r}"] = [f"->{r}", False, "CtrlSig"]
  for ct in ctrl:
    SigObj[f"->{ct}"] = [f"->{ct}", False, "CtrlSig"]
  SigObj["IR->SigCtrl"] = ["IR->SigCtrl", False, "CtrlSig"]
  SigObj["PC->Maddr"] = ["PC->Maddr", False, "DataSig"]
  SigObj["IR->Maddr"] = ["IR->Maddr", False, "DataSig"]
```

```
    SigObj["Memory->Mcontent"] = ["Memory->Mcontent", False, "DataSig"]
    SigObj["Mcontent->PC"] = ["Mcontent->PC", False, "DataSig"]
    SigObj["Mcontent->Memory"] = ["Mcontent->Memory", False, "DataSig"]
    return SigObj
if_name_=='_main_':
    ClockStep=clock_step();print(ClockStep);SigObj=sig_obj();print(SigObj)
```

【编程 6.3】编制程序：对存储器仿真相关的数据结构赋值。

【目的及编程说明】读者通过编程 6.3 可理解存储器仿真相关的数据结构及其作用，其中，SimMem[] 下标 0~19 对应十六进制的地址 00000000 00000000~00000000 00010011，其值对应相应地址单元的内容，其值为字符串形式的 0-1 串。

【程序编写】

函数： sim_mem。
文件： cpu_data.py。
输入： 无。
输出： SimMem。

```
def sim_mem():
    return[f"{0:016b}"for_in range(20)]
if_name_=='_main_':
    SimMem=sim_mem();print(SimMem)
```

6.4　屏幕元素及其显示输出：X2-可视化输出

本节将实现如图 6.6 所示的 CPU 与存储器的仿真输出，界面数据来源于 6.3 节的数据结构。

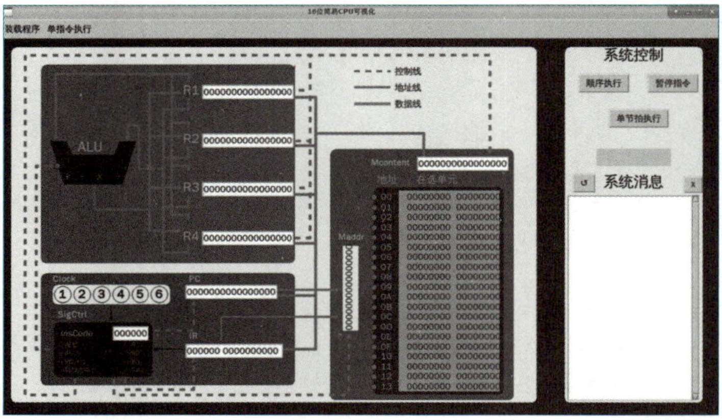

图 6.6　CPU 与存储器的仿真输出界面

文件： gui.py。

```
import tkinter as tk; from tkinter import scrolledtext
import cpu_data; from cpu_data import*
WORD='#00f5ff'; BLACK="#000000"; WHITE="#F0F0F0"; DATALINE="#0CB90C";
ADDRLINE="#f35555";
RED="#FFAAAA"; GREY='#808080'; GOLD='#FFD700'; GREEN='#00FA9A'
BACK='#0153d2'; ORANGE='#d3b719'; MEMBACK='#fba651'
width=1000; height=700                                  # 设置窗口宽度
root=tk.Tk(); root.title("16位简易CPU可视化")
root.geometry(f"{1300}x{700}")
canvas = tk.Canvas(root, bg = 'white', bd = 2, relief = "sunken", width =
width + 300, height = height, background = BLACK, borderwidth = 0,
highlightthickness=0)
canvas.place(x=0, y=0, anchor=tk.NW, width=1300, height=700)
def round_rectangle(x1, y1, x2, y2, r=25, **kwargs):     # 画圆角矩形
  points= (x1+r, y1, x1+r, y1, x2-r, y1, x2-r, y1, x2, y1, x2, y1+r, x2,
     y1+r, x2, y2-r, x2, y2-r, x2, y2,
     x2-r, y2, x2-r, y2, x1+r, y2, x1+r, y2, x1, y2, x1, y2-r, x1,
     y2-r, x1, y1 +r, x1, y1+r, x1, y1)
return canvas.create_polygon(points, **kwargs, smooth=True)
round_rectangle(width+20, 15, width+270, height-25, r=25, fill=WHITE,
width=0)                                                        # 画右边框
round_rectangle(20, 15, 970, height-25, r=25, fill=WHITE, width=0)
                                                                # 画左边框
# 类和函数
if_name_=='_main_':
  root.mainloop()
```

【编程 6.4】编制程序：仿真运算器的显示输出。

【目的及编程说明】读者通过编程 6.4 可理解运算器仿真相关的输出界面（图 6.6 的左上角蓝框运算器部分），实现仿真运算器的各个屏幕元素，同时依据 ALUop [] 的值控制运算符对象的高亮 / 非高亮显示，依据 ALUio [] 的值控制运算符与数据寄存器连接线的高亮 / 非高亮显示。数据结构及初始值参见编程 6.1。

【程序编写】本书仅给出 ALU 类的核心函数。

类： ALU 类：可视化 ALU 各个指示线与运算器的符号。
文件： gui.py。

```
class ALU:
  def _init_(self):
     self.canvas=canvas
     self.r1_entry(); self.r2_entry(); self.r3_entry(); self.r4_entry()
```

```
    self.alu_draw();self.alu_line_init();self.show_alu_line(None)
                                                    # alu 数据线
    self.show_alu_reg();self.alu_operation()        # alu 符号
  def draw_circle(self,x,y,r,fill=None,tags=None): # 圆外接矩形
    x1,y1,x2,y2=x-r,y-r,x+r,y+r
    self.canvas.create_oval(x1,y1,x2,y2,width=1,fill=fill,tags=tags)
  def alu_draw(self):                              # 定义倒梯形的顶点坐标
    round_rectangle(74,48,533,415,fill="#226DDD",width=0,)
    Point=[90,190,120,190,130,215,205,215,215,190,245,190,220,270,
115,270]
    self.canvas.create_polygon(Point,fill="black")  # 绘制运算器
    self.draw_circle(103,235,5,fill=GREY,tags="alu_status")
  def alu_line_init(self):                          #ALU 模块命名
    self.canvas.create_text(140,183,text='ALU',font=('微软雅黑',20),
anchor=tk.NW,fill=WORD)
    self.canvas.create_text(345,95,text="R1",font=('微软雅黑',18),
fill=WORD)
    self.canvas.create_text(345,185,text="R2",font=('微软雅黑',18),
fill=WORD)
    self.canvas.create_text(345,275,text="R3",font=('微软雅黑',18),
fill=WORD)
    self.canvas.create_text(345,365,text="R4",font=('微软雅黑',18),
fill=WORD)
  def alu_operation(self,ALUop=cpu_data.ALUop):     # 加减乘除
    side=30;n=0
    for i in"+-x÷":
      if ALUop[i]:
        ALUop[i]=False
        self.canvas.create_text(115+n*side,240,text=f'{i}',font=('微软
雅黑',16),anchor=tk.NW,fill="#FFFFCC")
        textbox.send_msg(f"运算符:{i}")
      else:
        self.canvas.create_text(115+n*side,240,text=f'{i}',font=('微软
雅黑',16),anchor=tk.NW,fill=GREY)
      n+=1
  def alu_r1(self,singed=None):                    # alu->r1 的数据线
    line_points=[170,273,170,315,270,315,270,100,330,100,]
    if singed:
      self.canvas.create_line(line_points,width=5,fill=DATALINE,arrow=
tk.LAST,tags="alu_r_line")
    else:
      self.canvas.create_line(line_points,width=5,fill=GREY,arrow=
tk.LAST,tags="alu_r_line")
```

```
      # 请自行根据 alu_r1 编写其他数据线
    def r1_entry(self,str=f"{0:016b}"):           # 寄存器 1
      self.r1=tk.Entry(self.canvas)
      self.r1.insert(0,str)
      self.r1.config(width=16,font=('微软雅黑',12))
      ent_win=self.canvas.create_window(365,85,window=self.r1,anchor=
tk.NW)
      ent_win.conjugate()
        # 请根据 r1 框编写其他寄存器框
    def show_alu_line(self,ALUio):
      singed=[]                                    # 保存需要显示的数据线
      if ALUio is not None:
        for io,torf in ALUio.items():              # 遍历数据线的字典
          if torf:singed.append(io)                # 将数据线的名字添加到列表中
      self.canvas.delete("alu_r_line")
      self.alu_r1();self.alu_r2();self.alu_r3();self.alu_r4();self.
r1_alu1()
      self.r2_alu1();self.r3_alu1();self.r4_alu1();self.r1_alu2()
      self.r2_alu2();self.r3_alu2();self.r4_alu2()
      for singe in singed:
        if singe=="ALU_R1":self.alu_r1("ALU_R1");textbox.send_msg("ALU->R1")
        if singe=="ALU_R2":self.alu_r2("ALU_R2");textbox.send_msg("ALU->R2")
        # 请自行补充其他激活信号代码
    def show_alu_reg(self,reg=None,str=None):
      if reg=="r1":
        self.r1.delete(0,tk.END);self.r1.insert(0,str)
      elif reg=="r2":
        self.r2.delete(0,tk.END);self.r2.insert(0,str)
      elif reg=="r3":
        self.r3.delete(0,tk.END);self.r3.insert(0,str)
      elif reg=="r4":
        self.r4.delete(0,tk.END);self.r4.insert(0,str)
if_name_=='_main_':
  alu=ALU()
  root.mainloop()
```

【编程 6.5】编制程序：仿真存储器的显示输出。

【目的及编程说明】读者通过编程 6.5 可理解存储器仿真相关的输出界面（图 6.6 的中下部蓝框存储器部分），实现仿真存储器的各个屏幕元素，同时依据 SimMem [] 的值刷新界面中仿真存储器对应存储单元的值。数据结构及初始值参见编程 6.3。

【程序编写】本书仅给出 MEM 类的核心函数。

类：MEMO。

文件：gui.py。

```
class MEMO:
  def_init_(self):
    self.canvas=canvas
    round_rectangle(597,205,928,670,r=25,fill="#0153d2",width=0)
    round_rectangle(675,275,910,660,r=25,fill="black",width=0)
    self.canvas.create_rectangle(720,281,903,654,fill=MEMBACK,
width=0)
    self.mad_value=f"{0:016b}"               # 初始化 Maddr 的值
    self.original_value=9999                 # 保存变量 mad_value 的原来值，用于
                                               检查值是否更新
    self.show();self.show_maddr(self.mad_value)            # 显示 Maddr 的值
    self.show_mco();self.show_offset(cpu_data.SimMem)  # 显示地址
    self.load_memo_data(cpu_data.SimMem)                 # 显示内存数据
  def draw_circle(self,x,y,r,fill=None,tags=None):        # 圆外接矩形
    x1,y1,x2,y2=x-r,y-r,x+r,y+r
    self.canvas.create_oval(x1,y1,x2,y2,width=1,fill=fill,tags=tags)
  def mad_to_memo(self,value=None):       #value 用来控制地址线的显示
    self.show_maddr(self.mad_value)            # 刷新 Maddr 的显示
    if value:
      offset=int(self.mad_value,2)             # 转换为 int
      self.show_maddr(self.mad_value,1)        # 显示 Maddr 的变化
    else:
      offset=None
    self.mem_get(offset)                 # 从内存中获取响应地址的二进制值
  def mco_to_memo(self):                 #mco 指向内存
    offset=int(self.mad_value,2);value=self.mco.get();self.mem_
save(offset,value)
  def show(self):
    self.canvas.create_text(670,219,text='Mcontent',font=('微软雅黑',
12,'bold'),anchor=tk.NW,fill=WORD)
    self.canvas.create_text(611,356,text='Maddr',font=('微软雅黑',12,
'bold'),anchor=tk.NW,fill=WORD)
    self.canvas.create_text(700,260,text='地 址',font=(12),anchor=
tk.CENTER,fill='#ffd700')
    self.canvas.create_text(790,260,text='在 选 单 元',font=(12),anchor=
tk.CENTER,fill='#ffd700')
  def show_mco(self):                          # 显示 mco
    self.mco=tk.Entry(self.canvas);self.mco.insert(0,f"{0:016b}")
    self.mco.config(width=16,font=('微软雅黑',12))
    ent_win=self.canvas.create_window(753,218,window=self.mco,
anchor=tk.NW)
```

```
    ent_win.conjugate()
  def show_offset(self,SimMem):                    # 显示地址
    for i  in range(len(SimMem)):                  # 显示存储器各个单元的地址
      self.canvas.create_text(688,282+18.5*i,text=f"{i:02X}",
                                    font=('微软雅黑',12),anchor=tk.NW,
fill=GOLD)
  def load_memo_data(self,SimMem):                 # 程序单元
    self.canvas.delete("bin_code")
    for i  in range(20):
      bin_str=SimMem[i]
      bin_str_spa="".join([bin_str[i:i+8]for i  in range(0,len(bin_
str),8)])
      self.canvas.create_text(735,282+18.5*i,text=bin_str_spa,
                                    font=('微软雅黑',12),anchor=tk.NW,fill=
"black",tags="bin_code")
      self.draw_circle(675,293+18.5*i,5,fill=GREY,tags="bin_code")
  def mem_save(self,offset,value,SimMem=cpu_data.SimMem,load=None):
    self.canvas.delete("bin_code");SimMem[offset]=value
    for i in range(20):
      bin_str=SimMem[i]
      bin_str_spa="".join([bin_str[i:i+8]for i  in range(0,len(bin_
                              str),8)])
      self.canvas.create_text(735,282+18.5*i,text=bin_str_spa,
                                    font=('微软雅黑',12),anchor=tk.NW,fill=
"black",tags="bin_code")
      if i==offset:
        y=293+18.5*i
        self.draw_circle(675,y,7,fill=GREEN,tags="bin_code")
        line_points=[650,y,669,y]#Maddr-> memo
        self.canvas.create_line(line_points,width=4,fill=ADDRLINE,
arrow=tk.LAST,tags="bin_code")
        if load is None:
          textbox.send_msg(f"MAD->memo[{i;02X}]")
        line_points=[855,245,855,275]#moo-> memo
        self.canvas.create_line(line_points,width=5,fill=DATALINE,
arrow=tk.LAST,tags="bin_code")
        if load is None:
          textbox.send_msg(f"MCO->memo[{i:02X}]")
      else:
        self.draw_circle(675,293+18.5*i,5,fill=GREY,tags="bin_code")
    def mem_get(self,offset):          # 获取 offset 地址的值并赋值给 Mcontent
        """ 获取 offset 地址的值 """
        self.canvas.delete("bin_code")
```

```
            # 更新内存显示值
            self.mco.config(bg=WHITE)
            for i in range(20):
                bin_str=SimMem[i]
                bin_str_spa="".join([bin_str[i;i+8]for i in range(0,
len(bin_str),8)])
                self.canvas.create_text(735,282+18.5*i,text=bin_str_spa,
                    font=('微软雅黑',12),anchor=tk.NW,fill="black",
tags="bin_code")
                if i==offset;
                    self.mco.delete(0,tk.END)        # 更新 mco 的值
                    self.mco.insert(0,SimMem[offset])
                    self.mco.config(bg=RED)
                else:
                    self.draw_circle(675,293+18.5*i,5,fill=GREY,tags=
"bin_code")
  def show_maddr(self,get_pc,col_tag=None):     # 根据存储的数据显示当前
                                                  Maddr 的值
    self.mad_value=get_pc;self.canvas.delete("maddr")
    if col_tag is not None:
      self.canvas.create_rectangle(619,383,648,541,fill=RED,width=
0,tags="maddr")
    else:
      self.canvas.create_rectangle(619,383,648,541,fill=WHITE,width=
0,tags="maddr")
    self.canvas.create_text(620,390,text=self.mad_value,font=('微
软雅黑',12),anchor=tk.NE,fill=BLACK,angle=90,tags="maddr")
if_name_=='_main_':
    alu=ALU();memo=MEMO();root.mainloop()
```

【编程 6.6】编制程序：仿真控制器的显示输出。

【目的及编程说明】读者通过编程 6.6 可理解控制器仿真相关的输出界面（图 6.6 的左下角蓝框控制器部分），实现仿真控制器的各个屏幕元素，同时依据 ClockStep [] 的值显示节拍元素，依据 SigObj [] 的值显示控制信号（SigCtrl 部件内的信号）及控制信号线（连线）。数据结构及初始值参见编程 6.2。

【程序编写】本书仅给出 ALU 类的核心函数。

类： SIGCtrl 类：控制器界面及其相关元素显示输出。
文件： gui.py。

```
class SIGCtrl:
  def_init_(self):
```

```
        self.canvas = canvas
        round_rectangle(74,434,533,642,r=25,fill=BACK,width=0)
        round_rectangle(97,525,276,627,r=25,fill=BLACK,width=0)
        self.x0,self.y0,self.r=113,473,15# 时钟大小
        self.bx2,self.by2,self.dx,self.dy=105,558,120,16
                                              # 设置 sig_ctrl 文字间隔
        self.ir_value=f"{0:016b}";self.pc_value=f"{0:016b}"
        self.clo_mark();self.show_tags();self.pc_reg_value()
        self.ir_reg_value();self.show_singe();self.insCode()
    def draw_circle(self,x,y,r,fill=WHITE,tags=None):      # 圆外接矩形
        x1,y1,x2,y2=x-r,y-r,x+r,y+r
        self.canvas.create_oval(x1,y1,x2,y2,width=1,fill=fill,tags=tags)
    def clo_mark(self,time_series:int=None):    # 依据时钟周期显示时钟周期
        self.canvas.delete("time")
        round_rectangle(95,455,95+213,455+37,fill=WHITE,width=0,tags=
"time")
        for i in range(6):                          # 遍历六个时钟刻,绘制各个时钟
          ClockStep[i]=True
          x=i*35+self.x0
          self.draw_circle(x,self.y0,self.r,fill=WHITE,tags="time")
          if i==time_series:
            self.draw_circle(x,self.y0,self.r,fill=RED,tags="time")
          self.canvas.create_text(x,self.y0,text=f"{i+1}",font=('微软
雅黑',16,'bold'),anchor=tk.CENTER,fill=BLACK,tags='time')
    def show_tags(self):                     # 显示标签
        self.canvas.create_text(95,434,text=Clock',font=('微软雅黑',12,
'bold'),anchor=tk.NW,fill=WORD)
          # 在函数内参照 Clock 的代码编写显示其他标签的代码
    def pc_reg_value(self):
        self.pc_reg=tk.Entry(self.canvas)          # PC 寄存器
        self.pc_reg.config(width=16,font=('微软雅黑',12))
        self.pc_reg.insert(0,self.pc_value)
        self.canvas.create_window(335,455,window=self.pc_reg,anchor=
tk.NW)
    # 根据 PC 寄存器的代码编写 IR 寄存器和 InsCode 的函数
    def show_singe(self,sings=None):
        if sings is None:sings=[]
        self.canvas.delete("sig_ctrl")
        self.canvas.create_text(110,535,text="insCode",
                                        font=('微软雅黑',12),fill=GOLD,anchor=tk.
NW,tags="sig_ctrl")
        self.canvas.create_text(self.bx2,self.by2,text='->ALU',
                                        font=('微软雅黑',10),anchor=tk.NW,tags=
```

```
"sig_ctrl", fill=GREY)
        # 在函数内编写如 ->ALU 的其他控制信号
        for sing in sings:
            if sing=="ALU":  # 当 ALU 信号传入改变 >ALU 的控制信号显示颜色,表示激活
该信号
                self.canvas.create_text(self.bx2, self.by2, text='->ALU', font=
('微软雅黑', 10), anchor=tk.NW, tags="sig_ctrl", fill=GOLD)
            # 在函数内补充其他信号激发的控制语句
if_name_=='_main_':
    alu=ALU(); memo=MEMO(); sig=SIGCtrl(); root.mainloop()
```

类: GUISim 类: SIG 面板上各种控制信号的显示。
文件: gui.py。

```
class GUISim:
  def_init_(self):
    self.canvas=canvas; self.alu=ALU(); self.memo=MEMO()
    self.sigctrl=SIGCtrl(); self.textbox=textbox    # 使用消息框
    self.singe_ctrl_line(); self.addr_line(); self.data_line(); self.
line_explain()
  def singe_ctrl_line(self):                  # 控制线
    sings=[]
    for sing in cpu_data.SigObj:              # 遍历信号字典
      if cpu_data.SigObj[sing][1]:            # 如果信号的值为 True
        sings.append(sing)                    # 将信号的名字添加到列表中
    self.canvas.delete("ctrl_line")
    #alu
    line_points=[90,575,65,575,65,235,98,235]
    self.canvas.create_line(line_points, width=5, fill=GREY, arrow=
tk.LAST, tags="ctrl_line", dash=(10,10))
    self.alu.draw_circle(103,235,5, fill=GREY, tags="ctrl_line")
    #maddr
    line_points=[205,630,205,660,630,660,630,545]
    self.canvas.create_line(line_points, width=5, fill=GREY, arrow=
tk.LAST, tags="ctrl_line", dash=(10,10))
    # 在函数内补充编写指向其他寄存器或组件的信号线
    for sing in sings:
      if sing=="->ALU":
        line_points=[90,575,65,575,65,235,98,235]    # 指向 alu 的线
        self.canvas.create_line(line_points, width=5, fill="red", arrow=
tk.LAST, tags="ctrl_line", dash=(10,10))
        self.alu.draw_circle(103,235,5, fill=GREEN, tags="ctrl_line")
                                                     # 指针终点
```

```
            self.textbox.send_msg("Sig->ALU")                # 在消息框显示消息
            cpu_data.SigObj[sing][1]=False                   # 重置信号
            # 在函数内补充编写指向其他寄存器或组件的信号线的激活控制
    def addr_line(self):                                     # 地址线
        sings=[]
        for key,value in cpu_data.SigObj.items():
          if value[1]: sings.append(value[0])
        self.canvas.delete("addr_line")
        line_points=[400,560,400,515,560,515,614,515]
        self.canvas.create_line(line_points,width=4,fill=GREY,arrow=
tk.LAST,tags="addr_line")
        line_points=[485,465,615,465]
        self.canvas.create_line(line_points,width=4,fill=GREY,arrow=
tk.LAST,tags="addr_line")
        for sing in sings:
          if sing=="IR->Maddr":
            line_points=[400,560,400,515,560,515,614,515]
            self.canvas.create_line(line_points,width=4,fill=ADDRLINE,
arrow=tk.LAST,tags="addr_line")
            self.textbox.send_msg("IR->MAD")
            cpu_data.SigObj["IR->Maddr"][1]=False         # 重置信号
          # 在函数内部补充编写 pc-> Maddr 的激活信号线
    def data_line(self,singe=None):                       # 数据线
        self.canvas.delete("data_line")
        line_points=[765,218,765,175,570,175,570,108,518,108]
        self.canvas.create_line(line_points,width=5,fill=GREY,tags=
"data_line")
        # 在函数内部补充编写 mco-> r 的非激活信号线
        if singe=="mco-r1":
          line_points=[765,218,765,175,570,175,570,108,518,108]
                                                          #mco-> r1 激活信号线
          self.canvas.create_line(line_points,width=5,fill=DATALINE,
arrow=tk.LAST,tags="data_line")
          self.textbox.send_msg("MCO->R1")
          self.alu.r1.config(bg=RED)
          # 在函数内部补充编写 mco->r 的非激活信号线
    def line_explain(self):
        """ 线的类型标签 """
        line_points=[640,60,705,60]
        self.canvas.create_line(line_points,width=3,fill="red",tags=
"line",dash=(10,10))
        self.canvas.create_text(737,60,text="控制线",anchor=tk.CENTER,
font=('微软雅黑',12))
```

```
    # 在函数内补充地址线和数据线的代码
if_name_=='_main_':
  gui=GUISim();alu=ALU();memo=MEMO();sig=SIGCtrl()
  root.mainloop()
```

6.5 算法设计与函数实现：X3-基本算法

本节将逐步实现程序文件 main.py 中 ExecInstructWithText 类的部分功能，本书仅给出该类的核心函数作为参考。

```
class ExecInstructWithText:
  def_init_(self):
    self.gui=GUISim()                      # 主界面显示
    self.wait_time=1;self.alu=self.gui.alu;self.memo=self.gui.memo
                                           # memo 实例化
    self.sing=self.gui.sigctrl;self.textbox=self.gui.textbox
                                           # 信息输入框实例化
    self.regs={"R1": self.alu.r1, "R2": self.alu.r2, "R3": self.alu.
r3, "R4": self.alu.r4}
    self.manual_opera_step=0;self.ctrl_stop=False;self.button_control()
# 控制按钮
    self.menu_test();self.show_msg();self.entry_replace(self.sing.
pc_reg, f"{0:016b}")
    self.ctrl_stop=False
    self.register_mapping={"01":(self.alu.r2,"mco-r2"),"10":(self.
alu.r3,"mco-r3"),
       "11":(self.alu.r4, "mco-r4"),"00":(self.alu.r1, "mco-r1"), }
if_name_=='_main_':
  exe=ExecInstructWithText()
  root.mainloop()
```

【编程 6.7】编制程序：用函数仿真几条简单指令（仅改变寄存器）。

【目的及编程说明】读者通过编程 6.7 可理解机器指令的实现。本程序为每一条指令定义一个函数，指令与函数对应关系为：取数指令 000001 对应 SimGet()，存数指令 000010 对应 SimPut()，加法指令 000011 为 SimAddr()，乘法指令 000100 为 SimProduct()，打印指令 000101 为 SimPrint()（功能：在综合输出框中显示所打印内容），停机指令 000110 为 SimStop（功能：在综合输出框中显示“停机”，所执行的机器程序终止），减法指令 000111 为 SimMinus()，除法指令 001000 为 SimDiv()。每一条指令的执行：(1) 完成相应功能；(2) 更改该指令涉及的相应寄存器；(3) 形成一个字符串反映程序执行信息在综合输出框中输出。

【程序编写】下列 ExecInstructWithText. 函数 () 均在 ExecInstructWithText 类中增加该函数。

函数： ExecInstructWithText.lw_()。
输入： 单指令模式 one_inscode，是否分节拍执行 is_meter，当前时钟信号 step。
输出： 从取数指令到指令返回到 IR 开始，到拆分指令码之前的 3 个节拍。
功能： 实现取数指令。

```
def lw_(self,one_inscode=None,is_meter=None,step=None):
    if step==0:
        self.reg_update()                       # 更新各个寄存器颜色为白色
        self.sing.clo_mark(step)                # 显示节拍
        self.memo.mad_to_memo()                 # 更新 mad-mome 的地址线
        canvas.update()                         # 刷新显示
        maddr=self.sing.pc_reg.get()            # 获取 PC 寄存器的值
        self.sing.pc_reg.config(bg=RED)         # 更新 PC 寄存器的背景显示
        self.memo.show_maddr(maddr,1)           # 更新 maddr 的显示和值
    if step==1:
        self.reg_update()               # 更新各个寄存器颜色为白色
        self.sing.clo_mark(step)        # 显示节拍
        self.memo.mad_to_memo(1)        # 更新 mad-mome 的地址线，参数为真则显示
        data=self.memo.mco.get()                # 取得 mco 中的值
        self.sing.ir_value=data                 # 更新 IR 的值
        self.sing.ir_reg_value()                # 显示 IR
        self.sing.ir_reg.config(bg=RED)         # 更新 IR 的颜色
        canvas.update()                         # 刷新显示
    if step>=2:
        global inscode
        if step==2:
            self.reg_update()                   # 更新各个寄存器颜色为白色
            self.sing.clo_mark(step)            # 显示节拍
            self.memo.mad_to_memo() # 更新 mad-mome 的地址线，参数为真则显示
            self.sing.pc_value=self.sing.pc_reg.get()
            self.sing.pc_value=self.pc_add_one(self.sing.pc_value)
                                                        # pc+1
            self.sing.pc_reg_value()                    # 更新 PC 显示
            self.sing.pc_reg.config(bg=RED)             # 更新 PC 背景
            inscode,addr=self.sing.ir_value[:6],self.sing.ir_value[6:]
                                                        # 拆分操作码和指令地址
            self.sing.ir_reg.config(bg=RED)             # 更新 IR 背景
```

```
            self.entry_replace(self.sing.ins,inscode)  # 更新 inscode 值
            self.sing.ins.config(bg=RED)          # 更新 inscode 背景
            self.memo.mad_value=f"{int(addr,2):016b}"  # 更新 maddr 值
            self.memo.show_maddr(self.memo.mad_value, 1) # 显示 maddr 值
            canvas.update()                       # 刷新显示
            if is_meter is None:
                time.sleep(self.wait_time)
        if one_inscode is not None:           # 如果有单指令，则直接执行指令
            self.instruct(one_inscode)
        else:                                 # 如果没有单指令，则执行读取到的指令
            if is_meter:                      # 如果分节拍执行
                stop_tag=self.instruct(inscode,step)    # 加入步骤参数
                return stop_tag
            else:                             # 如果不分节拍执行
                stop_tag=self.instruct(inscode)         # 不加步骤参数
                if stop_tag=="stop": return"stop"
    if is_meter is None:                      # 不分节拍执行时，增加等待时间
        time.sleep(self.wait_time)
```

函数： ExecInstructWithText.SimGet。
输入： 时钟信号 sing_num。
输出： 执行取数指令后的界面。
功能： 实现取数指令后的部分。

```
def SimGet(self,sing_num):                # 取数指令
    if sing_num==3:
        self.reg_update()                 # 恢复寄存器
        self.sing.clo_mark(sing_num)      # 显示节拍
        self.memo.mad_to_memo(1)      # 更新 mad-mome 的地址线，参数为真则显示
        self.entry_replace(self.alu.r1,self.memo.mco.get())
                                          # 更新显示 R1 中的值
        self.alu.r1.config(bg=RED)
        canvas.update()
```

函数： ExecInstructWithText.SimPut。
输入： 时钟信号 sing_num。
输出： 执行存数指令后的界面。
功能： 实现存数指令后的部分。

```
def SimPut(self,sing_num):                # 存数指令
    if sing_num==3:
        self.sing.clo_mark(sing_num)
        self.entry_replace(self.memo.mco,self.alu.r1.get())
                                          # 更新显示内存的值
```

```
        self.alu.r1.config(bg=RED)
        self.memo.mco_to_memo()          # 显示
        canvas.update()
```

函数： ExecInstructWithText.SimAddr。
输入： 时钟信号 sing_num。
输出： 运算器加法的运算过程与结果。
功能： 实现加法指令（仅改变寄存器）后的部分。

```
def SimAddr(self,sing_num):                    # 加法指令
    if sing_num==3:
        self.sing.clo_mark(sing_num)           # 显示节拍
        self.memo.mad_to_memo(1)     # 更新 mad-mome 的地址线，参数为真则显示
        self.entry_replace(self.alu.r2,self.memo.mco.get())
                                               # 更新显示 R1 中的值
        canvas.update()
    if sing_num==4:
        self.sing.clo_mark(sing_num)           # 显示节拍
        self.memo.mad_to_memo()      # 更新 mad-mome 的地址线，参数为真则显示
        self.gen_opera("R1","R2","+",sing_num)
        canvas.update()
    if sing_num==5:
        self.sing.clo_mark(sing_num)           # 显示节拍
        self.memo.mad_to_memo()      # 更新 mad-mome 的地址线，参数为真则显示
        self.gen_opera("R1","R2","+",sing_num)
        canvas.update()
```

函数： ExecInstructWithText.gen_opera
输入： 第一个寄存器 rx，第二个寄存器 ry，计算符 op，时钟信号 sing_num。
输出： 计算两个寄存器的值。
功能： 根据参数进行四则运算，并将计算的值保存到另一个寄存器中。

```
def gen_opera(self,rx=None,ry=None,op=None,sing_num=None):
                                                  # 一般计算规则
    rt1, rt2=None,None                            # 用于存储寄存器的实体框
    for reg, entry in self.regs.items():          # 遍历寄存器编号和寄存器实体框
        entry.config(bg=WHITE)                    # 寄存器恢复
        if reg==rx: rt1=entry
        if reg==ry: rt2=entry
    if rx is not None and ry is not None:
        v1=rt1.get()                              # 获取 R1 的值
        v2=rt2.get()                              # 获取 R2 的值
        if sing_num==4:
            rt1.config(bg=RED)
```

```
        rt2.config(bg=RED)
    if sing_num==5:
        if op=="+": v=self.binary_addition(v1,v2)       # 二进制加法
        elif op=="-": v=self.binary_subtraction(v1,v2) # 二进制减法
        elif op=="x": v=self.binary_multiplication(v1,v2)
                                                          # 二进制乘法
        elif op=="÷": v=self.binary_division(v1,v2)     # 二进制除法
        else: v=None
        self.entry_replace(rt1, f"{v}") # 替换 R1 中的值
        rt1.config(bg=RED)
```

函数： ExecInstructWithText.binary_addition。
输入： 寄存器 num1 值为 1，寄存器 num2 值为 2。
输出： 计算两个寄存器的值。
功能： 实现二进制加法（仅改变寄存器）。

```
def binary_addition(self,num1,num2):
    result=bin_to_dec(num1)+bin_to_dec(num2) # 转为十进制的加法
    result_binary=dec_to_bin(result)
    return result_binary
# 请类比自行补充其他减法、乘法和除法运算的函数
```

【编程 6.8】编制程序：程序中一条指令的执行（仅改变寄存器）。

【目的及编程说明】读者通过编程 6.8 可理解取数指令和执行指令的过程。(1) 取数指令过程仿真，即将 PC 中对应存储单元中的内容取到 IR 寄存器中，每当取出指令后，PC 值自动加 1；(2) 依据取出的指令码，调用相应的仿真函数完成相应指令的执行；(3) 相应寄存器的更改要保证正确；(4) 可以单节拍执行，也可以逐个节拍连续执行（中间有间隔时间），保证各寄存器的变化与各节拍相对应。本程序为后续交互中**自动执行指令（连续）**要调用的函数。

【程序编写】下列 ExecInstructWithText. 函数 () 均在 ExecInstructWithText 类中增加该函数。

函数： ExecInstructWithText.exe_one_instruct。
输入： inscode。
输出： 自动执行一条指令。
功能： 自动执行一条指令。

```
def exe_one_instruct(self,inscode):          # 单指令执行
  for i in range(3):self.lw_(inscode,step=i)
def instruct(self,inscode,step=None):
  if inscode=='000001':                       # 取数指令
      if step is not None:                    # 当有手动指令时执行手动指令
```

```
            self.SimGet(step)
            if step>=3: return"end"
        else:
            for i  in range(3,4):
                self.SimGet(i)
                time.sleep(self.wait_time)
    # 请根据取数指令的代码在函数内补充编写存数指令的代码
    if inscode=="000011":                    # 加法指令
        if step is not None:
            self.SimAddr(step)
                if step>=5: return"end"

    else:
            for i in range(3,6):
                self.SimAddr(i)
                time.sleep(self.wait_time)
    # 请根据取数指令的代码在函数内补充编写其他指令的代码
    if inscode=="000110":                    # 停机指令
        if step is not None:
            self.SimStop(step)
            if step>=4: return"stop"
        else:
            for i in range(3,5):
                self.SimStop(i)
                time.sleep(self.wait_time)
                return"stop"                 # 停机标志
```

【编程 6.9】编制程序：完整执行一段机器程序实现。

【目的及编程说明】读者通过编程 6.9 可理解一段机器程序的完整执行过程。指令系统已由编程 6.8 给出。机器程序示例如下（用户可改变）：

000001 0000001000

000100 0000001001

000011 0000001010

000100 0000001000

000011 0000001011

000010 0000001100

000101 0000001100

000110 0000000000

一些数据及其存储示例如下（用户可改变）：8 号单元存储“0000000000000101”，9 号单元存储“0000000000001001”，10 号单元存储“0000000000000110”，11 号

单元存储“0000000000001000”。

请编程：(1) 将上述程序装载到仿真存储器中（可由用户另屏输入，也可由文件读入）；(2) 设置 PC 值为“00000000 00000000”；(3) 编程完成已装载到内存的机器程序的自动执行过程，并正确显示执行过程（执行到哪个存储单元，则哪个存储单元高亮显示）及相关的数据传输。

【程序编写】下列 ExecInstructWithText. 函数 () 均在 ExecInstructWithText 类中增加该函数。

函数： ExecInstructWithText.exec_auto。
输入： 无。
输出： 开始执行一段程序。
功能： 装载并执行一段测试程序。

```
  def exec_auto(self):                          # 自动执行存储的程序
    while True:
      instr_stute=None                          # 指令状态为"stop"时退出循环
      if self.ctrl_stop: break
      for i in range(3):
        instr_stute=self.lw_(step=i)
      if instr_stute=="stop": break
if_name_=='_main_':
  SimMem[0]="0000010000001010"                  #SimMem[10]=>r 直接向内存写入指令
  SimMem[8]=dec_to_bin(5)                       #10 地址数据
  # 函数 dec_to_bin() 功能为将十进制数转换为二进制字符串，此处略
  # 补充其他指令和地址数据
  exe=ExecInstructWithText()
  root.mainloop()
```

6.6 屏幕元素事件识别与控制：X4-人机交互

【编程 6.10】编制程序：在 6.4 节基础上，增加交互式控制按钮。

【目的及编程说明】丰富 6.4 节的界面，增加交互式控制按钮，如图 6.7 所示。其中包括：(1) 仿真运算器，增加“更改运算”“更改输入输出”“更改 R1、R2、R3、R4 值”等按钮；(2) 仿真控制器，增加“更改 PC”“更改 IR”“更改 Clock 节拍”“更改操作码 InsCode”“更改信号”“自动执行指令（连续）”“自动执行指令（分指令）”等按钮；(3) 仿真存储器，增加“更改 Mcontent”“更改 Maddr”“更改某个存

储单元”“装载一段程序”“装载一批数据”等按钮；(4) 增加一个综合输出框，用于输出程序产生的结果。程序首先实现界面要素，相关按钮的绑定函数见后文的编程任务。

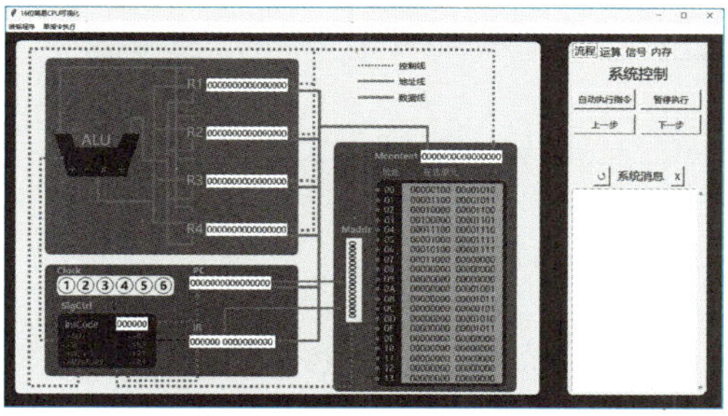

(a) 系统交互控制的界面

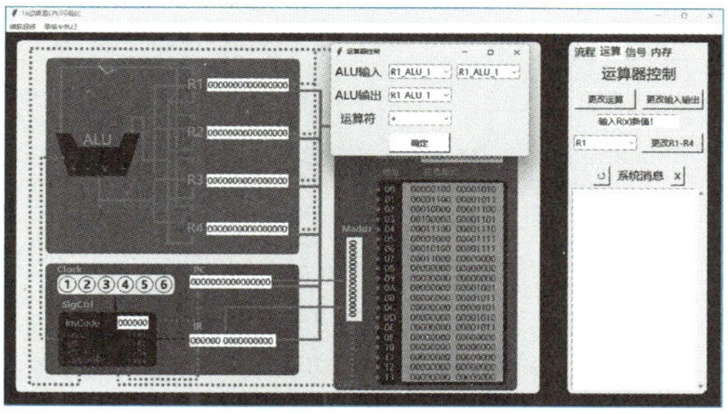

(b) 运算器交互控制的界面

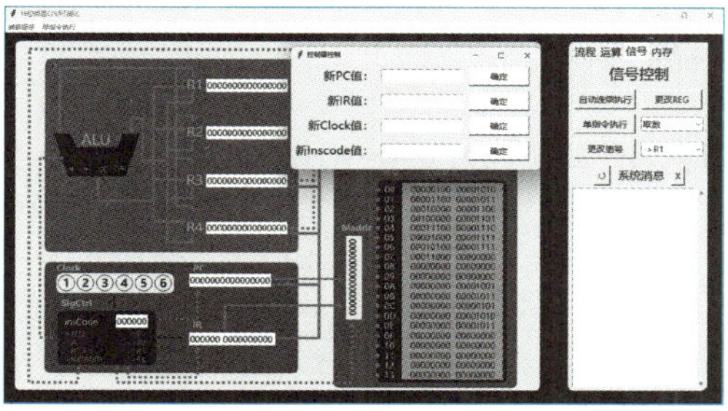

(c) 信号交互控制的界面

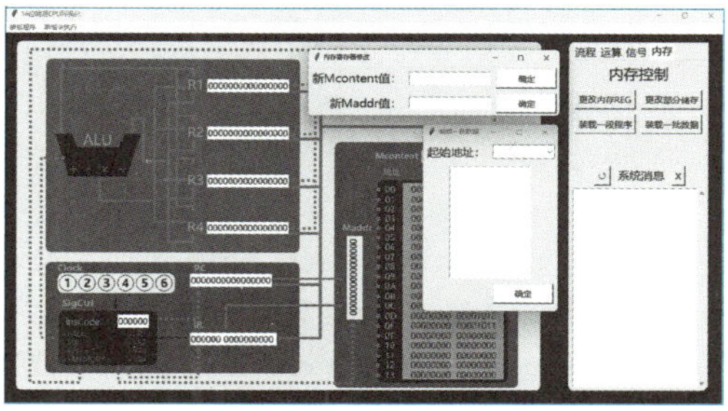

(d) 内存交互控制的界面

图 6.7 CPU 与存储器的交互式控制界面

【程序编写】下列 ExecInstructWithText. 函数 () 均在 ExecInstructWithText 类中增加该函数。

函数： ExecInstructWithText.show_msg。
输入： 无。
输出： 交互控制相关的操作面板（分四页显示）。

```
def show_msg(self):
  """ 显示固定信息 """
  self.textbox.reset_button.configure(command=self.reset)
  self.textbox.canvas.delete("button")
  self.textbox.main_msg_box("系统控制",0,0)
  self.textbox.create_button("自动执行指令",x=1,y=0,command=self.
exec_auto)
  self.ctrl_exec=self.textbox.create_button("暂 停 执 行",x=1,y=1,command=
self.stop_exec)
  self.prev_button=self.textbox.create_button("上 一 步",x=2,y=0,command=
self.prev)
  self.next_button=self.textbox.create_button("下 一 步";x=2,y=1,command=
```

```
self.exec_next)
  page2=self.textbox.page2
  self.textbox.main_msg_box("运算器控制",0,0,page2)
  self.textbox.create_button("更改运算",x=1,y=0,frame=page2,command=
self.manual_opera_io)
  self.textbox.create_button("更改输入输出",x=1,y=1,frame=page2,command=
self.manual_opera_io)
  self.textbox.create_button("更改R1-R4",x=3,y=1,frame=page2,command=
self.manual_reg)
  self.alu_reg=self.textbox.create_combobox(x=3,y=0,frame=page2,
values=["R1","R2","R3","R4"])
  self.alu_reg_value=self.textbox.create_entry(x=2,y=0,frame=page2)
  page3=self.textbox.page3
  self.textbox.main_msg_box("信号控制",0,0,page3)
  self.textbox.create_button("自动连续执行",x=1,y=0,frame=page3,
command=self.exec_auto)
  self.textbox.create_button("单指令执行",x=2,y=0,frame=page3,command=
self.one_instruct)
  self.textbox.create_button("更改信号",x=3,y=0,frame=page3,command=
self.modify_sing)
  self.textbox.create_button("更改REG",x=1,y=1,frame=page3,command=
self.modify_ctrl_reg)
  sing_obj=['->R1','->R2','->R3','->R4','->IR','->ALU','->PC+1','->Memory']
  self.sing_single=self.textbox.create_combobox(x=3,y=1,frame=page3,
values=list(sing_obj))
  sing_inscode=inscode_map.keys()   #获取指令
  self.sing_instruct=self.textbox.create_combobox(x=2,y=1,frame=
page3,values=list(sing_inscode))
  page4=self.textbox.page4
  self.textbox.main_msg_box("内存控制",0,0,page4)
  self.textbox.create_button("更改内存REG",x=1,y=0,frame=page4,
command=self.modify_memo_reg)
  self.textbox.create_button("更改部分储存",x=1,y=1,frame=page4,
command=self.manual_input)
  self.textbox.create_button("装载一段程序",x=2,y=0,frame=page4,
command=self.read_file)
  self.textbox.create_button("装载一批数据",x=2,y=1,frame=page4,
command=self.load_many_data)
```

【编程 6.11】编制程序：在编程 6.10 基础上使每一个交互式控制按钮都能完成正确的功能。

【目的及编程说明】正确且完整地实现图 6.7 所示的 CPU 和存储器的交互式控制

功能。

【程序编写】下列 ExecInstructWithText. 函数 () 均在 ExecInstructWithText 类中增加该函数。

函数： ExecInstructWithText.manual_opera_io。
输入： 无。
输出： 修改运算器的输入输出显示。

```
def manual_opera_io(self):              # 手动更改运算器
    values=list(cpu_data.ALUio.keys())
    def ok():
        in1_val=self.in1.get();in2_val=self.in2.get()
        out_val=self.out.get(); opera_val=self.opera_op.get()
        for io in cpu_data.ALUio:
            cpu_data.ALUio[io]=False     # 重置所有输入输出
        cpu_data.ALUio[in1_val]=True;cpu_data.ALUio[in2_val]=True
        cpu_data.ALUio[out_val]=True;self.alu.show_alu_line(cpu_data.
ALUio)                                  # 显示数据控制线
        for op in cpu_data.ALUop:
            cpu_data.ALUop[op]=False     # 重置所有操作
        cpu_data.ALUop[opera_val]=True; self.alu.alu_operation()
    top=tk.Toplevel(); top.title("运算器控制")
    tk.Label(top,text="ALU 输 入",font=('微 软 雅 黑',16)).grid(row=0,column=
0,padx=5,pady=5)
    tk.Label(top,text="ALU 输 出",font=('微 软 雅 黑', 16)).grid(row=1, column=
0,padx=5,pady=5)
    tk.Label(top,text="运算符",font=('微软雅黑', 16)).grid(row=2, column=
0,padx=5,pady=5)
    self.in1=ttk.Combobox(top,values=values,width=10,font=('微软雅黑',12))
    self.in1.set(values[0]);self.in1.grid(row=0, column=1,padx=5,
pady=5)
    self.in2=ttk.Combobox(top,values=values,width=10,font=('微软雅黑',12))
    self.in2.set(values[0]);self.in2.grid(row=0, column=2,padx=5,
pady=5)
    self.out=ttk.Combobox(top,values=values,width=10,font=('微软雅黑',12))
    self.out.set(values[0]); self.out.grid(row=1,column=1,padx=5,
pady=5)
    self.opera_op=ttk.Combobox(top,values=["+","-","x","÷"],width=
10,font=('微软雅黑',12))
    self.opera_op.set("+");self.opera_op.grid(row=2,column=1,padx=5,
pady=5)
    tk.Button(top,text="确定",font=('微软雅黑', 12),width=10,bg="white",
command=ok)\
```

```
    .grid(row=8, column=1, padx=5, pady=5)
```

函数： ExecInstructWithText.manual_reg。
输入： 无。
输出： 修 ALU R1~R4 的寄存器值。

```
def manual_reg(self):                      # 手动更改寄存器
    reg=self.alu_reg.get()
    value=self.alu_reg_value.get()
    self.entry_replace(self.regs[reg], value)
    self.textbox.send_msg("更改成功")
```

函数： ExecInstructWithText.load_many_data。
输入： 无。
输出： 向内存装载批量数据的子窗口。

```
def load_many_data(self):                  # 装载一批数据
    def load_memo_finish():
        start=self.memo_addr.get(); start=int(start, 16)
        data=self.memo_text.get("1.0", "end"); data=data.split("\n")
        for index, line in enumerate(data):
            line=line.replace("\n", "")
            if index+start<20 and re.match("^[01]{16}$", line):
                self.memo.mem_save(index+start, line, load=True)
                self.textbox.send_msg(f"【{index+start:02X}】数据装载完成")
            else:
                if index+start>19: break
                elif line=="": self.textbox.send_msg(f"【{index+start:02X}】 数
据异常请检查")
    top=tk.Toplevel(); top.title("装载一批数据")
    tk.Label(top, text="起始地址:", font=('微软雅黑', 16)).grid(row=0,
column=0, padx=5, pady=5, sticky="e")
    self.memo_addr=ttk.Combobox(top, values=[f"{i:02X}"for i in range
(20)], width=10, font=('微软雅黑', 12))
    self.memo_addr.grid(row=0, column=1, padx=5, pady=5)
    self.memo_text=tk.Text(top, font=('微软雅黑', 12), width=16, height=10)
    self.memo_text.grid(row=1, column=0, columnspan=2, padx=5, pady=5)
    tk.Button(top, text="确定", font=('微软雅黑', 12), width=10, bg="white",
command=load_memo_finish).grid(row=2, column=1, padx=5, pady=5)
```

6.7 算法优化与系统功能拓展：X5-完整系统

【编程 6.12】编制程序：用函数仿真几条简单指令（不仅改变寄存器，而且使各种信号线随指令高亮变化显示，同时使运算器和控制器的操作随指令不同而高亮显示）。

【目的及编程说明】读者通过编程 6.12 可理解机器指令的实现。重新实现一遍编程 6.7 中每一条指令对应的函数，使其满足：（1）使各种信号线随指令高亮变化显示；（2）使运算器和控制器的操作随指令不同而高亮显示；（3）依据指令给出的操作改变相应寄存器的值（SimInstr [] 怎样定义，就怎样改变寄存器）。

依据 SimInstrCtrl [] 的值，控制一条指令（包括读指令和执行指令）的信号显示和数据传输的显示。下面描述中蓝色字是包括数据的传输和计算的，即要改变相应存储单元或寄存器的值。

SimInstrCtrl [] = {<opcode, ClockSeq, BasicSig>}，表示 < 指令码，节拍，该节拍下的一条信号 >。SimInstrCtrl [] 用于保存一条指令在各个节拍下的信号，其中 opcode = “000000” 表示为 “取指令”。SimInstrCtrl [] 的初始值为取指令。

{/*000000 为取指令，即将 PC 指定的存储单元的内容取到 IR 中。所有指令的公共部分占用第 1、2 节拍，具体指令执行占用第 3、4 节拍，特殊的指令执行可能占用第 5、6 节拍，第 3 节拍 PC 自动加 1

<000000, 1, "**PC → Maddr**">, <000000, 1, " → Memory">,

<000000, 2, "**Maddr → Memory**">, <000000, 2, "**Memory → Mcontent**">,

<000000, 2, " → IR">, <000000, 2, "**Mcontent → IR**">,

<000000, 2, "**IR → SigCtrl**">,

<000000, 3, "**→ PC + 1**">,

/*000001 为取数指令，即将指令中地址码对应的存储单元取到 R1 寄存器中

<000001, 3, "**IR → Maddr**">, <000001, 3, " → Memory">,

<000001, 4, "**Maddr → Memory**">, <000001, 4, "**Memory → Mcontent**">,

<000001, 4, " → R1">, <000001, 4, "**Mcontent → R1**">,

/*000010 为存数指令，即将 R1 寄存器的值存储到指令中地址码对应的存储单元

<000010, 3, "**IR → Maddr**">, <000010, 3, " **→ Memory**">,

<000010, 4, "**Maddr → Memory**">, <000001, 4, "**R1 → Mcontent**">,

<000010, 4, "**Mcontent → Memory**">,

/*000011 为加法指令，即将指令中地址码对应的存储单元取到 R2 寄存器中，并完成 R1 + R2 → R1

<000011, 3, "**IR → Maddr**">, <000011, 3, " → Memory">,

<000011, 4, "**Maddr → Memory**">, <000011, 4, "**Memory → Mcontent**">,

<000011, 4, "**Mcontent → R2**">, <000011, 5, "R1 → ALU">,

<000011, 5, "R2 → ALU">, <000011, 5, " **→ ALU**">,

<000011, 6, "**ALU → R1**">,

/*000100 为乘法指令，即将指令中地址码对应的存储单元取到 R2 寄存器中，并完成 R1*R2 → R1

<000100, 3, "**IR → Maddr**">, <000100, 3, "→ Memory">,

<000100, 4, "**Maddr → Memory**">, <000100, 4, "**Memory → Mcontent**">,

<000100, 4, "**Mcontent → R2**">, <000100, 5, "R1 → ALU">,

<000100, 5, "R2 → ALU">, <000100, 5, "**→ ALU**">,

<000100, 6, "**ALU → R1**">}

【程序编写】除下列函数外，对前述的一些函数，如 X2 部分 mem_get、show_maddr 等函数需要进行相应修改。

函数： ExecInstructWithText.SimGet。
输入： 信号 sing_sum，指定的寄存器号 reg_code。
输出： 解析“取数指令”指令。
功能： 解析“取数指令”指令并将解析结果加入操作队列。

```
def SimGet(self,sing_num,reg_code=None):               # 取数指令
  self.textbox.send_instr("取数")
  if sing_num==3:
    self.textbox.send_msg(f"======Step{sing_num+1}======")
    self.reg_update()                                  # 恢复寄存器
    self.sing.clo_mark(sing_num)                       # 显示节拍
    cpu_data.SigObj['->Memory'][1]=True
    self.sing.show_singe()                 # 显示控制器信号
    self.gui.addr_line()                   # 更新地址线
    self.alu.show_alu_line()               # 更新 ALU 的数据线
    self.memo.mad_to_memo(1)               # 更新 mad-mome 的地址线，参数为真则显示
    cpu_data.SigObj['Memory->Mcontent'][1]=True
    self.gui.singe_ctrl_line()             # 显示控制线
    if reg_code in self.register_mapping:                       # 选择寄存器
      register,data_line=self.register_mapping[reg_code]
      self.gui.data_line(data_line)
      self.entry_replace(register,self.memo.mco.get())
      register.config(bg=RED)
    canvas.update()
```

函数： ExecInstructWithText.lw_。
输入： 单指令模式 one_inscode，是否分节拍执行 is_meter，当前时钟信号 step。
输出： 从取数指令到指令返回到 IR 开始，到拆分指令码之前的 3 个节拍。
功能： 实现取数指令。

```
def lw_(self,one_inscode=None,is_meter=None,step=None):
  self.alu.show_alu_line(None)                    # 更新 ALU 的数据线
  if step <=2:                 # 前 3 个节拍均更新取数指令，后面的节拍更新其他指令
    self.textbox.send_instr("取数指令")
  if step==0:
    self.textbox.send_msg(f"\n\n\n======Step{step+1}======")
    self.reg_update()                             # 更新各个寄存器颜色为白色
    self.sing.clo_mark(step)                      # 显示节拍
    cpu_data.SigObj['->Memory'][1]=True           # 更新 Memory 的值
    self.sing.show_singe()                        # 显示控制器信号
    cpu_data.SigObj['PC->Maddr'][1]=True          # 更新 PC->Maddr 的值
    self.gui.singe_ctrl_line()                    # 显示信号控制线
    cpu_data.SigObj['PC->Maddr'][1]=True          # 更新 PC->Maddr 的值
    self.gui.addr_line()                          # 显示地址线
    self.gui.data_line()                          # 更新数据线
    self.memo.mad_to_memo()                       # 更新 mad-mome 的地址线
    self.alu.alu_operation()                      # 更新 ALU 的符号
    canvas.update()                               # 刷新显示
    maddr=self.sing.pc_reg.get()                  # 获取 PC 寄存器的值
    self.sing.pc_reg.config(bg=RED)               # 更新 PC 寄存器的背景显示
    self.memo.show_maddr(maddr,1)                 # 更新 maddr 的显示和值
    self.alu.show_alu_line(None)                  # 显示 ALU 的数据线
  if step==1:
    self.textbox.send_msg(f"======Step{step+1}======")
    self.reg_update()                             # 更新各个寄存器颜色为白色
    self.sing.clo_mark(step)                      # 显示节拍
    cpu_data.SigObj['->IR'][1]=True
    self.sing.show_singe()                        # 显示控制器信号
    cpu_data.SigObj['->IR'][1]=True
    self.gui.singe_ctrl_line()                    # 显示控制线
    self.gui.addr_line()                          # 更新显示地址线
    self.memo.mad_to_memo(1)           # 更新 mad-mome 的地址线，参数为真则显示
    self.gui.data_line("mco-ir")                  # 更新数据线
    data=self.memo.mco.get()                      # 取得 mco 中的值
    self.sing.ir_value=data                       # 更新 IR 的值
    self.sing.ir_reg_value()                      # 显示 IR
    self.sing.ir_reg.config(bg=RED)               # 更新 IR 的颜色
    canvas.update()                               # 刷新显示
  if step>=2:
```

```
global inscode
if step==2:
  self.textbox.send_msg(f"======Step{step+1}======")
  self.reg_update()                            # 更新各个寄存器颜色为白色
  self.sing.clo_mark(step)                     # 显示节拍
  cpu_data.SigObj['->PC+1'][1]=True            # 更新 PC+1 的值
  cpu_data.SigObj['->IR'][1]=True              # 更新 IR 的值
  self.sing.show_singe()                       # 显示控制器信号
  cpu_data.SigObj['->PC+1'][1]=True            # 更新 PC+1 的值
  cpu_data.SigObj['->IR'][1]=True              # 更新 IR 的值
  self.gui.singe_ctrl_line()                   # 显示控制线
  cpu_data.SigObj['IR->Maddr'][1]=True         # 更新 IR->Maddr 的值
  self.gui.addr_line()                         # 更新地址线
  self.gui.data_line()                         # 更新数据线
  self.memo.mad_to_memo()           # 更新 mad-mome 的地址线,参数为真则显示
  self.sing.pc_value=self.sing.pc_reg.get()
  self.sing.pc_value=self.pc_add_one(self.sing.pc_value)  #pc+1
  self.sing.pc_reg_value()                     # 更新 PC 显示
  self.sing.pc_reg.config(bg=RED)              # 更新 PC 背景
  inscode,addr=self.sing.ir_value[:6],self.sing.ir_value[6:]
                                                    # 拆分操作码和指令地址
  self.sing.ir_reg.config(bg=RED)                   # 更新 IR 背景
  self.entry_replace(self.sing.ins,inscode)         # 更新 inscode 值
  self.sing.ins.config(bg=RED)                      # 更新 insCode 背景
  self.memo.mad_value=f"{int(addr,2):016b}"         # 更新 maddr 值
  self.memo.show_maddr(self.memo.mad_value,1)       # 显示 maddr 值
  canvas.update()                                   # 刷新显示
  if is_meter is None:
    time.sleep(self.wait_time)
if one_inscode is not None:                # 如果有单指令,则直接执行指令
  self.instruct(one_inscode)
else:                                      # 如果没有单指令,则执行读取到的指令
  if is_meter:                                     # 如果分节拍执行
    stop_tag=self.instruct(inscode,step)           # 加入步骤参数
    return stop_tag
  else:                                            # 如果不分节拍执行
    stop_tag=self.instruct(inscode)                # 不加步骤参数
    if stop_tag=="stop":return"stop"
```

请根据 SimGet 和 lw_ 函数补充完善其他相关函数，以实现正确功能。

【编程 6.13】编制程序：程序中一条指令的执行（不仅改变寄存器，而且使各种信号线随指令高亮变化显示，同时使运算器和控制器的操作随指令不同而高亮显示）。

【目的及编程说明】读者通过编程 6.13 可理解取指令和执行指令的过程。重新实现一遍编程 6.8 中的函数，使其满足：(1) 完成“取指令”和“执行指令”的各项操作，各项操作由 SimInstrCtrl [] 定义，即 SimInstrCtrl [] 怎样定义，就怎样改变寄存器；(2) 使各种信号线随 SimInstrCtrl [] 中定义的指令高亮变化显示；(3) 使运算器和控制器的操作随 SimInstrCtrl [] 中定义的指令不同而高亮显示；(4) 依据存储器中的机器程序，调用相应的仿真函数完成相应指令的执行；(5) 本函数为单节拍执行，一次执行一个时钟刻就暂停运行，再次运行后执行下一个时钟刻，保证各寄存器的变化与各节拍相对应。本程序为后续交互中自动执行指令（**分节拍**）要调用的函数。

【程序编写】

函数： ExecInstructWithText.exe_one_instruct。
输入： inscode。
输出： 根据操作码解析指令，一次执行一个时钟刻。
功能： 根据操作码解析指令，一次执行一个时钟刻，并进行暂停。

```
def exe_one_instruct(self, inscode):     # 单指令执行
  for i in range(3):
    self.lw_(inscode, step=i)
```

问题与自主扩展 (1) 读者可在编程 6.8 指令系统基础上再增加一些指令，例如增加“跳转指令 001001 为 SimGoto ()”，并编写使用了跳转指令的机器程序，让仿真机器执行；(2) 读者可在编程 6.13 指令系统基础上再增加一些指令，或改变指令的操作，观察机器程序的执行效果，例如增加利用其他寄存器 R3、R4 的一些操作。

(1) 跳转指令 001001、SimGoto () 的实现

/*001001 为跳转指令，即将指令中地址码对应的存储单元取到 Mcontent 中，并将 Mcontent 中的值取到 PC 中

{<000100, 3, "**IR → Maddr**">, <000100, 3, " → Memory">,

<000100, 4, "**Maddr → Memory**">, <000100, 4, "**Memory → Mcontent**">,

<000100, 4, "**Mcontent → PC**">,

}

【程序编写】

函数： ExecInstructWithText.SimGoto。
输入： 时钟信号 sing_num。
输出： 无。
功能： 实现自动执行跳转指令。

```
def SimGoto(self, sing_num):
```

```
    self.textbox.send_instr("跳转")
    if sing_num==3:
      self.textbox.send_msg(f"======Step{sing_num+1}======")
      self.reg_update()
      self.sing.clo_mark(sing_num)                  # 显示节拍
      cpu_data.SigObj['->Memory'][1]=True           # 更新 Memory 的值
      self.sing.show_singe()                        # 显示控制器信号
      cpu_data.SigObj['PC->Maddr'][1]=True
      cpu_data.SigObj['Mcontent->PC'][1]=True
      cpu_data.SigObj["->PC+1"][1]=True
      self.gui.singe_ctrl_line()                    # 显示控制线
      self.gui.addr_line()                          # 更新地址线
      self.memo.mad_to_memo(1)         # 更新 mad-mome 的地址线,参数为真则显示
      self.gui.data_line("mco-pc")                  # 更新数据线
      self.alu.show_alu_line()                      # 更新 ALU 的数据线
      mco_value=self.memo.mco.get()
      self.entry_replace(self.sing.pc_reg,mco_value)
      self.memo.mco.config(bg=RED)
      self.sing.pc_reg.config(bg=RED)
      canvas.update()
```

同时修改 ExecInstructWithText.instruct 函数，向其增加判断条件，以支持跳转指令的手动和自动执行。

```
def instruct(self,inscode,step=None):
  if com_code=="1001":                        # 跳转指令
    if step is not None:self.SimGoto(step)
      if step>=3:return"end"
    else:
      for i in range(3,4):
        self.SimGoto(i)
        time.sleep(self.wait_time)
```

（2）对不同寄存器的操作代码进行区分

将操作指令 INSCODE 的前 2 位用来指定使用的寄存器。

① 存数、取数操作：00 指定 R1 寄存器；01 指定 R2 寄存器；10 指定 R3 寄存器；11 指定 R4 寄存器。例：000001 向 R1 寄存器进行取数操作；100010 向 R3 寄存器进行存数操作。

② 运算操作：00 指定 R1 寄存器与 R2 寄存器进行运算；01 指定 R2 寄存器与 R3 寄存器进行运算；10 指定 R3 寄存器与 R4 寄存器进行运算；11 无（因为无更多寄存

器用于计算)。

例：100011 指定 R3 寄存器与 R4 寄存器进行加法运算的运算顺序：

第一步：将 Mcontent 中的数字取到 R4 中；

第二步：将 R3 寄存器与 R4 寄存器中的数字加入 ALU；

第三步：在 ALU 内进行加法运算 R3 + R4；

第四步：ALU 将运算结果放入 R3 寄存器。

③ 实际操作：根据以上实现逻辑，在实际代码执行时，用 inscode[2:] 来决定当前进行的是什么操作，用 Iinscode[:2] 来指定进行存储、运算等的寄存器号码。

【程序编写】修改 ExecInstructWithText.instruct，将参数 inscode 拆分为寄存器选择码和操作码，操作码 com_code 继续执行原来的功能，寄存器选择码传给虚拟指令使其操作不同的寄存器。其他 instrutct 函数部分和仿真指令请自行编写。

函数： ExecInstructWithText.instruct。
输入： inscode。
输出： 无。
功能： 实现根据当前操作码自动执行指令。

```
def instruct(self,inscode,step=None):
  com_code=inscode[2:];reg_code=inscode[:2]# 拆分 inscode
  if com_code=='0001':                    # 取数指令
    if step is not None:                  # 当有手动指令时执行手动指令
      self.SimGet(step,reg_code)
      if step>=3:return"end"
    else:
      for i in range(3,4):
        self.SimGet(i,reg_code)
        time.sleep(self.wait_time)
```

函数： ExecInstructWithText.SimGet。
输入： sing_num, reg_code。
输出： 无。
功能： 将存储器的值取到指定寄存器。

```
def SimGet(self,sing_num,reg_code=None):                    # 取数指令
  self.textbox.send_instr("取数")
  if sing_num==3:
    self.textbox.send_msg (f"======Step{sing_num+1}======")
    self.reg_update();self.sing.clo_mark(sing_num)        # 显示节拍
    cpu_data.SigObj['->Memory'][1]=True;self.sing.show_singe()
                                                          # 显示控制器信号
    self.gui.addr_line();self.alu.show_alu_line();self.memo.mad_to_memo(1)
```

```
    cpu_data.SigObj['Memory->Mcontent'][1] = True; self.gui.singe_
ctrl_line()                                              # 显示控制线
    if reg_code in self.register_mapping:                # 选择寄存器
      register, data_line = self.register_mapping[reg_code]; self.gui.
data_line(data_line)
      self.entry_replace(register, self.memo.mco.get()); register.
config(bg=RED)
    canvas.update()
```

第 7 章

化整为零思维与文件存储仿真

本章要点：理解一种资源管理思维——化整为零思维，并进行典型程序实践——文件存储仿真实践。通过实践项目理解化整为零的存储，需要保存哪些信息才能还零为整，进而理解磁盘块、文件、文件夹、文件分配表等磁盘管理中的基本概念与基本思想。

7.1 一种资源管理思维——化整为零

磁盘与文件管理是存储体系的重要组成部分，是操作系统对硬件功能的重要扩展之一，这里主要运用了一种化整为零与还零为整的思维。

7.1.1 化整为零与还零为整

化整为零与还零为整的基本思维 假设有一个房间，如图 7.1 所示，有两台设备和十箱苹果，两台设备的总体积小于或等于十箱苹果的总体积，均小于房间的容积。可以看到这个房间能装得下这十箱苹果，却装不下这两台设备。为什么呢？因为设备是一个整体，占用连续空间大，而一箱箱苹果占用连续空间小，可以充分利用零散空间分散存储。这启示人们：对于超大存储空间，可将其划分成较小的标准存储空间，同时将待存储对象也按照标准存储空间大小进行划分，即化整为零进行存储。读者试着观察一下，飞机、火车运输所采取的集装箱是否是一个个标准存储空间呢？化整为零需要解决几个问题：(1) 确定零存空间的大小：零存空间过大则可能造成浪费，因为存储一个字节的信息也需占用一个零存空间（类比：不论运输一件货物还是多件货物，都以集装箱来计算所占用的存储空间）；但零存空间太小则可能导致管理复杂；(2) 要解决将一个整体物体分解为零存物体过程中的编号及次序问题，既要能够化整为零分散存储，还要分散取出还零为整；(3) 能够自动完成化整为零和还零为整的操作，以使用户不必考虑这一过程，例如怎样记录零存物体的编号及其次序，在哪保存编号及其次序，怎样利用编号及其次序保存物体或还原物体……应该说现代计算机在这方面解决得是非常好的。

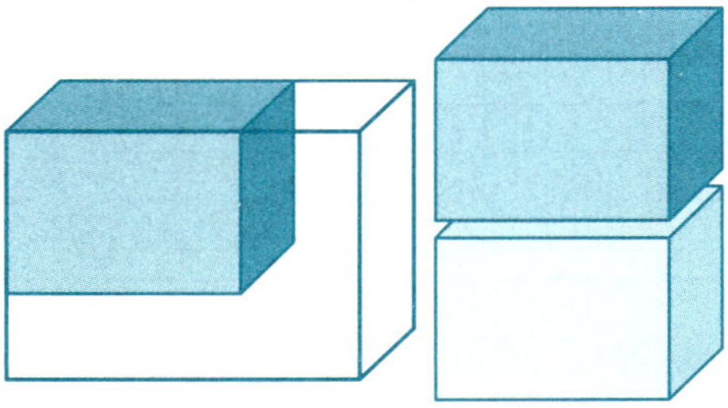

(a) 整体管理示意

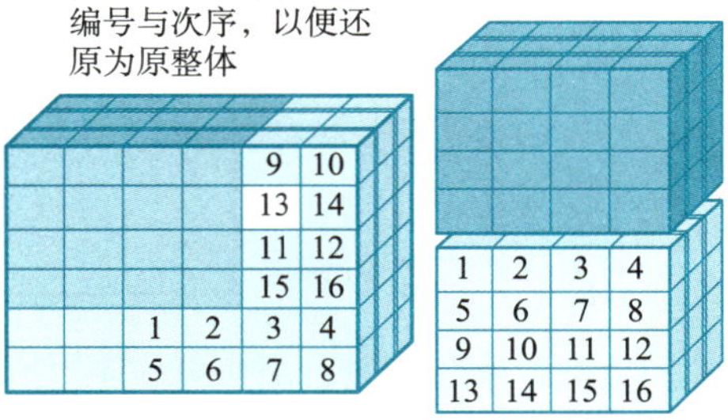

(b) 化整为零管理示意

图 7.1 “化整为零”管理的基本思维示意

7.1.2 磁盘与文件的化整为零与还零为整

磁盘空间的划分 磁盘被划分成盘面、磁道 / 柱面和扇区，**扇区**是磁盘一次读写的基本单位。为提高访问速度和管理能力，操作系统将磁盘划分成一个个**簇块**（即零存空间）。1 个簇块相当于若干连续的扇区，通常为 2 的幂次方个扇区，如 4 个、8 个、16 个等，可一次性连续读写，以簇块为单位和内存交换信息。

文件和信息 待存储信息被操作系统组织成文件，文件是若干信息的集合，就好像一本书，书中的文字、表格与插图便是信息，而这些信息由书承载着被作为一个整体来管理，一起移动或消失，这就是**文件**。从存储角度来看，文件就是一个 0-1 串，这个 0-1 串可能需要一个簇块存储，也可能需要成百上千个簇块进行存储，即便只有一个字符（8 位的 ASCII 码），也需要至少一个簇块进行存储。因此，文件是操作系统管理信息的基本单位，操作系统将文件组织成一个个簇块存储于磁盘上。

由于文件大小不断变化，以及写入磁盘的先后次序不同，文件写入磁盘时，操作系统不能保证其都能写在连续的簇块上，而是哪个簇块可用则将其存储在哪个簇块上，如图 7.2 所示。那么如何将分散的簇块重新还原为文件呢？这就需要文件分配表。

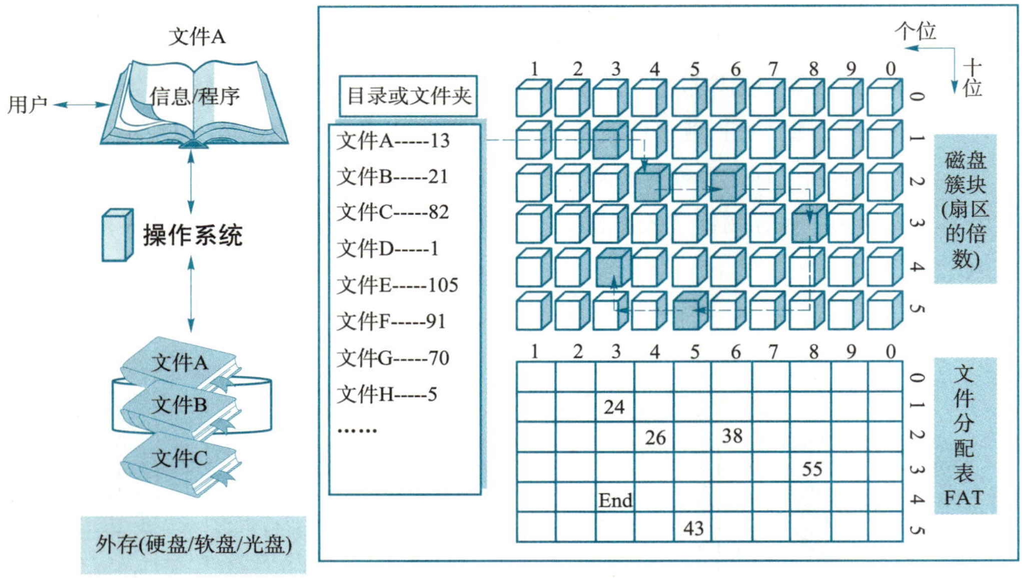

图 7.2 典型操作系统对文件与磁盘管理的基本思想示意

文件分配表 文件分配表（file allocation table，FAT）是记录文件在磁盘上存储的簇块之间衔接次序的一个表，它通常占用若干扇区，是磁盘上的特殊区域。其存储的信息如图 7.2 中的表格所示。磁盘上有多少个簇块，FAT 就有多少项，FAT 项的编号与磁盘簇块编号存在一一对应的关系。FAT 项的内容指出了该簇块的下一簇块的编号。例如要找到 13 号簇块的下一簇块，就需要查找 FAT 对应编号为 13 的表项内容，13 号表项内容为 24 则说明 13 号簇块后是 24 号簇块，而由 24 号表项内容 26 可知，24 号簇块后是 26 号簇块，以此类推，一直到表项为 End 的簇块为止。这样构成文件的各簇块就由 FAT 形成一个簇链，前一个簇块指向后一个簇块，一直到结束为止。那么如何找到文件的第一个簇块呢？这就需要目录或者称文件夹。

目录或文件夹 目录又称文件夹，是磁盘上记录文件名字、文件大小、文件更新时间等文件属性的一个信息区域，该区域相当于一个文件名清单。对应每一个文件名，目录中都会记录它在磁盘上存储的第一个磁盘簇块的编号。由此在目录中，依据文件名找到第一个簇块，再由 FAT 即可找到文件的所有簇块，按先后顺序合并在一起，便可还原回原来的文件。因此，用户不必关心文件在磁盘上如何存取，而只需关注文件名及文件内容即可，如何将文件存储在磁盘上以及如何将磁盘上存储的信息还原成文件，这些工作是由操作系统在用户给出文件名后自动实现的。

磁盘的重要信息区域 综上，可以看出每个磁盘在使用之前都需要**格式化**。所谓的磁盘格式化，即划分磁盘上的各个区域，建立 FAT 和根目录。磁盘首先被划分成**保留扇区**区域、**文件分配表**区域、**根目录**区域和**数据**区域。通常，磁盘的第一个扇区被称为**引导扇区**，其内记录着保留扇区的大小、逻辑分区信息、文件分配表所在区域信息及单一表项所占用字节数、根目录所在区域信息以及其他信息。保留扇区中还可能记录操作系统软件的存储位置等。根目录区域是一个特殊目录，它不能被删除和更名，是存储文件名清单的第一个区域。其他目录和文件夹可由用户创建、删除和更改名字，它们可和文件一样存储，能被操作系统识别。数据区域是存放除根目录外其他目录和所有文件的区域。

7.1.3 典型操作系统的文件存取与磁盘管理

典型操作系统 Windows 的磁盘与文件管理 前面叙述的是 DOS、Windows 等操作系统管理磁盘与文件的基本思维。它采用 FAT 与目录相结合的方式管理磁盘空间和文件读写，实现化整为零和还零为整。早期的 FAT 项长度有 12 位（3 个字节表示 2 个表项，即第 1 个字节和第 2 个字节的前 4 位构成 12 位的表项编号，第 2 个字节的后 4 位和第 3 个字节构成 12 位的表项编号）和 16 位（FAT16），后来扩展为 32 位（FAT32）。FAT 也需要占用磁盘空间，FAT 项的长度、FAT 项的数量、磁盘块的大小，决定了所能管理磁盘的空间大小。

【示例 7.1】假定磁盘块的大小为 64 KB，对于 128 GB 的硬盘，其 FAT 需要占用的存储空间为____________。

128 GB = $2^7\times2^{10}\times2^{10}$ KB，则磁盘块总数 = 128 GB/64 KB = $2^7\times2^{10}\times2^{10}/2^6=2^{21}$ 个。（1）假定一个 FAT 项的长度为 24 位（3 个字节，注意：需要大于 21，能够表达出编号 2^{21}），一个磁盘块能存放的 FAT 项个数 = 64 KB/3 B = 64×1 024/3 = 21 845 个，则 FAT 占用的磁盘空间 = 3 B×2^{21} = $3\times2\times2^{20}$ B=6 MB = $6\times2^{20}/2^{16}$ = 96 个块。通常 FAT 还要做备份，FAT 及其备份占用的磁盘空间 = 12 MB。（2）假定一个 FAT 项的长度为 32 位（4 个字节），则一个磁盘块能存放的 FAT 项个数 = 64 KB/4 B = 64×1 024/4 = 2^{14} 个，FAT 占用的磁盘空间 = $2^{21}\times2^2$ B = 2^{23} B = 8 MB = $2^{13}/2^6=2^7$ 个块，FAT 及其备份占用的磁盘空间 = 16 MB。

典型操作系统 Linux 的磁盘与文件管理 Linux 等操作系统采用 inode 表（索引节点表）与目录相结合的方式管理磁盘空间和文件读写，是一种与 FAT 思维相同但具体细节不同的化整为零和还零为整的实现方式，如图 7.3 所示。从作用角度看，inode 表类似 FAT，一个 inode 表项类似一个 FAT 项。不同的是：（1）一个 inode 表项能够占用更多的空间，如 128 个字节、256 个字节等，可以保存更多关于文件的信息；而一个 FAT 项则是 16 位或 32 位，仅表达一个磁盘块编号。（2）在 Linux 中，一个文件的不多于 12 块的磁盘块编号被保存在 inode 表项中，更多的磁盘块编号则被保存在另外的磁盘块中，在 inode 表项中由“间接块指针”指向该磁盘块；当文件大小多于 12 个磁盘块时，则以“间接块指针”找到磁盘块号，然后从中读取接下来的磁盘块号，再进一步读取相应的磁盘块形成文件。而在 Windows 中，FAT 的一个表项的值指向的是下一个要读取的磁盘块号。（3）在 Linux 中，文件名被保存于目录块中，对应每一个文件名则有一个 inode 编号；依据此 inode 编号，在 inode 表空间中找到对应的 inode 表项，从 inode 表项中找到文件在磁盘上的磁盘块号，并依次读取。而在 Windows 中，文件名被保存于目录块中，同时第一个磁盘块的编号也被保存于目录块中，和文件名关联在一起，第二块至后续块的磁盘块编号被保存在 FAT 项中，由一个表项的值找到下一个磁盘块，再由下一个磁盘块对应的表项的值找到再下一个磁盘块，依次读取。（4）Linux 磁盘被格式化时，依据所管理的磁盘块大小和磁盘总空间，确定 inode 个数并划分出 inode 表空间。Windows 磁盘格式化时，依据所管理的磁盘块大小和磁盘总空间，确定 FAT 项个数并划分出 FAT 空间。

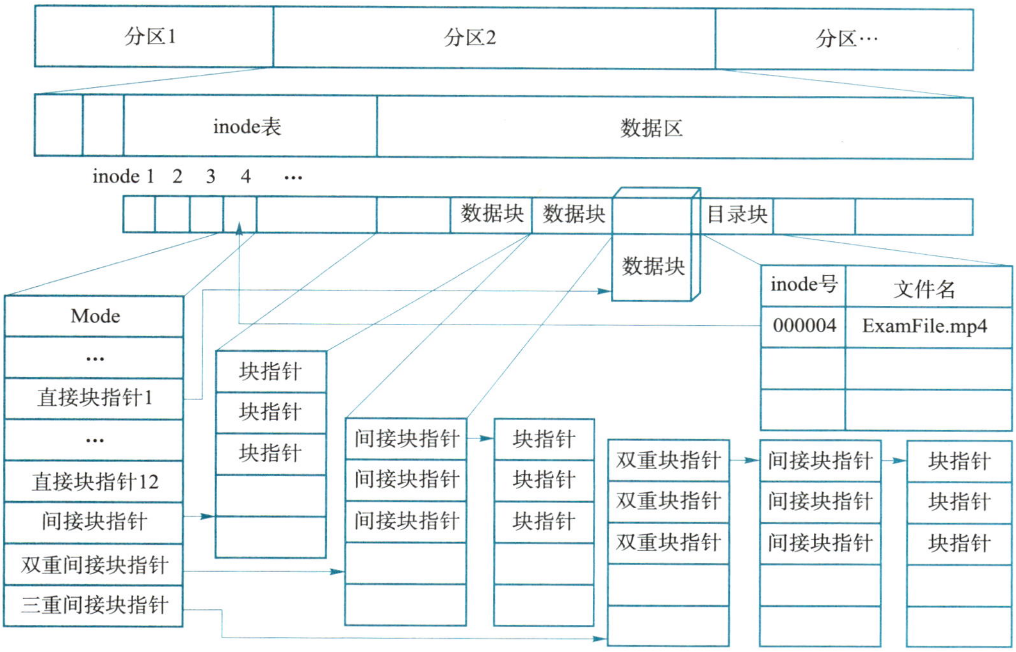

图 7.3 Linux 磁盘与文件管理示意

【示例 7.2】Linux 如何读取大文件。

Linux 的 inode 表中有直接块指针、间接块指针、双重间接块指针、三重间接块指针。顾名思义，直接块指针指向的就是所要读取的数据块。间接块指针是指该指针指向的是存放数据块指针的一个数据块。而双重块指针指向保存间接数据块指针的数据块。三重块指针则指向保存双重块指针的数据块。假设磁盘块大小为 4 KB，Inode 表项中有 12 个直接块指针，则可存储 12×4 KB＝48 KB 的文件。有 1 个间接块指针，设每个指针占用 4 个字节，则 1 个磁盘块可保存 4 KB/4 B 个指针，即可指向 1 024 个块，则可存储文件大小为 1 024×4 KB＝4 MB。有 1 个双重间接块指针，可保存指针数量为（4 KB/4）×（4 KB/4），则可存储文件大小为（1 024×1 024）×4 KB＝4 GB。有 1 个三重间接块指针，可存储文件大小为（1 024×1 024×1 024）×4 KB＝4 TB。

7.2 磁盘管理与文件存取仿真项目总体设计

本章后续内容将以磁盘管理与文件存取仿真为目标，使读者更好地体验化整为零和还零为整的思维，体验典型操作系统管理磁盘与文件存取的基本思维和方法。

目标系统说明 磁盘管理与文件存取仿真程序项目拟仿真四项内容：文件仿真、磁盘仿真、文件夹仿真和文件分配表仿真。目标系统允许用户：(1) 产生一个文件（仅限于“文件”仿真区）；(2) 以自动或手动方式将文件保存于磁盘（涉及“文件”“文件夹”“磁盘”“文件分配表”四个区；自动方式要求程序自动保证四个区信息的一致性，手动方式允许用户分别更改四个区的信息，然后系统提供四个区信息一致性检查的功能）；(3) 能够仿真依据文件增、删、改写文件分配表和磁盘块信息，也能够仿真依据文件和磁盘块改写文件分配表，依据文件、文件夹和文件分配表改写磁盘块（修改标签以示意属于哪一个文件）。

7.2.1 项目总体思路

总体思路 磁盘管理与文件存取仿真程序项目开发的总体思路如图7.4所示。首先仿真出四个要素：文件、目录/文件夹、文件分配表和磁盘区域。(1) 磁盘以立体方块表示，一个立体方块表示一簇，磁盘块的编号被显示在其左部和上部，立体方块上因需要可以显示标签并允许读者修改，以示意哪些立体方块属于同一个文件。(2) 文件以有先后次序的立体方块表示，其上也可因需要显示标签并允许读者修改。(3) 文件分配表以表格显示，其左部和上部显示表项编号，表项内显示的是磁盘块编号，空白表示未被占用。表项内的值也可因需要允许读者修改。注意表格的表项和磁盘的磁盘块存在一一对应的关系，即同一编号的表项对应同一编号的磁盘块。(4) 目录/文件夹以列表形式显示，每个条目包含文件名称、文件长度、文件的首个磁盘块编号等。因需要允许读者增加或删除某一列表条目，以及修改该条目中的内容。具体分为五个层面的开发内容，难度由低到高被区分为：

X1：数据的变化与基本控制【数据结构】——参见7.3节。

X2：屏幕元素及其显示输出【可视化输出】——参见7.4节。

X3：问题求解相关的算法设计与函数实现【基本算法】——参见7.5节。

X4：屏幕元素事件识别与控制【人机交互】——参见7.6节。

X5：问题求解相关的算法优化与系统功能拓展【完整系统】——参见7.7节。

其中，X1通过直接赋值仿真相关的四个数据结构Fileblock、FolderItem、SimDisk和SimFAT，理解各数据项的含义，尤其是能够理解SimFAT的链式数据填写方式，此部分

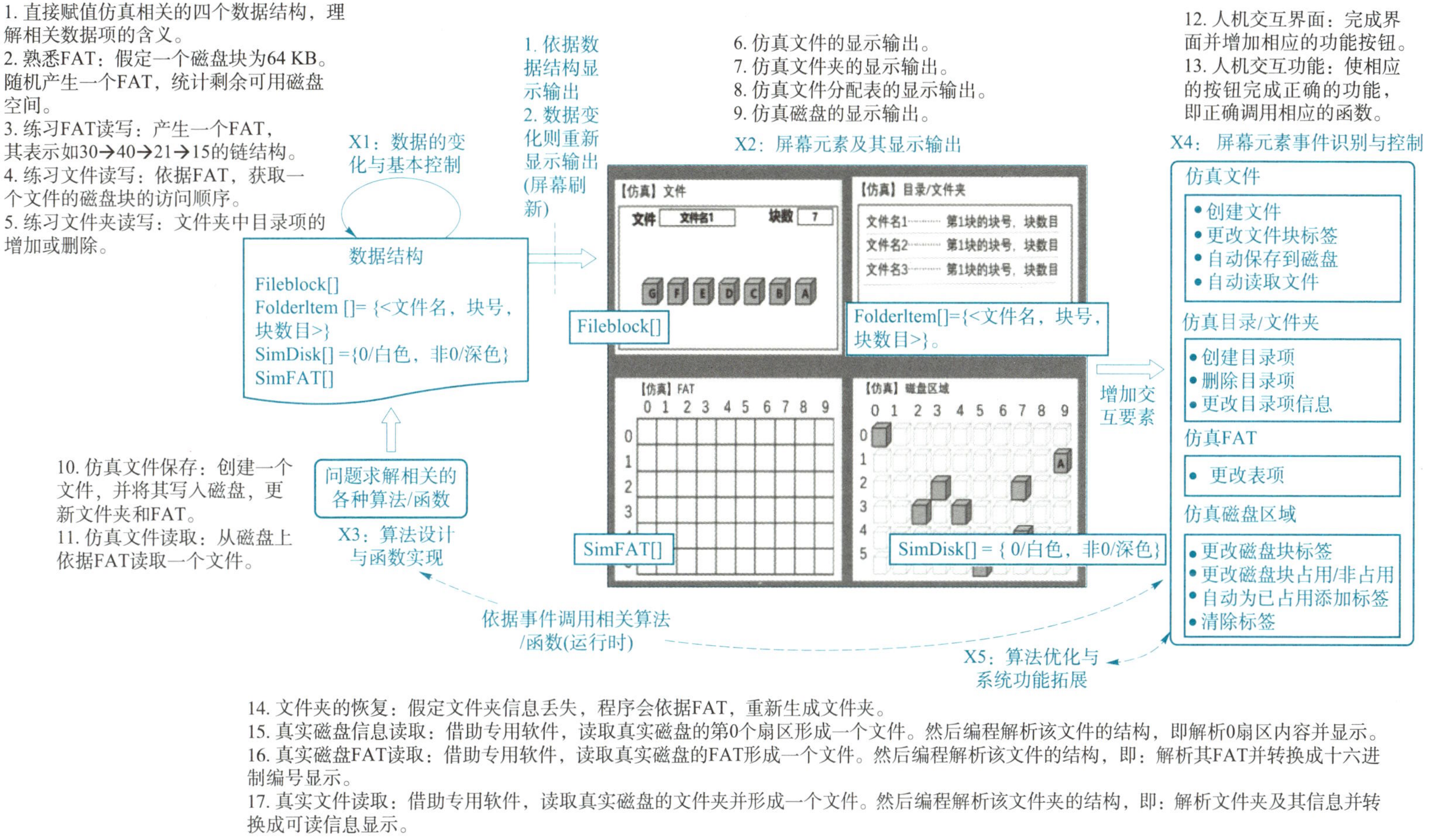

图 7.4 磁盘管理与文件存取仿真项目开发总体思路图

程序不涉及界面显示。X2依据X1产生的数据，将Fileblock、FolderItem、SimDisk和SimFAT输出到屏幕上的四个区域，即文件区、目录/文件夹区、FAT区和磁盘区域。其中文件以多个立方块及其次序来表示一个文件需要占用多个磁盘块。目录/文件夹以一行行列表信息形式显示文件相关的信息。FAT以表格形式显示对应磁盘块的下一个磁盘块的编号，磁盘块则以立方块的形式显示磁盘块。此部分仅依据数据结构进行输出显示，不涉及逻辑处理。X3能够完成完整的文件创建、保存磁盘、填写FAT、更新文件夹等相关的程序。此部分不涉及界面，仅对数据结构进行操作。X4是交互式界面要素的设计，参见图7.4，以便允许用户控制文件的产生、用户修改文件表的表项、用户修改磁盘块的标签、用户修改文件夹的文件信息。此部分仅涉及界面，但调用X1、X3、X5中的函数。X5是高级文件存储算法的实现。最终开发的程序可以由用户交互式操作（无须编写程序）来模拟体验化整为零与还零为整的管理细节。

7.2.2 项目涉及的类库资源

本项目中使用的类库如下所示。请在后面的源程序文件的起始部分放入相关的语句。

```
import re
import tkinter as tk
from math import sin,cos,pi
from tkinter import scrolledtext
import numpy as np
import copy
import random
from PIL import Image,ImageTk
import read_bin
from files_sys_sim import*
```

7.2.3 项目主要函数调用关系图与项目输出界面演进图

项目主要函数调用关系图如图7.5所示。项目输出界面演进图如图7.6所示。

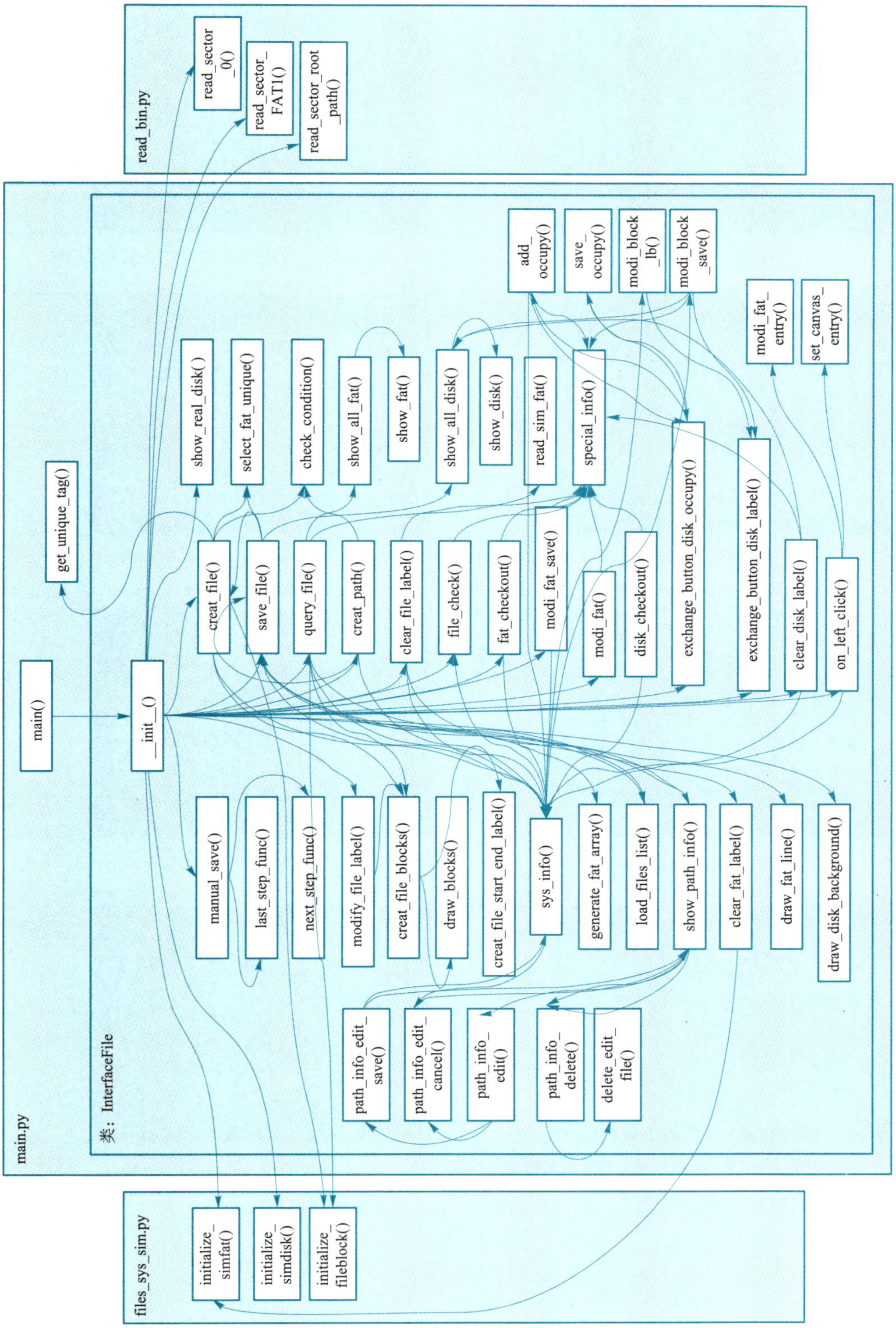

图 7.5　主要函数调用关系图

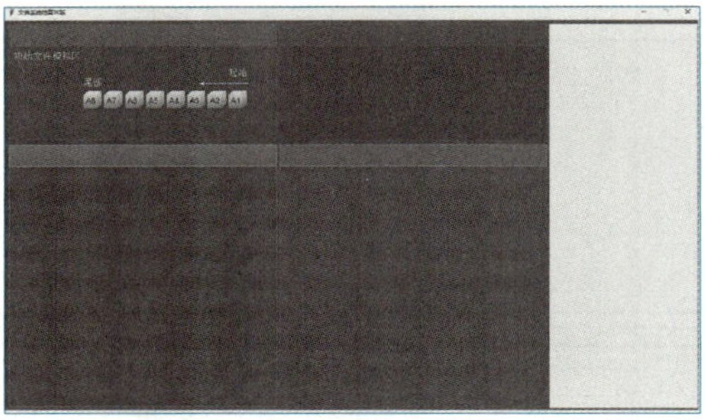

(a) 以立方块仿真一个文件

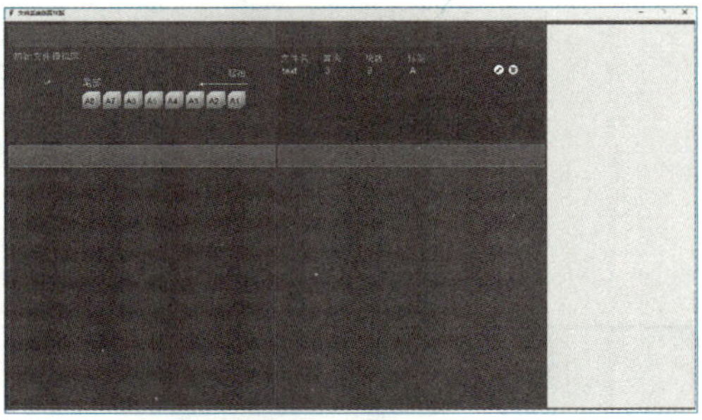

(b) 以列表一行仿真文件夹的一条文件信息

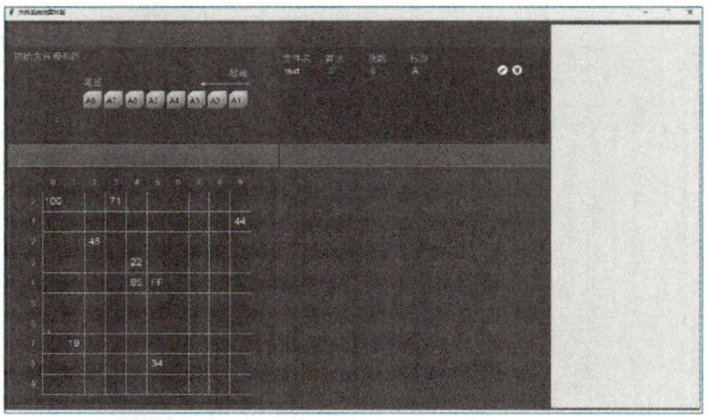

(c) 以表格仿真文件分配表FAT

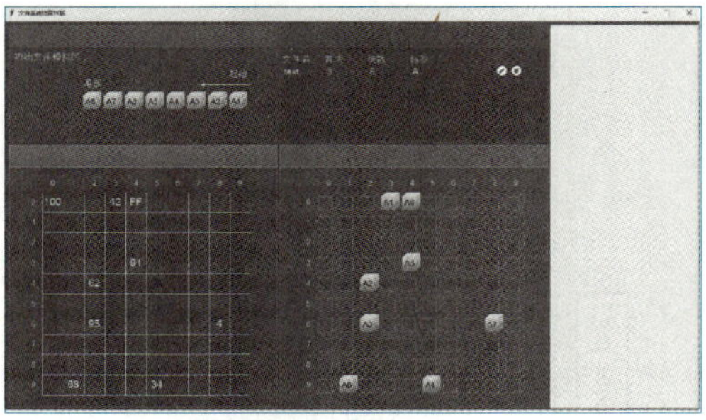

(d) 以立方块仿真磁盘块

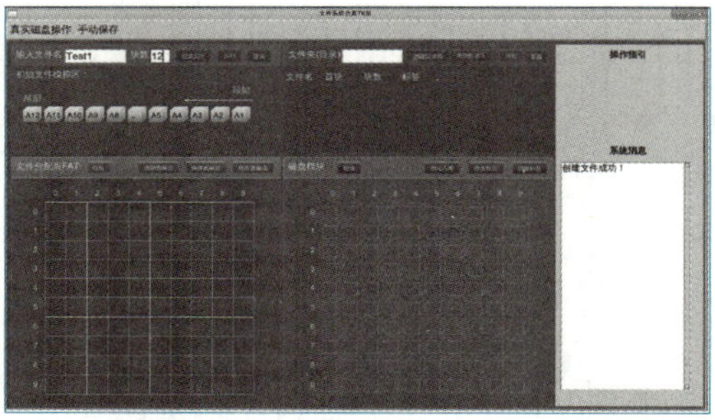

(e) 用户交互控制要素的实现

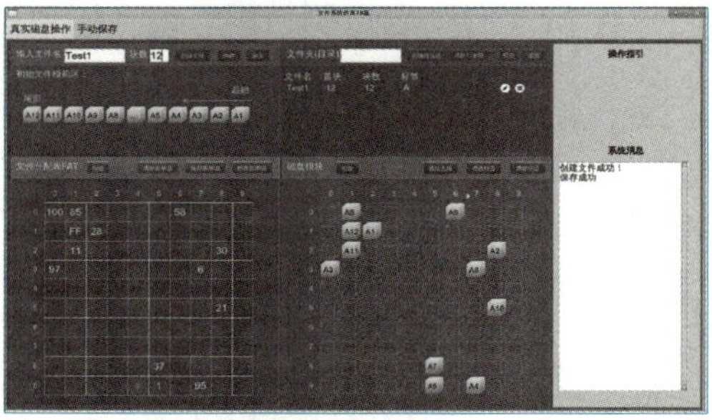

(f) 自动保存文件(涉四个区域)

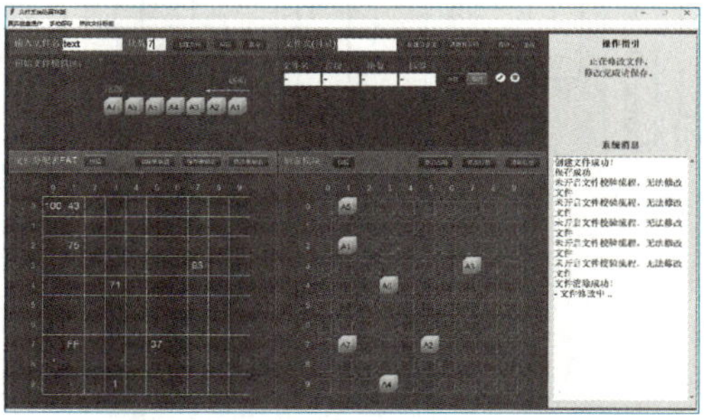

(g) 用户手动修改文件夹信息和文件分配表

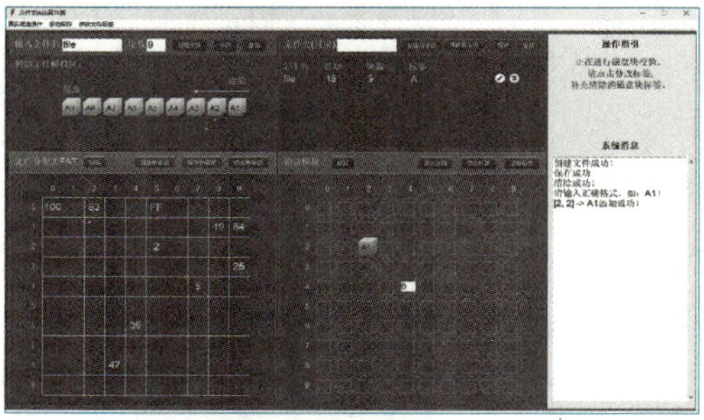

(h) 用户手动修改磁盘块标签

图 7.6　项目输出界面演进图

7.3 数据的变化与基本控制：X1-数据结构

【编程 7.1】编制程序：对仿真相关的四个数据结构赋值。

【目的及编程说明】读者通过编程 7.1 可训练利用循环对数组的控制能力，同时理解仿真相关的四个数据结构的作用，其中：

Fileblock [] ——用于仿真文件，其保存一个文件被拆分的数据块，数组元素的次序即为数据块的先后次序，Fileblock [] 的不同标签值代表不同的文件内容。

FolderItem [] ——用于仿真目录 / 文件夹，其保存整个目录，一个目录项包括三项内容，即文件名、该文件第一个数据块在磁盘上的存储块号、该文件所包含的数据块数目。

SimDisk [] ——用于仿真磁盘区域，其保存整个磁盘，其值为 0 则表示该磁盘块未被占用（显示空白），其值为非 0（某一标签）则表示该磁盘块被某个文件块所占用。

SimFAT [] ——用于仿真文件分配表，其保存整个文件分配表，其值为 0 则表示该表项所对应的磁盘块未被占用（显示空白），其值为非 0（1~99 的某个数字）则表示该值所对应的磁盘块为该文件的下一个数据块，其值为 FF 则表示本磁盘块是该文件的最后一个磁盘块。SimFAT [0] 始终等于 100（特殊磁盘块）。

【程序编写】

函数： get_unique_tag()，initialize_fileblock()。
输入： 数据块数与数据块标签。
输出： 仿真文件。

```
blocks_label_set=set()
def get_unique_tag():                                # 获取唯一字母标签
  for ascii_code in range(65,91):
    character=chr(ascii_code)
    if character not in blocks_label_set:
      blocks_label_set.add(character)
      return character
def initialize_fileblock(block_num,code):            # 产生文件的仿真数据块
  Fileblock=[]
  for n in range(int(block_num)):
    Fileblock.append(f"{code}{n+1}")
  if code=="Z":blocks_label_set.clear()
  return Fileblock
```

函数： initialize_folderitem()。
输入： 无。
输出： 仿真目录 / 文件夹。

```
def initialize_folderitem():                       # 产生文件夹的一个条目信息
    FolderItem=[]
    for i in range(3):
        name=f"f{i}"
        first=random.randint(1,100)
        block_num=random.randint(1,11)
        item=[name,first,block_num]
        FolderItem.append(item)
    return FolderItem
```

函数： initialize_simdisk(), initialize_simfat()。
输入： 无。
输出： 空的仿真磁盘区域与仿真文件分配表。

```
def initialize_simdisk():
    SimDisk=[[0]*10 for_in range(10)]   # 产生磁盘数据块
    return SimDisk
def initialize_simfat():
    SimFAT=[[0]*10 for_in range(10)]    # 产生 FAT 数据项
    SimFAT[0][0]=100
    return SimFAT
```

【编程 7.2】编制程序：假定一个磁盘块大小为 64 KB。随机产生一个 FAT，统计剩余可用磁盘空间。

【目的及编程说明】读者通过编程 7.2 可熟悉 SimFAT 的操作。随机给 SimFAT 赋值{0~99 和 FF}，统计 SimFAT [] 值为 0 的个数，乘以磁盘块的空间大小就是剩余可用磁盘空间。

【程序编写】

函数： count_available_space()。
输入： sim_fat[]。
输出： sim_fat[] 磁盘剩余空间大小。

```
BLOCK_SIZE=64            # 假设一个磁盘块大小为 64KB(以字节为单位)
NUM_ENTRIES=10           # 初始化 SimFAT 元素长度,为 10 则是 100 块磁盘块
sim_fat=[[0]*NUM_ENTRIES for_in range(NUM_ENTRIES)]
```

```
for i in range(1,len(sim_fat)):                # 构造操作数组的操作
  for j in range(1,len(sim_fat)):
    if random.randint(1,10)>3:                  # 模拟 40% 概率的填入率
      sim_fat[i][j]=random.choice([f"{n:02}"for n in range(100)]+['FF'])
                                                #FAT 随机填写
def count_available_space(sim_fat):             # 计算剩余可用空间
  num_available_blocks=sum(row.count(0)for row in sim_fat)  # 统计为 0 的块
  return num_available_blocks*BLOCK_SIZE
```

【编程 7.3】编制程序：产生一个 FAT，其表示如 30 → 40 → 21 → 15 → 20 的链结构。

【目的及编程说明】读者通过编程 7.3 可熟悉 SimFAT 的操作：SimFAT 的第 i 项即 SimFAT [i] 保存其指向的下一个磁盘块号 j，即 SimFAT [i] =j。链结构的最后一项 SimFAT [20] = FF。

【程序编写】

函数： generate_chain_structure()。
输入： 无。
输出： FAT。

```
def generate_chain_structure():
  sim_fat=["0"]*BLOCK_NUM                       # 文件块的大小
  used_blocks={"00",FIRST_BLOCK}                # 用于存储已经被占用的块位置，且预
                                                  置 00 块和第一块为已占用状态
  for i in range(len(sim_fat)-1):
    while True:
      location=random.randint(0,99)
      if location not in used_blocks:           # 防止已经被占用的块被重新占用
        sim_fat[i]=location
        used_blocks.add(location)               # 添加到已占用块集合
        break
  sim_fat[-1]=LAST_BLOCK
  chain_structure=[]                            # 链结构
  for i,value in enumerate(sim_fat):
    if i==0:item={FIRST_BLOCK:value}            # 构建链结构
    else:item={sim_fat[i-1]:value}              # 构建链结构
    chain_structure.append(item)
  return chain_structure
```

【编程 7.4】编制程序：依据 FAT，获取一个文件的磁盘块的访问顺序。

【目的及编程说明】读者通过编程 7.4 可熟悉 SimFAT 的操作：SimFAT 的第 i 项即 SimFAT [i] 保存其指向的下一个磁盘块号 j，即 SimFAT [i] = j。链结构的最后一项 SimFAT [20] = FF。

【程序编写】

函数： get_disk_block_order()。
输入： SimFAT[]，文件的第一个磁盘块号。
输出： disk_order。

```
def get_disk_block_order(sim_fat_chain,start_block):
  disk_order=[start_block]
  current_block=start_block                  #当前块
  while current_block!="FF":                 #当前块不是FF时
    next_block=None
    for item in sim_fat_chain:               #item是字典
      if current_block in item:
        next_block=item[current_block]       #当前键的值是下一个块的键
        break
    if next_block is None:                   #当没有下一个块时退出循环
      break
    disk_order.append(next_block)            #添加下一个块
    current_block=next_block                 #更新当前块
  return disk_order
```

【编程 7.5】编制程序：文件夹中目录项的增加或删除。

【目的及编程说明】读者通过编程 7.5 可熟悉 FolderItem 表的操作：插入一个目录项、检索一个目录项、删除一个目录项。

【程序编写】

类： Folder。
输入： 文件目录。
输出： 实现对 FolderItem 表的查、增、删。

```
class Folder:
  def __init__(self):
    self.folder_items=[]
  def insert_folder_item(self,file_name,first_block,num_blocks):
                                                      #插入一个目录项
    item={"file_name":file_name,"first_block":first_block,"num_blocks":
num_blocks}
    self.folder_items.append(item)
```

```
    return item
  def retrieve_folder_item(self,target_name):           # 检索一个目录项
    for item in self.folder_items:
      if item["file_name"]==target_name:return item
    return None
  def delete_folder_item(self,target_name):             # 删除一个目录项
    for item in self.folder_items:
      if item["file_name"]==target_name:
        self.folder_items.remove(item)
        return True
    return False
  def print_folder_items(self):
    for item in self.folder_items:
      print(f"File:{item['file_name']}-First Block:{item['first_
block']}-Num Blocks:{item['num_blocks']}")
```

7.4 屏幕元素及其显示输出：X2-可视化输出

仿真输出界面的程序文件如下所示，其中定义了一个类 Interfacefile，在类内定义了一系列函数，包括初始化函数以及后续编程任务中的一些函数。

```
import re;import tkinter as tk;from math import sin,cos,pi
from tkinter import scrolledtext;import numpy as np
from PIL import Image,ImageTk;import read_bin; from files_sys_sim
import*
file_name_set=set()                    # 文件项的唯一集合
blocks_label_set=set()                 # 文件标签的唯一集合
class InterfaceFile:
  def __init__(self,root:tk.Tk):
    self.current_step=None             # 当前步骤
    self.file_modi_tag=False           # 文件修改状态
    self.sim_fat_copy=None             # 仿真 FAT 复制临时列表,用于校验
    self.sim_file_copy=None            # 仿真文件复制临时列表,用于校验
    self.ex_disk_oc=True               # 交替显示保存占用和添加占用标志
    self.ex_disk_la=True               # 修改保存标签和清除标签的标志
    self.sim_disk_copy=None            # 磁盘复制临时列表,用于校验
    self.block_modi_tag=False          # 磁盘块修改标志置为否
    self.block_modi_lb=None            # 磁盘块标签值初始化
```

```
    self.old_key=None                  # FAT 上一次的记录值
    self.fat_modi_num=None             # 打开下一个 FAT 单元格之前的修改数值
    self.fat_modi_tag=False            # 修改状态标签，为 True 时进入修改状态
    self.clear_tag=True                # 清除标签，让标签清理和 fat 清理操作互斥
    self.check=None                    # 检查磁盘条件
    self.code=None                     # 当前磁盘块标签字母
    self.creating=True                 # 正在创建的状态
    self.SimFAT=initialize_simfat()              # SimFAT 初始化
    self.SimDisk=initialize_simdisk()            # SimDisk 区域初始化
    self.FolderItems=[]                # 文件项存储
    self.fat_unique_set={0}         # FAT 去重集合，防止在一个位置建立多个磁盘块
    self.root=root                     # 根窗口
    self.canvas_width=1440;self.canvas_height=830    # 画布大小
    self.root.geometry(f'{self.canvas_width}x{self.canvas_height}')
                                       # 设置窗口大小
    self.root.title("文件存储仿真 TK 版")                    # 设置窗口标题
    self.canvas=tk.Canvas(root,width=self.canvas_width,height=self.
canvas_height,bg="white")
    self.canvas.pack(fill="both",expand=True)            # 填充整个窗口
    self.fat_table_position_mapping=dict()     # FAT 表位置 - 序号映射字典
    self.blocks_position_mapping=dict()        # 磁盘块位置 - 序号映射字典
    self.info_text=scrolledtext.ScrolledText(self.canvas_child,
wrap=tk.WORD,width=25,height=24)                         # 创建滚动文本框
    self.info_text.place(x=10,y=265)
    self.info_text.config(font=("Arial",14))
    self.photo_fk3=self.image_transition("img/fk3.png")
                                               # 黄色方块，创建文件用
    self.photo_fk1=self.image_transition("img/fk1.png")
                                               # 透明位置方块，提供棋盘
    self.photo_fk2=self.image_transition("img/fk2.png")
                                       # 灰色方块，代表未选择方块，或者占用方块
    self.draw_fat_line()               # 显示 FAT 空框架
    self.draw_disk_background()        # 显示磁盘块空框架
```

文件存储仿真程序输出界面如图 7.7 所示。下列编程任务将逐一实现该界面的每个部分。

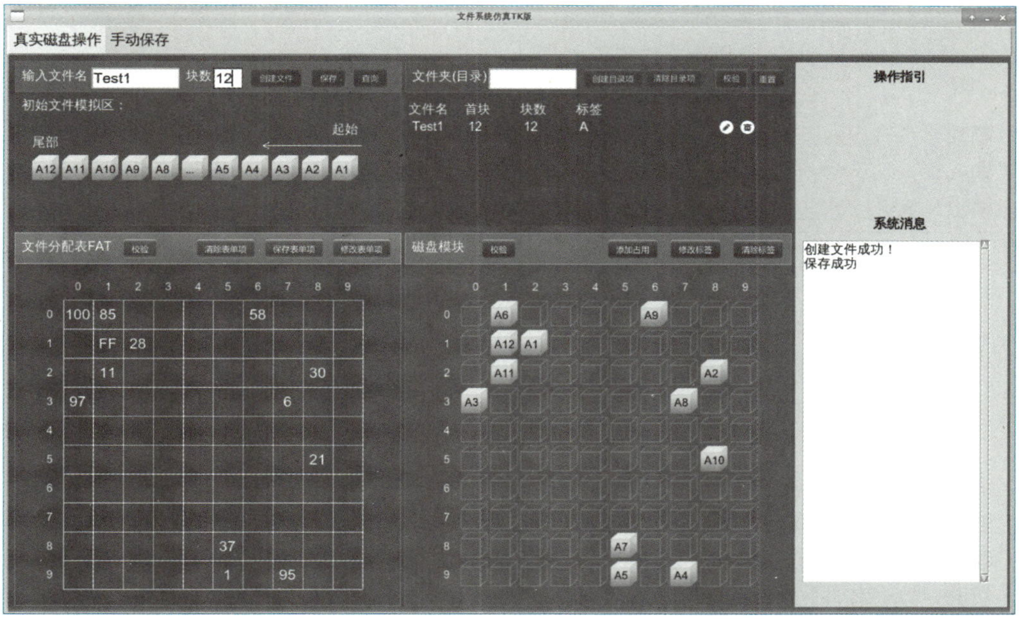

图 7.7 磁盘与文件存取仿真程序输出界面示意图

【编程 7.6】编制程序：仿真文件的显示输出。

【目的及编程说明】读者通过编程 7.6 可熟悉仿真文件的显示输出。依据 Fileblock [] 的值，计算数据块数，每个数据块用立方体显示，并按次序标记文件数据块的标签。输出界面参见图 7.7 左上角部分。

【程序编写】在 InterfaceFile 类中增加函数 creat_file ()、select_fat_unique ()、check_condition ()、creat_file_block ()、creat_draw_blocks ()、creat_file_start_end_label ()。

函数： InterfaceFile.creat_file()。
输入： 文件块数。
输出： 界面输出显示立方体块。

```
def creat_file(self,file_name=None,f_block=None,block_num=None):
  if not file_name:file_name=self.file_name_label.get()
  if not block_num:block_num=self.blocks_num_label.get()
  if not f_block:f_block=self.select_fat_unique()   #获取首个磁盘块的地址
  self.check=self.check_condition(file_name,f_block,block_num)
                                        #执行数据合规检查
  if self.check:                        #合规时执行
   if self.creating:                    #初始时获取字母
    self.code=get_unique_tag()
    self.creating=False                 #获取后除非触发保存，下次创建不更新字母
   file_label=initialize_fileblock(block_num,self.code)
   self.canvas.delete("fk3")            #新创建文件前执行一次删除
```

```
    self.creat_file_blocks(file_label)
    self.sys_info("创建文件成功！ ")
```

函数： InterfaceFile.select_fat_unique()。
输入： 无。
输出： 随机且不与其他已占用块重复的磁盘块编号。

```
def select_fat_unique(self):
  while True:                              # 确保每次不同的字符被选中
    unique_num=random.randint(0,99)
    if unique_num not in self.fat_unique_set: return unique_num
    if len(self.fat_unique_set)>=100: return None
```

函数： InterfaceFile.check_condition()。
输入： 文件名，首块磁盘块，磁盘数量。
输出： True。
功能： 防止出现不符合逻辑的情况。

```
def check_condition(self,file_name,start_block_num,block_num):
                                                # 检查创建和保存条件
  for row in self.SimFAT:                       # 更新唯一 SimFAT
    self.fat_unique_set.update(row)
  if 'FF' in self.fat_unique_set:               # 判断磁盘空间时,排除非位置字符
    self.fat_unique_set.remove('FF')
  self.fat_unique_set.remove(100)               # 判断需要删除 100 这个非位置值
  if self.clear_tag:
    if file_name!=""and block_num!="":          # 文件名和块数不为空才能保存
     if block_num.isdigit():                    # 填入块数为正整数才能保存
      if file_name not in file_name_set:        # 文件名不重复才能保存
       if len(self.fat_unique_set)+int(block_num)<=100:
        if start_block_num:
         if int(start_block_num)not in self.fat_unique_set:
          return True
         else:self.sys_info("首块位置已被占用！")
        else:self.sys_info("磁盘已满！")
       else:self.sys_info("磁盘空间不足！")
      else:self.sys_info("文件名不能重复！")
    else:self.sys_info("请输入正整数！")
   else:self.sys_info("文件名或块数不能为空！")
  else:
   if self.fat_modi_tag:self.sys_info("正在执行 FAT 修改任务！\n 请完成
FAT 校验后再进行操作！")
   elif self.block_modi_tag:
     self.sys_info("正在执行磁盘块修改任务！\n 请完成磁盘块校验后再进行操作！")
```

函数： InterfaceFile.creat_file_block()。
输入： 块数。
输出： 显示立方体块。

```
def creat_file_blocks(self, list: list):
  left_x=465; left_y=150; side=43; tags="fk3"; n=len(list)
  if n <=11:
     for i in range(n):
       x=left_x-i*side; y=left_y
       self.draw_blocks(x,y,tags,f"{list[i]}")
       self.creat_file_start_end_label(i,n,left_x,left_y,side,tags)
  else:
     end_i=n-5                          # 取最后 5 块
     for i in range(n):
       x=left_x-i*side; y=left_y
       self.creat_file_start_end_label(i,11,left_x,left_y,side,tags)
       if i<5: self.draw_blocks(x,y,tags,f"{list[i]}")
       elif i==5: self.draw_blocks(x,y,tags,"...")
       elif i<11:
          self.draw_blocks(x,y,tags,f"{list[end_i]}")
          end_i+=1
```

函数： InterfaceFile.creat_draw_blocks()。
输入： 立方体左上角坐标 x、y，画布立方体的标签 tags（快速定位同组标签用于从画布删除携带该标签的画布元素），磁盘块标签 label_block，控制标签能否被删除 label_ctrl，立方体底图 image。
输出： 代表磁盘块的一个立方体。

```
def draw_blocks(self,x,y,tags,label_block,label_ctrl=None,image=
None):                                   # 文件方块和文字
  if not image:
   image=self.photo_fk3
  self.canvas.create_image(x,y,anchor=tk.NW,image=image,tags=tags)
  if label_ctrl:
   tags=label_ctrl
  self.canvas.create_text(x+5,y+12,anchor=tk.NW,text=label_block,
                       font=("Arial",12),tags=tags)
```

函数： InterfaceFile.creat_file_start_end_label()。
输入： 文件首块 i，文件尾块 n，第一块磁盘块左上角坐标 left_x 和 left_y，磁盘块边长 side，画布元素标签 tags。
输出： 起始和尾部标签组件。

```
def creat_file_start_end_label(self,i,n,left_x,left_y,side,tags):
```

```
                                        # 创建起始和尾部标签组件
  if i==0:
    self.canvas.create_text(left_x,left_y-50,anchor=tk.NW,text="起始",
font=("Arial",14),fill="white",tags=tags)
    offset=15                           # 箭头外扩端点偏移量
    end_x=left_x+side-n*side*0.3        # x 轴线段从右结束点到左结束点的 x 值
    self.canvas.create_line(left_x+side,left_y-offset,end_x,left_
y-offset,fill="white",arrow=tk.LAST,tags=tags)
  if i==n-1:
    self.canvas.create_text(left_x-i*side,left_y-30,anchor=tk.
NW,text="尾部",font=("Arial",14),fill="white",tags=tags)
```

【编程 7.7】编制程序：仿真文件夹的显示输出。

【目的及编程说明】读者通过编程 7.7 可熟悉仿真文件夹的显示输出。依据 FolderItem[] 的值，计算目录项数，每个目录项在一行显示。输出界面参见图 7.7 右上角部分。

【程序编写】在 InterfaceFile 类中增加函数 show_path_info ()、set_canvas_button ()。

函数： InterfaceFile.show_path_info()。
输入： FolderItem[]。
输出： 界面输出显示列表形式的目录项。
注意： 此匿名函数 lambda n=i,x=start_x,y=start_y:self.path_info_edit(n,x,y) 为动态生成与按钮的关联函数，此处暂用 None 代替（未关联任何函数）。

```
def show_path_info(self,FolderItems=None):      # 显示文件目录信息
  self.canvas.delete("creat_path")              # 画新图前元素清空
  if not FolderItems:FolderItems=self.FolderItems
  start_x=580; start_y=96; tags="creat_path"; word_high=26     # 字高
  self.path_delete_image=self.image_transition("img/删除.png")
  self.path_edit_image=self.image_transition("img/编辑.png")
  for i,item in enumerate(self.FolderItems):
    item=[str(n)for n in item]
    text="\t".join(item)                        # 制表符加工
    if start_y+i*word_high<250:                 # 超出范围限制显示
      self.canvas.create_text(start_x,start_y+i*word_high,anchor=
tk.NW,text=text,font=("Arial",14),fill="white",tags=tags)
      self.set_canvas_button([start_x+440,start_y+i*word_high],self.
path_edit_image,lambda n=i,x=start_x,y=start_y:self.path_info_edit
(n,x,y),tags,bg="#434FC5")
      self.set_canvas_button([start_x+470,start_y+i*word_high],self.
path_delete_image,lambda n=i:self.path_info_delete(n),tags,bg="#434FC5")
  else:
    self.sys_info("文件显示将溢出");break
```

函数： InterfaceFile.set_canvas_button()。
输入： 坐标点 button_pot，坐标图像 button_photo，关联函数 command，元素标签 tags，按键背景 bg。
输出： 按钮对象。

```
def set_canvas_button(self,button_pot,button_photo,command,tags=None,bg="#3E97C1"):
  button=tk.Button(self.canvas,image=button_photo,command=command,bd=0,relief="raised",highlightthickness=0,compound="center",bg=bg,activebackground=bg)
  self.canvas.create_window(button_pot,anchor="nw",window=button,tags=tags)
  return button
```

【编程 7.8】编制程序：仿真文件分配表的显示输出。

【目的及编程说明】读者通过编程 7.8 可熟悉仿真文件分配表的显示输出。依据 SimFAT[] 的值，显示 FAT。输出界面参见图 7.7 左下角部分。

【程序编写】在 InterfaceFile 类中增加函数 show_all_fat()、show_fat()、draw_fat_line()。

函数： InterfaceFile.show_all_fat()。
输入： 无。
输出： 界面输出显示表格形式的 FAT。

```
def show_all_fat(self):
  self.canvas.delete("fat_tag")
  for i in range(10):
    for n in range(10):
      self.show_fat(i,n)
```

函数： InterfaceFile.show_fat()。
输入： 行数 row，列数 column，最大边长 length_side。
输出： 显示行、列位置的 FAT 表值。

```
def show_fat(self,row,column,length_side=430):              # 映射显示 FAT
  tags="fat_tag"; side_half=length_side//20     # 每行和每列的间隔距离的一半
  num=self.SimFAT[row][column]
  if num!=0:
   x=self.fat_table_position_mapping[row,column][0]+side_half
   y=self.fat_table_position_mapping[row,column][1]+side_half
   self.canvas.create_text(x,y,anchor=tk.CENTER,text=num,font=("Arial",16),fill="white",tags=tags)
```

函数： InterfaceFile.draw_fat_line()。
输入： 右上角第一个 FAT 格坐标 left_top_point，总边长 length_side。
输出： 返回 FAT 总行、列和显示坐标的映射字典。
功能： 显示行、列位置的 FAT 值，并返回 FAT 总行、列和显示坐标映射字典。

```
def draw_fat_line(self,left_top_point=(80,365),length_side=430):
                                                  # FAT 框架显示
  left_x,left_y=left_top_point                    # 偏移量 x 和 y
  short_side=length_side//10                      # 每行和每列的间隔距离
  for i in range(10):                             # 坐标映射
    for n in range(10):
      x=short_side*i+left_x; y=short_side*n+left_y
      self.fat_table_position_mapping[n,i]=[x,y]
  for line in range(11):                          # 画线
    x1,x2=short_side*line+left_x,left_x; y1,y2=short_side*line+
left_y,left_y
    self.canvas.create_line(x1,left_y,x1,left_y+length_side,fill=
"white",width=1)
    self.canvas.create_line(left_x,y1,left_x+length_side,y1,fill=
"white",width=1)
  for num in range(10):                           # 画序号
    x,y=short_side*num+left_x+(short_side//2),short_side*num+
        left_y+(short_side//2)
    self.canvas.create_text(x,left_y-20,text=f"{num}",font=("Arial",
12),anchor="center",fill="white")
    self.canvas.create_text(left_x-20,y,text=f"{num}",font=("Arial",
12),anchor="center",fill="white")
  return self.fat_table_position_mapping
```

【编程 7.9】编制程序：仿真磁盘的显示输出。

【目的及编程说明】读者通过编程 7.9 可熟悉仿真磁盘的显示输出。依据 SimDisk [] 的值，显示磁盘块。输出界面参见图 7.7 右下角部分。

【程序编写】在 InterfaceFile 类中增加函数 show_all_disk ()、show_disk ()、draw_disk_background ()。

函数： InterfaceFile.show_all_disk()。
输入： 无。
输出： 显示立方体形式的磁盘块。

```
def show_all_disk(self):                          # 显示所有磁盘块
  self.canvas.delete("fat_disk");self.canvas.delete("label_disk")
  for i in range(10):
    for n in range(10):
```

```
        self.show_disk(i,n)
```

函数： InterfaceFile.show_disk()。
输入： 行数 row，列数 column，颜色标签 color_tag。
输出： 显示立方体形式的磁盘块。

```
def show_disk(self,row,column,color_tag=None):        # 映射显示单个磁盘块
    tags="fat_disk"; text=self.SimDisk[row][column]
    if text!=0:
      x=self.blocks_position_mapping[row,column][0]+1
      y=self.blocks_position_mapping[row,column][1]+1
      if color_tag:self.draw_blocks(x,y,tags,text,"label_disk",self.
photo_fk3)
    else:self.draw_blocks(x,y,tags,text,"label_disk",self.photo_fk2)
```

函数： InterfaceFile.draw_disk_background()。
输入： 左上角坐标元组 left_top_point，总边长 length_side。
输出： 显示立方体形式的磁盘块。

```
def draw_disk_background(self,left_top_point=(650,365),length_
side=430):
    """ 创建磁盘块图例,并返回每个磁盘块的序号位置映射关系 """
    left_x,left_y=left_top_point          # 偏移量 x 和 y
    short_side=length_side//10            # 每行和每列的间隔距离
    for i in range(10):
        for n in range(10):
            x,y=short_side*i+left_x,short_side*n+left_y
            self.canvas.create_image(x,y,anchor=tk.NW,image=self.photo_fk1)
            self.blocks_position_mapping[n,i]=[x,y]      # 保存每个磁盘块的序
                                                          号位置映射关系
    for num in range(10):
        i=num
        x1,x2=short_side*i+left_x+(short_side//2),left_x-20
        y=short_side*i+left_y+(short_side//2)
        self.canvas.create_text(x1,left_y-20,text=f"{num}",font=("Arial",
12),anchor="center",fill="white")
        self.canvas.create_text(x2,y,text=f"{num}",font=("Arial",12),
anchor="center",fill="white")
    return self.blocks_position_mapping
```

7.5　算法设计与函数实现：X3-基本算法

【编程 7.10】编制程序：仿真“创建一个文件，并将其写入磁盘，更新文件夹和 FAT”。

【目的及编程说明】读者通过编程 7.10 可熟悉文件在磁盘的完整存储过程及化整为零的管理思维。(1) 给定块数 n，自动创建一个 n 块的文件，命名为“文件名 1”，并将 n 个数据块的标签记为 A1～An，写入 Fileblock [ ]；(2) 搜索 SimFAT，获得一个未被占用的磁盘块号 Bstart，将 <“文件名 1”，块号 Bstart，块数 n> 插入 FolderItem [ ]；(3) 将文件的第一个数据块写入磁盘的第 Bstart 块，即 SimDisk [Bstart] = Fileblock [1]，Fnext = 2；Bcurrent = Bstart，重复下述过程“搜索 SimFAT，获得一个未被占用的磁盘块号 Bnext，将文件的下一个数据块 Fnext 写入第 Bnext 号磁盘块，即 SimDisk [Bnext] = Fileblock [Fnext]，将 Bnext 写入 SimFAT [BCurrent]，Bcurrent = Bnext，Fnext = Fnext + 1；直到文件的最后一个数据块被写入第 p 块磁盘”，SimFAT [p] = “FF” 标记结束。

【程序编写】在 InterfaceFile 类中增加函数 save_file ( )、generate_fat_array ( )、load_files_list ( )。

函数： InterfaceFile.save_file()。
输入： 文件名 file_name，首块磁盘块地址 f_block，磁盘块数 blocks。
输出： 无。
功能： 调用 creat_file 显示文件，生成 FAT，将信息保存到文件夹，并正确显示。

```
def save_file(self,file_name=None,f_block=None,blocks=None):
  if file_name:file_name=file_name
  else:file_name=self.file_name_label.get()
  if blocks:blocks=blocks
  else:blocks=self.blocks_num_label.get()
  if self.creating:                          # 如果保存时没有创建,则先创建
   self.creat_file(file_name,f_block,blocks) # 保存的同时执行创建
  if self.check:                             # 如果还有空间
   if f_block:f_block=int(f_block)
   else:f_block=self.select_fat_unique()
   fat_arr=self.generate_fat_array(f_block,int(blocks))     # 生成 FAT
   self.FolderItems.append([file_name,f_block,blocks,self.code])
                                             # 添加到文件夹
   file_name_set.add(file_name)              # 添加唯一性文件名集合
   self.fat_unique_set.update(fat_arr)       # 将占用的磁盘位置信息添加到唯一
                                               集合,防止重复取数
   self.load_files_list(fat_arr,self.code)   # 根据 FAT 向磁盘装载文件数据
                                               并显示
   self.show_path_info()                     # 保存后显示文件夹
```

```
    self.creating=True                          # 上一次保存执行完成后才能开始
                                                  二次执行
    self.sys_info("保存成功")
```

函数： InterfaceFile.generate_fat_array()。
输入： 首块磁盘块地址 first_block，磁盘块数 block_num。
输出： FAT。
功能： 生成不重复的文件 FAT。

```
def generate_fat_array(self,first_block:int,block_num:int):
                                          # 随机生成 FAT 文件列表
  fat_arr=[first_block]
  self.fat_unique_set.update(fat_arr)
  for i in range(block_num-1):
    while True:
      num=random.randint(1,99)
      if len(self.fat_unique_set)>=101:
        num=None
        break
      if num not in self.fat_unique_set:
        self.fat_unique_set.add(num)
        break
    if num:fat_arr.append(num)
    else:break
  return fat_arr
```

函数： InterfaceFile.load_files_list()。
输入： 文件 FAT fat_ls，磁盘块元素标签 block_label。
输出： 无。
功能： 向磁盘数据结构写入 FAT，并调用函数显示。

```
def load_files_list(self,fat_ls,block_label="default"):
                                          # 生成 FAT 和磁盘
  self.show_all_disk()                    # 更新磁盘显示
  for i,value in enumerate(fat_ls):
    row=value//10
    column=value%10
    if block_label=="default":block_label=self.SimDisk[row][column]
[0]
    if i<len(fat_ls)-1:self.SimFAT[row][column]=fat_ls[i+1]
    else:self.SimFAT[row][column]="FF"
    self.SimDisk[row][column]=f"{block_label}{i+1}"
    self.show_disk(row,column,True)  # 最后创建颜色才为黄色
  self.show_all_fat()                     # 更新 FAT 显示
```

【编程 7.11】编制程序：仿真“从磁盘上读取一个文件”。

【目的及编程说明】读者通过编程 7.11 可熟悉文件在磁盘的完整存储过程及还零为整的管理思维。(1) 给定一个文件名如“文件名 1”，搜索 FolderItem，找到该目录项 <“文件名 1”，块号 j，块数 n>；(2) 自动创建一个 n 块的文件，命名为“文件名 1”，并将 n 块的标签设为空白；(3) 读取磁盘第 j 块作为文件的第 1 个数据块，即 Fileblock [1] = SimDisk [j]；设置 Bcurrent = j；Fnext = 2；重复下述过程：搜索 SimFAT，获得下一个磁盘块号，即 Bnext = SimFAT [Bcurrent]，读取第 Bnext 号磁盘块作为文件的下一个数据块，即 Fileblock [Fnext] = SimDisk [Bnext]；Bcurrent = Bnext；Fnext = Fnext + 1；直到 Bnext = “FF”。

【程序编写】在 InterfaceFile 类中增加函数 query_file ()、read_sim_fat ()。

函数： InterfaceFile.query_file ()。
输入： 文件名 file_name。
输出： 无。
功能： 查询并读取一个文件的过程。

```
def query_file(self,file_name=None):           # 读取功能
  if not file_name: file_name=self.file_name_label.get()
  if file_name in file_name_set:
    for item in self.FolderItems:
      if file_name==item[0]:
        file_label=initialize_fileblock(item[2],item[3])
                                              # 通过文件块数和标签生成文件块
        self.canvas.delete("fk3");self.creat_file_blocks(file_label)
                                              # 画文件块
        self.blocks_num_label.delete(0,tk.END)           # 清空块数输入框
        block_nums=read_sim_fat(int(item[1]),self.SimFAT)
 # 通过首块 FAT 获取全部文件 FAT
        self.load_files_list(block_nums)      # 通过 FAT 加载文件
    self.sys_info(f"查询成功!")
  else: self.sys_info("文件夹中无该文件!")
```

函数： InterfaceFile.read_sim_fat ()。
输入： 文件名 file_name。
输出： 无。
功能： 通过首块位置完整获取文件 FAT 数据。

```
def read_sim_fat(first_block,simfat):通过首块查找 FAT"""
  block_nums=[]; block_nums.append(first_block) # 创建一个空列表来存储块号
  while True:
    row=first_block//10;clown=first_block%10;b_num=simfat[row][clown]
    if b_num! ="FF":
```

```
        block_nums.append(b_num); first_block=b_num    # 更新 first_block
                                                         以继续查找下一个块
    else: break
  return block_nums
```

7.6 屏幕元素事件识别与控制：X4-人机交互

【编程 7.12】编制程序：在 7.4 节基础上，增加交互式控制按钮。

【目的及编程说明】丰富 7.4 节的界面，增加交互式控制按钮。包括：(1)【仿真】文件窗口，增加“创建文件”“更改文件块标签”“自动保存到磁盘”“自动读取文件”等按钮；(2)【仿真】文件夹窗口，增加“创建目录项”“删除目录项”“更改目录项信息”等按钮；(3)【仿真】FAT 窗口，增加“更改表项”等按钮；(4)【仿真】磁盘区域，增加“更改磁盘块标签”“更改磁盘块占用 / 非占用”“自动为已占用块添加标签”“清除标签”等按钮；(5) 增加一个综合输出框，用于输出程序产生的结果。此程序要求完成完整的界面程序。输出界面参见图 7.6 各部分界面的界面控制要素（文本框与按钮等）。

【程序编写】对 InterfaceFile 类中的已有函数进行改写。

函数： InterfaceFile.__init__()。
说明： 此功能需要在 __init__ 初始化函数的界面中补充按钮、输入框等代码。
输入： 无。
输出： 界面窗口。
功能： 界面上按钮的显示，界面的美化，达成交互功能。

```
class InterfaceFile:
  def __init__(self, root: tk.Tk):
      menubar = tk.Menu(self.root, font = ("son", 16))        # 创建菜单栏
      self.root.config(menu = menubar); file_menu = tk.Menu(menubar,
tearoff = 0)
      file_menu.configure(font = ("son", 16))
      menubar.add_cascade(label = "真实磁盘操作", menu = file_menu)
      sector_0 = read_bin.read_sector_0()
      file_menu.add_command(label = "读取磁盘文件 0 扇区", command = lambda:
self.show_real_disk("磁盘 0 扇区", sector_0))
      sector_FAT1_1 = read_bin.read_sector_FAT1()
      # 请自行完善其他读取磁盘的菜单
      modify_menu = tk.Menu(menubar, tearoff = 0); modify_menu.configure
(font = ("son", 16))
```

```
    menubar.add_cascade(label="修改文件标签",menu=modify_menu)
    modify_menu.add_command(label="修改文件标签",command=lambda:self.
modify_file_label())
    #请参考上述代码完成手动保存的菜单
    self.canvas.bind("<Button-1>",self.on_left_click)
                              #将鼠标左键单击事件绑定函数on_left_click
    background_image=Image.open("img/bg2.png")
    background_image=background_image.resize((1440,830))
    background_photo=ImageTk.PhotoImage(background_image)
    self.canvas.create_image(0,0,anchor="nw",image=background_
photo)                                         #在Canvas上显示背景图片
    foreground_image_pink=Image.open("img/pink_bg.png") #载入前景图片
    foreground_photo_pink=set_canvas_size(foreground_image_pink,"up")
    self.canvas.create_image(10,10,anchor="nw",image=foreground_
photo_pink)                                    #调整显示大小
    self.canvas.foreground_image_pink=foreground_photo_pink
                                               #防止垃圾回收
    #请自行完善其他前景图片载入代码
    x1,y1,x2,y2=1130,10,1433,819
    self.canvas_child=tk.Canvas(self.canvas);self.canvas_child.
place(x=x1,y=y1)
    self.canvas_child.config(width=303,height=809)
    self.canvas_child.create_rectangle(x1,y1,x2,y2,outline="white",
fill="white")
    image_create=Image.open("img/创建文件.png")      #按键布局
    self.photo_create=ImageTk.PhotoImage(image_create)
    self.set_canvas_button([348,20],self.photo_create,self.creat_
file,bg="#996BC7")
    #请自行完善其他按钮的代码
    self.set_canvas_button([1040,274],self.photo_clear_label,self.
clear_disk_label)
    self.file_name_label=self.set_canvas_label_entry([20,21],"输入
文件名",10,[120,20])
    self.blocks_num_label=self.set_canvas_label_entry([255,21],
"块数",3,[295,20])
    self.path_name_label=self.set_canvas_label_entry([580,21],"文
件夹(目录)",10,[690,20])
    self.canvas.create_text(20,275,text="文件分配表FAT",anchor="nw",
fill="white",font=("Arial",14))
    self.canvas.create_text(20,65,text="初始文件模拟区:",anchor="nw",
fill="white",font=("Arial",14))
    self.canvas.create_text(580,275,text="磁盘模块",anchor="nw",
fill="white",font=("Arial",14))
```

```
    self.canvas.create_text(575,70,anchor=tk.NW,text="文件名\t首块\
t块数\t标签",font=("Arial",14),fill="white",)
    self.canvas_child.create_text(150,21,text="操作指引",anchor=tk.
CENTER,fill="black",font=("son",14,"bold"))
    self.canvas_child.create_text(150,240,text="系统消息",anchor=tk.
CENTER,fill="black",font=("son",14,"bold"))
```

【编程 7.13】编制程序：在编程 7.12 基础上，使每一个交互式控制按钮都能完成正确的功能。

【目的及编程说明】正确实现：(1) 创建文件：依据用户输入的文件名、数据块数目、标签首字母（默认以“首字母+数据块序号”规则作为文件块标签），自动创建一个文件并显示输出；(2) 更改文件块标签：用户可交互改变每个文件块的标签；(3) 自动保存到磁盘：将指定文件保存到磁盘，要注意依据 Fileblock [ ]，自动修改 SimFAT [ ]、SimDisk [ ] 和 FolderItem [ ]，并相互保持一致，即要实现正确的文件存储；(4) 自动读取文件：自动将用户给定文件名的文件从磁盘中读取出来，即将 SimDisk [ ] 中属于文件的磁盘块标签按次序读入 Fileblock [ ]；(5) 创建目录项：在文件夹中增加一个目录项，并填入用户输入的文件名及相关信息；(6) 删除目录项：在文件夹中删除用户输入文件名的一个目录项；(7) 更改目录项信息：在文件夹中更改用户输入文件名的目录项相关信息，如文件名的更改、起始块的更改、块数的更改等；(8) 更改 FAT 项：填写、改变或删除 FAT 项的值；(9) 更改磁盘块标签：用户可交互地改变每个磁盘块的标签；(10) 更改磁盘块占用 / 非占用：用户交互地改变指定磁盘块的占用或非占用标记；(11) 清除标签：一次性清除所有磁盘块的标签（包含两项：一是仅清除标签，不改变占用 / 非占用标记；二是既清除标签，也清除占用 / 非占用标记）。

创建文件，自动保存，自动读取，创建目录项请参考 X2 部分。

【程序编写】在 InterfaceFile 类中增加函数 modify_file_label ()、path_info_edit_save ()、file_check ()、clear_fat_label ()、on_left_click ()、modi_fat_entry ()、set_canvas_entry ()。

函数： InterfaceFile.modify_file_label(), clear_file_label(), path_info_edit()。
输入： 无。
输出： 无。
功能： 创建一个弹窗用于修改文件块，如图 7.8 所示。

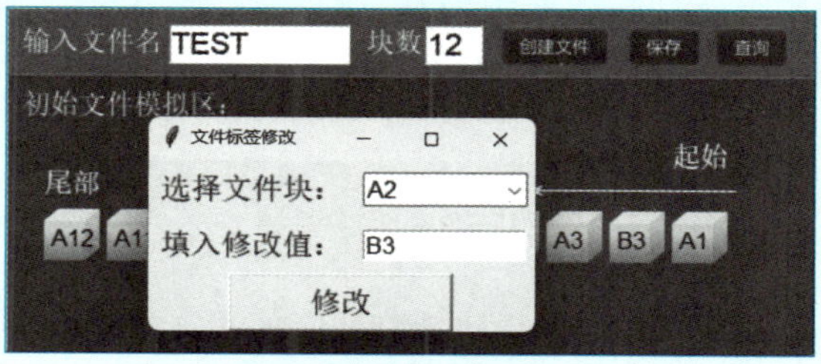

图 7.8 弹窗——修改文件块

```
def modify_file_label(self):                    # 修改文件标签
  def modify_file_label_save():
    index=self.lb.current()self.file_block_label[index]=self.n_lb.get()
    self.creat_file_blocks(self.file_block_label)
  top=tk.Toplevel(); top.title("文件标签修改")
  tk.Label(top,text="选择文件块:",font=('Arial',16)).grid(row=0,column=
0,padx=5,pady=5)
  self.lb=ttk.Combobox(top,width=10,font=('Arial',12))
  self.lb.set("还未创建文件")
  self.lb.grid(row=0,column=1,padx=5,pady=5,sticky="w")
  if self.file_block_label:
    self.lb.set(self.file_block_label[0]);self.lb.configure(values=
self.file_block_label)
    self.sys_info("请先创建文件!")
  tk.Label(top,text="填入修改值:",font=('Arial',16)). grid(row=1,column=
0,padx=5,pady=5)
  self.n_lb=tk.Entry(top,font=('Arial',12),width=12)
  self.n_lb.grid(row=1,column=1,padx=5,pady=5,sticky="w")
  tk.Button(top,text="修改",width=12,font=('Arial',16),command=modify_
file_label_save)\.grid(row=2,column=0,columnspan=2)
```

函数： InterfaceFile.clear_file_label()。

输入： 无。

输出： 无。

功能： 清除目录区域的所有显示，并且进入目录项验证状态，此时磁盘表不能进行读写操作，并且在未校验完成时无法重复清除目录项区域。

```
def clear_file_label(self):                     # 清除目录项
  global file_name_set
  if len(self.FolderItems)>0:
    if self.clear_tag:
      self.special_info("正在进行文件校验!\n 请点击目录项的铅笔图标。\n 修改
目录项。")
      self.file_modi_tag=True;self.canvas.delete("creat_path")
      self.clear_tag=False                      # 锁定文件校验状态
      if not self.sim_file_copy:
        self.sim_file_copy=copy.deepcopy(self.FolderItems)
                                                # 深复制一份原正确列表并保存
        file_name_set=set()
      t0=list()
      for i in range(len(self.FolderItems)):
        item=["-","-","-","-"]; t0.append(item)
      self.FolderItems=t0;self.show_path_info();self.sys_info("文件清
```

```
除成功！")
      else:self.sys_info("正在执行校验任务，无法清除目录项！")
    else:self.sys_info("文件夹无文件无法清除目录！")
```

函数： InterfaceFile.path_info_edit()。
输入： 目录项编号 index，x、y 为目录项的显示坐标。
输出： 无。
功能： 弹出目录项输入框和“保存”“取消”按钮，如图 7.9 所示。

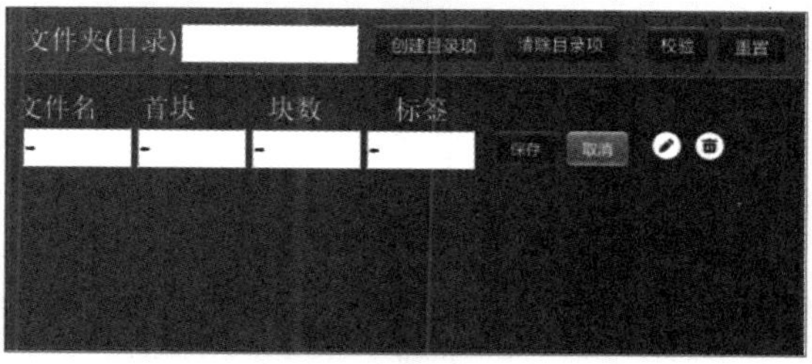

图 7.9　弹窗——目录项

```
def path_info_edit(self,index,x,y):
  if self.file_modi_tag:
    self.special_info("正在修改文件,\n 修改完成请保存。")
    tags="creat_path"; word_high=26                  # 字高
    file_name=self.FolderItems[index][0]; first_block=self.FolderItems
[index][1]
    blocks=self.FolderItems[index][2]; mark_char=self.FolderItems
[index][3]
    self.path_save_image=self.image_transition("img/ 保存弹窗 .png")
    self.path_cancel_image=self.image_transition("img/ 取消弹窗. png")
    y=y+index*word_high
    self.file_name=self.set_canvas_entry(x,y,6,file_name,tags)
                                                 # 显示 entry 组件，输入字符
    self.first_block=self.set_canvas_entry(x+80,y,6,first_block,tags)
    self.blocks=self.set_canvas_entry(x+160,y,6,blocks,tags)
    self.mark_char=self.set_canvas_entry(x+240,y,6,mark_char,tags)
    self.set_canvas_button([x+330,y],self.path_save_image,tags=
tags,bg="#434FC5",command=lambda:self.path_info_edit_save(index))
    self.set_canvas_button([x+380,y],self.path_cancel_image,tags=
tags,bg="#434FC5",command=lambda:self.path_info_edit_cancel())
    self.sys_info(f"{file_name} 文件修改中···")
  else:self.sys_info("未开启文件校验流程，无法修改文件")
```

函数： InterfaceFile.path_info_edit_save()。
输入： 目录项索引 index。
输出： 无。

功能： 文件项编辑的保存。

```
def path_info_edit_save(self,index):                        # 文件项编辑的保存
  if self.file_modi_tag and not self.clear_tag:
    self.special_info("文件已保存,可以开始校验。")
    file_name=self.file_name.get(); first_block=self.first_block.get()
                                                              # 磁盘首块
    if first_block.isdigit():first_block=int(first_block)
    block_num=self.blocks.get(); mark_char=self.mark_char.get()
                                                              # 磁盘标签
    self.FolderItems[index]=[file_name,first_block,block_num,mark_char]
    file_name_set.add(file_name);self.show_path_info();self.sys_
info("修改成功!")
  else:
    self.sys_info("未开启文件修改任务")
def path_info_edit_cancel()                   # 请根据前述函数自行编写该函数的代码
```

函数： InterfaceFile.file_check()。
输入： 无。
输出： 无。
功能： 使用用户输入的新目录项文件和清除目录项时深复制的旧目录项进行对比，如果一致则输出“校验正确”。

```
def file_check(self):
  global file_name_set
  if self.file_modi_tag: sum=0
    for i in range(len(self.FolderItems)):
      if self.FolderItems[i][1:]==self.sim_file_copy[i][1:]:
        sum+=1; file_name_set.add(self.FolderItems[i][0])
                                          # 将新文件名添加到唯一结构
    if sum==len(self.FolderItems):
      self.sys_info("校验正确");self.special_info("恭喜!\n 文件校验成功!")
      self.sim_file_copy=None             # 校验正确时值为“无”
    else:
      self.sys_info("校验错误。");self.special_info("文件校验失败。")
    self.file_modi_tag=False; self.clear_tag=True
  else: self.sys_info("没有开启文件校验流程,无法校验。")
```

函数： InterfaceFile.clear_fat_label()。
输入： 无。
输出： 无。
功能： 激活 FAT 修改状态,清除所有 FAT 标签，同时深复制 SimFAT 并保存为复制变量，再清空 SimFAT。

```
def clear_fat_label(self):
  self.special_info("正在进行 FAT 校验！\n 请点击修改表单项。\n 修改 FAT。")
  self.fat_modi_tag=True                  # 开启 FAT 修改标签
  if self.clear_tag:
     self.canvas.delete("fat_tag");self.clear_tag=False
     if not self.sim_fat_copy:
        self.sim_fat_copy=copy.deepcopy(self.SimFAT)
                                          # 深复制一份原正确列表并保存为复制对象
        self.SimFAT=initialize_simfat()           # 同时清空原 FAT
        self.sys_info("清除成功！")
     else:self.sys_info("正在执行校验任务,无法清除表单项！")
```

函数： InterfaceFile.on_left_click()。
输入： 点击事件 event。
输出： 无。
功能： 根据 FAT 或磁盘模块不同的状态，点击相应位置动态生成修改 FAT 区域或磁盘块区域的输入框，如图 7.10 所示。

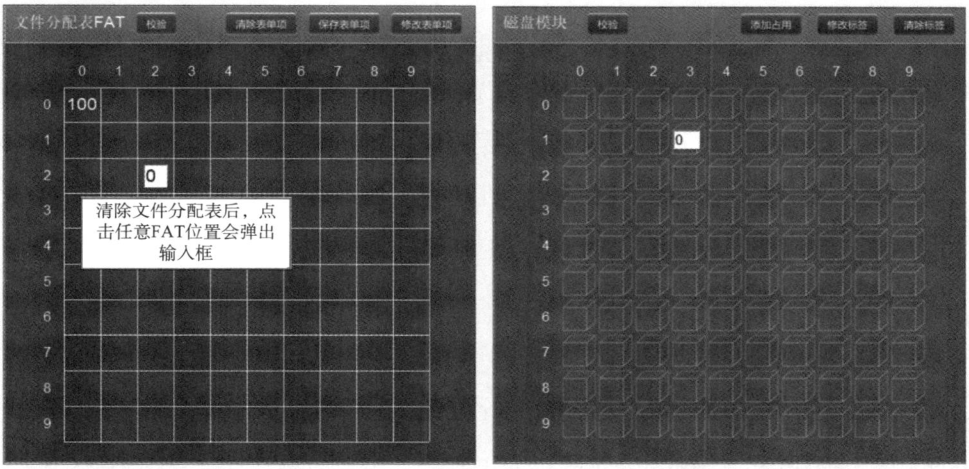

图 7.10 修改 FAT 区域或磁盘块区域

```
def on_left_click(self,event):
  x=event.x;y=event.y
  if self.fat_modi_tag:                      # 如果开启了 FAT 修改标签
   for key,fat_lt in self.fat_table_position_mapping.items():
     if fat_lt[0]< x<fat_lt[0]+43 and fat_lt[1]<y<fat_lt[1]+43:
       self.modi_fat_entry(key[0],key[1],fat_lt)       # 修改 FAT
  if self.block_modi_tag:                    # 如果开启了磁盘块修改标签
   for key,block_lt in self.blocks_position_mapping.items():
     if block_lt[0]<x<block_lt[0]+43 and block_lt[1]<y<block_lt[1]+43:
       self.modi_block_entry(key[0],key[1],block_lt)   # 修改磁盘块标签
  self.add_occupy_click(x,y)                 # 添加占用
```

函数： InterfaceFile.modi_fat_entry()。
输入： 行和列 row、cloume，左上角坐标 lt_top。
输出： 无。
功能： 根据输入行、列和经过转换的当前格左上角位置，生成输入框，并且获取当前位置的值显示为输入框的默认值，当点击其他格时，当前格立即保存并刷新 FAT 模块的显示。

```
def modi_fat_entry(self,row,column,lt_top):
  default=self.SimFAT[row][column]
  if self.fat_modi_num and self.old_key:
    if self.fat_modi_num.get().isdigit() or self.fat_modi_num.get().
upper()=="FF":
      if self.fat_modi_num.get().isdigit():
        self.SimFAT[self.old_key[0]][self.old_key[1]]=int(self.
fat_modi_num.get())
      else:
        self.SimFAT[self.old_key[0]][self.old_key[1]]="FF"
      self.sys_info(f"{self.old_key}->{self.fat_modi_num.get()} 添
加成功! ")
    else:
      self.sys_info("请输入正整数,或 FF!")
    self.canvas.delete("fat_entry")
    self.fat_modi_num=self.set_canvas_entry(lt_top[0]+8,lt_top[1]+
8,2,default,"fat_entry")
    self.old_key=[row,column];self.show_all_fat()
def modi_block_entry()                    # 请参照前述函数自行编写该函数的代码
```

函数： InterfaceFile.set_canvas_entry()。
输入： 临时输入框显示的位置 x、y，输入框宽度 entry_width，输入框中的默认值 default，标签 tags，字体大小 font_size。
输出： 输入框对象。
功能： 根据函数输入，在画布特定位置中动态创建输入框并显示默认值，返回输入框对象。

```
def set_canvas_entry(self,x,y,entry_width,default,tags=None,font_
size=None):
  if not font_size: font_size=16
  entry_file_name=tk.Entry(self.root,width=entry_width,)
  entry_file_name.configure(font=("Arial",font_size),borderwidth=1,
relief="sunken",)
  entry_file_name.insert(0,default)
  self.canvas.create_window(x,y,anchor="nw",window=entry_file_name,
tags=tags)
  return entry_file_name
```

7.7 算法优化与系统功能拓展：X5-完整系统

【编程 7.14】编制程序：假定文件夹信息丢失，程序会依据 FAT 重新生成文件夹。

【目的及编程说明】读者通过编程 7.14 可熟悉磁盘与文件存取的基本知识，并熟悉磁盘相关信息丢失的处理方法。依据 SimFAT 可还原一个个文件，即没有任何指向该磁盘块的则为某文件的第一个磁盘块，按照 SimFAT 给出的链接指针，可将能够链接在一起的磁盘块形成一个文件（此时系统自动产生一个文件名来代表这个文件）。形成一个个文件后，再将其写入文件夹。

【程序编写】

函数： restore_folder_by_fat()。
输入： FAT。
输出： 目录项。

```
def restore_folder_by_fat(fat_table]):
  fat_table=copy.deepcopy(fat_table)
  ls=[n for i in fat_table for n  in i]
  folders=[]
  while"FF"in ls:
    element="FF"
    folder=list()
    while element in ls:
      ls.remove(element)
      for i in range(len(fat_table)):
        for n in range(len(fat_table[0])):
          if fat_table[i][n]==element:
            num=i*10+n
            folder.insert(0,num)
            element=num
            fat_table[i][n]=0
    folders.append(folder)
  return folders
```

【编程 7.15】编制程序：首先借助操作系统磁盘读取功能或专用软件，读取真实磁盘的第 0 个扇区形成一个文件；然后编程解析该文件的结构，即解析 0 扇区内容并显示。

【目的及编程说明】读者通过编程 7.15 可熟悉真实磁盘的相关信息。读取一个磁盘，获取磁盘的基本信息，在综合输出框中输出。

在进行真实磁盘读取时请使用 U 盘，并且要低级格式化后再进行读取和分析，以免原有数据扰乱观察。格式化时选择 FAT32 文件系统，以同本书的文件系统相符合。本书配套代码中有一个 output.bin 二进制文件，是复制了一个真实磁盘中部分二进制数据的文件，可供读者进行研究。本节的真实磁盘读取同样读取的是此文件。

【程序编写】

函数： show_real_disk。
输入： 无。
输出： 磁盘基本信息，见图 7.11。
功能： 将读取的磁盘信息输出。

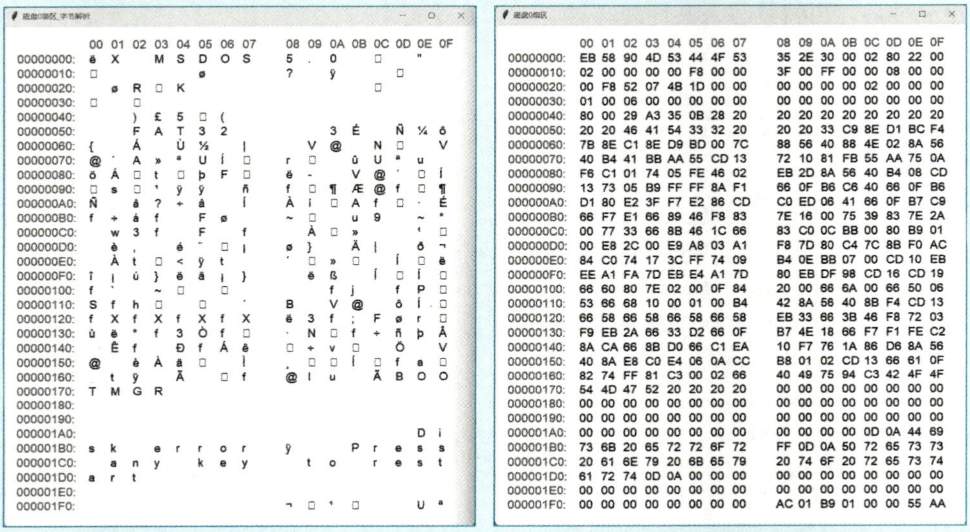

图 7.11　磁盘基本信息

```
def show_real_disk(self,title,sector):
  child_window=tk.Toplevel(self.root); child_window.title(title)
     child_window1=tk.Toplevel(self.root); child_window1.title
(f"{title}_字节解析")
     sector_num,Bytes=sector
     canvas=tk.Canvas(child_window,width=750,height=830,bg="white",)
     canvas1=tk.Canvas(child_window1,width=750,height=830,bg="white",)
     BYTES_PER_LINE=16                      #每行字节数
     n=0;s=0
     for byte in range(16):
       if s%9==0:
        s=s+1
       canvas.create_text(100+s*35,20+n*24,text=f"{byte:02X}",anchor=
"nw",fill="red",font=("Arial",14))
       canvas1.create_text(100+s*35,20+n*24,text=f"{byte:02X}",anchor=
"nw",fill="red",font=("Arial",14))
```

```
            s+=1
        n+=1
        for i in range(0,len(Bytes),BYTES_PER_LINE):
            line_data=Bytes[i:i+BYTES_PER_LINE]
            print(f"{sector_num*32+i:08X}:",end="")
            canvas.create_text(20,20+n*24,text=f"{sector_num*32+i:08X}:",
anchor="nw",fill="red",font=("Arial",14))
            canvas1.create_text(20,20+n*24,text=f"{sector_num*32+i:08X}:",
anchor="nw",fill="red",font=("Arial",14))
            s=0
            for byte in line_data:
                print(f"{byte:02X}",end="")
                print(chr(byte),end="")
                if s%9==0:
                    s=s+1
                canvas.create_text(100+s*35,20+n*24,text=f"{byte:02X}",anchor=
"nw",fill="black",font=("Arial",14))
                canvas1.create_text(100+s*35,20+n*24,text=f"{chr(byte)}",
anchor="nw",fill="black",font=("Arial",14))
                s+=1
            n+=1
        canvas.pack(fill=tk.BOTH,expand=True)
        canvas1.pack(fill=tk.BOTH,expand=True)
        self.sys_info(f"正在查看{title}")
```

函数： ead_sector_0()。
输入： 无。
输出： 磁盘基本信息。
功能： 从 0 扇区开始，将读取的磁盘信息读出并返回。

```
def read_sector_0():
    SECTOR_SIZE=512                    # 扇区大小
    BYTES_PER_LINE=16                  # 每行字节数
    SECTORS=0
    with open(file_path,'rb') as disk:
        disk.seek(SECTORS*SECTOR_SIZE)
        sector_data = disk.read(SECTOR_SIZE)
    return SECTORS,sector_data
```

【编程 7.16】编制程序：首先借助操作系统磁盘读取功能或专用软件，读取真实磁盘的 FAT 并形成一个文件；然后编程解析该文件的结构，即解析其 FAT 并转换成十六进制编号显示。

【目的及编程说明】读者通过编程 7.16 可熟悉真实磁盘 FAT 相关信息。读取 FAT，并将每一个表项转换成十六进制编号，形成一个输出字符串，在综合输出框中输出。

【程序编写】

函数： read_sector_fat1()。
输入： 无。
输出： 十六进制磁盘数据。

```
def read_sector_fat1():
    SECTOR_SIZE=512                          # 扇区大小
    BYTES_PER_LINE=16                        # 每行字节数
    SECTORS=34
    with open(file_path,'rb') as disk:
        disk.seek(SECTORS*SECTOR_SIZE)
        sector_data = disk.read(SECTOR_SIZE)
        for i in range(0,len(sector_data),BYTES_PER_LINE):
            line_data=sector_data[i:i+BYTES_PER_LINE]
            print(f"{SECTORS*32+i:08X}:",end="")
            for byte in line_data:
                print(f"{byte:02X}",end="")
                disk_dict[f"{i:08X}:"].append(f"{byte:02X}")
            print()
    return SECTORS, sector_data
```

【编程 7.17】编制程序：首先借助操作系统文件读取功能或专用软件，读取真实磁盘的文件夹并形成一个文件；然后编程解析该文件夹的结构，即解析文件夹及其信息并转换成可读信息显示。

【目的及编程说明】读者通过编程 7.17 可熟悉真实磁盘的文件夹相关信息。读取一个文件夹，读取该文件夹相关的条目信息，解析一个目录项的格式并说明其各项含义，形成一个输出字符串。

【程序编写】

函数： read_sector_root_path()。
输入： 扇区编号。
输出： 磁盘文件夹相关信息。
功能： 找到 FAT 开始的扇区，这里 15032 是根目录扇区的起始扇区，当读取该根目录扇区并且进行翻译后，即可看到创建的文件名，如图 7.12 所示。

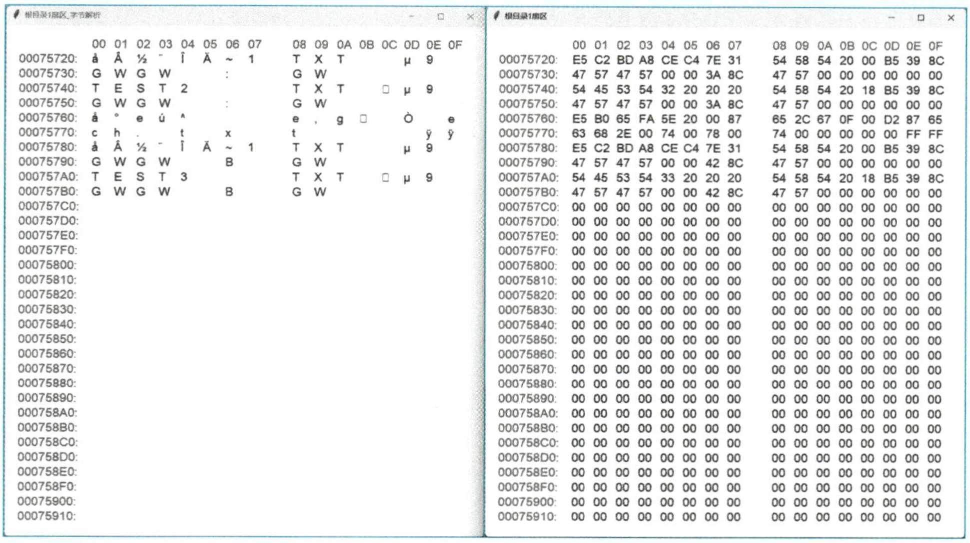

图 7.12 根目录扇区信息

```
def read_sector_root_path(num):
    SECTOR_SIZE=512                    # 扇区大小
    SECTORS=15032+num
    with open(file_path,'rb') as disk:
        disk.seek(SECTORS *SECTOR_SIZE)
        sector_data=disk.read(SECTOR_SIZE)
    return SECTORS,sector_data
```

问题与自主扩展 前述程序仅是文件存取与磁盘管理的基本思维。读者可在此基础上探索 Linux 的 inode 表形式的文件管理，也可在此基础上探索应用不同数据结构解决化整为零与还零为整的思维。

第 8 章

递归思维与分形图案绘制

本章要点： 理解递归的思想，理解递归算法设计的结构，并通过分形图案的绘制展示递归思想，体会计算之美。

8.1 递归思维与分形图案

8.1.1 递归与迭代

什么是递归 在计算机科学中，**递归（recursion）**是指用函数自身来定义函数的方法，用有限的语句来定义对象的无限集合或者动作的无限运行，通常用于描述以自相似方法重复事物的过程，是计算机科学领域中一种重要的计算思维模式。表达让机器执行的动作是由人通过构造程序来表达，因此需要“有限”；而机器的特长是可以自动地、不断重复地执行大量动作，因此可以“无限”。如何用有限表达无限，就需要递归。

递归的感性认识：自相似、重复、无限 如图 8.1 所示。图 8.1（a）示意的是一棵树，图 8.1（b）示意的是“树”可以由基本图案 Y 递归构成：底部是一个 Y，两个枝杈又分别是一个 Y，再上方的两个枝杈又分别是一个 Y……以此类推，只是比例略小一些、角度改变一些。图 8.1（c）示意一位先生在画“自己在画自己在绘画”，笔尖指向的又是“自己在画自己在绘画”……。这些都是递归的一种视觉形象。再举一个常见的递归语言的例子：“从前有座山，山里有座庙，庙里有个老和尚，正在给小和尚讲故事呢！故事是什么呢？（从前有座山，山里有座庙，庙里有个老和尚，正在给小和尚讲故事呢！故事是什么呢？（从前有座山，山里有座庙，庙里有个老和尚，正在给小和尚讲故事呢！故事是什么呢？（从前……)))”。

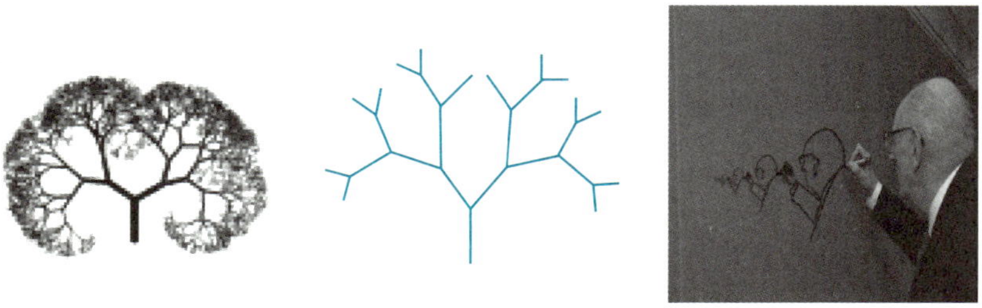

(a) 一棵树　(b) 递归绘制“树”　(c) 递归

图 8.1　递归的感性示意

怎样构造性地表达递归 **递归**是由**递归基础**和**递归公式**或者称**递归步骤**两部分来定义的。假设要构造的递归函数表达为 h(0)，h(1)，…，h(n)，h(n+1)，…。其中 h(0) 是需要直接给出的，是定义、构造和计算的起点，被称为递归基础。而 h(1)，…，h(n)，h(n+1)，…是可以由一个递归公式构造出来的，即 h(n+1) 可以由前面的 h(0) 到 h(n) 构造。依据该递归公式，可以由 h(0) 构造出 h(1) 到 h(n+1) 的每一个函数。

递归定义示例 假设要定义“某人的祖先”。首先给出递归基础“某人的双亲（父母）是他的祖先”，即 h (0)。在此基础上定义其前 1 代祖先 h (1)，前 2 代祖先 h (2)，…，前 n 代祖先 h (n)，递归公式可以表达为“某人祖先的双亲（父母）同样是某人的祖先”，即如果 h (n) 是其前 n 代祖先，则 h (n) 的双亲（父母）也是其祖先，即其前 n + 1 代祖先 h (n + 1)。由此即可将其所有祖先都定义出来。

递归的作用 (1) 递归是一种关于抽象的表达方法，即用递归定义无限的相似事物。(2) 递归是一种算法或程序的构造技术，即自身调用自身，高阶调用低阶，构造无限的计算步骤。(3) 递归是一种典型的计算 / 执行过程，即由后向前代入，直至代入到递归基础，再由递归基础向后计算，直至计算出最终结果，即由前向后计算。

迭代与递归 迭代又称递推，原意是一种不断用变量的旧值递推新值的过程，也是由**递归基础**和**递归公式**或者称**递归步骤**两部分来定义的，此时递归基础被称为迭代基础，而递归公式被称为迭代公式或迭代步骤。迭代依据迭代步骤能够由 h (0) 计算 h (1)，由 h (1) 计算 h (2) ……这样依次计算下去，就能计算出任何一个函数 h (n + 1)，即从递归基础开始计算，沿一致的计算路径，总能计算到 h (n + 1)，如斐波那契数列的计算过程，参见图 8.2 (a)。而完全的递归（是指剔除那些能够用迭代实现的递归）却不一定，即给定任何一个 h (n + 1)，由递归基础开始计算，沿相同的路径却不一定能计算出 h (n + 1)，因此自前向后地沿相同路径计算是不行的。需要由 h (n + 1) 开始，依据递归公式代入回去，直至代入 h (0) 这个递归基础，找到一条计算 h (n + 1) 的路径，然后沿这条路经由前向后依次计算，最终计算出 h (n + 1)，如阿克曼函数的计算过程，参见图 8.2 (b)。因此简单而言，迭代是自前向后计算，可以由程序设计语言的循环结构予以实现；而完全的递归则需要由后向前代入，找到一条计算路径后，再按这条计算路径由前向后计算，需要由程序设计语言的函数结构予以实现。相比迭代，递归包括一个代入和回归的过程。所有的迭代计算都可由递归实现，但有些

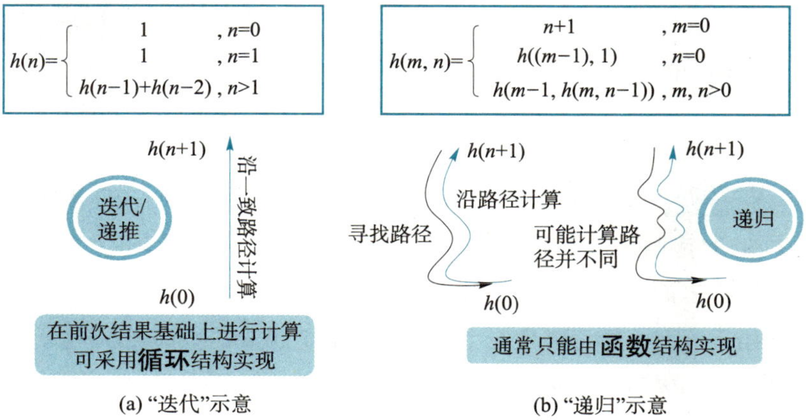

图 8.2　递归和迭代的差别

递归计算只能用递归实现而不能用迭代实现。

8.1.2 分形——数学之美

1967 年，曼德勃罗在《科学》杂志上发表了题为《英国的海岸线有多长？统计自相似和分数维度》的论文，其中描述到，地理中的曲线长度与其曲线细节有很大关联，即曲线虽然具有无限长或无法定义的特性，但同时又表现出了另一个特性“自相似性”，进而提出了用分数维度刻画复杂曲线。1975 年，他将这些部分与整体以某种方式相似的形体称为**分形**，创立了分形这个概念。在此基础上，形成了研究分形性质及其应用的科学，称为**分形理论**，并由此创立了分形几何，从而把数学研究扩展到了从前几何学无法涉足的那些“病态曲线”和“几何学怪物”的领域。分形体现了数学之美，而分形图案的绘制代码又体现了计算之美，这些代码的关键是递归算法。如图 8.3 所示，本章将以绘制分形图案为例，学习分形图案的绘制方法，用直观的方式讲解递归算法设计，体会数学之美。

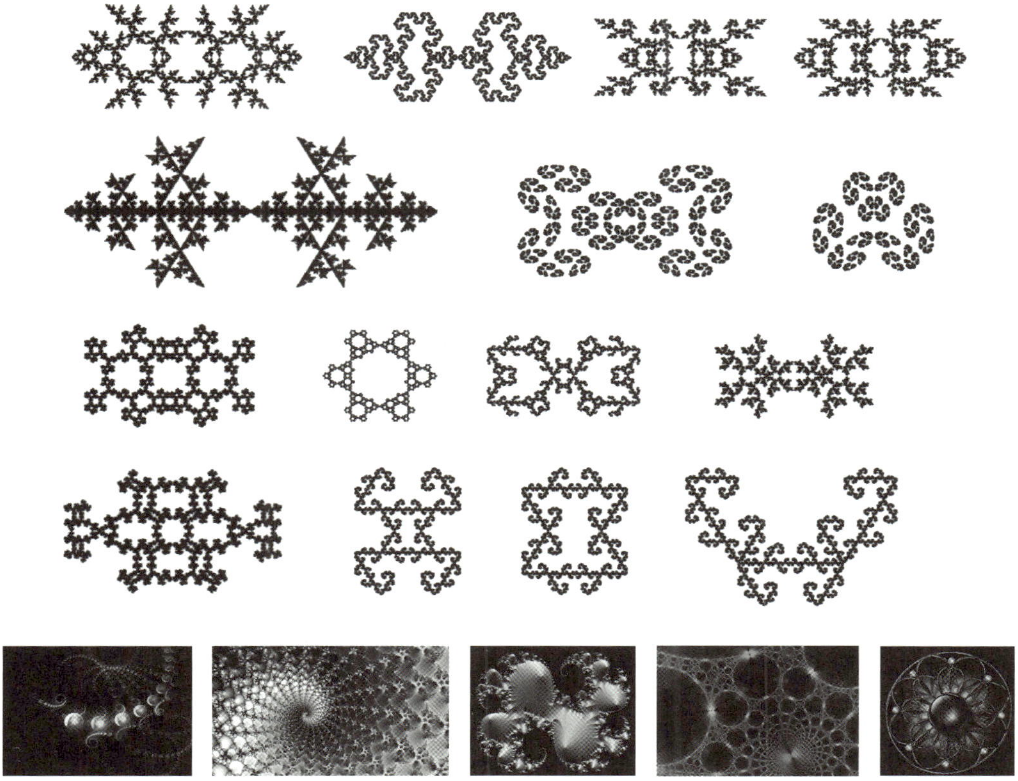

图 8.3 典型的分形图案

8.1.3　用 Y 形图案绘制分形树的递归程序构造

本节简要介绍用 Y 形图案绘制如图 8.1 (a) (b) 示意的分形树的递归程序构造方法。绘制分形树的关键就是一棵树左右分支节点的坐标计算方法，如图 8.4 所示。(1) 首先理解坐标系 x_{left}、x_{right}、y_{top}、y_{bottom}、x_{center}、y_{center}；(2) 假设 Y 形线由 AB、BC、BD 三条线段构成，如果 AB 的长度为 L_{AB}，下一层树比本层树的长度逐渐减小，可确定一个减小的比例 treePercent，则 BC 和 BD 的长度 treeLong (图 8.4 中为 tlen) = L_{AB} * treePercent；(3) 设 AB 线的角度为 treeAngle (图 8.4 中为 θ)，BC 和 BD 的夹角被平分为左半夹角 LeftInter_angle (图 8.4 中为 lia) 和右半夹角 RightInter_angle (图 8.4 中为 ria)，B 点的坐标为 (Sx，Sy)，假设这些参量已知，可确定 BC 的角度为 θ + lia，BD 的角度为 360 − (ria − θ) = 360 + θ − ria = θ − ria。C 点和 D 点的坐标如下：

$$Lx = Sx + tlen*\cos(\theta + lia)$$
$$Ly = Sy - tlen*\sin(\theta + lia)$$
$$Rx = Sx + tlen*\cos(\theta - ria)$$
$$Ry = Sy - tlen*\sin(\theta - ria)$$

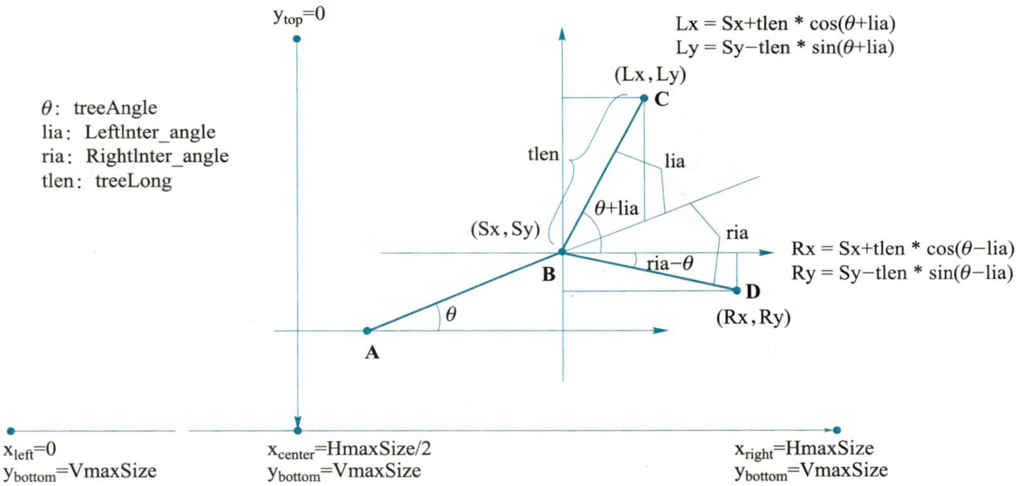

图 8.4　Y 图形上部两个分支节点的坐标计算方法示意

有了前面坐标点的计算方法，即可编制一个函数 drawTree () 来绘制一层 Y 图形的两个分支线段，然后两次调用函数自身 (递归) 绘制其左右两个分支的下一层的两个分支线段。程序实现思路如下，其中线段缩小的比例 treePerceng、左半夹角 lia、右半夹角 ria、目标绘制层数 finishLevel 等均为已设置的变量值。terrLevel 是已绘制的层数，从第 0 层开始绘制，一直绘制到希望的层数 finishLevel 为止。

```
def drawTree(<Sx,Sy>, tlen, θ, treeLevel):          # 定义一个函数
    # (1) 计算两个枝杈的长度：tlen=tlen*treePercent
    # (2) 参照前面的计算方法，确定左右两个枝杈的终点坐标 Lx、Ly 和 Rx、Ry，如下：
    #     Lx=Sx+tlen*cos(θ+lia),Ly=Sy-tlen*sin(θ+lia)
    #     Rx=Sx+tlen*cos(θ-ria),Ry=Sy-tlen*sin(θ-ria)
    # (3) 绘制左枝杈线段 (<Sx,Sy>,<Lx,Ly>) 和右枝杈线段 (<Sx,Sy>,<Rx,Ry>)
    # (4) 判断是否停止绘制，如果停止 (treeLevel>finishLevel 时停止)，则返回
    并结束
    # (5) 继续调用程序自身绘制左右两个枝杈的下一阶枝杈
    # drawTree(<Lx,Ly>,tlen,θ+lia,treeLevel+1);
    # drawTree(<Rx,Ry>,tlen,θ-ria,treeLevel+1);
```

8.2 分形图案绘制项目总体设计

本章后续内容将以分形图案绘制为目标，使读者更好地体验以递归为核心的精确求解思维，体验如何设计和实现一个以递归为核心的分形图案绘制程序。

目标系统说明 (1) 能够绘制基本图案，如 Y 形、矩形、三角形等，进一步可绘制由基本图案组合形成的一个新的基本图案；(2) 能够由基本图案绘制分形图案；(3) 能够修改参数，以绘制不同要求的分形图案；(4) 能够将所编写的新的分形图案程序添加到分形图案库中；(5) 能够显示分形图案库，并依据用户的选择绘制不同的基本图案与分形图案。

8.2.1 项目总体思路

总体思路 分形图案绘制项目开发的总体思路如图 8.5 所示。项目分为五个层面的开发内容，难度由低到高被区分为：

X1：数据的变化与基本控制【数据结构】——参见 8.3 节。

X2：屏幕元素及其显示输出【可视化输出】——参见 8.4 节。

X3：问题求解相关的算法设计与函数实现【基本算法】——参见 8.5 节。

X4：屏幕元素事件识别与控制【人机交互】——参见 8.6 节。

X5：问题求解相关的算法优化与系统功能拓展【完整系统】——参见 8.7 节。

其中，X1 练习绘制基本图案以及由基本图案组合形成复杂图案；X2 练习绘制 Y 形图案以及递归绘制分形树；X3 练习分形树系统界面布局与参数调整相关的函数；X4 设计交互式界面以允许用户交互式地控制分形树的绘制；X5 可实现不同的递归程序以绘制不同的分形图案。然后构造一个系统，以便能够管理用户新开发的不同分形图案绘制程

1. 基本图形绘制练习：设置画布，绘制直线、正方形、菱形、圆形、三角形、Y形等基本图形。
2. 基本图形组合绘制练习：设置画布，绘制由前述基本图形组合形成的复杂图形，并通过参数改变，改变图形形状。

3. Y形图案绘制：设置画布，绘制Y形图案，程序调整参数观察Y形图案效果。
4. Y形分形树绘制：设置画布，绘制一棵分形树，程序调整参数观察分形树的图形效果。

9. 人机交互界面：完成界面并增加相应的功能按钮。
10. 人机交互功能：使相应的按钮完成正确的功能，即正确调用相应的函数。

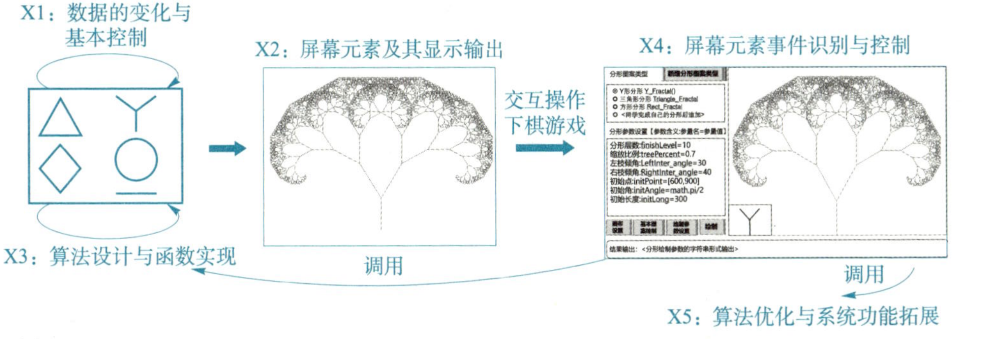

5. 画布设置：如最右图，设置画布参数并重新产生画布。
6. 基本图案绘制：如最右图，设置画布，绘制Y形基本图案。
7. 绘制参数设置：如最右图，将任务4的分形树的可改变参数形成一个多行显示的字符串，显示给用户，并接收用户的修改，重新读取，并依据所读取的输入值修改相应的程序变量。
8. 绘制：如最右图，按新设置的绘制参数重新在画布上绘制分形树。

11. 新增分形图案类型：将能够完成的新的分形图案命名后增加至库中，并显示在列表中，可供用户选择。
12. 分形图案类型选择：用户可在列表中选择一种分形图案类型，默认为Y形分形树（系统后台维护一个分形函数库—{<显示名称，绘制函数名，基本图案函数名，参数设置函数名>}）。
13. 基本图案绘制：此为任务6的增强版，即依据用户选择的分形图案类型，调用相应的基本图案绘制模块。
14. 绘制参数设置：此为任务7的增强版，即依据用户选择的分形图案类型，调用相应的参数设置模块。
15. 绘制：此为任务8的增强版，即依据用户选择的分形图案类型，调用相应的绘制函数模块。

图 8.5　分形图案绘制项目开发总体思路图

序：即构建一个分形图案绘制程序库，用户选择哪种分形图案，系统便可绘制哪种图案，同时在绘制分形图案过程中读者又可设置不同的参数以绘制不同的分形图案。最终开发的程序可以由用户交互式操作（无须编写程序）来模拟体验递归绘制分形图案的过程。

8.2.2 项目涉及的类库资源

本项目中使用的类库如下所示。请在后面的源程序文件的起始部分放入相关的语句。

```
import tkinter.font as tf                # 字体管理
import tkinter as tk                     # UI 界面
import pandas as pd                      # 处理和分析结构化的数据
import pymysql                           # 连接 mysql 数据库
import math                              # 数学运算
import os                                # 判断路径是否存在
```

8.2.3 项目主要函数调用关系图与项目输出界面演进图

项目主要函数调用关系图如图 8.6 所示。项目输出界面演进图如图 8.7 所示。

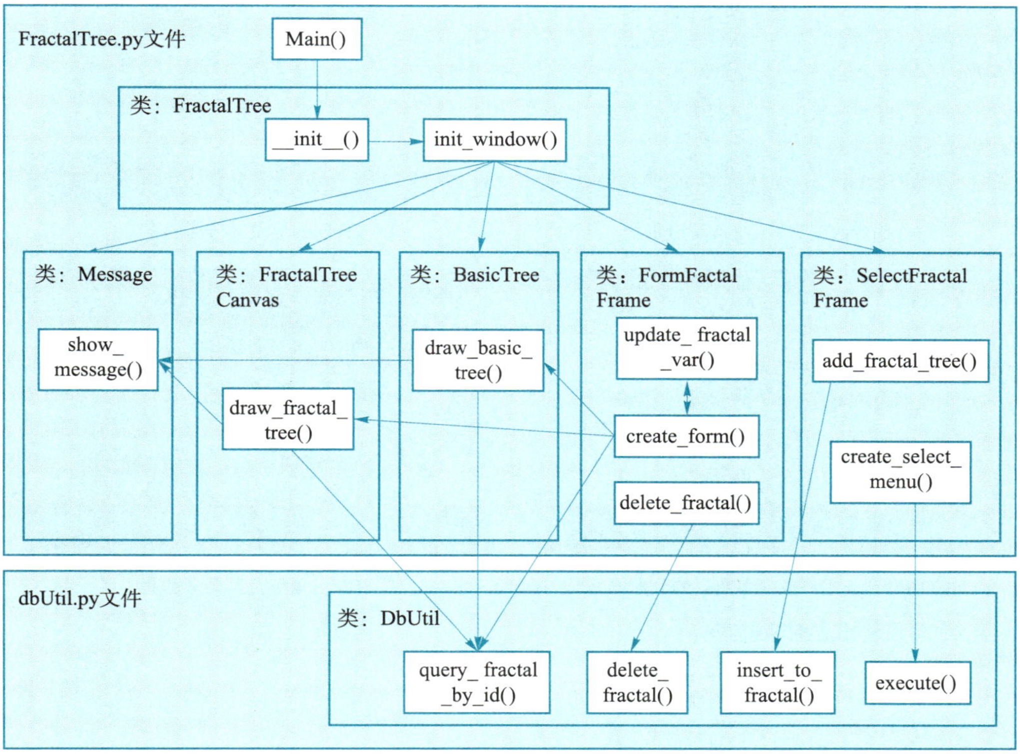

图 8.6 项目主要函数调用关系图

(a) 绘制简单图形

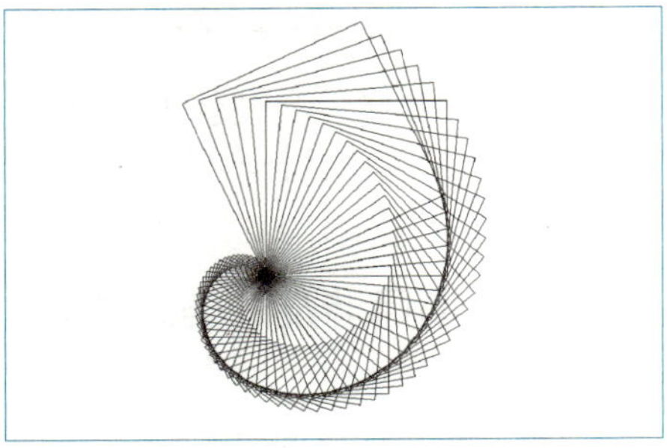

(b) 组合简单图形成复杂图形

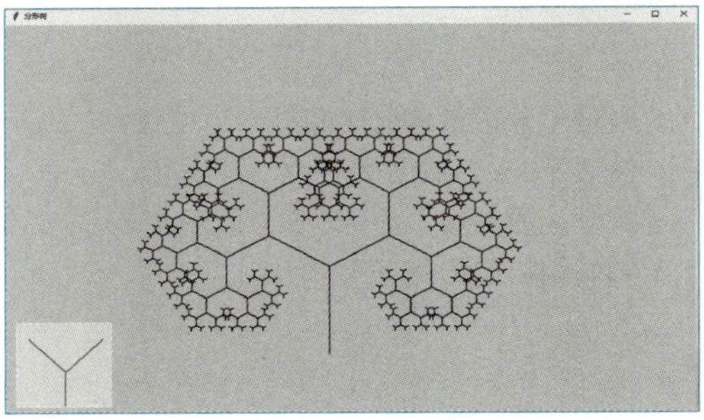

(c) Y形及Y形分形树

(d) 交互式选择分形图案及参数控制

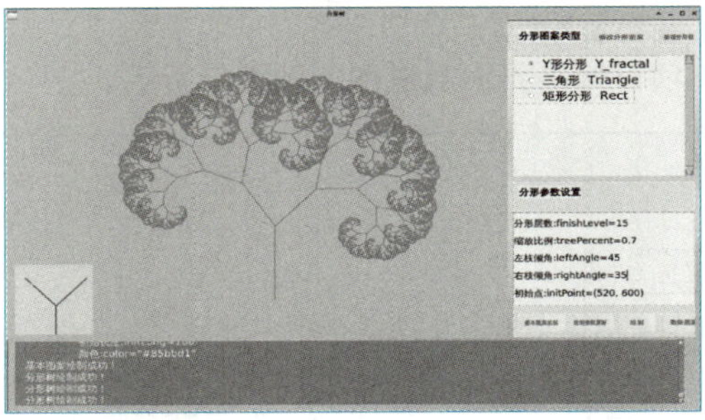

(e) 用户改变参数后的Y形分形树

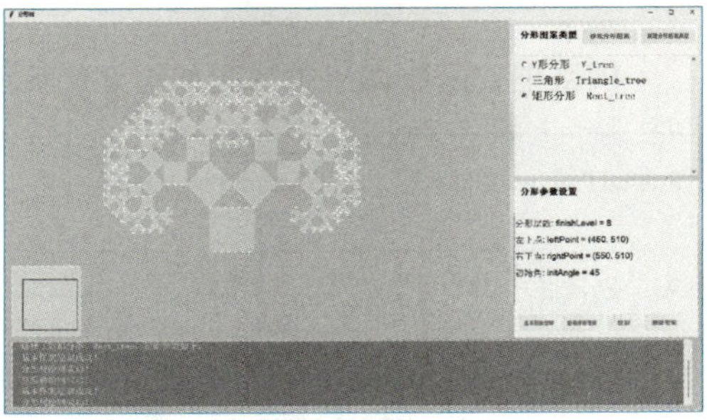

(f) 四方形及其分形图案

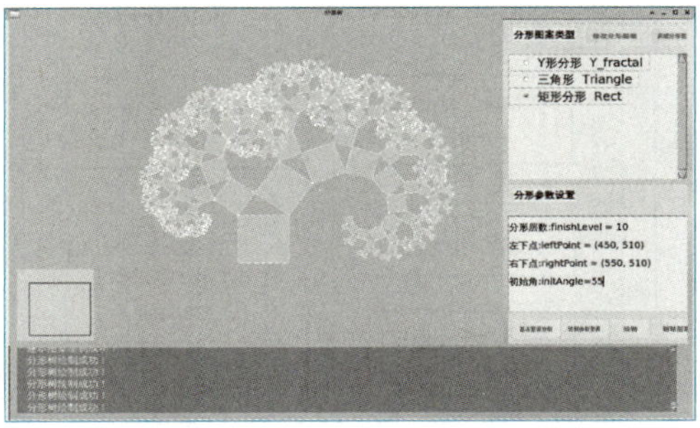

(g) 四方形及用户改变参数后的分形图案

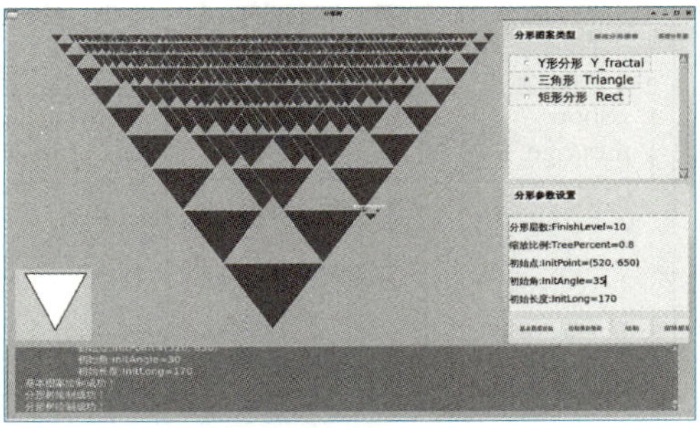

(h) 三角形及其分形图案

图 8.7　项目输出界面演进图

8.3 数据的变化与基本控制：X1-数据结构

【编程 8.1】编制程序：设置画布，练习绘制基本图形。

【目的及编程说明】通过编程 8.1，掌握编程工具提供的绘图模块基本设置、基本图形绘制方法和相应的函数调用方法。这里要创建并设置画布，绘制直线、正方形、菱形、三角形、Y 形等基本图形。

【程序编写】

函数：绘制基本图形的函数：直线 draw_line()，正方形 draw_rect()，菱形 draw_rhombus()，三角形 draw_triangle()，Y 形 draw_Y()。

```
def draw_line(sx,sy,ex,ey):
    canvas.create_line(x,sy,ex,ey,fill='blue3',width=2)     # 绘制直线
def draw_rect(sx,sy,ex,ey):
    canvas.create_rectangle(sx,sy,ex,ey,width=2)            # 绘制正方形
def draw_rhombus(point):
    canvas.create_polygon(point,outline='black',fill='white',width=2)
                                                            # 绘制菱形
def draw_triangle(tripointSet):
    canvas.create_polygon(tripointSet,outline='black',fill='white',
width=2)                                                    # 绘制三角形
def draw_Y():
                                                            # 绘制 Y 形
    canvas.create_line(340,20,420,80,fill='blue3',width=2)  # 画左臂
    canvas.create_line(510,20,420,80,fill='blue3',width=2)  # 画右臂
    canvas.create_line(420,180,420,80,fill='blue3',width=2) # 画中心线
if __name__=="__main__":
    root=tk.Tk()                                        # 创建主窗口
    canvas=tk.Canvas(root,width=800,height=500)         # 创建画布对象
    canvas.pack()
    draw_line(330,470,550,470)          # 调用绘制直线形状的函数
    draw_rect(650,420,800,270)          # 调用绘制正方形形状的函数
    point1=[(150,240),(50,360),(150,480),(250,360)]
    draw_rhombus(point1)                # 调用绘制菱形形状的函数
    tripointSet=[(150,20),(50,200),(250,200)]
    draw_triangle(tripointSet)          # 调用绘制三角形形状的函数
    draw_Y()                            # 调用绘制 Y 形形状的函数
    root.mainloop()                     # 运行主循环
```

【编程 8.2】编制程序：设置画布，绘制由前述基本图形组合形成的复杂图形，并通过参数设置改变图形形状。

【目的及编程说明】通过编程 8.2，掌握通过基本图形组合复杂图形，掌握循环迭代构造的思想；实现诸如矩形和圆的组合图形、三角和矩形的组合图形等的绘制，例如：创建一个函数，函数的功能为绘制 60 个正方形，每绘制一个正方形后旋转 5 度，且边长增加。初始边长为 5，每次增加 5。编程效果如图 8.8 所示。

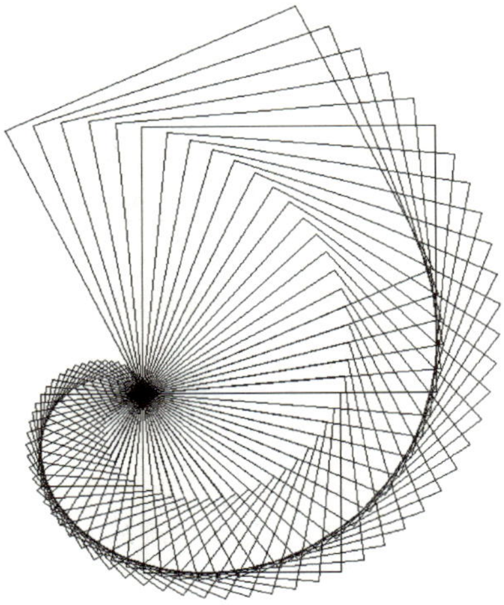

图 8.8　一种分形图案示意图

【程序编写】

函数： newdraw_rect()。
输入： 初始旋转点坐标，边长，旋转度数。
输出： 正方形旋转的图形。

```
def newdraw_rect(x,y,w,a):
    coord=(x,y,x-w*math.cos(math.radians(a)),y+w*math.sin(math.
radians(a)),x-math.sqrt(2)*w*math.sin(math.radians(a+45)),y-math.
sqrt(2)*w*math.cos(math.radians(a+45)),x-w*math.sin(math.
radians(a)),y-w*math.cos(math.radians(a)))
    canvas.create_polygon(coord,fill='',outline='black')
if __name__=="__main__":
    root=tk.Tk()                                        #创建主窗口
    canvas=tk.Canvas(root,width=800,height=500)         #创建画布对象
    root.geometry('1000x800')
    canvas=tk.Canvas(root,bg="white",highlightthickness=1,highligh
tbackground="tomato")
    canvas.config(width=1000,height=700)
    canvas.pack()
```

```
a=0
for i in range(5,301,5):      #实现边长增加5，旋转度数增加5，共绘制60
                               个正方形
  newdraw_rect(400,400,i,a)
  canvas.update()
  a+=5
root.mainloop()
```

8.4 屏幕元素及其显示输出：X2-可视化输出

【编程 8.3】编制程序：设置画布，绘制 Y 形图形，程序调整参数观察 Y 形图形效果。

【目的及编程说明】调用编程 8.1 中的绘制 Y 形图形函数，通过对参数的不同赋值，包括树枝的基坐标、角度、树枝长度等，观察 Y 形图形的变化及其显示效果。

【程序编写】

函数： 绘制 Y 形图形函数 Y_pattern()。
输入： Y 形图形的三个顶点的坐标。
输出： Y 形图形。

```
def Y_pattern(leftPoint,rightPoint,middlePoint):
    canvas.delete("all")                                  #清除画布
    canvas.create_line(leftPoint[0],leftPoint[1],leftPoint[2],leftP
oint[3])                                                  #左臂
    canvas.create_line(rightPoint[0],rightPoint[1],rightPoint[2],ri
ghtPoint[3])                                              #右臂
    canvas.create_line(middlePoint[0],middlePoint[1],middlePoint[2],
middlePoint[3])                                           #中心线
if __name__=="__main__":
    ...                                                   #编程8.1主函数
    leftPoint=[20,30,110,90]
    rightPoint=[170,30,110,90],
    middlePoint=[80,160,80,90]
    Y_pattern(leftPoint,rightPoint,middlePoint)           #调用函数绘制Y形图形
    tk.mainloop()
```

【编程 8.4】编制程序：设置画布，绘制一棵分形树；程序调整参数观察分形树的图形效果。

【目的及编程说明】编程 8.4 的目标是通过递归方法绘制分形树，掌握基本递归算法设计能力。

【程序编写】参见 8.1.3 节程序设计思想的介绍。

函数： 绘制 Y 形分形树函数 y_tree ()。
输入： 递归深度 depth，树枝缩放比例 percent，左枝倾角 left_angle，右枝倾角 right_angle，初始点 start_point，初始角度 angle，树枝长度 length，画布对象 canvas。
输出： 分形树。

```
def y_tree(depth,percent,left_angle,right_angle,start_point,angle,
length,canvas):
    if depth==0:
        return
    end_point=(start_point[0]+length*math.cos(math.radians(angle)),
                start_point[1]-length*math.sin(math.radians(angle)))
    canvas.create_line(start_point[0],start_point[1],end_point[0],
end_point[1],width=2)
    y_tree(depth-1,percent,left_angle,right_angle,end_point,angle+
right_angle,length*percent,canvas)                          #画右枝
    y_tree(depth-1,percent,left_angle,right_angle,end_point,angle-
left_angle,length*percent,canvas)                           #画左枝
if __name__=="__main__":
    root=tk.Tk()
    canvas=tk.Canvas(root,width=800,height=600)
    canvas.pack()
    y_tree(10,0.7,90,180,(520,600),90,150,canvas)    #设置初始参数
    root.mainloop()
```

8.5　算法设计与函数实现：X3-基本算法

本节开始的编程任务将一步步实现如图 8.9 所示的分形图案绘制系统。首先实现左半部分的分形树绘制和基本图案绘制，以及右下角的参数修改部分。

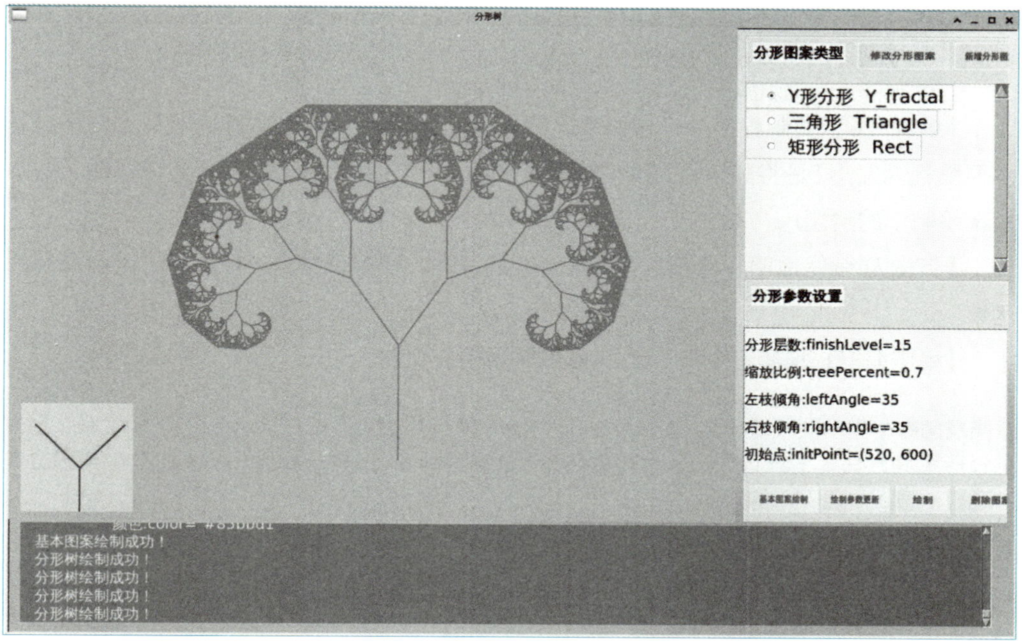

图 8.9　分形图案绘制系统界面

【编程 8.5】编制程序：画布设置，即设置画布参数并重新产生画布。

【目的及编程说明】指定画布大小等参数，设置画布参数并重新产生画布。

【程序编写】构造一个类 FractalTreeCanvas 来实现相应功能。

类及函数： 画布类 class FractalTreeCanvas。

```
class FractalTreeCanvas(Canvas):                        # 绘制分形树画布
    def __init__(self,master,*args,**kwargs):           # 初始化画布参数
        super().__init__(master,*args,**kwargs)
        self.width=int(self.cget("width"))
        self.height=int(self.cget("height"))
if __name__=='__main__':
    root=Tk()                                           # 创建主窗口
    root.title('分形树')
    screen_width=root.winfo_screenwidth()
                                     # 用 winfo 方法获取当前计算机屏幕大小
    screen_height=root.winfo_screenheight()
    size='%dx%d+%d+%d'%(screen_width*0.8,rscreen_height*0.8,
(screen_width-screen_width*0.8)/2,(screen_height-screen_
height*0.8)/2-30)
    root.geometry(size)
    fractal_tree_canvas=FractalTreeCanvas(root,width=self.
width*0.73-10,height=self.height*0.8+12)
```

```
    fractal_tree_canvas.place(x=0,y=0,anchor=NW)
    root.mainloop()
```

【编程 8.6】编制程序：设置画布，在图 8.9 屏幕的左下角绘制 Y 形基本图案（基本同编程 8.3，只是将其编程为类 / 对象可灵活调用的函数，同时用于实现按钮“基本图案绘制”的功能）。

【目的及编程说明】重新编写编程 8.3 的程序，使其成为类 / 对象可以灵活调用的函数。

【程序编写】构造一个类 BasicTree 来实现相应功能。

类及函数：基本图案绘制类 class BasicTree 及其初始化方法 __init__() 和绘制 Y 形分形图案方法 Y_pattern()。注意类 / 对象的函数 BasicTree.Y_pattern() 与独立函数 Y_pattern() 的区别。

```
class BasicTree(Canvas):                    # 基本图案绘制画布类
    def __init__(self,master,*args,**kwargs):
        super().__init__(master,*args,**kwargs)
        self.width=int(self.cget("width"))
        self.height=int(self.cget("height"))
    def Y_pattern(self,leftPoint,rightPoint,middlePoint):
                                            # 绘制 Y 形基本图案
        Y_pattern(leftPoint,rightPoint,middlePoint)
                                            # 调用编程 8.3 中的函数绘制 Y 形基本图案
if __name__=="__main__":
    ...                                     # 此处省略部分编程 8.5 主函数
    basic_tree_canvas=BasicTree(root,width=screen_width,height=
screen_height)
    basic_tree_canvas.place(x=0,y=0,anchor=NW)
    leftPoint=[20,30,110,90];rightPoint=[170,30,110,90]
    middlePoint=[80,160,80,90]
    basic_tree_canvas.Y_pattern(leftPoint,rightPoint,middlePoint)
                                            # 绘制 Y 形基本图案
    root.mainloop()
```

【编程 8.7】编制程序：将编程 8.4 的分形树的可改变参数形成一个多行显示的字符串，显示给用户，并接收用户的修改，重新读取，并依据所读取到的输入值修改相应的程序变量。将用于实现按钮“绘制参数设置”的功能。

【目的及编程说明】重新编写编程 8.4 的程序，规范化以下参数：分形层数 finishLevel，缩放比例 treePercent，左枝倾角 LeftInter_angle，右枝倾角 RightInter_angle，初始点 initPoint，初始角 initAngle，初始长度 initLong。将以上参数作为字符串显示在界面上，接收用户的选择和修改，并形成新的参数，作为新的编程 8.4 的程序输入。

【程序编写】构造一个类 FormFractalFrame 来实现相应功能。

类及函数： 表单类 class FormFractalFrame，初始化方法 __init__()，创建参数方法 create_form()。

```
class FormFractalFrame(Frame):
    def __init__(self,master,*args,**kwargs):
        super().__init__(master,*args,**kwargs)
        self.width=int(self.cget("width"))
        self.height=int(self.cget("height"))
        self.var_dict={}
    def create_form(self):                        # 创建表单,显示初始变量
        self.var_text=Text(self,font=("Arial",14),bg="#f7f7f7")
        self.var_text.place(x=0,y=self.height*0.2,width=self.
width,height=self.height)
    def display_Y_param(self,finishLevel,treePercent,leftAngle,right
Angle,initPoint,initAngle,initLong):
        vars=f"""
          分形层数:finishLevel={finishLevel}
          缩放比例:treePercent={treePercent}
          左枝倾角:leftAngle={leftAngle}
          右枝倾角:rightAngle={rightAngle}
          初始点:initPoint={initPoint}
          初始角:initAngle={initAngle}
          初始长度:initLong={initLong}
          """
                                                  # 将变量通过模板语法形成多参数字
                                                    符串
        self.var_text.insert(0.0,vars)            # 在窗口中的 form 表单中插入参数
                                                    字符串
    def update_Y_param(self):                     # 获取变量并解析变量
        text=self.var_text.get(0.0,"end").strip()
                                                  # 读取窗口中的参数字符串
        for i in text.split("\n"):                # 将变量按照换行进行拆分，得到每
                                                    一个单独的变量
            i=i.replace("","")                    # 去除多余的空格,避免出现解析出错
            var=i.split(":")[1].split("=")        # 提取变量名称和变量值
            self.var_dict[var[0]]=var[1]          # 将变量名称和变量值保存到字典中
        depth=self.var_dict["finishLevel"]
        percent=self.var_dict["treePercent"]
        left_angle=self.var_dict["leftAngle"]
        right_angle=self.var_dict["rightAngle"]
        start_point=self.var_dict["initPoint"]
```

```
        angle=self.var_dict["initAngle"]
        length=self.var_dict["initLong"]
        return depth, percent, left_angle, right_angle, start_
point, angle, length
if __name__=="__main__":
    ...                                          # 此处省略部分编程 8.6 主函数
    finishLevel=10
    treePercent=0.7
    leftAngle=60
    rightAngle=60
    initPoint=(520,600)
    initAngle=90
    initLong=160
    form_fractal_frame=FormFractalFrame()
    form_fractal_frame.create_form()             # 创建 form 表单显示变量
    display_Y_param(self,finishLevel,treePercent,leftAngle,rightAngl
e,initPoint,initAngle,initLong)
    update_Y_param(self)
    root.mainloop()
```

【编程 8.8】编制程序：按新设置的绘制参数重新在画布上绘制分形树。

【目的及编程说明】根据编程 8.7 获得的绘制分形树的用户自定义参数，调用分形树绘制程序；将用于实现按钮“绘制”的功能。

【程序编写】

函数：在分形树绘制类 FractalTreeCanvas 基础上新增 draw_fractal_tree() 方法，接收用户自定义参数，调用 y_tree() 函数重新绘制。

```
class FractalTreeCanvas(Canvas):
    def draw_fractal_tree(self,params):          # 接收用户自定义参数，调用
                                                   y_tree() 函数重新绘制
        depth=params["finishLevel"]              # 将数据字典转为实质变量
        percent=params["treePercent"]
        left_angle=params["leftAngle"]
        right_angle=params["rightAngle"]
        start_point=params["initPoint"]
        angle=params["initAngle"]
        legth=params["initLong"]
          y_tree(depth, percent, left_angle, right_angle, start_
point, angle, legth)                             # 绘制分形树
if __name__=="__main__":
    ...                                          # 此处省略部分编程 8.7 主函数
    form_fractal_frame=FormFractalFrame()        # 实例化用户输入表单组件
```

```
    form_fractal_frame.create_form()              # 创建用户表单
    form_fractal_frame.update_fractal_var()       # 更新用户输入参数
    canvas=FractalTreeCanvas()                    # 实例化分形树绘制类
    canvas.draw_fractal_tree(form_fractal_frame.var_dict)
                                                  # 调用绘制方法，并传入用户自
                                                    定义参数
    root.mainloop()
```

8.6 屏幕元素事件识别与控制：X4-人机交互

本节开始的编程任务将进一步实现如图 8.9 所示的分形图案绘制系统，即实现对分形树绘制、基本图案绘制和参数设置等交互式控制。

【编程 8.9】编制程序：完成如图 8.9 所示的交互功能界面。

【目的及编程说明】通过编程 8.9，完成如图 8.9 所示的交互功能界面，为本实验项目提供一个仿真实验界面，通过该界面可以调用在 X3 和 X5 编写的功能函数，查看不同绘制方法和算法的结果。

【程序编写】构造下列几个类来实现相应功能。

类及函数： 分形图案选择类 class SelectFractalFrame，初始化方法 __init__()，分形图案选择单选框方法 create_select_menu()。

```
class SelectFractalFrame(Frame):                # 右上方分形图案单选框类
    def __init__(self,master,*args,**kwargs):
        super().__init__(master,*args,**kwargs)
        self.width=int(self.cget("width"))
        self.height=int(self.cget("height"))
    def create_select_menu(self):               # 创建分形图案单选框
        yscro=Scrollbar(self.select_frame,orient=VERTICAL)
        yscro.place(x=self.width-20,y=0,height=self.height*0.8,wid
th=20,anchor='nw')
        Radiobutton(f2,text=f"Y 形分形",value=f_id,).pack(ipadx=
10,anchor="w")
        Radiobutton(f2,text=f"三角形分形",value=f_id,).pack(ipadx=
10,anchor="w")
        Radiobutton(f2,text=f"矩形分形",value=f_id,).pack(ipadx=10,
anchor="w")
        canvas.update()
        canvas.config(canvas.bbox("all"),yscrollcommand=yscro.set)
```

```
                                                    # 设置画布的滚动区域
        yscro.config(command=canvas.yview)
```

类及函数： 消息显示类 class Message，初始化方法 __init__()，消息显示方法 show_message()。

```
class Message(Canvas):                      # 日志消息显示类
    def __init__(self,master,**kwargs):
        super().__init__(master,**kwargs)
        self.message=[]
        self.master=master
        self.scrollbar=Scrollbar(master,orient="vertical",command=
self.yview)
        self.scrollbar.pack(side="right",fill=BOTH)
        self.config(yscrollcommand=self.scrollbar.set)
    def show_message(self,message,color="white"):
                                           #todo:添加日志消息
        self.message.append({"message":message,"color":color})
        num=0
        self.delete("message")
        for function in self.message:
        self.create_text(20,25*num+10,anchor="nw",text=function["me
ssage"])
        num+=1
        self.update()
        self.configure(scrollregion=self.bbox("all"))
        self.scrollbar.set(1.0,1.0)
        self.yview_moveto(1.0)
```

类及函数： 整体框架类 class FractalTree，初始化方法 __init__()，初始化界面方法 init_window()。

```
class FractalTree(Canvas):
    def __init__(self,master,*args,**kwargs):
        super().__init__(master,*args,**kwargs)
        self.db=DbUtil()
        self.width=int(self.cget("width"))
        self.height=int(self.cget("height"))
        self.background_image=ImageTk.PhotoImage(
            Image.open("./images/大背景@3x.jpg").resize((self.width,self.
height)))
        self.create_image(0,0,image=self.background_image,anchor=NW)
        self.chose_fractal=1
        self.function_code=""
```

```
        self.fractal_var={}
        self.init_window()
    def init_window(self):
        message_frame=Frame(self,width=self.width-60,height=self.
height*0.2)
        message_frame.place(x=15,y=self.height*0.8+15,anchor=NW)
        self.message=Message(message_frame)         # 实例化消息显示框类
        self.message.pack(anchor=NW)                # 布局消息显示框
        self.fractal_tree_canvas=FractalTreeCanvas(self)
                                                    # 实例化分形树画布类
        self.fractal_tree_canvas.place(x=0,y=0,anchor=NW)
                                                    # 布局分形树画布
        self.basic_tree_canvas=BasicTree(self)      # 实例化基本图形绘制框类
        self.basic_tree_canvas.place(x=15,y=self.height*0.8-150)
                                                    # 布局基本图形绘制框
        self.select_fractal_frame=SelectFractalFrame(self)
                                                    # 实例化分形图案选择框类
        self.select_fractal_frame.place(x=self.width*0.73,y=10)
                                                    # 布局基本图形绘制框
        self.form_fractal_frame=FormFractalFrame(self)
                                                    # 实例化用户输入表单框
        self.form_fractal_frame.place(x=self.width,y=self.height)
                                                    # 布局用户输入表单框
```

【编程 8.10】编制程序：使相应的按钮完成正确的功能，即正确调用相应的函数。

【目的及编程说明】通过编程 8.10，完善编程 8.9 中各个按钮的功能调用。

【程序编写】

类及函数：在表单类 FormFractalFrame 中修改 __init__() 方法上的新增按钮属性，并绑定相应功能函数。

```
class FormFractalFrame(Frame):
    def __init__(self,master,*args,**kwargs):
        ...                                  # 编程 8.7 中该函数的语句被保留于此
        Label(self,width=self.width,height=self.height,image=
self.img).place(x=0,y=0)
        Label(self,text="分形参数设置",font=("黑体",14,"bold")).place
(x=10,y=10)
        self.create_form()
        self.button_img=ImageTk.PhotoImage(Image.open("./images/基
本图案绘制@3x.png"))
        Button(command=self.master.basic_tree_canvas.draw_basic_
tree).place(x=10,y=50)
```

```
        self.button2_img=ImageTk.PhotoImage(Image.open("./images/绘制参数更新@3x.png"))
        Button(self,self.button2_img,command=self.update_fractal_var).place(x=100,y=50)
        self.button3_img=ImageTk.PhotoImage(Image.open("./images/绘制@3x.png"))
        Button(image=self.button3_img,command=self.draw_fractal_tree).place(x=100,y=50)
        self.button4_img=ImageTk.PhotoImage(Image.open("./images/删除图案@3x.png"))
        Button(self,image=self.button4_img,command=self.delete_fractal).place(x=95,y=50)
```

8.7 算法优化与系统功能拓展：X5-完整系统

【编程 8.11】编制程序：按钮“新增分形图案类型”的功能实现。将能够完成的新的分形图案命名后增加至库中，并显示在列表中以供用户选择；用于实现按钮。

【目的及编程说明】编程 8.11 要求建立一个数据库，用以保存已有的和用户新定义的图案，新图案需要保存的信息包括图案编号、图案描述、图案绘制方法等；在图 8.8 的界面中显示该列表，用户在界面中还可以修改和增加新的列表，例如增加三角形、正方形等；要求系统基于数据库管理系统维护一个分形函数库，该表包含的主要字段有：{< 显示名称，绘制函数名，基本图案函数名，参数设置函数名 >。

【程序编写】构造数据库访问类来实现相应功能。

类及函数：新增变量 conn 和数据库工具类 class DbUtil，新增保存新定义函数方法 inisert_to_fractal()。

输入：显示名称，绘制函数名，基本图案函数，分形树绘制函数，更新参数函数，显示参数函数。

```
conn=pymysql.connect(user="root",password="123123",database="tree",
                     host="127.0.0.1",port=3306)
class DbUtil():
    @staticmethod
    def insert_to_fractal(name,e_name,basic_pattern,function_code,update_var,display_var):
        sql="""
        insert into
```

```
            fractal (name, e_name, basic_pattern, function_code,
update_var, display_var)
            values (%s, %s, %s, %s, %s, %s)
        """
        cursor=conn.cursor()
        cursor.execute(sql, (name, e_name, basic_pattern, function_code,
update_var, display_var))
        conn.commit()
        id=cursor.lastrowid
        return id
```

【编程 8.12】编制程序：按钮“分形图案类型选择”的功能实现。用户可在列表中选择一种分形图案类型，默认为 Y 形分形树。

【目的及编程说明】通过编程 8.12，为用户提供一个图案选择列表，当用户选择某个图案类型后，则在画布中显示该图案，默认图案为 Y 形分形树。

【程序编写】

类及函数：对分形图案选择框类 SelectFractalFrame 中的方法 create_select_menu()进行修改。

```
class SelectFractalFrame(Frame):
    def create_select_menu(self):        # 在原有函数上做出如下修改
        data_frame=self.db.execute("select*from fractal")
                                          # 读取数据库中所有分形图案
        yscro=Scrollbar(self.select_frame, orient=VERTICAL)
        yscro.place(x=self.width-20, y=0, height=self.height*0.8, wid
th=20, anchor='nw')
        canvas=Canvas(self.select_frame, width=self.width-20, height=
self.height*0.8)
        canvas.place(x=0, y=0, anchor='nw')
        f2=Frame(canvas, bg="#f7f7f7", width=self.width*0.8, height=
self.height*0.8)
        canvas.create_window((0, 0), window=f2, anchor=NW)
        self.master.chose_fractal=IntVar()
        self.master.chose_fractal.set(data_frame.loc[0:]["id"][0])
                                          # 将 Y 形设置为默认
        for data in data_frame.itertuples(index=False):
                                          # 遍历数据库，将所有分形图案变成单选框
          name, e_name, basic_pattern, function_code, update_code,
display_code, =data[1], data[2], data[3], data[4], data[5], data[6]
          Radiobutton(f2, text=f"{name}", variable=self.chose_frac
tal, command=lambda message=f"{name}{e_name}": self.master.update_
select(message))).pack(ipadx=10)
```

```
        canvas.update()
        canvas.config(scrollregion=canvas.bbox("all"),yscrollcommand=
yscro.set)
        yscro.config(command=canvas.yview)
class FractalTree(Canvas):
    def update_select(self,message):  # 当用户选择分形图案后会调用此方法
        self.message.show_message(f"选择了{message},初始参数如下:")
        self.form_fractal_frame.create_form()
                                        # 调用表单类的 create_form() 方法
        if self.master.chose_fractal.get()==1:
                                        # 判断是否为 Y 形分形
            finishLevel=10
            treePercent=0.7
            leftAngle=60
            rightAngle=60
            initPoint=(520,600)
            initAngle=90
            initLong=160
            self.form_fractal_frame.display_Y_param(finishLevel,treePer
cent,leftAngle,rightAngle,initPoint,initAngle,initLong)
        elif self.master.chose_fractal.get()==2:
                                        # 判断是否为三角形分形
            FinishLevel=8
            TreePercent=0.8
            InitPoint=(520,650)
            InitAngle=30
            InitLong=170
            self.form_fractal_frame.display_Triangle_param(FinishLevel,
TreePercent,InitPoint,InitAngle,InitLong)
        elif self.master.chose_fractal.get()==3:
                                        # 判断是否为正方形分形
            finishLevel=8
            leftPoint=(450,510)
            rightPoint=(550,510)
            initAngle=45
            self.form_fractal_frame.display_Rect_param(finishLevel,left
Point,rightPoint,initAngle)
        else:                           # 如果不是默认的图形则调用数据库中用
                                          户自定义的参数显示函数
            data_frame=self.db.query_fractal_by_id(self.master.chose_
fractal.get()).iloc[0]
            params={"self":self,"var_text":self.var_text.get(0.0,END).
strip()}
```

```
        exec(data_frame["display_var"],params)
                                        # 调用用户自定义参数显示函数
```

【编程 8.13】编制程序：按钮“基本图案绘制”的功能实现。此为编程 8.6 的增强版，即依据用户选择的分形图案类型，调用相应的基本图案绘制模块（不同的分形图案有不同的基本图案，但都同编程 8.6 一样形成一个可灵活调用的函数，并在指定位置绘制）。

【目的及编程说明】编程 8.13 要实现的功能是：依据用户选择的分形图案类型，调用相应的基本图案绘制模块。因此要求如同编程 8.6，将不同的分形图案绘制程序编写成单个可独立调用的函数，并在指定位置（如左下角）绘制出来。

【程序编写】

类及函数：在基本图案绘制类 BasicTree 的基础上新增绘制基本图案的方法 draw_basic_tree()，读取数据库中的基本图案绘制模块，并进行调用。

```
class BasicTree(Canvas):
    def draw_basic_tree(self):                          # 绘制基本图案
        self.delete("all")                              # 清除画布所有内容
        user_select=self.master.chose_fractal.get()
        data_frame=self.db.query_fractal_by_id(user_select)
                                                        # 读取数据库中的内容
        params={
            "canvas":self
        }
        try:
            exec(data_frame["basic_pattern"].tolist()[0],params)
                                                        # 绘制基本图案
            self.master.message.show_message(f"基本图案绘制成功！")
        except Exception as E:
            self.master.message.show_message(f"{E}",color="red")
```

【编程 8.14】编制程序：按钮“绘制参数设置”的功能实现。此为编程 8.7 的增强版，即依据用户选择的分形图案类型，调用相应的参数设置模块（不同的分形图案有不同的参数设置，但都同编程 8.7 一样形成一个可灵活调用的函数）。

【目的及编程说明】编程 8.14 要求完成根据用户选择设置的参数，编写可独立调用的绘制函数，进行图案绘制。

【程序编写】

类及函数：在原表单类 FormFractalFrame 基础上新增更新参数方法 update_fractal_var()。
输入：在文本框内修改参数。

输出：文本框输出新的分形绘制参数。

```
class FormFractalFrame (Frame):
    def update_fractal_var (self):              # 绘制参数更新
        user_select=self.master.chose_fractal.get ()
        data_frame=self.db.query_fractal_by_id (user_select)
                                                # 读取数据库中分形树的内容
        params={
            "self": self,
            "vars": self.var_text.get (0.0,"end"). strip ()
        }                                       # 将用户参数和 form 表单类作为参数
        try:
            var_func=data_frame["vars"].tolist () [0]
                                                # 获取用户自定义参数设置函数
            exec (var_func,params)              # 执行用户自定义参数设置函数，并传
                                                  入用户输入参数
            self.master.message.show_message (f"参数更新成功 !")
        except Exception as E:
            self.master.message.show_message (f"{E}",color="red")
```

【编程 8.15】编制程序：按钮“绘制”的功能实现。此为编程 8.8 的增强版，即依据用户选择的分形图案类型，调用相应的绘制函数模块（不同的分形图案有不同的绘制函数，但都同编程 8.8 一样形成一个可灵活调用的函数）。

【目的及编程说明】编程 8.15 要求依据用户选择的分形图案类型，调用相应的绘制函数模块进行分形图案绘制。

【程序编写】

类及函数：在分形树绘制类 FractalTreeCanvas 中修改 draw_fractal_tree () 方法，依据用户选择的分形图案进行绘制。

```
class FractalTreeCanvas (Canvas):
    def draw_fractal_tree (self,params):
        self.delete ("all")                         # 清空画布
        user_select=self.master.chose_fractal.get ()
                                                    # 获取用户选择的分形树
        data_frame=self.db.query_fractal_by_id (user_select)
                                                    # 通过用户选择的分形树进行查询
        params={key: eval (value) for key,value in params.items ()}
        params["canvas"]=self
        params["math"]=math
        params["sleep"]=sleep
        exec (data_frame["function_code"].tolist () [0],params)
                                                    # 调用分形树函数进行绘制
```

```
        self.master.message.show_message("分形树绘制成功！")
```

【编程 8.16】编制程序：编制其他图案的基本图形、参数设置与分形绘制程序。

【目的及编程说明】读者可参照 BasicTree.Y_pattern()、FormFractalFrame.display_Y_param()、FormFractal update_Y_param()、FractalTreeCanvas.draw_fractal_tree()、y_tree() 等函数来编写三角形、正方形以及其他分形图案的基本绘制算法，并加入分形图案类型库，便于用户观察不同图案的分形效果。下面是三角形和正方形相关的参考代码，读者可对比学习。

【程序编写】

```
def draw_Rect(point1,point2,point3,point4):   # 绘制基本图案的函数
    canvas.create_polygon(point1,point2,point3,point4,fill="#d8e6f7",
outline='white')
def Rect_Pattern():                            # 绘制基本图案按钮所调用的
                                                 函数
    canvas.delete("all")                       # 清空画布
    point1=(25,30);point2=(25,140);point3=(145,140);point4=(145,30)
    draw_Rect(point1,point2,point3,point4)
def Rect_tree(depth,point1,point2,angle,canvas):
                                               # 绘制分形图案的递归函数
    def rotate(point1,point2,angle):           # 直线的旋转,point1 是定点
        x1,y1=point1[0],point1[1]
        x2,y2=point2[0],point2[1]
        x=x1+(x2-x1)*math.cos(math.radians(angle))+(y2-y1)*math.
sin(math.radians(angle))
        y=y1+(y2-y1)*math.cos(math.radians(angle))-(x2-x1)*math.
sin(math.radians(angle))
        point=(x,y)
        return point
    def zoom(point1,point2,ratio):             # 直线的缩放,point1 是定点
        x1,y1=point1[0],point1[1]
        x2,y2=point2[0],point2[1]
        x=x1+(x2-x1)*ratio
        y=y1+(y2-y1)*ratio
        point=(x,y)
        return point
    point3=rotate(point1,point2,90)
    point4=rotate(point2,point1,270)
    draw_Rect(point1,point2,point4,point3)     # 画正方形
    if depth==0:
        return
```

```
    point=rotate(point3,point4,angle)                    # 旋转
    point=zoom(point3,point,math.cos(math.radians(angle)))
                                                         # 缩放
    Rect_tree(depth-1,point,point4,angle,canvas)         # 画左枝
    Rect_tree(depth-1,point3,point,angle,canvas)         # 画右枝
    canvas.update()
    sleep(0.001)
def draw_Triangle(start_point,end_point1,end_point2):
    canvas.create_polygon(start_point,end_point1,end_point2,outline=
'red',fill='white',width=2)
def Triangle_Pattern():                         # 绘制基本图案按钮所调用的函数
    canvas.delete("all")                        # 清空画布
    start_point=(80,130);end_point1=(20,10);end_point2=(140,10)
    draw_Triangle(start_point,end_point1,end_point2)
def Triangle_tree(depth,percent,start_point,angle,length,canvas):
    if depth==0:return
                                                # 左枝点和右枝点
    end_point1=(start_point[0]-length*math.sin(math.radians(angle)),
                start_point[1]-length*math.cos(math.radians(angle)))
    end_point2=(start_point[0]+length*math.sin(math.radians(angle)),
                start_point[1]-length*math.cos(math.radians(angle)))
                                                # 画三角形
    draw_Triangle(start_point,end_point1,end_point2)
                                                # 递归画左枝和画右枝
    Triangle_tree(depth-1,percent,end_point1,angle,length*percent,canvas)
    Triangle_tree(depth-1,percent,end_point2,angle,length*percent,canvas)
    canvas.update()
    sleep(0.001)
def display_Triangle_param(self,FinishLevel,TreePercent,InitPoint,
InitAngle,InitLong):
    vars=f"""
    分形层数:FinishLevel={FinishLevel}
    缩放比例:TreePercent={TreePercent}
    初始点:InitPoint={InitPoint}
    初始角:InitAngle={InitAngle}
    初始长度:InitLong={InitLong}
    """                                     # 将变量通过模板语法形成多参数字符串
    self.var_text.insert(0.0,vars)          # 在窗口中的 form 表单中插入参数字符串
def update_Triangle_param(self):            # 获取变量并解析变量
    text=self.var_text.get(0.0,"end").strip()
                                            # 读取窗口中的参数字符串
    for i in text.split("\n"):              # 将变量按照换行进行拆分，得到每一个
                                              单独的变量
```

```
        i=i.replace("","")                  # 去除多余的空格，避免出现解析出错
        var=i.split(":")[1].split("=")      # 提取变量名称和变量值
        self.var_dict[var[0]]=var[1]        # 将变量名称和变量值保存到字典中
    FinishLevel=self.var_dict["FinishLevel"]
    TreePercent=self.var_dict["TreePercent"]
    InitPoint=self.var_dict["InitPoint"]
    InitAngle=self.var_dict["InitAngle"]
    InitLong=self.var_dict["InitLong"]
    return FinishLevel,TreePercent,InitPoint,InitAngle,InitLong
def display_Rect_param(self,finishLevel,leftPoint,rightPoint,initAngle):
    vars=f"""
        分形层数:finishLevel={finishLevel}
        左下点:leftPoint={leftPoint}
        右下点:rightPoint={rightPoint}
        初始角:initAngle={initAngle}
        """                                 # 将变量通过模板语法形成多参数字符串
    self.var_text.insert(0.0,vars)          # 在窗口中的 form 表单中插入参数字符串
def update_Rect_param(self):                # 获取变量并解析变量
    text=self.var_text.get(0.0,"end").strip()
                                            # 读取窗口中的参数字符串
    for i in text.split("\n"):              # 将变量按照换行进行拆分，得到每一个
                                              单独的变量
        i=i.replace("","")                  # 去除多余的空格，避免出现解析出错
        var=i.split(":")[1].split("=")      # 提取变量名称和变量值
        self.var_dict[var[0]]=var[1]        # 将变量名称和变量值保存到字典中
    finishLevel=self.var_dict["finishLevel"]
    leftPoint=self.var_dict["leftPoint"]
    rightPoint=self.var_dict["rightPoint"]
    initAngle=self.var_dict["initAngle"]
    return finishLevel,leftPoint,rightPoint,initAngle
```

第 9 章

表达式解析思维与二十四点游戏

本章要点：本章内容以实现二十四点游戏程序为目标。通过二十四点游戏程序项目，读者可理解表达式的构造与解析相关的思维，理解语法树的构造和基于语法树的表达式计算思维，该思维对读者实现面向各学科的计算或仿真工具有重要价值。本章将分层次逐步讲解实现二十四点游戏，以及表达式与语法树构造与计算的过程展示。

9.1 表达式解析与语法树

9.1.1 表达式及其解析问题

什么是表达式 在第 2 章讲解了算术表达式、比较表达式和逻辑表达式。表达式是计算系统 / 计算语言的核心要素，表达式的解析与执行是计算系统的基本能力。所谓的表达式，一般由两个部分构成：运算符与运算对象。**运算符（operator）**用于执行特定的操作，如“+”（加）“−”（减）“*”（乘）“/”（除）“**”（乘方）等。**运算对象（operand）**是参与运算的值或变量，可以是数字、变量名、函数等。操作数可以是常量或者通过变量、函数等方式获取的值。**函数（function）**可被认为是一种特殊的运算符，接受一个或多个参数，并返回一个结果。函数可以是内置函数（如 sin、cos、sqrt 等）或自定义函数。广义来说，函数是运算符的拓展形式。

表达式示例 示例 1：((3 + 5) + 8) + 8

示例 2：(3 + (8 + 1)) *2

示例 3：(sin (x) + cos (y)) + func (x, y, z)

表达式可以使用括号来递归地构造。注意表达式的构造与正确性检查是很复杂的工作，读者若想深入研究，可继续学习“形式语言与自动机”“编译系统”等相关课程，这里仅简单介绍。

表达式解析与执行 简单来看，表达式就是一个字符串。计算系统需要正确地识别表达式中的每一个运算对象、每一个运算符以及运算的次序，然后构造表达式的计算过程，称为**表达式解析**，计算系统按照解析结果即表达式的计算过程，完成相应计算并得出最终结果，称为**表达式执行**。表达式的计算过程可以用一种数据结构——“树”来表达，称为**语法树**。

9.1.2 树——一种数据结构

什么是树 树是一种非线性的数据结构，由一组节点和节点之间的连接共同组成，其结构类似一棵倒置的树，顶部节点相当于树根（也被称为根节点），中间的节点相当于树的分支。树总是由一个根节点开始，每个节点有 0 个或多个子节点。除根节点外，每个节点均有且只有一个父节点。从根节点到任意节点都存在唯一的路径。

树有许多不同的变种，如二叉树（binary tree）、平衡树（balanced tree）、二叉搜索树（binary search tree）等，如图 9.1 所示。每类变种都有其特定的规则和性质，适用于不同的应用场景。二叉树是一种最常见的特殊树结构，如图 9.1（b）所示，每个节点最多有两个子节点，通常称为左节点和右节点。

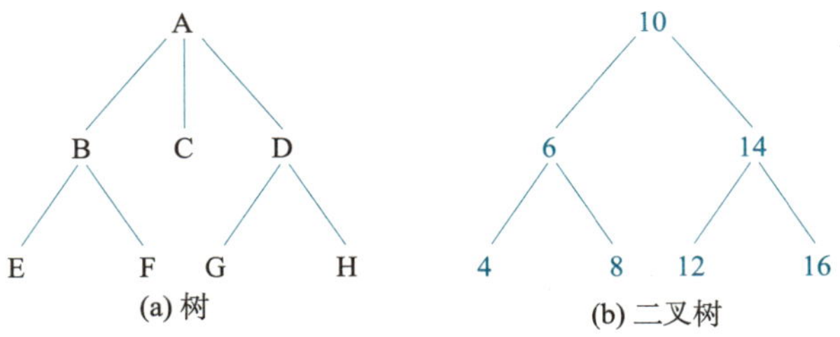

图 9.1 树与二叉树

为什么需要树 树可以用来表示各种层次关系的事物，如文件系统中文件夹的包含关系、组织机构中部门的隶属关系等。树形结构应用还包括分治和递归（通过将问题分解为子问题，并且利用树结构进行递归求解，可以简化问题的处理过程）、数据库系统（树结构常用于数据库系统中的索引结构，如 B 树和 B+ 树，用于快速查找和访问数据库中的数据）、编译器（编译器在语法分析阶段通常使用分析树（parse tree）或抽象语法树（abstract syntax tree）来表示源代码或表达式的结构，方便进行语法分析和语义分析）等。

树的数据结构 保存树形数据可以有多种方式。(1) 对象嵌套方式。使用对象作为节点，通过键值对 **{ 父节点，子节点 }** 的方式表示节点之间的关系。每个节点可以包含子节点的键值对，以此构建树形结构。例如图 9.1 (a) 表达为 {A, {{B, {E, F}}, C, {D, {G, H}}}}，图 9.1 (b) 表达为 {10, {{6, {4, 8}}, {14, {12, 16}}}}。(2) 数组（array）或列表（list）嵌套。使用数组或列表嵌套的方式表示树形结构。每个节点是一个元素，其中包含子节点指针或引用的数组或列表。每个节点除了包含该节点的信息外，还可以包含指向父节点的指针或引用，进而可以在节点之间建立双向关联，方便进行树的操纵。

树的操纵 树的操纵包括遍历每个节点、查找一个节点、插入一个节点、更改一个节点、删除一个节点、子节点排序等。以二叉树为例，二叉树的遍历包括先深遍历和先广遍历。其中先深遍历又分为前序遍历、中序遍历和后序遍历。(1) 前序遍历。首先访问当前节点，然后递归地前序遍历左子树，最后递归地前序遍历右子树。(2) 中序遍历：首先递归地中序遍历左子树，然后访问当前节点，最后递归地中序遍历右子树。(3) 后序遍历：首先递归地后序遍历左子树，然后递归地后序遍历右子树，最后访问当前节点。(4) 先广遍历是指一层层地访问树的节点，即首先访问第一层节点（即根节点），然后自左至右访问第二层节点（根节点下的每一个子节点），最后自左至右访问第三层节点（根节点下每个子节点的子节点）。树的操纵算法（伪码）如图 9.2 所示。

树的遍历示例 以图 9.1 (b) 的二叉树遍历为示例。前序遍历访问节点的次序为 {10, 6, 4, 8, 14, 12, 16}，中序遍历为 {4, 6, 8, 10, 12, 14, 16}，后序遍历为 {4, 8, 6, 12,

16, 14, 10}。先广遍历访问节点的次序为 {10, 6, 14, 4, 8, 12, 16}。

```
procedure preorder Traversal(node):
    if node is null:
        return
    visit(node)
    preorder Traversal(node.left)
    preorder Traversal(node .right)
```

(a) 前序遍历

```
procedure inorderTraversal(node ):
    if node is null:
        return
    inorderTraversal(node.left)
    visit(node)
    inorderTraversal(node. right)
```

(b) 中序遍历

```
procedure postorder Traversal(node):
    if node is null:
        return
    postorder Traversal(node.left)
    postorder Traversal(node.right)
    visit(node)
```

(c) 后序遍历

```
procedure breadthFirstTraversal(root)
    queue = queue( )
    queue.append(root)
    while queue
        node = queue.popleft( )
        visit(node)
        if node.left queue.append(node.left)
        if node.right queue.append(node.right)
```

(d) 先广遍历

图 9.2 四种遍历方式的伪码

再看图 9.3 (a) 的二叉树遍历示意。前序遍历访问节点的次序为 {G, D, B, A, C, F, E, K, I, H, J, L, M}，中序遍历为 {A, B, C, D, E, F, G, H, I, J, K, L, M}，后序遍历为 {A, C, B, E, F, D, H, J, I, M, L, K, G}。先广遍历访问节点的次序为 {G, D, K, B, F, I, L.A, C, E, H, J, M}。

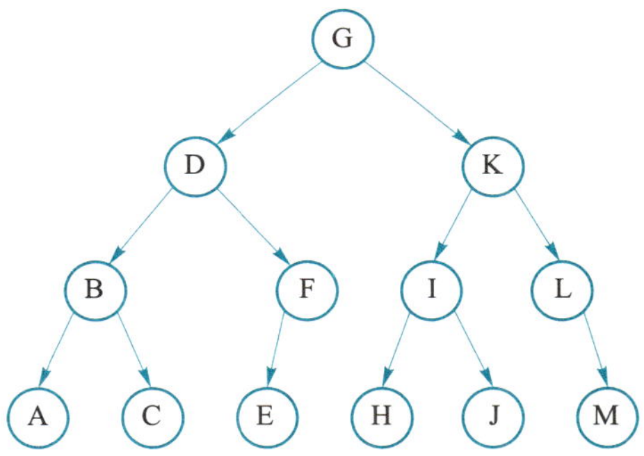

(a) 示例树

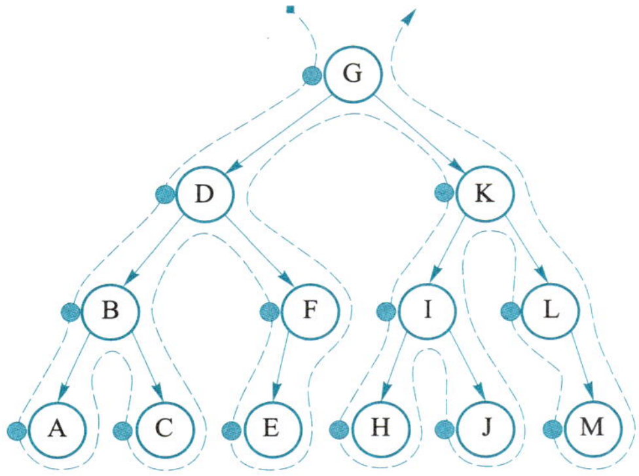

(b) 先深遍历——前序遍历

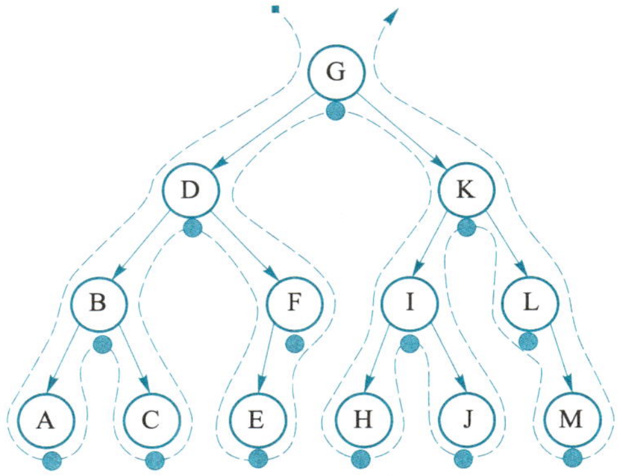

(c) 先深遍历——中序遍历

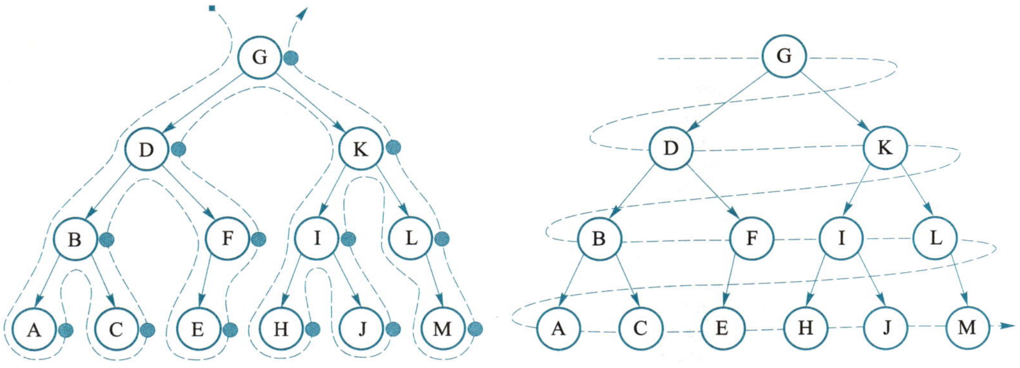

(d) 先深遍历——后序遍历　　(e) 先广遍历

图 9.3　树的四种遍历方式示意（其中树外的虚线箭头线为遍历顺序线示意）

9.1.3　将表达式解析结果表达为语法树

将表达式表示为树——语法树 将表达式解析结果表示为语法树（也称为抽象语法树或AST）可以清晰地展示表达式的结构和运算优先级。下面以一个简单的表达式“3+4∗2”为例，演示如何将其表示为语法树。首先定义两种节点类型，即**数值节点**（表示一个数值）和**运算节点**（表示运算符，包含一个运算符和左右子节点）。然后按照运算符的优先级和括号赋予的结合性，构建语法树（如图9.4所示）：根节点是运算符节点“+”，它的左子节点是数值节点“3”，右子节点是运算符节点“∗”；“∗”节点的左子节点是数值节点“4”，右子节点是数值节点“2”。

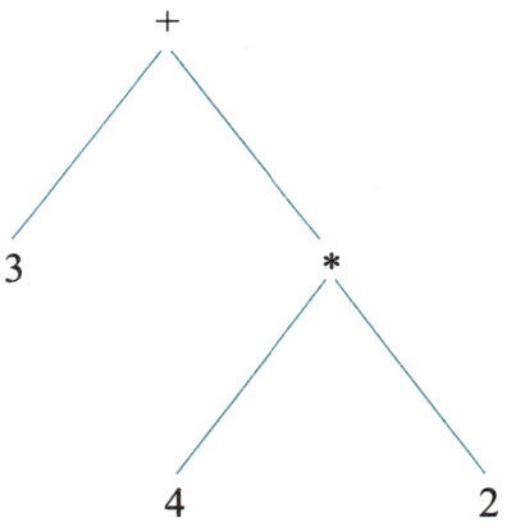

图 9.4　语法树计算示例

通过构建语法树，可以清晰地看到运算的顺序和优先级。在对表达式进行求值时，可以按照语法树的结构进行递归计算，从而得到最终的结果。

二十四点计算的五种语法树 二十四点计算是指使用4个数值（每个仅使用一次），通过各种运算组合以使结果等于24。为了得到24这个结果，使用4个数值，则仅可能使用3个运算符。图9.5是五种可能的语法树结构，其中“N”代表数值（运算

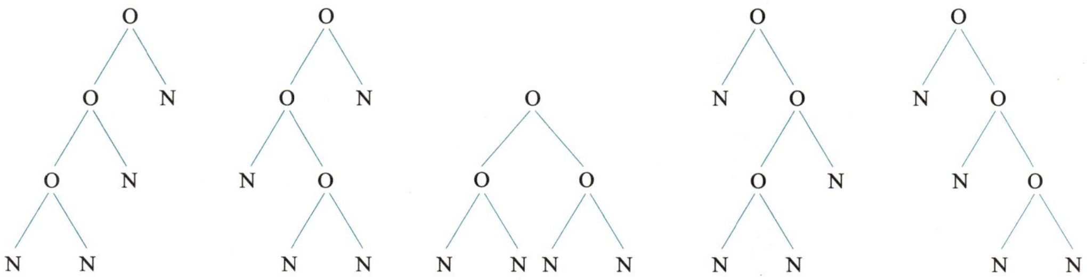

图 9.5　二十四点计算可能出现的五种语法树

对象)，“O”代表运算。

典型算法：依据语法树进行计算 如果说语法树的构造是分拆的过程，那么语法树的计算则是一个自顶向下询问和自下而上汇总的过程，其递归过程如下。

定义过程 C，输入语法树的根节点 O，输出计算结果。过程 C 的步骤如下：

```
Step0:   如果 O 是一个数值节点（除此之外，O 应当是一个运算符节点），返回该数值，并
         不再执行以下任何步骤;
Step1:   递归，调用过程 C，输入左子树 O_L，得到计算结果 N_L;
Step2:   递归，调用过程 C，输入右子树 O_R，得到计算结果 N_R;
Step3:   依据运算符 O，进行 N_L O N_R 的计算，返回计算结果;
```

例：语法树的计算

以语法树“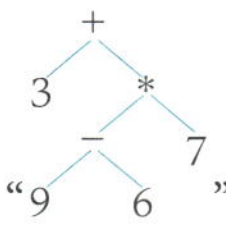”的计算为例。调用过程 C，输入树的根节点“+”：

Step0:“+”不是一个单独的数值，继续执行后续步骤；

Step1：调用过程 C，以“3”为输入；

  Step1.Step0:“3”是数值节点，返回 3；

Step2：调用过程 C，以“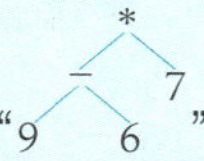”为输入；

Step3.Step0:“*”不是一个单独的数值，继续执行后续步骤；

Step3.Step1：调用过程 C，以“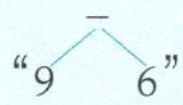”为输入；

  Step3.Step1.Step0:“−”不是一个单独的数值，继续执行后续步骤；

  Step3.Step1.Step1：调用过程 C，以“9”为输入，返回 9；

  Step3.Step1.Step2：调用过程 C，以“6”为输入，返回 6；

  Step3.Step1.Step3：依据根节点“−”，计算 9−6 得 3，返回 3；

Step3.Step2：调用过程 C，以“7”为输入，返回 7；

Step3.Step3：依据根节点“*”，计算 3*7 得 21，返回 21；

Step3：依据根节点“+”，计算 3+21 得 24，返回 24；

典型算法：给定 4 个数值，如何搜索结果为 24 点的表达式

由图 9.5 不难发现，如果给定 4 个数值 $N_1 \sim N_4$，那么搜索 24 点表达式的方式如下：

```
Step0:   得到给定的 N1~N4;
Step1:   循环，对 N1~N4 进行全排列组合，循环每一种可能性;
Step2:   循环，运算符 O1~O3 对“+、−、*、/”进行全排列组合，循环每一种可能性;
Step3:   循环，对于 N1~N4、O1~O3，依次代入图 9.5 中的每一个公式;
Step4:   通过过程 C 计算结果;
Step5:   如果过程 C 得到 24，返回结果;
```

典型算法：由表达式构造语法树并计算的过程 (1) 识别运算符，识别运算对象，处理运算次序；(2) 构造语法树；(3) 按照语法树进行计算等（过程描述）。依据图 9.5，只要构造出五种表达式结构，即可进行 24 点的计算，那么如果已经有一个日常书写的表达式，如“3 + (9−6)∗7”，要如何变成一棵语法树呢？这是一个递归过程，其过程如下。

定义过程 A，该过程输入一个字符串 S，输出一棵树结构（直接输出树的根节点）。

过程 A 包含以下子步骤：

Step0：如果 S 以“(”开始，以“)”结束，去掉 S 外侧的括号，
　　如果此时 S 只包含一个数值，将其作为数值节点输出，并终止后续所有步骤；
Step1：为所有的运算符标记优先级：运算符“ + ”“−”优先级为 1，“∗”“/”优先级为 2；遇到一次括号，括号内的运算符优先级提升 100，如括号内的“ + ”优先级为 101；
Step2：从左到右搜索优先级最低的运算符（若优先级相同则选择最右侧的），标记为 O；
Step3：递归，将 S 在 O 左边的子串 S_L 送入过程 A，得到一棵树，根节点为 O_L；
Step4：递归，将 S 在 O 右边的子串 S_R 送入过程 A，得到一棵树，根节点为 O_R；
Step5：以 O 为根节点、O_L 和 O_R 为左右子节点构建一个二叉树，返回 O；

例：由表达式构造语法树 依据上面的步骤，“3 + (9 − 6) ∗ 7”的解析过程如下：

Step0：由于表达式包含多个字符，不是一个单独的数值，继续执行后续步骤；
Step1：为所有运算符标记优先级：+ 为 1，− 为 101，∗ 为 2；
Step2：从左到右搜索优先级最低的运算符，找到 "+" 运算符；
Step3：将“ + ”的左子串“3”送入过程 A；
　　Step3.Step0：输入过程 A 的字符串“3”是一个数值，返回节点“3”；
Step4：将“ + ”的右子串“(9−6)∗7”送入过程 A；
　　Step4.Step0：“(9−6)∗7”不是单个数值，继续执行；
　　Step4.Step1：标记优先级；
　　Step4.Step2：搜索得到最低优先级“∗”；
　　Step4.Step3：将“(9−6)”送入过程 A；
　　　　Step4.Step3.Step0：去掉外侧括号得到 S 为“9−6”；
　　　　Step4.Step3.Step1：标记优先级；
　　　　Step4.Step3.Step2：搜索得到最低优先级的“−”；
　　　　Step4.Step3.Step3：得到左节点“9”；
　　　　Step4.Step3.Step4：得到右节点“6”；
　　　　Step4.Step3.Step5：以“−”为根节点，构造树“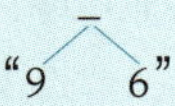”并返回；
　　Step4.Step4：将“7”送入过程 A，得到右节点“7”；
　　Step4.Step5：以“∗”为根节点，构造树“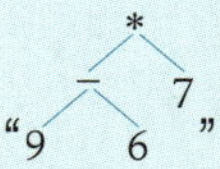”并返回；
Step5：以“ + ”运算符为根节点，结合 Step3 和 Step4 的输出，构造树“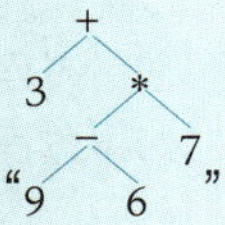”并返回；

9.2 二十四点实践项目总体设计

本章后续内容将以开发二十四点游戏程序为目标，使读者体验表达式解析与计算、树形结构、人机交互等基本思维。

什么是二十四点 二十四点是一款扑克牌益智游戏，如图 9.6 所示。随机给出四张扑克牌，其中 J、Q、K、A 均表示数字 1（注：也有将 J、Q、K 牌表示数字 11、12、13 的规则，本书规则仅认为其表示数字 1），其他扑克牌 2~10 按牌面表示数字 2~10，要求游戏者使用加减乘除四则运算，每张牌使用一次，组合运算符计算并回答能否计算出结果 24，若能则给出计算的表达式。

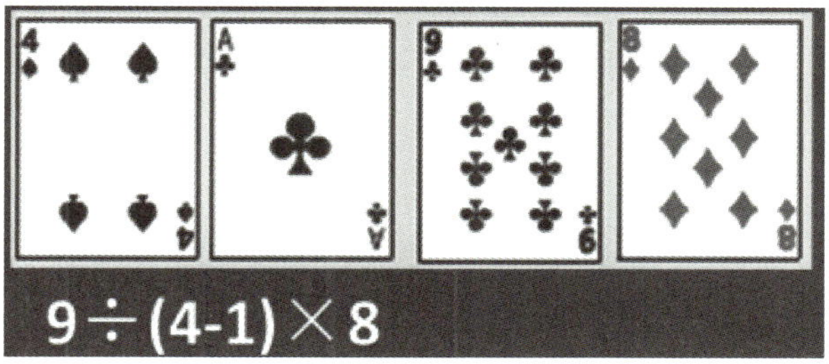

图 9.6 二十四点游戏示意

目标系统说明 （1）随机产生四张牌并显示；（2）允许用户输入一个 24 点的计算表达式；（3）系统能够自动计算用户输入的表达式，得到计算结果，并依据结果显示是否等于 24；（4）能够显示表达式所对应的语法树；（5）能够实现换牌；（6）能够自动给出可计算出 24 的所有表达式；（7）进一步能够随机产生一个表达式（不限 4 个数字），由用户手动构造语法树，并判断语法树与表达式的一致性；（8）进一步能够随机产生一棵语法树，由用户手动输入表达式，并判断语法树与表达式的一致性；（9）优化操作界面，提高用户的游戏体验。

从计算思维角度，二十四点实践项目能够训练读者利用语法树构造解析表达式并按语法树进行表达式计算的能力。表达式的构造与计算是利用计算机求解各学科问题的一种基本能力。

9.2.1 项目总体思路

总体思路 二十四点游戏项目开发的总体思路如图 9.7 所示。项目分为五个层面的开发内容，难度由低到高被区分为：

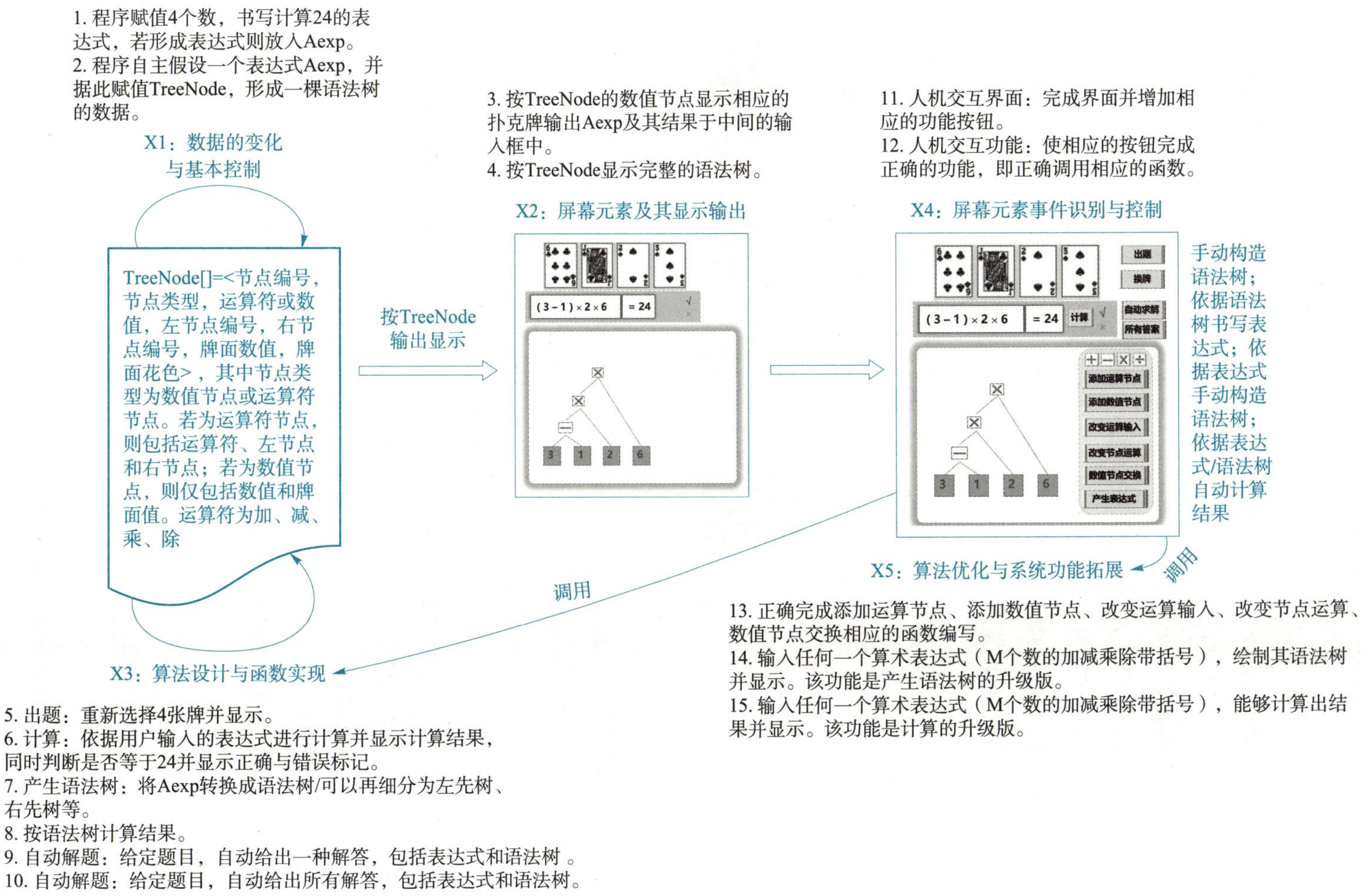

图 9.7 二十四点游戏项目开发总体思路图

X1：数据的变化与基本控制【数据结构】——参见 9.3 节。

X2：屏幕元素及其显示输出【可视化输出】——参见 9.4 节。

X3：问题求解相关的算法设计与函数实现【基本算法】——参见 9.5 节。

X4：屏幕元素事件识别与控制【人机交互】——参见 9.6 节。

X5：问题求解相关的算法优化与系统功能拓展【完整系统】——参见 9.7 节。

其中，X1 编制为 TreeNode 赋值的程序及构造树的函数，首先考虑数值只有 1 位的表达式字符串的解析（1 位字符或者为数值 1～9（不含 0），或者为运算符，或者为括号。此种情况仅需匹配字符即可解析，相对简单），可直接赋值 TreeNode。也可按递归方式以增加节点的方式赋值 TreeNode。X2 依据 TreeNode 数据产生输出界面。X3 为二十四点游戏编写基本函数，出题、解题等。X4 为以交互方式输入、输出二十四点算式以及树形结构构建与显示，包括增加“出题”按钮、“换牌”按钮、“自动求解”按钮、“所有答案”按钮以及语法树中“增加节点”“删除节点”等按钮，这些按钮的功能通过调用 X3 或 X5 中的函数来实现。X5 则编制复杂的表达式解析程序和语法树构建程序，所谓的复杂是指：（1）4 个数值节点将包含多位数；（2）不只是 4 个数值节点，可能是 n 个数值节点；（3）不仅是基本运算符，还包括基本函数。各个按钮的功能如下。单击“出题”按钮，程序会自动展示四张纸牌，这四张纸牌的点数和花色都是随机的。单击“换牌”按钮，可更改纸牌的花色和点数。游戏者需要在纸牌下的空白输入框中输入由所给纸牌代表点数的 4 个数值组成的可运算数学算式，通过计算来判断算式是否等于 24，并展示计算结果（正确则√标记显示红色，错误则 × 标记显示红色）。单击“自动求解”按钮，可展示系统自动给出的一种能够计算出 24 的表达式。单击“所有答案”按钮，可展示所有能够计算出 24 点的算式（每按一次给出一种，直到所有答案展示完毕）。单击语法树绘制相关按钮，则能手动构造表达式的语法树，后续还有基于树的扩展内容。实践项目要求能够进行人机交互并能显示相应的结果，进一步要求能够通过单击按钮实现换牌计算、表达式计算、语法树显示、答案显示等功能，由此来提高用户的游戏体验。

9.2.2 项目涉及的类库资源

本项目中使用的类库如下所示。请在后面的源程序文件的起始部分放入相关的语句。

定义一个 MainWindow 类来产生主窗口对象。

```
import random
from PySide6.QtGui import QStandardItem,QFont,QPixmap
from PySide6.QtWidgets import QApplication,QMainWindow,QGraphicsScene,
QMessageBox
from main_ui import Ui_MainWindow
import data
from graph_24 import*
class MainWindow(QMainWindow,Ui_MainWindow):
  def__init__(self):
    super(). __init__()
    self.r_count=0#记录所有答案点击次数
    self.offset=0#语法树遍历时随深度平移长度,避免节点重合
    self.TreeNode=None
    self.Tree_4_nums=None
    self.setupUi(self)
if__name__=='__main__':
  app=QApplication()
  window=MainWindow()
  window.show()
  app.exec()
```

9.2.3 项目主要函数调用关系图与项目输出界面演进图

项目主要函数调用关系图如图 9.8 所示。项目输出界面演进图如图 9.9 所示。

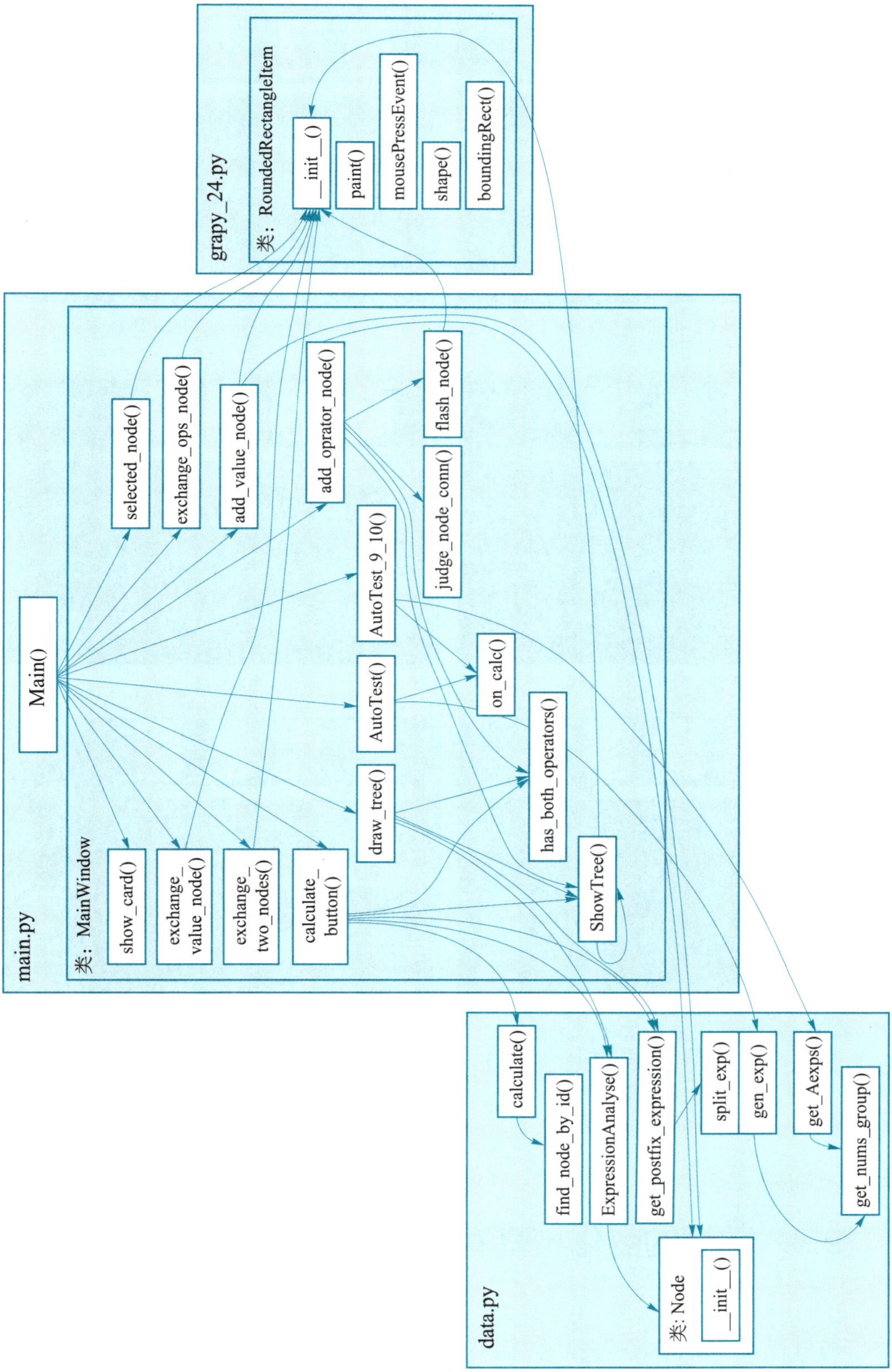

图 9.8　主要函数关系调用图

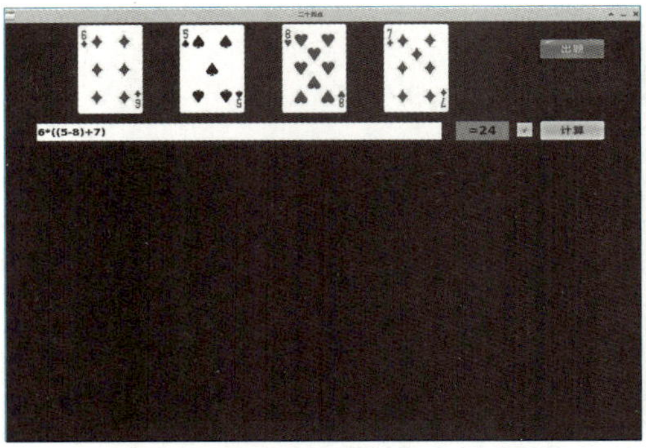

(a) 显示四张牌，用户输入表达式，
系统计算并判断正误

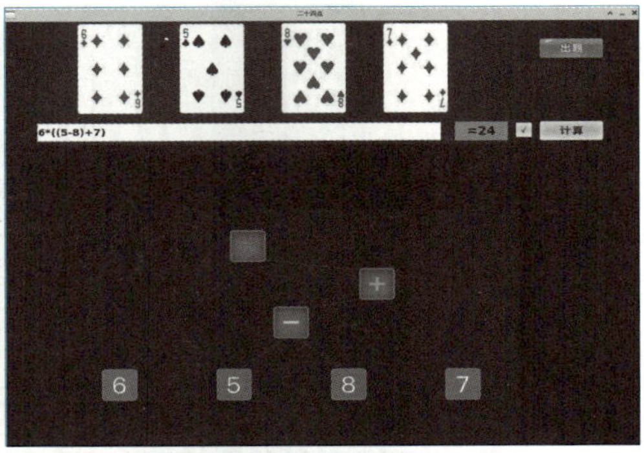

(b) 计算对应表达式的语法树展示

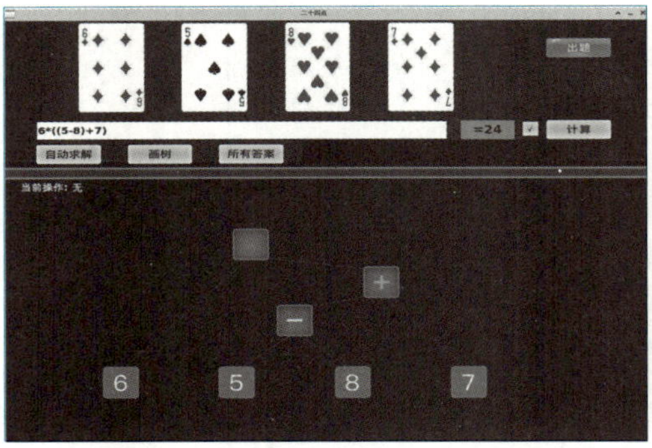

(c) 添加用户交互按钮，自动求解，并自动求所有解

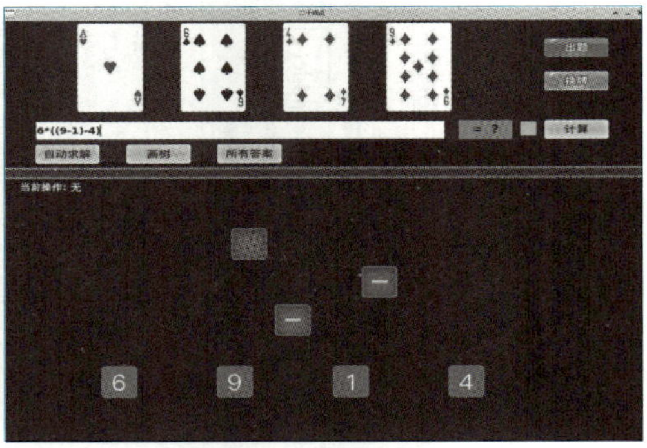

(d) 添加换牌功能

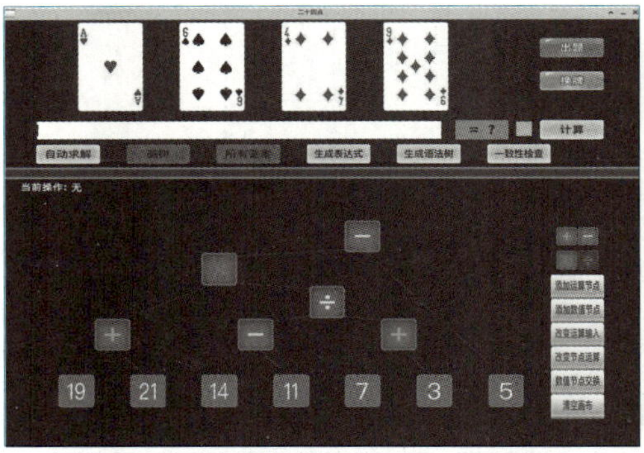

(e) 任意语法树的交互式手动构造(系统随机
给出表达式—用户构造语法树—系统判断正误)

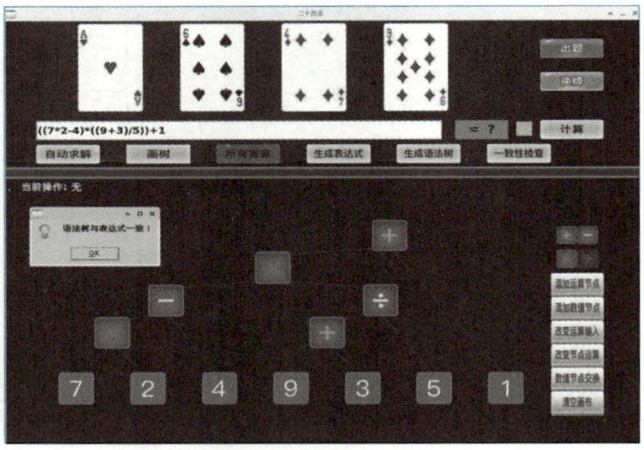

(f) 任意表达式的交互式书写(系统随机给出
语法树—用户手动填写表达式—系统判断正误)

图 9.9　项目输出界面演进图

9.3　数据的变化与基本控制：X1-数据结构

【编程 9.1】编制程序：程序赋值 4 个数，书写计算 24 的表达式，并将表达式放入

Aexp 变量。

【目的及编程说明】读者通过编程 9.1 可理解二十四点计算表达式的书写方法。该函数的输入是 4 个数字，函数的作用是得出由这 4 个数字组成的算式中计算结果为 24 的算式，输出为 4 个数字运算得到 24 的过程。具体实现要求为：(1) 用户随机输入 4 个 1~9 之间的整数数字（注：此处不包括 10 是因为简化处理，只处理一位数，这样表达式解析相对容易，仅考虑匹配字符即可，后续将会处理两位数甚至多位数的情况）；(2) 定义运算符列表，包括加、减、乘和除；(3) 使用三层循环枚举所有的运算符组合，并构建表达式进行求值；(4) 判断其计算值是否为 24，如果是则存储到运算式列表中，如果不是则继续计算；(5) 直到所有运算符的组合都计算过，如果有解则返回算式列表，如果没有解则返回"无法得出 24 点"。

【程序编写】

函数： get_Aexps()。
输入： 无。
输出： 所有计算结果符合 24 的表达式列表，或者输出"无法得出 24 点"。
功能： 获取用户输入，通过排列组合计算所有可能表达式的计算结果，筛选结果为 24 的表达式添加到列表。

```
def get_Aexps():
  nums=[];ops=['+','-','*','/']
  for i in range(4):
    num=input("请输入第%d个数字:"%(i+1))
    if num.isdigit():
      if 1<=int(num)<=9:nums.append(num)
  group_nums=get_nums_group(nums);results=[]
  for nums in group_nums:
    for op1 in ops:
      for op2 in ops:
        for op3 in ops:
          Aexp=f"(({nums[0]}{op1}{nums[1]}){op2}{nums[2]}){op3}
{nums[3]}"
          try:
            result=eval(Aexp)
            if result==24 and Aexp not in results:results.append(Aexp)
          except ZeroDivisionError:continue                    #跳过除 0 错误
  if len(results)!=0:return results
  else:return"无法得出 24 点"
```

函数： get_nums_group()。
输入： 4 个数的列表。
输出： 4 个数的所有排列组合。

```
def get_nums_group(nums):                    # 获取 4 个数的所有排列组合
    group=[]
    for i in range(4):
        for j in range(4):
            for k in range(4):
                for l in range(4):
                    if i!=j and i!=k and i!=l and j!=k and j!=l and k!=l:
                        group.append([nums[i],nums[j],nums[k],nums[l]])
    return group
if __name__=='__main__':
    Aexps=get_24_point()
    print(Aexp)
```

【编程 9.2】编制程序：程序自主假设一个表达式 Aexp 并据此赋值 TreeNode，形成一棵语法树的数据。

【目的及编程说明】读者通过编程 9.2 可理解用语法树表达计算表达式过程的数据结构。这里给出的数据结构能够支持 9.4 节及 9.6 节的输出界面，即能够绘制出二十四点树形结构。编程 9.2 要求为程序自主假设一个表达式 Aexp 并据此赋值 TreeNode，形成一棵语法树的数据。本项目中定义 TreeNode=<NodeID，NodeType，Ops，LeftNodeID，RightNodeID，FaceValue，FaceColor > 其中，NodeID 表示节点编号，NodeType 表示节点类型，包括运算符（operator）或数值（value），Ops 表示运算符类型，包括加、减、乘、除，如果节点类型为运算符则 Ops 的值为相应的运算符，如果节点类型为数值则 Ops 为 NULL，LeftNodeID、RightNodeID 分别表示左节点 ID 及右节点 ID，FaceValue、FaceColor 分别表示牌面数值及牌面花色，如果节点类型为数值则 FaceValue、FaceColor 的值为相应的值，如果节点类型为运算符则 FaceValue、FaceColor 为 NULL。

假设 Aexp 表达式为 (3−1)*2*6。TreeNode 的示例值为：

{<Value1, Value, NULL, NULL, NULL, 3, Spade >, <Value2, Value, NULL, NULL, NULL, 1, Club >, <Value3, Value, NULL, NULL, NULL, 2, Spade >, <Value4, Value, NULL, NULL, NULL, 6, Club >, <Ops1, Operator, −, Value1, Value2, NULL, NULL >, <Ops2, Operator, *, Ops1, Value3, NULL, NULL >, <Ops3, Operator, *, Ops2, Value4, NULL, NULL >}

【程序编写】

类： TreeNode。
输入： 节点的值 treeNode_value。
输出： 无。
功能： 将节点写成类，方便后续调用。

```
class TreeNode:
```

```
  def __init__(self,treeNode_value):
      self.NodeID=treeNode_value[0]
      self.NodeType=treeNode_value[1]
      self.Ops  =treeNode_value[2]
      self.LeftNodeID=treeNode_value[3]
      self.RightNodeID=treeNode_value[4]
      self.FaceValue=treeNode_value[5]
      self.FaceColor=treeNode_value[6]
```

函数： get_TreeNode()。
输入： 表达式 aexp。
输出： 表达式节点集合。
功能： 将节点写成类，方便后续调用。

```
def get_TreeNode(aexp):
  tree_nodes=[];face_color=['Club','Diamond','Heart','Spade'];
  current_ops_id=0;id=0;symbol=re.compile(r'[()]');
  aexp=re.split(symbol,aexp)                          # 正则表达式分割字符串
  aexp=[s for s in aexp if s!='']                     # 去除空字符
  for exp in aexp:
    for s in exp:
      if s in['+','-','*','/']:
        ls=exp.split(s)
        if ls[0]!='':
          tree_nodes.append(TreeNode([id,'v',None,None,None,ls[0],
face_color[id%4]]))
          id+=1
      tree_nodes.append(TreeNode([id,'o',s,current_ops_id,id+1,
None,None]))
      current_ops_id=id;id+=1
      tree_nodes.append(TreeNode([id,'v',None,None,None,ls[1],face_
color[id%4]]))
      id+=1
  return tree_nodes
```

【编程 9.3】编制程序：画出给定表达式的树形结构。

【目的及编程说明】读者通过编程 9.3 可以解析固定表达式，如 ((3−1)∗2)∗6，实现画出树形结构的基本过程。具体实现要求为：(1) 创建一个栈，用于保存语法树；(2) 遍历表达式，如果字符是数值，则创建叶节点并压入栈；(3) 如果字符是运算符，则从栈中弹出左子树及右子树节点，创建运算符节点并压入栈；(4) 直到表达式中每一个字符都运算完毕；(5) 输出栈。

【程序编写】

函数： get_postfix_expression()。
输入： 表达式 aexp。
输出： 后缀表达式栈。

```
def get_postfix_expression(expression):           # 将中缀表达式转化为后缀表达式
    expression=split_exp(expression)              # 多位数拆分
    precedence={'+':1,'-':1,'*':2,'/':2};postfix=[];stack=[]
    for char in expression:
        if char.isdigit():postfix.append(char)
        elif char=='(':stack.append(char)
        elif char==')':
            while stack and stack[-1]!='(':postfix.append(stack.pop())
            stack.pop()                           # 弹出'('
        elif char in precedence:
            while stack and stack[-1]!='('and precedence[stack[-1]]>=preced
ence[char]:
                postfix.append(stack.pop())
            stack.append(char)
    while stack:postfix.append(stack.pop())
    return postfix
```

函数： split_exp()。
输入： 表达式 aexp。
输出： 拆分数字符号为栈。

```
def split_exp(expression):                        # 将表达式拆分为数字和运算符
    stack=[];day_value=''
    for char in expression:
        if char.isdigit():day_value+=char
        elif char=='(':stack.append(char)
        elif char==')'and day_value.isdigit():
            if day_value!='':stack.append(day_value)
            stack.append(char);day_value=''
        elif char in['+','-','*','/']:
            if day_value!='':stack.append(day_value)
            stack.append(char);day_value=''
    if day_value!='':stack.append(day_value)
    return stack
```

9.4 屏幕元素及其显示输出：X2-可视化输出

本节将实现如图 9.10 所示的树形结构及表达式的可视化输出界面，界面数据来源于 9.1 节、9.2 节的 Aexp 表达式和数据结构 TreeNode。

图 9.10 数值与表达式及语法树的可视化输出界面

【编程 9.4】编制程序：按 TreeNode 的数值节点显示相应的扑克牌，并输出 Aexp 及其计算结果。

【目的及编程说明】读者通过编程 9.4 可理解扑克牌如何显示以及表达式如何显示、如何计算及显示结果。(1) 显示 TreeNode 中 4 个数值节点所对应的四张扑克牌；(2) 显示 Aexp 所对应的计算表达式于中间的左输入框，程序给出 Aexp 中表达式的计算结果显示于中间的右输入框，并判断结果是否等于 24，若等于则√标记显示红色，若不等于则 × 标记显示红色。

【程序编写】

类： Ui_MainWindow。
输入： 无。
输出： 显示界面元素。

```
from PySide6.QtCore import QCoreApplication,QMetaObject,QRect,QSize,Qt
from PySide6.QtGui import QFont
```

```
from PySide6.QtWidgets import (QFrame,QGraphicsView,QHBoxLayout,
   QLabel,QLineEdit,QMenuBar,QPushButton,QStatusBar,QVBoxLayout,QW
idget)
class Ui_MainWindow(object):
   def setupUi(self,MainWindow):
      MainWindow.resize(1190,923);font=QFont();font.setPointSize(16)
      MainWindow.setFont(font);self.centralwidget=QWidget(MainWindow)
      self.verticalLayout=QVBoxLayout(self.centralwidget)
                                          # 在主窗口中心部件添加垂直
                                            布局
      self.frame=QFrame(self.centralwidget)   # 创建框架
      self.horizontalLayoutWidget=QWidget(self.frame)
                                          # 在框架内关联水平布局
      self.horizontalLayoutWidget.setGeometry(QRect(90,10,821,211))
                                          # 设置位置和大小
      self.horizontalLayout=QHBoxLayout(self.horizontalLayoutWidget)
                                          # 添加水平布局
      self.horizontalLayout.setContentsMargins(0,0,0,0)
      self.label=QLabel(self.horizontalLayoutWidget)
                                          # 在水平布局内添加标签
      self.horizontalLayout.addWidget(self.label)
                                          # 将标签控件添加到水平布局
                                            中，用于显示牌
                                          # 请自行补充其他 label 的
                                            布局代码
      self.lineEdit=QLineEdit(self.frame)
      self.lineEdit.setGeometry(QRect(40,230,911,31))
      self.pushButton=QPushButton(self.frame)
      self.pushButton.setGeometry(QRect(1080,220,81,51))
      self.pushButton_q=QPushButton(self.frame)
      self.pushButton_q.setGeometry(QRect(970,50,151,51))
      self.verticalLayout.addWidget(self.frame)
      MainWindow.setCentralWidget(self.centralwidget);self.retranslateUi
(MainWindow)
      QMetaObject.connectSlotsByName(MainWindow)
   def retranslateUi(self,MainWindow):
      MainWindow.setWindowTitle("24点");self.label_4.setText("牌1")
      self.label_3.setText("牌2");self.label_2.setText("牌3")
      self.label.setText("牌4");self.label_5.setText("=?")
      self.label_6.setText("");self.pushButton.setText("计算")
      self.pushButton_q.setText("出题")
```

类： MainWindow。
输入： 继承 QMainWindow 和 Ui_MainWindow。
输出： 显示界面元素。
说明： 这是主函数内的类，是用来将界面和数据进行联动的类，包括标签的连接和按钮的连接。

```
class MainWindow(QMainWindow,Ui_MainWindow):
  def __init__(self):
    super().__init__()
    self.face_num=None
    self.setupUi(self)
if __name__=='__main__':
  app=QApplication()
  window=MainWindow()
  window.lineEdit.setText("((7-3)*4)+8")
  window.show_card()                  # 向对应的标签加载随机数字、随机花色的牌
  window.on_calc()                    # 从输入框获取表达式并计算结果
  window.show();app.exec()
```

函数： MainWindow.show_card()。
输入： 无。
输出： 无。
功能： 通过数字和花色确定扑克牌的相对路径，并在指定标签上显示扑克牌的图片。

```
class MainWindow(QMainWindow,Ui_MainWindow):
  def show_card(self):
    original_list=[1,2,3,4,5,6,7,8,9]         # 原始数组
    face_card=['Club','Diamond','Heart','Spade']
    self.face_num=random.sample(original_list,4)
                                              # 随机选择 4 个元素组成新列表
    for num in self.face_num:                 # 从花色中随机选择 1 个
      card_face=random.choice(face_card)
      if num==11:card_path=f"card/{card_face}/{card_face}j.png"
      elif num==12:card_path=f"card/{card_face}/{card_face}q.png"
      elif num==13:card_path=f"card/{card_face}/{card_face}k.png"
      else:card_path=f"card/{card_face}/{card_face}{num}.png"
      self.load_image(card_path,self.face_num.index(num)+1)
```

函数： MainWindow.on_calc()。
输入： 无。
输出： 无。
功能： 将计算结果显示到界面。

```
class MainWindow(QMainWindow,Ui_MainWindow):
```

```
def on_calc(self):
  aexp=self.lineEdit.text()
  if aexp=='':
    QMessageBox.warning(self,'警告','请输入表达式')
    return
  try:
    result=eval(aexp)
    self.label_result.setText(f"={int(result)}")    #设置字体样式
    self.result_ToF(result)
  except Exception as e:
    QMessageBox.warning(self,'警告','表达式错误')
  return
```

【编程 9.5】编制程序：按照 TreeNode 显示完整的语法树。

【目的及编程说明】在编程 9.4 的基础上，读者通过编程 9.5 可进一步理解语法树的显示和处理过程，进而理解树的构造与遍历操作。（1）在图 9.10 下侧的语法树区域中，显示 TreeNode 中的 4 个数值节点；（2）按照 TreeNode 显示运算符节点，以及与其左右子节点之间的连线，最终显示完整的语法树结构。

【程序编写】

函数： MainWindow.draw_tree()。
输入： 无。
输出： 无。
功能： 从界面获取原始表达式，将其转化为后缀表达式，再将后缀表达式转化为树节点数组，最后将语法树绘制到界面。

```
class MainWindow(QMainWindow,Ui_MainWindow):
  def draw_tree(self):
    self.scene.clear()
    aexp=self.lineEdit.text()
    if aexp=="":
      QMessageBox.warning(self,'警告','请输入表达式')
      return
    try:
      exp_ls=data.get_postfix_expression(aexp)    #获取后缀表达式列表
      self.TreeNode=data.ExpressionAnalyse(exp_ls)
                                                  #将后缀表达式转化为节点树
      root=self.TreeNode[-1]
      if self.has_both_operators(self.TreeNode):self.offset=35
      self.ShowTree(root,self.TreeNode,depth=0);self.offset=0
    except Exception as e:QMessageBox.warning(self,'警告','表达式错误')
```

函数： ExpressionAnalyse()。
输入： 后缀表达式列表 exp_ls。
输出： 语法树数据列表。
功能： 将后缀表达式转化为 TreeNode。
说明： 这是 data 文件中的一个函数，其被 draw_tree 调用。

```
def ExpressionAnalyse(exp_ls):
  stack=[];TreeNode=[]                    # 符号和数值栈
  face_color=['Club','Diamond','Heart','Spade'];id=0
  for char in exp_ls:
    fc=random.sample(face_color,1)
    if char.isdigit():stack.append(char)
    elif char in['+','-','*','/']:
      right=stack.pop()
      if isinstance(right,str)and right.isdigit():
        TreeNode.append(Node([id,'Value',None,None,None,right,fc]))
        r_id=id;id+=1
      else:r_id=right
      left=stack.pop()
      if isinstance(left,str)and left.isdigit():
        TreeNode.append(Node([id,'Value',None,None,None,left,fc]))
        l_id=id;id+=1
      else:l_id=left
      root=char
      TreeNode.append(Node([id,'Operator',root,l_id,r_id,None,None]))
      root_id=id;id+=1
      stack.append(root_id)
  return TreeNode
```

函数： MainWindow.ShowTree()。
输入： 根节点 root，语法树列表 TreeNode，其他参数包括位置信息和深度信息。
输出： 无。
功能： 递归绘制语法树。

```
class MainWindow(QMainWindow,Ui_MainWindow):
  def ShowTree(self,root,TreeNode,startx=0,starty=0,depth=0):
                                                    # 绘制节点
    if root.NodeType=='Value':
      nds_root=RoundedRectangleItem(startx,starty,root.FaceValue,
root.NodeID)
      nds_root.selected.connect(lambda id:self.selected_node(id))
      nds_root.unselected.connect(lambda id:self.unselected_node(id))
      self.drawn_tree_id.add(root.NodeID)
    else:
```

```
        nds_root = RoundedRectangleItem (startx, starty, root.Ops, root.
NodeID)
        nds_root.selected.connect (lambda id: self.selected_node (id))
        nds_root.unselected.connect (lambda id: self.unselected_node (id))
        self.drawn_tree_id.add (root.NodeID)
    nds_root.setZValue (1)
    self.scene.addItem (nds_root)
    horizontal_offset = 100-depth*self.offset       # 计算节点间的水平偏移量
    left_x, left_y = startx-horizontal_offset, starty + 100
                                                    # 计算左子树和右子树的位置
    right_x, right_y = startx + horizontal_offset, starty + 100
    if root.LeftNodeID is not None:                 # 绘制左子树
        left_child = next (node for node in TreeNode if node.NodeID ==
root.LeftNodeID)
        self.ShowTree (left_child, TreeNode, left_x, left_y, depth + 1)
                                                    # 绘制左子树与根节点之间的
                                                      连线
        line_left = QGraphicsLineItem (startx + 35, starty + 35, left_x + 35,
left_y + 35)
        line_left.setZValue (-1)
        line_left.setPen (QPen (Qt.red, 3))
        self.scene.addItem (line_left)
    if root.RightNodeID is not None:                # 绘制右子树
        right_child = next (node for node in TreeNode if node.NodeID ==
root.RightNodeID)
        self.ShowTree (right_child, TreeNode, right_x, right_y, depth + 1)
                                                    # 绘制右子树与根节点之间的
                                                      连线
        line_right = QGraphicsLineItem (startx + 35, starty + 35, right_x +
35, right_y + 35)
        line_right.setZValue (-1)
        line_right.setPen (QPen (Qt.red, 3))
        self.scene.addItem (line_right)
```

9.5 算法设计与函数实现：X3-基本算法

【编程 9.6】编制程序：随机选择 4 张牌并显示。

【目的及编程说明】读者通过编程 9.6 可实现牌面的随机生成及显示，“出题”按钮准备相应的程序。具体实现要求为：(1) 随机产生 1~10 中的 4 个数值，清空 TreeNode；(2) 调用已有函数显示扑克牌；(3) 清空中间的表达式输入串 Aexp，同时清空中间的表达式输入框、结果显示框和结果正确与错误标志（即由高亮显示转为淡暗显示）。

【程序编写】

函数： MainWindow.show_card()。
输入： 无。
输出： 随机选择 4 张牌并显示。

```
class MainWindow(QMainWindow,Ui_MainWindow):
  def show_card(self):                                              # 原始数组
    self.lineEdit.clear();self.label_5.setText("=?");self.label_6.
setText("")
    original_list=[1,2,3,4,5,6,7,8,9,10,11,12,13]
    face_card=['Club','Diamond','Heart','Spade']       # 从原始数组中随机选择
                                                         4 个组成新列表
    self.face_num=random.sample(original_list,4)    # 从花色中随机选择 1 个
    for num in self.face_num:
      card_face=random.choice(face_card)
      if num==11:card_path=f"card/{card_face}/{card_face}j.png"
      elif num==12:card_path=f"card/{card_face}/{card_face}q.png"
      elif num==13:card_path=f"card/{card_face}/{card_face}k.png"
      else:card_path=f"card/{card_face}/{card_face}{num}.png"
      self.load_image(card_path,self.face_num.index(num)+1)
```

【编程 9.7】编制程序：按照语法树计算结果。

【目的及编程说明】读者通过编程 9.7 可理解按照语法树构造计算函数并进行计算的过程。依据语法树数据结构 TreeNode 进行计算并得到计算结果：(1) 构建一个递归函数 Calculate，参数为根节点 root；(2) 判别节点类型，如果节点为数值类型（value），则直接返回数值；(3) 如果节点为运算符类型（operation），则需要调用左子树的 calculate 函数获得第一个计算数据，调用右子树的 calculate 函数获得第二个计算数据，识别运算符并按运算符指示进行相应计算后，返回数据。

【程序编写】

函数： calculate()。
输入： 根节点 root，语法树 TreeNode。
输出： 计算结果。

```
def calculate(root,TreeNode):
  if root.NodeType=='Value':
    return int(root.FaceValue)if root.FaceValue.isdigit()else None
  elif root.NodeType=='Operator':
```

```
    left_value=calculate(find_node_by_id(root.LeftNodeID,TreeNode),
TreeNode)
    right_value=calculate(find_node_by_id(root.RightNodeID,TreeNode),
TreeNode)
    if left_value is None or right_value is None:
      return None
    if root.Ops=='+':
      return left_value+right_value
    elif root.Ops=='-':
      return left_value-right_value
    elif root.Ops=='*':
      return left_value*right_value
    elif root.Ops=='/':
      if right_value==0:
        return None                        #除数为 0,返回 None 表示计算错误
        return left_value/right_value
  return None                              #节点类型不合法,返回 None 表示计算错误
```

【编程 9.8】编制程序：将 Aexp 转换成语法树。

【目的及编程说明】读者通过编程 9.8 可理解表达式字符串的解析过程，为“产生语法树”按钮准备相应的程序。具体实现要求为：(1) 当用户在中间的表达式输入框中输入了一个表达式后，读取该输入框的表达式至 Aexp；(2) 解析 Aexp，构建语法树并保存于 TreeNode 中；(3) 可以构造一棵左先树或者右先树。

【程序编写】

函数： MainWindow.gen_TreeNode()。
输入： 无。
输出： 无。
功能： 从界面获取原始表达式，将其转化为后缀表达式，再将后缀表达式转化为树节点数组。

```
class MainWindow(QMainWindow,Ui_MainWindow):
  def gen_TreeNode(self):
    self.scene.clear();aexp=self.lineEdit.text()
    if aexp=="":
      QMessageBox.warning(self,'警告','请输入表达式')
      return
    try:
      exp_ls=data.get_postfix_expression(aexp)          #获取后缀表达式列表
      self.TreeNode=data.ExpressionAnalyse(exp_ls)      #将后缀表达式转化为
                                                          节点树
      root=self.TreeNode[-1]
    except Exception as e:QMessageBox.warning(self,'警告','表达式错误')
```

【编程 9.9】编制程序：依据用户输入的表达式进行计算并显示计算结果，同时判断是否等于 24 并显示正确与错误标记。

【目的及编程说明】编程 9.9 能够使读者输入表达式，并完成表达式的解析、计算及结果显示。具体实现要求为：(1) 调用 ExpressionAnalyse 函数进行表达式分析，得到语法树；(2) 调用 ShowTree 函数显示整棵语法树；(3) 调用 calculate 函数按照语法树进行计算；(4) 判别结果是否是 24，并设置正确或错误标记；(5) 调用相应的显示函数显示最终的结果。

【程序编写】

函数： MainWindow.calculate_button()。
输入： 无。
输出： 无。
功能： 根据输入框的表达式，计算并显示语法树。

```
class MainWindow(QMainWindow,Ui_MainWindow):
  def calculate_button(self):
    self.scene.clear();aexp=self.lineEdit.text()
    try:
      exp_ls=data.get_postfix_expression(aexp)          # 获取后缀表达式列表
      self.TreeNode=data.ExpressionAnalyse(exp_ls)      # 将后缀表达式转化为
                                                          节点树
    except:
      QMessageBox.warning(self,'警告','表达式错误!')
      return
    if self.TreeNode:
      root=self.TreeNode[-1];result=data.calculate(root,self.TreeNode)
      self.label_result.setText(f"={result}");self.result_ToF(int(result))
      if self.has_both_operators(self.TreeNode):self.offset=35
      self.ShowTree(root,self.TreeNode);self.offset=0
```

函数： MainWindow.has_both_operators()。
输入： 语法树 TreeNode。
输出： 布尔变量。
功能： 如果有节点的两个子节点都是运算符，则返回 True。

```
class MainWindow(QMainWindow,Ui_MainWindow):
  def has_both_operators(self,TreeNode):
    ops=data.OPS
    def find_op_by_id(id):
      for node in TreeNode:
        if node.NodeID==id and node.NodeType=="Operator":
          return node.Ops
```

```
for node in TreeNode:
  if node.NodeType=="Operator":
    opl=find_op_by_id(node.LeftNodeID)
    opr=find_op_by_id(node.RightNodeID)
    if opl in ops and opr in ops:
      return True
```

【编程 9.10】编制程序：给定题目，自动给出一种解答，包括表达式和语法树。

【目的及编程说明】读者通过编程 9.10 可实现根据牌面信息给出一种答案的计算过程。出牌后，读者单击“自动求解”按钮，调用 AutoTest 函数自动得到一个可以完成 24 点求解的语法树。具体实现要求为：(1) 遍历 5 种语法树；(2) 遍历 4 个数字的所有组合；(3) 遍历 3 个运算符的所有可能的组合；(4) 在遇到第一个计算正确的 Tree 时，返回该 Tree，调用现有函数进行显示，得到计算结果。

【程序编写】

函数： MainWindow.AutoTest()。
输入： 无。
输出： 输出一种可行解的解的表达式与语法树。

```
class MainWindow(QMainWindow,Ui_MainWindow):
  def AutoTest_9_10(self):
    if self.Tree_4_nums is None:
      QMessageBox.warning(self,'警告','请先出题')
      return
    else:
      aexp=data.gen_exp(self.Tree_4_nums);self.lineEdit.clear()
      self.lineEdit.setText(f"{aexp}");self.on_calc()    # 自动计算
      self.draw_tree()                                   # 绘制语法树
```

【编程 9.11】编制程序：给定题目，自动给出所有解答，包括表达式和语法树。

【目的及编程说明】读者通过编程 9.11 可实现根据牌面信息给出所有答案的计算过程。出牌后，读者单击“所有答案”按钮，调用 AutoTest 函数自动得到一个可以完成 24 点求解的语法树，具体实现要求为：(1) 遍历 5 种语法树；(2) 遍历 4 个数字的所有组合；(3) 遍历 3 个运算符的所有可能的组合；(4) 复制所有计算得到 24 的树结构，记录在一个列表中；(5) 显示第一个计算正确的语法树，调用现有函数进行显示，得到计算结果；(6) 当同意出题，读者再次单击“所有答案”按钮时，显示下一个正确的语法树，并得到计算结果；(7) 若所有的正确答案均已显示，则提示读者；若没有搜索到任何可行的语法树可以计算得到 24，同样提醒读者。

【程序编写】

函数： MainWindow.AutoTest()。
输入： 无。
输出： 输出多种可行解的解的表达式与语法树。

```
class MainWindow(QMainWindow,Ui_MainWindow):
  def AutoTest(self):
    if self.Tree_4_nums is None:
      QMessageBox.warning(self,'警告','请先出题')
      return
    else:
      results=data.get_Aexps(self.Tree_4_nums)
    if results=="无法得出 24 点":
      self.lineEdit.clear();self.lineEdit.setText("无法得出 24 点")
    else:
      if self.r_count < len(results):
        self.lineEdit.clear();self.lineEdit.setText(f"{results[self.r_count]}")
        self.on_calc()                        # 自动计算
        self.draw_tree()                      # 绘制语法树
        self.r_count+=1
    else:
        QMessageBox.information(self,'提示','已经是最后一个表达式了')
        self.r_count=0
```

9.6　屏幕元素事件识别与控制：X4-人机交互

【编程 9.12】编制程序：在 9.4 节基础上，增加交互式控制按钮。

【目的及编程说明】编程 9.12 可使读者理解二十四点实践项目的交互式操作机制。丰富 9.4 节的界面，增加交互式控制按钮，如图 9.11 所示。包括：(1) 增加“出题”按钮；(2) 增加“换牌”按钮；(3) 增加“生成语法树”按钮；(4) 增加“计算”按钮；(5) 增加“自动求解”按钮；(6) 增加“所有答案”按钮；(7) 增加读者手动构造语法树的相关控制按钮，如添加运算节点、添加数值节点、改变运算输入、改变节点运算、数值节点交换、生成表达式等功能按钮。

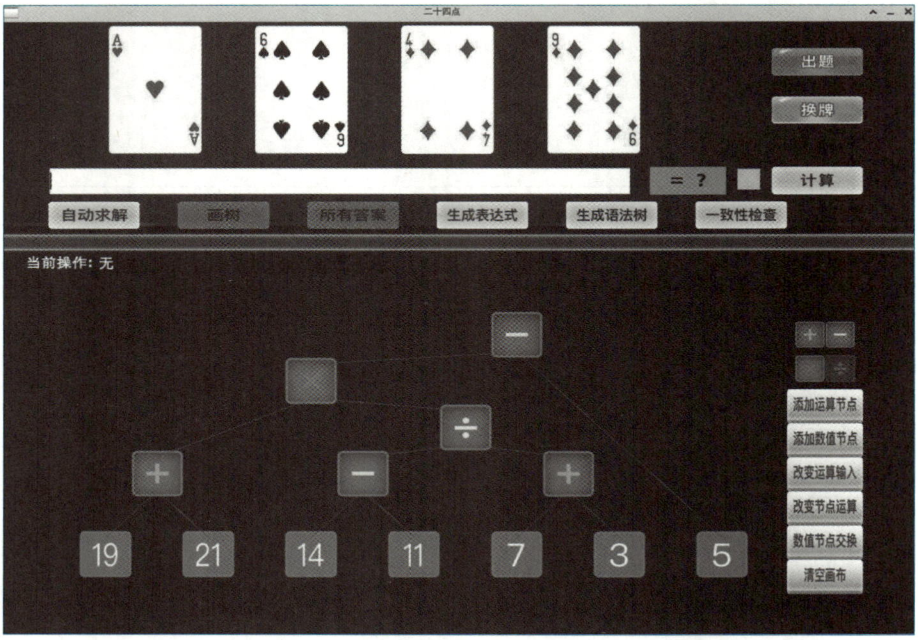

图 9.11　项目实现的完整交互式界面

【程序编写】

类： Ui_MainWindow。
输入： 无。
输出： 显示界面元素。

```
class Ui_MainWindow(object):                                # 请参考 X2 部分同名类
  def setupUi(self,MainWindow):
      self.pushButton=QPushButton(self.frame)
      self.pushButton.setGeometry(QRect(1080,220,81,51))
      font1=QFont()
      font1.setPointSize(16)
      font1.setBold(True)
      self.pushButton.setFont(font1)
      self.pushButton_q=QPushButton(self.frame)
      self.pushButton_q.setObjectName(u"pushButton_q")
      self.pushButton_q.setGeometry(QRect(950,50,151,51))
      self.pushButton_q.setFont(font1)
      # 请根据以上代码补充界面按钮
      self.retranslateUi(MainWindow)
      self.frame_2=QFrame(self.centralwidget)       # 创建一个框架
      self.frame_2.setFrameShape(QFrame.StyledPanel)
      self.frame_2.setFrameShadow(QFrame.Raised)
      self.graphicsView=QGraphicsView(self.frame_2) # 将画布添加到框架
```

```
        self.graphicsView.setGeometry(QRect(0,0,1000,541))
        self.verticalLayout.addWidget(self.frame_2)     # 将框架添加到布局
        self.verticalLayout.setStretch(0,3)
        self.verticalLayout.setStretch(2,5)
    def retranslateUi(self,MainWindow):
        self.pushButton.setText("计算")
        self.pushButton_q.setText("出题")
        self.pushButton_ex.setText("换牌")
        self.pushButton_autosv.setText("自动求解")
        self.pushButton_dtree.setText("画树")
        self.pushButton_allan.setText("所有答案")
```

【编程 9.13】编制程序：在编程 9.12 基础上使每一个交互式控制按钮都能完成正确的功能。

【目的及编程说明】编程 9.13 的目的是使读者理解表达式和语法树的相互转换，是在编程 9.12 基础上，将 9.5 节的程序和编程 9.12 的界面相联系，即单击相应的按钮则能完成相应的功能。编程 9.13 的主要功能包括：(1) 自动出题，自动解题；(2) 由表达式构造语法树并显示；(3) 依据语法树产生表达式并显示。

【程序编写】

类：MainWindow.__init__()。
功能："关联相关函数"按钮。

```
class MainWindow(QMainWindow,Ui_MainWindow):
    def __init__(self):# 更新主窗口对象框架
        self.init_ui()
        self.init_slot()
        self.pushButton_q.clicked.connect(self.show_card)
        self.pushButton_ex.clicked.connect(self.show_card)
        self.pushButton_autosv.clicked.connect(self.AutoTest_9_10)
        self.pushButton_dtree.clicked.connect(self.draw_tree)
        self.pushButton_7.clicked.connect(self.calculate_button)
        self.pushButton_allan.clicked.connect(self.AutoTest)
```

9.7 算法优化与系统功能拓展：X5-完整系统

【编程 9.14】编制程序：正确完成添加运算节点、添加数值节点、改变运算输入、改变节点运算、数值节点交换等对应函数的编写。

【目的及编程说明】读者通过 9.14 可实现自定义树形结构。具体实现要求为：(1) 添加运算节点：在语法树显示区域选择两个数值，或者一个数值一个运算符，或者两个运算符，以及按钮上方的任意一个运算符，生成节点并显示；如果选中的两个节点之间已经存在任意连接关系，或者用户选择的节点数量不够，或者没有选择用什么样的元素运算符来连接，均提示用户具体的错误信息；(2) 添加数值节点：选择上方的某一张扑克牌，单击该按钮，生成数值节点；如果没有选中扑克牌，或者选中的扑克牌已经存在数值节点，则提示用户具体的错误信息；(3) 改变运算输入：选择一个已有的数值节点，再选择上方的一张扑克牌，则可以改变数值节点的数值；如果用户选择有误，则提示相关错误，或者所选的扑克牌已在图中，则交换数值节点的次序以满足用户的操作意图；(4) 改变节点运算：选择一个已有的计算节点，再选择按钮上方的一个运算符，则可以改变计算节点的运算符；如果用户选择有误，则提示相关错误；(5) 数值节点交换：选择两个数值节点，交换次序；如果用户选择有误，则提示相关错误信息。

【程序编写】

函数： MainWindow.add_operator_node()。
输入： 无。
输出： 无。
功能： 添加运算节点并构造节点。

```
class MainWindow(QMainWindow,Ui_MainWindow):
  def add_operator_node(self):
    if self.selected_ops is not None:
      if len(self.selected_id)==2:
        if self.judge_node_conn():                    # 判断已选节点是否已经被连接
          QMessageBox.warning(self,'警告','节点已经连接')
          return
        for i in range(len(self.adds_id)+1):          # 确保 ID 唯一
          if i not in self.adds_id:
            node=data.Node([i,'Operator',self.selected_ops,None,None,
None,None])
            self.TreeNode.append(node);self.adds_id.add(i)
                                                      # 全局 ID
            node.LeftNodeID=int(self.selected_id[1])
            node.RightNodeID=int(self.selected_id[0])
            self.flash_node(self.selected_id[0]);self.flash_node(self.
selected_id[1])
            self.selected_id=[];self.trees_root.append(node)
                                                      # 清空选中的节点并保存根节点
            node_to_remove=[]                         # 从根节点列表中删掉作为子节
```

```
                                                       点连接的节点
            for root in self.trees_root:
              if root.NodeID==node.LeftNodeID or root.NodeID==node.
RightNodeID:
                node_to_remove.append(root)
            for root in node_to_remove:
              self.trees_root.remove(root)
            self.scene.clear()
            for i,root in enumerate(self.trees_root):
              if self.has_both_operators(self.TreeNode):self.offset=35
              self.ShowTree(root,self.TreeNode,i*300,0);self.offset=0
            self.seq=1                                  # 重置序号
      else:QMessageBox.warning(self,'警告','请先选择两个节点')
    else:QMessageBox.warning(self,'警告','请先选择一个运算符')
```

函数： MainWindow.judge_node_conn()。
输入： 无。
输出： 布尔值。
功能： 判断节点是否已经连接。

```
class MainWindow(QMainWindow,Ui_MainWindow):
  def judge_node_conn(self):                       # 判断节点是否已经连接
    for id in self.selected_id:
      for node in self.TreeNode:
        if node.LeftNodeID==id or node.RightNodeID==id:return True
```

函数： MainWindow.flash_node()。
输入： 节点 ID。
输出： 无。
功能： 还原节点为未选中状态。

```
class MainWindow(QMainWindow,Ui_MainWindow):
  def flash_node(self,id):                               # 还原节点为未选中状态
    for nodet in self.scene.items():                     # 遍历场景中的所有图元
      if isinstance(nodet,RoundedRectangleItem):         # 如果是圆角矩形
        if nodet.id==id:                                 # 如果是当前选中的节点
          nodet.isSelected=False                         # 取消选中
          nodet.update()                                 # 更新图元
```

函数： MainWindow.has_both_operators()。
输入： TreeNode。
输出： 布尔值。
功能： 判断是否同时有两个运算符。

```
class MainWindow(QMainWindow,Ui_MainWindow):
  def has_both_operators(self,TreeNode):          # 判断是否同时有两个运算符
    ops=data.OPS
    def find_op_by_id(id):                        # 根据 ID 查找运算符
      for node in TreeNode:
        if node.NodeID==id and node.NodeType=="Operator":
          return node.Ops
    for node in TreeNode:                         # 遍历节点树
      if node.NodeType=="Operator":
        opl=find_op_by_id(node.LeftNodeID)
        opr=find_op_by_id(node.RightNodeID)
        if opl in ops and opr in ops:
          return True
```

函数： MainWindow.add_value_node()。
输入： 无。
输出： 无。
功能： 添加数值节点。

```
class MainWindow(QMainWindow,Ui_MainWindow):
  def add_value_node(self):
    if self.selected_value is not None:                    # 选择了卡片值
      self.value_nodes.append(self.selected_value)  # 添加到节点数值列表
      for i  in range(len(self.adds_id)+1):
        if i  not in self.adds_id:
          value=self.selected_value
          nodet=RoundedRectangleItem(150*self.seq,0,str(value),i)
          self.seq+=1                                          # 序号加 1
          nodet.selected.connect(lambda id:self.selected_node(id))
                                                               # 连接信号
          nodet.unselected.connect(lambda id:self.unselected_node(id))
          node=data.Node([i,'Value',None,None,None,value,None])
          self.adds_id.add(i)                                  # 添加全局 ID
          self.TreeNode.append(node);self.scene.addItem(nodet)
  else:QMessageBox.warning(self,'警告','请先选择一张牌')
```

函数： MainWindow.exchange_value_node()。
输入： 无。
输出： 无。
功能： 修改节点值。

```
class MainWindow(QMainWindow,Ui_MainWindow):
  def exchange_value_node(self):                               # 修改节点值
    if len(self.selected_id)==1:
```

```
      if self.selected_value:
        if self.TreeNode:
          for node in self.TreeNode:
            if node.NodeID==self.selected_id[0]:
              node.FaceValue=self.selected_value
              for nodet in self.scene.items():
                if isinstance(nodet,RoundedRectangleItem):
                  if nodet.id==self.selected_id[0]:
                    nodet.text=str(self.selected_value);nodet.update()
      else:QMessageBox.warning(self,'警告','请先选择一张牌')
    else:QMessageBox.warning(self,'警告','请先选择一个节点')
# 请参照 exchange_value_node 函数自行编写此节其他函数
```

【编程 9.15】编制程序：任意复杂运算表达式的语法树构造。

【目的及编程说明】读者通过 9.15 可实现对任意算式进行解析形成语法树。输入任意一个运算表达式（M 个数的加减乘除带括号），解析该表达式并构造语法树和显示语法树。编程 9.15 是对“产生语法树”功能的升级拓展，具体实现要求如下：(1) 增加文法处理步骤，例如“12”是数字 12，而不是“1”和“2”；(2) 支持用户可能输入的小数；(3) 对更多运算符的支持，如“^”或“**”表示次方；(4) 对简单函数的支持。

【程序编写】

函数： get_postfix_expression()。data.py 文件中的函数，增加了能够处理复杂表达式的功能。
输入： 表达式 expression。
输出： 后缀表达式列表。
功能： 将中缀表达式分解为适合程序处理的后缀表达式列表。

```
def get_postfix_expression(expression):                    # 多位数拆分
  expression=split_exp(expression)
  precedence={'+':1,'-':1,'*':2,'/':2,'^':3,"sin":4,"cos":4,"tan":4}
  postfix=[];stack=[]
  def is_number(char):
    try:
      float(char);return True
    except ValueError:return False
  for char in expression:
    if is_number(char):postfix.append(char)
    elif char=='(':stack.append(char)
    elif char==')':
      while stack and stack[-1]!='(':
        postfix.append(stack.pop())
      stack.pop()                                          # 弹出'('
```

```
    elif char in precedence:
      while stack and stack[-1]!='('and precedence.get(stack[-1],0)
                                        >=precedence.get(char,0):
        postfix.append(stack.pop())
      stack.append(char)
  while stack:
    postfix.append(stack.pop())
  return postfix
```

函数：ExpressionAnalyse()。data.py 文件中的函数，增加了能够处理复杂表达式的功能。
输入：后缀表达式列表 exp_ls。
输出：TreeNode。
功能：改造函数 ExpressionAnalyse() 将后缀表达式输出为 TreeNode。

```
def ExpressionAnalyse(exp_ls):                    # 返回语法树
  stack=[]                                        # 符号和数值栈
  TreeNode=[]
  id=0
  for char in exp_ls:
    fc=random.sample(face_color,1)
    if char.replace('.',''). isdigit():           # 检查字符是否是数字（包括小数）
      stack.append(char)
    elif char in OPS:
      if char in ('sin','cos','tan'):             # 检查运算符是否是三角函数
        operand=stack.pop()
        if isinstance(operand,str)and operand.replace('.',''). isdigit():
          TreeNode.append(Node([id,'Value',None,None,None,operand,fc]))
            op_id=id; id+=1
        else: op_id=operand
        root=char
        TreeNode.append(Node([id,'Operator',root,None,op_id,None,None]))
        root_id=id; id+=1; stack.append(root_id)
      else:
        right=stack.pop()
        if isinstance(right,str)and right.replace('.',''). isdigit():
          TreeNode.append(Node([id,'Value',None,None,None,right,fc]))
          r_id=id; id+=1
          else: r_id=right
          left=stack.pop()
          if isinstance(left,str)and left.replace('.',''). isdigit():
            TreeNode.append(Node([id,'Value',None,None,None,left,fc]))
            l_id=id; id+=1
```

```
        else: l_id=left
        root=char
        TreeNode.append(Node([id,'Operator',root,l_id,r_id,None,None]))
        root_id=id; id+=1; stack.append(root_id)
    return TreeNode
```

【编程 9.16】编制程序：任意复杂运算表达式的计算及结果输出。

【目的及编程说明】读者通过 9.16 可实现对任意算式进行计算。输入任意一个运算表达式（M 个数的加减乘除带括号），解析该表达式并构造语法树和显示语法树，按照语法树完成该运算表达式的计算及结果输出。编程 9.16 是对【计算】功能的升级拓展，具体实现要求如下：(1) 对更多个运算符的支持；(2) 对更多种运算符的支持，如“^”或“**”表示次方；(3) 对简单函数的支持。

【程序编写】

函数： MainWindow.calculate_button()。
输入： 无。
输出： 无。
功能： 从输入框获取表达式，解析成语法树并显示，以及从语法树计算结果，支持小数、三角函数及指数运算符。

```
class MainWindow(QMainWindow,Ui_MainWindow):
  def calculate_button(self):                       # 计算复杂表达式，包括
                                                      基本函数的识别与计算
    self.scene.clear()
    aexp=self.lineEdit.text()
    try:
      exp_ls=data.get_postfix_expression(aexp)      # 获取后缀表达式列表
      self.TreeNode=data.ExpressionAnalyse(exp_ls)  # 将后缀表达式转化为节
                                                      点树
      result=data.calculate(self.TreeNode[-1],self.TreeNode)
      self.label_result.setText(f"={result}")
    except:
      QMessageBox.warning(self,'警告','表达式错误！')
      return
    if self.TreeNode:
      root=self.TreeNode[-1]
      result=data.calculate(root,self.TreeNode)
      self.label_result.setText(f"={result}")
      self.result_ToF(int(result))
      if self.has_both_operators(self.TreeNode):
        self.offset=35
      self.ShowTree(root,self.TreeNode)
```

```
    self.offset=0
```

函数： calculate()。data.py 文件中的函数，增加了能够识别三角函数的计算功能。
输入： 语法树的节点 TreeNode。
输出： 递归运算结果。

```
def calculate(root,TreeNode):                    # 计算节点树表达式
  if root.NodeType=='Value':
    return float(root.FaceValue)if root.FaceValue.replace('.','').
isdigit()else None                               # 将操作数转换为浮点数
  elif root.NodeType=='Operator':
    if root.Ops in ('sin','cos','tan'):          # 检查是否是三角函数
      if root.LeftNodeID is not None:
        operand_value=calculate(find_node_by_id(root.LeftNodeID,Tree
Node),TreeNode)
      else:
        operand_value=calculate(find_node_by_id(root.RightNodeID,Tre
eNode),TreeNode)
      if operand_value is None: return None
      if root.Ops=='sin': return math.sin(operand_value)
      elif root.Ops=='cos': return math.cos(operand_value)
      elif root.Ops=='tan': return math.tan(operand_value)
    else:
      left_value=calculate(find_node_by_id(root.LeftNodeID,TreeNode),
TreeNode)
      right_value=calculate(find_node_by_id(root.RightNodeID,TreeNode),
TreeNode)
      if left_value is None or right_value is None: return None
      if root.Ops=='+': return left_value+right_value
      elif root.Ops=='-': return left_value-right_value
      elif root.Ops=='*': return left_value*right_value
      elif root.Ops=='^': return left_value**right_value
      elif root.Ops=='/':
        if right_value==0: return None           # 除数为 0,返回 None 表示计算错误
        return left_value/right_value
  return None                                    # 节点类型不合法,返回 None 表示计
                                                   算错误
```

第 10 章

回溯思维与数独程序

本章要点：理解一种问题精确求解思维——回溯思维，并进行典型程序实践——数独程序的编程实践。

10.1　精确求解典型思维——回溯

10.1.1　回溯算法

什么是回溯算法 回溯算法（以下简称回溯法）是一种通用的问题精确求解算法，其基本思想是搜索—试错以最终求出问题的解。假设一个问题求解能够类比成从起点到终点的一条路径的求取，其以搜索的思路从起点至终点一步步构造问题的解，当发现一个路径走不通时，则沿原路径回退至上一步或上几步，再向前搜索其他路径，直到问题的解被求出或确定问题没有解。回溯法的本质还是“枚举—计算—验证”的遍历思维，最坏情况将呈现指数时间复杂度，具体算法可通过适当的剪枝处理以降低时间复杂度。下面以示例来看回溯法。

【示例 10.1】以数字 1、2 或 3 填充一个 3 × 3 数组，要求每一行、每一列均不能有重复的数字。

求解示例 10.1 的思维——回溯法 分析此题目，基本思路如下。3 × 3 数组可以看作 9 个格子，逐个格子试填写，从第 1 个格子一直填写到第 9 个格子即可求出此问题的解，就如同求从第 1 个格子到第 9 个格子的一条数字填写路径。用 <i，j> 表示格子，其中 i 为行号、j 为列号，例如 <1，1> 表示第 1 行第 1 列的格子（即第 1 个格子），而 <3，3> 表示第 3 行第 3 列的格子（即第 9 个格子）。如图 10.1 所示，求解路径如下。<1，1> 试填写 1（始终按数字 1、2、3 的次序试填写），<1，2> 试填写 2（始终按数字 1、2、3 的次序试填写，但由于数字 1 已经出现于第 1 行，因此顺延填写数字 2，后续试填写次序均如此），<1，3> 试填写 3，则第 1 行填写完毕。进一步填写第 2 行，<2，1> 不能填写 1（数字 1 已出现于 <1，1>），顺延试填写 2；向前到 <2，2>，试填写 1；再向前到 <2，3>，发现试填写数字 1、2 或 3 均会有重复，说明这条路径走不通，因此要回退至 <2，2>，说明 <2，2> 试填写 1 是行不通的，则 <2，2> 再选择其他值，顺延试填写 3。继续向前到 <3，1> 试填写 3，向前到 <3，2> 试填写 1，向前到 <3，3> 试填写 3，即成功填写完毕所有格子，找出了问题的一个解（如图中深色线段所示；浅色线段表示搜索不成功或回退的过程，虚线圆圈或省略号表示是问题的遍历空间但并未遍历到的路径节点）。

读者可以计算一下，如果要遍历所有路径，则需遍历 3^9 个节点，即遍历算法的时间复杂度为 3^9。这只是填写 9 个格子，每个格子从 3 个数字中选择 1 个填入的情况。如果问题是填写 n 个格子，每个格子从 3 个数字中选择 1 个填入，则其时间复杂度为 3^n，即前述算法最坏情况的时间复杂度为指数级时间复杂度。

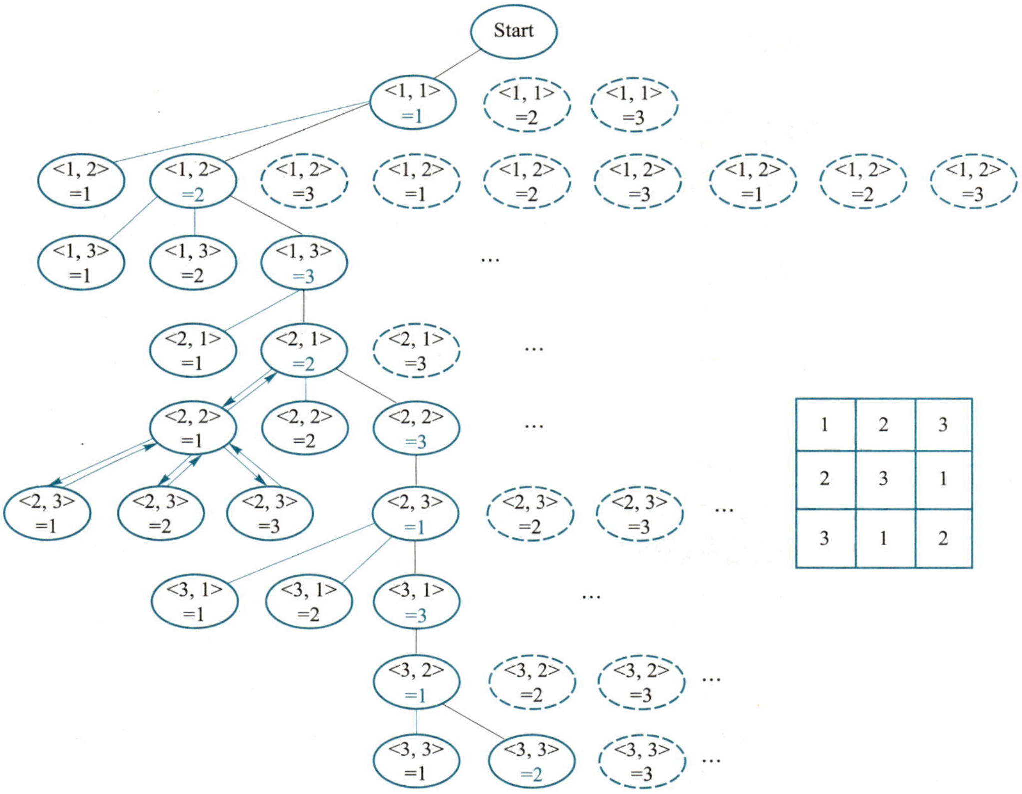

图 10.1 填充 3×3 数组的过程示例

10.1.2 回溯的递归实现

如何用程序实现上述回溯法呢?

示例算法 A 求解示例 10.1 的第 1 个回溯法程序 CellFill_Fixed (Cell [] []) 如下:

```
CellFill_Fixed(Cell[][])
{  For I=1 to 3
  {  For J=1 to 3
    {  if(Cell[I][J]==0)
      {  For Value=1 to 3
        {  if(Value 在第 J 列和第 I 行均未出现过)
          {  Cell[I][J]=Value;
             if(CellFill_Fixed(Cell[][]))then Return true;
             Cell[I][J]=0;
```

```
            }
        }
        Return False// 该格子没有可填充的数据，返回为假
      }
    }
  }
  Return True; // 全部填写完毕，返回为真
}
```

在运行 CellFill_Fixed（Cell[][]）之前，要对 Cell 数组初始化，如下所示：

```
CellInit (Cell[][])
{  For I=1 to 3
  {  For J=1 to 3
    {  Cell[I][J]=0; }
  }
    }
```

回溯法的一般性实现框架 可将问题抽象为一棵树，问题求解就是遍历这棵树以找出问题的解，问题的解就是选择该树的一些节点所构成的一个路径，本书称为**问题求解路径**。问题求解路径通过一步步向该路径添加节点来完成。由问题求解路径当前节点可到达的所有下一节点的集合，称为**候选节点集合**。判断一个节点是否符合问题求解的条件，称为**问题求解条件**：若满足则继续前行；若不满足则需要选择其他节点，如果没有其他节点可以选择则需要回退。**终止条件**是指到达树的底部，无法再做选择的条件。回溯法实现框架可表达如下：

```
初始化问题求解路径 S;
初始化初始候选节点集合 C;
int backtrace (S,候选节点集合 C)
{  if 终止条件 {output S; return true; }
   if 候选节点集合 C 为空 {output"no solution!"; return false; }
   for 节点 N in 候选节点集合 C
   {  if 节点 N 满足问题求解条件
     {  将该节点 N 添加到 S 中; 产生该节点 N 的候选节点集合 NC;
        if (backtrace (S,候选节点集合 NC))
        {return true}
        Else{ 将该节点 N 从 S 中剔除; }
     }
   }
   return false
}
```

由此可见，回溯法的核心就是 for 循环中的递归。在递归调用前将新节点加入问题求解路径，并产生新的候选节点集合；在递归调用后，如果成功则继续前行，如果失败

则从问题求解路径中撤销刚加入的节点（回退）。因此有人形容：回溯 = 循环 + 递归。

再次审视示例算法 A 每当重新运行示例算法 A，可以发现其求示例 10.1 的解始终是相同的，即得到的结果如图 10.1 中的 3×3 数组所示。示例 10.1 是否还有其他解呢？或者说，怎样在运行算法时，能够获得不同于前一次运行算法得到的结果呢？可修改示例算法 A 如下。

示例算法 B 求解示例 10.1 的第 2 个回溯法程序 CellFill_Random (Cell [] []) 如下：

```
CellFill_Random(Cell[][])
{  For I=1 to 3
  {  For J=1 to 3
    {  if(Cell[I][J]==0)
      {  ValueSet={1,2,3}
         While ValueSet 不为空
        {  Value=Random{ValueSet}                        //随机获得一个数值
           ValueSet=ValueSet-{Value};                    //集合中去掉该值
           if(Value 在第 J 列和第 I 行均未出现过)
           {  Cell[I][J]=Value;
              if(CellFill_Random(Cell[][]))then Return true;
              Cell[I][J]=0;
           }
        }
        Return False
      }
    }
  }
  Return True;
}
```

示例算法 B 运行前，同样需要用 CellInit (Cell [] []) 对数组初始化，即为 Cell 的每个元素设置初始值 0。可以看出示例算法 B 通过引入随机取值，使得每次重新运行可得到不同的解。

10.2　数独程序项目总体设计

本章后续内容将以实现完整的数独程序为目标，使读者更好地体验回溯思维、动画显示思维及其程序实现方法。

什么是数独程序 数独是一款游戏程序，如图 10.2 所示，其由 9×9 的方格构成 9

行格子、9 列格子和 9 个九宫格格子。在每个格子中填写数字 1~9 中的一个，要求每行、每列和每个九宫格中不允许有重复数字。游戏起始，系统会给出一个初始值，称为**出题**，其中有些格子已经被赋予数字，有些格子空白，要求游戏者在空白格子中填写数字以满足要求。

图 10.2　数独程序

目标系统说明 (1) 实现 9×9 的方格界面，并允许用户填写数字 1~9，以及在同一方格中填写小数字 1~9；(2) 能够检查用户填写数字是否违背前述数独规则；(3) 实现自动出题、自动出不同复杂度的数独题目，并能显示相应结果；(4) 实现自动演示解题步骤；(5) 实现支持用户手动控制数字填写：正式填写（大数字）和试填写（小数字），并实现用户填写数字的撤回、擦除、笔记、一键笔记、提升等复杂功能；(6) 实现可支持用户以良好体验感进行此游戏的程序。

10.2.1 项目总体思路

总体思路 数独程序项目开发的总体思路如图 10.3 所示，分为五个层面的开发内容，难度由低到高被区分为：

X1：数据的变化与基本控制【数据结构】——参见 10.3 节。

X2：屏幕元素及其显示输出【可视化输出】——参见 10.4 节。

X3：问题求解相关的算法设计与函数实现【基本算法】——参见 10.5 节。

X4：屏幕元素事件识别与控制【人机交互】——参见 10.6 节。

X5：问题求解相关的算法优化与系统功能拓展【完整系统】——参见 10.7 节。

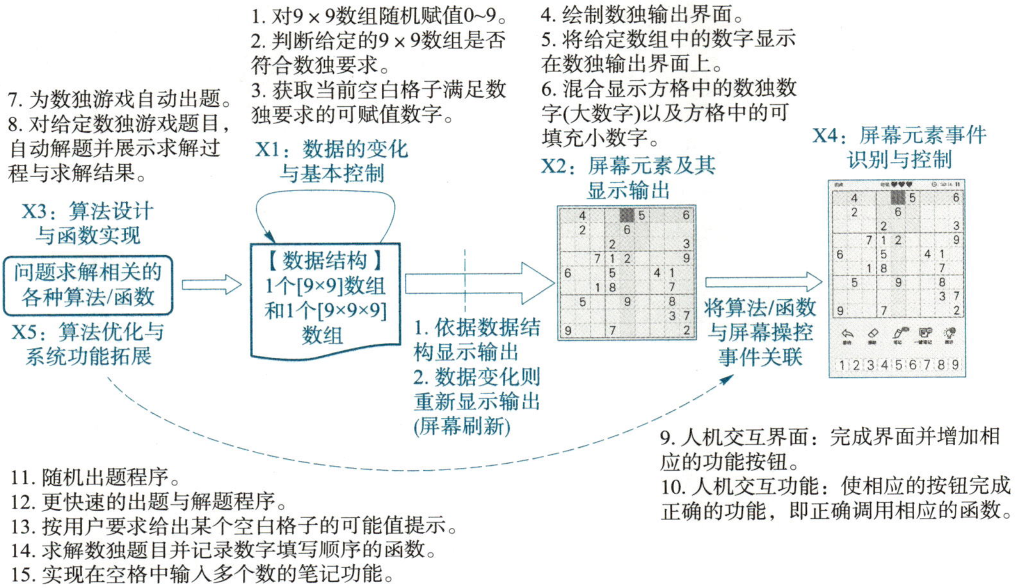

图 10.3　数独程序项目开发总体思路图

其中，X1 通过一个 9×9 数组和一个 9×9×9 数组的赋值，理解数独程序如何保存相关数据，如问题原始数字、用户填写数字和可能填写数字等。X2 利用显示类库，依据前步赋值的数组数据，输出数独的不同界面，如仅包含问题原始数字和用户填写数字的界面，以及还包含可能填写数字的界面，注意此步仅为依据前步数据的界面输出。X3 编写自动出题、自动解题等基本函数，注意此步骤仅涉及算法，与界面显示无关。X4 是交互式相关的界面要素，如在一个数独方格中用户手动填写一个数字，用户手动填写一个可能数字等。X5 是完成一些优化的函数并扩展系统的功能，如系统能够随机出题、自动解题、更快速解题、解题路径显示、自动给出可能值提示等。最终开发的程序可以由用户交互式进行数独游戏，在游戏过程中发现数独求解的相关规则等。

10.2.2　项目涉及的类库资源

本项目中使用的类库如下所示。请在后面的源程序文件的起始部分放入相关的语句。

```
import re; import time; import tkinter as tk; from pprint import pprint
from tkinter import scrolledtext; import data; from data import*
BLACK="#000000"; HINT='#6D2DFA'; SILVER='#FFFFFF'; u_NUMBER='#6D2DFA';
WHITE="#FFFFFF"
ORANGE='#FF8C00'; RED="#C80000"; YELLOW="#FAE067"; GREY='#808080'; GREYL
ESS='#CCCCCC'
martix_position_mapping=dict(); side=40                    # 方格边长
quest=[[0,1,0,8,5,2,0,6,9],[0,6,5,7,9,3,0,0,0],[9,0,8,0,0,4,0,5,7],
       [0,7,2,4,3,0,9,0,0],[6,0,9,2,0,8,1,3,0],[0,8,0,1,0,0,0,2,5],
       [7,9,1,5,2,6,8,4,3],[5,4,0,9,0,1,6,7,2],[8,0,0,3,4,7,0,0,0]]
martix=np.array(quest); u_martix=martix.copy(); info_labels=[]
                                                           # label 对象列表
note_mark=False                                            # 笔记标志
all_hint_mark=False                                        # 一键笔记标志
answer_martix=[]                                           # 回撤存储列表
wait_time=0.1                                              # 运行阻滞时间
set_question_mark=False                                    # 手动修改数组标志
running=True                                               # 运行状态
r_step=list()                                              # 单步记录列表
hint_mark=None                                             # 提示状态
possible_num_mark=False                                    # 手动预期功能标志
row=None; col=None
if __name__=='__main__':
  root=tk.Tk(); root.title("数独"); width,height=840,610
                                                           # 设置长宽
  root.geometry(f'{width}x{height}')                       # 设置窗口大小
  canvas=tk.Canvas(root,bg=WHITE,bd=2,width=width,height=height,
background=ORANGE,highlightthickness=0)                    # 设置画布
  canvas.place(x=0,y=0,anchor=tk.NW)                       # 设置画布位置
  info=draw_info(canvas); time1=MyTimer(root); show_Time(info,time1)
  main_menu=tk.Menu(root); root.config(menu=main_menu); game_menu
(main_menu)
  auto_menu(main_menu); question_menu(main_menu); rect_mapping=
draw_all_rect(canvas)
  number_button(root); control_button(root,side); basics_info()
  canvas.bind('<Button-1>',click_event); show_fixa_num(); tk.mainloop()
```

10.2.3 项目主要函数调用关系图与项目输出界面演进图

项目主要函数调用关系图如图 10.4 所示。项目输出界面演进图如图 10.5 所示。

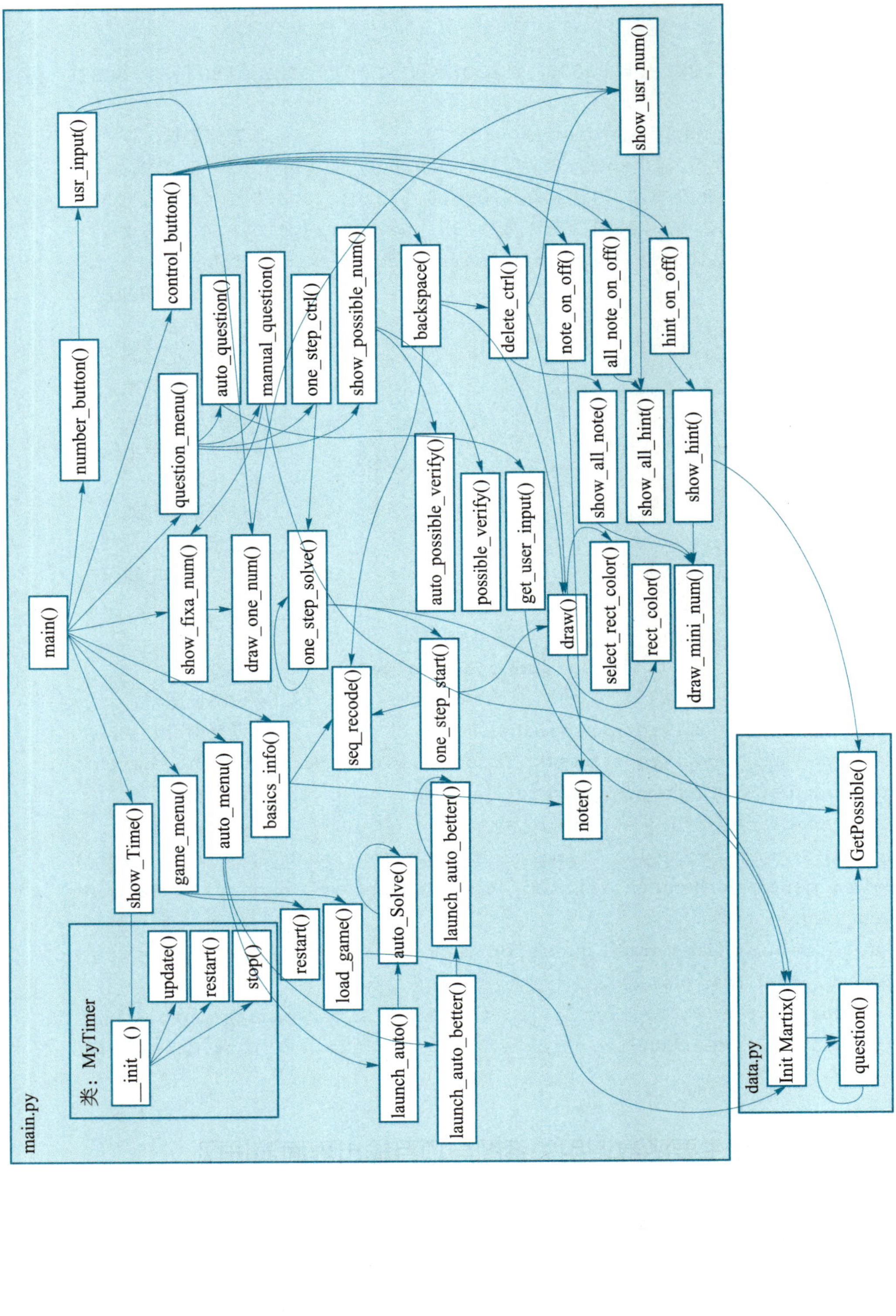

图 10.4　主要函数调用关系示意图

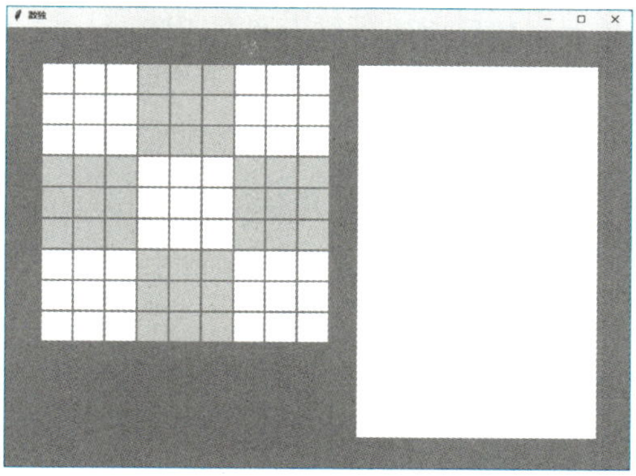

(a) 绘制数独九宫格

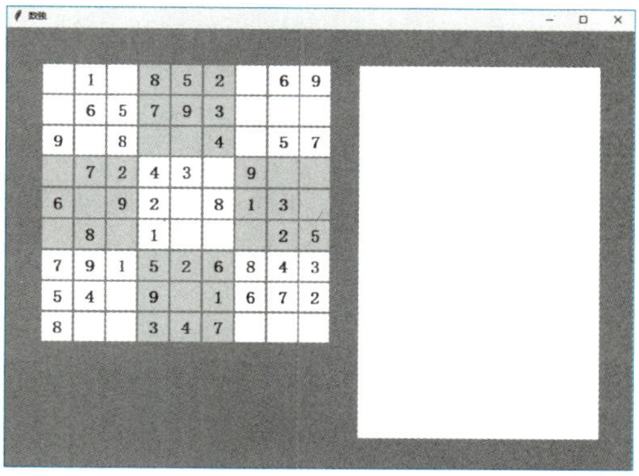

(b) 数独九宫格中填写大数字

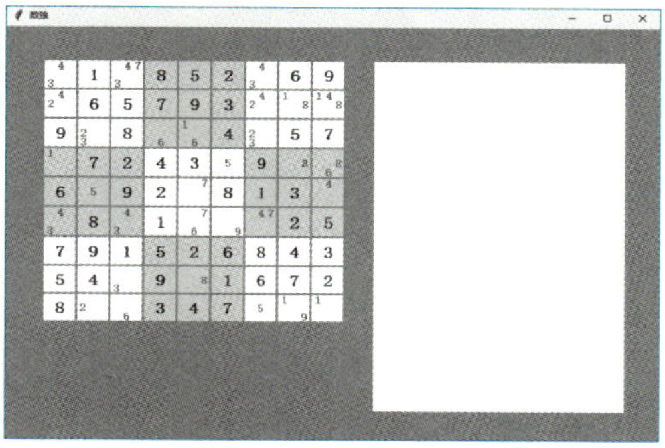

(c) 数独九宫格中填写多个可能数字

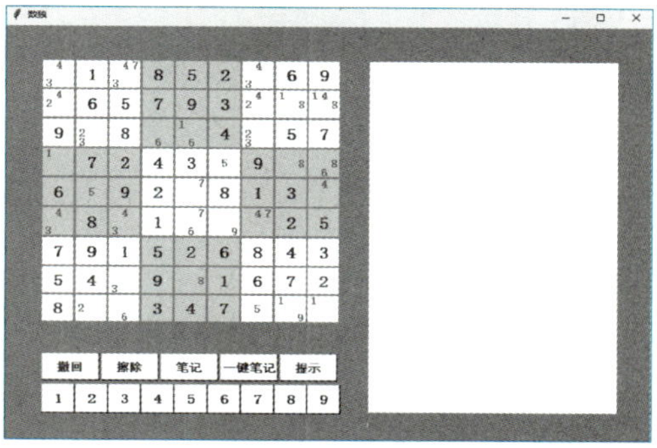

(d) 用户交互改变数独九宫格中的数字——手动解题

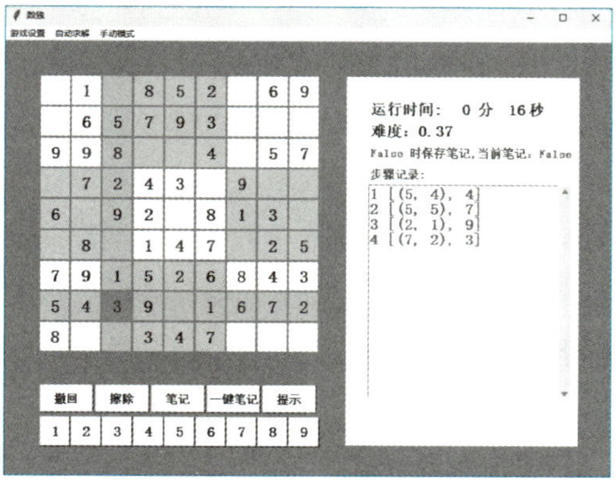

(e) 数独自动出题与自动解题

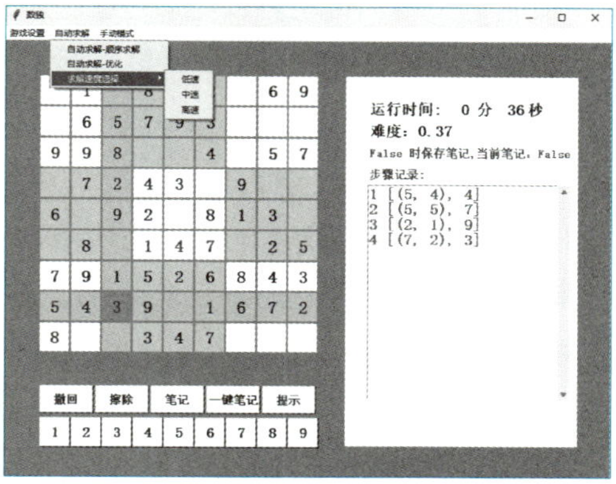

(f) 数独游戏其他功能

图 10.5 项目输出界面演进图

10.3 数据的变化与基本控制：X1-数据结构

【编程 10.1】编制程序：对 9×9 数组随机赋值 0~9。

【目的及编程说明】读者通过编程 10.1 可训练利用循环对数组的控制能力。9×9 数组是数独程序的基本数据结构，即将来需要展示的数独的基础数据，也即图 10.3 中每个小格子中大数字的数据存储结构。9×9×9 数组代表每个空白格子中可能填写的数字，即图 10.3 中每个小格子中小数字的数据存储结构。屏幕上的输出及其变化，根本上是这两个数组中值的变化。

【程序编写】

函数： Init ()。
输入： 无。
输出： 9×9 数组。
功能： 生成一个 9×9 数组。

```
def Init ():                                          # 构建 9×9 数组
    martix=np.zeros ((9,9),dtype='i1')                # 初始化 9×9 数组并赋值 0
    for row in range (0,9):
        for col in range (0,9):
            value=random.randint (0,9)
            martix[row,col]=value                     # 给 9×9 数组 martix 随机赋值
    return martix
```

【编程 10.2】编制程序：判断给定的 9×9 数组是否符合数独要求。

【目的及编程说明】读者通过编程 10.2 训练利用循环对数组的控制能力。其中给定 9×9 数组可包含空白，即：数组元素 =0，则为空白；数组元素 =1~9，则其格子为非空白，也即数组元素的值。该程序仅判断非空白数组元素是否符合数独要求。判断一个元素是否出现在一行、一列或一个九宫格中，可通过集合来判断，集合中要求元素是非重复的。首先将所在行、所在列和所在九宫格中不包含当前格子的元素提取形成一个集合，然后判断当前格子元素是否出现在该集合中：如果出现则有重复，不符合数独要求；如果未出现则没有重复。如果遍历所有格子后均没有重复，则该 9×9 数组符合数独要求。该函数是后续编程中可能频繁使用的一个函数。

【程序编写】

函数： Judge ()。
输入： 9×9 数组。
输出： 数组合法则返回 True，否则返回 False。
功能： 判断 9×9 数组是否合法。

```
def Judge (martix):                          # 计算整个数组是否符合要求
  for row in range (0,9):
    for col in range (0,9):
      if martix[row][col]==0:
```

```
    continue
  m,n=row//3,col//3                      #[m,n] 为宫位置,即 9 个小格子为一个宫
  row_martix=martix[row,:]               #[row,col] 为所在行的数字数组
  row_set=set(row_martix)-{0}            #[row,col] 为所在行的数字集合 (1~9)
  col_martix=martix[:,col]               #[row,col] 为所在列的数字数组
  col_set=set(col_martix)-{0}            #[row,col] 为所在列的数字集合 (1~9)
  block_martix=martix[m*3:m*3+3,n*3:n*3+3].reshape(9)
  block_set=set(block_martix)-{0}  #[row,col] 为所在宫的数字集合 (1~9)
  if len(row_martix)!=(len(row_set)+Counter(row_martix)[0]):
    return False                         # 若集合中的数字个数（不包括 0）加上 0
                                           的个数小于 9,说明有非 0 的数字重复
  if len(col_martix)!=(len(col_set)+Counter(col_martix)[0]):
    return False                         # 若行、列、九宫格有非 0 的数字重复,
                                           则说明不满足数独要求
  if len(block_martix)!=(len(block_set)+Counter(block_martix)[0]):
    return False
return True                              # 若全部满足要求,则返回判断成功
```

【编程 10.3】编制程序：获取当前空白格子满足数独要求的可赋值数字。

【目的及编程说明】读者通过编程 10.3 训练利用循环对数组的控制能力。基本思维：先将指定空白格子所在行、所在列和所在九宫格中的元素提取形成一个集合，再将集合 {1, 2, 3, 4, 5, 6, 7, 8, 9} 去掉前述集合中的元素（这种操作是集合的差运算），即为该空白格子满足数独要求可填写的数字。该函数是后续编程中可能频繁使用的一个函数。

【程序编写】

函数： GetPossible()。
输入： 9×9 矩阵 martix 数独数组、指定格子的横坐标 row 与纵坐标 col。
输出： 当前空格的可能值组成的集合。
功能： 返回满足数独规则的当前空白格可填写的所有数字。

```
def GetPossible(martix,row,col):     # 获取一个格子中可能可填写的值
    Nums={1,2,3,4,5,6,7,8,9};Set=set()
    m,n=row//3,col//3                # 计算所在九宫格的编号
    for i in range(9):
      if i==row:continue
      Set.add(martix[i][col])        # 将所在列出现数字加入集合
    for j in range(9):
      if j==col:continue
      Set.add(martix[row][j])        # 将所在行出现数字加入集合
    for i in range(m*3,m*3+3):
      for j in range(n*3,n*3+3):
```

```
        if row==i and j==col:continue
        Set.add(martix[i][j])          # 将所在九宫格出现数字加入集合
    return Nums-Set                    # 返回 1~9 中未出现过的数字,即可选的值
```

问题与自主扩展 前述程序仅是基本思维的实现。该函数还可以被优化，例如利用数独的一些规则，能够获得更小的集合。读者可通过玩转数独游戏发现这些规则，并将这些规则实现于该函数中。也可将该函数获得数字填写于 9×9×9 数组的 possible_matirx 中，前两个维度确定格子位置，第三个维度确定格子可能试填写的数字，其中不能填写数字的则填写 0，即：[] [] [i] = 0，则该格子不能填写 i；[] [] [i] = 1，则该格子可以试填写 i。

10.4　屏幕元素及其显示输出：X2-可视化输出

【编程 10.4】编制程序：绘制数独输出界面。

【目的及编程说明】读者通过编程 10.4 可熟悉 GUI 编程思维。本章利用 tkinter 实现 GUI 处理，其基本思维是产生一个 Canvas 对象（画布），然后在此对象中绘制 81 个小方格，同时用不同颜色区分不同的九宫格，参见图 10.6 的界面。编程中需注意 81 个格子四个角度的坐标的计算表达。

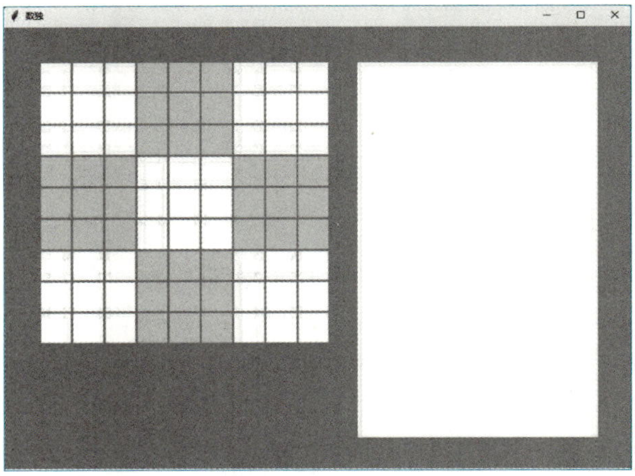

图 10.6　数独输出界面示意

【程序编写】

函数： creat_martix_mapping()。
输入： 方格边长 side。
输出： 返回一个行列对应的位置坐标字典。
功能： 绑定九宫格的行、列在画布上对应的坐标位置，以便后续直接根据九宫格的行数和列数确认具体坐标，因为数独的操作和其位置强相关可以极大地简化坐标代码的计算。

```
def creat_martix_mapping(side):
    mapping_dict=dict()
    offeset_x=50
    side=side+3
    for i in range(9):                          # 坐标映射
        for n in range(9):
            x=side*i+offeset_x
            y=side*n+offeset_x
            mapping_dict[n,i]=[x,y]
    return mapping_dict
mapping=creat_martix_mapping(side)
```

函数： draw_all_rect()。
输入： 画布对象。
输出： 返回坐标对应的小方格对象的字典。
功能： 用于绘制一个小方格的函数，并且能根据小方格的位置自动改变填充的颜色，并返回小方格对象与行列的绑定。

```
def draw_all_rect(canvas):
    rect_mapping=dict()
    block_color=[3,4,5]                                     # 显色宫格依据
    for row in range(9):
        for col in range(9):
            logi_row=row in block_color and col in block_color    # 显色逻辑
            logi_col=row in block_color or col in block_color     # 显色逻辑
            if not logi_row and logi_col: color="#FAE067"
            else: color='white'
            x,y=mapping[row,col]
            rect=canvas.create_rectangle(x,y,x+side,y+side,fill=
color,width=0)
            rect_mapping[row,col]=rect
    return rect_mapping
```

【编程 10.5】编制程序：将给定数组中的数字显示在数独输出界面。

【目的及编程说明】读者通过编程 10.5 可熟悉如何将数据结构中的数据显示在

GUI 界面，即 9×9 数组 matrix 与 GUI 中格子的映射：若 matrix [i] [j] = 0，则格子为空白，否则格子显示 matrix [i] [j] 给出的数字，参见图 10.7 的界面。注意此函数还要考虑后续要根据操作随时刷新。

	1		8	5	2		6	9
	6	5	7	9	3			
9		8			4		5	7
	7	2	4	3		9		
6		9	2		8	1	3	
							2	5
7	9	1	5	2	6	8	4	3
5	4		9		1	6	7	2
8			3	4	7			

图 10.7　数独数组输出界面示意

【程序编写】

函数： draw_one_num ()。
输入： 小方格的坐标 x、y，数独数字 num，字体颜色 color，对象标签 tags。
输出： 无。
功能： 向指定位置显示数字。

```
def draw_one_num (x, y, num, color="black", tags=None):
    """ 显示一个数字 """
    if num!=0:
       canvas.create_text (x+side/2, y+side/2, text=num,
                           font=('幼圆', 18, 'bold'), fill=color, tags=tags)
```

函数： show_fixa_num ()。
输入： 无。
输出： 无。
功能： 显示出题的数字。

```
def show_fixa_num ():        # 显示固定数字
    canvas.delete ("fixa_num")
    canvas.delete ("set_fixa_num")
    for i in range (9):
        for n in range (9):
            x, y=mapping[i, n]
            draw_one_num (x, y, martix[i, n], tags="fixa_num")
```

【编程 10.6】编制程序：混合显示方格中的数独数字（大数字）以及方格中的可填充小数字。

【目的及编程说明】读者通过编程 10.6 可熟悉如何将数据结构中的数据显示在 GUI 界面，实现在方格中依据数组中的值绘制 9 个小数字或者绘制 1 个大数字，参见图 10.8 的界面。空白格数字可以由 X1 的 GetPossible 函数计算。

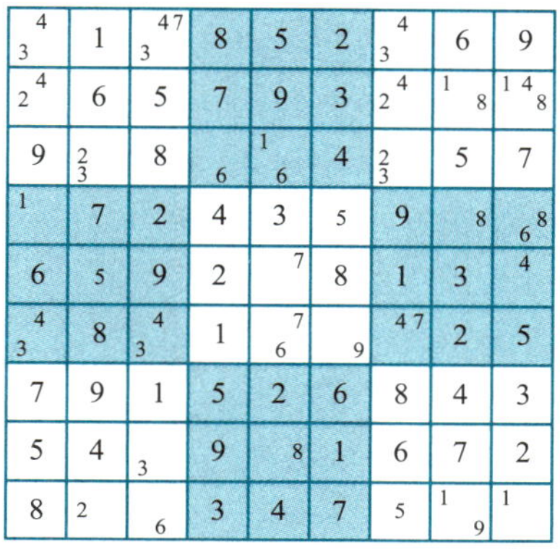

图 10.8　数独数组输出界面——已填写数字和可填写数字混合显示示意

【程序编写】

函数： draw_mini_num()。

输入： 数独方格的行、列数 row、col，该方格可能的数 possible，小数字的颜色 color，数字的画布颜色标签 tags。

输出： 显示一个方格中的小数字。

功能： 以固定九宫格的形式显示一个方格中可能的小数字。

```
def draw_mini_num(row,col,possible:set,color:str,tags="mini_num"):
    hint_bc=int(side//3)          # 小数字的间距
    x,y=mapping[row,col]
    x,y=x+side/2,y+side/2         # 计算大方格中点的坐标
    x=x-hint_bc                   # 计算左上角第一个数字的坐标
    y=y-hint_bc                   # 计算左上角第一个数字的坐标
    for i in range(3):            # 按照九宫格显示小数字
        for j in range(3):
            n=i*3+j+1             # 遍历 1~9
            if len(possible)!=0:  # 在用户已填的部分有可能导致部分格子无
                                    解,所以先加一个判断
               for k in possible:
                   if n==k:       # 如果 possible[row][col] 中含有 k,说明
                                    该格子可填写 k,将 k 显示在方格中
                     canvas.create_text(x+i*hint_bc,y+j*hint_bc,
```

```
                    text=f"{n}",font=('hei',12,"bold"),fill=color,
tags=tags)
```

函数： show_all_hint()。
输入： 无。
输出： 显示可能的小数字。
功能： 如图 10.7 所示的 GUI 输出界面，其中方格中的大数字来源于给定数组中的对应元素。数组元素值为 11 时，显示该空格所有可能的 1～9 的值或者用户笔记。

```
def show_all_hint(): # 一键笔记
    canvas.delete("mini_num")
    for row in range(9):
        for col in range(9):
            if set_question_mark:
                if set_martix[row,col]==0:
                    possible=GetPossible(set_martix,row,col)
                    draw_mini_num(row,col,possible,"grey")
            else:
                if u_martix[row,col]==0:
                    possible=GetPossible(u_martix,row,col)
                    draw_mini_num(row,col,possible,"grey")
```

10.5 算法设计与函数实现：X3-基本算法

10.5.1 自动出题算法

【编程 10.7】编制程序：为数独游戏自动出题。

【目的及编程说明】读者通过编程 10.7 可掌握前述的回溯法思维。出题可以如下进行：首先为一个 9×9 数组的所有元素赋值 1～9，满足每一行、每一列和每个九宫格中都没有重复的数字；然后确定空白格子数 n（即产生 n 个空白格子的题目），再随机选择 n 个格子设置数组中元素的值为 0；最后调用 10.4 节算法输出数独题目。

【程序编写】

函数： InitMartix()。
输入： 产生空白格的数目 n。
输出： 符合要求的 9×9 矩阵 martix。
功能： 自动生成一个符合要求的题目。

```
def InitMartix(n):
    martix=np.zeros((9,9),dtype='i1')
    question(martix)                          # 随机生成一个数独题目
    while n:
      row=random.randint(0,8)                 # 随机生成一个行数
      col=random.randint(0,8)                 # 随机生成一个列数
      if not martix[row][col]==0:
         martix[row][col]=0                   # 若该格不为空,则置为空
           n-=1                               # 空格数减 1
    return martix
```

函数： question()。
输入： 空白 9×9 数组 martix。
输出： 符合要求的 9×9 矩阵 martix。
功能： 自动生成一个符合要求的数独阵列。

```
def question(martix):                              # 随机生成一个数独题目
    for row in range(9):
        for col in range(9):
            if martix[row,col]==0:
               possible=GetPossible(martix,row,col) # 所有可能的数字
               ran_possible=list(possible)         # 将可能值集合转换为列表
               random.shuffle(ran_possible)        # 随机打乱可能值列表
               for value in ran_possible:          # 逐个选择可能值列表
                   martix[row,col]=value           # 将可能的数组填入
                   if question(martix):            # 继续深度优先遍历填入
                                                     数字
                       return True                 # 填写完毕最后一个数字
                   martix[row,col]=0               # 如果当前状况无解则归
                                                     位,然后回溯
               return False
    return True                                    # 当所有数字填写完毕,
                                                     数独求解完毕
```

10.5.2 自动解题算法

【编程 10.8】编制程序：对给定数独游戏题目，自动解题并展示求解过程与求解结果。

【目的及编程说明】读者通过编程 10.8 可掌握前述的回溯法思维。解题可参照 10.1 节的思想来进行。

【程序编写】

函数： auto_Solve()。
输入： 需要求解的矩阵 martix。
输出： 解答成功返回 True，否则返回 False。
功能： 自动解决现有的数独问题并显示求解过程。

```
def auto_Solve(martix):
    for row in range(9):
        for col in range(9):
            if martix[row,col]==0:
                possible=GetPossible(martix,row,col)    # 所有可能的数字
                for value in possible:
                    martix[row,col]=value   # 将可能的数组填入
                    draw(row,col)
                    canvas.update_idletasks()
                    time.sleep(wait_time)   # 防止运算过快,减慢演算步骤
                    if auto_Solve(martix):  # 继续深度优先遍历填入数字
                        return True         # 填写完毕最后一个数字
                    martix[row,col]=0       # 如果当前状况无解则归位,然后回溯
                    draw(row,col);show_usr_num();canvas.update()
                    time.sleep(wait_time)   # 防止运算过快,减慢演算步骤
                return False
    return True                             # 当所有数字填写完毕,数独求解完毕
```

函数： show_usr_num()。
输入： 无。
输出： 显示填入的用户数字。
功能： 显示用户数组的数字。

```
def show_usr_num():# 显示所有用户数字
    canvas.delete("usr_input")
    canvas.delete("usr_num")
    for row in range(9):
        for col in range(9):
            if martix[row,col]==0:
                x,y=mapping[row,col]
                draw_one_num(x,y,u_martix[row,col],"blue",tags="usr_num")
    if all_hint_mark:
        show_all_hint()
```

10.6 屏幕元素事件识别与控制：X4-人机交互

【编程 10.9】编制程序：为数独游戏界面增加用户操控元素。

【程序编写】

函数： number_button()。
输入： 主窗口 root。
输出： 显示 9 个数字输入按钮。
功能： 如图 10.9 所示，显示带有数字操作按钮的 GUI 界面。

图 10.9 数独游戏界面（带数字操作按钮）示意

```
def number_button(root):                              # 绘制数字操作按钮
    for i in range(9):                                # 遍历 0~9
        top_x,top_y=i*(side+3)+50,12*(side+3)+10
                                                      # 计算每个按钮的左上角坐标
        B=tk.Button(root,text=f"{i+1}",bg='white',fg='black',
                    font=('幼圆',14,'bold'),command=lambda num=i+1:
usr_input(row,col,num))
        B.place(x=top_x,y=top_y,width=side+3,height=side+3)
                                                      # 绘制按钮到图上
```

函数： usr_input()。
输入： 全局变量 row、col，代表当前选中单元格的行、列数，将要输入的数字 num，用户输入数字的显示颜色 color。
输出： 显示输入的数字。

功能：判断是否打开笔记模式，如果不是笔记模式则显示大数字代表用户输入的数独数字。

```
def usr_input (row, col, num, color = "blue"):
    if not note_mark:                                  # 非笔记模式下执行代码
        if row! = None and martix[row, col] = = 0:
            canvas.delete ("usr_input"); canvas.delete ("usr_note"); canvas.
delete ("mini_num")
            step_martix = u_martix.copy (); u_martix[row, col] = num; usr_
note_dict[row, col] = set ()
            x, y = mapping[row, col]; draw_one_num (x, y, num, color, "usr_input")
            u_martix[row, col] = num; show_all_note (); show_usr_num ()
```

【编程 10.10】编制程序：可支持用户交互操作的数独游戏。

【目的及编程说明】读者通过编程 10.10 可掌握利用 tkinter 实现操作与控制 GUI 的技巧。交互组件的添加，坐标映射——特定位置的坐标和 martix 数组索引对应起来以便交互修改 martix 数组，给交互组件增加功能，实现交互目的。(1) 完整的数独 GUI 界面，交互要素齐全完整；(2) 交互控制事件及其程序功能正确。尤其要体会当鼠标移动或单击时，如何依据格子坐标和鼠标坐标确定待操控格子的方法。如图 10.10 所示。

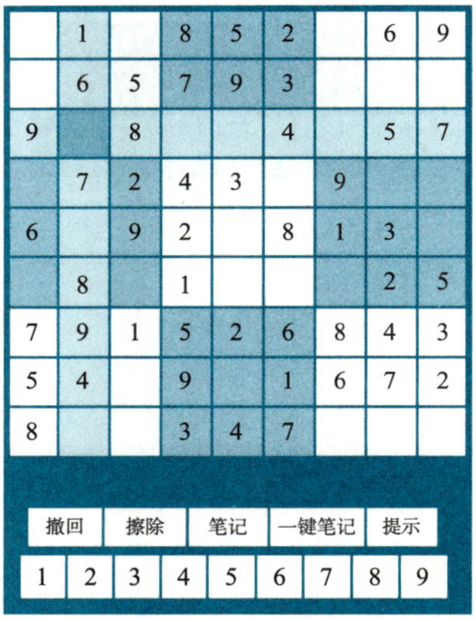

图 10.10　数独游戏界面（点击 5 行 5 列后）示意

【程序编写】

函数：click_event ()。
输入：鼠标坐标。
输出：赋值全局变量 row、col，鼠标点击坐标的方格行、列数。

功能： 实现单击某个方格后，赋值全局该方格的行列数并增强显示。该函数绑定到 Canvas 画布的鼠标左键上 (canvas.bind ('<Button-1>', click_event)，在画布上单击鼠标左键即可调用此函数。

```
def click_event (event):
    global row, col, set_martix, cell_info_label      # 全局坐标映射，方便其他
                                                        功能知道操作单元格
    x = event.x; y = event.y
    for key, posit_lt in mapping.items ():
        if posit_lt[0] < x < posit_lt[0] + side and posit_lt[1] < y < posit_lt[1] + side:
        row, col = key[0], key[1]
        if set_question_mark:
            set_martix[row, col] = 0
            show_set_all_num ()
        else: draw (row, col)
```

函数： draw ()。
输入： 选中方格的行、列数 row、col。
输出： 高亮显示选中方格及其所在的行和列。
功能： 实现单击当前方格高亮显示当前方格及其行和列，以便快速定位选中方格。

```
def draw (row, col):
    rect_color (row, col); select_rect_color (row, col)
def rect_color (row, col):                        # 显示当前选中格之外其行列的颜色
    block_color = [3, 4, 5]                         # 显色宫格依据
    for key, item in rect_mapping.items ():
        if key[0] ! = row and key[1] ! = col:
            logi_row = key[0] in block_color and key[1] in block_color
                                                    # 显色逻辑
            logi_col = key[0] in block_color or key[1] in block_color
                                                    # 显色逻辑
            if not logi_row and logi_col:
                color = "#FAE067"
                canvas.itemconfig (item, fill = color)
            else:
                color = 'white'
                canvas.itemconfig (item, fill = color)
def select_rect_color (row, col):                  # 突出显示当前选中格
    for key, item in rect_mapping.items ():
        if key[0] == row and key[1] == col: canvas.itemconfig (item, fill =
'#DCA0DC')
        elif key[0] == row or key[1] == col: canvas.itemconfig (item, fill =
'#ECD0EC')
```

10.7 算法优化与系统功能拓展：X5-完整系统

【编程 10.11】编制程序：随机出题程序。

【目的及编程说明】升级出题程序，使其实现随机出题程序功能。可以利用 random 函数生成多个随机数。

【程序编写】

函数： InitMartix_new()。
输入： 无。
输出： 带空的数独数组。
功能： 随机初始化一个数独题目数组。

```
def InitMartix_new():
    martix=np.zeros((9,9),dtype='i1')
    question(martix)                              # 随机生成一个数独题目
    for i in range(9):
        for j in range(9):
            x=random.randint(-50,100)             # 生成随机数
            if x < 0:                             # 根据随机数来决定该格子是否显示
            martix[i][j]=0                        # 若该格不为空，则置为空
    return martix
```

【编程 10.12】编制程序：更快速的出题与解题程序。

【目的及编程说明】读者通过采用更快速的算法来进行出题和解题。本书仅给出一个优化示例。读者可在此基础上进一步优化算法，以使出题和解题时间最短。

【程序编写】

函数： auto_Solve_new()。
输入： 待求解的矩阵 u_M。
输出： 求解完成的矩阵。
功能： 优化后的自动求解程序。
优化思路： 每次进行求解时先遍历一遍当前矩阵，若存在只有一个可能值的方格，则直接确定该方格的值。用这种算法可以减少很多不必要的搜索，节省大量时间。读者可在分析数独程序解题规则的基础上，应用解题规则来优化程序。

```
def auto_Solve_better(u_M):
    global note_mark; note_mark=False; flag=0
    for row in range(9):                          # 优化：如果某个位置只有一个
                                                    可能值，则先填这个格子
        for col in range(9):
            if u_M[row,col]==0:
```

```
            possible=GetPossible(u_M,row,col)   # 所有可能的数字
            if len(possible)==1:
                flag=1                          # 标记可以进行求解优化
                value=possible.pop()            # 只有一个可能数组，则直接将
                                                  该数字填入
                u_M[row,col]=value              # 将确定的数字填入
                draw(row,col);canvas.update()
                time.sleep(wait_time)           # 防止运算过快，减慢演算步骤
                show_usr_num();time.sleep(wait_time)
                                                # 停顿一段时间，显示求解步骤
                if auto_Solve_better(u_M):      # 继续深度优先遍历填入数字
                    return True                 # 填写完毕最后一个数字
                u_M[row,col]=0                  # 如果当前填入的数字会导致
                                                  后面无解，则依然填入 0 表
                                                  示空白待填
                draw(row,col);canvas.update()
                time.sleep(wait_time)           # 防止运算过快，减慢演算步骤
                show_usr_num();time.sleep(wait_time)
                                                # 停顿一段时间，显示求解步骤
    if not flag:                                # 若没有能直接确定的格子，则
                                                  按原方法进行求解
        for row in range(9):
            for col in range(9):
                if u_M[row,col]==0:
                    possible=GetPossible(u_M,row,col)   # 所有可能的数字
                    for value in possible:
                        u_M[row,col]=value      # 将可能的数组填入
                        draw(row,col);canvas.update()
                        time.sleep(wait_time)   # 防止运算过快，减慢演算步骤
                        show_usr_num();time.sleep(wait_time)
                                                # 停顿一段时间，显示求解步骤
                        if auto_Solve_better(u_M):  # 继续深度优先遍历填入数字
                            return True         # 填写完毕最后一个数字
                        u_M[row,col]=0          # 如果当前填入的数字会导致
                                                  后面无解，则依然填入 0 表
                                                  示空白待填
                        draw(row,col);canvas.update()
                        time.sleep(wait_time)   # 防止运算过快，减慢演算步骤
                        show_usr_num();time.sleep(wait_time)
                                                # 停顿一段时间，显示求解步骤
                    return False
    return True                                 # 当所有数字填写完毕，数独求
                                                  解完毕
```

【编程 10.13】编制程序：按照用户要求给出某个空白格子的可能值提示（即提示功能）。

【目的及编程说明】编写一个能实现填写空格可能值的函数 listen_hint。可以按照用户要求，指定哪个空白格子则填写该格子的可能值并显示输出；也可以一键给出所有空白格子的所有可能值并显示输出。

【程序编写】

函数： control_button()。
输入： 主窗口 root，方格边长 side，用于计算控制按钮的边长，使其与数字按键对齐。
输出： 显示五个控制按钮。
功能： 如图 10.10 所示，显示带有数字操作按钮的 GUI 界面。

```
def control_button(root,side):           # 绘制五个控制按钮
    global loca,loca_o
    lon=9*(side+3)+50
    lon=lon//5-12# 控制按键长度
    ctl=["撤回","擦除","笔记","一键笔记","提示"]
    B1=tk.Button(root,text=f"撤回",bg='white',fg='black',
                font=('幼圆',12,'bold'),command=backspace)
    B1.place(x=(lon+2)*0+50,y=(side+3)*11+8,width=lon,height=side)
    B2=tk.Button(root,text=f"擦除",bg='white',fg='black',
                font=('幼圆',12,'bold'),command=delete_ctrl)
    B2.place(x=(lon+2)*1+50,y=(side+3)*11+8,width=lon,height=side)
    B3=tk.Button(root,text=f"笔记",bg='white',fg='black',
                font=('幼圆',12,'bold'),command=note_on_off)
    B3.place(x=(lon+2)*2+50,y=(side+3)*11+8,width=lon,height=side)
    B4=tk.Button(root,text=f"一键笔记",bg='white',fg='black',
                font=('幼圆',12,'bold'),command=all_note_on_off)
    B4.place(x=(lon+2)*3+50,y=(side+3)*11+8,width=lon,height=side)
    B5=tk.Button(root,text=f"提示",bg='white',fg='black',
                font=('幼圆',12,'bold'),command=hint_on_off)
    B5.place(x=(lon+2)*4+50,y=(side+3)*11+8,width=lon,height=side)
```

函数： all_note_on_off()。
输入： 无。
输出： 无。
功能： 当一键笔记关闭时，按钮显示所有空格笔记；当笔记开启时，删除所有笔记。

```
def all_note_on_off():                   # 一键笔记控制
    global all_hint_mark
    if not all_hint_mark:
        show_all_hint()
        all_hint_mark=True
```

```
    else:
        canvas.delete("mini_num")
        all_hint_mark=False
```

函数： show_all_hint()。
输入： 无。
输出： 无。
功能： 一键显示所有空格可能数值。

```
def show_all_hint():                    # 一键笔记
    canvas.delete("mini_num")
    for row in range(9):
        for col in range(9):
            if set_question_mark:
                if set_martix[row,col]==0:
                    possible=GetPossible(set_martix,row,col)
                    draw_mini_num(row,col,possible,"grey")
            else:
                if u_martix[row,col]==0:
                    possible=GetPossible(u_martix,row,col)
                    draw_mini_num(row,col,possible,"grey")
```

函数： hint_on_off()。
输入： 无。
输出： 无。
功能： 当提示显示时，点击“提示”按钮关闭提示；当无提示显示时，点击“关闭提示”按钮。

```
def hint_on_off():
    global hint_mark
    if hint_mark==None:
        show_hint();hint_mark=1
    else:
        canvas.delete("one_hint");hint_mark=None
```

函数： show_hint()。
输入： 无。
输出： 无。
功能： 添加提示数字。

```
def show_hint():                        # 提示
    global row,col
    tags="one_hint";canvas.delete(tags)
    if row!=None and u_martix[row,col]==0:
```

```
    possible=GetPossible(u_martix,row,col)
    draw_mini_num(row,col,possible,"green",tags)
```

函数： delete_ctrl()。
输入： 无。
输出： 无。
功能： 删除提示数字。

```
def delete_ctrl():                          # 擦除功能
    global u_martix,usr_note_dict
    if row!=None:
        if martix[row,col]==0:
            canvas.delete("usr_input")
            u_martix[row,col]=0
            show_usr_num()
            if len(usr_note_dict[row,col])!=0:
                usr_note_dict[row,col]=set()
                show_all_note()
```

【编程 10.14】编制程序：实现在空格中输入多个数的笔记功能。

【目的及编程说明】编写一个能实现在空白格中输入多个数字并显示的功能，实现数独的笔记能力。简单来说，笔记就是在一个空白格中输入多个数字，以标记该格中的数字都是符合数独规则的，先将其他空白格填写完毕再来推理此处填写格。要实现此功能，首先应想到同样是输入 1~9 个小数字，那么小方格显示小数字的函数是可以复用的，不过需要手动构造其参数 possible，而且要将其恰到好处地显示。

【程序编写】

函数： note_on_off()。
输入： 无。
输出： 无。
功能： 控制笔记模式的开或关，当笔记开时当前选中的格子中能输入多个字符，否则只能输入大数字。

```
def note_on_off():
    global note_mark,usr_note_dict
    if not note_mark:note_mark=True
    else:note_mark=False
    noter()
```

函数： noter()。
输入： 无。
输出： 无。

功能：显示笔记的控制状态。

```
def noter():                                    # 显示笔记提示
    note_help1=tk.Label(info,text=f"False 时保存笔记，当前笔记：{note_
mark}",bg=WHITE,fg=RED,
                        font=('幼圆',12,'bold'),anchor=tk.W)
    note_help1.place(x=30,y=90,width=300,height=30)
    info_labels.append(note_help1)
```

函数：usr_input()。
输入：全局变量 row、col，代表当前选中单元格的行、列数，将要输入的数字 num，用户输入数字的显示颜色 color。
输出：显示输入的数字。
功能：判断是否打开的笔记模式，如果不是笔记模式则显示大数字，代表用户输入的数独数字，如果是则在此方格上显示多个小数字，代表用户输入的笔记。

```
def usr_input(row,col,num,color="blue"):
if not note_mark:
    # 此处代码请参考编程 10.9
    else:
        if row!=None and martix[row,col]==0:
            u_martix[row,col]=0;usr_note_dict[row,col].add(num)
            draw_mini_num(row,col,usr_note_dict[row,col],"red","usr_note")
            show_usr_num()
```

函数：creat_note_dict()。
输入：无。
输出：记录笔记的二维表。
功能：保存相应位置的笔记记录。

```
def creat_note_dict():
    usr_note_dict=dict()
    for i  in range(9):
        for n  in range(9):
            usr_note_dict[i,n]=set()
    return usr_note_dict
usr_note_dict=creat_note_dict()       # 记录对应单元格笔记数字
```

【编程 10.15】编制程序：求解数独题目并记录数字填写顺序的函数。

【目的及编程说明】编写一个函数，能够记录求解过程中数字填写次序并按次序显示填写过程，同时实现其撤回功能。其中 answer_matrix [] = {<seq，i，j，number>}，seq 为填写序号，i、j、number 为 matrix [i] [j] 的值。同时在右侧输出框中输出显示格子的填写顺序。

要实现此功能，需要创建一个新数组并命名为 answer_martix，用于记录每一步的数组状态，同时只需记录每次数组改变的状态和笔记改变的状态即可。因为记录的过程实际上是先选中一个数组格子，然后添加数字，当再次选中其他格子时代表此时完成了这个格子的输入，即可开始记录。思考一下，记录顺序的时机实际上是添加数字时，因此可以对数字添加函数和选择数字的映射函数做一些升级来完成该记录功能。

【程序编写】

函数： recoder()。
输入： 方格行、列数 row、col，该方格中填入的数字 num，用户数组即变化中的数组 u_martix。
输出： 解答成功返回 True，否则返回 False。
功能： 记录每求解一步后数组的变化，当前填入的位置和数字。

```
def recoder(row,col,num,u_martix):
    global answer_martix
    step_martix=u_martix.copy()
    if len(answer_martix)>0:
        old_row,old_col=answer_martix[-1][0]
        if old_row==row and old_col==col:answer_martix[-1]=[(row,col),
num,step_martix]
        else:answer_martix.append([(row,col),num,step_martix])
    else:answer_martix.append([(row,col),num,step_martix])
    seq_recode()                          # 用于将步骤显示到综合框,请自行实现
```

函数： seq_recode()。
输入： 无。
输出： 显示步骤。
功能： 记录每求解一步后数组的变化，当前填入的位置和数字。

```
def seq_recode():                         # 显示步骤
    note_help1=tk.Label(info,text=f"步骤记录:",bg=WHITE,fg=RED,font=
('幼圆',12,'bold'),anchor=tk.W)
    note_help1.place(x=30,y=120,width=300,height=30)
    scr=scrolledtext.ScrolledText(info,fg='red',font=('幼圆',16,'bold'))
                                          # 设置可滚动文本框
    scr.place(x=30,y=150,width=280,height=300)#
    for i in range(len(answer_martix)):
        scr.insert('end',f"{i+1}{answer_martix[i][:2]}\n")    # 末尾插入
    scr.config(state=tk.DISABLED)         # 设置文本框为“不能编辑”
    scr.see(tk.END)                       # 将视图移到末尾
    info_labels.append(note_help1)
    info_labels.append(scr)
```

函数： usr_input()。
输入： 全局变量 row、col，代表当前选中单元格的行、列数，将要输入的数字 num，用户输入数字的显示颜色 color。
输出： 显示输入的数字。
功能： 判断是否打开的笔记模式，如果不是笔记模式则显示大数字，代表用户输入的数独数字，并将用户输入的信息添加到 answer_martix 列表中。

```
def usr_input(row,col,num,color="blue"):
    global answer_martix
    if not note_mark:
            # 此处代码请参考编程 10.9
            if len(answer_martix)>0:
               old_row,old_col=answer_martix[-1][0]
               if old_row==row and old_col==col:answer_martix[-1]=[(row,
col),num,step_martix]
               else:answer_martix.append([(row,col),num,step_martix])
            else:answer_martix.append([(row,col),num,step_martix])
            seq_recode()
            win(u_martix,time1)
    else:
        # 此处代码请参考编程 10.14
```

函数： backspace()。
输入： 无。
输出： 无。
功能： 绑定按钮，实现撤回的数据和显示同步。

```
def backspace():                              # 撤回功能
    global answer_martix,u_martix,row,col
    if len(answer_martix)>0:
       loca,num,step_martix=answer_martix.pop()
       u_martix=step_martix
       row,col=loca
       seq_recode()
       delete_ctrl()
       draw(row,col)
```

第 11 章

非精确解求解思维与旅行商问题求解仿真

本章要点：理解问题的算法复杂性与计算复杂性，进而理解什么是难解性问题以及难解性问题求非精确解的思想，理解典型的遍历算法和贪心算法。

11.1 最优化问题

11.1.1 旅行商问题

旅行商问题 旅行商问题（Traveling Salesman Problem，TSP）是威廉·哈密尔顿爵士于 19 世纪初提出的一个数学问题，其大意是：有若干城市，任何两个城市之间的距离都是确定的，现要求一个旅行商从某城市出发必须经过每个城市且只能在每个城市停留一次，最后回到原出发城市，问如何事先确定一条最短路线，使其旅行的费用最少。

现实中的许多应用问题归结到数学上就是同一个问题 TSP 是最有代表性的组合优化问题之一，它的应用广泛渗透到各个技术领域和人们的日常生活中，至今仍有不少学者在从事该问题求解算法的研究。许多现实问题都可以归结为 TSP，例如“机器在电路板上钻孔的调度”问题：电路板上要钻的孔相当于 TSP 中的“城市”，钻头从一个孔移到另一个孔所消耗的时间相当于 TSP 中的“旅行费用”，钻孔的时间是固定的，而机器移动时间的总量是可变且需要优化的，在大规模生产过程中，寻找最短路径能有效降低成本。再例如物流运输领域的路径规划问题等，也可以归结为 TSP 进行求解。

TSP 用“图”来表达 如图 11.1 所示，将每个城市抽象为一个**节点（node）**，连接两个城市的道路抽象为连接两个节点的**边（edge）**，这样由节点和边就构成了**图（graph）**。

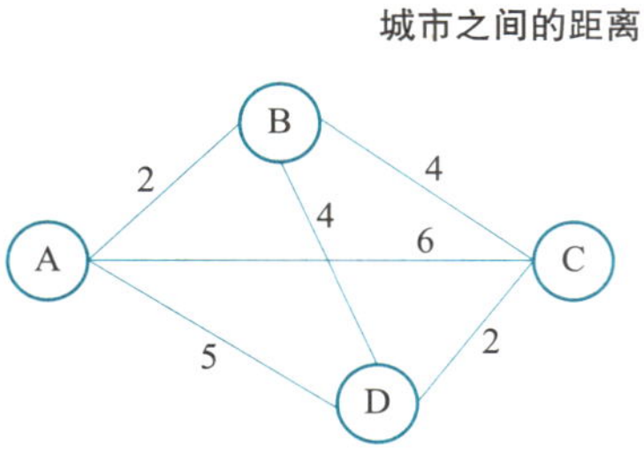

(a) TSP问题的一种抽象结构

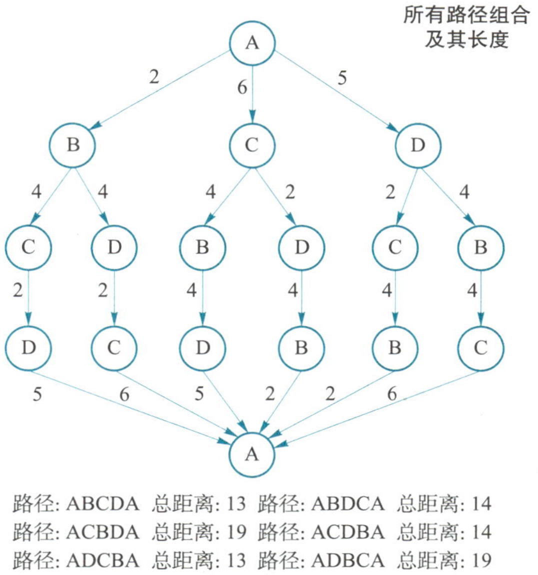

(b) TSP问题的解空间（所有可能的组合）示意

图 11.1 TSP 示意

对该图增加新特性**权值（weight）**，它是一个相对的概念，是针对某一特性而言，某条边的该特性在整体评价中的相对重要程度。例如“距离”“通行费用”“通行时间”都可以作为连接两个城市的边的权值，不同的应用问题可取不同特性的权值。

TSP 的数学精确表达 假定有 n 个城市。去掉语义，将城市映射为自然数序列，即第 1 个到第 n 个城市表达为 $V=\{1, 2, \cdots, n\}$。此时任意两个城市 i、j 之间的距离可由一个二维数组 $d_{i,j}$ 来表达，问题的解是寻找城市的一个访问顺序 $S=\{s_1, s_2, \cdots, s_n\}$，其中 $s_i \in V$，使得 $\min \sum_{i=1}^{n} d_{s_i s_{i+1}}$，这里假定 $s_{n+1}=s_1$。此例中可见，用自然数序列表达现实的具体对象，通过自然数及其下标将不同类型的数据关联起来，是算法类问题抽象的重要方法。

11.1.2 问题的算法复杂性与计算复杂性

什么是算法的时间复杂性 如果一个问题的规模可以用自然数 n 来表达，解该问题的某个算法所需要的时间为 $T(n)$，它是 n 的某个函数，则 $T(n)$ 称为该算法的**时间复杂性**或时间复杂度。人们常用**大 O 表示法**表示算法的时间复杂性。

什么是大 O 表示法 在这种表示法中使用的基本参数是 n，即问题实例的规模，将复杂性或运行时间表达为 n 的函数，这里的“O”表示量级（order），它允许使用“=”代替“≈”。例如 $n^2+n+1=O(n^2)$，该表达式表示当 n 足够大时，表达式左边约等于 n^2，即 n^2 量级的复杂性。

设 $f(n)$ 是一个关于正整数 n 的函数，若存在一个正整数 n_0 和一个常数 C，当 $n \geqslant n_0$ 时，$|T(n)| \leqslant |Cf(n)|$ 均成立，则称 $f(n)$ 为 $T(n)$ 的同数量级的函数。于是，算法时间复杂度 $T(n)$ 可表示为 $T(n)=O(f(n))$。

初步了解可求解与难求解 当算法时间复杂性是一个多项式函数，如 $O(n^2)$ 时，则表明计算机对于大规模问题能够在可接受时间内获得问题的解。然而，如果算法时间复杂性是一个指数函数，如 $O(2^n)$，显然，当 n 很大（如 10 000）时计算机通常无法在可接受时间内获得问题的解。因此，一个问题求解算法的时间复杂性是非多项式函数（如指数函数）时，算法的执行时间将随 n 的增加而急剧增长，以致即使是中等规模的问题也无法求解，于是，在计算复杂性中将这一类问题称为**难解性问题**。

TSP 求解算法的时间复杂性 对于 TSP，如果采用遍历算法求取精确解，就会遭遇“组合爆炸”，其路径组合数目为 $(n-1)!$，因此遍历算法的时间复杂度是 $O((n-1)!)$。与之相比，前述 TSP 贪心算法的时间复杂度是 $O(n^3)$。因此，同一问题的不同算法有不同的时间复杂性。

什么是问题的计算复杂性 对于一个问题，将求取其精确解的算法的复杂性称为该问题的计算复杂性。例如对于 TSP，求取精确解的算法只能是遍历算法，因此遍历算法的复杂性 $O((n-1)!)$ 即为该问题的计算复杂性。而一个问题的计算复杂性如果为指数级函数或阶乘级函数，则该问题就是难解性问题，即当该问题规模很大时，计算机无法完成求精确解的算法（计算时间过长）。可以看出，TSP 就是一个典型的难解性问题。

11.1.3 问题的遍历法求解与贪心法求解

最基本的算法策略——遍历 / 穷举 在将 TSP 抽象出数学模型后，不难想到的一种方法就是列出每一条可供选择的路线（即对给定的城市进行排列组合），计算每条路线的总里程，最后从中选出一条最短路线。假设现在给定的 4 个城市分别为 A、B、C 和 D，各城市之间的距离为已知数，如图 11.1（a）所示，出发城市为 A。可以通过一个**状态空间**来表示所有组合，如图 11.1（b）所示，状态空间 Ω={{A->B->C->D}，{A->B->D->C}，{A->C->B->D}，{A->C->D->B}，{A->D->C->B}，{A->D->B->C}}。从图中不难看出，可供选择的路线共有 6 条，每条路线的总距离都已计算得到，从中可以很快选出一条总距离最短的路线，即问题的解是 {A->B->C->D->A} 或 {A->D->C->B->A}，最短总距离为 13。即 TSP 的本质是：在所有可能的访问顺序 S 构成的状态空间 Ω 上，搜索使得 $\sum_{i=1}^{n} d_{s_i s_{i+1}}$ 最小的访问顺序 S_{opt}。这种问题求解策略就是**遍历**策略，又称**穷举**、**枚举**或**蛮干**策略，即：对问题范围内的所有可能情况逐一验证，直到全部情况验证完毕；若某个情况验证符合问题的全部约束，则为本问题的一个解；若全部情况验证后都不符合问题的全部条件，则本问题无解。遍历是一种最基本的问题求解策略，是计算机科学研究算法相关问题的出发点，研究可解性与难解性问题都是以遍历策略为基础来思考的。

遍历 / 穷举策略可能出现的问题：计算量组合爆炸 遍历策略对于小规模的 TSP 求解是有效的。然而，对于大规模的 TSP，该策略在时间上是不可接受的。这里所说的**规模**一般是指待处理问题的范围或待处理数据量的影响因素，通常用一些反映规模的参数来表达，具体到 TSP 就是城市的数目，如求解 4 个城市的 TSP 和求解 20 个城市的 TSP，其规模是不同的。对于具有 n 个城市的 TSP，其状态空间即所有组合路径的数目是 $(n-1)!$，随着城市数目的不断增大，组合路径数将呈阶乘规律或指数级规律急剧增长，以至达到无法计算的地步，这就是所谓的**组合爆炸问题**。假设现在城市的数目增加为 20 个，则组合路径数为 $(20-1)!\approx 1.216\times10^{17}$，如此庞大的组合数目，若机器以每秒检索 1 000 万条路径的速度计算，也需要花费 386 年的时间。

因此，从计算的角度看，TSP 是一个复杂的、难于求解的问题。据文献介绍，1998 年，科学家们成功解决了美国 13 509 个城市之间的 TSP，2001 年又解决了德国 15 112

个城市之间的 TSP。但这一工程代价也是巨大的，据报道，解决 15 112 个城市之间的 TSP 共使用了美国莱斯大学和普林斯顿大学之间网络互连的、由速度为 500 MHz 的 Compaq EV6 Alpha 处理器组成的 110 台计算机，所有计算机花费的时间之和为 22.6 年。

算法策略选择 对于这类难解性问题，是否有其他快速的方法来求解呢？这就涉及求解算法的策略选择。由于 TSP 会产生组合爆炸，遍历算法对大规模的 TSP 在时间上是不可行的，因此，寻找切实可行的简化求解方法就成为问题的关键，这意味着设计某些方法，这些方法在时间上是可行的，但所获得解的总距离可能不是“最短”的，而是“较短”的。在此，有必要区分可能解、可行解和最优解的概念。**可能解**是仅满足问题的解的形式的每一个解，如示例每一种组合出的路径为一个可能解，当 $n=5$ 时，(A->B->C->D->E) 是一个可能解，(A->C->A->B->D) 也是一个可能解。但可能解并不一定能满足问题的约束，如 (A->B->C->D->E) 满足问题的约束 $S_i \neq S_j$，但 (A->C->A->B->D) 则不满足问题的约束 $S_i \neq S_j$。人们将满足问题约束的解称为**可行解**。状态空间可以是可能解的空间，也可以是可行解的空间，可能解空间 ⊇ 可行解空间。状态空间越小，计算量也越小。但可能解的空间容易给出，仅需按形式产生即可；可行解的空间需要逐步形成，需要验证问题的每一个约束条件，约束条件可能较为复杂并且不止一个。遍历策略强调，能找出哪一个解空间，则从哪一个解空间开始计算，能找出可行解空间则以可行解空间为基础进行计算，找不到可行解空间但能找到可能解空间，则以可能解空间为基础进行计算。**最优解**通常是问题的精确解。

前述 TSP 实例的最优解是 {A->B->C->D->A} 或 {A->D->C->B->A}，因为不存在任何其他距离更短的路径。而 {A->B->D->C->A} 则可以被视为一个可行解，沿这条路径可以从 A 出发，经过了所有城市且只停留一次，这条路径提供的总距离为 14，虽然不是“最短”，但在某些情况下已经“足够短”，与最短距离的偏差为 9.7%。通俗地说，可行解是满足问题所有约束的一个解，而最优解是满足问题所有约束且最优的一个解。区分可行解与最优解的意义在于，对于类似 TSP 的复杂问题，在可接受的时间内获得足够好的可行解更有现实意义。目前已出现许多算法设计策略，如分治法、贪心算法、动态规划、分支定界、启发式算法、元启发式算法等，为一系列科学问题的求解提供了思想、方法和工具。限于篇幅，这里不对每种算法策略进行解释，相关知识请读者参阅算法方面的书籍和课程。

贪心算法策略 为概述问题求解框架，本章以贪心算法策略求解 TSP 为例进行简要介绍。**贪心算法（greedy algorithm）**是一种问题求解或者说算法设计的策略，其基本思想可以用一句话来概括，即“今朝有酒今朝醉”，一定要做当前情况下的最优选择，否则将来可能会后悔，因此名为“贪心”。基于贪心算法可设计 TSP 求解算法：从某个城市开始，每次选择一个城市，直到经过所有城市。每次在选择下一个城市时，只考虑当前情况下的最优选择，保证迄今为止经过的路径总距离最短。如图 11.2 所示：首先从 A 开始，在选择下一个城市时，比较由 A 至 B、C、D 的距离后发现至 B 的距离最短，选择 B；由 B 开始再选择下一个城市，比较由 B 至 C、D 的距离后发现距离相等，此时可任选一个城市，如选择 D；再由 D 选择下一个城市时，将选择 C；最后回到 A，则获得解 ABDCA，其总距离为 14。解 ABDCA 并不是最优解，却是一个可行解。可以发现，贪心算法是一种能够体现局部最优性的算法，即“到当前为止是最优的”。比较可行解与最优解的差距，可评价一个算法的优劣，即哪一个能够找出更接近最优解的解，则哪个算法更好。

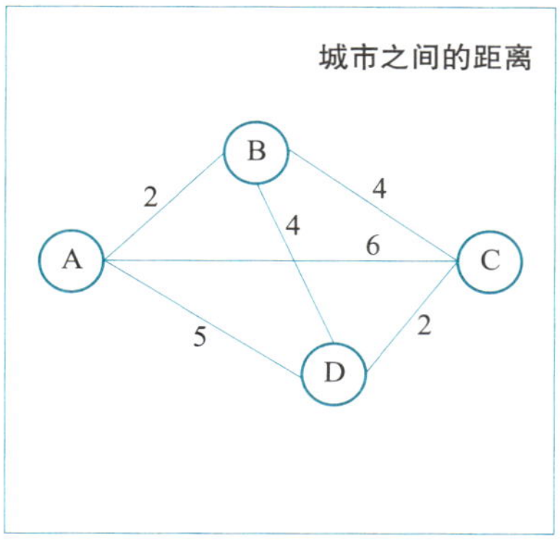

(a) TSP问题的一种抽象结构

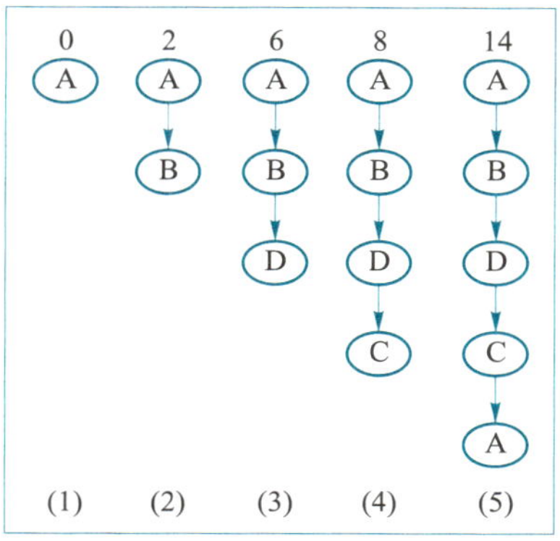

(b) 贪心算法求解TSP问题示意

图 11.2 贪心算法求解 4 节点 TSP

11.2 旅行商问题求解仿真项目总体设计

本章后续内容将以旅行商问题求解仿真为目标，使读者更好地体验问题求解的遍历策略和贪心算法策略，体验不同复杂性算法的差异。

目标系统说明 旅行商问题求解仿真项目拟实现一个仿真系统。具体功能描述如下：(1) 能够产生一个问题规模为 n 的 TSP，可以手工添加节点、边及权值来产生，也可以由程序自动产生，并在屏幕上显示；(2) 能够以遍历算法和贪心算法自动求解该 TSP，并将问题的解以可视化的方式显示；(3) 能够支持用户手动标记一条路径，然后系统判断该路径是否为贪心算法路径；(4) 能够获取地图中的城市相关数据，构造 TSP 并进行求解。

11.2.1 项目总体思路

总体思路 TSP 求解仿真项目开发的总体思路如图 11.3 所示，分为五个层面的开发内容，难度由低到高被区分为：

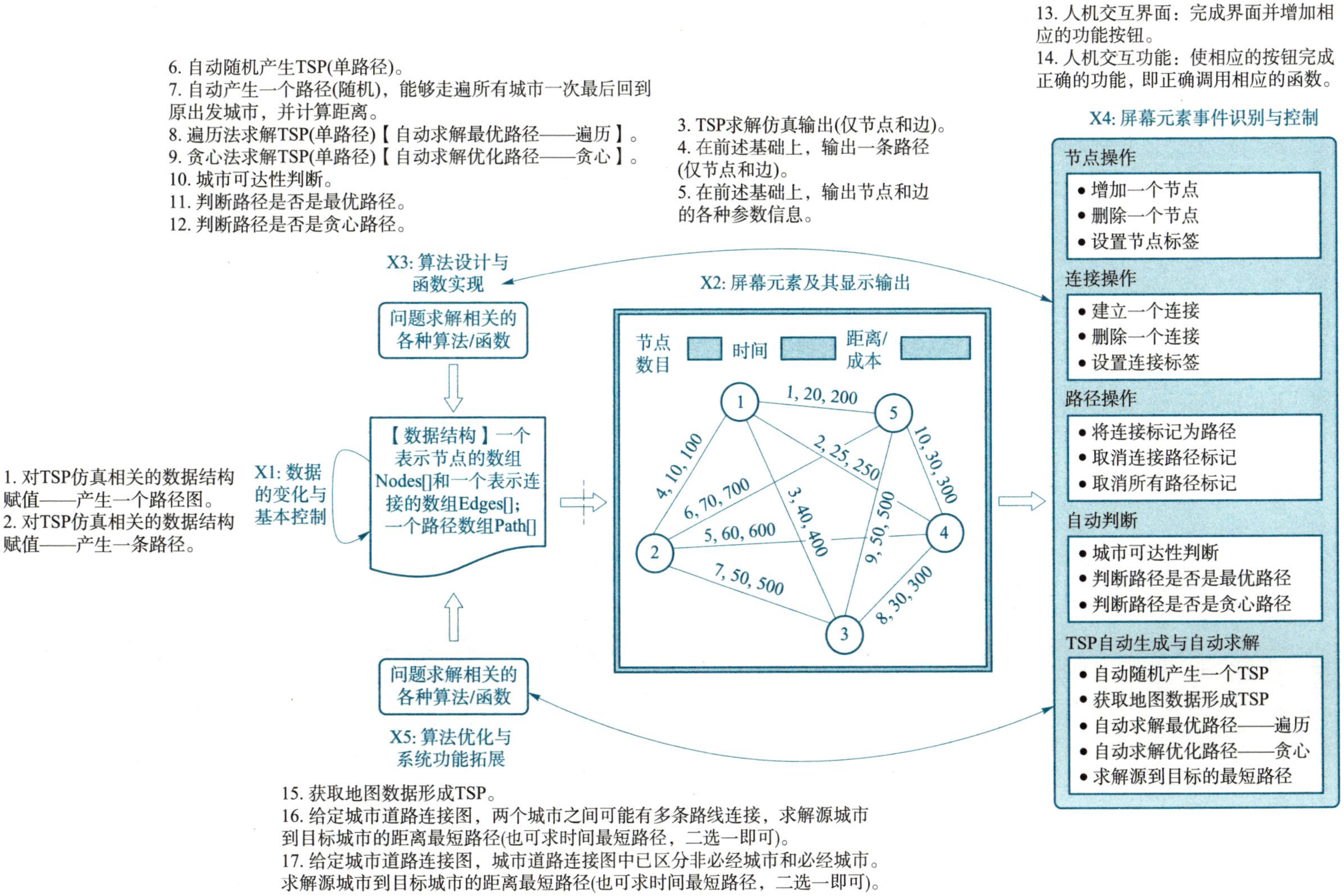

图 11.3　TSP 求解仿真项目开发总体思路图

X1：数据的变化与基本控制【数据结构】——参见 11.3 节。

X2：屏幕元素及其显示输出【可视化输出】——参见 11.4 节。

X3：问题求解相关的算法设计与函数实现【基本算法】——参见 11.5 节。

X4：屏幕元素事件识别与控制【人机交互】——参见 11.6 节。

X5：问题求解相关的算法优化与系统功能拓展【完整系统】——参见 11.7 节。

其中，X1 通过直接赋值节点数据结构 Nodes [ ]、边数据结构 Edges [ ] 和路径数据结构 Path [ ]，熟悉图及路径相关的数据表示。X2 利用显示类库，依据前步赋值的 Nodes、Edges 和 Path 数据，输出节点图和路径，注意此步仅为依据前步数据的界面输出。X3 编写求解 TSP 的基本函数，如随机产生 TSP、遍历算法求解和贪心算法求解等。注意此步仅涉及算法，与界面显示无关。X4 是交互式相关的界面要素，如由用户通过手动添加节点和边来构造一个图、通过手动标记边来设置一个路径等。X5 是完成一些优化的函数并扩展系统的功能，如系统能够判定用户标识的路径是否是最优路径、贪心路径，以及能够通过开源地图数据读取实际城市的路径信息并进行求解等。最终开发的程序可以由用户交互式操作（无须编写程序）来模拟体验问题求解的不同策略思维以及算法的复杂性。

11.2.2 项目涉及的类库资源

本项目中使用的类库如下所示。请在后面的源程序文件的起始部分放入相关的语句。

```
import math; import random
from PySide6.QtGui import QStandardItemModel, QStandardItem, QFont
from PySide6.QtWidgets import QApplication, QMainWindow, QGraphicsScene,
\QMessageBox
from tsp_canvas import CustomEllipseItem, CustomLineItem
from tsp_data import creat_node_data, creat_edge_data, CustomPath,
Edge, Node
from tsp_ui import Ui_MainWindow
class MainWindow (QMainWindow, Ui_MainWindow):
  def __init__(self):
    super(MainWindow, self).__init__()
    self.selected_conn_id=None                         #选中连接
    self.edges_info_show=True                          #设置是否显示连接信息
    self.setupUi(self)
    self.Nodes=None                                    #所有节点
    self.Edges=None                                    #所有连接
    self.node_ids=None                                 #节点ID集合
    self.selected_node_id=None                         #选中节点
```

```
        self.cp=CustomPath()                             #初始化路径计算对象
        self.Path=[]                                     #当前路径
        self.scene=QGraphicsScene()                      #实例化场景
        self.graphicsView.setScene(self.scene)           #显示场景
        self.msg_box=QMessageBox()                       #实例化警告弹窗
if __name__=='__main__':
    app=QApplication([])
    window=MainWindow()
    window.show()
    app.exec()
```

本项目使用 PySide6 类库资源，其中主窗口 QMainWindow、场景 QGraphicsScene 和图形项 QGraphicsItem 之间存在一种层次结构关系，用于创建图形用户界面（GUI）中的图形元素。（1）主窗口 QMainWindow：整个应用程序的顶级窗口，通常包含菜单栏、工具栏、状态栏等元素。主窗口可以包含一个或多个场景，以显示图形项。（2）场景 QGraphicsScene：一个二维图形场景，用于管理图形项的布局和显示。场景可以包含多个图形项，这些图形项可以是基本的几何图元，也可以是自定义的图形项。场景负责管理图形项之间的关系，例如图形项的位置、层次顺序等。主窗口可以设置一个场景，以便在主窗口中显示图形元素。（3）图形项 QGraphicsItem：图形项是场景中的元素，可以是几何图元（例如椭圆形、矩形等）或自定义的图形项。图形项可以添加到场景中，并由场景管理其位置和外观。图形项可以响应用户交互，例如鼠标事件和键盘事件。

MainWindow 窗口主类用于显示图形和交互按钮的类，其需要继承 QMainWindow 主窗口组件和 Ui_MainWindow 窗口图形化组件两个类。tsp_ui 引用的 Ui_MainWindow 类包含了所有视图组件按钮输入框的布局和显示。tsp_canvas 引用的 CustomEllipseItem 和 CustomLineItem 类分别是节点类和连接类，前续章节已提及。tsp_data 引用的 creat_node_data、creat_edge_data 和 CustomPath 类分别用于创建 Nodes、Edges 和 Path。

11.2.3 项目主要函数调用关系图与项目输出界面演进图

项目主要函数调用关系图如图 11.4 所示。项目输出界面演进图如图 11.5 所示。

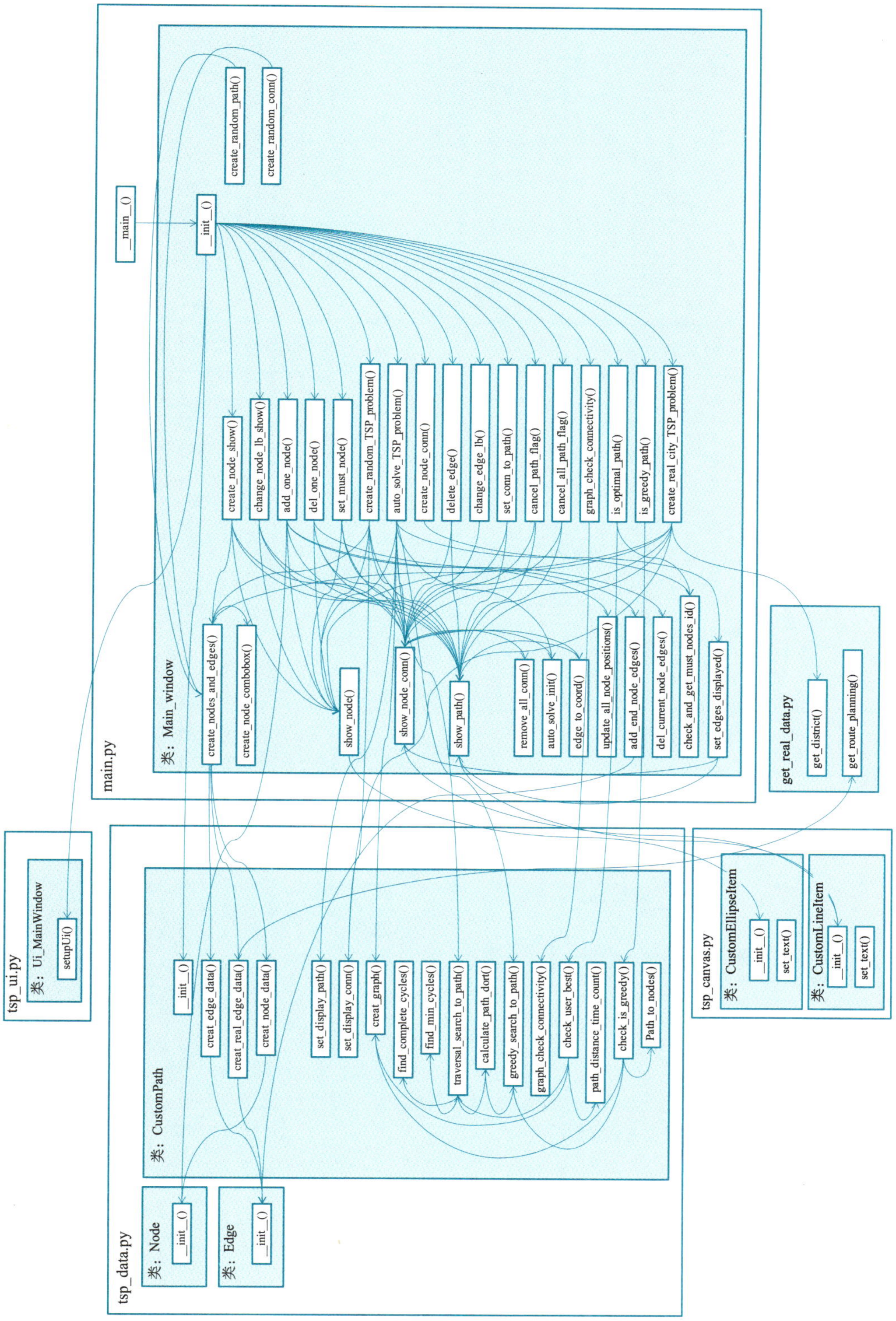

图 11.4 主要函数调用关系图

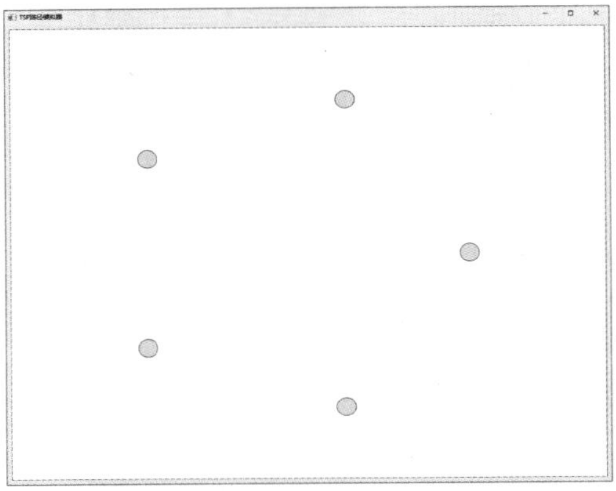

(a) 绘制节点

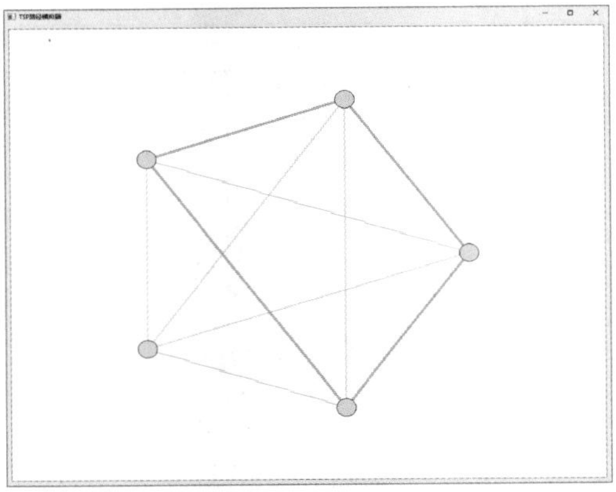

(b) 绘制节点之间的连接线

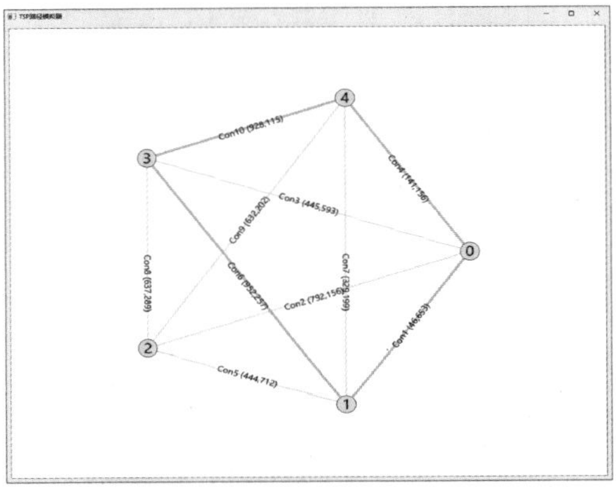

(c) 绘制边上的权重数字及路径

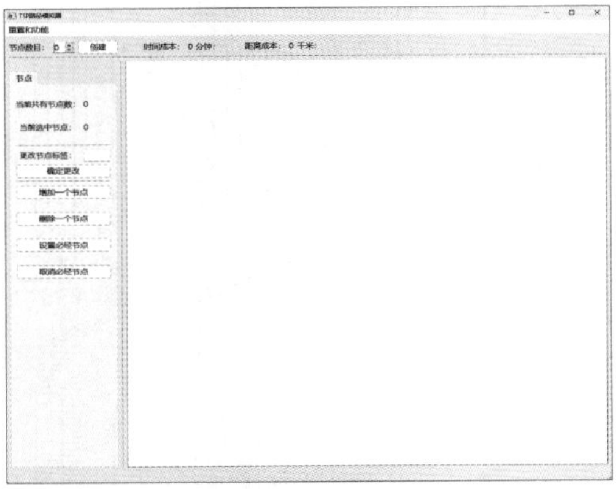

(d) 交互式控制要素

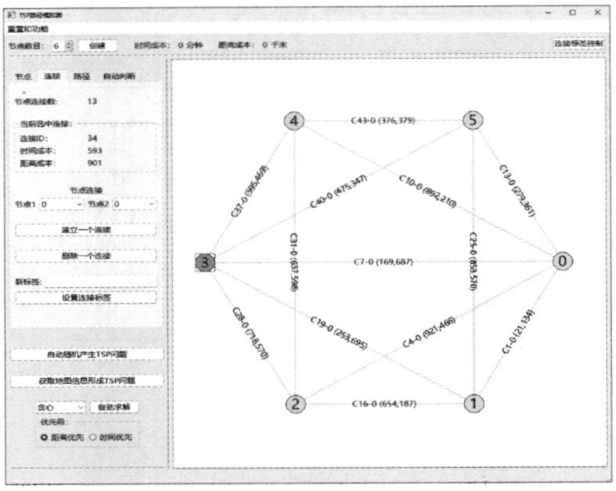

(e) TSP问题及交互式求解

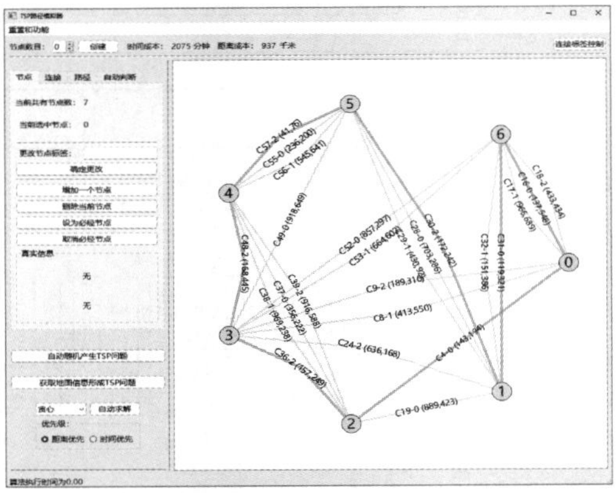

(f) 两节点多边图

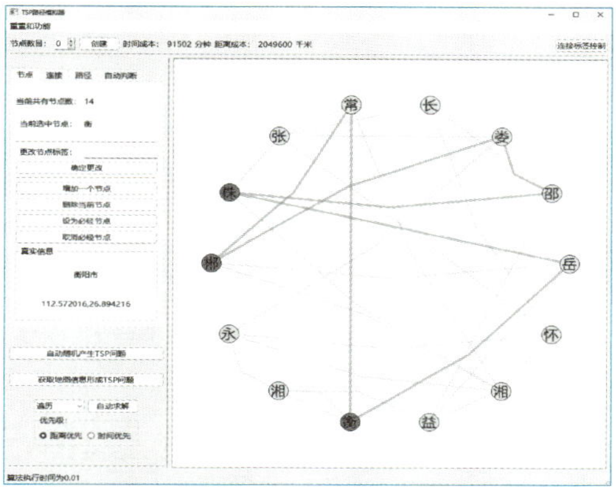

(g) 城市连接图及其优化路径示意

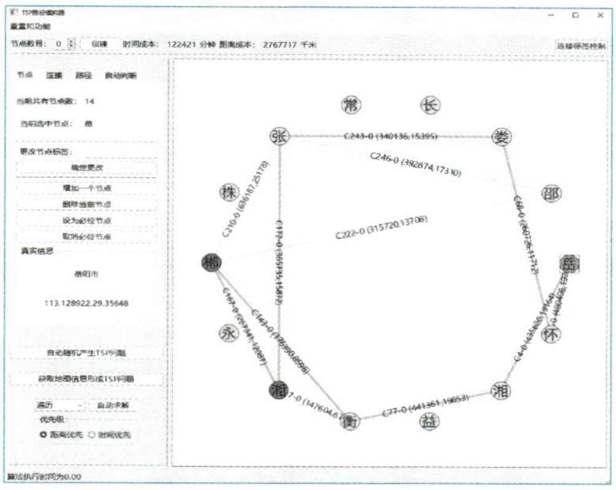

(h) 城市连接图及其优化路径示意

图 11.5 TSP 求解仿真项目界面演进图

11.3 数据的变化与基本控制：X1-数据结构

【编程 11.1】编制程序：对 TSP 仿真相关的数据结构赋值——产生一个路径图。

【目的及编程说明】读者通过编程 11.1 可理解 TSP 求解仿真相关的数据结构及其作用，建立 TSP 的典型数据节点集合和连接集合。编程 11.1 要求随机建立 n 个节点的全连接图和非全连接图（即是否有连接可随机确定）。Nodes [] 保存节点相关信息，Nodes [] = {< 节点对象编号，节点标签，节点是否标记，节点坐标，是否为必经节点 >}。其中："节点对象编号" 唯一标识一个节点，通常是自然数编号；"节点标签" 为节点的名称（如城市名）；"节点是否标记" 表示节点是否被标记；"节点坐标" 为节点坐标组 <x，y>；"是否为必经节点" 表示在遍历时是否必经该节点，默认为必经节点。Edges [] 保存两个节点连接相关的信息，Edges [] = {< 连接对象编号，节点对象 1 编号，节点对象 2 编号，连接是否显示，连接是否标记，连接标签，连接的距离 / 成本，连接的时间，连接序号 >}。注意：Edges 表示两个节点间的连接，两个节点间可能存在多个连接，连接序号表示第几条连接线（为简化，假定最多有 3 条连接线）。为了方便存储与读出，不管两个节点间的连接是否存在，该连接的序号都会存在。其中："连接对象编号" 为连接线唯一标识，通常是自然数编号；"节点对象 1 编号" "节点对象 2 编号" 为该连接线两端节点的编号；"连接是否显示" 表示该路径是否存在，仅用于节点中的第二、第三条连接；"连接是否标记" 表示该节点是否高亮显示；"连接标签" 为该连接的名称；"连接的距离 / 成本" 为该连接的距离 / 成本；"连接的时间" 为该连接的时间；"连接序号" 表示该连接是节点对象 1 和节点对象 2 的第几条连接。

【程序编写】

类： Node。
输入： 节点信息列表。
输出： 无。
功能： 定义一个节点类，包含节点的所有属性。

```
class Node(object):                                                     #节点类
  def__init__(self,node_info:list)-> None:
    self.node_info=node_info;self.id=node_info[0]
    self.label=node_info[1];self.is_flag=node_info[2]
    self.coord_axis=node_info[3];self.is_must_node=node_info[4]   #必经节点
```

类： Edge。
输入： 连接信息列表。
输出： 无。
功能： 定义一个连接类，包含连接的所有属性。

```
class Edge(object):                                              #连接类
  def__init__(self, edge_info):
    self.edge_info=edge_info;self.id=edge_info[0]
    self.node1_id=edge_info[1];self.node2_id=edge_info[2]
    self.is_displayed=edge_info[3]                               #是否显示，连接
    self.is_flagged=edge_info[4]                                 #是否标记，路径
    self.label=edge_info[5];self.distance=edge_info[6]           #距离成本
    self.time=edge_info[7]                                       #时间成本
    self.sequence_number=edge_info[8]                            #连接序号(两节点
                                                                  多连接时用)
```

类： CustomPath。
输入： 无。
输出： 无。
功能： 定义一个用户路径类，主要用于处理路径和数据计算。

```
class CustomPath:                                                #从连接构造路径
  def__init__(self):
    self.Path=[];self.path_distance_count=0                      #路径距离成本
    self.path_time_count=0;self.graph={}                         #邻接图
    self.Edges=None;self.Nodes=None;self.elapsed_time=0          #运行时间
```

函数： CustomPath.creat_node_data()。
输入： 节点个数。
输出： 节点对象列表Nodes。
功能： 创建num个节点并返回包含节点对象的列表。

```
class CustomPath:                          #前CustomPath类中新增下列函数
  def creat_node_data(self,data:int|list):
    if isinstance(data,int):num=data
    else:num=len(data)
    ang=360/num;R=330;self.Nodes=[]
    for i in range(num):
      rad=math.radians(i*ang);x=int(math.cos(rad)*R)
      y=int(math.sin(rad)*R);node=[i,str(i),False,[x,y],False]
      if isinstance (data,list):node=node+data[i]
      self.Nodes.append (Node (node))
  return self.Nodes
```

函数： CustomPath.creat_edge_data()。
输入： 节点列表Nodes。
输出： 包含全节点连接的Edges。
功能： 根据节点创建全连接的边对象。

```
class CustomPath:                              #前CustomPath类中新增下列函数
  def creat_edge_data(self, nodes):            #全连接图
    self.Edges=[]                              #构造全部潜在连接
    for i in range(len(nodes)):
      for j in range(i+1,len(nodes)):
        for n in range(3):                     #两节点多连接
          connection_id=len(self.Edges)+1;node1_id=nodes[i].id
          node2_id=nodes[j].id;is_displayed=False
          is_flagged=False;label=f"C{connection_id}-{n}"
          distance=random.randint(10,1000) #需要设置实际的距离值
          time=random.randint(60,720)      #需要设置实际的时间值
          sequence_number=n
          edge_info=[connection_id,node1_id,node2_id,is_displayed,is_
flagged,label,distance,time,sequence_number]
          edge=Edge(edge_info);self.Edges.append(edge)
  return self.Edges
```

【编程 11.2】编制程序：对 TSP 仿真相关的数据结构赋值——产生一条路径。

【目的及编程说明】读者通过编程 11.2 可理解 TSP 求解仿真相关的数据结构及其作用，怎样表达一条路径。编程 11.2 要求在编程 11.1 基础上随机建立 m 个节点的一条连通可达路径。其中：Path[]={<连接对象 1>, …, <连接对象 i>, <连接对象 j>, …, <连接对象 k>}，其中“连接对象 1”中包含起始节点对象，“连接对象 k”中包含目标节点对象，前一条连接线和后一条连接线共享同一个连接对象。

【程序编写】

函数： CustomPath.set_display_path()。
输入： 2个以上的节点ID列表。
输出： 根据ID列表顺序生成的环形路径，并将其添加到其类的path列表中。

```
class CustomPath:                                    #前CustomPath类中新增下列函数
  def set_display_path(self,node_ids:list): #根据节点顺序,创建路径,自动闭环
    self.path=[];self.path_distance_count=0;self.path_time_count=0
    for i in range(len(node_ids)):
     if i < len(node_ids)-1:
      id1=node_ids[i];id2=node_ids[i+1]
     else:
      id1=node_ids[i];id2=node_ids[0]
     node_id=[id1,id2]
     for edge in self.Edges:
      if edge.node1_id in node_id and edge.node2_id in node_id:
       edge.is_flagged=True; self.path.append(edge)  #标记路径并添加到路径列表
return self.path, self.path_distance_count, self.path_time_count
```

11.4 屏幕元素及其显示输出：X2-可视化输出

本节将依次实现如图 11.4（a）(b)（c）所示的旅行商问题求解仿真输出界面，界面数据来源于 11.3 节的数据结构。

【编程 11.3】编制程序：旅行商问题求解仿真输出（仅节点和边）。

【目的及编程说明】读者通过编程 11.3 可理解旅行商问题求解仿真输出界面。依据程序输入的节点数目 n，在输出界面上以圆圈包含数字形式，自动产生 n 个节点对象，节点对象编号为自然数编号，1 为起始值，初始时，n 个节点对象自动均衡布局，随后则不作自动调整。依据 Edges[] 绘制两个节点之间的一条或多条连接线。本程序关注重点在节点布局方面。

【程序编写】

函数： MainWindow.show_node()。
输入： 无。
输出： 无。
功能： 将创建的Node节点对象在图形对象上显示。

```
class MainWindow(QMainWindow,Ui_MainWindow):       #在原类基础上新增下列函数
  def show_node(self):
    self.scene.clear()                              #清空场景
    if self.Nodes is not None:
      for node in self.Nodes:
        x,y=node.coord_axis; label=node.label; id=node.id
        if node.is_must_node:
          circle_item=CustomEllipseItem(x,y,id,label,True)
                                                    #必经节点显示
    else: circle_item=CustomEllipseItem(x,y,id,label) #非必经节点显示
    self.scene.addItem(circle_item)
```

类：CustomEllipseItem，该类继承PySide6的QGraphicsEllipseItem、QObject两个类。

输入：节点位置x、y，节点ID，节点标签text，是否是必经节点is_must（默认值为否），节点在屏幕上的半径radius，用于指定父对象parent。

输出：当该类实例化时，可以显示一个位于x、y位置的带标签的节点图形。

```
from PySide6.QtCore import Qt,Signal,QRectF,QPointF,Slot,QObject,QLineF
from PySide6.QtWidgets import QGraphicsScene,QGraphicsEllipseItem
class CustomEllipseItem(QGraphicsEllipseItem,QObject):
  def__init__(self,x,y,id,text,is_must=False,radius=18,parent=None,
          **kwargs):
    super().__init__(x-radius,y-radius,radius*2,radius*2,parent)
    QObject.__init__(self,**kwargs)                 #为了获得自定义信号和槽的能力
    pen_circle=QPen(QColor(0,0,0,255))              #创建一个红色画笔
    pen_circle.setWidth(0)                          #设置画笔的宽度为0
    brush_circle=QBrush(QColor(255,255,0,255))      #创建黄色且不透明的画笔
    if is_must:                                     #必经节点设置为红色
      brush_circle=QBrush(QColor(255,100,100,255))  #创建不透明的红色画笔
    self.setPen(pen_circle); self.setBrush(brush_circle)
    self.x=x; self.y=y; self.text=str(text); self.id=id
                                                    #初始化显示对象属性
    self.setFlag(QGraphicsEllipseItem.ItemIsSelectable,True)
                                                    #设置对象可选
    self.setAcceptHoverEvents(True)                 #鼠标悬停化为抓手
    self.mouse_pressed=False                        #鼠标按下标志
    self.line_item=None
```

函数：MainWindow.show_node_conn()。

输入：无。

输出：无。

功能： 将创建的Edge边对象在图形对象上显示。

```
class MainWindow(QMainWindow,Ui_MainWindow):   #在原类基础上新增下列函数
  def show_node_conn(self):                    #刷新显示连接
    self.set_display_all_conn()                #显示所有连接
    self.remove_all_conn()
    for edge in self.Edges:
      if edge.is_displayed:
        sx,sy,ex,ey=self.edge_to_coord(edge)
        line_item=CustomLineItem(sx,sy,ex,ey,edge.id,seq=edge.sequence_number)
        self.scene.addItem(line_item)
```

类： CustomLineItem，该类继承PySide6的QGraphicsLineItem、QObject两个类。
输入： 起点坐标sx、sy，终点坐标ex、ey，连接ID edge_id，是否被标记为路径is_path，用于指定父对象parent。
输出： 各个连接的显示。
功能： 用于显示边。

```
class CustomLineItem(QGraphicsPathItem,QObject):
  def__init__(self,sx,sy,ex,ey,edge_id,is_path=False,seq=1,parent=None,
                                                          **kwargs):
    QGraphicsPathItem.__init__(self,parent);QObject.__init__(self,**kwargs)
    self.x=(ex+sx)//2;self.y=(ey+sy)//2
    self.id=edge_id;self.seq=seq
    if ex-sx!=0:
      m=(ey-sy)/(ex-sx);self.angle_rad=math.atan(m)         #求弧度
      self.angle=math.degrees(self.angle_rad)                #计算度数
    else:
      self.angle_rad=math.pi/2;self.angle=90
    self.off_x_center=math.cos(self.angle_rad+math.pi/2)*30
    self.off_y_center=math.sin(self.angle_rad+math.pi/2)*30
    self.pen_line=QPen(QColor(200,200,200,100))              #设置连线颜色
    self.pen_line.setWidth(3)                  #设置连线宽度
    self.selected_pen_line=QPen(QColor(100,255,100,255))
    self.selected_pen_line.setWidth(3)
    if is_path:                                #如果是路径
      self.pen_line=QPen(QColor(0,200,200,100))
      self.pen_line.setWidth(5)                #设置画笔的宽度为5
    path=QPainterPath()
    if self.seq==1:
      path.moveTo(sx,sy);path.lineTo(ex,ey)    #设置起点和终点
    elif self.seq==0:
      path.moveTo(sx,sy)                       #设置路径的起点
      path.lineTo(self.x+self.off_x_center,self.y+self.off_y_center)
```

```
                                           #设置折点
      path.lineTo(ex,ey)                   #设置终点
    elif self.seq==2:
      path.moveTo(sx,sy)                   #设置路径的起点
      path.lineTo(self.x-self.off_x_center,self.y-self.off_y_center)
      path.lineTo(ex,ey)                   #设置终点
                                           #将画笔路径设置给GraphicsPathItem
    self.setPath(path)                     #设置路径
    self.setPen(self.pen_line)             #设置画笔
    self.setZValue(-1)                     #设置z轴坐标
    self.setFlag(QGraphicsItem.ItemIsSelectable,True)  #将连线设置为可选
```

【编程 11.4】编制程序：在编程 11.3 基础上，输出一条路径（仅节点和边）。

【目的及编程说明】读者通过编程 11.4 可理解旅行商问题求解仿真输出界面。依据 user_way [ ]，对图中的连接加粗显示。

【程序编写】

函数： MainWindow.show_path()。
输入： 无。
输出： 无。
功能： 将创建的Edge边对象在图形对象上显示。

```
class MainWindow(QMainWindow,Ui_MainWindow): #在原类基础上新增下列函数
  def show_path(self):                       #刷新显示路径,将连接替换为路径
    #self.label_path_num.setText(str(0))     #显示路径数目
    for edge in self.Path:
      if edge.is_flagged:                    #如果是路径
      sx,sy,ex,ey=self.edge_to_coord(edge)   #获取路径的起始和结束坐标
      for item in self.scene.items():        #遍历场景中的所有图形项
        if isinstance(item,CustomLineItem):  #检查是否是线型对象
          if item.id==edge.id:               #检查是否是目标对象
            self.scene.removeItem(item)      #删除线
      line_item=CustomLineItem(sx,sy,ex,ey,edge.id,True,
                                            seq=edge.sequence_number)
      self.scene.addItem(line_item)
```

【编程 11.5】编制程序：在编程 11.3 和 11.4 基础上，输出节点和边的各种参数信息。

【目的及编程说明】读者通过编程 11.5 可理解旅行商问题求解仿真输出界面。将 Nodes [ ] 的“节点标签”显示在节点的顶部，“节点类别”以不同的圆圈区分（如双圆圈代表非必经节点，单圆圈代表必经节点）。提取 Edges [ ] 的信息，形成 < 连接对象编号，连接的距离 / 成本，连接的时间 > 形式，随连接对象显示，如图 11.4 所示。

【程序编写】

函数： CustomEllipseItem.set_text()。
输入： 文本信息text。
输出： 在图上各个边的中点处显示各个节点的连接信息。
功能： 显示节点信息。

```
class CustomEllipseItem(QGraphicsEllipseItem,QObject):
                                                        #新增下列函数
  def set_text(self,text):
    if hasattr(self,'text_item'):
      self.scene().removeItem(self.text_item)
      del self.text_item
    self.text_item=QGraphicsTextItem(text,parent=self)  #添加文本
    font=self.text_item.font()                          #修改字体属性
    font.setPointSize(20)                               #设置字体大小
    self.text_item.setFont(font)                        #设置格式
    self.text_item.setPos(self.x-self.text_item.boundingRect().width()/2,
                 self.y-self.text_item.boundingRect().height()/2)
```

更新 CustomEllipseItem 类初始化函数，在其后增加下列语句，使其能够随节点显示标签。

```
class CustomEllipseItem(QGraphicsEllipseItem,QObject):
  def __init__(self,x,y,id,text,is_must=False,radius=18,parent=None,**kwargs):
                                         #完整代码请参考编程11.3的同名函数
self.set_text(self.text)                 #设置文本
```

函数： CustomLineItem.set_text()。
输入： 文本信息text。
输出： 在图上各个边的中点处显示各个边的连接信息。
功能： 根据边的斜率和方向显示线的信息。

```
class CustomLineItem(QGraphicsPathItem,QObject):        #新增下列函数
  def set_text(self,text):
    if hasattr(self,'text_item'):                       #清除之前的文本
      self.scene().removeItem(self.text_item)
      del self.text_item
    self.text_item=QGraphicsTextItem(text,parent=self)
    font=self.text_item.font();font.setPointSize(12)    #设置字体大小
    self.text_item.setFont(font)
    tw=self.text_item.boundingRect().width()/2
    th=self.text_item.boundingRect().height()/2
    self.text_item.setRotation(self.angle)              #调整显示角度
```

```
    ly=tw*math.sin(self.angle_rad);lx=tw*math.cos(self.angle_rad)
    my=th*math.sin(self.angle_rad+math.pi/2)
    mx=th*math.cos(self.angle_rad+math.pi/2)
    self.text_item.setPos(self.x-lx-mx ,self.y-ly-my)  #设置位置
```

更新 MainWindow.show_node_conn() 函数，使其能够显示边的标签和成本信息。

```
class MainWindow(QMainWindow,Ui_MainWindow):  #在原类基础上新增下列函数
  def show_node_conn(self):                   #刷新显示连接
                                              # 完整代码请参考编程11.3的同
                                                名函数
      line_item=CustomLineItem(sx,sy,ex,ey,edge.id,
                                        seq=edge.sequence_number)
      if self.edges_info_show:
         line_item.set_text(f"{edge.label} ({edge.distance},{edge.time})")
```

11.5 算法设计与函数实现：X3-基本算法

【编程 11.6】编制程序：自动随机产生 TSP（单路径）。

【目的及编程说明】读者通过编程 11.6 可理解旅行商问题。输入节点数目，编程自动随机产生一个节点连接图，并从一组数据中随机选择作为连接的参数。

【程序编写】

函数： MainWindow.create_random_TSP_problem()。
输入： 图中节点的数量node_sum。
输出： 随机的连接图。
功能： 随机产生一些连接并显示。

```
class MainWindow(QMainWindow,Ui_MainWindow):   #在原类基础上新增下列函数
  def create_random_TSP_problem(self):
     nodes=random.randint(4,7)                 #随机节点个数
     self.create_nodes_and_edges(nodes)        #创建节点和边
     num=random.randint(2,4)
     for i in range(num):                      #打乱1~4次
       conn_order=list(range(nodes))           #节点连接顺序
       random.shuffle(conn_order)              #随机打乱顺序
       self.cp.set_display_conn(conn_order)    #设置节点间路径可显示
     self.show_node()                          #显示节点
     self.show_node_conn()                     #显示连接
```

```
    self.show_path()                                    #显示路径
```

函数： MainWindow.set_display_conn()。
输入： 要显示边的节点顺序node_ids。
输出： 随机的连接图。
功能： 随机产生一些连接并显示。

```
class MainWindow(QMainWindow,Ui_MainWindow):    #在原类基础上新增下列函数
  def set_display_conn(self,node_ids:list):     #选择显示哪些连接
    for i in range(len(node_ids)):
      if i < len(node_ids) - 1:
        id1=node_ids[i];id2=node_ids[i + 1]
      else:
        id1=node_ids[i];id2=node_ids[0]
      node_id=[id1,id2];seq=random.randint(0,2)
      for edge in self.Edges:
        if edge.node1_id in node_id and edge.node2_id in node_id:
          if edge.sequence_number==seq:
            edge.is_displayed=True;break
```

【编程 11.7】编制程序：自动产生一个路径（随机），能够走遍所有城市 1 次，最终回到原出发城市，并计算距离。

【目的及编程说明】读者通过编程 11.7 可理解旅行商问题的遍历算法求解策略，此函数是编程 11.8 所要用到的基本函数。要求：一是符合要求的路径，二是随机产生。

【程序编写】

函数： MainWindow.create_random_path()。
输入： 图中节点的数量node_sum。
输出： 随机的路径图。
功能： 随机产生一条完整路径并显示。

```
class MainWindow(QMainWindow,Ui_MainWindow):    #在原类基础上新增下列函数
  def create_random_path(self,node_num):
    self.create_nodes_and_edges(node_num)
    conn_order=list(range(node_num))              #节点连接顺序也就是路径
    random.shuffle(conn_order)                    #随机打乱顺序
    self.Path=self.cp.set_display_path(conn_order,self.Edges)[0]
                                                  #设置路径
    path_distance=self.cp.path_distance_count     #获取该路径的距离成本
    time=self.cp.path_time_count                  #获取该路径的时间成本
    if node_num!=0:
      self.Nodes[3].is_must_node=True             #设置0号节点为必经节点
      self.show_node()                            #显示节点
```

```
    self.show_node_conn()                             #显示连接
    self.show_path()                                  #显示路径
```

函数： CustomPath.set_display_path()。
输入： 节点ID顺序node_ids。
输出： 路径列表，该路径的距离成本，该路径的时间成本。
功能： 更新set_display_path()函数，增加成本计算代码。

```
class CustomPath:                          #前CustomPath类中新增下列函数
  def set_display_path(self,node_ids):
                                           #根据节点顺序创建路径,自动闭环,并计算成本
    self.Path=[]
    self.path_distance_count=0
    self.path_time_count=0
    for i in range(len(node_ids)):
      if i < len(node_ids)-1:
        id1=node_ids[i];id2=node_ids[i+1]
      else:
        id1=node_ids[i];id2=node_ids[0]
      node_id=[id1,id2]
      for edge in self.Edges:
        if edge.node1_id in node_id and edge.node2_id in node_id:
          edge.is_flagged=True                          #标记为路径
          self.path_distance_count+=edge.distance       #加和距离
          self.path_time_count+=edge.time               #加和时间
          self.Path.append(edge)
    return self.Path,self.path_distance_count,self.path_time_count
```

函数： MainWindow.create_nodes_and_edges。
输入： 图中节点的数量node_sum。
输出： 随机的连接图。
功能： 使用数据处理对象产生Nodes和Edges数据。

```
class MainWindow(QMainWindow,Ui_MainWindow):      #在原类基础上新增下列函数
  def create_nodes_and_edges(self,node_num):      #创建节点,创建边
    self.Path=[]
    self.Nodes=self.cp.creat_node_data(node_num)  #创建节点
    self.Edges=self.cp.creat_edge_data(self.Nodes)#创建所有连接
```

【编程 11.8】编制程序：遍历算法求解 TSP（单路径）。

【目的及编程说明】读者通过编程 11.8 可理解旅行商问题的遍历算法求解策略，“自动求解最优路径——遍历”按钮的执行函数。如有多个解则仅图示化输出一个，同时将一些信息形成字符串，在综合输出框中显示（若遍历的路径总数目、程序运行时

间，若有多个最优解，则以 < 节点 1，节点 2，节点 3，…> 形式输出每一个最优解）。

【程序编写】

函数： CustomPath.traversal_search_to_path()。
输入： 邻接图 graph，开始节点 start_node，必经节点 must_node。
输出： 最短路径列表 min_path，最短路径成本 min_value（时间成本或距离成本，根据邻接图决定），算法执行时间 self.elapsed_time。

```
class CustomPath:                                    #前CustomPath类中新增下列函数
  def traversal_search_to_path(self,graph,start_node=0,must_node=None):
    start_time=time.time()                           #记录开始时间
    all_paths=self.find_complete_cycles(graph,start_node)
    if len(all_paths)==0:
      return False,f"当前图无法获取完整路径,请检查节点连接是否完整"
    min_path=[]                                      #最小路径列表
    min_value=float('inf')
    for permutation in all_paths:                    # 遍历所有路径
      current_path=list(permutation)+[start_node]
      current_value=self.calculate_path_dort(graph,current_path)
      if current_value < min_value:                  #选取距离最小的路径
        min_value=current_value;min_path=[];min_path.append(current_path)
      elif current_value==min_value:min_path.append(current_path)
    end_time=time.time()                             #记录结束时间
    self.elapsed_time=end_time-start_time            #计算运行时间
    return min_path,min_value,self.elapsed_time
```

函数： CustomPath.creat_graph()。
输入： 节点对象列表 Nodes，携带距离成本 is_distance 作权重，置否则携带时间成本。
输出： 邻接图。

```
class CustomPath:                                    #前CustomPath类中新增下列函数
  def creat_graph(self,Nodes,is_distance=True): #创建邻接图
    self.graph=dict()
    for node in Nodes:
      self.graph[node.id]=[]
      for edge in self.Edges:
        if edge.is_displayed:                        #显示标志为True,表示已连接
          node_ids=[edge.node1_id,edge.node2_id]
          if node.id in node_ids:node_ids.remove(node.id)
           if is_distance:
             self.graph[node.id].append((node_ids[0],edge.distance))
           else:self.graph[node.id].append((node_ids[0],edge.time))
    return self.graph
```

函数： CustomPath.find_complete_cycles()。
输入： 邻接图graph，起始节点start_node。
输出： 一个列表，包含所有能够回到起点的完整连接路径。

```
class CustomPath:                              #前CustomPath类中新增下列函数
  def find_complete_cycles(self,graph,start_node=0):
    def dfs(node,visited,path):
      visited[node]=True
      path.append(node)
      #如果路径长度等于节点总数 并且最后一个节点是起点的邻接点，表示找到完整的连
       接路径
      if len(path)==len(graph)and path[-1] in start_neighbors:
        cycles.append(path.copy())             #找到了一个完整的连接路径
      for neighbor,_in graph[node]:            #遍历当前节点的邻居
        if not visited[neighbor]:
          dfs(neighbor,visited.copy(),path.copy())
    cycles=[];visited=[False] * len(graph)
    start_neighbors=[node for node,_ in graph[start_node]]
                                               # 起始节点的邻接点
    dfs(start_node,visited,[])
    return cycles
```

函数： CustomPath.calculate_path_dort()。
输入： 邻接图graph，起始节点start_node。
输出： 一个列表，包含所有能够回到起点的完整连接路径。

```
class CustomPath:                                   #前CustomPath类中新增下列函数
  def calculate_path_dort(self,graph,path):         #根据节点顺序计算节点权重
    min_value=0
    for i in range(len(path)-1):
      current_node=path[i];next_node=path[i+1]
      if graph[current_node] is not []:
        for edge in graph[current_node]:
          if edge[0]==next_node:
            min_value+=edge[1];break
      else:break
    return min_value
```

【编程 11.9】编制程序：贪心算法求解 TSP（单路径）。

【目的及编程说明】读者通过编程 11.9 可理解旅行商问题的贪心算法求解策略，“自动求解优化路径——贪心”按钮的执行函数。同时将一些信息形成字符串，在综合输出框中显示（如程序运行时间等）。

【程序编写】

函数： CustomPath.greedy_search_to_path()。
输入： 节点邻接图graph，起始节点start_node，必经节点must_node（预留参数）。
输出： 贪心路径，路径成本，算法执行时间。

```
class CustomPath:                                    #前CustomPath类中新增下列函数
  def greedy_search_to_path(self,graph,start_node=0,must_node=None):
    start_time=time.time()                           #记录开始时间
    start_neighbors=[node for node,_ in graph[start_node]] #起始节点的邻接点
    remaining_nodes=set(graph.keys()) - {start_node} #剩余节点
    current_node=start_node                          #当前节点
    path=[start_node]                                #记录路径
    while remaining_nodes:
      if not any(graph[current_node]):break #检查当前节点是否有相邻的边
      next_node=None;value=float('inf')
      for nv in graph[current_node]:
        if nv[1] < value and nv[0] not in path: #选择剩余节点中值最小且非已选的节点
          value=nv[1];next_node=nv[0]
      if next_node is None:                          #如果未找到符合条件的节点,退出循环
        return False,(f"当前id为'{current_node}'的节点无直接路径到id为"
                      f"'{list(remaining_nodes)[0]}'的节点贪心算法求解失败")
      path.append(next_node);remaining_nodes.remove(next_node)
      current_node=next_node
    if path[-1] in start_neighbors:path.append(start_node)
                                                                 #添加到路径
    else:return False,(f"当前id为'{path[-1]}'节点无直接路径到id为"
                       f"'{start_node}'节点贪心算法求解失败")
    end_time=time.time()                                         #记录结束时间
    self.elapsed_time=end_time-start_time                        #计算运行时间
    return [path],self.calculate_path_dort(graph,path),self.elapsed_time
```

【编程 11.10】编制程序：城市可达性判断。

【目的及编程说明】读者通过编程 11.10 可理解图中的两个节点是否可达：给定两个节点编号，判断能否找到一条路径由一个节点到达另一个节点；“城市可达性判断”按钮的执行函数。

【程序编写】

函数： CustomPath.graph_check_connectivity()。
输入： 节点对象1 node1，节点对象2 node2。
输出： True（如果两个节点有完整连接），False（如果两个节点没有完整连接），None（如果图的节点或边为None）。
功能： 使用并查集的算法计算a、b两点是否互通。

```
class CustomPath:                          #前CustomPath类中新增下列函数
  def graph_check_connectivity(self,node1,node2):
                                           #检查图的节点和边是否存在
    if self.Nodes is not None and self.Edges is not None:
      find=[]                              #使用并查集来检测两个节点是否互通
      for node in self.Nodes:              #初始化并查集，每个节点自成一个集合
        find.append(node.id)
      for edge in self.Edges:              #根据已有的边来更新并查集
        if edge.is_displayed:
          x=edge.node1_id; y=edge.node2_id
          while not x==find[x]:            #路径压缩，找到每个节点所在集合的根节点
            x=find[x]
          while not y==find[y]:
            y=find[y]
          if x < y:                        #按秩合并，将秩较小的集合合并到秩较大的集合上
            find[y]=x
          else: find[x]=y
      x=node1.id; y=node2.id               #查找两个节点所在集合的根节点
      while not x==find[x]:
        x=find[x]
      while not y==find[y]:
        y=find[y]
      if find[x]==find[y]:                 #判断两个节点是否在同一个集合
        return True,x,y
      else: return False,x,y
    else: return None                      #如果图的节点或边为None，返回None
```

【编程 11.11】编制程序：判断路径是否是最优路径。

【目的及编程说明】读者通过编程 11.11 可理解最优解：首先调用编程 11.8 的函数获得最优解路径，然后判断用户给定的路径与某条最优路径是否相同；“判断路径是否是最优路径”按钮的执行函数。

【程序编写】

函数： CustomPath.check_user_best()。
输入： 当前路径（用户路径）Path，权重选择is_distance。
输出： True/False。

```
class CustomPath:                          #前CustomPath类中新增下列函数
  def check_user_best(self,Path:list,is_distance=True,start_node:int=0):
    self.graph,min_edges=self.creat_graph(self.Nodes,is_distance)
    revalue=self.traversal_search_to_path(self.graph,start_node)
                                           #最优路径
    min_path=revalue[0][0]                 #获取最小路径
```

```
    if not len(Path)+1==len(min_path):return False
    min_value=revalue[1]                    #获取最小值
    user_min_value=self.path_distance_time_count(Path,is_distance)
    if user_min_value==min_value:return True
    else:return False
  def path_distance_time_count(self,Path:list,is_distance=True):
                                            #计算权重
    min_value=0
    if not is_distance:
      for path in Path:
        min_value+=path.time
      return min_value
    else:
    for path in Path:
        min_value+=path.distance
    return min_value
```

【编程 11.12】编制程序：判断路径是否是贪心路径。

【目的及编程说明】读者通过编程 11.12 可理解贪心算法策略。按照用户给出的一条路径，判断每一步是否都是最优选择。若是，则为真；否则，提示“在第 X 个连接上没有做最优选择”。“判断路径是否是贪心路径”按钮的执行函数。

【程序编写】

函数： CustomPath.check_is_greedy()。
输入： 路径 Path，权重 is_distance，起始节点 start_node。
输出： True/False，节点的元组。
功能： 检查用户输入的路径是否是贪心路径。

```
class CustomPath:                                 #前CustomPath类中新增下列函数
  def check_is_greedy(self,Path:list,is_distance=True,start_node:int=0):
    self.graph,min_edges=self.creat_graph(self.Nodes,is_distance)
                                                  #邻接图
    revalue=self.greedy_search_to_path(self.graph,start_node)
                                                  #先算出贪心路径
    min_path=revalue[0][0]
    if not len(Path)+1==len(min_path):return False,None
    user_paths=self.Path_to_nodes(Path);num=len(user_paths)
    for i in range(num):                          #逐个节点进行匹配
      if not user_paths[i]==min_path[i]:
        return False,f"正确的贪心节点顺序为{min_path}\n你的第{i+1}个节点{user_
                paths[i]}不符合贪心规则。"#返回不匹配的节点
    return True,None                              #返回True表示是贪心路径
  def Path_to_nodes(self,Path,start_node=0):#根据路径计算节点顺序
```

```
paths=[start_node];next_node=paths[0]
for path in Path:
 two_nodes=[path.node1_id,path.node2_id]
 if next_node in two_nodes:
  two_nodes.remove(next_node);next_node=two_nodes.pop()
  paths.append(next_node)
return paths
```

11.6 屏幕元素事件识别与控制：X4-人机交互

【编程 11.13】编制程序：在 11.4 节基础上，增加交互式控制按钮。

【目的及编程说明】丰富 11.4 节的界面，增加交互式控制按钮，如图 11.5（d）~（h）所示。包括：（1）节点操作相关的按钮，增加“增加一个节点”“删除一个节点”“设置节点标签”等按钮；（2）连接操作相关的按钮，增加“建立一个连接”“删除一个连接”“设置连接标签”等按钮；（3）路径操作相关的按钮，增加“将连接标记为路径”“取消连接路径标记”“取消所有路径标记”等按钮；（4）自动判断操作相关的按钮，增加“城市可达性判断”“判断路径是否是最优路径”“判断路径是否是贪心路径”等按钮；（5）TSP 自动生成与自动求解相关的按钮，增加“自动随机产生一个 TSP”“获取地图数据形成 TSP”“自动求解最优路径——遍历”“自动求解优化路径——贪心”“求解源到目标的最短路径”等按钮；（6）增加一个综合输出框，用于输出程序产生的结果。此程序要求实现完整的界面。

此处，需要注意“删除一个节点”的函数，在删除一个节点时，要将与该节点相关的连接一并删除。

【程序编写】此部分首先用 QT Designer 编辑界面布局，然后用 uic.exe-g python tsp_ui.ui-o tsp_ui.py 转换为 Python 文件，此处主要展现关键按钮的实现，其他布局相关的代码不在这里展示。本章中实现的函数绑定到按钮上测试，不分别测试。

函数： tsp_ui.py 中的 Ui_MainWindow.setupUi()。
输入： 无。
输出： 无。
功能： 按一定的布局实现按钮和画布。

```
from PySide6.QtCore import QMetaObject,QRect,Qt
from PySide6.QtGui import QAction,QCursor,QFont
from PySide6.QtWidgets import (QFrame,QGraphicsView,
```

```
    QGridLayout,QHBoxLayout,QLabel,QLineEdit,QMenu,
    QMenuBar,QPushButton,QSizePolicy,QSpacerItem,
    QSpinBox,QStatusBar,QTabWidget,QVBoxLayout,QWidget)
class Ui_MainWindow(object):
  def setupUi(self,MainWindow):
    if not MainWindow.objectName():
      MainWindow.setObjectName(u"MainWindow")
    MainWindow.resize(1120,936)                          #设置窗口大小
    font=QFont()                                         #设置字体
    font.setPointSize(11)                                #设置字体大小
    MainWindow.setFont(font)                             #设置窗口字体
    self.actionchognzhi=QAction(MainWindow)              #设置动作
    self.centralwidget=QWidget(MainWindow)               #设置中心窗口
    font1=QFont()                                        #设置字体
    font1.setFamilies([u"Microsoft YaHei UI"])           #设置字体
    font1.setPointSize(11)                               #设置字体大小
    self.centralwidget.setFont(font1)                    #设置中心窗口字体
    self.gridLayout=QGridLayout(self.centralwidget)      #设置网格布局
    self.verticalLayout_2=QVBoxLayout()                  #设置垂直布局
    self.verticalLayout_2.setSpacing(6)                  #设置垂直布局间距
    self.verticalLayout_2.setContentsMargins(-1,0,-1,-1)
                                                         #设置垂直布局内容边距
    self.horizontalLayout_3=QHBoxLayout()                #设置水平布局
    self.label_7=QLabel(self.centralwidget)              #设置标签
    self.label_7.setAlignment(Qt.AlignRight | Qt.AlignTrailing |
                             Qt.AlignVCenter)            #设置标签对齐方式
    self.horizontalLayout_3.addWidget(self.label_7)      #添加标签到水平布局
    self.node_num_input=QSpinBox(self.centralwidget)     #设置输入框
    self.horizontalLayout_3.addWidget(self.node_num_input)
                                                         #添加输入框到水平布局
    self.creat_node_bt=QPushButton(self.centralwidget)   #设置按钮
    self.horizontalLayout_3.addWidget(self.creat_node_bt)
                                                         #添加按钮到水平布局
    self.horizontalSpacer_2=QSpacerItem(41,20,QSizePolicy.Preferred,
                            QSizePolicy.Minimum)         #设置空白项用于占位
    self.horizontalLayout_3.addItem(self.horizontalSpacer_2)
                                                         #添加到水平布局
    self.label_6=QLabel(self.centralwidget)              #设置标签
    self.label_6.setAlignment(Qt.AlignCenter)            #设置标签对齐方式
    self.horizontalLayout_3.addWidget(self.label_6)      #添加标签到水平布局
    #请根据以上代码将按钮或者标签添加到合理的布局
    self.line_2=QFrame(self.centralwidget)               #设置线
    self.line_2.setFrameShape(QFrame.VLine)              #设置线形状
```

```
self.line_2.setFrameShadow(QFrame.Sunken)       #设置线阴影
self.horizontalLayout.addWidget(self.line_2) #添加线到水平布局
self.graphicsView=QGraphicsView(self.centralwidget)
                                                  #设置图形视图
self.graphicsView.setFont(font1)                 #设置图形视图字体
self.graphicsView.viewport().setProperty("cursor",QCursor(Qt.ArrowCursor))
                                                  #设置图形视图光标
self.horizontalLayout.addWidget(self.graphicsView)
                                                  #添加图形视图到水平布局
self.horizontalLayout.setStretch(0,1)            #设置水平布局拉伸
self.horizontalLayout.setStretch(2,5)            #设置水平布局拉伸
self.verticalLayout_2.addLayout(self.horizontalLayout)
                                                  #添加布局到垂直布局
self.verticalLayout_2.setStretch(0,1)            #设置垂直布局拉伸
self.verticalLayout_2.setStretch(2,999)          #设置垂直布局拉伸
self.gridLayout.addLayout(self.verticalLayout_2,0,0,1,1)
                                                  #添加布局到网格布局
MainWindow.setCentralWidget(self.centralwidget)
                                                  #设置中心窗口
self.menubar=QMenuBar(MainWindow)                #设置菜单栏
self.menubar.setGeometry(QRect(0,0,1120,26))     #设置菜单栏大小
self.menu=QMenu(self.menubar)                    #设置菜单
MainWindow.setMenuBar(self.menubar)              #设置菜单栏
self.statusbar=QStatusBar(MainWindow)            #设置状态栏
MainWindow.setStatusBar(self.statusbar)          #设置状态栏
self.menubar.addAction(self.menu.menuAction())  #添加菜单到菜单栏
self.menu.addAction(self.actionchognzhi)         #添加动作到菜单
self.tabWidget.setCurrentIndex(0)                #设置选项卡当前索引
QMetaObject.connectSlotsByName(MainWindow)       #连接槽
MainWindow.setWindowTitle("TSP路径模拟器")        #设置窗口标题
self.actionchognzhi.setText("重置和功能")          #设置动作文本
self.label_7.setText("节点数目：")                 #设置标签文本
self.creat_node_bt.setToolTip("创建一个TSP")       #设置按钮提示
self.creat_node_bt.setText("创建")                 #设置按钮文本
self.label_6.setText("时间成本：")                 #设置标签文本
self.label_time.setText("0")                     #设置标签文本
self.label.setText("分钟：")                       #设置标签文本
self.label_2.setText("距离成本：")                 #设置标签文本
self.label_distance.setText("0")                 #设置标签文本
self.label_3.setText("千米：")                     #设置标签文本
self.change_node_lb_bt.setText("确定更改")         #设置按钮文本
self.label_12.setText("更改节点标签：")            #设置标签文本
self.all_node_lb.setText("0")                    #设置标签文本
```

```
    self.label_10.setText("当前选中节点: ")              #设置标签文本
    self.selected_node_lb.setText("0")                 #设置标签文本
    self.label_8.setText("当前共有节点数: ")             #设置标签文本
    self.add_node_button.setText("增加一个节点")
    self.del_node_button.setText("删除一个节点")
    self.set_must_button.setText("设置必经节点")
    self.del_must_button.setText("取消必经节点")
    self.tabWidget.setTabText(self.tabWidget.indexOf(self.node_ac_
tab),"节点")
    self.menu.setTitle("重置和功能")                     #设置菜单文本
```

【编程 11.14】编制程序：在编程 11.12 基础上，使每一个交互式控制按钮都能完成正确的功能。

【目的及编程说明】正确且完整地实现图 11.5 的交互式控制功能。

【程序编写】本章中实现的函数绑定到按钮上测试，不分别测试。

函数： MainWindow.__init__()。
输入： 无。
输出： 无。
功能： 初始化按钮和标签。

```
class MainWindow(QMainWindow,Ui_MainWindow):               #前类基础上更新
  def __init__(self):
    #更新MainWindow主窗口类初始化函数
    self.comboBox_node1.setModel(QStandardItemModel(self.Nodes))
                                                           #设置下拉框
    self.comboBox_node2.setModel(QStandardItemModel(self.Nodes))
    self.comboBox_start_node.setModel(QStandardItemModel(self.Nodes))
    self.comboBox_end_node.setModel(QStandardItemModel(self.Nodes))
    self.graphicsView.setAlignment(Qt.AlignCenter)  #场景居中
    self.creat_node_bt.clicked.connect(self.create_node_show)
                                                           #关联创建节点
    self.change_node_lb_bt.clicked.connect(self.change_node_lb_show)
                                                           #修改节点
    self.add_node_button.clicked.connect(self.add_one_node)
                                                           #添加新节点
    self.del_node_button.clicked.connect(self.del_one_node)
                                                           #删除选中节点
    self.set_must_button.clicked.connect(lambda:self.set_must_node())
    self.del_must_button.clicked.connect(lambda:self.set_must_node(False))
    self.auto_TSP_btton.clicked.connect(self.create_random_TSP_problem)
    self.pushButton_auto_solve.clicked.connect(self.auto_solve_TSP_problem)
    self.pushButton_create_node_conn.clicked.connect(self.create_node_conn)
```

```
    self.pushButton_del_node_conn.clicked.connect(lambda:
              self.delete_edge(self.selected_conn_id))
                                                    #关联删除节点连接
    self.pushButton_set_node_conn.clicked.connect(self.change_edge_lb)
    self.pushButton_conn_to_path.clicked.connect(lambda:
           self.set_conn_to_path(self.selected_conn_id))
                                                    #关联设置连接为路径
    self.pushButton_path_to_conn.clicked.connect(lambda:
              self.cancel_path_flag(self.selected_conn_id))
                                                    #关联取消路径标记
    self.pushButton_del_all_path.clicked.connect(self.cancel_all_path_
flag)
    self.pushButton_check_connectivity.clicked.connect(
               self.graph_check_connectivity)  #关联检查两个节点之间的可达性
    self.pushButton_optimal_path.clicked.connect(self.is_optimal_path)
    self.pushButton_greedy_path.clicked.connect(self.is_greedy_path)
```

函数： MainWindow.create_node_show()。
输入： 无。
输出： 无。
功能： 创建节点和节点连接。

```
class MainWindow(QMainWindow,Ui_MainWindow):    #前类基础上增加下列函数
  def create_node_show(self):                   #创建节点和节点连接
    node_num=self.node_num_input.value()        #获取输入值
    node_num=int(node_num)
    self.create_nodes_and_edges(node_num)
    if node_num!=0:
      self.show_node()                          #显示节点
      self.show_node_conn()                     #显示连接
      self.show_path()
```

函数： MainWindow.change_node_lb_show()。
输入： 无。
输出： 无。
功能： 用户选中一个节点后，可以修改节点标签。

```
class MainWindow(QMainWindow,Ui_MainWindow):    #前类基础上增加下列函数
  def change_node_lb_show(self):                #改变节点标签
    now_node_lb=self.selected_node_lb.text()    #当前节点
    new_node_lb=self.edit_node_lb_inp.text()    #用户输入
    objs=self.scene.selectedItems()
    if self.Nodes is not None:
        for node in self.Nodes:
```

```
            for obj in objs:
                if node.label==now_node_lb and node.id==obj.id:
                    node.label=new_node_lb
        self.show_node()
        self.show_node_conn()
        self.show_path()
```

函数： MainWindow.add_one_node()。
输入： 无。
输出： 无。
功能： 新增一个节点并立即显示到画布。

```
class MainWindow(QMainWindow,Ui_MainWindow):          #前类基础上增加下列函数
    def add_one_node(self):                           #新增一个节点
        node_ids=set(node.id for node in self.Nodes)
        new_id=0                                      #找到一个未使用的节点ID
        while new_id in node_ids:
            new_id+=1
        new_node=Node([new_id,str(new_id),False,[0,0],False])
                                                      #新节点
        self.Nodes.append(new_node)
        self.cp.Nodes=self.Nodes                      #更新数据对象的数据
        self.cp.Edges=self.Edges
        self.cp.Path=self.Path
        self.update_all_node_positions()              #更新所有节点的位置
        self.add_end_node_edges(new_id)               #添加新节点的潜在连接
        self.create_node_combobox()                   #创建节点下拉框
        self.show_node()                              #显示节点
        self.show_node_conn()                         #显示连接
        self.show_path()                              #显示路径
```

函数： MainWindow.update_all_node_positions()。
输入： 无。
输出： 无。
功能： 更新所有节点的位置。

```
class MainWindow(QMainWindow,Ui_MainWindow):          #前类基础上增加下列函数
    def update_all_node_positions(self):              #更新所有节点的位置
        num_nodes=len(self.Nodes)
        ang=360/num_nodes                             #圆形顶点角度
        R=330                                         #外接圆半径
        for i,node in enumerate(self.Nodes):
            rad=math.radians(i*ang);x=int(math.cos(rad)*R)
            y=int(math.sin(rad)*R);node.vs_coord=[x,y]
```

```
    self.cp.Nodes=self.Nodes
```

函数： MainWindow.add_end_node_edges()。
输入： 新节点的ID new_node_id。
输出： 无。
功能： 添加新节点的潜在连接。

```
class MainWindow(QMainWindow,Ui_MainWindow):    #前类基础上增加下列函数
  def add_end_node_edges(self,new_node_id):      #添加新节点的潜在连接
    edge_ids=set(edge.id for edge in self.Edges)    # 边的ID集合
    for node in self.Nodes:
      for n in range(3):
        if node.id!=new_node_id:
          if edge_ids:connection_id=max(edge_ids)+1
          else:connection_id=0
          edge_ids.add(connection_id);node1_id=node.id
          node2_id=new_node_id;is_displayed=False
          is_flagged=False;label=f"C{connection_id}-{n}"
          distance=random.randint(10,1000)
          time=random.randint(1,6) * distance;sequence_number=n
          edge_info=[connection_id,node1_id,node2_id,is_displayed,
                     is_flagged,label,distance,time,sequence_number]
          edge=Edge(edge_info);self.Edges.append(edge)
          self.cp.Edges=self.Edges
```

函数： MainWindow.create_node_combobox()。
输入： 无。
输出： 无。
功能： 关联界面的下拉框数据。

```
class MainWindow(QMainWindow,Ui_MainWindow): #前类基础上增加下列函数
  def create_node_combobox(self):
      model=QStandardItemModel()                    #创建一个标准项模型
      for node in self.Nodes:
          item=QStandardItem(str(node.label))       #创建一个标准项
          model.setItem(node.id,item)               #在指定的行列位置设置item项
      self.comboBox_node1.setModel(model)           #设置下拉框
      self.comboBox_node2.setModel(model)           #设置下拉框
      self.comboBox_start_node.setModel(model)     #设置下拉框
      self.comboBox_end_node.setModel(model)        #设置下拉框
```

函数： MainWindow.del_one_node。
输入： 无。
输出： 无。

功能： 删除当前画布中选中的节点，并立即更新显示，同时将当前选中节点设None。

```
class MainWindow(QMainWindow,Ui_MainWindow):      #前类基础上增加下列函数
  def del_one_node(self):                         #删除一个节点
      node_id=self.selected_node_id
      if node_id is not None:
         for node in self.Nodes:
             if node.id==node_id:
                 self.Nodes.remove(node);break
         self.del_current_node_edges(node_id)      #删除节点关联的边
         self.cp.Nodes=self.Nodes                  #更新数据对象的数据
         self.cp.Edges=self.Edges;self.cp.Path=self.Path
         self.show_node();self.show_node_conn()
         self.show_path();self.selected_node_id=None
```

函数： MainWindow.set_must_node。
输入： True或False。
输出： 参数默认为True，设置该节点为必经节点，否则取消设置为必经节点。
功能： 将当前选中节点设置为必经节点。

```
class MainWindow(QMainWindow,Ui_MainWindow):     #前类基础上增加下列函数
   def set_must_node(self,status=True):          #标记必经节点和取消标记必
                                                  经节点
      node_id=self.selected_node_id              #当前选中节点
      if node_id is not None:
         for node in self.Nodes:
             if node.id==node_id:node.is_must_node=status
        self.show_node();self.show_node_conn()
        self.show_path();self.selected_node_id=None     #避免重复修改
```

11.7 算法优化与系统功能拓展：X5-完整系统

11.7.1 关于开源交通图数据及其获取相关的类库 / 函数的介绍

使用真实地图数据，需要有一个地图软件的 API 来获取两个城市间最优路径的距离和估计时间。这里介绍高德地图 API 的获取，高德地图 API 对个人开发者提供了一定的免费调用额度。(1) 搜索高德开放平台，注册一个开放平台账号；(2) 进入控制台创建一个应用，注意选择 Web 服务，拿到自己的 Key；(3) 回到高德开放平台首页，找

到文档与支持，找到 Web 基础服务 API，查看高德提供的 HTTP 接口；这里需要查看路径规划的 API 说明，尤其是“驾车路径规划”，了解接口的参数及其含义；（4）既然是 HTTP 接口，则可以采用 requests 库来构建请求和接受返回。

11.7.2 相关代码实现

【编程 11.15】编制程序：获取地图数据形成 TSP。

【目的及编程说明】读者通过编程 11.15 可理解 Python 处理地图数据的相关技巧，利用开源地图数据，提取某省各县级以上城市的道路连接信息并进行数据转换（转换成 Nodes [] 和 Edges []），形成适应本项目要求的 TSP，并调用编程 11.4 节的函数显示输出。

【程序编写】运行该函数需要在主函数引用中添加对自定义文件的引用。

```
import get_real_data as grd
```

MainWindow 类初始化中添加按钮关联，按钮的显示请参考 X4 部分。

```
  self.pushButton_real_city.clicked.connect(self.create_real_city_TSP_
problem)
```

函数： MainWindow.create_real_city_TSP_problem()。
输入： 无。
输出： 无。
功能： 关联到生成湖南省下辖地级市的节点地图，并关联按钮以便能在界面启动。

```
class MainWindow(QMainWindow,Ui_MainWindow):   #前类基础上增加下列函数
  def create_real_city_TSP_problem(self):
    data=grd.get_district("湖南省")
    self.create_nodes_and_edges(data,real=True)
    self.show_node()                          #显示节点
    self.show_node_conn()                     #显示连接
    self.show_path()                          #显示路径
```

函数： get_district()。
输入： 城市名称 city。
输出： 包含城市名和城市经纬度坐标的列表。
功能： 行政区域查询，返回所有下级行政区域的名字和坐标。
注意： 这里为方便调试，也为区分前面的部分，写到了另一个文件“get_real_data.py”。而且为实现功能引用了三个库：json 用于 json 数据的序列化与反序列化，os.path 用于对文件及其路径的检测，requests 用于构建 get 请求调用高德的 Web API。这里将 json 以文

件形式写到本地文件系统，看似有些冗余，但是经作者实践发现：一是免费的高德Web API调用返回速度并不快，二是调用次数是有限的，这样只要调用过一次数据，第二次使用时速度就会很快，也不用担心调用次数用尽，对实验验证而言非常合适。

```
import json; import os.path; import requests
key="6fe51f**********0e9d543c809d"          #通过高德地图创建Web API应用后获得
def get_district(city):
  real_city_coord=[]
  if os.path.exists(f"{city}.json"):
    with open(f"{city}.json","r",encoding="utf-8") as f:
      data=f.read(); data=json.loads(data)
  else:
    url=f"https://restapi.amap.com/v3/config/district?keywords
                                    ={city}&subdistrict=1&key={key}"
    response=requests.get(url)
    data=response.json()
    with open(f"{city}.json","w",encoding="utf-8") as f:
                                          #将data写入文件
      f.write(response.text)
  for district in data["districts"][0]["districts"]:
    real_city_coord.append([district["name"],district["center"]])
  return real_city_coord
```

函数： MainWindow.create_nodes_and_edges()。
输入： data（数字或者列表，用于创建节点），real（用于判断是否创建真实数据）。
输出： 无。
功能： 创建节点，初始化路径，创建潜在连接。

```
class MainWindow(QMainWindow,Ui_MainWindow):                    #前类基础上增加
                                                                  下列函数
  def create_nodes_and_edges(self,data,real=False):           #创建节点创建边
  #其他部分请参照编程11.7同名函数
    if real:
      self.Edges=self.cp.creat_real_edge_data(self.Nodes) #创建潜在路径
    else: self.Edges=self.cp.creat_edge_data(self.Nodes)
```

函数： CustomPath.creat_node_data()。
输入： 节点个数或者真实数据列表data。
输出： 节点对象列表Nodes。
功能： 创建num个节点并返回包含节点对象的列表。

```
class CustomPath:                                 #前CustomPath类中新增下列函数
  def creat_node_data(self,data:int|list):
    if isinstance(data,int):num=data    #判断数据类型
```

```
    else: num = len(data)
    for i in range(num):
    #其他部分请参考编程11.1同名函数
      node = [i, str(i), False, [x, y], False]
      if isinstance(data, list):          # 当判断是列表时
        node = node+data[i]               # 将列表和对应真实数据列表组合
      self.Nodes.append(Node(node))
  return self.Nodes
```

类： Node。
输入： 节点信息列表。
输出： 无。
功能： 定义一个节点类，包含节点的所有属性，并新增两个条件属性。

```
class Node(object):                      #节点类
  def __init__(self, node_info: list) -> None:
  #其他部分请参考编程11.1同名类
  if len(node_info) >= 6:                #如果有实际坐标
    self.label = node_info[5][0]
    self.city = node_info[5]             #所在城市
    self.real_coord = node_info[6]       #实际坐标
```

函数： CustomPath.creat_real_edge_data()。
输入： 节点列表Nodes。
输出： 包含全节点连接的Edges。
功能： 根据节点创建全连接的边对象。

```
class CustomPath:                             #前CustomPath类中新增下列函数
  def creat_real_edge_data(self, nodes):      #全连接图
    #其他部分请参考编程11.1 creat_edge_data()函数
     paths = grd.get_route_planning(nodes[i].real_coord, nodes[j].real_coord,
                                    nodes[i].city, nodes[j].city)
    for n in range(len(paths)):
      label = f"C{connection_id}-{paths[n]['seq']}"
      distance = paths[n]['distance']
      time = paths[n]['time']
      sequence_number = n
```

函数： get_route_planning()。
输入： 起始坐标origin，终点坐标destination，城市名city1、city2。
功能： 获取高德Web API的驾车路径规划存储到本地，并提取其中的距离和时间数据。

```
def get_route_planning(origin: str = "", destination: str = "", city1 = "", city2 = ""):
  if os.path.exists(f"json_files/{city1}-{city2}.json"):
```

```
    with open(f"json_files/{city1}-{city2}.json","r",encoding="utf-8") as f:
      data=f.read();data=json.loads(data)
  else:url=f"https://restapi.amap.com/v3/direction/driving?origin
          ={origin}&destination={destination}&strategy=10&key={key}"
    response=requests.get(url)
    with open(f"json_files/{city1}-{city2}.json","w",encoding="utf-8") as f:
      f.write(response.text);data=response.json()
  paths=[]
  for i in range(len(data['route']['paths'])):
    one_path={};one_path['seq']=i
    one_path['distance']=int(data['route']['paths'][i]["distance"])
    one_path['time']=int(data['route']['paths'][i]["duration"])
    paths.append(one_path)
  return paths
```

【编程 11.16】编制程序：给定城市道路连接图，两个城市之间可能有多条路线连接，求解源城市到目标城市的距离最短路径（也可求时间最短路径，二选一即可）。

【目的及编程说明】读者通过编程 11.17 可理解最优化问题求解相关思想。给定起始城市和目标城市，编程求一条由起始城市能够到达目标城市的最短路径。

注：距离最短路径与时间最优路径进行求解的思路与过程相同，只有参数不同。因此本节只给出求解时间最优路径的代码以供参考。

【程序编写】

函数： CustomPath.traversal_search_to_path。
直接借用编程 11.8 的函数实现最优路径求解，但是邻接图的构建需要更新。
函数： CustomPath.creat_graph()。
输入： 节点对象列表 Nodes，携带距离成本 is_distance 作权重，置否则携带时间成本。
输出： 邻接图，两点间的最短路径列表。

```
class CustomPath:                              #前CustomPath类中新增下列函数
  def creat_graph(self,Nodes,is_distance=True):
                                               #创建邻接图
    self.graph=dict()
    min_edges=[]                               #任一两点间的最短路径
    for i in range(len(Nodes)):                #限定遍历的两点间路径
      for j in range(i+1,len(Nodes)):
        ids=[Nodes[i].id,Nodes[j].id]          #确定两点间路径
        min_value=float('inf');min_edge=None
        for edge in self.Edges:
          if edge.node1_id in ids and edge.node2_id in ids:
            if edge.is_displayed:              #显示标志为True,表示已连接
              if is_distance:
```

```
            if min_value > edge.distance:
              min_value=edge.distance;min_edge=edge
          else:
            if min_value > edge.time:
              min_value=edge.time;min_edge=edge
      if min_edge is not None:
        min_edges.append(min_edge)
    for node in Nodes:
      self.graph[node.id] = []
      for edge in min_edges:
        if edge.is_displayed:                 #显示标志为True,表示已连接
          node_ids=[edge.node1_id,edge.node2_id]
          if node.id in node_ids:
            node_ids.remove(node.id)          #去掉自己
            if is_distance:
              self.graph[node.id].append((node_ids[0],edge.distance))
            else:self.graph[node.id].append((node_ids[0],edge.time))
    return self.graph,min_edges               #返回邻接图和两点间最短路径列表
```

【编程 11.17】编制程序：给定城市道路连接图，城市道路连接图中已区分非必经城市和必经城市。求解源城市到目标城市的距离最短路径（也可求时间最短路径，二选一即可）。

【目的及编程说明】读者通过编程 11.17 可理解最优化问题求解相关思想。给定起始城市和目标城市，编程求一条由起始城市能够到达目标城市的最短路径。

【程序编写】

函数： MainWindow.auto_solve_TSP_problem()。
输入： 无。
输出： 无。
功能： 根据界面的不同状态进行自动求解，并显示求解结果。

```
class MainWindow(QMainWindow,Ui_MainWindow):
                                              #在原类基础上新增下列函数
  def auto_solve_TSP_problem(self):
    method=self.auto_solve_comboBox.currentText()  #从界面获取求解方法
    time_n=self.radioButton_time.isChecked()        #从界面获取时间优先
    must_nodes=self.check_and_get_must_nodes_id()  #获取必经节点
    if time_n:
      graph,min_edges=self.cp.creat_graph(self.Nodes,is_distance=False)
    else:graph,min_edges=self.cp.creat_graph(self.Nodes)
    if method=='贪心':path=self.cp.greedy_search_to_path(graph)
                                                     #贪心算法
    else:
      if len(must_nodes)!=0:
```

```
      path=self.cp.traversal_search_to_path(graph,0,must_nodes)
    else:path=self.cp.traversal_search_to_path(graph) #深度优先搜索
  if isinstance(path[0],list):          #正确返回list时执行路径计算和显示
    rvalue=self.cp.set_display_path(path[0][0],min_edges)
    self.Path=rvalue[0]
    self.label_distance.setText(str(rvalue[1]))
    self.label_time.setText(str(rvalue[2]))
    self.show_node();self.show_node_conn();self.show_path()
                                                        #显示路径
    self.statusbar.showMessage(f"算法执行时间为{path[2]:.2f}")
  else:
    self.statusbar.showMessage(path[1]);self.warning_box(path[1])
    self.auto_solve_init()                              #初始化判断显示
```

函数： MainWindow.check_and_get_must_nodes_id()。
输入： 无。
输出： 必经节点的ID列表。
功能： 获取所有节点的“is_must_node”属性，为真则将其ID添加到列表并返回列表。

```
class MainWindow(QMainWindow,Ui_MainWindcw):  #在原类基础上新增下列函数
  def check_and_get_must_nodes_id(self):
    must_nodes=[]
    for node in self.Nodes:
      if node.is_must_node:
        must_nodes.append(node.id)
    return must_nodes
```

函数： CustomPath.traversal_search_to_path。
更新编程11.8的同名函数来实现最优必经路径求解。

```
class CustomPath:  #前CustomPath类中新增下列函数
  def traversal_search_to_path(self,graph,start_node=0,must_node=None):
    if must_node is not None:
      all_paths=self.find_min_cycles(graph,start_node,must_node)
    else:
      all_paths=self.find_complete_cycles(graph,start_node)
```

函数： CustomPath.find_min_cycles()。
输入： 邻接图graph，起始节点start_node，必经节点must_nodes。
输出： 所有包含必经节点的ID序列的列表。

```
class CustomPath: # 前CustomPath类中新增下列函数
  def find_min_cycles(self,graph,start_noce,must_nodes):
    def must_nodes_check(must_nodes,path):
```

```
    for node in must_nodes:
      if node not in path: return False
    return True
  def dfs(node,visited,path):
    visited[node]=True; path.append(node)
    if len(path) > 2 and path[-1] in start_neighbors:
      if must_nodes_check(must_nodes,path):min_cycles.append(path.copy())
    for neighbor,_ in graph[node]:
      if not visited[neighbor]:dfs(neighbor,visited.copy(),path.copy())
  min_cycles=[];visited=[False] * len(graph)
  start_neighbors=[node for node,_ in graph[start_node]]
  #起始节点的邻接点
  dfs(start_node,visited,[])
  return min_cycles
```

问题与自主扩展 （1）本章 11.3 节给出的 TSP 的数据结构，仅是用于显示输出的数据结构，读者可在算法中设计自己独特的数据结构以追求更快速的算法，即“算法的数据结构→算法→转换成 11.3 节显示用数据结构→调用输出模块输出”；（2）可求全部节点的 TSP，也可求任意两个节点的限定约束下的 TSP；（3）可求部分连接情况下的 TSP、完全连接情况下的 TSP 和多连接情况下的 TSP。读者可自行编程实践。

第 12 章

博弈思维与五子棋游戏

本章要点：理解博弈思维及博弈问题求解方法——博弈树，理解局面评估、落子决策等博弈问题相关的思维方法；基于五子棋游戏项目开发，体验博弈思维及博弈问题求解的基本方法。

12.1 博弈思维

12.1.1 什么是博弈思维

博弈与博弈论 博弈是指在一定规则或条件约束下，两个或多个参与者为了达成各自目标而进行的决策过程。各种棋类游戏（如围棋、象棋、五子棋等）就是典型的博弈游戏，是对弈双方在平等对局中各自依据对对方策略的理解，变换自己的对抗策略，进而争取获胜的游戏。我国古代的《孙子兵法》通常被认为是最早论述博弈思想并将其应用于军事领域的著作。近代，在策梅洛（Zermelo）、博雷尔（Borel）、冯·诺依曼（von Neumann）、纳什（Nash）等人推动下，形成了博弈论——一种研究具有斗争或竞争性质现象的数学理论和方法。在博弈中，每个参与者的决策过程都会相互影响，因为各方必须考虑其他参与者的可能行动，并尽量选择最优的策略来达成自己的目标，因此博弈论主要研究博弈结构（两人博弈和多人博弈）、合作性博弈与非合作性博弈、博弈均衡（如纳什均衡）、对称信息与不对称信息下的激励机制、博弈局面评估、博弈策略决策等，目前广泛应用于金融与经济领域、计算机科学领域等。

博弈树——博弈问题求解的典型结构 博弈树是博弈论中表达博弈问题求解过程的典型结构，用于描述和分析博弈过程中的决策和可能结果。它以树状结构展示博弈的各个阶段和参与者的决策选择。博弈树是一个具有节点和分支的树结构。每个非叶节点都代表一个可能的状态并且具有若干分支，每一个分支则代表一个可能的决策选项，需要基于当前节点（状态）来决策选择哪一个分支。博弈树的叶节点则没有子节点（分支），其代表了博弈的最终结果。决策过程的参与者是交替出现的，即己方—对方—己方—对方……表现在博弈树中，树结构的每一层都代表了不同状况下，同一方可能出现的状况和可能进行的决策过程，因此层和层之间的决策者是交替出现的。决策者通过考虑不同状况下各方可能做出的决策，推演可能出现的状况，也即博弈树的推演和构建的过程。决策者跟踪博弈树中的路径，基于各方的诉求，即可分析每个参与者最有可能做出的决策，并进行自己下一步的决策。因此，博弈树也是一种决策树。

博弈与博弈树示例 “抢 10”游戏，即 A 和 B 两人轮流数数字，每人可以数 1~ 3 个数字，谁先数到 10 则获胜。假设 A 先数，应该数到几呢?

假设 A 和 B 都是理智的，都想赢得游戏，则该博弈树如图 12.1 所示。在图 12.1 中，初始时 A 可以有三种决策，即数到 1、2 或 3。分析每一种情况。

(1) 如果 A 一开始数到 3，下一步 B 必定数三个数字到 6，则再下一步无论 A 如何决策都将失败，因此该策略不可取。这里由于假设 B 是求胜的，因此无须对 B 数到 4 或 5 的位置进行博弈树分析，下同。

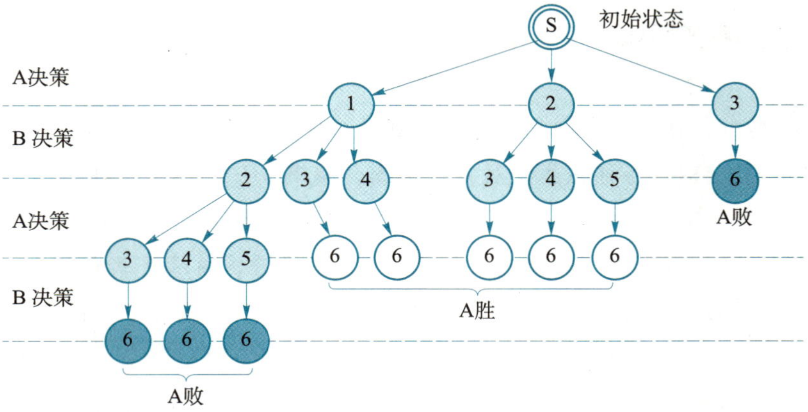

图 12.1　“抢 10”游戏的博弈树及决策过程分析

（2）如果 A 一开始数到 1，则 B 可以有三种决策，即数到 2、3、4。但是当 B 数到 3、4 时，下一步 A 一定数到 6，B 将失败，因此理智的 B 不会这样做，而是一定只数到 2，此时下一步无论 A 数到 3、4、5 中的任何数字，B 都可以数到 6，A 将失败。因此一开始数到 1 也不是 A 的最优决策。

（3）如果 A 一开始数到 2，B 则只能数到 3、4、5，此时下一步 A 都可以在此基础上数到 6，A 将获胜。因此第一步数到 2 是 A 的最优决策。

通过前述分析，可以看到在博弈过程中，博弈树很好地描述了该游戏可能出现的各种状况。此外，在双方理智的情况下，博弈树可以排除一些不必要的分支，简化决策过程。

12.1.2　五子棋游戏之博弈局面评估

什么是五子棋　五子棋是一款棋类益智游戏，是一种博弈游戏。如图 12.2 所示，有一个由 19 条横线和 19 条纵线构成的 19×19 的棋盘（可以是任意规格的棋盘）。有黑、白两色棋子，双方各执一色棋子对弈，轮流在其中每条横纵线的交叉点位置放置棋子。任何一方率先在横、纵、斜三个方向上达成五子连珠即为获胜。

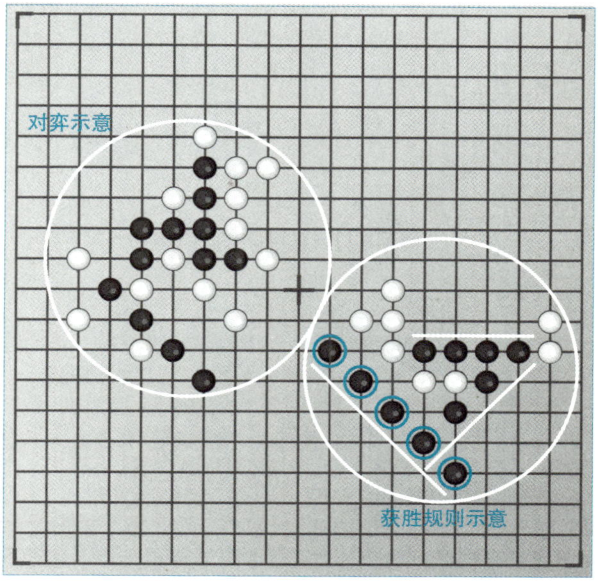

图 12.2 五子棋游戏的获胜规则与对弈局面示意

棋局博弈树与博弈决策过程 要让机器人自动玩五子棋，同样可以基于博弈过程构建博弈树，帮助机器人在博弈中找到最优的行动策略。**棋局博弈树**是指将整个棋局视为一棵树的结构，树的每个节点表示一种棋局状态，树的分支表示棋手的不同落子选择。在博弈树中，根节点表示棋局的初始状态，叶节点表示棋局的结束状态。博弈树的构建需要考虑两个方面：棋局状态的表示和落子选择的生成。棋局状态可以使用数组、列表等数据结构来表示，其中每个元素表示棋盘上某个位置的状态。落子选择的生成需要考虑棋手的行动顺序、可行的落子位置等因素，可以使用递归算法实现。下面是一个简化的使用博弈树搜索来让机器人自动玩五子棋的过程，如图 12.3 所示。

Step1 初始化：将当前空白棋盘状态表示为根节点，当前节点处于根节点。

Step2 创建子节点：根据当前棋盘状况，生成所有可能的下一步节点作为当前节点的子节点。

Step3 局面评估：对于每个子节点，使用一个评估函数来确定该节点的价值。评估函数可以根据棋盘上的局面、棋子位置和其他相关因素来计算，每次评估都将所评估节点作为当前节点。

Step4 构建博弈树：对Step2和Step3进行递归，直到达到特定的深度或满足终止条件。

Step5 决策：根据评估函数的结果，在博弈树的每个层级上，机器人选择最优的行动策略（最优的节点）。决策的原则是：己方利益最大化，而对方利益最小化。

Step6 行动：根据Step5选择结果，执行相应的行动，即放置棋子。

Step7 等待对方行动，更新棋盘状态。

Step8 重复Step2到Step7，直到一方获胜或平局。

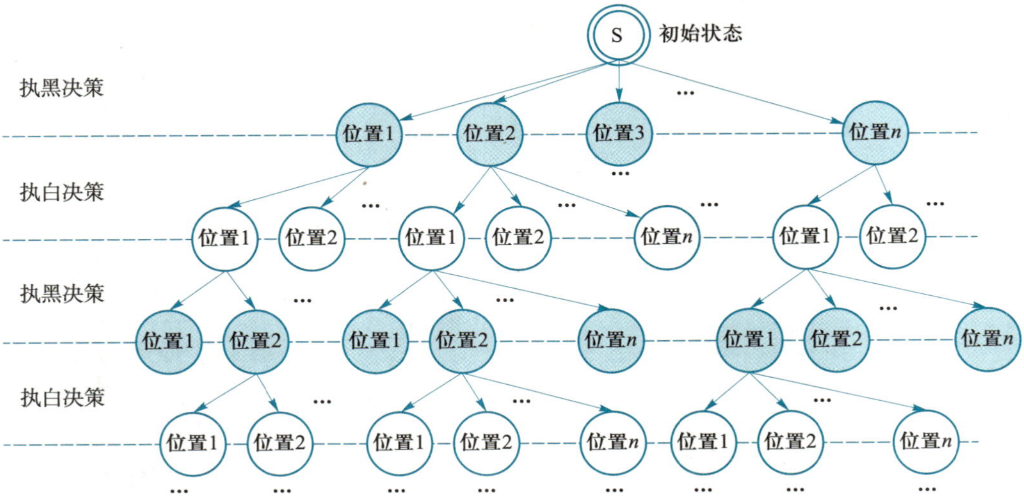

图 12.3 棋局博弈树
(每个节点都是对弈到某一步时的棋局状态，图中简化为落子位置)

通过这种方式，机器人可以利用博弈树搜索算法来评估不同的棋盘状态和可能的行动，并选择最优策略来进行下一步行动。这使得机器人能够在五子棋游戏中自动进行决策，提高其下棋水平。需要注意的是，五子棋的博弈树非常庞大，因此通常需要使用优化技术（如剪枝）来减少搜索空间，以提高计算效率。以上过程本质上适用于任何类型的棋牌游戏，而之所以五子棋不同于围棋、象棋，在机器人看来，体现在棋局规则以及 Step3 中棋局价值评估函数的不同。

五子棋规则分析 在局面评估中，必须考虑“必赢”“必输”和“禁手”。可以用一个较大的数字表示必赢点，用较小的数字表示必输点或禁手；也可以用一个评估数值和多个布尔型变量的组合。**必赢局面**是指一方已经形成无法被对手阻止的“连五”（五个相邻的己方棋子）。无论对手如何行动，己方都将获胜。“活四”（连续四个相邻的己方棋子且两端没有对方棋子封堵）“三四”（同时存在一个四子连珠且有一端未被对方棋子封堵（又称“冲四”）和三子连珠且两端均没有对方棋子封堵（又称“活三”））都是必赢局面。**必输局面**是指一方的必赢局面则是另一方的必输局面。**禁手**是指在五子棋游戏中某些禁止的行动。例如，“长连”（六子及以上连线）和“双活三”（同时形成两个“活三”）等是禁手，违反禁手规则的玩家会被判负。禁手可以按照必输局面设定，当然，逼对方落下禁手棋子，也是己方获胜的一种策略。

五子棋落子评分 对于五子棋，每个空位的棋局价值评估通常输出一个数值，表示基于当前的棋局状况，在某个空位落子所带来的状态——必赢、必输或中间状态。一般来说，数字越大表示赢面越大。棋局价值评估通常考虑以下几个方面。(1) 棋型评估：评估该位置能否形成有利的棋型，例如“连五”“活四”“三四”“冲四”等。这些棋型表示了在该位置放置棋子后可能形成的威胁或优势。(2) 连续子计数：计算该位置在横向、纵向和对角线方向上与已存在棋子相连的数量。较高的连续子数量意味着该位置更有可能形成有利的棋型。(3) 防守和进攻：考虑该位置对防守和进攻的贡献。例如，如果该位置能够同时阻止对手形成有利棋型并增加自己形成有利棋型的机会，那么它的价值会更高。(4) 空间控制：评估该位置对整个棋盘的空间控制力。如果一个位置可以覆盖多条线上的关键点，则其具有更高的价值，因为它可以限制对手的行动。以上只是一些常见的考虑因素，具体评估函数可以根据实际需求和策略进行调整。通常会为每个因素分配权重，并将它们组合起来计算最终的评估值，如表 12.1 所示。

表 12.1 五子棋落子评分范围估计

棋局情况	己方	对方
“连五”（五子连珠）“活四”	4 000	3 000
必赢局面：对方必须禁手防守	4 000	3 000
“三四”（同时存在“冲四”和“活三”）	4 000	3 000
“活四”（四子连珠且有一端未被对方封堵）	1 900	1 500
“冲四”（四子连珠且有一端未被对方封堵）	300	250
“死四”（四子连珠且两端被对方封堵）	−5	−5
“活三”（三子连珠且两端未被对方封堵）	400	300
“冲三”（三子连珠且有一端未被对方封堵）	80	50
“死三”（四子连珠且两端被对方封堵）	−5	−5
“活二”（二子连珠且两端未被对方封堵）	105	65
“冲二”（二子连珠且有一端未被对方封堵）	35	15
“死二”（二子连珠且两端被对方封堵）	−5	−5
“活一”（二子连珠且两端未被对方封堵）	8	5
“冲一”（二子连珠且有一端未被对方封堵）	2	1
“死一”（二子连珠且两端被对方封堵）	−5	−5

这样，机器人就可以根据评估值来选择最优下棋位置。在实际设计落子评分函数时，可以将正向的进攻评分和负向的防守评分分开计算，并以系数作为调节，从而使机器人在下棋时偏向进攻或偏向防守。

12.1.3 五子棋游戏之博弈落子决策——蒙特卡洛树搜索

蒙特卡洛方法和蒙特卡洛树搜索 蒙特卡洛方法的核心思想是通过随机模拟和统计分析来解决问题，适用于复杂问题或无法用传统解析方法求解的情况，通过随机抽样和模拟计算，得到结果的近似解。蒙特卡洛树搜索（Monte Carlo tree search，MCTS）是一种基于蒙特卡洛方法的启发式树搜索算法。MCTS 算法通常包含四个阶段。(1) 选择（selection）：从根节点开始，根据一定的策略选择一个未完全扩展的节点进行模拟。(2) 扩展（expansion）：对选中的节点进行扩展，生成其所有可能的子节点。(3) 模拟（simulation）：从扩展的子节点中随机选择一个节点，并进行模拟对局，评估胜率，直到达到终止条件。(4) 回溯（backpropagation）：根据模拟结果，更新经过的节点的统计信息，如访问次数、胜利次数等。通过重复执行上述四个阶段，MCTS 算法逐渐构建出一棵搜索树，其中每个节点代表一个游戏状态，边代表游戏动作。在搜索树中，节点的统计信息可以用来评估该节点的价值和可行性，从而指导决策。

五子棋游戏之蒙特卡洛树搜索 考虑到五子棋游戏庞大的状态空间和不完全信息，传统的搜索算法在不借助大规模并行计算的前提下，几乎难以在合理的时间内找到最优解。因此，蒙特卡洛树搜索被应用于五子棋棋局求解过程。

蒙特卡洛策略评估 策略评估是评估每一个落子，通过蒙特卡洛树向下搜索，确定其背后的胜负概率。在五子棋中，如果已经构建了对每一个落子的评分函数，则接下来即可用蒙特卡洛树搜索策略计算每一个落子的胜负概率。以下是一种基本的方法。

Step1 选择落子位置：根据当前局面和落子评分函数，选择一个可能的落子位置。
Step2 蒙特卡洛模拟：在选择的落子位置上进行蒙特卡洛模拟，通过随机的方式模拟对局，双方轮流落子直到游戏结束。
Step3 统计获胜次数：在蒙特卡洛模拟中，记录自己在该位置落子后获胜的次数。
Step4 重复模拟步骤：重复 Step1 至 Step3，进行多次蒙特卡洛模拟，以增加模拟的准确性。
Step5 计算胜负概率：根据统计的获胜次数，计算落子位置的胜负概率，胜负概率可以简单地定义为获胜次数除以总模拟次数。

通过上述步骤，可以得到每一个落子位置的胜负概率。根据胜负概率，可以选择具有较高胜率的落子位置作为最终决策。蒙特卡洛模拟的结果受模拟次数影响，模拟次数越多，结果越准确。

将落子价值预评估嵌入蒙特卡洛树搜索 一个五子棋盘，一般空白可落子的区域非常广阔，如果简单采用蒙特卡洛随机搜索，那么很可能许多随机向下探索的落子中大多数是无意义的，比如并不需要去探索一个距离当前落子区域很远的落子点。因此，落子价值预评估模型可以在采用蒙特卡洛向下搜索之前，预先评估向下搜索的价值，若毫无价值则可以直接跳过。该价值预评估同样可以对蒙特卡洛树搜索的每一步给予区域概率上的指导，而不是全部空白区域的平均随机选择。具体而言，可以对当前棋局进行空间分布和落子评分的联合评估，空间分布接近现有落子区域的以及落子评分高的，蒙特卡洛随机选择的概率较大。

完整人机对战步骤 以下是一个五子棋完整人机对战步骤（以机器人后手为例）：

Step1 初始化棋局。
Step2 等待玩家落子。
Step3 落子价值评估。
Step4 遍历所有有价值的落子点，进行蒙特卡洛策略评估。
Step5 选择策略评估胜率最大的落子点落子。
Step6 重复Step2至Step5，直到一方获胜，或棋局再无落子点（平局）。

12.2 五子棋实践项目总体设计

本章后续内容将以实现五子棋游戏为目标，使读者更好地体验博弈思维，体验博弈系统的设计与开发思路。

目标系统说明 开发一个能让游戏者玩五子棋的游戏程序。游戏初始时，在右上角的菜单栏中会有 <开始游戏> 选项；开始游戏选项共有三个游戏模式，分别为人机对弈（机器执白棋）、人机对弈（机器执黑棋）、双人对弈。游戏规则为执黑棋方先落子。实践项目要求能够进行人机交互并能显示相应的结果，进一步要求能够通过单击按钮实现重新开始、落子建议、局面评估、悔棋、复盘、撤销复盘、自动落子等功能，由此提高用户的游戏体验。

12.2.1 项目总体思路

总体思路 五子棋程序项目开发的总体思路如图 12.4 所示。项目开发具体分为五个层面的开发内容，难度由低到高被区分为：

X1：数据的变化与基本控制【数据结构】——参见 12.3 节。

X2：屏幕元素及其显示输出【可视化输出】——参见 12.4 节。

X3：问题求解相关的算法设计与函数实现【基本算法】——参见 12.5 节。

X4：屏幕元素事件识别与控制【人机交互】——参见 12.6 节。

X5：问题求解相关的算法优化与系统功能拓展【完整系统】——参见 12.7 节。

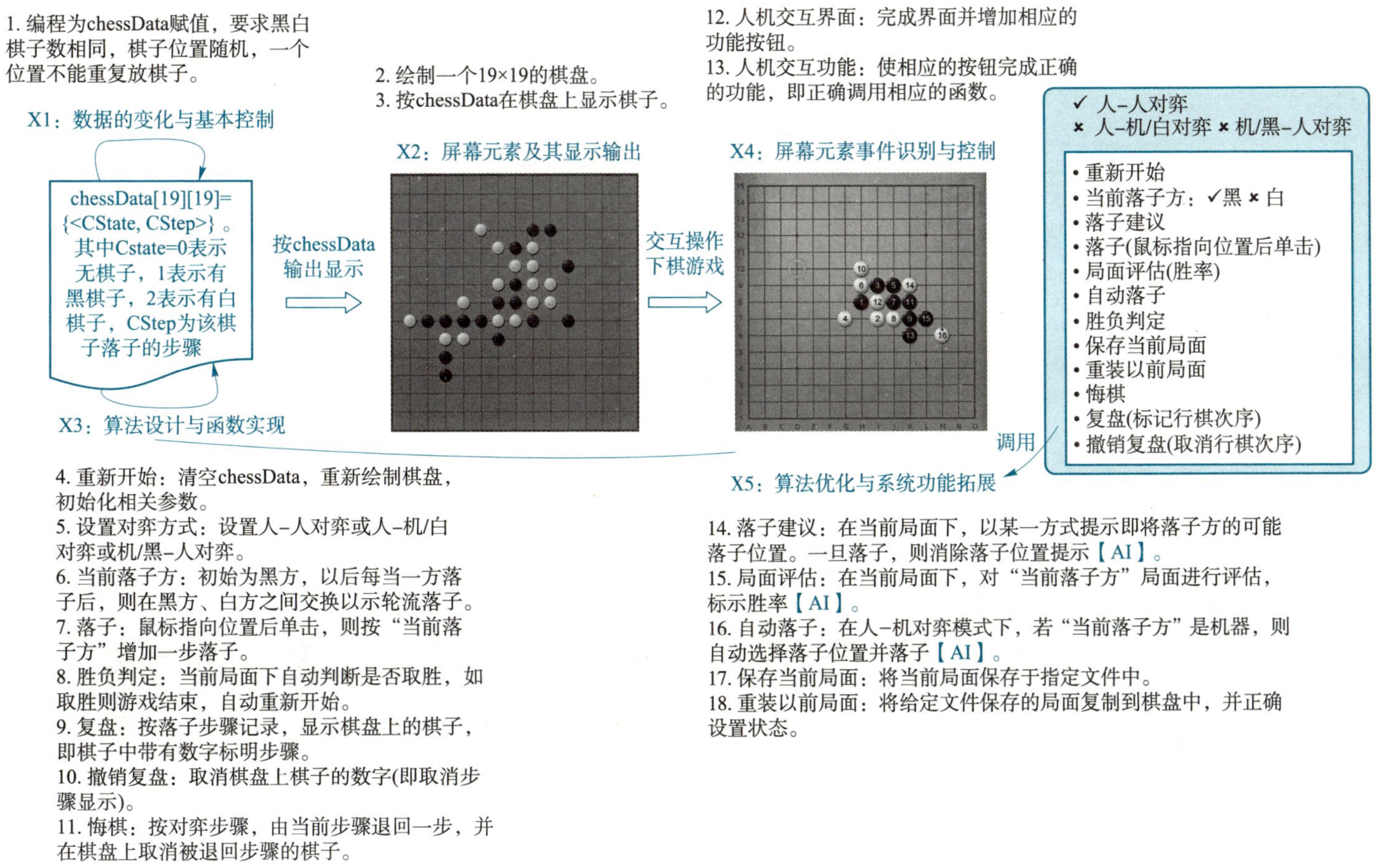

图 12.4 五子棋游戏项目开发总体思路图

其中，X1 通过直接赋值 19×19 的数组 chessData[19][19]，熟悉棋盘棋局（黑棋、白棋及行棋次序）的数据表示。X2 利用显示类库，输出显示一个棋盘和一个棋局，注意此步仅为依据 chessData 数据的界面输出，不包含复杂的行棋逻辑。X3 编写五子棋游戏的基本函数，包括参数设置、胜负判定、复盘、简单的落子决策等函数，熟悉棋局对弈的编程框架（一个面向对象的框架）。注意此步骤仅涉及行棋逻辑，与界面显示无关。X4 是设计五子棋交互式对弈相关的界面要素，如对弈过程相关的一些功能按钮，并绑定按钮动作对应的函数（这些函数是行棋逻辑），实现人－机对弈、机－机对弈。X5 是完成一些优化的函数，如利用机器学习评估当前局面、利用蒙特卡洛树搜索算法给出落子建议或完成自动落子等。读者可探索利用不同人工智能方法实现落子建议、局面评估、自动落子等高级复杂功能。

12.2.2 项目涉及的类库资源

本项目中使用的类库如下所示。请在后面的源程序文件的起始部分放入相关的语句。

```
from PIL import Image, ImageTk            #用于处理图像的模块
from datetime import datetime             #用于处理日期和时间的模块
import tkinter.messagebox                 #用于显示消息框的模块
from chessboard import*                   #自定义的棋盘相关函数模块
from tkinter import*                      #导入tkinter库的所有模块
import numpy as np                        #用于处理数组和矩阵的模块
from chess import*                        #导入主函数功能从而设计GUI界面
import random                             #用于生成随机数的模块
import math                               #用于数学运算的模块
import time                               #用于处理时间相关功能的模块
```

12.2.3 项目主要函数调用关系图与项目输出界面演进图

项目主要函数调用关系图如图 12.5 所示。项目输出界面演进图如图 12.6 所示。

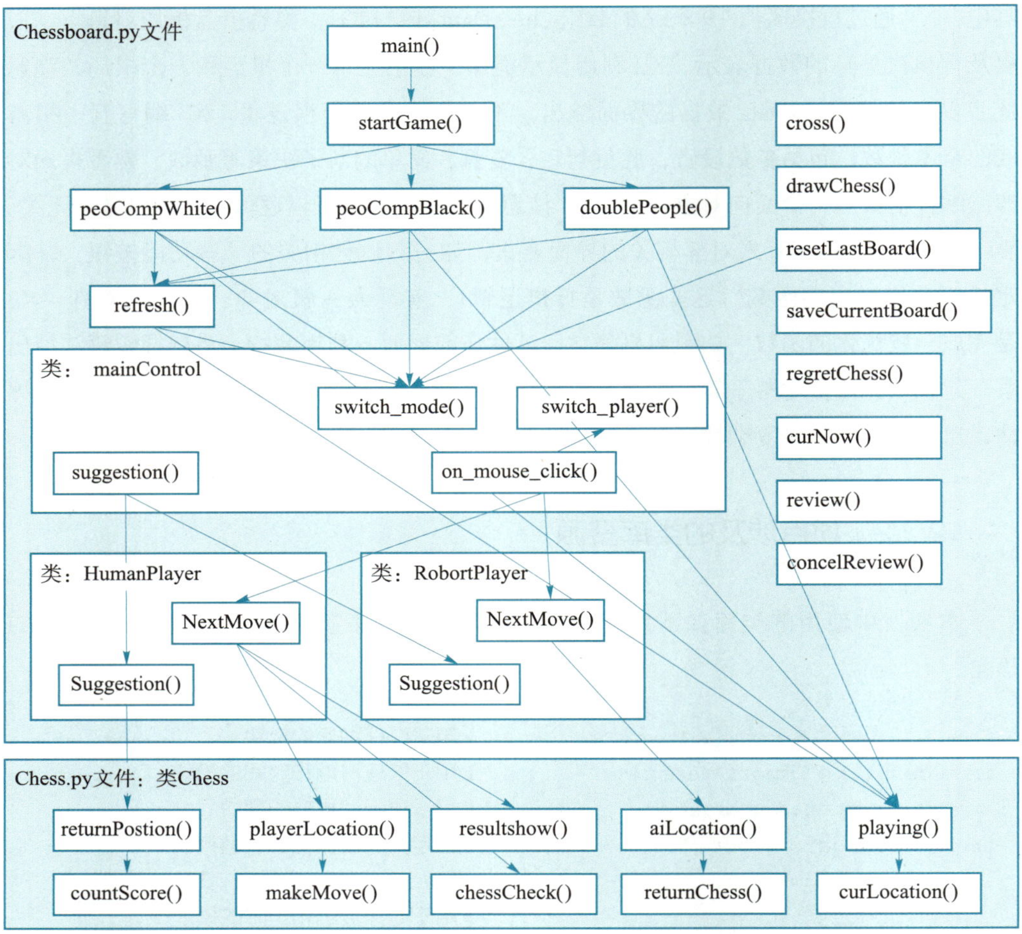

图 12.5　主要函数调用关系图

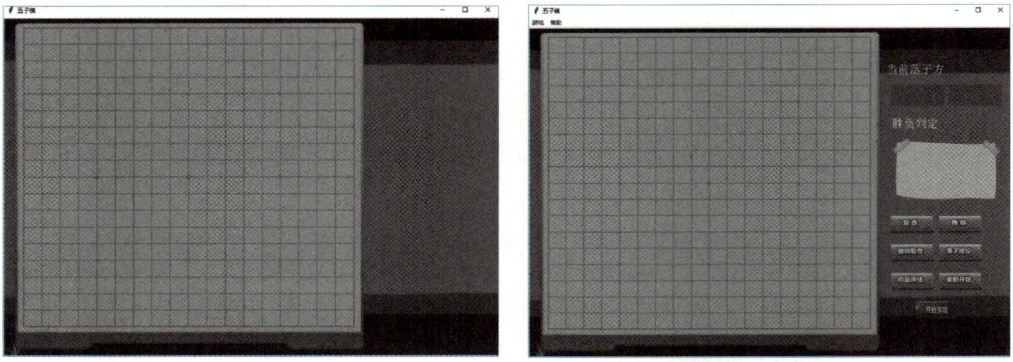

(a) 绘制棋盘　　　　(b) 添加棋局相关控制按钮

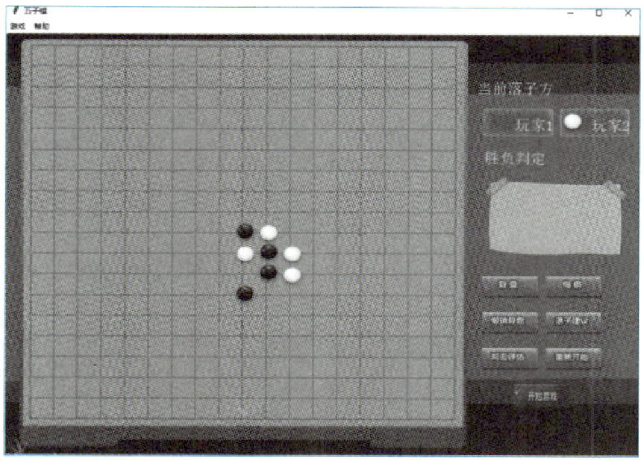

(c) 绘制棋局上的黑白棋子

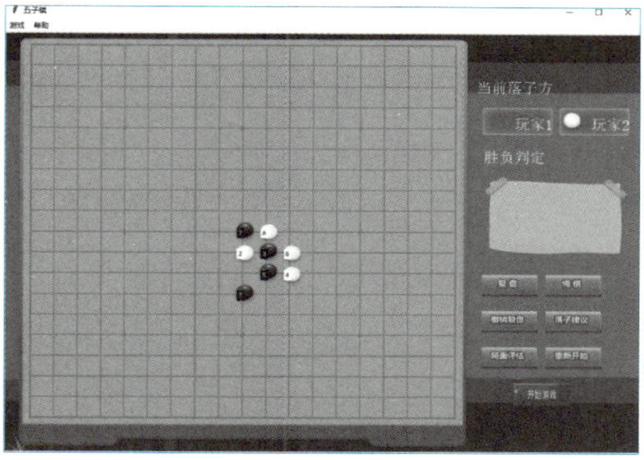

(d) 绘制棋局的行棋步骤

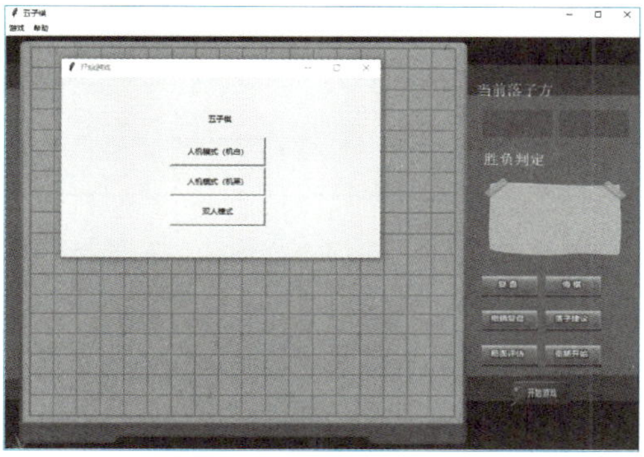

(e) 设置棋局对弈方式

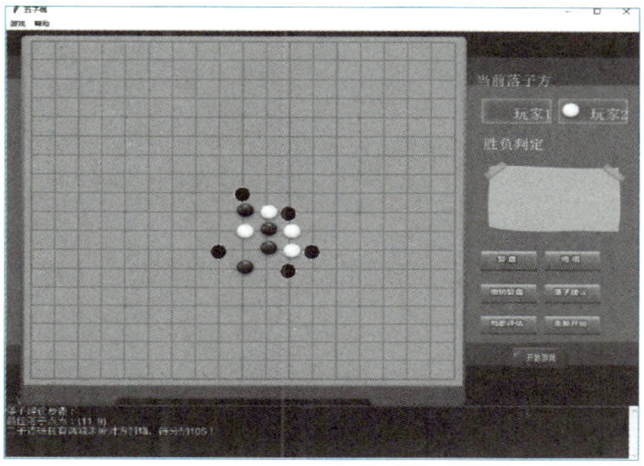

(f) 人-人对弈

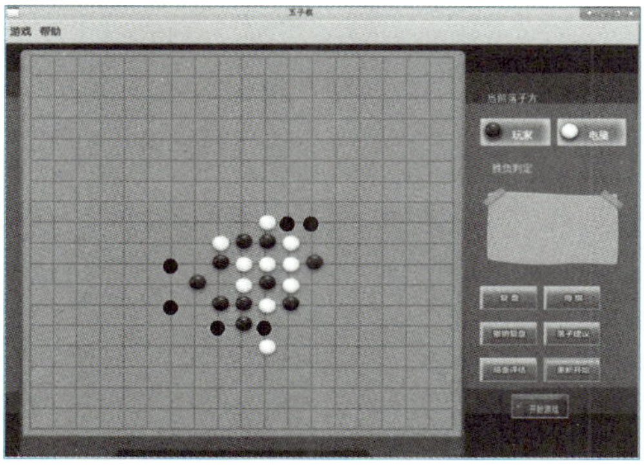

(g) 人-机对弈

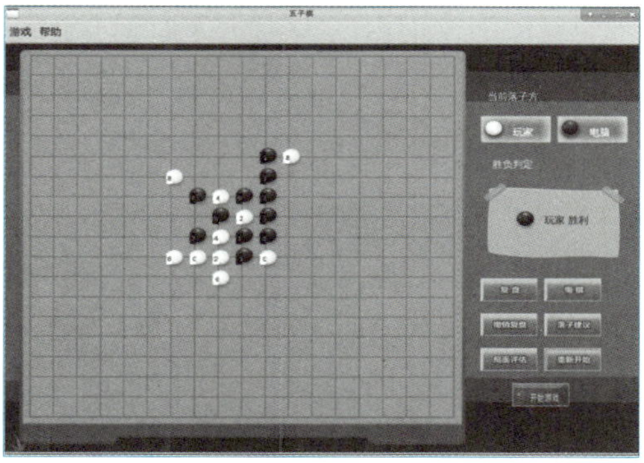

(h) 棋局步骤及悔棋等其他功能

图 12.6 项目输出界面演进图

12.3 数据的变化与基本控制：X1-数据结构

【编程 12.1】编制程序：为 chessData 赋值。

【目的及编程说明】读者通过编程 12.1 可理解五子棋游戏的基本数据结构及其作

用。这里给出的数据结构能够支持12.4节及12.6节的输出界面，即能够绘制基本的棋盘与棋子信息与位置。编程12.1要求为程序自主假设一个数据结构，形成棋盘的各个点信息。本项目中定义数据结构chessData[19][19]={<Cstate, Cstep>}，其中Cstate=0表示无棋子，1表示有黑棋子，2表示有白棋子；Cstep为该棋子落子的步骤。具体实现要求为：(1) 程序首先创建一个19×19的二维数组，对19×19棋盘各个点的CState赋值为0、CStep赋值为0；(2) 从第一步黑棋开始计数，随机确定一个没有放任何棋子的棋盘位置i、j，使chessDate[i][j] 点的CState值轮流为1和2，其步骤计数保存于相应点的CStep中。

【程序编写】

类/函数： 类Chess及其初始化函数__init__()。
输入： 无。
输出： 19×19二维数组。

```
class Chess:
    def __init__(self):
        self.chessData=[[{"Cstate":0,"Cstep":0} for j in range(19)] for i in
range(19)]                    #Cstate=0表示无棋子,1表示有黑棋子,2表示有白
                               棋子;Cstep为该棋子落子的步骤
        self.currentStep=0     #棋子当前进行的步数
        self.Chessimg=[[0 for y in range(19)] for x in range(19)]
        self.Reviewflag=0      #复盘的标签flag,0为没有复盘,1为已经复盘,
                               防止重复复盘导致无法消除新建的标签
        self.Reviewlabel=[[0 for y in range(19)] for x in range(19)]
                               #复盘的数字标签
        self.score=[[0 for y in range(19)] for x in range(19)]
                               #初始化计分数组
        self.maxScore=0        #落子分数
        self.counts=0;self.newCount=0
        self.OvaloneNew=[]     #棋子对象列表
        self.winFlag=0         #判断是否取得胜利
        self.Gameover=0        #判断游戏是否结束，1为黑方胜,2为白方胜,3为平局
        self.depth=0           #搜索的深度
        self.player=0          #轮到下棋的标志，1为下，0为不下
        self.player2=0         #玩家2
        self.currentPlayer=1   #1为黑方,2为白方
        self.myColor=0         #玩家选择的棋子颜色
        self.chessMode=3       #对弈方式标志,0为人-人对弈,1为人-机/白对
                               弈,2为机/黑-人对弈,4为测试模式)
        self.player2Color=0    #玩家2的棋子颜色
```

类/函数： 类Chess中增加place_chess_randomly()。
输入： num_pieces。
输出： 无。
说明： 随机确定一个没有放任何棋子的棋盘位置i、j，使chessDate[i][j]点的CState值轮流为1和2。

```
class Chess:
    def place_chess_randomly(self,num_pieces):
        steps=1
        available_positions=[(i,j) for i in range(19) for j in range(19)]
        while available_positions and steps<=num_pieces:
            position=random.choice(available_positions)
            self.chessData[position[0]][position[1]]["Cstate"]=steps%2+1
            self.chessData[position[0]][position[1]]["Cstep"]=steps
            steps+=1
            available_positions.remove(position)
if __name__=='__main__':
    num_pieces=random.randint(1,19*19-1)
    chess_board=Chess()
    chess_board.place_chess_randomly(num_pieces_to_place)
    portion_to_show=[[chess_board_with_empty_spaces.chessData[i][j]
for j in range(19)] for i in range(19)]
```

12.4 屏幕元素及其显示输出：X2-可视化输出

【编程 12.2】编制程序：绘制一个 19×19 的棋盘。

【目的及编程说明】读者通过编程 12.2 可熟悉 GUI 编程思维，本章利用 Tkinter 实现 GUI 处理，其基本思维是产生一个窗口对象，产生一个画布，然后在此对象中创建背景图片（棋盘）并在背景图片上绘制 19×19 的网格，如图 12.7 左侧所示。编程中

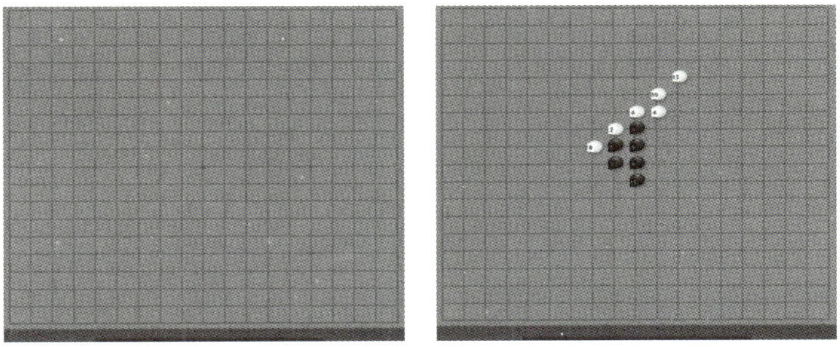

图 12.7 五子棋项目实践第一阶段结果示意

需要注意的是 19×19 网格的交叉点坐标计算。

【程序编写】

函数： cross()。
输入： 无。
输出： 19×19的网格。

```
photoqizi=Image.open(path+"image/棋盘-空.png").resize((730,700))
photoqizi=ImageTk.PhotoImage(photoqizi)
canvas.create_image(10,350,image=photoqizi,anchor=W)
def cross():                                    #绘制棋盘
    for i in range(19):                         #横线
        point=[[40,37],[706,37]]
        point[0][1]=21+i*34.3
        point[1][1]=21+i*34.3
        if i==0 or i==18:
            canvas.create_line(point,fill="#C18B5F",width=2.5)
        canvas.create_line(point,fill="#C18B5F",width=1.5)
    for i in range(19):                         #纵线
        point=[[41,21],[41,640]]
        point[0][0]=41+i*37
        point[1][0]=41+i*37
        if i==0 or i==18:
            canvas.create_line(point,fill="#C18B5F",width=2.5)
        canvas.create_line(point,fill="#C18B5F",width=1.5)
    for x in (4,9,14):
        for y in (4,9,14):
            if x==y==9:
                radius=9
            else:
                radius=6
            canvas.create_oval(x*36.9+41-radius/2,y*34.3+21-radius/2,
x*36.9+41+radius/2,y*34.3+21+radius/2,fill='#BE875E',outline="")
```

【编程 12.3】编制程序：绘制一个棋局。

【目的及编程说明】在前述 19×19 的棋盘上，依据 chessData 中的数据，绘制棋盘中的黑白棋子及在棋子上显示落子步骤，如图 12.7 右侧所示。

【程序编写】

函数： 主函数中编写。
输入： 无。
输出： 绘制黑白棋子及显示黑白棋子。

```
blackChPieceImg=Image.open(path+"image/黑子-小.png").resize((40,40))
blackChPieceImg=ImageTk.PhotoImage(blackChPieceImg)
whiteChPieceImg=Image.open(path+"image/白子-小.png").resize((40,40))
whiteChPieceImg=ImageTk.PhotoImage(whiteChPieceImg)
result=Image.open(path+"image/resultshow.PNG").resize((100,42))
result=ImageTk.PhotoImage(result)
photos1=Image.open(path+"image/上方button-选中.png").resize((110,45))
photos1=ImageTk.PhotoImage(photos1)
photos2=Image.open(path+"image/上方button-未选中.png").resize((110,45))
photos2=ImageTk.PhotoImage(photos2)
```

函数： review()。
输入： 无。
输出： 落子步骤。

```
def review():  #显示棋子落子顺序
    for x in range(19):
        for y in range(19):
          if chess.chessData[x][y]['Cstep']!=0 and chess.chessData[x]
[y]['Cstate']==2:
            reviewnum=Label(root,text=str(chess.chessData[x][y]['Cstep']),
bg='#000',fg='#fff',font=("黑体",8),width=1,height=1)
            reviewnum.place(x=x*36.8+41-7,y=y*34.6+21-9,anchor='nw')
            chess.Reviewlabel[x][y]=reviewnum
          elif chess.chessData[x][y]['Cstep'] !=0 and chess.chessData[x]
[y] ['Cstate']==1:
            reviewnum=Label(root,text=str(chess.chessData[x][y]
['Cstep']),bg='#fff',fg='#000',font=("黑体",8),width=1,height=1)
            reviewnum.place(x=x*36.8+41-7,y=y*34.6+21-9,anchor='nw')
            chess.Reviewlabel[x][y]=reviewnum
    chess.ifreview=1
    root.update()
```

12.5 算法设计与函数实现：X3-基本算法

【编程 12.4】编制程序：清空 chessData，重新绘制棋盘。

【目的及编程说明】编程 12.4 旨在为“重新开始”按钮准备相应的程序。当单击“重新开始”按钮时，系统将开启新的五子棋对弈，要求完成以下功能：(1) 对弈数据归零，即 chessData 全部清零；(2) 重新绘制棋盘（调用编程 12.2）；(3) 初始化相关参数，默认是人 – 人对弈。

【程序编写】

函数： refresh()。
输入： 用户单击“重新开始”按钮。
输出： 显示空棋盘。

```
#“重新开始”按钮
def refresh():
    #删除棋盘上可能的复盘数字
    concelReview()
    #删除棋子
    for x in range(19):
        for y in range(19):
            if chess.chessData[x][y]['Cstate']!=0:
                canvas.delete(chess.Chessimg[x][y])
            if chess.Reviewlabel[x][y]!=0:
                chess.Reviewlabel[x][y].destroy()
            chess.chessData[x][y]['Cstate']=0
            chess.chessData[x][y]['Cstep']=0
            chess.Chessimg[x][y]=0
            chess.Reviewlabel[x][y]=0
    #删除棋盘上可能留有的建议落子图
    for i in chess.OvaloneNew:
        canvas.delete(i)
    x=root.winfo_x()
    y=root.winfo_y()
    root.geometry('1000x700+'+str(x)+'+'+str(y))
    canvas.create_image(750,145,image=photos2,anchor=W)
    canvas.create_image(870,145,image=photos2,anchor=W)
    photoqizi=Image.open(path+"image/棋盘-空.png").resize((730,700))
    photoqizi=ImageTk.PhotoImage(photoqizi)
    canvas.create_image(10,350,image=photoqizi,anchor=W)
    cross(canvas)
    #重置棋盘的变量
    chess.currentStep=0                    #当前落子步数
    chess.Gameover=0                       #对局是否结束
    chess.depth=0                          #在棋盘上搜索广度
    chess.player=0                         #轮到下棋的标志，1为下，0为不下
    chess.myColor=0                        #玩家选择的棋子颜色
    chess.player2Color=0                   #玩家2的棋子颜色
    chess.winFlag=0                        #胜利标志
```

```
                                            #清空结果展示
    if chess.winFlag==1:
        chess.resultshow(root,canvas,whiteChPieceImg,blackChPieceImg)
                                            #重置玩家和变量
    mainCon.switch_mode(chess)
    chess.playing(chess.chessMode,root,canvas,blackChPieceImg,white
ChPieceImg,photos1,photos2)
    root.update()
```

【编程 12.5】编制程序：设置对弈方式。

【目的及编程说明】编程 12.5 为“设置对弈方式”按钮准备相应的程序，设置对弈方式标志 chessMode（=0，人－人对弈；=1，人－机 / 白对弈；=2，机 / 黑－人对弈）。后续程序在对弈时会依据 chessMode 决定下一落子是自动决定还是人工决定。

【程序编写】

函数：类Chess中加入playing()。
输入：玩家选择的对战模式Chess_Mode，窗口画布canvas，黑色棋子图片blackch，白色棋子图片whitech。
输出：人－机 / 白对弈，机 / 黑－人对弈，人－人对弈。

```
class chess:
    def playing(self,Chess_Mode,canvas,blackch,whitech,photos1,photos2):
        if Chess_Mode==1:                  #人-机/白对弈
            self.myColor=2                 #玩家选择的棋子颜色:黑
            self.computerColor=1           #计算机的棋子颜色:白
            self.player=1;self.computer=0;self.winFlag=0
            self.curLocation(canvas,1,0,1,blackch,whitech,photos1,photos2)
        elif Chess_Mode==2:                #人-机/黑对弈
            self.myColor=1                 #玩家选择的棋子颜色
            self.computerColor=2           #计算机的棋子颜色
            self.chessData[9][9]['Cstate']=2
            oval=canvas.create_image(9*36.8+41-14,9*34.6+20,image=
            blackch,anchor=W)
            self.Chessimg[9][9]=oval
            xregretFLAG[self.currentStep]=9;yregretFLAG[self.currentStep]=9
            self.player=1                  #玩家下棋标志置为0
            self.computer=0                #计算机下棋标志置为1
            self.currentStep+=1;self.winFlag=0
            self.chessData[9][9]['Cstep']=self.currentStep
            a=max(abs(9-9),abs(9-9))          #计算该点到中心的最大距离
            self.depth=max(self.depth,a)      #不断更新depth的值
            self.curLocation(canvas,1,0,2,blackch,whitech,photos1,photos2)
        elif Chess_Mode==0:                   #双人模式
```

```
    self.myColor=2                          #先手玩家选择的棋子颜色
    self.player2Color=1                     #后手玩家选择的棋子颜色
    self.player=1;self.player2=0;self.winFlag=0
    self.curLocation(canvas,1,1,1,blackch,whitech,photos1,photos2)
```

【编程 12.6】编制程序：设置当前落子方。

【目的及编程说明】编程 12.6 为“当前落子方”按钮准备相应的程序。在棋局开始后，“当前落子方”标志 currentPlayer 为 1 表示黑方，为 2 表示白方）。currentPlayer 初始值为 1，即轮到黑方落子。之后每当一方落子后，则在白方（=2）、黑方（=1）之间切换以示轮流落子。

【程序编写】

函数： chess.curLocation()。
输 入： 画布canvas，玩家1下棋状态player，玩家2下棋状态player2，下棋模式ChessMode，黑色棋子图片blackch，白色棋子图片whitech，背景图片photos1、photos2。
输出： 落子方。

```
class chess:
    #设置右上方当前落子方状态显示
    def curLocation(self,canvas,player,player2,ChessMode,blackch,
whitech,photos1,photos2):
        #删除原图片，以便更新展示现在的状态
        for item_id in self.PicLocIds:
            canvas.delete(item_id)
        #清空ID列表以避免重复删除
        self.PicLocIds.clear()
        text_options={'fill':'white','font':'Arial,9','anchor':W}
        image_positions=[(750,145),(870,145)]
        image_data=[]
        if ChessMode==0 or ChessMode==1:
          if player==1 and player2==0:
            image_data=[(blackch,'玩家1'),(None,'玩家2')]
          else:
            image_data=[(None,'玩家1'),(whitech,'玩家2')]
        elif ChessMode==2:
          if player==1 and player2==0:
            image_data=[(whitech,'玩家1'),(None,'玩家2')]
          else:
            image_data=[(None,'玩家1'),(blackch,'玩家2')]
        #创建图像
        for i,(image,text) in enumerate(image_data):
          id=canvas.create_image(*image_positions[i],image=photos1,
```

```
anchor=W)
            self.PicLocIds.append(id)     #保存图像ID
            id=canvas.create_image(*image_positions[i],image=image,
anchor=W)
            self.PicLocIds.append(id)
            id=canvas.create_text(image_positions[i][0]+50,150,text=
text,**text_options)
            self.PicLocIds.append(id)
        canvas.update()
```

【编程 12.7】编制程序：落子。

【目的及编程说明】鼠标指向某个交叉点位置后单击，则按“当前落子方”标志指示，增加一步落子。

为了实现人－人对弈、人－机对弈在程序代码上的无缝对接，需要对“玩家”进行抽象，即生物人玩家和机器人玩家都抽象为玩家。(1) 构建“玩家”基类 Player，抽象出机器人玩家和生物人玩家在游戏中的共性行为，其具体行为则在派生类中完成；(2) Player 拥有抽象函数 Point NextMove (chessData，int myColor)，表示一次落子，myColor 为 1 表示自己执黑棋，myColor 为 2 表示自己执白棋，该函数返回下一次落子的坐标；(3) 派生类 HumanPlayer 继承于 Player，NextMove 函数等待用户手动落子；(4) 派生类 RobotPlayer 继承于 Player，NextMove 函数调用 AI 自动决定如何落子；(5) 基于 chessMode 创建不同的博弈对象：人－人对弈，则 player1 和 player2 均为 HumanPlayer 对象；人－机 / 白对弈，则 player1 为 HumanPlayer，player2 为 RobotPlayer；机 / 黑－人对弈，则 player1 为 RobotPlayer，player2 为 HumanPlayer。

在棋局运行函数中，交替调用 player1.NextMove (chessData，1) 和 player2.NextMove (chessData，2)，同时更新 <当前落子方> 标志 currentPlayer 的值。(1) 编写 HumanPlayer 的 NextMove 函数，等待落子，注意，该等待采用巡更模式，即在等待循环中要处理以下三个内容：① 检测是否有落子（鼠标单击事件），如有则跳出等待循环，计算落子位置鼠标像素坐标到棋盘坐标的转变，绘制落子；如果没有则：② Sleep 一小段时间；③ 响应窗口消息，防止窗口无响应；MoveNext 最后返回计算后的落子棋盘坐标。(2) 编写窗体鼠标事件的处理函数，记录鼠标事件。

【程序编写】

类： mainControl。
函数： mainControl.witch_mode(), mainControl.switch_player(), mainControl.on_mouse_click(), mainControl.suggestion()(由于myColor是全局变量，因此这里无须再次定义)。
输入： 鼠标单击落子。

输出： 无。

```
#控制类
class mainControl():
    def __init__(self):
        self.player1 = HumanPlayer()
        self.player2 = RobotPlayer()
        self.current_player = self.player1
    def switch_mode(self, chess):
        #切换当前模式
        if chess.chessMode == 1:
            self.player1 = HumanPlayer()
            self.player2 = RobotPlayer()
            self.current_player = self.player1
        elif chess.chessMode == 2:
            #先落一个黑子，然后与chess.chessMode == 1相同
            self.player1 = RobotPlayer()
            self.player2 = HumanPlayer()
            self.current_player = self.player2
        elif chess.chessMode == 0:
            self.player1 = HumanPlayer()
            self.player2 = HumanPlayer()
            self.current_player = self.player1
    def switch_player(self):
        #切换当前玩家
        if self.current_player == self.player1:
            self.current_player = self.player2
        else:
            self.current_player = self.player1
    def on_mouse_click(self, chessdata):
        #如果是人机对弈
        if type(self.player1) is not type(self.player2):
            #处理鼠标单击事件
            self.current_player.NextMove(chessdata, chess, blackChPieceImg,
whiteChPieceImg)
            #落子后切换玩家
            self.switch_player()
            self.current_player.NextMove(chessdata, chess, blackChPieceImg,
whiteChPieceImg)
            #落子后切换玩家
            self.switch_player()
        #如果是玩家对弈或者机器人对弈
        elif type(self.player1) is type(self.player2):
```

```
                #处理鼠标单击事件
                    self.current_player.NextMove(chessdata,chess,
blackChPieceImg,whiteChPieceImg)
                #落子后切换玩家
                self.switch_player()
    def suggestion(self):
        #处理落子建议
        self.current_player.Suggestion()
mainCon=mainControl()
canvas.bind('<Button-1>',mainCon.on_mouse_click)
```

类： 父类Player。
函数： NextMove(chessData)。
输入： 鼠标单击落子。
输出： 无。

```
class Player:  #鼠标单击落子事件定义
    def NextMove(self,chess,blackch,whitech):
        pass
    def evaluate(self):
        pass
```

类： 子类HumanPlayer。
函数： HumanPlayer.NextMove()。
输入： 鼠标单击绑定事件位置数据chessData，chess对象，黑色棋子图片blackch，白色棋子图片whitech。
输出： 单击落子。

```
class HumanPlayer(Player):
    def NextMove(self,chessData,chess,blackch,whitech):
        playerx=float(format(chessData.x))
        playery=float(format(chessData.y))
        if chess.winFlag==0:
            if chess.player==1 and chess.player2==0:
                                        #判断玩家单击的位置是否可以落子，并落子
                if chess.playerLocation(playerx,playery,canvas,blackch,whitech):
                                        #如果使用了落子建议，则删除所画的落子点
                    for i in chess.OvaloneNew:
                        canvas.delete(i)
                                        #控制玩家下棋状态
                    chess.player=0
                    chess.player2=1
                                        #判断此次落子是否结束游戏
                    chess.Gameover=chess.chessCheck()
```

```
                            #设置右上方面板当前落子方状态显示
                    chess.curLocation(canvas,1,0,chess.chessMode,blackch,
whitech,photos1,photos2)
                if chess.winFlag==1:
                    chess.resultshow(root,canvas,whitech,blackch)
                root.update()
            elif chess.player2==1 and chess.player==0:
                if chess.playerLocation(playerx,playery,canvas,blackch,
whitech):
                    for i in chess.OvaloneNew:
                        canvas.delete(i)
                    chess.player=1
                    chess.player2=0
                    chess.curLocation(canvas,1,0,chess.chessMode,blackch,
whitech,photos1,photos2)
                    chess.Gameover=chess.chessCheck()
                if chess.winFlag==1:
                    chess.resultshow(root,canvas,whitech,blackch)
                root.update()
```

类： 子类RobotPlayer。
函数： RobotPlayer.NextMove()。
输入： 无。
输出： AI自动落子。

```
class RobotPlayer(Player):
    def NextMove(self,chessData,chess,blackch,whitech):
        playerx=float(format(chessData.x))
        playery=float(format(chessData.y))
        if chess.winFlag==0:
            if chess.player==1 and chess.player2==0:
                #AI落子
                if chess.aiLocation(canvas,blackch,whitech):
                #如果使用了落子建议，则删除所画的落子点
                    for i in chess.OvaloneNew:
                        canvas.delete(i)
                    chess.player=0
                    chess.player2=1
                #判断此次落子是否结束游戏
                    chess.Gameover=chess.chessCheck()
                #设置右上方面板当前落子方状态显示
                    chess.curLocation(canvas,1,0,chess.chessMode,blackch,
whitech,photos1,photos2)
```

```
            if chess.winFlag==1:
                chess.resultshow(root,canvas,whitech,blackch)
            root.update()
        elif chess.player2==1 and chess.player==0:
            if chess.aiLocation(canvas,blackch,whitech):
                for i in chess.OvaloneNew:
                    canvas.delete(i)
                chess.player=1
                chess.player2=0
                chess.curLocation(canvas,0,1,chess.chessMode,blackch,
whitech,photos1,photos2)
                chess.Gameover=chess.chessCheck()
            if chess.winFlag==1:
                chess.resultshow(root,canvas,whitech,blackch)
            root.update()
```

函数： chess.playerLocation()。
输入： 鼠标单击x坐标playerx，鼠标单击y坐标playery，canvas，黑色棋子图片blackChPieceImg，白色棋子图片whiteChPieceImg。
输出： 用户手动落子。

```
class chess:
    #判断玩家单击的位置是否可以落子，如果可以落子，则进行self.make_move()
     移动，返回self.make_move()的值，否则返回False
    def playerLocation(self,playerx,playery,canvas,blackch,whitech):
        if 0<=playerx<=706 and 0<=playery<=640:
            m=(playerx - 40) / 37
            n=(playery - 21) / 34
            intm=int(m)
            intn=int(n)
            if m-intm>=0.5 or m-intm<=-0.5:
                pointi=intm + 1
            else:
                pointi=intm
            if n-intn>=0.5 or n-intn<=-0.5:
                pointj=intn+1
            else:
                pointj=intn
            if 0<=pointi<=18 and 0<=pointj<=18:
                return self.makeMove(pointi,pointj,canvas,blackch,whitech)
        return False
```

函数： chess.makeMove()。
输入： 鼠标单击在棋盘上的对应x坐标pointi，鼠标单击在棋盘上的对应y坐标pointj，canvas，黑色棋子图片blackChPieceImg，白色棋子图片whiteChPieceImg。
输出： 用户单击的位置落子。

```
class chess:
    #在pointi,pointj位置进行落子，返回落子是否成功的标记
    def makeMove(self,pointi,pointj,canvas,blackch,whitech):
        #检查是否可以在pointi,pointj位置落子
        if self.chessData[pointi][pointj]['Cstate'] !=0:
            return False
        #检查是否轮到当前玩家落子
        is_player_turn=(self.myColor==2 and self.currentStep % 2==0) or \
                       (self.myColor==1 and self.currentStep % 2 !=0)
        is_player2_turn=(self.player2Color==1 and self.currentStep % 2 !=0)
        #如果不是当前玩家的轮次，则不能落子，函数返回False
        if not is_player_turn and not is_player2_turn:
            return False
        #根据当前执棋方选择棋子图片
        image=blackch if self.myColor==2 else whitech
        #计算得到需要落子画图的位置，并画棋子
        Chessimgx=pointi * 36.8+41
        Chessimgy=pointj * 34.3+20 if self.myColor==2 else pointj * 34.6+20
        oval=canvas.create_image(Chessimgx-14,Chessimgy,image=image,
anchor=W)
        #更新棋盘数据，记录棋子信息
        self.Chessimg[pointi][pointj]=oval
        self.chessData[pointi][pointj]['Cstate']=self.myColor
        xregretFLAG[self.currentStep]=pointi
        yregretFLAG[self.currentStep]=pointj
        self.currentStep +=1
        self.player=0
        self.player2=1
        self.chessData[pointi][pointj]['Cstep']=self.currentStep
        a=max(abs(pointi-9),abs(pointj-9))
        #计算落子距离棋盘中心的距离
        self.depth=max(self.depth,a)
        #更新搜索深度，用于AI决策等场景
        return True
```

函数： chess.aiLocation()。
输入： 画布canvas，黑色棋子图片blackChPieceImg，白色棋子图片whiteChPieceImg。
输出： AI智能落子。

```
class chess:
                                      #设置的策略:AI落子
  def aiLocation(self,canvas,blackChPieceImg,whiteChPieceImg):
      if self.depth >= 9:
        self.depth = 8
      position = self.returnChess(self.depth,self.player2Color)
                                      #调用估值函数
      if self.chessData[position[0]][position[1]]['Cstate'] == 0:
          if self.player2Color == 2 and self.currentStep % 2 == 0:
              self.chessData[position[0]][position[1]]['Cstate'] = 2
              oval = canvas.create_image(position[0] * 36.8 + 41 - 14,position
[1] * 34.6 + 20,image = blackChPieceImg,anchor = W)
              self.Chessimg[position[0]][position[1]] = oval
              self.chessData[position[0]][position[1]]['Cstep'] = self.
currentStep
          elif self.player2Color == 1 and self.currentStep % 2 != 0:
             self.chessData[position[0]][position[1]]['Cstate'] = 1
              oval = canvas.create_image(position[0] * 36.8 + 41 - 14,
position[1] * 34.6 + 20,image = whiteChPieceImg,anchor = W)
             self.Chessimg[position[0]][position[1]] = oval
              self.chessData[position[0]][position[1]]['Cstep'] = self.
currentStep
      xregretFLAG[self.currentStep] = position[0]
      yregretFLAG[self.currentStep] = position[1]
      self.player = 1                 #玩家下棋标志置为0
      self.player2 = 0                #玩家2下棋标志置为1
      self.currentStep += 1
      self.chessData[position[0]][position[1]]['Cstep'] = self.currentStep
      a = max(abs(position[0] - 9),abs(position[1] - 9))
                                      #计算该点到中心的最大距离
      self.depth = max(self.depth,a)  #不断更新depth的值
      return True
```

函数： chess.returnChess()。
输入： 搜索广度self.depth，计算的落子方颜色self.computerColor。
输出： 落子点。

```
class chess:
                                      #根据估值函数计算最佳落子点
  def returnChess(self,Depth,computercolor):
      time.sleep(0.5)
      self.newCount = 0
      self.maxScore = 0
```

```
        self.counts = 0
        pos = [[0 for y in range(2)] for x in range(10)]
        evaFLAG = 0
        position = [0,0]                    #初始化位置坐标数组
        for i in range(8 - Depth,11 + Depth):
            for j in range(8 - Depth,11 + Depth):
                if 0 <= i < 19 and 0 <= j < 19:
                    if self.chessData[i][j]['Cstate'] == 0:
                        self.score[i][j],s = self.countScore(i,j,computercolor)
                        self.newCount += 1
                        if self.score[i][j] > 0:
                            self.counts += 1
                        if self.maxScore < self.score[i][j]:
                            self.maxScore = self.score[i][j]
                                            #记录当前棋盘分数的最大值
        for i in range(8 - Depth,11 + Depth):
            for j in range(8 - Depth,11 + Depth):
                if self.chessData[i][j]['Cstate'] != 0:
                    self.score[i][j] = self.chessData[i][j]['Cstate']
                if i < 19 and j < 19 and self.score[i][j] == self.maxScore
and self.chessData[i][j]['Cstate'] == 0:
                    pos[evaFLAG][0] = i
                    pos[evaFLAG][1] = j
                    evaFLAG += 1
        m = random.randint(0,evaFLAG - 1)
        position[0] = pos[m][0]
        position[1] = pos[m][1]
        return position
```

函数： countScore。
输入： root，棋盘 x 坐标，棋盘 y 坐标，计算的颜色 computerColor。
输出： 棋子位置。

```
class chess:
                                            #计算某个位置得分
    def countScore(self,x,y,computerColor):
        global s
        sum = 0
        value = [0,0,0,0]
        upcount = [0,0,0,0]                 #左、上、左上、左下;棋子数
        downcount = [0,0,0,0]               #右、下、右下、右上;棋子数
        upflag = [0,0,0,0]                  #左、上、左上、左下;空格数
        downflag = [0,0,0,0]                #右、下、右下、右上;空格数
```

```
        message=''                              #存储得分信息的字符串
        for color in range(1,3):
                                                #假设当前位置为当前遍历的棋子颜色
            self.chessData[x][y]['Cstate']=color
            for i in range(x-1,-1,-1):
    #计算左侧棋子数,upcount[0]表示左侧同类棋子,用upflag[0]记录
                if self.chessData[i][y]['Cstate']==color:
                  upcount[0] +=1            #左侧有己方棋子
                elif self.chessData[i][y]['Cstate'] !=0 and self.chessData[i]
[y]['Cstate']!=color:                                      #左侧有对方棋子
                  upflag[0]=-1
                  break
                elif self.chessData[i][y]['Cstate']==0:    #左侧没有棋子
                  upflag[0]=1
                  if i-1>=0 and self.chessData[i-1][y]['Cstate']==0:
                    upflag[0]=2                            #表示有两个空格
                  else:
                    break
                  if i-2>=0 and self.chessData[i-2][y]['Cstate']==0:
                    upflag[0]=3                            #表示有三个空格
                  else:
                    break
                  break
    #计算右侧棋子数,downcount[0]表示右侧同类棋子,用downflag[0] 记录
    #计算上方棋子数,upcount[1]表示上方同类棋子,用upflag[1]记录
    #计算下方棋子数,downcount[0]表示下方同类棋子,用downflag[0]记录
    #计算左上方棋子数,upcount[2]表示左上方同类棋子,用upflag[2]记录
    #计算右下方棋子数,downcount[2]表示右下方同类棋子,用downflag[2]记录
    #计算右上方棋子数,downcount[3]表示右上方同类棋子,用downflag[3]记录
    #计算左下方棋子数,upcount[3]表示左下方同类棋子,用upflag[3]记录
    #根据上述统计的同色棋子数和两端的空位情况，对当前假设的棋子颜色进行得分计算
    #如果是计算机方的棋子
            if computerColor==self.chessData[x][y]['Cstate']:
    #详细的得分规则计算，包括成五、活四、死四、活三等情况
                for i in range(4):
                  count=upcount[i] + downcount[i] + 1
                  if count==5:                             #成五
                      message +='五子连珠，得分加4000!\n'
                      value[i]=4000
                  elif count==4:
                      if upflag[i] >=1 and downflag[i] >=1:  #活四
                          message +='四子连珠且有端未被对方封堵，得分加1900!\n'
                          value[i]=1900
```

```
                if (upflag[i] >=1 and downflag[i] ==-1) or (upflag[i] ==-1
and downflag[i] >=1):                                              #眠四
                        message +='四子连珠且有一端未被对方封堵，得分加300!\n'
                        value[i] = 300
                if upflag[i] ==-1 and downflag[i] ==-1: #死四
                        message +='四子连珠但两端都被封堵，得分减5!\n'
                        value[i] =-5
  #其他三子、二子等情况类似
            else:                                  #如果是玩家方的棋子
                                                   #同上，但得分标准可以有所不同
                                                   #汇总得分，并重置变量以便下一轮计算
            for i in range(4):
                sum +=value[i]
                value[i] = 0
                upcount[i] = 0
                downcount[i] = 0
                upflag[i] = 0
                downflag[i] = 0
                                                   #恢复棋盘状态并返回得分及得分信息
        self.chessData[x][y]['Cstate'] = 0
        return sum,message
```

【编程 12.8】编制程序：胜负判定函数 chessCheck。

【目的及编程说明】编程 12.8 为当前局面下自动判定胜负，给出胜负标志。如取胜则游戏结束，自动重新开始。chessCheck 函数的具体实现要求为：(1) 依据 chessData 中的数据判定哪一方取胜，返回取胜方的颜色；(2) 运行函数在每一次落子之后调用 chessCheck 函数，进行胜负判定，并显示胜负信息。

【程序编写】

函数： chess.chessCheck()。
输入： 落子位置。
输出： 胜负信息。

```
class chess:
                                              #判断对局是否结束,如果结束则返回胜负信息
    def chessCheck(self):
        for x in range(15):                   #1.判断x轴是否连续五子
            for y in range(19):
                if self.chessData[x][y]['Cstate']==1 and self.chessData[x + 1]
[y]['Cstate'] = = 1 and self.chessData[x + 2][y]['Cstate'] = = 1 and self.
chessData [x + 3][y]['Cstate']==1 and self.chessData[x + 4][y]['Cstate']==1:
                    self.winFlag = 1
```

```
                return 1
            if self.chessData[x][y]['Cstate']==2 and self.chessData[x + 1]
[y]['Cstate']==2 and self.chessData[x + 2][y]['Cstate']==2 and self.
chessData [x + 3][y]['Cstate']==2 and self.chessData[x + 4][y]['Cstate']==2:
                self.winFlag=1
                return 2
                                        #2.判断y轴是否连续五子
                                        #3.判断右上—左下是否连续五子
                                        #4.判断左上—右下是否连续五子
                                        #5.判断是否是平局
    avanum=0
    for x in range(19):
        for y in range(19):
            if self.chessData[x][y]['Cstate']==0:
                                        #判断棋盘中是否有空位，有空位则非平局
                break
            elif self.chessData[x][y]['Cstate']!=0:
                avanum +=1
    if avanum==365:
        return 3
```

【编程 12.9】编制程序：复盘。

【目的及编程说明】读者通过编程 12.9 可掌握复盘的过程，按照落子步骤记录，显示棋盘上的棋子，即棋子中带有数字标明步骤。将用户和计算机（人机模式）或用户的落子顺序保存下来，在用户需要时提供复盘功能，使用户能够回顾上一局对局。具体实现要求为：(1) 落子时，记录每一步的落子位置，即将落子次序保存于 chessData 的 CStep 中；(2) DrawChess 函数，在棋子上绘制步骤序号；(3) 修改 InitGame，补充内容，清空落子记录；(4) 按照落子步骤记录，显示棋盘上的棋子，即棋子中带有数字标明步骤。

【程序编写】

函数： review()。
输入： 玩家单击“复盘”按钮。
输出： 显示落子次序。

```
def review():                              #“复盘”按钮
    if chess.Reviewflag !=1:
        chess.Reviewflag=1
        for x in range(19):
            for y in range(19):
                if chess.chessData[x][y]['Cstep']!=0 and chess.
```

```
chessData[x][y]['Cstate']==2:
                reviewnum=Label(root,text=str(chess.chessData[x][y]
['Cstep']),bg='#000',fg='#fff',font=("黑体",8),width=1,height=1)
                reviewnum.place(x=x*36.8 + 41 - 7,y=y*34.6 + 21 - 9,
anchor='nw')
                chess.Reviewlabel[x][y]=reviewnum
            elif chess.chessData[x][y]['Cstep'] !=0 and chess.chessData[x]
[y]['Cstate']==1:
                reviewnum=Label(root,text=str(chess.chessData[x][y]
['Cstep']),bg='#fff',fg='#000',font=("黑体",8),width=1,height=1)
                reviewnum.place(x=x*36.8 + 41 - 7,y=y*34.6 + 21 - 9,
anchor='nw')
                chess.Reviewlabel[x][y]=reviewnum
    root.update()
```

【编程 12.10】编制程序：撤销复盘。

【目的及编程说明】读者通过编程 12.10 可理解撤销复盘，其实现过程为取消复盘显示的数字。具体实现要求为：(1) 设置一个标志 showHistory，在棋子显示时，若其值为 false 则仅显示棋子，若其值为 true 则既显示棋子也显示棋子的落子次序；(2) 棋子的落子次序被保存于 chessData 中的 CStep 中。

【程序编写】

函数： concelReview()。
输入： 玩家单击“撤销复盘”按钮。
输出： 取消显示落子次序。

```
def concelReview():                          #“撤销复盘”按钮
    if chess.Reviewflag==1:
        chess.Reviewflag=0
        for x in range(19):
            for y in range(19):
                if chess.chessData[x][y]['Cstep']!=0 and chess.Reviewlabel[x]
[y]!=0:
                    chess.Reviewlabel[x][y].destroy()
                    chess.Reviewlabel[x][y]=0
        root.update()
```

【编程 12.11】编制程序：悔棋。

【目的及编程说明】读者通过编程 12.11 可掌握悔棋过程，即撤销用户最新落下的棋子。为“悔棋”按钮提供程序，它基于 chessData 中的落子次序 CStep，从最后一步（最大数字）开始，回退到 n 步之前的状态，并清除已回退的步骤及棋子显示。

【程序编写】

函数： regretChess()。
输入： 玩家单击“悔棋”按钮。
输出： 撤销最近一次下棋。

```
def regretChess():                              #"悔棋"按钮
    if chess.winFlag==0:
        concelReview()                          #首先撤销复盘,防止无法删除棋子
        global regretnum
        regretnum=1
        if chess.currentStep==1 and chess.chessMode==2:
            regretxFLAG=xregretFLAG[chess.currentStep - regretnum]
            regretyFLAG=yregretFLAG[chess.currentStep - regretnum]
            canvas.delete(chess.Chessimg[regretxFLAG][regretyFLAG])
            chess.chessData[regretxFLAG][regretyFLAG]['Cstate']=0
            chess.chessData[regretxFLAG][regretyFLAG]['Cstep']=0
            chess.currentStep -=1
            chess.playing(2,root,canvas)
        if chess.chessMode==1 or chess.chessMode==2 or chess.chessMode==4:
            for i in range(2):
                regretxFLAG=xregretFLAG[chess.currentStep - regretnum]
                regretyFLAG=yregretFLAG[chess.currentStep - regretnum]
                canvas.delete(chess.Chessimg[regretxFLAG][regretyFLAG])
                chess.chessData[regretxFLAG][regretyFLAG]['Cstate']=0
                chess.chessData[regretxFLAG][regretyFLAG]['Cstep']=0
                chess.currentStep -=1
            chess.curLocation(canvas,1,0,chess.chessMode,blackChPieceImg,
whiteChPieceImg,photos1,photos2)
        if chess.chessMode==0:
            regretxFLAG=xregretFLAG[chess.currentStep - regretnum]
            regretyFLAG=yregretFLAG[chess.currentStep - regretnum]
            canvas.delete(chess.Chessimg[regretxFLAG][regretyFLAG])
            chess.chessData[regretxFLAG][regretyFLAG]['Cstate']=0
            chess.chessData[regretxFLAG][regretyFLAG]['Cstep']=0
            chess.currentStep -=1
            if chess.currentStep % 2==0:
                chess.player=1
                chess.player2=0
                    chess.curLocation(canvas,0,1,chess.chessMode,
blackChPieceImg,whiteChPieceImg,photos1,photos2)
            elif chess.currentStep % 2 !=0:
                chess.player=0
                chess.player2=1
```

```
                chess.curLocation(canvas,1,0,chess.chessMode,
blackChPieceImg,whiteChPieceImg,photos1,photos2)
    elif chess.winFlag==1:
        tkinter.messagebox.showinfo(title='信息提示!',message='对局已经
结束了!')
    root.update()
```

12.6　屏幕元素事件识别与控制：X4–人机交互

【编程 12.12】编制程序：在棋局基础上，增加相应的功能按钮。

【目的及编程说明】编程 12.12 旨在完成用户交互功能界面的设计与实现，即在棋局基础上，增加相应的功能按钮和参数标识，最终完成如图 12.8 所示的功能界面。

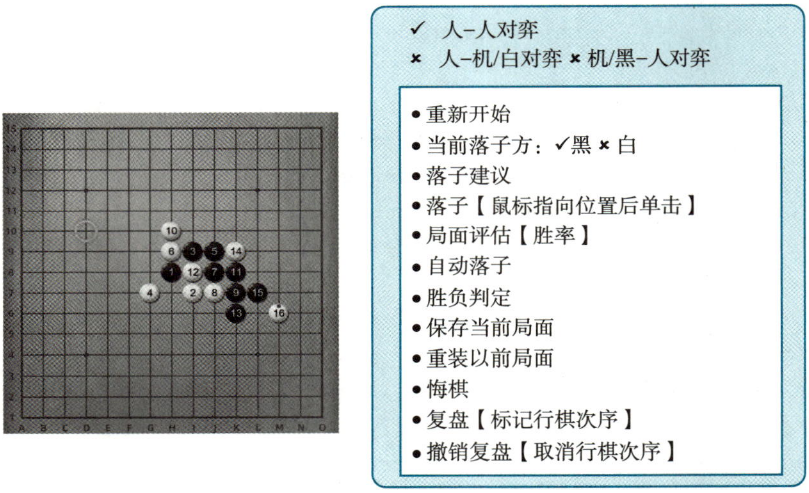

图 12.8　五子棋项目实践第二阶段结果示意

【程序编写】

函数： startGame()。
输入： 无。
输出： 显示人机模式（机/白）、人机模式（机/黑）、双人模式。

```
#开始游戏
def startGame():
    win=Tk()
    win.title("开始游戏")
```

```
    win.geometry('500x300+100+100')
    Label(win,text="五子棋",width=120,height=2).place(x=-175,y=50)
    Button(win,text="人机模式(机/白)",command=peoCompWhite,width=20,
height=2).place(x=170,y=100)
    Button(win,text="人机模式(机/黑)",command=peoCompBlack,width=20,
height=2).place(x=170,y=150)
    Button(win,text="双人模式",command=doublePeople,width=20,height=
2).place(x=170,y=200)
```

函数：主程序中编写。
输入：无。
输出：显示“当前落子方”“胜负判定”。
说明：在GUI界面插入<当前落子方>、<胜负判定>图片，如图12.7所示。

```
#当前落子方
canvas.create_text(800,90,text='当前落子方',font='Arial,10',fill='white'
)
#当前落子方跳选框
canvas.create_image(750,145,image=photos2,anchor=W)
canvas.create_image(870,145,image=photos2,anchor=W)
#胜负判定
photoresult=Image.open(path+"image/胜负判定背景.PNG").resize((100,30))
photoresult=ImageTk.PhotoImage(photoresult)
cur_result=Label(root,text='胜负判定',font='Arial,10',fg='white',image=
photoresult,compound=CENTER)
cur_result.config(bg='#8B7355')
cur_result.place(x=750,y=190,width=100,height=30)
#公告栏
photonotice=Image.open(path+"image/公告栏.png").resize((230,130))
photonotice=ImageTk.PhotoImage(photonotice)
canvas.create_image(750,300,image=photonotice,anchor=W)
```

【编程 12.13】编制程序：使相应按钮完成正确的功能，即正确调用相应函数。

【目的及编程说明】编程 12.13 旨在完成用户交互功能按钮与相应执行程序的绑定，使图 12.4 界面中相应的按钮和鼠标响应事件等完成正确的功能，即正确调用相应函数。

【程序编写】

函数：peoCompWhite()，peoCompBlack()，peoCompBlack()。
输入：点击人机模式(机/白)、人机模式(机/黑)、双人模式。
输出：执行玩家选择的模式。
说明：玩家单击人机模式(机/白)、人机模式(机/黑)、双人模式，选择不同模式调用不同函数。分别在Button控件中使用属性command回调peoCompWhite、peoCompBlack、peoCompBlack函数进行绑定。

```
#人-机/白对弈
def peoCompWhite():
    refresh()
    chess.chessMode=1
    mainCon.switch_mode(chess)
    chess.playing(1,root,canvas,blackChPieceImg,whiteChPieceImg,photos1,
photos2)
#人-机/黑对弈
def peoCompBlack():
    refresh()
    chess.chessMode=2
    mainCon.switch_mode(chess)
    chess.playing(2,root,canvas,blackChPieceImg,whiteChPieceImg,photos1,
photos2)
#双人模式
def doublePeople():
    refresh()
    chess.chessMode=0
    mainCon.switch_mode(chess)
    chess.playing(0,root,canvas,blackChPieceImg,whiteChPieceImg,photos1,
photos2)
```

函数：主程序中编写。
输入：无。
输出：显示“复盘”“悔棋”“撤销复盘”“落子建议”“局面评估”“重新开始”按钮。
说明：在GUI界面设置“复盘”“悔棋”“撤销复盘”“落子建议”“局面评估”“重新开始”按钮，利用属性command绑定调用的函数，如图12.6所示。

```
photoreview=Image.open(path + "image/复盘.png").resize((100,50))
photoreview=ImageTk.PhotoImage(photoreview)
btn_review=Button(root,text='复盘',font='Arial,12',width=85,height=35,
                 image=photoreview,command=review,bd=0)
btn_review.place(x=750,y=400)
photoconcel=Image.open(path + "image/撤销复盘.png").resize((100,50))
photoconcel=ImageTk.PhotoImage(photoconcel)
btn_concel=Button(root,text='撤 销 复 盘',font='Arial,12',width=85,
height=35,image=photoconcel,command=concelReview,bd=0)
btn_concel.place(x=750,y=460)
photoSuggest=Image.open(path+"image/落子建议按钮.png").resize((100,50))
photoSuggest=ImageTk.PhotoImage(photoSuggest)
btnSuggest=Button(root,text='落 子 建 议',font='Arial,12',width=85,
```

```
height=35,
                  image=photoSuggest,command=suggestion,bd=0)
btnSuggest.place(x=850,y=460)
photocurnow=Image.open(path+"image/局面评估.png").resize((100,50))
photocurnow=ImageTk.PhotoImage(photocurnow)
btn_elevalue=Button(root,text='局面评估',font='Arial,12',width=85,h
eight=35,image=photocurnow,command=curNow,bd=0)
btn_elevalue.place(x=750,y=520)
photorefresh=Image.open(path+"image/重新开始按钮.png").resize((100,50))
photorefresh=ImageTk.PhotoImage(photorefresh)
btn_reset=Button(root,text='重新开始',font='Arial,12',width=85,
height=35,image=photorefresh,command=refresh,bg='#FFA500',bd=0)
btn_reset.place(x=850,y=520)
```

12.7 算法优化与系统功能拓展：X5-完整系统

【编程 12.14】编制程序：落子建议。

【目的及编程说明】编程 12.14 旨在为“落子建议”按钮提供程序，在人 - 人对弈或人 - 机对弈模式下，若“当前落子方”是人类玩家，则基于当前棋局给出落子建议，即在当前局面下，以某一方式提示即将落子方的所有可能落子位置（例如使用闪烁棋子），一旦落子则消除所有落子位置提示。初级要求：(1) 落子位置建议，依据当前落子方是黑或白，在对方连珠棋子最多的横、纵、左斜或右斜方向选择紧邻对方棋子的空白位置，都是可能的落子位置；(2) 对所有的可能落子位置给出提示。高级要求（由读者自主完成）：(1) 落子位置建议，采用蒙特卡洛搜索算法或其他人工智能算法给出最佳落子位置建议；(2) 对所有可能的落子位置给出提示。

【程序编写】

函数： HumanPlayer.suggestion()。
输入： 单击“落子建议”按钮。
输出： 显示给出的落子建议点。

```
class HumanPlayer(Player):          #得到建议的函数
                                    #得到建议的函数
   def suggestion(self):
      if chess.gameEnd() or chess.currentStep==0:
         tkinter.messagebox.showinfo(title='信息提示!',message='请在
对局中使用!')
```

```
        return
                                        #滚动框
    global Text
    x=root.winfo_x()
    y=root.winfo_y()
    root.geometry('1000x800+'+str(x)+'+'+str(y))
    Text=st.ScrolledText(root,bg='#522418',font=('Arial',12),bd=2,relief=
'groove')                               #创建一个带滚动条的文本框，用于展示计算过程
    Text.place(x=0,y=685,height=100,width=1000)
    Text.configure(foreground='white')
    Text.delete('1.0','end')
    Text.insert('2.0','落子建议步骤：\n')
    if chess.winFlag !=1:
        if chess.depth >=9:
            chess.depth=8
        if chess.chessMode==1:
            color=2
        elif chess.chessMode==2:
            color=1
        elif chess.chessMode==0:
            if chess.player==1 and chess.player2==0:
                color=2
            elif chess.player==0 and chess.player2==1:
                color=1
    pos,message=chess.returnPostionNew(chess.depth,color)
                                        #调用估值函数
    Text.insert('end','最佳落子点为：{}\n'.format(chess.maxScorePos))
    Text.insert('end',message)
                                        #画点
    drawChess(canvas,pos,chess)
    root.update()
```

【编程 12.15】编制程序：局面评估。

【目的及编程说明】编程 12.15 旨在为“局面评估”按钮提供程序，在当前局面下，对“当前落子方”局面进行评估，标示胜率。初级要求：(1) 局面评估，依据当前落子方是黑或白，对黑棋或白棋进行胜率评估，即分别计算己方和对方的连珠棋子最多的横、纵、左斜或右斜方向数，记为 OwnCounter、OtherCouter，计算胜率 WinningProb = OwnCouner/OtherCounter；(2) 在棋盘适当位置标示胜率。高级要求（由读者自主完成）：(1) 局面评估，采用人工智能机器学习算法评估局面，计算胜率；(2) 分别在棋盘的上方和下方显示双方胜率。

【程序编写】

函数： curNow()。
输入： 玩家单击“局面评估”按钮。
输出： 显示当前落子方获胜的概率。

```
def curNow():                                    #“局面评估”按钮
    if chess.depth >= 9:
        chess.depth = 8
    if chess.chessMode == 1:
        color = 2
    elif chess.chessMode == 2:
        color = 1
        chess.returnChess(chess.depth, color)  #调用估值函数
    elif chess.chessMode == 0:
        if chess.player == 1 and chess.player2 == 0:
            color = 2
        elif chess.player == 0 and chess.player2 == 1:
            color = 1
    elif chess.chessMode == 4:
        color = 2
    chess.returnChess(chess.depth, color)  #调用估值函数
    if chess.counts / chess.newCount == 1:
        OwnCounter = random.uniform(0.5, 0.6)
    else:
        OwnCounter = chess.counts / chess.newCount
    if color == 2:
        #1.判断x轴是否活四或者连五
        for x in range(15):
            for y in range(19):
                if (chess.chessData[x][y]['Cstate'] == 1 and chess.
chessData[x+1][y]['Cstate'] == 1 and
                    chess.chessData[x+2][y]['Cstate'] == 1 and
                    chess.chessData[x+3][y]['Cstate'] == 1 and chess.chessData
[x+4][y]['Cstate'] == 0 and
                    chess.chessData[x - 1][y]['Cstate'] == 0) or \
                        (chess.chessData[x][y]['Cstate'] == 1 and chess.
chessData[x+1][y]['Cstate'] == 1 and
                        chess.chessData[x+2][y]['Cstate'] == 1 and chess.
chessData[x+3][y]['Cstate'] == 1
                        and chess.chessData[x+4][y]['Cstate'] == 1):
                    OwnCounter = OwnCounter - OwnCounter
        #2.判断y轴是否活四或者连五
        #3.判断右上—左下是否活四或者连五
```

```
    #4.判断左上一右下是否活四或者连五
    OtherCouter = 1 - OwnCounter
    msg = '当前落子方的胜率为' + str(round(OwnCounter, 4)*100) + '%!\n' + \
      '当前对方的胜率为' + str(round(OtherCouter, 4)*100) + '%!'
    tkinter.messagebox.showinfo(title = '信息提示!', message = msg)
```

【编程 12.16】编制程序：自动落子。

【目的及编程说明】编程 12.16 旨在为“自动落子”按钮提供程序，在人－机对弈模式下，若“当前落子方”是机器，则自动选择落子位置并落子。初级要求：(1) 落子位置决策，依据当前落子方是黑或白，在对方连珠棋子最多的横、纵、左斜或右斜方向选择紧邻对方棋子的空白位置；(2) 在决策出的落子位置落子（即填写 chessData 相应位置的数据并刷新棋局）。高级要求（由读者自主完成）：(1) 落子位置决策，采用蒙特卡洛搜索算法或其他人工智能算法决策最佳落子位置；(2) 在决策出的落子位置落子。

【程序编写】

函数： chess.aiLocation()。
输入： canvas，黑色棋子图片 blackChPieceImg，白色棋子图片 whiteChPieceImg。
输出： 落子。
说明： 机器方通过调用评估函数，确定落子位置。

```
class chess:
  #设置的策略：AI落子
  def aiLocation(self, canvas, blackChPieceImg, whiteChPieceImg):
      if self.depth >= 9:
         self.depth = 8
      position = self.returnChess(self.depth, self.computerColor)
                                                  #调用估值函数
      if self.chessData[position[0]][position[1]]['Cstate'] == 0:
          if self.computerColor == 2 and self.currentStep % 2 == 0:
              self.chessData[position[0]][position[1]]['Cstate'] = 2
              oval = canvas.create_image(position[0]*36.8+41-14, position
[1] * 34.6 + 20, image = blackChPieceImg, anchor = W)
              self.Chessimg[position[0]][position[1]] = oval
              self.chessData[position[0]][position[1]]['Cstep'] = self.
currentStep
          elif self.computerColor == 1 and self.currentStep % 2 != 0:
              self.chessData[position[0]][position[1]]['Cstate'] = 1
              oval = canvas.create_image(position[0] * 36.8 + 41 - 14,
position[1] * 34.6 + 20, image = whiteChPieceImg, anchor = W)
              self.Chessimg[position[0]][position[1]] = oval
```

```
            self.chessData[position[0]][position[1]]['Cstep'] = self.currentStep
        xregretFLAG[self.currentStep] = position[0]
        yregretFLAG[self.currentStep] = position[1]
        self.player = 1                        # 玩家下棋标志置为0
        self.computer = 0                      # 机器下棋标志置为1
        self.currentStep += 1
        self.chessData[position[0]][position[1]]['Cstep'] = self.currentStep
        a = max(abs(position[0] - 9), abs(position[1] - 9))
                                               # 计算该点到中心的最大距离
        self.depth = max(self.depth, a)        # 不断更新depth的值
```

函数： chess.returnChess()。
输入： depth值，机器玩家棋子的颜色computerColor。
输出： 返回落子的坐标。

```
class chess:
                                               # 落子建议下一步
    def returnChess(self, Depth, computercolor):
        time.sleep(0.5)
        self.newCount = 0
        self.maxScore = 0
        self.counts = 0
        pos = [[0 for y in range(2)] for x in range(10)]
        evaFLAG = 0
        position = [0, 0]                      # 初始化位置坐标数组
        for i in range(8 - Depth, 11 + Depth):
            for j in range(8 - Depth, 11 + Depth):
                if 0 <= i < 19 and 0 <= j < 19:
                    if self.chessData[i][j]['Cstate'] == 0:
                        self.score[i][j] = self.countScore(i, j, computercolor)
                        self.newCount += 1
                        if self.score[i][j] > 0:
                            self.counts += 1
                        if self.maxScore < self.score[i][j]:
                            self.maxScore = self.score[i][j]
                                               # 记录当前棋盘分数的最大值
        for i in range(8 - Depth, 11 + Depth):
            for j in range(8 - Depth, 11 + Depth):
                if self.chessData[i][j]['Cstate'] != 0:
                    self.score[i][j] = self.chessData[i][j]['Cstate']
                if i < 19 and j < 19 and self.score[i][j] >= self.maxScore - 5000
and self.chessData[i][j][
                    'Cstate'] == 0:
```

```
                pos[evaFLAG][0]=i
                pos[evaFLAG][1]=j
                evaFLAG +=1
    m=random.randint(0,evaFLAG - 1)
    position[0]=pos[m][0]
    position[1]=pos[m][1]
    return position
```

【编程 12.17】编制程序：保存当前局面。

【目的及编程说明】编程 12.17 旨在为“保存当前局面”按钮提供程序，以文件形式保存当前状态下的对弈棋局。要求：(1) 给定文件名及其路径；(2) 判断该路径下该文件是否已存在，若已存在则提示用户是否覆盖；若不覆盖则要求用户重新给出文件名及其路径；(3) 将当前棋局数据 chessData 及相关参数信息保存到该路径下的该文件中；(4) 设计一种棋局文件存储格式，包括文件头信息和棋局阵列信息（类似一种图像文件格式）。

【程序编写】

函数： saveCurrentBoard()。
输入： 玩家单击“保存当前局面”按钮。
输出： data.txt 文档。

```
#保存棋局
def saveCurrentBoard():
    #创建一个空的二维数组data来保存当前棋盘状态
    data=[[0 for j in range(19)] for i in range(19)]
    file=open(path +'data.txt','r+')
    file.truncate(0)
    for i in range(0,19):
        for j in range(0,19):
            data[i][j]=chess.chessData[i][j]['Cstate']
    data=np.mat(data)
    b=''
    for i in range(0,19):
        for j in range(0,19):
            b +=str(data[i,j]) + '\t'
        b +='\n'
    file.writelines(b)
    #创建一个空的二维数组data来保存当前棋盘落子步骤
    data1=[[0 for j in range(19)] for i in range(19)]
    for i in range(0,19):
        for j in range(0,19):
```

```
            data1[i][j]=chess.chessData[i][j]['Cstep']
    data=np.mat(data1)
    b=''
    for i in range(0,19):
        for j in range(0,19):
            b +=str(data[i,j]) +'\t'
        b +='\n'
    file.writelines(b)
    #将游戏模式、当前步数和胜利状态转换为字符串，并写入文件
    Chess_Mode=str(chess.chessMode) +'\n'
    file.write(Chess_Mode)
    step=str(chess.currentStep) +'\n'
    file.write(step)
    WinFLAG=str(chess.winFlag) +'\n'
    file.write(WinFLAG)
    file.close()
```

【编程 12.18】编制程序：重装以前局面。

【目的及编程说明】编程 12.18 旨在为“重装以前局面”按钮提供程序，将以文件形式保存的对弈棋局复制到棋盘中，以便对弈者在此基础上继续五子棋游戏。要求：(1) 给定文件名及其路径；(2) 读取文件判断是否是棋局文件；(3) 如果是棋局文件，则将其读出并复制到棋盘中，并正确设置相应状态。

【程序编写】

函数： resetLastBoard()。
输入： 玩家单击“重装以前局面”按钮。
输出： 显示data.txt中存入的棋局。

```
#重装棋局
def resetLastBoard():
    refresh()
    #读取保存的数据文件
    file=open(path+'data.txt','r+',encoding='utf-8')
    data=file.readlines()
    rtu=[]
    for i in data:
        rtu.append(i.strip())
    for i in range(0,19):
        j=0
        rtu1=rtu[i].split("\t")
        for x in rtu1:
            chess.chessData[i][j]['Cstate']=int(x)
```

```
            j +=1
    for i in range(19,38):
        j=0
        rtu1=rtu[i].split("\t")
        for x in rtu1:
            chess.chessData[i-19][j]['Cstep']=int(x)
            j +=1
    chess.chessMode=int(rtu[len(rtu)-3])
    chess.currentStep=int(rtu[len(rtu)-2])
    chess.winFlag=int(rtu[len(rtu)-1])
    file.close()
    #设置为记录中的模式
    mainCon.switch_mode(chess)
    for x in range(19):
        for y in range(19):
            if chess.chessData[x][y]['Cstate']==1:
                chess.Chessimg[x][y]=canvas.create_image(x*36.8+41-
14,y*34.6+21,image=whiteChPieceImg,anchor=W)
            elif chess.chessData[x][y]['Cstate']==2:
                chess.Chessimg[x][y]=canvas.create_image(x*36.8+41-
14,y*34.6+21,image=blackChPieceImg,anchor=W)
    if chess.chessMode==1 and chess.winFlag==0:
        chess.myColor=2
        chess.player2Color=1
        if chess.currentStep % 2==0:
            chess.player=1
            chess.player2=0
            chess.curLocation(canvas,0,1,chess.chessMode,blackChPieceImg,
whiteChPieceImg,photos1,photos2)
            tkinter.messagebox.showinfo(title='信息提示!',message='轮到玩家
下棋了!')
    elif chess.chessMode==2 and chess.winFlag==0:
        chess.myColor=1
        chess.player2Color=2
        if chess.currentStep % 2 !=0:
            chess.player=1
            chess.player2=0
            chess.curLocation(canvas,0,1,chess.chessMode,blackChPieceImg,
whiteChPieceImg,photos1,photos2)
            tkinter.messagebox.showinfo(title='信息提示!',message='轮到玩
家下棋了!')
    elif chess.chessMode==0 and chess.winFlag==0:
        chess.myColor=2
```

```
            chess.player2Color = 1
            if chess.currentStep % 2 == 0:
                chess.player = 1
                chess.player2 = 0
                chess.curLocation(canvas,1,1,chess.chessMode,blackChPieceImg,
whiteChPieceImg,photos1,photos2)
                tkinter.messagebox.showinfo(title='信息提示!',message='轮到
先手下棋了!')
            elif chess.currentStep % 2 != 0:
                chess.player = 0
                chess.player2 = 1
                chess.curLocation(canvas,1,0,chess.chessMode,blackChPieceImg,
whiteChPieceImg,photos1,photos2)
                tkinter.messagebox.showinfo(title='信息提示!',message='轮到后
手下棋了!')
    elif chess.winFlag == 1:
            tkinter.messagebox.showinfo(title='信息提示!',message='对局已经结
束了')
```

第 13 章

网络化思维和网络构建与连通仿真

本章要点：通过网络构建与连通仿真，理解网络、主机、路由、地址等网络通信的基本概念，理解网络配置与网络路由相关内容，通过仿真系统理解不同网络拓扑及其网络传输特点，理解集线器、交换机和路由器等网络设备的差别和功能等。

13.1 网络思维

13.1.1 计算机网络与网络拓扑

计算机网络构成的虚拟世界 计算机网络的发展，将全球数以亿计的计算机连接起来，极大地促进了交流和互动，通过全球的网络设备以及日积月累的内容建设，已经形成了一个构建于计算机网络之上融合计算机网络、互联网络、物联网络、数据与知识网络和社交网络等于一体的人—机—物互联的虚拟世界。

计算机如何通信 首先探讨最简单的通信模式，即两台计算机直接连接进行通信，如图 13.1 所示，将一根网线连接到两台计算机的**网卡**上（如果两台计算机都拥有无线网卡，也可以使用无线方式将两台计算机连接起来）。在计算机网络中，发送或接收数据的计算机被称为**主机（host）**，从发送方主机发出的数字信号在通过网卡时，网卡对数字信号进行编码—发送，接收方主机对数字信号进行接收—解码。有些网卡还承担着调制与解调（可以是调幅、调频、调相等不同方式）等工作，即将数字信号转变成模拟信号，再通过传输介质（网线或无线）进行传输，信号到达接收方主机的网卡后，再进行解调，将模拟信号转换成数字信号。

图 13.1 两台主机直接连接

网络拓扑结构 考虑更加复杂的情形，当需要进行通信的计算机超过两台时，这些计算机之间如何进行连接呢？从理论上来说，如果将所有计算机都两两连接起来，就可以实现多台计算机之间的通信，但是从实际角度而言，这种两两连接的方式是不可行的，对于 n 台计算机，两两连接的方式需要 C_n^2 根网线，而且每台计算机需要配备 $n-1$ 张网卡来连接其他 $n-1$ 台计算机，这在成本上来说是不可接受的。图 13.2 展示了几种可行的连接方式。图 13.2（a）表示将多台主机连接成一个闭合的环形网络，数据沿环传送，为了提高环的可靠性，可以采用双环结构。图 13.2（b）表示将多台主机都与中央的主机相连组成一个星形网络，星形网络的节点有主从之分，各从节点之间不能直接通信，必须经主节点（或称中心节点）转接。因此，网络中的所有信息传输都流经中心节点，中心节点的可靠性基本上决定了整个网络的可靠性。图 13.2（c）表示将多台主机以同等地位连接到一条标准的通信线路上，从而组成一个总线型网络，一台计算机既可以“发送”信息，又可以“接收”信息，还可以“接收再发送”信息，总线型网络最大的特点是所有主机共享一条公共信道，同一时间只能有一台主机向网络发送数据。除此之外，还可将主机连接成树形、网格形等。这种构成网络的计算机的不同连接方式，被称为**网络拓扑**。

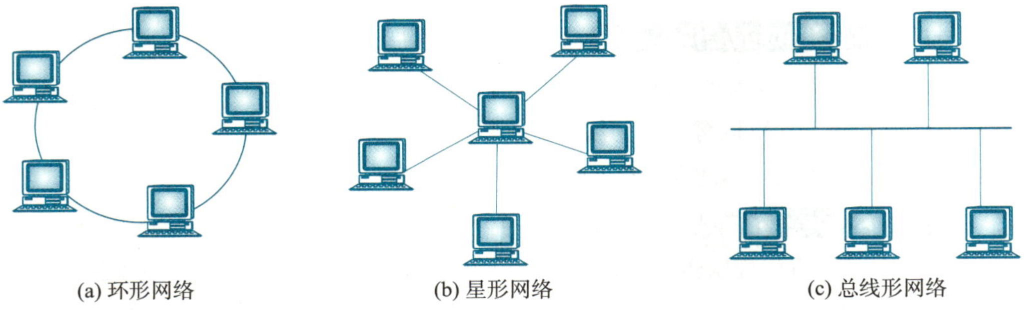

图 13.2　典型的网络拓扑结构

13.1.2　局域网与广域网

什么是局域网　当参与通信的主机距离较近（通常在一千米以内）时，由于不需要考虑线路的信号衰减问题，可以使用高速线路将主机连接到一个专用的网络设备（例如集线器、交换机），从而构成一种小范围的网络，即**局域网**。局域网通常又可划分为以太网（Ethernet）、令牌环网（token ring）、令牌总线网（token bus）等，其中最常用的是以太网。图 13.3 分别展示了使用**集线器**和**交换机**组建的局域网，主机都连接到集线器或交换机上，一台主机需要和另一台主机通信时，通过集线器或交换机提供的传输通道进行数据传输。用交换机组建的局域网可以提供更高的通信速率，这两种设备将在 13.1.3 节详细介绍。

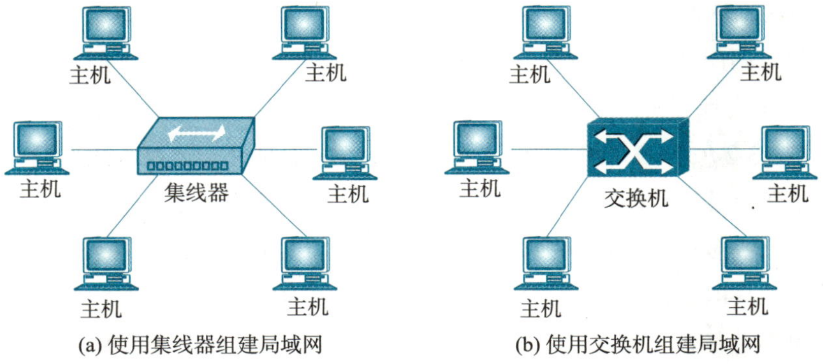

图 13.3　使用集线器或交换机组建局域网

什么是广域网 一个局域网内的主机需要和另一个局域网内的主机通信时，可以使用专用网络设备和通信线路将这两个局域网连接起来，这些连接起来的网络覆盖范围可能非常广泛（例如几十到几千千米），通常需要使用电信等部门提供的传输装置和媒介进行连接，称为**广域网**。远距离进行数据传输时，速率通常比局域网低得多，而且在连接之间有更大的时延。一个广域网通常分为两部分（如图 13.4 所示）：**主机系统**和**通信子网**。主机系统是指运行用户程序的计算机集合，而通信子网负责在用户主机之间进行数据传输。通信子网通常包含一些专用的网络设备以及传输线路，这里的网络设备主要是指**路由器**，路由器的主要功能是为数据发送方选择一条到接收方最近、最快的传输路径，有关路由器的详细介绍参见 13.1.3 节。

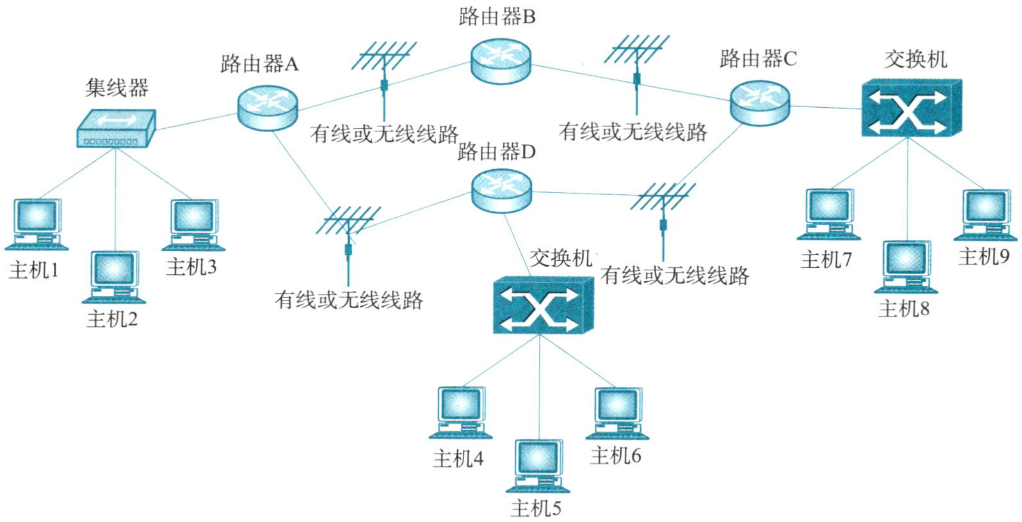

图 13.4　广域网连接示意图

13.1.3　计算机网络设备

网络设备的种类 计算机网络中的各类设备需要协同运作，共同完成通信任务，这些设备主要包括主机、集线器、交换机、路由器，其中主机是信息的发送者或接收者，集线器、交换机、路由器都属于中间节点设备，是数据在通信过程中的中转站。

主机 主机是信息的发送者或接收者，具体到实际环境中，可以是台式计算机、笔记本计算机、手机、平板计算机、服务器等设备。主机中的网卡完成实际的通信任务，具体来说，主要完成数据的“编码—发送”和“接收—解码”等任务。

集线器 如图 13.5（a）所示，集线器提供多个网络接口，主机通过网络接头接入集线器的某个接口，当多台主机接入集线器时，即构成了一个局域网（如图 13.3（a）所示)，通过集线器组建的网络拓扑结构看起来类似于图 13.2（b）所示的星形网络，但实际上这是一个典型的总线型结构（如图 13.2（c）所示)，因为在集线器内部，所有连接到集线器的设备共享同一条线路。由于共享一条公共线路，同一时刻只能有一台主机发送数据，其他主机在检测到线路上有数据正在发送时，必须等待一段时间，直到线路空闲时才能发送数据，因此，使用集线器连接的网络规模不能太大，否则会因为等待时间过长而降低通信效率。

(a) 集线器　　(b) 交换机　　(c) 路由器

图 13.5　集线器、交换机和路由器

交换机 图 13.5（b）是交换机示意图（实际上很难从外形上区分集线器、交换机和路由器)。和集线器相同，交换机也提供了多个网络接口，多个主机同样通过接入这些接口来组建局域网（如图 13.3（b）所示)。但和集线器不同，交换机允许网络中的多台主机同时发送数据，这种高并发性极大地提高了网络性能。例如，当主机 A 给主机 B（A 和 B 位于同一个局域网）发送数据时，交换机为 A 和 B 建立一条独享的通道，如果在同一时刻主机 C 给主机 D 发送数据，交换机也为 C 和 D 创建通道，这些通道相互之间不会干扰。

集线器和交换机的级联 可以将集线器（或交换机）连接到另一个集线器（或交换机）上，形成设备的级联。将集线器连接到另一个集线器上时，由于集线器的共享线路特性，这两台集线器构成的网络拓扑依然是总线型网络，也就是说，连接到这两台集线器之上的任何主机发送数据时，其他主机都必须等待。将集线器连接到交换机上时，将构成星形拓扑结构，如图 13.6 所示，连接到集线器 C 的两台主机进行通信时，信号

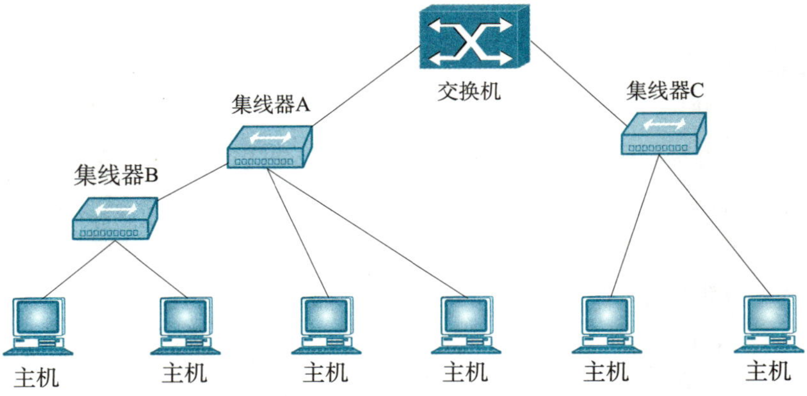

图 13.6　集线器和交换机的级联

仅在集线器 C 的范围内进行传播，此时，连接到集线器 A 或 B 的两台主机可以同时通信，相互之间不会形成干扰。因此，交换机在此时实际上起到了对网络的不同部分进行隔离的效果，从而提高了网络的性能。

路由器 如图 13.5（c）所示，路由器也提供了多个网络接口，与集线器和交换机不同的是，路由器主要用来连接不同的局域网以形成广域网 / 互联网，由于广域网 / 互联网跨越了宽广的地理范围，通常需要借助公共通信线路（电话、电力、有线电视、卫星等公共网络）进行传输。由于在广域网内进行通信的主机可能相距遥远，从发送方到接收方的路径可能有多条，因此路由器最重要的功能是为通信双方寻找一条最优路径，例如图 13.4 中，从主机 1 向主机 9 发送的数据可以选择 A → B → C，也可以选择 A → D → C，此时，路由器 A 会使用路由算法来决定选择哪条路径进行通信。

13.1.4 网络分层——五层网络结构

五层网络结构 现实中的计算机网络分为五个层次，从下至上依次为物理层、数据链路层、网络层、传输层、应用层。计算机网络采用分层结构是为了解决网络复杂度和可扩展性问题，分层结构能够将庞大的网络分解成若干相对独立的、易于维护和管理的子系统，同时每层只需要考虑当前层的问题，而无须对其他层做出假设。不同层之间通过标准化的接口交互数据，从而提高网络的兼容性、互操作性和可扩展性。

物理层 物理层位于底层，主要负责在物理传输介质（例如同轴电缆、双绞线、光纤、无线等）上提供数据传输的物理链接，物理层主要定义接口特性、传输模式、传输速率、位同步和位编码，为数据链路层提供基本的数据传输服务。物理层的设备主要包括**集线器**，之所以说集线器工作在物理层，是因为集线器会将主机发出的数据直接发送到物理线路上而不对数据本身进行任何解析，即一台主机发送的数据可以直接发送到与集线器相连的各个端口，各端口连接的设备自主决定是否接收这些数据。

数据链路层 数据链路层位于物理层之上，主要功能是将上层（即网络层）传递下来的数据添加源端和目的端 MAC 地址、校验码等信息后封装成数据帧，并实现流量控制（通信双方协调通信速率）、差错控制（接收方通过校验码检查收到的数据是否正确）和介质访问控制（检查线路是否空闲以确保通信不受到干扰）等功能。数据链路层的设备主要包括主机中的网卡、交换机等设备。以**以太网**为例，由于线路是共享的，主机在发送数据之前，必须检测当前线路上是否有其他设备正在发送数据，这项工作就是由网卡完成的；与集线器直接将信号发送到线路上不同，交换机会读取数据帧中的**MAC 地**

址，然后找到该地址对应的主机，并在两台主机之间搭建一条通道，这些都属于数据链路层的工作。MAC 地址（media access control address）是网络中涉及数据链路层的设备在生产时被赋予的一个唯一标识该设备的物理地址，即 MAC 地址相当于网络设备的身份证号码。主机、交换机或路由器中的每一块网卡，都拥有唯一的 MAC 地址。

网络层 网络层位于数据链路层之上，其主要任务是寻找一条最优路径，将数据从发送方主机通过若干中间节点（即路由器）一站站地传递到接收方主机，为完成这个目标，网络层必须了解通信子网的拓扑结构，从而在拓扑结构中选择合适的路径。主机发送数据时，网络层模块（操作系统提供）为传输层传递过来的数据添加源端 IP 地址（一种全球范围内地址编码方式）和目的端 IP 地址等信息，形成网络层数据包，路由器在寻址时就是以 IP 地址为基础进行的。典型的网络层设备就是路由器，同时，主机的操作系统中也提供了传输层模块。IP 地址是用一个 32 位二进制数（或对应的 4 个用点区分的十进制数，如 10.1.1.1）唯一区分网络设备的地址。前面若干位是网络地址（具体位数可能不同，可查阅相关书籍学习），后面若干位是该网络的各个主机地址，网络地址和主机地址就构成了一个完整的 IP 地址。在同一个网络中，IP 地址的网络地址必须是相同的。计算机之间的通信只能在具有相同网络地址的 IP 地址之间进行，如果想要与其他网络的计算机进行通信，则必须经过路由器转发出去。路由器的多个端口可以连接多个网络，每个端口的 IP 地址的网络地址都必须与所连接的网络的网络地址一致。不同端口的网络地址不同，所对应的网络也是不同的，这样才能使各个网络中的主机通过自己网络的 IP 地址将数据发送到路由器上。

传输层 传输层位于网络层之上，主要负责主机中两个进程的通信。传输层实现了可靠传输和不可靠传输两种传输模式，并提供差错控制、流量控制和复用分用等功能。传输层为应用层传递过来的数据添加发送方端口号（端口号可以映射到进程）和接收方端口号等信息，构成传输层数据包，接收方主机通过目的端口号可以知道这些数据要由哪个进程来处理。主机中的操作系统提供了传输层模块。

应用层 应用层是五层网络结构中的顶层，主要任务是提供应用服务和应用进程之间的接口，应用层定义了不同应用之间的通信方式和通信协议，使得应用进程可以通过通信协议实现通信。简单来说，应用层最重要的作用是定义在主机间传输的数据要如何理解、处理和展示。应用层服务通常由应用程序实现，例如，浏览器实现了万维网应用客户端，而 Web 服务器实现了万维网应用服务端。

数据传输时各层的任务 在数据传输时，应用层负责解释数据中每一个字节的含义，传输层负责将数据传送给目的主机中的进程，网络层负责找到目的主机的位置，数据链路层负责使传输过程中经过的每个局域网能够有效进行传输，物理层是传输介质，负责实际数据的传输。

13.2 网络构建与连通仿真项目总体设计

本章后续内容将以网络构建与连通仿真为目标，使读者更好地体验网络是如何连接起来的思维，体验机器网络构建中集线器、交换机和路由器等部件的作用，体验不同的网络拓扑及其联通配置方法。项目拟仿真集线器、交换机、路由器和主机，以及相互之间的连接和数据传输，进而讲解一个数据包是如何经网络由一台主机传输到另一台主机的。

目标系统说明 (1) 仿真四类设备（主机、集线器、交换机、路由器），并具有各类设备的基本功能。(2) 允许用户使用这四类设备交互式地构建任何一个具体的计算机网络（可以呈现不同的拓扑结构）。(3) 实现网络相关设备的正确连接及正确配置，并验证网络配置与连接的正确性。(4) 能够展示一个数据包经由网络从一台主机传输到另一台主机的过程，为网络信息的正确传输奠定物理基础。本项功能仅考虑网络设备配置与连接的正确性，不考虑相关协议，即只要连接与正确配置即可传输，不考虑传输过程中的协议解析与执行细节，关于协议相关的内容由第 14 章的项目实践来完成。

13.2.1 项目总体思路

总体思路 网络构建与连通仿真项目开发的总体思路如图 13.7 所示，分为五个层面的开发内容，难度由低到高被区分为:

X1：数据的变化与基本控制【数据结构】——参见 13.3 节。

X2：屏幕元素及其显示输出【可视化输出】——参见 13.4 节。

X3：问题求解相关的算法设计与函数实现【基本算法】——参见 13.5 节。

X4：屏幕元素事件识别与控制【人机交互】——参见 13.6 节。

X5：问题求解相关的算法优化与系统功能拓展【完整系统】——参见 13.7 节。

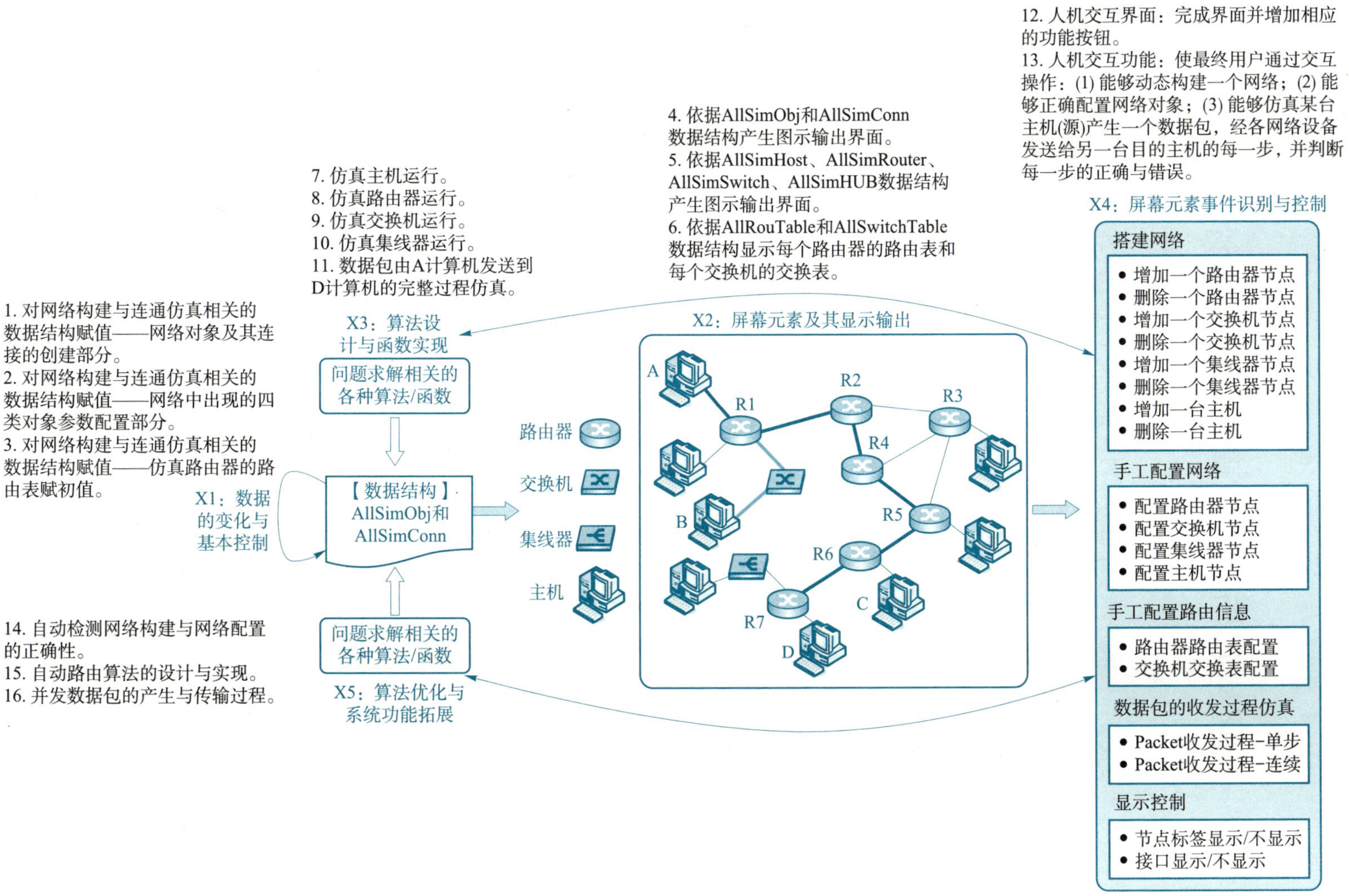

图 13.7 网络连通与构建仿真项目开发总体思路图

其中，X1 是使读者熟悉保存各类仿真对象的数据结构，通过直接赋值 AllSimObj 和 AllSimConn 建立模型，理解各项数据的含义；通过直接赋值 AllSimHost、AllSimRouter、AllSimSwitch、AllSimHub、AllRouTable、AllSwichTable，理解各类网络设备需要配置的参数。X2 是依据前步产生的网络模型的对象数据 AllSimObj 和 AllSimConn，在屏幕上绘制可视化网络模型，显示各网络设备所配置的参数。X3 是编写仿真各类设备运行的函数，如仿真主机运行、仿真路由器运行、仿真交换机运行、仿真集线器运行以及简单的网络传输过程的函数等。X4 是编写交互式构建网络模型的界面，并实现用户可视化交互构建各种拓扑的计算机网络模型，即通过拖曳图元来建立模型。X5 是完整实现系统，能够检查网络是否配置，以及网络配置是否正确、路由传输是否正确等功能。最终开发的程序可以由用户交互式操作（无须编写程序）来模拟体验网络构建与连通的过程。

13.2.2 项目涉及的类库资源

本项目中使用的类库如下所示。请在后面的源程序文件的起始部分放入相关的语句。

```
from dbUtil import search,execute_sql,delete_obj,truncate_db
from tkinter import messagebox; from PIL import ImageTk,Image;
from ttkbootstrap import ttk; from ttkbootstrap import *
import ttkbootstrap as tk; from SimObjs import *; from SimUtil import *
import ipaddress; import threading; import sys; import re
```

13.2.3 项目涉及的类库资源与主要函数调用关系图

项目主要函数调用关系图如图 13.8 所示。项目输出界面演进图如图 13.9 所示。

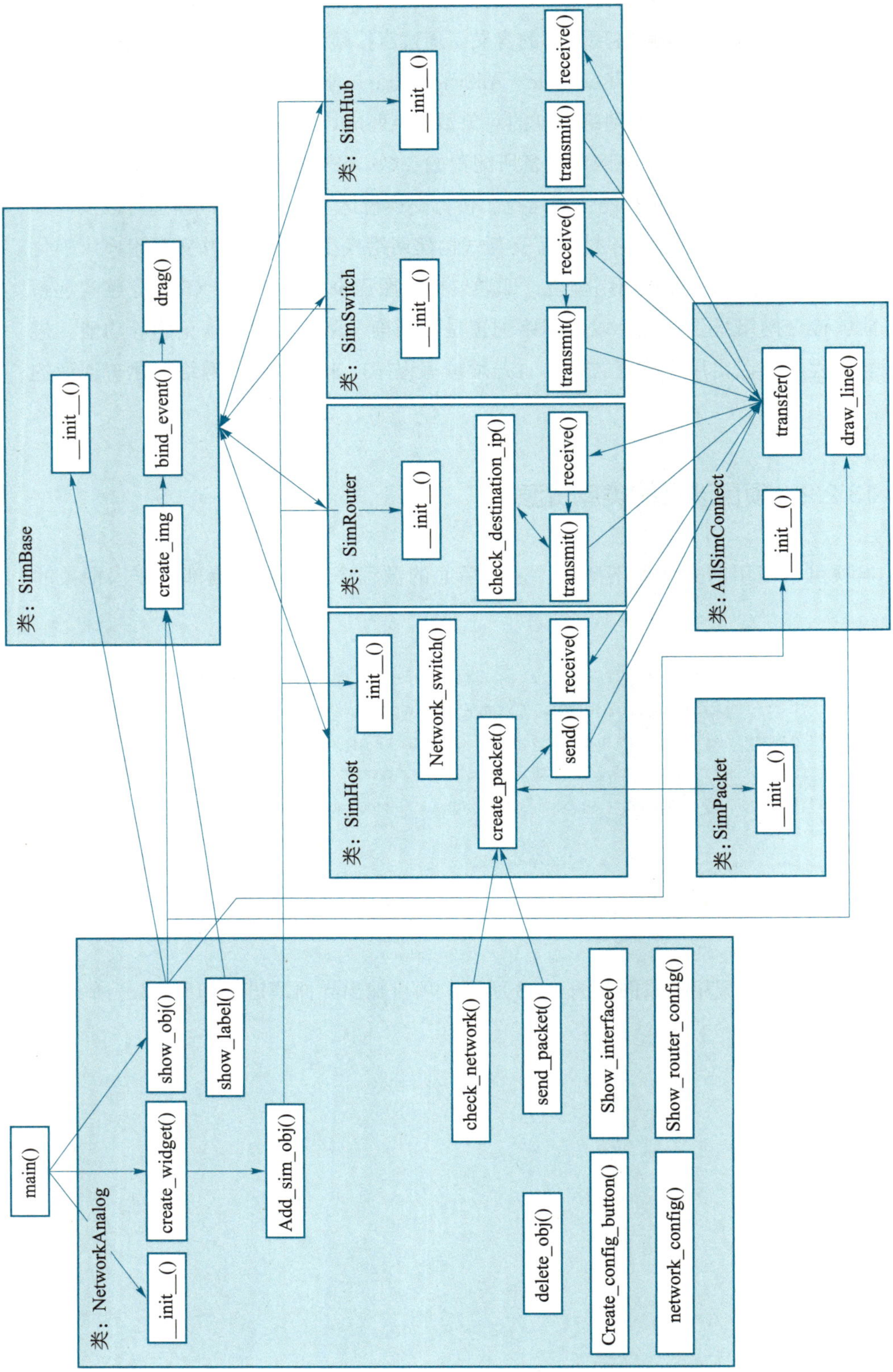

图 13.8　主要函数调用关系图

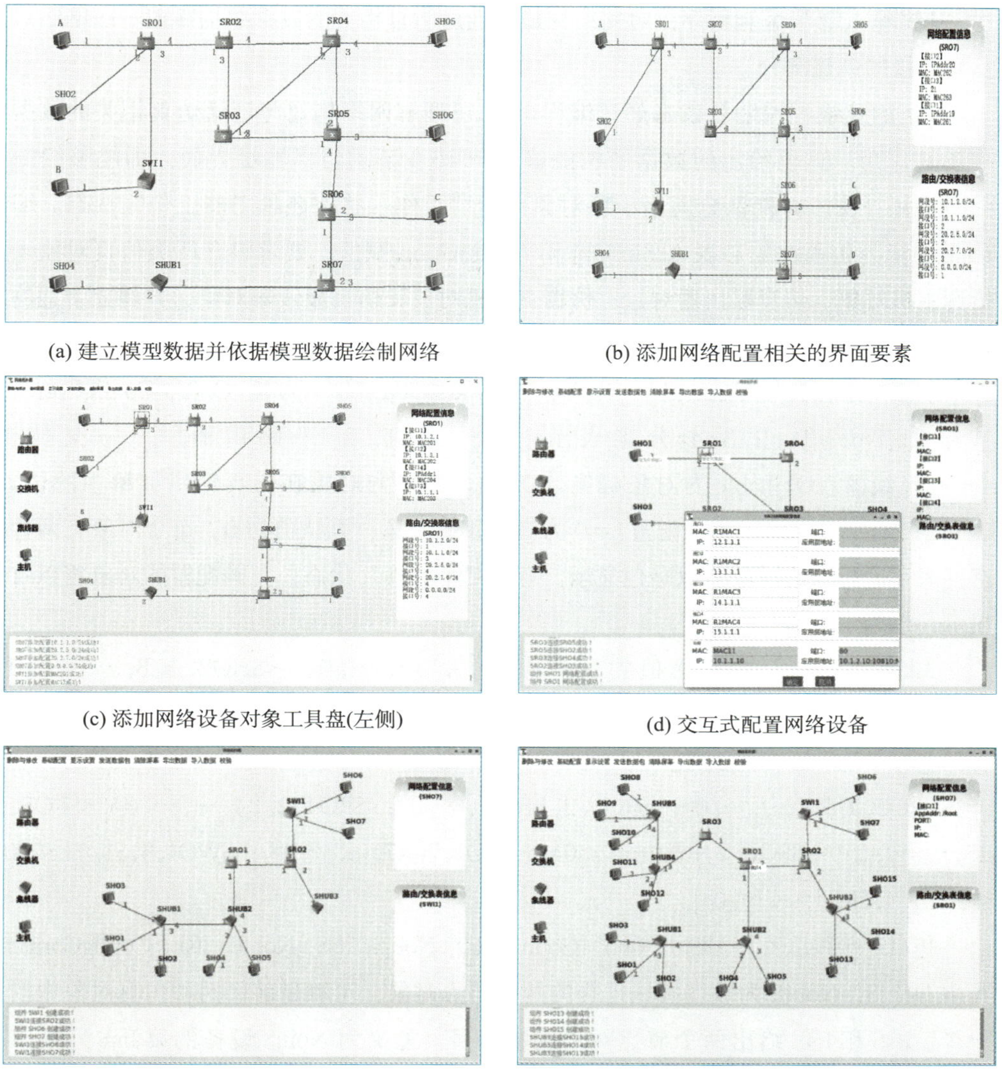

(a) 建立模型数据并依据模型数据绘制网络

(b) 添加网络配置相关的界面要素

(c) 添加网络设备对象工具盘(左侧)

(d) 交互式配置网络设备

(e) 交互式搭建网络示例1

(f) 交互式搭建网络示例2

图 13.9 项目输出界面演进图

13.3 数据的变化与基本控制：X1-数据结构

本项目涉及以下几类仿真对象：SimHost——仿真主机对象，SimRouter——仿真路由器对象，SimSwitch——仿真交换机对象，SimHub——仿真集线器对象，SimConn——仿真连接线对象，SimPacket——仿真数据包对象。

【编程 13.1】编制程序：对网络构建与连通仿真相关的数据结构赋值——网络对象及其连接的创建部分。

【目的及编程说明】读者通过编程 13.1 可理解网络构建与连通仿真相关的数据结构及其作用。这里给出的数据结构能够支持 13.4 节的仿真输出界面，即能够绘制一张网络拓扑图，并能区分网络中各对象处于“工作”状态还是“非工作”状态。编程 13.1 要求为仿真对象总表 AllSimObj 和 AllSimConn 赋值，要求包含四类仿真对象——仿真主机对象、仿真路由器对象、仿真交换机对象和仿真集线器对象，并建立合适的连接信息。

仿真对象总表为 AllSimObj（ObjID，ObjType，ObjLable，ObjX，ObjY，ConfigCorrect)，其中 ObjType = {1，2，3，4} 分别表示：1——主机，2——路由器，3——交换机，4——集线器。ObjLable 为对象标签，ObjX、ObjY 为对象在仿真输出屏幕中的位置。ConfigCorrect = 1 为已正确配置，= 0 为尚未正确配置，默认值为 0。每个对象有两种状态，未正确配置的对象将以暗色显示，意为“不工作”状态，正确配置的对象将以常色显示，意为“工作”状态。

AllSimObj 的示例初始值为 {<SHO1, 1, A，…，…, 0>，<SHO2, 1, B，…，…, 0>，<SHO3, 1, C, …, …, 0>, <SHO4, 1, D, …, …, 0>, <SHO5, 1, E, …, …，0>，<SHO6, 1, F, …, …, 0>，<SHO7, 1, G, …, …, 0>，<SHO8, 1, H, …, …, 0>，<SRO1, 2, R1, …, …, 0>, <SRO2, 2, R2, …, …, 0>, <SRO3, 2, R3, …, …, 0>, <SRO4, 2, R4, …, …, 0>, <SRO5, 2, R5, …, …, 0>，<SRO6, 2, R6, …, …, 0>，<SRO7, 2, R7, …, …, 0>，<SWO1, 3, S1, …, …, 0>, <SHub1, 4, Hub1, …, …, 0>}。

仿真连接线总表为 AllSimConn（ConnObjID，NobjS，IfsS，NobjE，IfsE，ConfigCorrect)，其中 NobjS、NobjE 为该连接线连接的两个节点对象，可以是前面四种仿真对象中的某一个。IfsS 和 IfsE 给出两个节点对象的接口号，意义为 NobjS 设备的第 IfsS 号接口和 NobjE 设备的第 IfsE 号接口。ConfigCorrect = 1 为已正确配置，= 0 为尚未正确配置，默认值为 0。每个连接线对象有两种状态，未正确配置的连接线对象将以细线显示，意为“未连通”状态，正确配置的连接线对象将以粗线显示，意为“连通”状态。

【程序编写】按下列程序示意将相关数据输入列表。

```
if __name__ == '__main__':
   AllSimObj = [{"ObjID":"SHO1","ObjType":1,"ObjLabel":"A","ObjX":100,"ObjY":
100,"ConfigCorrect":0},{"ObjID":"SHO2","ObjType":1,"ObjLabel":"B","ObjX":
100,"ObjY":100,"ConfigCorrect":0},{"ObjID":"SHO3","ObjType":1,"ObjLabel":
"C","ObjX":100,"ObjY":100,"ConfigCorrect":0},{"ObjID":"SHO4","ObjType":
1,"ObjLabel":"D","ObjX":100,"ObjY":100,"ConfigCorrect":0}
   ...                 # 读者可将前面示例中的8个主机、7个路由器等对象数据仿照上述程序
                         语句输入到程序中]
```

```
    AllSimConn=[{"ConnObjID":"conn1","NobjS":"SHO1","IfsS":1,"NobjE":"SRO1",
"IfsE":1,"ConfigCorrect":0},{"ConnObjID":"conn1","NobjS":"SHO2","IfsS":1,
"NobjE":"SRO1","IfsE":2,"ConfigCorrect":0},{"ConnObjID":"conn1","NobjS":
"SRO2","IfsS":1,"NobjE":"SRO1","IfsE":4,"ConfigCorrect":0},
    ...              # 读者可依据拟建立的网络拓扑连接关系，产生其他连线数据，仿照上述
                       程序语句输入到程序中]
```

【编程 13.2】编制程序：对网络构建与连通仿真相关的数据结构赋值——网络中出现的四类对象参数配置部分。

【目的及编程说明】读者通过编程 13.2 可理解网络构建与连通仿真相关的数据结构及其作用。理解四类仿真对象——仿真主机对象、仿真路由器对象、仿真交换机对象（链路层设备，当一个接口收到一个链路层帧，依据帧的目的 MAC 地址查询交换表，决策如何转发该帧）和仿真集线器对象（物理层设备，当一个接口收到信号后，同时传输给其他各个接口）的各项参数信息。要求为各类对象的各个参数赋恰当的参数值。

（1）仿真主机对象配置表 AllSimHost (ObjID，IFSnum，AddrStack [] [])，其中 IFSnum 为接口数，AddrStack [] 为多个地址栈，即每个接口 i=1 到 IFSnum 都有一个地址栈：AddrStack [i] [1] 保存链路层物理地址（MAC），AddrStack [i] [2] 保存网络层地址，AddrStack [i] [3] 保存端口号（对应相应的不同进程），AddrStack [i] [4] 保存应用层地址（例如邮箱地址、网页地址等），其中 i 为设备的接口编号。注意，这里的 SimHost 对象代表一个带有端口的虚拟主机，真实网络中，服务端的端口是监听时指定的，客户端的端口是发起连接后操作系统自动分配的，这里为了简化设计，在定义主机时指定端口，如 80 端口等。

AllSimHost 的示例初始值为{<SHO1, 1, {<MAC11, 10.1.2.10, 10810, 10.1.2.10: 10810: Name1>}>, <SHO2, 1, {<MAC12, 10.1.1.10, 80, 10.1.2.10: 10810: Name2 >}>, <SHO3, 1, {<MAC13, 20.2.5.10, 10810, 10.1.2.10:10810: Name3 >}>, <SHO4, 1, {<MAC14, 20.2.7.10, 10810, 10.1.2.10: 10810: Name4 >}>}。

【程序编写】

```
if __name__=='__main__':
    AllSimHost=[{"ObjID":"SHO1","IFSnum":1,"AddrStack":[["MAC11","10.1.2.
10","10810","10.1.2.10:10810:Name1"]]},{"ObjID":"SHO2","IFSnum":1,
"AddrStack":[["MAC12","10.1.1.10","80","10.1.2.10:10810:Name2"]]},
    ...              #其他数据仿照上述程序语句编写即可]
```

（2）仿真路由器对象配置表 AllSimRouter (ObjID, IFSnum, AddrStack [] [])，参阅仿真主机对象中的相关参数说明。

AllSimRouter 的示例初始值为 {<SRO1, 4,{<MAC201, 10.1.2.1, NULL, NULL >,<MAC202,

10.1.3.1, NULL, NULL>, <MAC203, 10.1.1.1, NULL, NULL>, <MAC204, IPAddr1, NULL, NULL>}>, <SRO2, 3, {<MAC211, IPAddr2, NULL, NULL>, <MAC212, IPAddr3, NULL, NULL>, <MAC213, IPAddr4, NULL, NULL>}>, <SRO3, 4, {<MAC221, IPAddr5, NULL, NULL>, <MAC222, IPAddr6, NULL, NULL>, <MAC223, IPAddr7, NULL, NULL>, <MAC224, IPAddr8, NULL, NULL>}>, <SRO4, 4, {<MAC231, IPAddr9, NULL, NULL>, <MAC232, IPAddr10, NULL, NULL>, <MAC233, IPAddr11, NULL, NULL>, <MAC234, IPAddr12, NULL, NULL>}>, <SRO5, 4, {<MAC241, IPAddr13, NULL, NULL>, <MAC242, IPAddr14, NULL, NULL>, <MAC243, IPAddr15, NULL, NULL>, <MAC244, IPAddr16, NULL, NULL>}>, <SRO6, 3, {<MAC251, IPAddr17, NULL, NULL>, <MAC252, IPAddr18, NULL, NULL>, <MAC253, 20.2.5.1, NULL, NULL>}>, <SRO7, 3, {<MAC261, IPAddr19, NULL, NULL>, <MAC262, IPAddr20, NULL, NULL>, <MAC263, 20.2.7.10, NULL, NULL>}>}。

【程序编写】

```
if__name__=='__main__':
    AllSimRouter=[
    {"ObjID":"SRO1","IFSnum":4,"AddrStack":[["MAC201","10.1.2.1",NULL,NULL],
["MAC202","10.1.3.1",NULL,NULL],["MAC203","10.1.1.1",NULL,NULL],["MAC204",
"IPAddr1",NULL,NULL]]},
    {"ObjID":"SRO2","IFSnum":3,"AddrStack":[["MAC211","IPAddr2",NULL,
NULL],["MAC212","IPAddr3",NULL,NULL],["MAC213","IPAddr4",NULL,NULL]]},
    ...             #其他数据仿照上述程序语句编写即可]
```

(3) 仿真交换机对象配置表 AllSimSwitch (ObjID, IFSnum, AddrStack [] []), 参阅仿真主机对象中的相关参数说明。对交换机的仿真中，仅判断是否有物理地址，也即该接口是否有物理连接，即 AddrStack [] [] 中仅需使 AddrStack [] [1] 不为空（任意字符串），其他 AddrStack [] [2]、AddrStack [] [3]、AddrStack [] [4] 均赋值 NULL。读者可通过改变相应程序来增强交换机对象的仿真功能。

AllSimSwitch 的示例初始值为 {<SWO1, 2, {<MAC301, NULL, NULL, NULL>, <MAC302, NULL, NULL, NULL>}>。

【程序编写】

```
if__name__=='__main__':
    AllSimSwitch=[{"ObjID":"SWO1","IFSnum":2,"AddrStack":[["MAC301",
NULL,NULL,NULL],["MAC302",NULL,NULL,NULL]]}
    ...             #其他数据仿照上述程序语句编写即可]
```

(4) 仿真集线器对象配置表 AllSimHUB (ObjID, IFSnum, AddrStack [] []), 参

阅仿真主机对象中的相关参数说明。对集线器的仿真中，仅判断是否有物理地址，也即该接口是否有物理连接，即 AddrStack [] [] 中仅需使 AddrStack [] [1] 不为空（任意字符串），其他 AddrStack [] [2]、AddrStack [] [3]、AddrStack [] [4] 均赋值 NULL。

AllSimHUB 的示例初始值为 {<SHUB1, 2, {<NULL, NULL, NULL, NULL>, <NULL, NULL, NULL, NULL>}>。

【程序编写】

```
if__name__=='__main__':
    AllSimHub=[{"ObjID":"SHUB1","IFSnum":2,"AddrStack":[[NULL,NULL,NULL,
NULL],[NULL,NULL,NULL,NULL]]}
    ...            #其他数据仿照上述程序语句编写即可]
```

【编程 13.3】编制程序：对网络构建与连通仿真相关的数据结构赋值——仿真路由器的路由表赋初值。

【目的及编程说明】读者通过编程 13.3 可理解网络构建与连通仿真相关的数据结构及其作用。理解仿真路由器对象的路由表结构。要求为每个路由器对象的路由表赋恰当的初始值。

仿真路由器对象的路由表为 AllRouTable（ObjID, RouTable [] = {<NetNumber, IFS>}）。每个路由器对象有一个路由表，路由表中的一项为 < 网段号，接口号 >，含义为：目标地址为该网段号的地址的数据包将从该接口号的接口发出。

AllRouTable 的示例初始值为（<SRO1, {<10.1.2.10/24, 1>, <10.1.1.10/24, 3>, <20.2.5.10/24, 4>, <20.2.7.10/24, 4>, <0.0.0.0/24, 4>}>, <SRO2, {<10.1.2.10/24, 1>, <10.1.1.10/24, 1>, <20.2.5.10/24, 2>, <20.2.7.10/24, 2>, <20.2.5.10/24, 3>, <20.2.7.10/24, 3>, <0.0.0.0/24, 3>}>, <SRO3, {<10.1.2.10/24, 1>, <10.1.1.10/24, 1>, <20.2.5.10/24, 2>, <20.2.7.10/24, 2>, <20.2.5.10/24, 3>, <20.2.7.10/24, 3>, <0.0.0.0/24, 4>}>, <SRO4, {<10.1.2.10/24, 1>, <10.1.1.10/24, 1>, <20.2.5.10/24, 2>, <20.2.7.10/24, 2>, <20.2.5.10/24, 3>, <20.2.7.10/24, 3>, <0.0.0.0/24, 2>}>, <SRO5, {<10.1.2.10/24, 1>, <10.1.1.10/24, 1>, <10.1.2.10/24, 2>, <10.1.1.10/24, 2>, <20.2.5.10/24, 4>, <20.2.7.10/24, 4>, <0.0.0.0/24, 3>}>, <SRO6, {<10.1.2.10/24, 2>, <10.1.1.10/24, 2>, <20.2.5.10/24, 3>, <20.2.7.10/24, 1>, <0.0.0.0/24, 3>}>, <SRO7, {<10.1.2.10/24, 2>, <10.1.1.10/24, 2>, <20.2.5.10/24, 2>, <20.2.7.10/24, 3>, <0.0.0.0/24, 1>}>}）。

【程序编写】

```
if__name__=='__main__':
   AllRouTable=[{"ObjID":"SRO1","RouTable":[{"NetNumber":"10.1.2.10/24",
```

```
"IFS":1},{"NetNumber":"10.1.1.10/24","IFS":3}]},{"ObjID":"SR02",
"RouTable":[{"NetNumber":"10.1.2.10/24","IFS":1},{"NetNumber":"10.1.1.10/
24","IFS":1}]},
    ...                #其他数据仿照上述程序语句编写即可]
```

通常，网段由“IP 地址 / 网段区隔数字 p”形式来表达，这是一种无类别域间路由表示方法。IP 地址是 4 个十进制数，相当于 32 位二进制数，以网段区隔数字 p 区分成两段，即前 p 位数字和后 32−p 位数字，这样就识别出了子网，即 IP 地址中前 p 位相同的为同一网段。例如：“172.16.123.1/24”转化成二进制表示为 10101100 00001000 01111011 00000001，取其前 24 位 10101100 00001000 01111011 为该 IP 的网段地址。

仿真交换机对象的交换表为 AllSwitchTable (ObjID，SwitchTable [] = {<MacAddr，IFS>})。每个交换机对象有一个交换表，交换表中的一项为 <Mac 地址，接口号 >，含义为：目标为该 MAC 地址的数据包将从该接口号的接口发出。

AllSwitchTable 的示例初始值为 {<SWO1, {<MAC201, 1>, <MAC12, 2>}>})。

【程序编写】

```
if__name__=='__main__':
    AllSwitchTable=[{"ObjID":"SR01","SwitchTable":[{"MacAddr":"MAC201",
"IFS":1},{"MacAddr":"MAC12","IFS":2}]},
    ...                #其他数据仿照上述程序语句编写即可]
```

13.4　屏幕元素及其显示输出：X2-可视化输出

本节将实现 13.3 节中数据结构 AllSimObj 和 AllSimConn 所刻画的网络连接示意图。

【编程 13.4】编制程序：依据 AllSimObj 和 AllSimConn 数据结构产生如图 13.10 的输出界面（未显示对象名称及接口号）。

【目的及编程说明】读者通过编程 13.4 可理解网络构建与连通仿真相关的输出界面，实现各个屏幕元素——仿真路由器、仿真交换机、仿真集线器和仿真主机。数据结构及初始值参见编程 13.1。

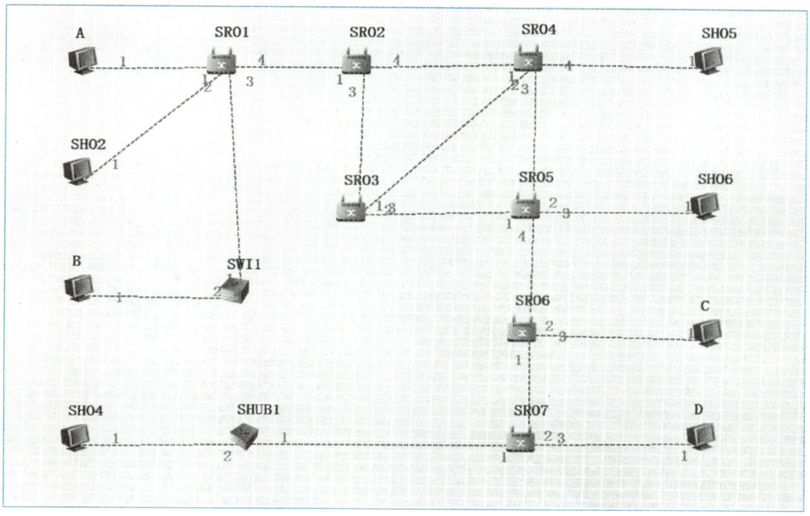

图 13.10　网络构建与连通仿真输出界面之一

【程序编写】定义一个公共组件类 SimBase，作为所有具体组件的父类，用于实现所有组件对象的公共特性，如对象初始化、对象移动、对象图形显示等。

类/函数： 公共组件类SimBase，初始化函数init()和显示组件图像函数create_img()。

```
class SimBase():
    def __init__(self,canvas,x,y,id,config=None,label=None):
                                    #初始化各类对象显示用的小图像及其各种参数
        self.ConfigCorrect=0 if config is None else config      #是否进行配置
        self.ObjType=None  #组件类型：1->主机,2->路由器,3->交换机,4->集线器
        self.ObjLabel,self.ObjID,self.ObjX,self.ObjY="",id,x,y
        self.canvas=canvas
        self.host_img=ImageTk.PhotoImage(Image.open("../datas/images/主机@2x.png"))
        self.host_img_tm=ImageTk.PhotoImage(Image.open("../datas/images/主机--暗色@2x.png"))
        self.router_img=ImageTk.PhotoImage(Image.open("../datas/images/路由器@2x.png"))
        self.router_img_tm=ImageTk.PhotoImage(Image.open("../datas/images/路由器--暗色@2x.png"))
        ...                         #后续交换机、集线器图像加载方式与上述方法一致

    def create_img(self):   #创建组件图像
        self.canvas.delete("L")
        id=self.canvas.create_image(self.ObjX-30,self.ObjY-30,image=self. img,tags=self.ObjID)
```

```
        self.canvas.dtag("L","L")
        self.canvas.create_text(self.ObjX-20,self.ObjY-60,text=self.
ObjLabel)
```

类/函数： 链接类AllSimConnect，绘制连接线函数draw_line()。

```
class AllSimConnect():
    def __init__(self,canvas,nodex:SimBase,nodex_ifs,nodey:SimBase,nodey_
ifs,config=None):
        self.canvas=canvas
        self.NobjS=nodex
        self.NobjE=nodey
        self.IfsS=nodex_ifs
        self.IfsE=nodey_ifs
    def draw_line(self):                    #绘制连接线
        line=self.canvas.create_line(self.NobjS.ObjX,self.NobjS.ObjY,self.
NobjE.ObjX,self.NobjE.ObjY)
        self.canvas.tag_lower(line,2)
```

类/函数： 程序主类NetWorkAnalog，初始化函数init()和显示组件函数show_obj()。

```
class NetWorkAnalog():
    def __init__(self,master,**kwargs):
        super().__init__(master,**kwargs)
        self.master=master
        self.width=int(self.cget("width"))
        self.height=int(self.cget("height"))
    def show_obj(self,AllSimObj,AllsimConn):
        for sim_obj in AllSimObj:
            simObj=new SimBase(self,sim_obj["ObjX"],sim_obj["ObjY"])
            self.AllSimObj[sim_obj["ObjID"]]=simObj
        for conn in AllsimConn:
            simConn=new AllSimConnect(self,conn['NobjS'],conn['IfsS'],conn
['NobjE'],conn['IfsE'])
            self.conns.append(simConn)
        for key,sim_obj in self.AllSimObjs.items():
                                    #遍历AllsimObj中的组件并绘制图像
            sim_obj.create_img()
        for conn in self.conns:     #循环遍历AllsimConn中的所有连接线并绘制图像
            conn.draw_line()
if __name__=='__main__':
    ...                             #省略X1部分定义配置组件的内容
    root=Window()
    root.title('网络拓扑图')
```

```
    root_attr={"width":root.winfo_screenwidth()*0.83,
               "height":root.winfo_screenheight()*0.85}
    size='%dx%d+%d+%d' % (root_attr['width'],root_attr['height'])
    canvas=NetWorkAnalog(root,width=root_attr['width'],heigh=root_
attr['height'])
        canvas.place(x=0,y=0,anchor='nw')
    root.geometry(size)
    canvas.show_obj(AllSimObj,conns)
    root.mainloop()
```

【编程 13.5】编制程序：依据 AllSimHost、AllSimRouter、AllSimSwitch、AllSimHUB 数据结构，生成如图 13.10 的输出界面——显示对象名称及其接口号。

【目的及编程说明】读者通过编程 13.5 可理解网络构建与连通仿真相关的输出界面，实现各个屏幕元素——仿真路由器、仿真交换机、仿真集线器和仿真主机的参数配置，显示每一个仿真对象的接口连接，以及每一个接口的参数信息。数据结构及初始值参见编程 13.2。

【程序编写】

类/函数：程序主类NetworkAnalog，新增显示标签函数show_label()和显示接口函数show_interface()。

```
class NetworkAnalog():
    def show_label(self):                    #显示/不显示标签
        self.show_label_flag=not self.show_label_flag
        if self.show_label_flag:
            for tag in self.AllSimObjs.values():
                tag.create_img()
        else:
            for tag in self.AllSimObjs.values():
                self.delete(tag.ObjID + "text")
    def show_interface(self):                #显示/不显示接口
        self.show_interface_flag=not self.show_interface_flag
        if self.show_interface_flag:
            for conn in self.conns:
                conn.draw_line()
        else:
            for conn in self.conns:
                self.delete(conn.NobjS.ObjID + conn.NobjE.ObjID)
if __name__=='__main__':
    ...                                      #接编程13.4主函数
    canvas=NetWorkAnalog(root,width=root_attr['width'],heigh=root_
attr['height'],bg="white")
```

```
canvas.place(x=0,y=0,anchor='nw')
canvas.show_label()
canvas.show_interface()
```

【编程 13.6】编制程序：依据 AllRouTable 和 AllSwitchTable 数据结构，在图 13.10 的输出界面基础上显示每一个路由器的路由表和每一个交换机的交换表。

【目的及编程说明】读者通过编程 13.6 可理解网络构建与连通仿真相关的输出界面——路由表的输出显示和交换表的输出显示。显示每一个仿真路由对象的路由表信息，如图 13.11 所示。数据结构及初始值参见编程 13.3。

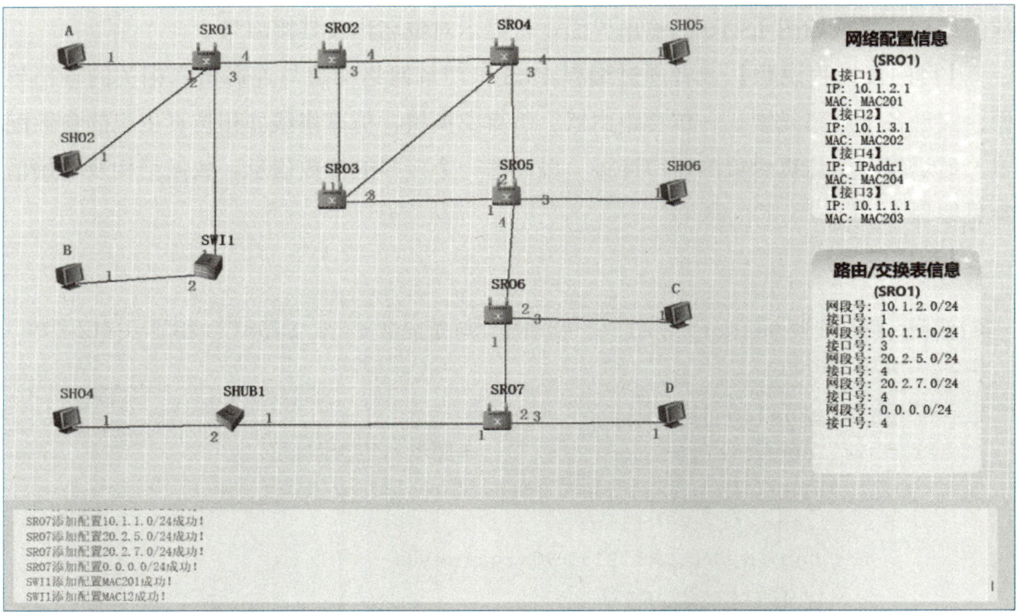

图 13.11　网络构建与连通仿真输出界面之二

【程序编写】

类/函数： 在程序主类NetworkAnalog基础上新增显示路由表方法show_router_configl()和显示交换表方法show_network_config()。

```
class NetworkAnalog():
    def show_network_config(self):      #显示网络配置信息
        if self.chose_obj is None:
            messagebox.showerror("注意",message="请先选择要显示的对象!")
            return
        self.delete("netSet")
        self.create_text(self.width * 0.82 + 120,80,text="("
                        +self.chose_obj.ObjLabel + ")")
    def show_router_config(self):       #显示路由交换表信息
```

```
        if self.chose_obj is None:
            messagebox.showerror("注意",message="请先选择要显示的对象！")
            return
        if self.chose_obj.ObjType !=2 and self.chose_obj.ObjType !=3:
            messagebox.showerror("注意",message="请选择路由器/交换机对象！")
            return
        self.delete("routerSet")
        self.create_text(self.width ,self.height)
        self.create_text(self.width,self.height,self.chose_obj.get_
table_config())
if __name__=='__main__':
    ...                                     #接编程13.4主函数
    canvas=NetWorkAnalog(root,width=root_attr['width'],heigh=root_
attr['height'],bg="white")
    canvas.place(x=0,y=0,anchor='nw')
    canvas.show_network_config()
    canvas.show_router_config()
```

13.5 算法设计与函数实现：X3-基本算法

【编程 13.7】编制程序：仿真主机运行。

【目的及编程说明】读者通过编程 13.7 可理解主机运行及其状态：（1）主机联网与断网；（2）产生一个数据包；（3）发送一个数据包；（4）监听线路并接收数据包。

【程序编写】

类/函数： 在原有AllSimConnect连接类基础上新增transfer()传输方法。

```
class AllSimConnect():
    ...
    def transfer(self,source_node,packet:SimPacket):
        if source_node==self.NobjS:  #判断数据是否由NobjS组件发送
            self.NobjE.receive(packet)  #如果是由NobjS发送，则由NobjE接收
        else:
            self.NobjS.receive(packet)  #如果是由NobjE发送，则由NobjS接收
```

类/函数： 新增主机类SimHost，并新增初始化方法__init__()、联网与断网方法network_switch()、发送数据包方法send()、接收数据包方法receive()。

```
class SimHost(SimBase):                          #主机类
   def __init__(self,canvas,x,y,id=None,config=None,label=None):
```

```
        ...                                            #编程13.2
        self.network_online=False

    def network_switch(self):                          #设置主机联网与断网
        self.network_online=not self.network_online #取反

    def create_packet(self,ip,mac,message):            #创建数据包
        packet=SimPacket(self.interface[0]["ip"],
                self.interface[0]["mac"],ip,mac,message)
        print(f"创建数据包成功,数据包由{packet.source_ip} 发往 {packet.
destination_ip}")
        self.send(packet)
    def send(self,packet):                             #发送数据包
        connection:AllSimConnect=self.connections[0]
        print(f"数据包从 {self.ObjLabel} 发出")
        packet.up_jump=connection
        connection.transfer(self,packet)
    def receive(self,packet:SimPacket):
                                                       # 判断目的IP是否与本机IP一致,
                                                        以及判断当前主机是否联网
        if packet.destination_ip==self.interface[0]["ip"] and self.
network_online:
            print(f"主机{self.ObjLabel}接收到数据{packet.message}")
            packet.flag=True  # 将packet的传输状态改为True,视为传输成功
        else:
           print(f"数据传输失败")
class SimPacket():
    def __init__(self,source_ip,source_mac,destination_ip,message=
None,ping=False):
        """
        :param source_mac:源主机MAC地址
        :param source_ip:源主机IP地址
        :param destination_mac:目的主机MAC地址
        :param destination_ip:目的主机IP地址
        :param message:数据
        """
        self.source_mac=source_mac
        self.source_ip=source_ip
        self.destination_ip=destination_ip
        self.message=message
        self.up_jump=None                              #上一跳连接对象
        self.ping=ping
        self.flag=False                                #是否传输成功
```

【编程 13.8】编制程序：仿真路由器运行。

【目的及编程说明】读者通过编程 13.8 可理解路由器运行及其状态管理。(1) 接收数据包；(2) 检索路由表，寻找路由（即下一跳）；(3) 发送数据包；(4) 对路由表未存在的目标地址自动建立路由（默认路由）。

【程序编写】

类/函数： 新增路由类SimRouter，转发数据包方法transmit()和接收数据包方法receive()。

```
class SimRouter(SimBase):                                  #路由类
    def transmit(self,packet:SimPacket):                   #转发数据包
        flag=False
        next_hop_ifs=None
        for conn in self.connections:
            if isinstance(conn,AllSimConnect):
                if conn.ConfigCorrect==0:                  #判断是否配置正确
                    continue                               #如果两端配置不正确则跳过
                ifs=self.connections.index(conn) + 1
                if network in self.router_table[ifs]:      #如果IP在路由表中
                    flag=True
                    next_hop_ifs=ifs
                    continue
        if flag:
            conn=self.connections[next_hop_ifs - 1]
            packet.up_jump=conn
            conn.transfer(self,packet)
                                                           #调用AllSimConnect的
                                                            transfer方法进行传输
        else:
            error_message="路由寻址失败"
            print(error_message)

    def receive(self,packet):                              #接收数据
        print(f"{self.ObjLabel}-路由器接收到数据{packet.message}")
        self.transmit(packet)
```

【编程 13.9】编制程序：仿真交换机运行，

【目的及编程说明】读者通过编程 13.9 可理解交换机运行及其状态。(1) 接收数据包；(2) 查询交换表确定输出接口；(3) 发送数据包；(4) 对交换表未存在的 MAC 地址进行泛洪输出到每个接口，并依据输出成功的接口，在交换表中建立该 MAC 地址的输出接口。

【程序编写】

类/函数： 新增交换机类SimSwitch，接收数据包方法receive()和转发数据包方法transmit()。

```
class SimSwitch(SimBase):                              #交换机类
    ...
    def transmit(self,packet:SimPacket):               #转发数据包
        flag=False
        next_hub_ifs=None
        for conn in self.connections:
            if isinstance(conn,AllSimConnect):
                if conn.ConfigCorrect==0:              #判断两端是否配置正确
                    continue                           #如果配置不正确则跳过
                ifs=self.connections.index(conn)+1
                if packet.destination_mac in \
                        self.mac_table.get(ifs,[]):
                    flag=True
                    next_hub_ifs=ifs
        if flag:
            conn=self.connections[next_hub_ifs - 1]
            packet.up_jump=conn
            conn.transfer(self,packet)
            return
        for conn in self.connections:                  #将数据包向所有接口进行转发
            if isinstance(conn,AllSimConnect):
                if conn.ConfigCorrect==0:              #判断是否配置正确
                    continue                           #如果配置不正确则不转发
                new_packet=SimPacket(packet.source_ip,packet.source_mac)
                new_packet.up_jump=conn
                threading.Thread(target=conn.transfer,
                        args=(self,new_packet)).start()

    def receive(self,packet:SimPacket):                #接收数据
        print(f"交换机{self.ObjLabel}接收到数据{packet.message}")
        self.transmit(packet)
```

【编程 13.10】编制程序：仿真集线器运行。

【目的及编程说明】读者通过编程 13.10 可理解集线器运行及其状态。(1) 接收数据包；(2) 广播发送数据包。

【程序编写】

类/函数： 在SimHub类中增加SimHub.receive()、SimHub.transmit()。

```
class SimHub(SimBase):                       #集线器类，该类在原X1基础上做出修改
```

```
...
def transmit(self,packet:SimPacket):              #集线器转发数据包
    for conn in self.connections:                 #将数据包向所有接口进行转发
        if isinstance(conn,AllSimConnect):
            if conn.ConfigCorrect==0:             #判断是否配置正确
                continue
            new_packet=SimPacket(packet.source_ip,
                packet.source_mac,packet.destination_ip,
                packet.destination_mac,packet.message)
            new_packet.up_jump=conn
            threading.Thread(target=conn.transfer,
                        args=(self,new_packet)).start()
def receive(self,packet:SimPacket):               #接收数据
    print(f"集线器-{self.ObjLabel}接收到数据，将进行转发！")
    self.transmit(packet)
```

【编程 13.11】编制程序：数据包由 A 计算机发送到 D 计算机的完整过程仿真。

【目的及编程说明】读者通过编程 13.11 可理解数据包由 A 计算机发送到 D 计算机的完整过程仿真。(1) A 计算机产生一个数据包，并发送；(2) 路由器接收数据包，确定下一跳地址，并发送；(3) 依据给定网络连接图及其配置，重复步骤 (2)，直到发送给 D 计算机，D 计算机接收并展现数据包。

【程序编写】

类/函数：增加类SimHost、SimRouter。

```
class SimHost():                                  #编程13.7
    def create_packet(self,ip,mac,message):       #创建数据包
        ...                                       # 此处省略创建数据包的过程，具体
                                                    可查看编程13.7部分的代码
        self.send(packet)
    def send(self,packet):                        #发送数据包
        self.connection.transfer(self,packet)

    def receive(self,packet:SimPacket):           #接收数据包
        ...                                       # 此处省略判断传输是否正确的步骤，
                                                    具体可查看编程13.7部分的代码
        print(f"主机{self.ObjLabel}接收到数据{packet.message}
class AllSimConnect():
    def transfer(self,source_node,packet:SimPacket):
        ...                                       # 此处省略转发的逻辑判断步骤，具
                                                    体可查看编程13.7部分的代码
        self.NobjE.receive(packet)
```

```
class SimRouter():                                  #编程13.8
    ...
    def transmit(self,packet:SimPacket):            #转发数据包
        ...                                         # 此处省略根据路由表进行转发的步
                                                      骤，具体可查看编程13.8部分的代码
        self.connections.transfer(packet)

    def receive(self,packet):
        self.transmit(packet)
if __name__=='__main__':
       ...
    canvas=NetWorkAnalog(root,width=root_attr['width'],heigh=root_
attr['height'])
    canvas.place(x=0,y=0,anchor='nw')
```

13.6　屏幕元素事件识别与控制：X4-人机交互

【编程 13.12】编制程序：在 13.4 节基础上，增加交互式控制按钮。

【目的及编程说明】在 13.4 节基础上，增加交互式控制按钮，如图 13.12 所示。

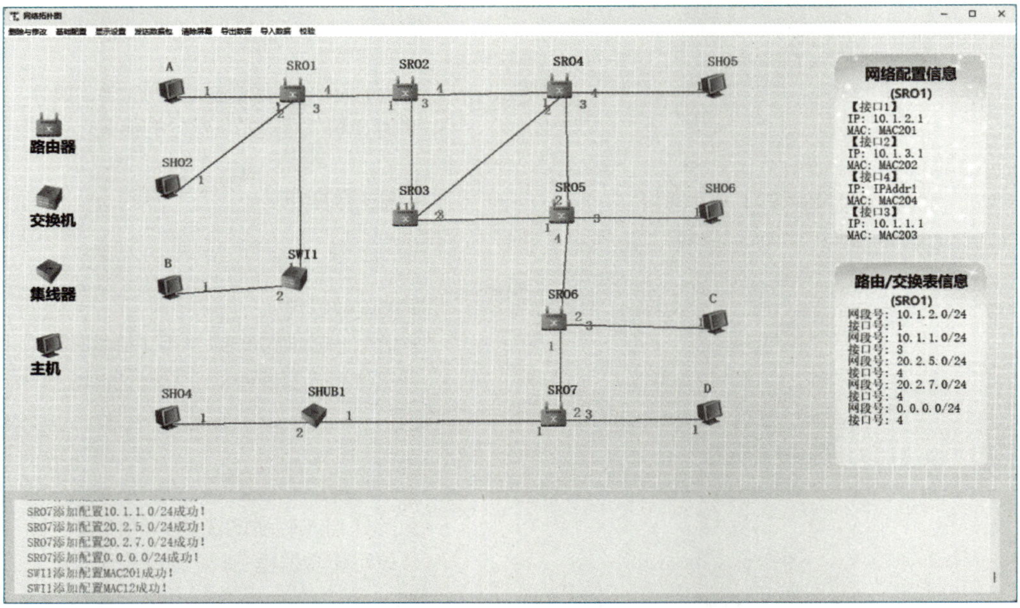

图 13.12　网络构建与连通仿真的交互式控制界面

【程序编写】

类/函数： 在类NetworkAnalog中新增创建组件方法create_widget()和创建菜单栏方法create_config_button()。

```
class NetworkAnalog():                                   #在X2基础上添加功能
    def create_widget(self):
        self.create_text(self.width * 0.82+120,30+15,text="网络配置信息")
        self.create_image(self.width,self.canvas_size[3])
                                                         #矩形框，左上角坐标
        self.create_text(self.width,self.canvas_size[3],text="路由/
交换表信息")
                                                         #创建左侧可拖动图标组件
        img_height,text_height,split_width=50,40,120
        self.create_text(text_height,split_width+40,text="路由器")
                                                 #显示文字
        router=self.create_image(img_height,split_width,image=self.
router_img)
        self.create_text(text_height,split_width,text="交换机")
                                                 #显示文字
        switch=self.create_image(img_height,split_width,image=self.
switch_img)
        self.create_text(text_height,split_width,text="集线器")
                                                 #显示文字
        hub=self.create_image(img_height,split_width,image=self.
hub_img)
        self.create_text(text_height,split_width,text="主机")
                                                 #显示文字
        host=self.create_image(img_height,split_width,image=self.
host_img)

    def create_config_button(self):              #创建菜单栏方法
        font_size=16
        font_style=("Arial",font_size)
        style=ttk.Style()
        style.configure("TMenubutton",font=font_style)
        #创建一个菜单栏，这里可以将其理解成一个容器，在窗口的上方
        menubar=tk.Menu(root,font=font_style)
                                                 #定义一个空菜单单元
        setMenu=tk.Menu(menubar,tearoff=0,font=font_style)
        menubar.add_cascade(label='删除与修改',menu=setMenu,font=font_
style)
        setMenu.add_command(label='删除对象',command=self.delete_obj)
        setMenu.add_command(label='删除连接线',command=self.delete_line)
```

```
        setMenu.add_command(label='修改标签',command=self.update_tag_
name)
        setMenu=tk.Menu(menubar,tearoff=0,font=font_style)
        menubar.add_cascade(label='基础配置',menu=setMenu,font=font_
style)
        setMenu.add_command(label='网络配置',command=self.network_
config)
        setMenu.add_command(label='路由表配置',command=self.router_
table_config)
        setMenu.add_command(label='交换表配置',command=self.mac_table_config)
        root.config(menu=menubar)
        setMenu=tk.Menu(menubar,tearoff=0,font=font_style)
        menubar.add_cascade(label='显示设置',menu=setMenu,font=font_style)
        setMenu.add_command(label='显示/不显示标签',command=self.show_
label)
        setMenu.add_command(label='显示/不显示接口',command=self.show_
interface)
        setMenu.add_command(label='显示网络配置信息',command=self.show_
network_config)
        setMenu.add_command(label='显示路由/交换表信息',command=self.show_
router_config)
        setMenu=tk.Menu(menubar,tearoff=0,font=font_style)
        menubar.add_cascade(label='发送数据包',menu=setMenu,font=font_
style)
        setMenu.add_command(label='发送数据包',command=self.send_packet)
        setMenu.add_command(label='批量发送数据包',command=self.send_
packet_list)
        root.config(menu=menubar)
if __name__=='__main__':
    ...
    canvas=NetWorkAnalog(root,width=root_attr['width'],heigh=root_
attr['height'],bg="white")
    canvas.place(x=0,y=0,anchor='nw')
    canvas.create_config_button()
    canvas.reload_data()
```

【编程 13.13】编制程序：在编程 13.12 基础上，使每一个交互式控制按钮都能完成正确的功能，使最终用户通过交互操作（无须编写程序）实现：(1) 动态构建一个网络；(2) 正确配置其中的集线器、交换机、路由器和主机对象；(3) 仿真某一台主机（源）产生一个数据包，经各网络设备发送给另一台目的主机的每一步，并判断每一步是否正确。

【目的及编程说明】完整实现图 13.12 的网络构建与连通仿真的交互式控制功能。

【程序编写】

类/函数： 在类SimBase中新增单个组件拖动方法drag()以及组件拖动事件绑定方法bind_event()。

```
class SimBase():
    def bind_event(self):                                  #组件拖动事件绑定方法
        self.canvas.tag_bind(self.ObjID,"<B1-Motion>",self.drag)
                                                           #为组件绑定拖动方法
    def drag(self,event):                                  #组件拖动方法
        """
        移动图标
        :param event:
        :return:
        """
        self.canvas.delete("rectangle")
        self.canvas.chose_obj=None
        dx=event.x - self.start_x
        dy=event.y - self.start_y
                                                           #移动范围限制,超出移动
                                                            范围则直接返回
        if not (self.canvas.canvas_size[0]+20<=self.ObjX+dx<=self.
canvas.canvas_size[2]-20 and 20+self.canvas.canvas_size[1]<=self.
ObjY+dy<=self.canvas.canvas_size[3]-20):
            return
        self.ObjX+=dx
        self.ObjY+=dy
        self.canvas.move(self.ObjID,dx,dy)                 #移动SimBase组件
        self.canvas.move(self.ObjID+"text",dx,dy)          #移动SimBase组件
        self.start_x=event.x
        self.start_y=event.y
```

类/函数： 在NetworkAnalog类中添加新增对象方法add_sim_obj()、删除对象方法delete_obj()、删除连接线方法delete_line()、更新组件名称方法update_tag_name()、网络配置方法network_config()、路由表配置方法router_table_config()、交换表配置方法mac_table_config()、显示/不显示标签方法show_label()、显示/不显示接口方法show_interface()、发送数据包方法send_packet()。

```
class NetworkAnalog():                                     #在原有基础上添加功能
    ...                                                    #编程13.6
    def create_widget(self):
        ...
```

```
        #在原有基础上为左侧图标组件绑定鼠标事件
        self.add_sim_obj(router,"路由器")
        self.add_sim_obj(switch,"交换机")
        self.add_sim_obj(hub,"集线器")
        self.add_sim_obj(host,"主机")
    def add_sim_obj(component,name):                        #新增对象
        def move(event,name):                               #鼠标左键释放事件
            if 20 < event.x < 20 and 20 + < event.y < 20:   #在方框内，无变化
                if name=="路由器":
                    tag=SimRouter(self,event.x,event.y)
                elif name=="集线器":
                    tag=SimHub(self,event.x,event.y)
                elif name=="交换机":
                    tag=SimSwitch(self,event.x,event.y)
                else:
                    tag=SimHost(self,event.x,event.y)
                    tag.create_img()
                    self.AllSimObj[tag.ObjID]=tag
                                                            #将组件放入AllSimObj
                    tag.save()
                    self.message.show_message(f"组件{tag.ObjLabel}创建成功!")
                    self.tag_bind_event()
            else:
                    self.delete("L")
            #为组件绑定鼠标事件，当鼠标拖曳就会触发move函数
        self.tag_bind(component,"<ButtonRelease-1>",lambda event:move
(event,name))
    def delete_obj(self):                                   #删除对象方法
        if self.chose_obj is None:
            messagebox.showerror("注意",message="请先选择要删除的对象!")
            return
        ask=messagebox.askquestion(title='确认操作',message='确认删除
该对象吗?')
        if ask=="no":
            return
        self.delete(self.chose_obj.ObjID)                   #删除图像
        self.delete(self.chose_obj.ObjID + "text")          #删除标签
        for conn in self.chose_obj.connections:             #删除该对象的所有连接线
            if isinstance(conn,AllSimConnect):
                conn.delete_line()                          #删除连接线
        self.message.show_message(f"组件{self.chose_obj.ObjLabel}删除成功!")
        self.delete("rectangle")
    def delete_line():                                      #删除连接线
```

```
        ...
    def update_tag_name():                            #更新组件名称
        ...
    def network_config():                             #网络配置
        ...
    def router_table_config():                        #路由表配置
        ...
    def mac_table_config():                           #交换表配置
        ...
    def show_label():                                 #显示/不显示标签
        ...
    def show_interface():                             #显示/不显示接口
        ...
    def send_packet(self):                            #发送数据包
        ...
if __name__=='__main__':
...                                                   #编程13.4
    canvas=NetWorkAnalog(root,width=root_attr['width'],
                          heigh=root_attr['height'],bg="white")
    canvas.place(x=0,y=0,anchor='nw')
    canvas.create_config_button()
    canvas.reload_data()
```

13.7 算法优化与系统功能拓展：X5-完整系统

【编程 13.14】编制程序：自动检测网络构建与网络配置的正确性。

【目的及编程说明】读者通过编程 13.14 可理解网络构建正确性的保证方法。假定用户利用本系统仿真构建了一个网络结构，并进行了各网络设备的配置，该程序能够判断：(1) 各网络节点是否正确进行了配置；(2) 如果用户产生一个数据包，能否从源节点计算机传输到目的节点计算机。

【程序编写】

函数： validate_ip_adress()。

```
def validate_ip_address(ip_address):#定义IP地址的正则表达式模式
    pattern_with_subnet=r'^(\d{1,3})\.(\d{1,3})\.(' \
                        r'\d{1,3})\.(\d{1,3})/(\d{1,2})$'
```

```
    pattern_without_subnet = r'^(\d{1,3})\.(\d{1,3})'\
                             r'\.(\d{1,3})\.(\d{1,3})$'
    match_with_subnet = re.match(pattern_with_subnet,
                             ip_address)  #使用re模块进行匹配
    match_without_subnet = re.match(pattern_without_subnet, ip_address)
    if match_with_subnet:                  #带有子网掩码的IP地址
                                           #检查每个组件的取值范围是否在0~255之间
      for group in match_with_subnet.groups()[:4]:
        if not(0 <= int(group) <= 255):
          return False
      subnet_mask = int(match_with_subnet.groups()[4])
                                           #检查子网掩码的取值范围是否在0~32之间
      if not (0 <= subnet_mask <= 32):
        return False
      return True
    elif match_without_subnet:             #不带子网掩码的IP地址
        for group in match_without_subnet.groups():
            if not(0 <= int(group) <= 255):
              return False
        return True
    else:
        return False                       #IP地址格式不正确
```

函数： is_same_subnet(ip1, ip2)。

```
def is_same_subnet(ip1, ip2):             #判断两个IP地址是否属于同一网段
    #将IP地址和子网掩码转换为整数列表
    ip1_parts = [int(part) for part in ip1.split('.')]
    ip2_parts = [int(part) for part in ip2.split('.')]
    subnet_mask_parts = [int(part) for part in"255.255.255.0".split('.')]
    #计算网络地址
    network1 = [ip1_parts[i] & subnet_mask_parts[i] for i in range(4)]
    network2 = [ip2_parts[i] & subnet_mask_parts[i] for i in range(4)]
    #比较网络地址是否相同
    return network1 == network2
```

类/函数： NetworkAnalog .check_network()。

```
class NetworkAnalog():
    def check_network(self):                      #判断各网络节点是否配置正确
        flag = True
        sim_host_list = []
        for key, tag in self.AllSimObjs.items(): #遍历所有组件
```

```
        #todo：判断主机的IP配置是否全部合格
        if tag.ObjType==1:                      # 如果该组件为主机
            for interface in tag.interface:     #遍历该主机下所有接口
                index=tag.interface.index(interface)+1
                                                #获取当前接口号
                ip_=interface["ip"]             #获取当前接口IP
                if not validate_ip_address(ip_): #判断主机配置的IP是否正确
                    self.message.show_message(f"主机{tag.ObjLabel}的接口
{index}IP配置错误")
                    flag=False
            sim_host_list.append(tag)           #将所有主机组件添加到列表中
        #todo：判断路由器的四个接口是否在同一网段下
        if tag.ObjType==2:                      #如果当前组件为路由器
        ip_=tag.interface[0]["ip"]              #将第一个接口设为默认
        for interface in tag.interface:         #遍历所有接口
            index=tag.interface.index(interface)+1
                                                #获取当前接口号
            if not is_same_subnet(ip_,interface["ip"]):
                                                #判断所有接口是否在同一网段下
                self.message.show_message(f"路由器{tag.ObjLabel}中接口
{index}不在同一网段下")
                flag=False
        #todo：检查路由表是否能跳转到下一跳
        if tag.ObjType==2:                      #如果当前组件为路由器
            for conn in tag.connections:        #遍历该组件所有连接线
                next_jump=conn.NobjE            #获取下一跳组件
                if not is_same_subnet(tag.interface[conn.IfsS]["ip"],
next_jump.interface[conn.IfsE]["ip"]):          #检查路由表是否能跳转到下一跳
                    self.message.show_message(f"路由器组件{tag.ObjLabel}
路由表配置错误，请检查")
                    flag=False
    #todo：判断从所有主机发送数据包到其他所有主机能否成功
    for sim_host in sim_host_list:              #遍历所有主机组件
        sim_host:SimHost=sim_host
        for destination_sim_host in sim_host_list:
                                                #遍历所有主机组件
            packet=SimPacket(sim_host.interface[0]['ip'],sim_host.
interface[0] ['mac'],destination_sim_host.interface[0]["ip"])
                                                # 封装数据包，将发送主机信息和
                                                  接收主机信息封装到数据包中
            sim_host.send(packet)               #模拟发送
            if not packet.flag:                 #判断是否传输成功
```

```
                self.message.show_message(f"主机{sim_host.ObjLabel}传输至
{destination_sim_host.ObjLabel}失败，请检查配置！")
        return flag
```

【编程 13.15】编制程序：自动路由算法的设计与实现。

【目的及编程说明】读者通过编程 13.15 可深入理解路由器的工作原理，尤其是能实现不同拓扑结构的路由优化。

【程序编写】

类/函数： 在类SimRouter中增加check_destination_ip()。

```
class SimRouter():
    ...                                    #编程13.8
        # 检查目标IP是否属于网段范围内
    def check_destination_ip(self,destination_ip,network):
        ip=ipaddress.ip_address(destination_ip)
        network=ipaddress.ip_network(network)
        if ip in network:
            return True
        if network=="0.0.0.0/24":          # 如果网段为0.0.0.0/24则为默认路由
            return True
if __name__=='__main__':
    ...                                    #编程13.4
    canvas=NetWorkAnalog(root,width=root_attr['width'],
                         heigh=root_attr['height'],bg="white")
    canvas.place(x=0,y=0,anchor='nw')
    canvas.create_config_button()
    canvas.reload_data()
```

【编程 13.16】编制程序：并发数据包的产生与传输过程（难）。

【目的及编程说明】读者通过编程 13.16 可深入理解网络的并发工作原理。编制程序能够模拟 n 台主机（$n \geqslant 5$）同时产生 m 个数据包（$m \geqslant 50$），在一个给定的网络结构上并发传输的过程，并在图 13.11 的输出界面中展示其并发过程，如图 13.13 所示。

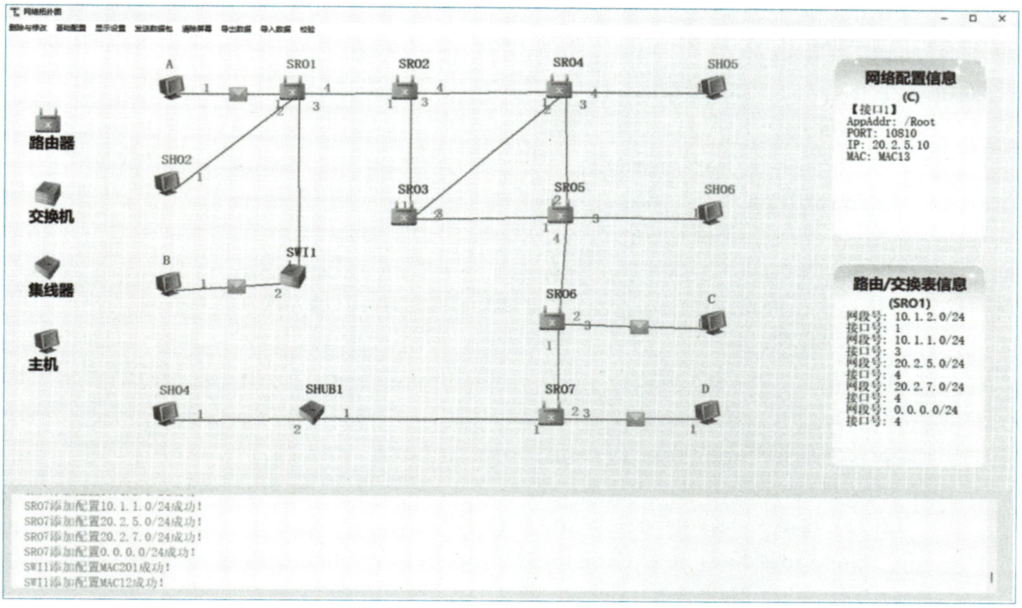

图 13.13　数据包传输仿真示意界面

【程序编写】

类/函数： NetwordAnalog.py文件中的函数send_packet_list()。

```
class NetworkAnalog():                          #在X2 的基础上添加功能
    def send_packet_list(self):                 #批量发送数据包
        hosts={}
        for tag in self.tags.values():
            if tag.type==1 and tag.config_correct==1:
                hosts[tag.name]=tag.id
        child2=tk.Toplevel()
        child2.title("批量数据包配置")
        child2.geometry('300×200+450+200')
        tk.Label(child2,text='目 的IP:',font=('黑 体',12)).grid(row=0,
column=0,columnspan=2)
        packet_ip=tk.Entry(child2,font=('黑体',12),textvariable=tk.
StringVar())
        packet_ip.grid(row=0,column=1)
            …用相似方法创建'目的MAC:'和'消息:'
        host=StringVar()
        tk.Label(child2,text='发送主机:',font=('黑体',12)).grid(row=3,
column=0,sticky='w')
         combobox=ttk.Combobox( master=child2,height=12,width=15,
state='readonly')
```

```
        combobox.grid(row=3,column=1)
        packets=[]
    def add():
        ip=packet_ip.get()
        mac=packet_mac.get()
        message=packet_message.get()
        chose_host=host.get()
        if ip=="" or mac=="" or message=="" or chose_host=="":
            messagebox.showerror("注意",message="输入框不能为空")
            return
        packet=Packet(self.tags[hosts[chose_host]].interface[0]["ip"],
self. tags[hosts[chose_host]].interface[0]["mac"],ip,mac,message)
        packets.append((self.tags[hosts[chose_host]],packet))
    def send():
        if len(packets)==0:
            messagebox.showerror("注意",message="请至少添加一条数据包!")
            return
        for data in packets:
            threading.Thread(target=data[0].send,args=(data[1],)).start()
        tk.Button(child2,text="添加数据包",font=('黑体',12),
                    height=1,command=add).grid(row=4)
    ···用相似方法创建按钮‘取消’和‘发送’
if __name__=='__main__':
    ...
    canvas=NetWorkAnalog(root,width=root_attr['width'],heigh=root_
attr['height'],bg="white")
    canvas.place(x=0,y=0,anchor='nw')
```

第 14 章

网络协议与数据传输过程仿真

本章要点：通过网络协议仿真，理解网络传输过程的控制方式，进而理解网络协议相关内容；理解应用层、传输层、网络层和链路层等协议的基本功能、相关地址的含义及协议控制数据传输的实现方式。

14.1 网络分层协议的概念与作用

14.1.1 Internet 与 TCP/IP 协议族

协议与分层——保证网络正确运行的基本手段 一般而言，**协议**是为双方能够正确实现信息交流而建立的一组规则、标准或约定。在解决复杂问题的过程中，协议通常是**分层结构**的，即设置多层次的协议来完成一个复杂问题的解决：(1) 每一层仅实现一种相对独立、明确且简单的功能；(2) 自己仅被邻近上层调用，而自己仅调用邻近下层进行转换。一个难以处理的复杂问题通过多层次的分解，最终可转换为容易处理的问题，进而得到解决，这是复杂计算类问题求解“化复杂为简单”的一种重要思维。

因特网 因特网（Internet）又称国际互联网，是全世界最大的互联网，是由广域网连接的局域网的最大集合。它不是一种新的物理网络，而是将多个物理网络互联起来的一种方法和使用网络的一套规则：(1) Internet 有一套技术体系，即相互连接的**路由器**和 **TCP/IP 协议族**；(2) Internet 有一个组织体系，即由各层次**互联网服务提供商**（internet service provider，ISP）构成的互联网组织体系。任何一台计算机、任何一个网络，只要遵守共同的规则——TCP/IP 协议，就可以与之相连。

TCP/IP 协议族被划分为五个层次的通信模型——物理层、数据链路层、网络层、传输层和应用层，如图 14.1 所示。每个层次负责不同的功能和任务，发送数据时从应用层到物理层逐层处理数据（数据分包、封包、传输），接收数据时从物理层到应用层逐层处理数据（接收、解包、数据并包）。TCP/IP 是协议族，每个层次都有可相互替换的不同协议。

物理层 物理层（physical layer）是 TCP/IP 模型的底层，负责处理数据的物理传输，主要任务是将比特流转换为电信号，并通过物理介质（如电缆、光纤）进行传输。物理层定义了数据传输的电气、机械和功能特性，如电压级别、数据传输速率和接口类型等。

数据链路层 数据链路层（data link layer）负责将待传输数据分割成帧，并在相邻节点之间建立可靠的数据传输通路。它通过帧的传输和接收来检测和纠正传输中的错误，并提供了一些基本的访问控制和流量控制机制。数据链路层常用的协议有以太网协议（Ethernet）和无线局域网协议（WiFi）等。

网络层 网络层（network layer）主要处理数据传输过程中的路由和寻址，将数据从源地址传输到目标地址。它使用 IP 协议来唯一标识和定位设备，并通过路由选择算法决定数据包的传输路径。网络层还处理数据包的分片和重组，以适应不同的网络传输情况。IP 协议是网络层最核心的协议。网络层协议主要有 IPv4 和 IPv6。IPv4 使用 32 位二进制数字唯一标识每台主机，被称为 IP 地址，该地址包括网络号和主机号两部分。

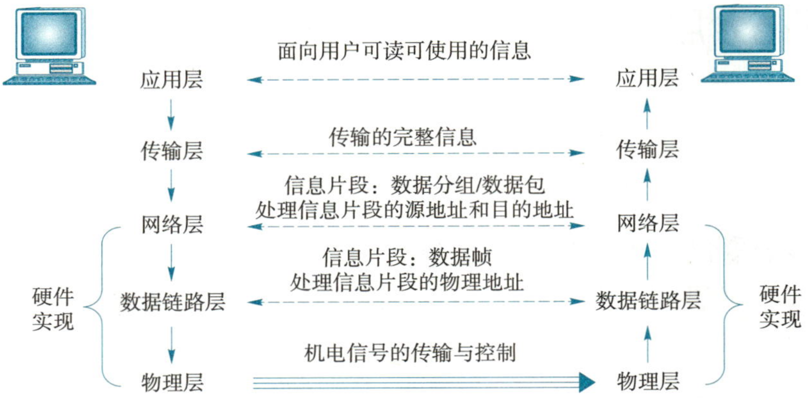

图 14.1　TCP/IP 协议族通信模型示意

IPv6 使用 128 位二进制数字唯一标识网络中的每个设备，不仅可以唯一编码互联网中的每一台计算机，还可以唯一编码连接到互联网中的每个设备、每个物体，以形成物联网（internet of things，IoT）。

传输层 传输层（transport layer）负责在主机之间建立端到端的通信连接，并提供可靠的数据传输服务。传输层协议主要有 TCP（传输控制协议）和 UDP（用户数据报协议）。TCP 提供面向连接的、可靠的数据传输，用于传输重要的数据；UDP 则提供无连接的、不保证可靠的数据传输，适用于实时性要求较高的应用。

应用层 应用层（application layer）是最高层，负责提供网络应用程序与网络之间的接口。应用层协议包括 HTTP（超文本传输协议）、SMTP（简单邮件传输协议）、FTP（文件传输协议）等，用于实现各种网络应用和服务。应用层协议定义了数据的格式、编码、传输和解释方式。应用层也是唯一能被大多数网络用户感受到的层。

14.1.2　应用层协议

网络应用架构 网络应用通常要遵循某种体系架构，基本架构主要有两种。(1) **客户端–服务器架构**（client–server architecture）。这是最常见的网络应用架构，它将**应用程序**划分为**客户端**程序和**服务器**程序两部分。客户端发送请求并接收服务器的响应，而服务器负责处理请求并提供相应的服务。客户端和服务器之间通过网络进行通信。今天人们所使用的万维网（Web）采用的架构就是客户端–服务器架构，其中浏览器软件（如 Chrome）充当客户端的角色，Web 服务器软件（如 Apache）充当服务器的角色。(2) **对等架构**（peer–to–peer architecture）。在对等架构中，各个节点（对等体）之间具有相同的功能和权限，并能够直接相互通信，无须集中的服务器。每个节点既是客户端，也是服务器，可以提供和获取资源。对等架构常用于文件共享、实时通信和分布式计算等应用。

应用层协议的基本功能 (1) 数据传输。应用层协议负责在不同主机之间传输数据。

它们定义了数据的格式和编码方式，并规定了数据的传输方式，以确保数据能够有效地从发送方传输到接收方。(2) 数据编码和解码。应用层协议负责将数据从应用程序的内部表示形式转换为网络传输所需的格式，以及在接收方将数据解码回应用程序可理解的形式。这种编码和解码过程确保数据能够在不同主机的应用程序之间进行正确的传输和解释。(3) 数据格式化和解析。应用层协议定义了数据的格式和结构，以确保数据在发送方和接收方之间能够被正确解释和处理。这些协议规定了数据的字段、标记和语法，使得不同应用程序能够理解和解析数据。(4) 其他功能，如会话管理、用户认证和授权等，本书不做介绍。

典型的应用层协议：HTTP HTTP（hypertext transfer protocol，超文本传输协议）是用于在 Web 上进行通信的协议，能够获取如用 HTML（超文本标注语言）编写的各种网页资源。它是在 Web 上进行数据交换的基础，是一种客户端 – 服务器协议，即通信和交互通常是由浏览器发起的。客户端发出的消息叫作请求（request），服务端回应的消息叫作响应（response）。使用 URL（uniform resource locator，统一资源定位符）来指定客户端希望访问的资源的地址，包括所使用的协议（如 http://）、主机名、端口号和路径等信息。HTTP 请求报文和响应报文如图 14.2（a）和（b）所示，各行数据详细含义请参考其他文献理解。

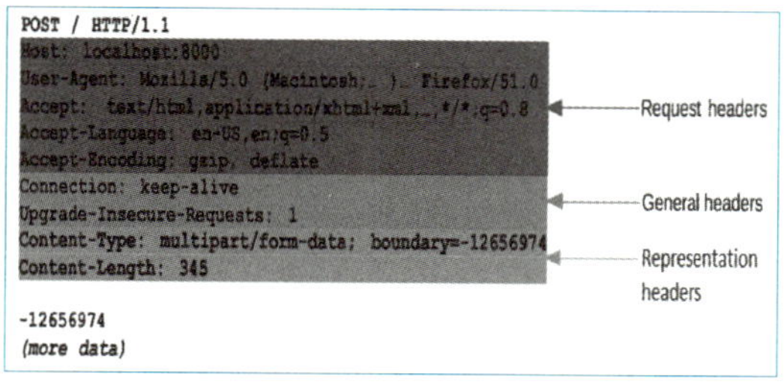

(a) 应用层协议：HTTP请求报文示意

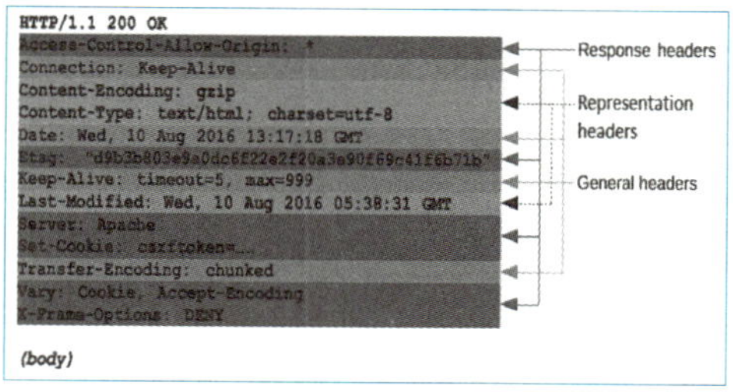

(b) 应用层协议：HTTP响应报文示意

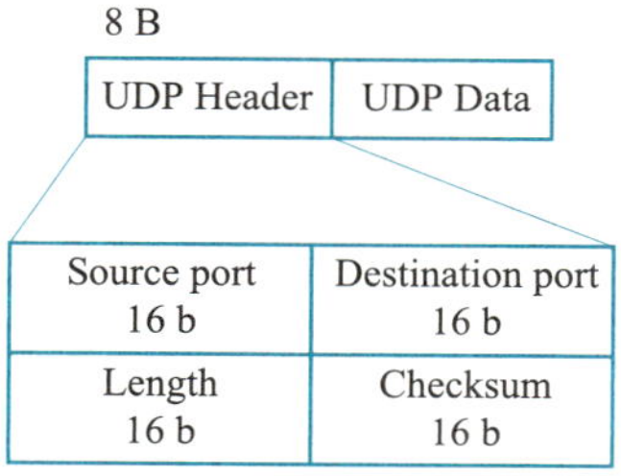

(c) 传输层协议：UDP数据报封装示意

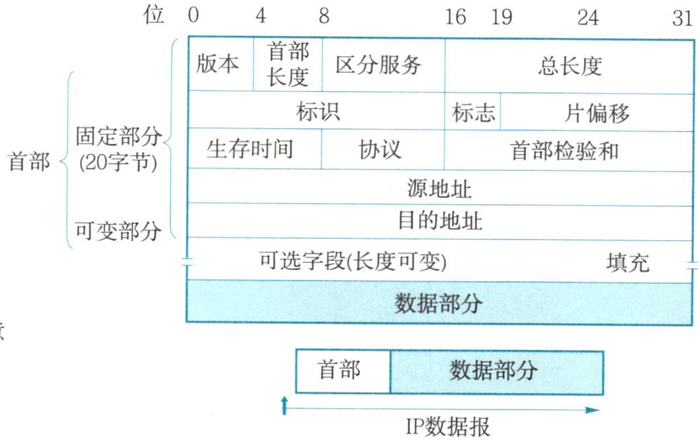

(d) 网络层协议：IPv4封装示意

Preamble 7 B	SFD 1 B	dst MAC 6 B	src MAC 6 B	Length 2 B	Type 2 B	Data and Pad 46 B~1 500 B	FCS 4 B

(e) 数据链路层协议：IEEE 802.3以太网帧格式

图 14.2　TCP/IP 协议——各层典型协议数据封装示意图

14.1.3 传输层协议

传输层协议的基本功能 (1) 分段和重组。传输层协议负责将应用层数据分割成适合网络传输的小数据块，称为段 (segment)。在接收端，传输层协议将这些段重新组装成完整的数据。(2) 可靠性保证。传输层协议通过采用确认和重传机制来检测丢失的数据段并重新传输它们，以保证数据的完整性和准确性。(3) 拥塞控制。传输层协议通过拥塞控制机制（如降低发送速率、进行流量控制和调整传输窗口大小等）来处理网络拥塞的情况。(4) 多路复用和多路分解。传输层协议使用端口号来标识不同的应用程序，并通过多路复用和多路分解机制，使得多个应用程序能够在同一主机上并行地进行数据传输。(5) 数据完整性校验。传输层协议通过添加校验和字段来验证数据的完整性。发送端在发送数据时计算校验和，并将其附加到数据中。接收端在接收数据时重新计算校验和，并与发送端传递的校验和进行比较。如果校验和不匹配，则表示数据在传输过程中发生了错误。(6) 端到端流量控制。传输层协议使用流量控制机制，如使用滑动窗口动态调整发送数据的速率，来平衡发送端和接收端之间的数据流量，避免接收端缓冲区溢出或丢失数据。(7) 端到端连接管理。传输层协议负责建立、维护和终止端到端的连接。它使用握手和挥手过程来协商连接的建立和关闭，并保持连接状态的一致性。

典型的传输层协议：UDP UDP (user datagram protocol，用户数据报协议) 提供了一些基本的功能来支持数据（应用层报文）的传输和通信，如数据报传输、端口定位、无连接性、高效性等。UDP 不保证数据的可靠传输，它没有重传机制，一旦数据报发送出去，就无法确保其是否到达目的地。如果在传输过程中发生丢包或错误，接收方将无法获得完整的数据。UDP 在某些可靠性要求低但实时性要求高的情况下非常有用，例如在线音视频播放等。UDP 数据报的封装格式如图 14.2 (c) 所示，其在应用层数据之前封装了 UDP 头部，共包含 8 个字节。其中源端口号和目标端口号各包含 2 个字节，分别表示发送方和接收方的端口，即由哪个应用程序发送或由哪个应用程序处理等。长度包含 2 个字节，表示 UDP 数据报的总长度。校验和包含 2 个字节，用于检测 UDP 数据报在传输过程中是否发生了错误。发送方计算校验和并将其附加到数据报中，接收方通过计算校验和来验证数据的完整性。

14.1.4 IP 协议

网络层协议是在计算机网络中负责实现端到端数据传输的协议。它建立在数据链路层之上，负责将数据从源主机传输到目标主机。

网络层协议的基本功能 (1) IP 地址分配和路由。网络层协议使用 IP 地址来标识主机和网络。它负责分配唯一的 IP 地址给每台主机，并确保数据能够正确地路由到目标主机。网络层协议使用路由算法来选择最佳路径，使数据能够有效地在不同网络之间传输。(2) 数据分组和重组。网络层协议将传输层提供的数据分割成称为数据报（datagram）的小块。每个数据报包含了目标主机的 IP 地址、源主机的 IP 地址和其他控制信息。在接收端，网络层协议将这些数据报重新组装成完整的数据。(3) 路由选择。网络层协议使用路由选择算法来确定数据的传输路径。它考虑了不同的路由度量标准（如距离、带宽、负载等），以选择最佳路径，使数据能够快速、高效地到达目标主机。(4) 网络互联和中继。网络层协议负责将不同的物理网络互联起来，形成一个统一的逻辑网络。它使用路由器来实现网络之间的连接和数据的中继传输。路由器根据网络层协议的指示，将数据从一个网络转发到另一个网络，以实现端到端的数据传输。(5) IP 地址解析和转换。网络层协议支持 IP 地址的解析和转换。它可以将域名解析为对应的 IP 地址，以便正确寻找目标主机。同时，网络层协议支持地址转换技术，如网络地址转换（NAT），允许多个主机共享一个公共 IP 地址。(6) 分片和重组。网络层协议可以将较大的数据报分割成更小的片段（fragment），以适应不同的网络传输限制。在接收端，网络层协议将这些片段重新组装成完整的数据报。(7) 错误检测和处理。网络层协议负责检测和处理数据传输过程中可能出现的错误。它使用差错检测技术（如 IP 首部的校验和）以验证数据报的完整性。如果发现错误，网络层协议可以选择丢弃或重新传输数据。

典型的网络层协议：IPv4 IPv4 的数据包格式如图 14.2（d）所示，主要字段的功能为：“版本”占 4 位，指 IP 协议是 IPv4 还是 IPv6，通信双方的版本必须一致；“首部长度”占 4 位，以 4 B 为单位，最大值为 60 B；“区分服务”占 8 位，用于对数据包进行分类和处理；“总长度”占 16 位，表示整个 IP 数据报的长度，包括首部和数据部分；“标识”占 16 位，用于唯一标识主机发送的每一个数据报；“标志”占 3 位，用于控制分片和重组；“片偏移”占 13 位，用于标识分片相对于原始数据报的位置；“生存时间”占 8 位，表示数据包在网络中的生存时间；“协议”占 8 位，表示上层协议类型；“首部校验和”占 16 位，用于检验 IP 首部是否出错；“源地址”占 32 位，表示发送端的 IP 地址；“目的地址”占 32 位，表示接收端的 IP 地址。

14.1.5 数据链路层协议

数据链路层协议是在计算机网络中负责实现可靠的数据传输的协议。它建立在物理层之上，负责将数据从一个节点传输到相邻节点。

数据链路层协议的基本功能 (1) 封装和解封装。数据链路层协议负责将网络层传递下来的数据报封装成帧（frame）。这意味着它在数据报前添加了帧头和帧尾等控制信息，以便于数据在物理链路上的传输。在接收端，数据链路层协议负责解封装帧，提取出数据报进行进一步处理。（2）物理地址寻址。数据链路层使用物理地址（也称为 MAC 地址）来标识网络中的节点。它使用这些地址来确定数据的发送方和接收方，并确保数据只被传送到正确的目的地。物理地址是网络适配器（网卡）上唯一的标识符。（3）介质访问控制。数据链路层协议负责控制节点对共享媒体（如以太网）的访问。它定义了介质访问控制机制，以确保在共享媒体上同时传输的数据帧不会发生冲突。常见的介质访问控制机制包括载波侦听多路访问 / 碰撞检测（CSMA/CD）和载波侦听多路访问 / 碰撞避免（CSMA/CA）。（4）错误检测和纠正。数据链路层协议使用差错检测技术来检测和纠正传输过程中可能出现的错误。它在帧中添加了差错检测码（如循环冗余校验），以验证数据的完整性，并在发现错误时进行重传或丢弃。（5）帧同步。数据链路层协议使用帧同步技术来保证发送和接收节点之间的时序同步。帧同步确保接收方能够准确地识别帧的起始和结束位置，以便正确地解封装数据。（6）流量控制。数据链路层协议负责控制数据的流量，以避免发送方将过多的数据发送给接收方而导致缓冲区溢出。它使用流量控制机制来协调发送方和接收方之间的数据传输速率。（7）数据链路管理。数据链路层协议管理节点之间的链路连接和断开过程。它负责建立、维护和终止数据链路连接，并处理链路状态的变化。

典型的数据链路层协议：以太网协议　以太网协议是应用最广泛的数据链路层协议，IEEE 802.3 以太网帧格式如图 14.2（e）所示。“Preamble”前导码包含 7 个字节，用于数据传输过程中双方发送、接收的速率的同步。“SFD”帧开始符包含 1 个字节，表明下一个字节开始是真实数据（即目的 MAC 地址的起始字节）。“dst MAC”目的 MAC 地址包含 6 个字节，指明帧的接收者。“src MAC”源 MAC 地址包含 6 个字节，指明帧的发送者。“Length”长度包含 2 个字节，指明该帧数据字段的长度，但不代表数据字段长度能够达到（2^{16}）字节。“Type”类型包含 2 个字节，指明帧中数据的协议类型，比如常见的 IPv4 中 IP 协议采用 0x0800。“Data and Pad”数据与填充包含 46~1500 个字节，包括上层协议传递下来的数据，如果加入数据字段后帧长度不足 64 字节，则会在数据字段加入“填充”至达到 64 字节。“FCS”帧校验序列包含 4 个字节，对接收网卡（主要是检测 Data and Pad 字段）提供判断是否传输错误的一种方法，如果发现错误则丢弃此帧。目前最为流行的用于 FCS 的算法是循环冗余校验（cyclic redundancy check，CRC）。

14.1.6 数据封包解包与传输过程示例

下面通过一个示例展示数据被发送方各层协议逐层封装的过程。

假定网络应用的客户端要向服务器发送一串文本“Harbin Institute of Technology”，首先需要由网络应用程序按照应用层协议进行封装，增加应用层的头部字段。这里假定应用层头部只有一个字段，用来标识该应用，其内容固定为“DemoApp”，则产生的结果示意性地表示为：

Harbin Institute of Technology	DemoApp

这一结果被称为应用层协议数据单元，将被交给下一层——传输层。操作系统的网络协议软件依据应用所使用的传输层协议再进行封装：增加传输层的头部字段，代表性字段是端口号，用于标识发送方应用进程和接收方应用进程。假定源端口号为 2233，目的端口号为 4455，则产生的结果示意性地表示为：

Harbin Institute of Technology	DemoApp	2233	4455

这一结果被称为传输层协议数据单元，将被交给下一层——网络层。操作系统的网络协议软件依据网络层协议再进行封装：增加网络层的头部字段，代表性字段是网络主机的逻辑地址，用于在全网范围内标识发送方主机和接收方主机。假定源主机地址为 SS，目的主机地址为 DD，则产生的结果示意性地表示为：

Harbin Institute of Technology	DemoApp	2233	4455	SS	DD

这一结果被称为网络层协议数据单元，将被交给下一层——数据链路层。操作系统的网络协议软件依据数据链路层协议再进行封装：增加数据链路层的头部和尾部字段，代表性字段是网络主机的物理地址，用于在局域网范围内标识发送方主机和接收方主机，其次是尾部的校验字段。假定源主机地址为 PSS，目的主机地址为 PDD，校验字段内容为 CRC，则产生的结果示意性地表示为：

CRC	Harbin Institute of Technology	DemoApp	2233	4455	SS	DD	PSS	PDD

这一结果被称为数据链路层协议数据单元，将被交给下一层——物理层，被协议软件或硬件转换为比特流，示意如下：

```
101010101…01010101111…1010101111…1010111101
```

比特流进一步经过编码、调制等过程，转换为物理信号（电信号、光信号或电磁波信号等），并在物理信道中传输。

数据包按照路由算法指示的路径，经多次转发后将到达接收方主机。接收方主机的网络接口设备（网卡）接收到该数据包的物理信号后，与网络协议软件等配合，按照自底向上的顺序，执行上述过程的逆过程，将所包含的应用层数据——文本“Harbin Institute of Technology”提取出来，并交给应用程序。

14.2 网络协议仿真项目总体设计

本章后续内容将以网络协议仿真为目标，使读者更好地体验网络中数据是如何传输的，在传输过程中各种地址又是如何发挥作用的，体验机器网络数据传输中的封包、解包及路径传输等。

目标系统说明 网络协议仿真项目拟实现一个仿真系统，具体功能描述如下：(1) 能够仿真主机和路由器上各种数据包的产生、分解（将一个数据包拆分成多个数据包）、封包（将地址等信息与数据包封装成一个新的数据包）、解包（将接收的数据包解析并提取出地址等相关信息）等数据传输过程，进而理解一个数据包是如何经网络由一台主机传输到另一台主机的；(2) 能够支持用户交互地进行各层（应用层、传输层、网络层、链路层、物理层）封包与解包操作，并由系统自动判断用户封包与解包操作的正确性；(3) 能够完整地实现由一台主机经五层协议变换发送一个完整数据，再经由多个路由器三层协议正向变换与逆向变换，最终到达目的主机以及目的主机经五层协议逆向变换，正确解析出完整数据的过程。

14.2.1 项目总体思路

总体思路 网络协议仿真项目开发的总体思路如图 14.3 所示。本实验项目是在第 13 章实验项目基础上进一步开发完成，具体分为五个层面的开发内容，难度由低到高被区分为：

X1：数据的变化与基本控制【数据结构】——参见 14.3 节。

X2：屏幕元素及其显示输出【可视化输出】——参见 14.4 节。

X3：问题求解相关的算法设计与函数实现【基本算法】——参见 14.5 节。

X4：屏幕元素事件识别与控制【人机交互】——参见 14.6 节。

X5：问题求解相关的算法优化与系统功能拓展【完整系统】——参见 14.7 节。

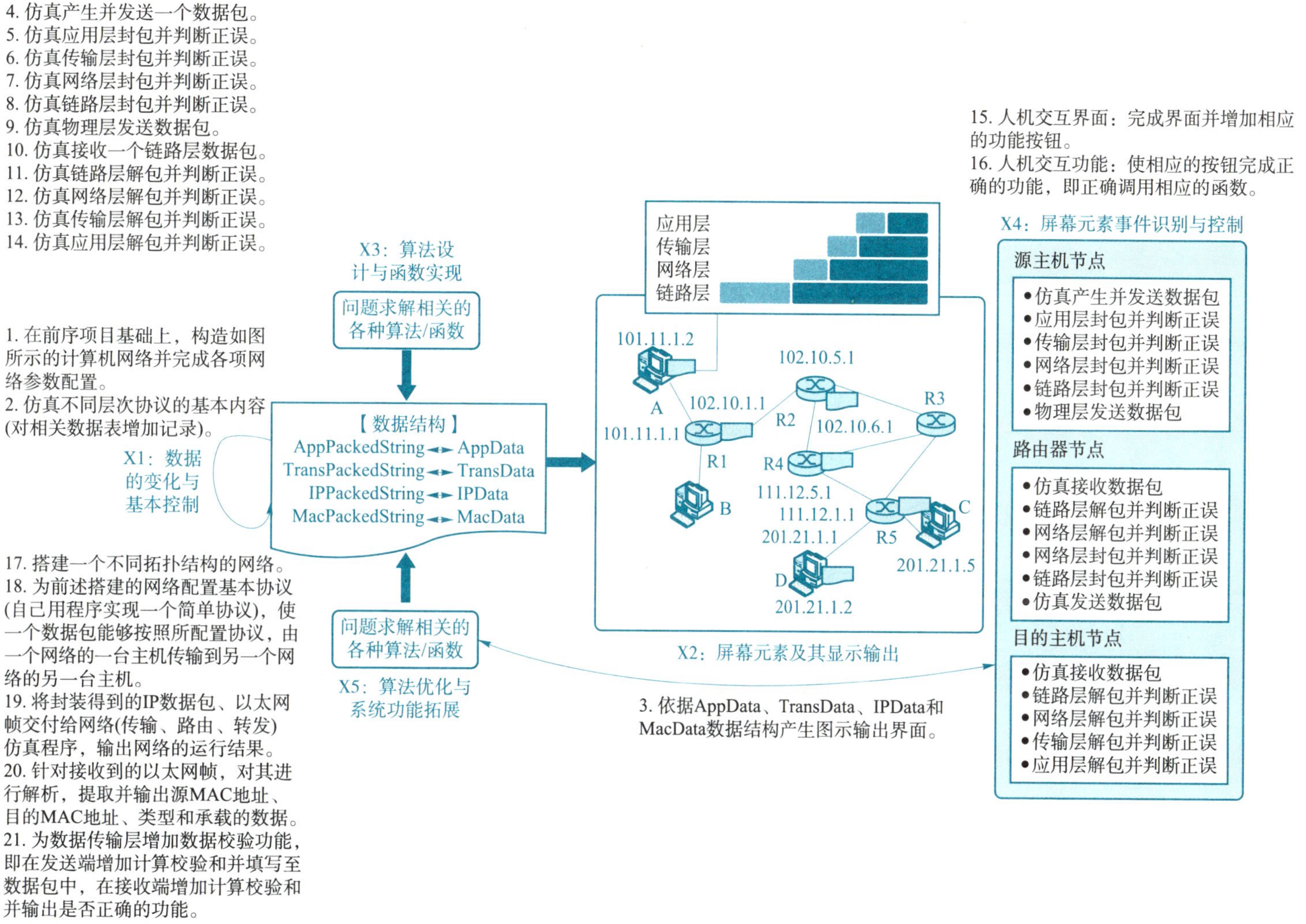

图 14.3　网络协议仿真项目开发总体思路图

其中，X1 是使读者用程序给相关数据结构赋初值，进而理解各种数据结构中数据项的含义与控制方式；X2 是依据 X1 赋值的数据结构进行显示输出；X3 是围绕 X1 中数据结构中的相关对象进行各种操作；为 X4 的交互功能实现提供基本函数，如增加数据包、删除数据包、封装数据包、解封数据包、传输数据包、接收数据包等基本函数，即各层协议的基本功能实现；X4 是在 X2 基础上增加交互控制界面要素，并与 X3 中的基本函数相关联（即通过界面要素及事件，正确调用 X3 中的基本函数，完成相应的功能）；X5 是一些功能优化和扩展性的函数。最终开发的程序可以由用户交互式操作（无须编写程序）来模拟体验基于网络协议实现数据封包、解包、寻址和数据传输的过程。

14.2.2 项目涉及的类库资源

本项目中使用的类库如下所示。请在后面的源程序文件的起始部分放入相关语句。

```
from data_line import Line_Right,line_draw,Useless_line
from data_dispose_CR import Show_Right_All;from data_envelop import
EnvelopMove
from tkinter import messagebox;from Judgement_data import*
from pack_un_all import*;from packet_all import*;from data_crud
import*
from tkinter import*;import tkinter as tk;import sqlite3
```

14.2.3 项目主要函数调用关系图与项目输出界面演进图

项目主要函数调用关系图如图 14.4 所示。项目输出界面演进图如图 14.5 所示。

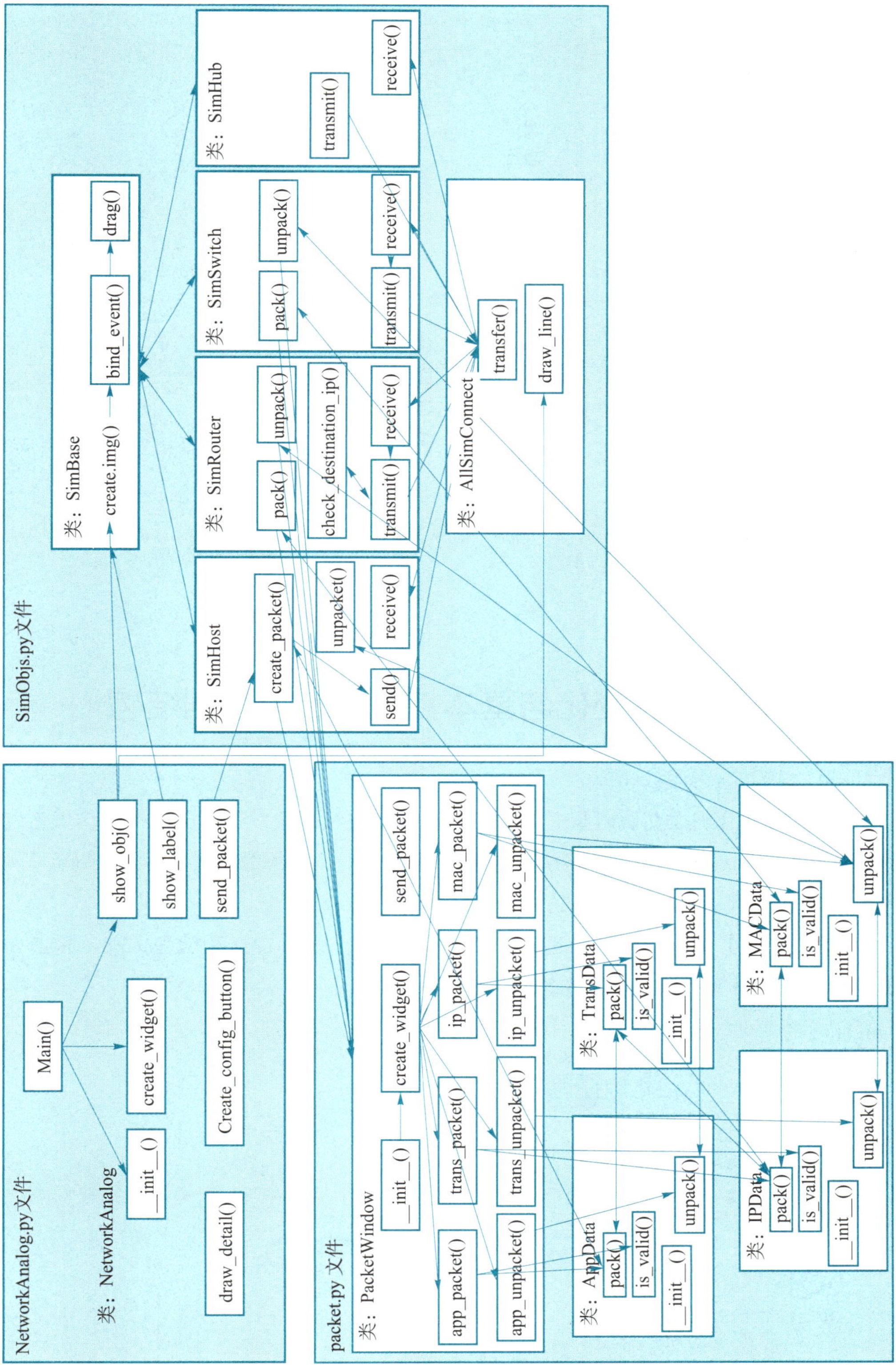

图 14.4 主要函数调用关系图

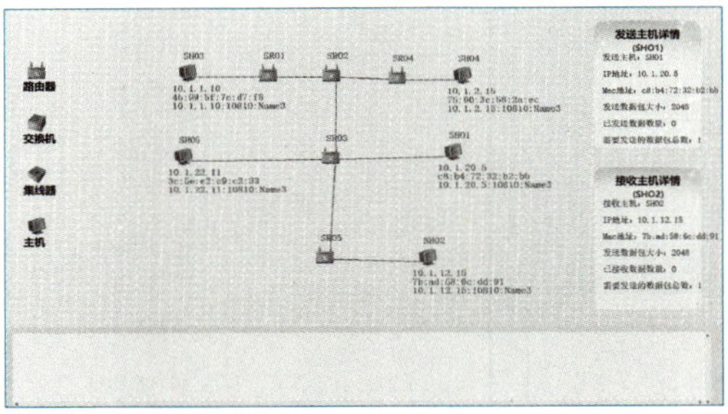

(a) 建立仿真网络，配置网络(利用前一项目工具)

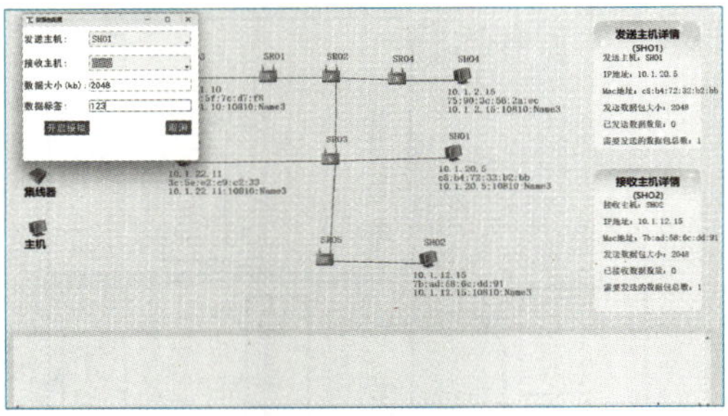

(b) 发送数据包

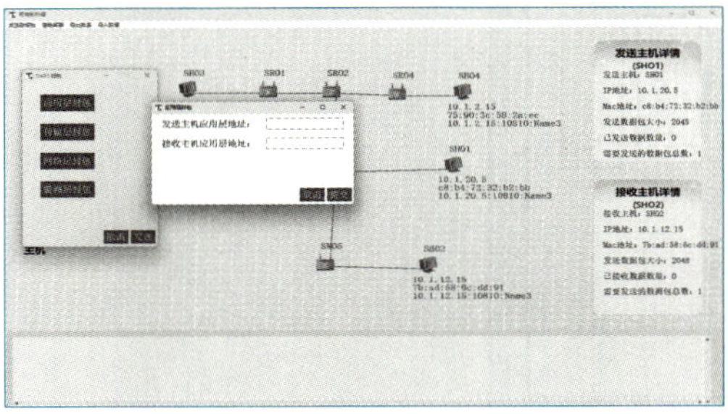

(c) 不同层次的数据封包与解包

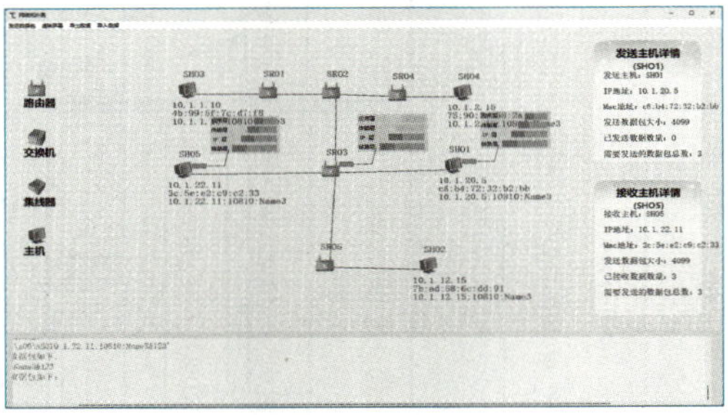

(d) 数据传输过程示意

图 14.5　项目输出界面演进图

14.3　数据的变化与基本控制：X1-数据结构

本章涉及以下几类仿真对象：SimHost——仿真主机对象，SimRouter——仿真路由器对象，SimSwitch——仿真交换机对象，SimHub——仿真集线器对象，SimConn——仿真连接线对象，SimPacket——仿真数据包对象。

【编程 14.1】编制程序：参见第 13 章编程 13.1、编程 13.2 和编程 13.3，构造如图 14.6 所示的计算机网络并完成各项网络参数配置。

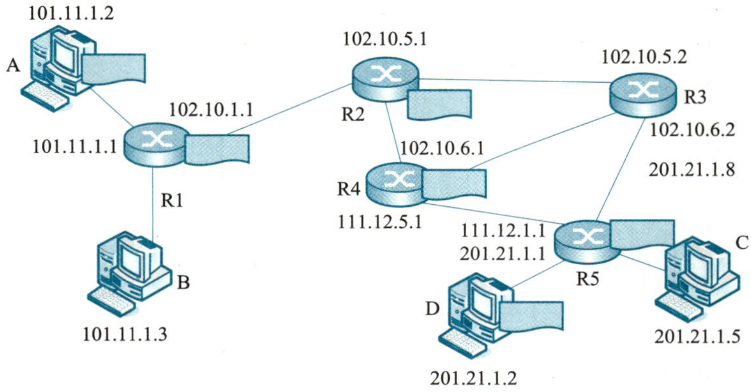

图 14.6　典型网络示例（后续数据模拟此网络填写）

【目的及编程说明】读者通过编程 14.1 可理解网络构建与连通相关内容，构造一个典型网络，以便完成本章各个实验项目。

【程序编写】主程序中练习赋值语句，初始化网络模型数据。

```
if__name__=='__main__':
  AllSimObj=[{"ObjID":"A","ObjType":1,"ObjLabel":"A","ObjX":100,
"ObjY":100,"ConfigCorrect":0},{"ObjID":"B","ObjType":1,"ObjLabel":"B",
"ObjX":100,"ObjY":100,"ConfigCorrect":0},{"ObjID":"C","ObjType":1,
"ObjLabel":"C","ObjX":100,"ObjY":100,"ConfigCorrect":0},{"ObjID":"D",
"ObjType":1,"ObjLabel":"D","ObjX":100,"ObjY":100,"ConfigCorrect":0}
  ...                                        #其他节点数据请参照图 14.5 仿此填写]
  AllSimConn=[{"ConnObjID":"conn1","NobjS":"A","IfsS":1,"NobjE":"R1",
"IfsE":1,"ConfigCorrect":0},{"ConnObjID":"conn1","NobjS":"B","IfsS": 1,
"NobjE":"R1","IfsE":2,"ConfigCorrect":0},{"ConnObjID":"conn1","NobjS":
"D","IfsS":1,"NobjE":"R5","IfsE":4,"ConfigCorrect":0},
  ...                                        #其他连接线数据请参照图 14.5 仿此填写]
  AllSimHost=[{"ObjID":"A","IFSnum":1,"AddrStack":[["MAC11",
"101.11.1.2","10810","101.11.1.2: 10810:Name1"]]},{"ObjID":"B",
"IFSnum":1,"AddrStack":[["MAC12","101.11.1.3","80","101.11.1.3:
10810:Name2"]]},
  ...                                        #主机对象数据参照图 14.5 仿此填写]
  AllSimRouter=[{"ObjID":"SR01","IFSnum":4,"AddrStack":[["MAC201",
"102.10.1.1",NULL,NULL]]},{"ObjID":"SR02","IFSnum":3,"AddrStack":
[["MAC211","102.10.5.1",NULL,NULL],["MAC212","102.10.6.1",NULL,
NULL]]},
  ...                                        #路由器对象数据参照图 14.5 仿此填写]
```

【编程 14.2】仿真不同层次协议的基本内容（对相关数据表增加记录）。

【目的及编程说明】读者通过编程 14.2 可理解网络不同层次协议仿真相关的数据结构和内容，包括主机对象的应用层协议仿真到链路层协议仿真的数据结构，和路由器对象的网络层协议仿真到链路层协议仿真的数据结构。通过为这些数据结构赋值理解相关数据结构，理解数据包封包、解包的基本内容。最基本内容（思路与真实协议一致，但细节可能不一致，这里做了简化处理）：应用层旨在产生一个**应用层数据包**并携带发送目的地地址；传输层旨在将一个大数据量的应用层数据包拆分成若干标准数据包，并封装携带传输端口号形成**传输层数据包**；网络层旨在将传输层数据包封装携带发送和接收 IP 地址，形成**网络层数据包**；链路层旨在将网络层数据包进一步封装并携带发送和接收 MAC 地址，形成**链路层数据包**；物理层旨在将链路层数据包由源 MAC 地址设备发送到目的 MAC 地址设备。

（1）应用层数据包结构为 AppData（ObjID，IDkey，AppPackID，AppPackSize，

AppPackTag，SourceAppAddr，TargetAppAddr，AppPackedString，TimeStamp）。其中 ObjID 为主机对象 ID 或路由器对象 ID；AppPackID 为数据包 ID（唯一标识）；AppPackSize 为数据包以字节为单位的大小；AppPackTag 为数据包的标签（用于示意数据包的不同内容）；SourceAppAddr、TargetAppAddr 为数据包的发出主机（源主机）和最终接收主机（目的主机）；AppPackedString 为已封装待发送的数据包，即将前述各字段信息合并成一个字符串，或接收的待解包的字符串并依据该字符串产生前述各项信息。示例数据如下：

AppData（<SHO1, AppPack1, 6 MB, "AppPackA", "101.11.1.2: 18010: Name1", "201.21.1.2: 80: Name2", "…">, <SHO1, AppPack2, 2 MB, "AppPackB", "101.11.1.2: 18010: Name1", "201.21.1.2: 80: Name2", "…">)

示例数据说明：2 个应用层数据包 AppPack1（6 MB 大小，内容为 AppPackA，由 101.11.1.2 发送给 201.21.1.2）和 AppPack2（2 MB 大小，内容为 AppPackB，由 101.11.1.2 发送给 201.21.1.2）。

（2）传输层数据包结构为 TransData（ObjID，IDkey，TransPackID，TransSeq，TransTag，AppPackID，SentPort，RcptPort，SourceAppAddr，TargetAppAddr，TransPackedString，TimeStamp）。其中 TransPackedString 为已封装待发送的数据包，即将前述各字段信息合并成一个字符串，或接收的待解包的字符串并依据该字符串产生前述各项信息。示例数据如下：

TransData（<SHO1, 1, TransPack1, 1, "A1", AppPack1, 18010, 80, 101.11.1.2: 18010: Name1", "201.21.1.2: 80: Name2", "…">, <SHO1, 2, TransPack2, 2, "A2", AppPack1, 18010, 80, "101.11.1.2: 18010: Name1", "201.21.1.2: 80: Name2", "…">, < SHO1, 3, TransPack3, 3, "A3", AppPack1, 18010, 80, "101.11.1.2: 18010: Name1", '"201.21.1.2: 80: Name2", "…">, < SHO1, 4, TransPack4, 1, "B1", AppPack2, 18010, 80, "101.11.1.2: 18010: Name1", "201.21.1.2: 80: Name2", "…">)

示例数据说明：4 个传输层数据包由 2 个应用层数据包产生。其中 TransPack1～TransPack3 由 AppPack1 产生，即 AppPack1 被拆分成 3 个数据包，每个 2 MB，其次序分别被标记为 1～3，内容被标记为 A1～A3；TransPack4 由 AppPack2 产生（此处仅给出源端口，目的端口待定。默认端口号为 Smtp: 25; http: 80; pop3: 110; ftp: 21−20，为客户临时选定的端口号为 2048<Port<65535）。

（3）网络层数据包结构为 IPData（ObjID，IDkey，IPPackID，TransPackID，SourceIP，TargetIP，SourceAppAddr，TargetAppAddr，IPPackedString）。其中 IPPackedString 为已封装待发送的数据包，即将前述各字段信息合并成一个字符串，或接收的待解包的字符串并依据该字符串产生前述各项信息。示例数据如下：

IPData（<SHO1, 1, IPPack1, TransPack1, "101.11.1.1", "201.21.1.2", "101.11.1.2:

18010: Name1", "201.21.1.2: 80: Name2", <SHO1, 2, IPPack2, TransPack2, "101.11.1.1", "201.21.1.2", "101.11.1.2: 18010: Name1", "201.21.1.2: 80: Name2", "…">, <SHO1, 3, IPPack3, TransPack3, "101.11.1.1", "201.21.1.2", "101.11.1.2: 18010: Name1", "201.21.1.2: 80: Name2", "…">, <SHO1, 4, IPPack4, TransPack4, "101.11.1.1", "201.21.1.2", "101.11.1.2: 18010: Name1", "201.21.1.2: 80: Name2", "…">, <SRO1, 5, IPPack1, TransPack1, "101.11.1.1", "201.21.1.2", "101.11.1.2: 18010: Name1", "201.21.1.2: 80: Name2", "…">, (…IPPack2-IPPack4 在此类似处理), <SRO2, 9, IPPack1, TransPack1, "101.11.1.1", "201.21.1.2", "101.11.1.2: 18010: Name1", "201.21.1.2: 80: Name2", "…">, <SRO4, 13, IPPack1, TransPack1, "101.11.1.1", "201.21.1.2", "101.11.1.2: 18010: Name1", "201.21.1.2: 80: Name2", "…">, <SRO5, 17, IPPack1, TransPack1, "101.11.1.1", "201.21.1.2", "101.11.1.2: 18010: Name1", "201.21.1.2: 80: Name2", "…">)

示例数据说明：4个网络层数据包由4个传输层数据包产生。其中 IPPack1~IPPack4 分别由 TransPack1~TransPack4 产生。

（4）链路层数据包结构为 MACData（ObjID，IDkey，MacPackID，IPPackID，SentMAC，RcptMAC，SourceIP，TargetIP，SourceAppAddr，TargetAppAddr，MacPackedString）。其中 MacPackedString 为已封装待发送的数据包，即将前述各字段信息合并成一个字符串，或接收的待解包的字符串并依据该字符串产生前述各项信息。示例数据如下：

MACData（<SHO1, 1, MacPack1, IPPack1, MacA, MacR1-1, "101.11.1.2", "201.21.1.2", "101.11.1.2: 18010: Name1", "201.21.1.2: 80: Name2", "…">, <SHO1, 2, MacPack2, IPPack2, MacA, MacR1-1, "101.11.1.2", "201.21.1.2", "101.11.1.2: 18010: Name1", "201.21.1.2: 80: Name2", "…">, <SHO1, 3, MacPack3, IPPack3, MacA, MacR1-1, "101.11.1.2", "201.21.1.2", "101.11.1.2: 18010: Name1", "201.21.1.2: 80: Name2", "…">, <SHO1, 4, MacPack4, IPPack4, MacA, MacR1-1, "101.11.1.2", "201.21.1.2", "101.11.1.2: 18010: Name1", "201.21.1.2: 80: Name2", "…">, <SRO1, 5, MacPack1, IPPack1, MacR1-3, MacR2-1, "101.11.1.2", "201.21.1.2", "101.11.1.2: 18010: Name1", "201.21.1.2: 80: Name2", "…">, <SRO2, 9, MacPack1, IPPack1, MacR2-3, MacR4-1, "101.11.1.2", "201.21.1.2", "101.11.1.2: 18010: Name1", "201.21.1.2: 80: Name2", "…">, <SRO4, 13, MacPack1, IPPack1, MacR4-3, MacR5-1, "101.11.1.2", "201.21.1.2", "101.11.1.2: 18010: Name1", "201.21.1.2: 80: Name2", "…">,<SRO5, 17, MacPack1, IPPack1, MacR5-2, MacD, "101.11.1.2","201.21.1.2", "101.11.1.2: 18010: Name1", "201.21.1.2: 80: Name2", "…">)

示例数据说明：4个物理层数据包由4个网络层数据包产生。其中 MacPack1~MacPack4 分别由 IPPack1~IPPack4 产生。

【程序编写】主程序中练习赋值语句，理解各层协议中相关数据项的含义。

```
if__name__=='__main__':
   AppData=[{'ObjID':'SH01','ObjLable':'A','AppPackId':'AppPack1','AppPackSize':
6144,'AppPackTag':'A-6144-Data','sourceAppAddr':'196.168.1.1:35239',
'timeStamp':'13:03:25','Mac_data':'00:1a:8c:10:ad:30','targetAppAddr':
'196.168.3.1:45771'}
...                                              # 其他数据类仿此填写 ]
   TransData  =[{'ObjID':'SH01','ObjLable':'A','TransPackID':'TransPack1',
'TransSeq':'1','TransTag':'A1','AppPackId':'AppPack1','sentport':'35239',
'rpctport':'45771','sourceAppAddr':'196.168.1.1:35239','targetAppAddr':
'196.168.3.1:45771','timestamp':'13:03:25','Mac_data':'00:1a:8c:10:ad:
30'},{'ObjID':'SH01','ObjLable':'A','TransPackID':'TransPack2','TransSeq':
'2','TransTag':'A2','AppPackId':'AppPack1','sentport':'35239','rpctport':'45771',
'sourceAppAddr':'196.168.1.1:35239','targetAppAddr':'196.168.3.1:45771',
'timestamp':'13:03:25','Mac_data':'00:1a:8c:10:ad:30'}
...                                              # 其他数据类仿此填写 ]
   IPData=[{'ObjID':'SH01','ObjLable':'A','number':1,'IPPackID':'IPPack1',
'TransPackID':'TransPack1','sourceip':'196.168.1.1','targetip':'196.16
8.3.1','sourceAppAddr':'196.168.1.1:35239','targetAppAddr':'196.168.
3.1:45771','Mac_data':'00:1a:8c:10:ad:30'},{'ObjID':'SH01','ObjLable':
'A','number':2,'IPPackID':'IPPack2','TransPackID':'TransPack2','sourceip':
'196.168.1.1','targetip':'196.168.3.1','sourceAppAddr':'196.168.1.1:35239',
'targetAppAddr':'196.168.3.1:45771','Mac_data':'00:1a:8c:10:ad:30'},
...                                              # 其他数据类仿此填写 ]
   MACData=[{'ObjID':'SH01','ObjLable':'A','MAC_number':1,'MacPackId':
'MacPackID1','IPPackID':'IPPack1','sentmac':'00:1a:8c:10:ad:30','rcptmac':
'00:1a:8c:10:ad:30','sourceip':'196.168.1.1','targetip':'196.168.3.1',
'sourceAppAddr':'196.168.1.1:35239','targetAppAddr':'196.168.3.1:45771'},
{'ObjID':'SH01','ObjLable':'A','MAC_number':2,'MacPackId':'MacPackID2',
'IPPackID':'IPPack2','sentmac':'00:1a:8c:10:ad:30','rcptmac':'00:1a:8c:
10:ad:30','sourceip':'196.168.1.1','targetip':'196.168.3.1','sourceAppAddr':
'196.168.1.1:35239','targetAppAddr':'196.168.3.1:45771'},
...                                              # 其他数据类仿此填写 ]
```

14.4　屏幕元素及其显示输出：X2-可视化输出

本节将实现如图 14.7 所示的网络协议仿真输出界面，界面数据来源于 14.3 节的数据结构 AppData、TransData、IPData 和 MacData。

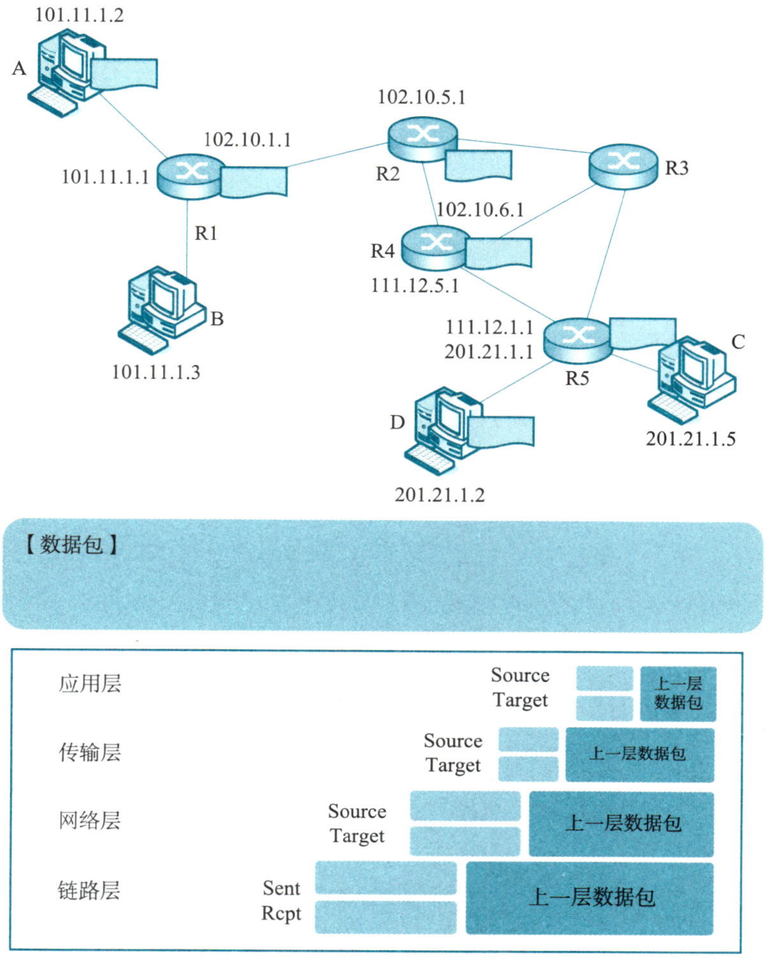

图 14.7　网络协议仿真输出界面

【编程 14.3】编制程序：依据 AppData、TransData、IPData 和 MacData 数据结构，产生如图 14.7 所示的输出界面。

【目的及编程说明】读者通过编程 14.3 可理解网络协议仿真相关的输出界面，实现各个屏幕元素——主机对象产生数据包与一层层封包过程（由应用层到传输层再到网络层和链路层）和一层层解包过程（由物理层到链路层和网络层，再到传输层和应用层），即图中各层数据依据数据结构中的数据和封包解包过程进行刷新显示。数据结构及初始值参见编程 14.2。

【程序编写】

类 / 函数： 新增整体框架类 NetWorkAnalog，并新增初始化方法 __init__()、显示组件方法 show_obj() 以及数据封包解包过程显示方法 draw_detail()。参见第 13 章相关实现程序。

```
class NetWorkAnalog():
    def __init__(self,master,**kwargs):
        ...                                          # 具体可参考第 13 章同名函数
    def show_obj(self,AllSimObj,AllsimConn):
        ...                                          # 具体可参考第 13 章同名函数
    def draw_detail(self,obj):                       # 绘制封包解包过程显示图
        frist_x=obj.ObjX; frist_y=obj.ObjY           # 获取 frist_x 和 frist_y
        tag_id=obj.ObjID +"detail"                   # 画出连接详情表的线
        if len(self.gettags(tag_id))>0:
            self.delete(tag_id)
        else:
            self.create_line((frist_x+40,frist_y-20),(frist_x+80,
frist_y-20),(frist_x+90,frist_y-60),fill='#50abf8',tags=tag_id,
width=2)
            # 画出详情表
            self.create_image(frist_x+50,frist_y-140,image=self.
text_back_img,anchor=NW,tags=tag_id)
            # 画出相应的绿条数据
            self.create_text(frist_x+70,frist_y-130,text='应用层',
tags=tag_id)
            self.create_text(frist_x+70,frist_y-107,text='传输层',
tags=tag_id)
            self.create_text(frist_x+70,frist_y-84,text='网络层',tags=
tag_id)
            self.create_text(frist_x+70,frist_y-62,text='链路层',tags=
tag_id)
            # 画出右侧绿色和蓝色的类进度条
            # 应用层
            self.create_rectangle(frist_x+197,frist_y-135,frist_
x+170,frist_y-120)
            self.create_rectangle(frist_x+168,frist_y-135,frist_
x+148,frist_y-120)
            # 传输层
            self.create_rectangle(frist_x+197,frist_y-115,frist_
x+160,frist_y-100)
            self.create_rectangle(frist_x+158,frist_y-115,frist_
x+133,frist_y-100)
            # 网络层
            self.create_rectangle(frist_x+197,frist_y-93,frist_
x+150,frist_y-78)
            self.create_rectangle(frist_x+148,frist_y-93,frist_
x+118,frist_y-78)
            # 链路层
```

```
        self.create_rectangle(frist_x,frist_y,frist_x,frist_
y,tags=tag_id)
        self.create_rectangle(frist_x+131,frist_y-70,frist_
x+98,frist_y-55)
```

14.5 算法设计与函数实现：X3-基本算法

【编程 14.4】编制程序：仿真产生并发送一个数据包。

【目的及编程说明】读者通过编程 14.4 可理解主机对象产生并发送数据包的过程。仿真产生一个给定大小的数据包，以 AppData 中的三个字段 AppPackID、AppPackSize、AppPackTag 代表一个数据包，其中 AppPackTag 代表数据包的内容。仿真为数据包填写发送地址的过程，在 AppData 中的三个字段 AppPackID、AppPackSize、AppPackTag 基础上，填写 SourceAppAddr、TargetAppAddr 的过程。

【程序编写】

函数： 在第 13 章基础上引用 SimHost、SimRouter、SimSwitch、SimHub、SimPacket 类。

```
class SimHost:
    ...                       # 具体方法及属性可参考 13 章中的 SimHost 方法
class SimRouter:
    ...                       # 具体方法及属性可参考 13 章中的 SimRouter 方法
class SimSwitch:
    ...                       # 具体方法及属性可参考 13 章中的 SimSwitch 方法
class SimHub:
    ...                       # 具体方法及属性可参考 13 章中的 SimHub 方法
class SimPacket:
    ...                       # 具体方法及属性可参考 13 章中的 SimPacket 方法
```

函数： 修改 SimHost 类中的 create_packet() 方法。

```
class SimHost:
    def create_packet(self,AppPackID,AppPackSize,AppPackTag,targetH
ost:SimHost):
        packet=SimPacket(AppPackID,AppPackSize,AppPackTag)
                                # 创建数据包
        self.send(packet)       # 发送数据包
if __name__=='__main__':
    ...
```

```
sourceHost=SimHost()
targetHost=SimHost()
host.create_packet("pack1",1024*6,"test",targetHost)
```

【编程 14.5】编制程序：仿真应用层封包并判断正误。

【目的及编程说明】读者通过编程 14.5 可理解主机应用层封装数据包的过程，即依据 AppData 中的各字段值合并后形成一个字符串型数据 AppPackedString，简单而言就是将应用层数据和应用层地址合并成一个字符串。注意：AppData 中的各字段值来源于用户界面的输入，为其赋值由 14.6 节来完成。本程序还有一个功能——判断封包相关数据的正确性。

【程序编写】

类/函数：新增应用层数据类 AppData，并新增封包方法 pack() 以及校验方法 is_valid()。

```
class AppData:
    def __init__(self,obj_id,id_key,app_pack_id,app_pack_size,app_
pack_tag,source_app_addr,target_app_addr,timestamp):
        self.ObjID=obj_id; self.IDkey=id_key; self.AppPackID=app_
pack_id
        self.AppPackSize=app_pack_size; self.AppPackTag=app_pack_tag
        self.SourceAppAddr=source_app_addr; self.TargetAppAddr=
target_app_addr
        self.TimeStamp=timestamp
    def pack(self):                        # 封包
        return vars(self)                  # 将所有属性打包成一个字典
    def is_valid(self,SourceAppAddr,TargetAppAddr):
                                           # 根据用户输入的应用层地址判断是否正确
        if SourceAppAddr==self.SourceAppAddr and TargetAppAddr==self.
TargetAppAddr:
            return True
        return False
```

函数：在原有 SimHost 主机类中的 create_packet() 方法中添加应用层封包逻辑。

```
class SimHost:
    def create_packet(self,AppPackID,AppPackSize,AppPackTag,
targetHost:SimHost):
        app_data=AppData(self.ObjId,1,AppPackID,AppPackSize,
AppPackTag,self.interface[0][3],targetHost.interface[0][3])
        If not app_data.is_valid("101.11.1.2:18010:Name1","201.21.1. 2:80:
Name2")                                    # 判断用户输入的应用层地址是否正确
```

```
            print("应用层封包错误")
            return
        app_packet=app_data.pack()
```

【编程 14.6】编制程序：仿真传输层封包并判断正误。

【目的及编程说明】读者通过编程 14.6 可理解主机对象传输层拆分数据包并封装数据包的过程，即依据 TransData 相关字段填写 SentPort、RcptPort 的过程，并将 TransData 中各字段形成一个 TransPackedString。编程重点是将一个应用层数据包（字节数超过了网络传输允许的最大字节数）拆分成多个标准数据包（网络传输允许的最大字节数），封装并携带端口后形成传输层数据包。注意：TransData 中的各字段值来源于用户界面的输入，为其赋值由 14.6 节来完成。本程序还有一个功能——判断封包相关数据的正确性。

【程序编写】

类/函数：新增传输层数据类 TransData，并新增封包方法 pack() 以及校验方法 is_valid()。

```
class TransData:
    def __init__(self, obj_id, id_key, trans_pack_id, trans_seq, trans_tag, app_pack_id, sent_port, rcpt_port, source_app_addr, target_app_addr, TransPackedString, timestamp):
        self.ObjID=obj_id; self.IDkey=id_key;
        self.TransPackID=trans_pack_id
        self.TransSeq=trans_seq; self.TransTag=trans_tag
        self.AppPackID=app_pack_id
        self.SentPort=sent_port; self.RcptPort=rcpt_port
        self.SourceAppAddr=source_app_addr; self.TargetAppAddr=target_app_addr
        self.TransPackedString=TransPackedString
        self.timestamp=timestamp
    def pack(self, app_data: AppData):
        # 计算拆分数量
        num_splits=self.calc_num_splits(app_data.AppPackSize)
        # 拆分数据并返回多个 TransData
        trans_data_list=[]
        for i in range(num_splits):
            trans_data_list.append({"ObjID": self.ObjID, "IDkey": self.IDkey, "TransPackID": self.TransPackID, "TransSeq": i+1, "TransTag": self.TransTag, "AppPackID": self.AppPackID, "SentPort": self.SentPort, "RcptPort": self.RcptPort, "SourceAppAddr": self.SourceAppAddr, "TargetAppAddr": self.TargetAppAddr, "timestamp": self.timestamp
            })
```

```
        return trans_data_list
    def is_valid(self, SentPort, RcptPort):  #根据用户输入的端口判断是否正确
        if SentPort==self.RcptPort and RcptPort==self.RcptPort:
            return True
        return False
    def calc_num_splits(self):
        #假设每个拆分的大小为 2048 B
        MTU=2048
        return(len(self.trans_packed_string)+MTU-1)//MTU
```

类/函数：在原有 SimHost 主机类中的 create_packet()方法中添加传输层封包逻辑。

```
class SimHost:
    def create_packet(self,AppPackID,AppPackSize,AppPackTag,
SourceAppAddr,TargetAppAddr,targetHost:SimHost):
        ...                                   #此处省略应用层封包逻辑
        app_packet=app_data.pack()
        trans_data=TransData(self.ObjId,"1","pack1",None,AppPackTag,
None,self.interface[0][2],targetHost.interface[0][2])
        userSentPort=80
        userRcptPort=80
        if not trans_data.is_valid(userSentPort,userRcptPort):
        print("传输层封包错误")
        return
    trans_data_list=trans_data.pack(app_packet)
```

【编程 14.6-1】编制程序：基于给定的待传输数据（如一个数字、一段文本）、目的主机端口号、本机端口号，封装成 UDP 数据报（熟悉一个具体协议）。

【目的及编程说明】读者通过编程 14.6-1 可理解 UDP 数据报的语法和语义，并能够仿真实现 UDP 数据报的创建过程（校验和字段暂不填写）。

【程序编写】

函数：新增协议工具类 Agreement，并新增封装 UDP 数据包方法 create_udp_packet()。

```
class AgreementUtil():
    @staticmethod
    def create_udp_packet(data,dest_port,src_port):
        """
        #创建 UDP 数据包
        Returns:bytes:'UDP 数据包'.
        """
        udp_header=struct.pack('!HHHH',src_port,dest_port,8+
```

```
len(data),0)
        return udp_header+data.encode()
```

【编程 14.7】编制程序：仿真网络层封包并判断正误。

【目的及编程说明】读者通过编程 14.7 可理解主机对象网络层数据包封装过程，即依据 IPData 相关字段填写 SourceIP、TargetIP 的过程，并将 IPData 中各字段形成一个 IPPackedString。编程重点是将一个【传输层数据包】封装并携带 IP 地址后，重新封装形成【网络层数据包】。注意：IPData 中的各字段值来源于用户界面的输入，为其赋值由 14.6 节来完成。本程序还有一个功能——判断封包相关数据的正确性。

【程序编写】

类 / 函数： 新增网络层数据类 IPData，并新增封包方法 pack() 以及校验方法 is_valid()。

```
class IPData:
    def __init__(self,obj_id,id_key,ip_pack_id,trans_pack_id,source_
ip,target_ip,source_app_addr,target_app_addr,ip_packed_string):
        self.ObjID=obj_id;self.IDkey=id_key;self.IPPackID=ip_pack_id
        self.TransPackID=trans_pack_id
        self.SourceIP=source_ip;self.TargetIP=target_ip
        self.SourceAppAddr = source_app_addr;self.TargetAppAddr =
target_app_addr
        self.IPPackedString=ip_packed_string
    def pack(self,trans_data_list):
        ip_data_list=[]
        for trans_data in trans_data_list:
            ip_data_list.append({"ObjID":self.ObjID,"IDkey":self.IDkey,
"IPPackID":self.IPPackID,"TransPackID":trans_data["TransPackID"],"SourceIP":
self.SourceIP,"TargetIP":self.TargetIP,"SourceAppAddr":self.SourceAppAddr,
TargetAppAddr":self.TargetAppAddr,"IPPackedString":trans_data
["TransPackedString"]})
        return ip_data_list
    def is_valid(self,SourceIP,TargetIP):
                                        #根据用户输入的 IP 地址判断是否正确
        if SourceIP==self.SourceIP and TargetIP==self.TargetIP:
            return True
        return False
```

函数： 在原有 SimHost 主机类中的 create_packet() 方法中添加网络层封包逻辑。

```
class SimHost:
    ...
    def create_packet(self,AppPackID,AppPackSize,AppPackTag,targetH
```

```
ost:SimHost):
        ...                                              # 此处省略传输层封包逻辑
        trans_data_list=trans_data.pack(app_packet)
        ip_data=IPData(self.ObjID,1,"ipPacket1",trans_data["TransPackID"],
self.interface[0][0],targetHost.interface[0][0])
        if not ip_data.is_valid("101.1.2.11","101.1.3.12"):
                                                         # 判断用户输入的 IP 地址是否正确
            print("网络层封包错误")
            return
        ip_data_list=ip_data.pack(trans_data_list)
```

【编程 14.7–1】编制程序：在编程 14.6–1 的基础上，基于给定的目的主机 IP 地址、源主机 IP 地址等信息，将所产生的 UDP 数据报封装成 IP 数据报（熟悉一个具体协议）。

【目的及编程说明】读者通过编程 14.7–1 可理解 IP 数据报的语法和语义，并能够仿真实现 IP 数据报的创建过程。

【程序编写】

函数： AgreementUtil.creaet_ip_packet()。

```
class AgreementUtil():
    @staticmethod
    def create_ip_packet(udp_packet,dest_ip,src_ip):
        """
        # 创建 IP 数据包
        Returns:bytes:IP 数据包
        """
        version=4
        ihl=5#Internet Header Length
        type_of_service=0
        total_length=20+len(udp_packet)
        identification=54321
        flags=0#Don't fragment
        fragment_offset=0
        ttl=64#Time to live
        protocol=17#UDP
        checksum=0#For simplicity,set to 0
        source_ip=socket.inet_aton(src_ip)
        dest_ip=socket.inet_aton(dest_ip)
        #IP 数据包头部字段
         ip_header = struct.pack('!BBHHHBBH4s4s', (version  <<
 4)+ihl,type_of_service,total_length,identification,(flags  <<
```

```
13)+fragment_offset,ttl,protocol,checksum,source_ip,dest_ip)
    return ip_header+udp_packet
```

【编程 14.8】编制程序：仿真链路层封包并判断正误。

【目的及编程说明】读者通过编程 14.8 可理解主机对象链路层数据包封装过程，即依据 MacData 相关字段填写 SentMac、RcptMac 的过程，并将 MacData 中各字段形成一个 MacPackedString。编程重点是依据目的 IP 地址，确定发送设备和接收设备的接口及其 MAC 地址，封装并携带 MAC 地址形成【链路层数据包】。注意：MacData 中的各字段值来源于用户界面的输入，为其赋值由 14.6 节来完成。本程序还有一个功能——判断封包相关数据的正确性。

【程序编写】

函数：新增链路层数据类 MACData，并新增封包方法 pack() 以及校验方法 is_valid()。

```
class MACData:
    def__init__(self,obj_id,id_key,mac_pack_id,ip_pack_id,sent_
mac,rcpt_mac,source_ip,target_ip,source_app_addr,target_app_
addr,mac_packed_string):
        self.ObjID=obj_id; self.IDkey=id_key; self.MacPackID=mac_
pack_id
        self.IPPackID=ip_pack_id
        self.SentMAC=sent_mac; self.RcptMAC=rcpt_mac
        self.SourceIP=source_ip; self.TargetIP=target_ip
        self.SourceAppAddr=source_app_addr; self.TargetAppAddr=
target_app_addr
        self.MacPackedString=mac_packed_string
    def pack(self,ip_data_list):
        mac_data_list=[]
        for ip_data in ip_data_list:
            mac_data_list.append({"ObjID":self.ObjID,"IDkey":self.IDkey,
"MacPackID":self.MacPackID,"IPPackID":ip_data["IPPackID"],"SentMAC":
self.SentMAC,"RcptMAC":self.RcptMAC,"SourceIP":ip_data["SourceIP"],
"TargetIP":ip_data["TargetIP"],"SourceAppAddr":self.SourceAppAddr,
"TargetAppAddr":self.TargetAppAddr,"MacPackedString":self.
MacPackedString})
        return mac_data_list
    def is_valid(self,SourceIP,TargetIP):
                                        #根据用户输入的 IP 地址判断是否正确
        if SourceIP==self.SourceIP and TargetIP==self.TargetIP:
            return True
        return False
```

函数： 在原有 SimHost 主机类中的 create_packet () 方法中添加链路层封包逻辑。

```
class SimHost:
    ...
    def create_packet(self,AppPackID,AppPackSize,AppPackTag,targetHost:
SimHost):
        ...                          # 此处省略网络层封包逻辑
        ip_data_list=ip_data.pack(trans_data_list)
        mac_data=MACData(self.ObjID,1,"macPacket1",self.interface[0][1],
targetHost.interface[0][1])
        if not mac_data.is_valid("MAC1","MAC2"):
                                     # 判断用户输入的 MAC 地址是否正确
            print("链路层封包错误")
            return
        mac_data_list=mac_data.pack(ip_data_list)
```

【编程 14.8-1】编制程序：在编程 14.7-1 的基础上，基于给定的目的主机 MAC 地址、源主机 MAC 地址等信息，将所产生的 IP 数据报封装成链路层以太网帧（熟悉具体协议）。

【目的及编程说明】读者通过编程 14.8-1 可理解以太网帧的语法和语义，并能够仿真实现以太网帧的创建过程。

【程序编写】

函数： AgreementUtil.create_ethernet_frame。

```
class AgreementUtil():
    @staticmethod
    def create_ethernet_frame(ip_packet,dest_mac,src_mac):
        """
        # 创建以太网帧数据包
        Returns:bytes:以太网帧数据包
        """
        dest_mac_bytes=bytes.fromhex(dest_mac.replace(':',''))
        src_mac_bytes=bytes.fromhex(src_mac.replace(':',''))
        ethernet_type=0x0800
        ethernet_frame=struct.pack('!6s6sH',dest_mac_bytes,src_mac_
bytes,ethernet_type)
        return ethernet_frame+ip_packet
```

【编程 14.9】编制程序：仿真物理层发送数据包。

【目的及编程说明】读者通过编程 14.9 可理解主机对象物理层数据包发送过程，即将一个数据包由 SentMac 地址设备发送到 RcptMac 地址设备的过程。具体是在

MacData 中增加一条新记录，对应 ObjID（由 RcptMac 地址确定其对应的 ObjID），将 MacPackedString 复制到新记录的 MacPackedString。注意新记录中只有 ObjID、IDkey、MacPackedID、MacPackedString 被赋值，其他字段的值需要由其他程序通过解包来赋值。同时要注意在发送前检查源 MAC 地址和目的 MAC 地址是否直接相连接，若没有直接连接，则提示发送失败。

【程序编写】

函数：在原有 SimHost 主机类中的 create_packet () 方法中添加仿真物理层发送数据包。

```
class SimHost:
    ...
    def create_packet(self,AppPackID,AppPackSize,AppPackTag,targetHost:
SimHost):
        ...                                # 此处省略封包逻辑
        mac_data_list=mac_data.pack(ip_data_list)
        packet = SimPacket(self.interface[0][0],self.interface[0]
[1],targetHost.interface[0][0])
        self.send(packet)
        if not packet.flag:                # 判断能否进行连接
            print("无法直接相连接")
            return
        for mac_data in mac_data_list:
            new_mac_data=MACData(mac_data["ObjID"],mac_data["IDkey"],
["MacPackedID"],mac_data["MacPackedString"])
            new_mac_data.MacPackedString=new_mac_data.pack(mac_data)
            self.send(new_mac_data)
```

【编程 14.10】编制程序：仿真接收一个链路层数据包。

【目的及编程说明】读者通过编程 14.10 可理解主机对象或路由器对象接收一个链路层数据包。即产生一个符合链路层要求的数据包并在 MacData 中增加一条新记录，对应 ObjID（由 RcptMac 地址确定其对应的 ObjID），将 MacPackedString 复制到新记录的 MacPackedString。注意新记录中只有 ObjID、IDkey、MacPackedID、MacPackedString 被赋值。此功能类似于编程 14.9，只是这里是直接产生一个 MacPackedString 并添加到 MacData 中，而编程 14.9 是由其他主机或路由器对象发送过来一个 MacPackedString 并添加到 MacData 中。

【程序编写】

函数：新增接收数据包方法 receive ()。

```
class SimHost:
```

```
    ...
    def receive(self,mac_data):          #接收数据包
        new_mac_data=MACData(mac_data["ObjID"],mac_data["IDkey"],mac_
data["MacPackedID"],mac_data["MacPackedString"])
```

【编程 14.11】编制程序：仿真链路层解包并判断正误。

【目的及编程说明】读者通过编程 14.11 可理解主机对象或路由器对象链路层数据包解封过程，即依据 MacPackedString 解析出 MacData 相关字段的值，并填写在该记录中。本程序还有一个功能——判断解包相关数据的正确性。

【程序编写】

函数：在原有 MACData 类中新增解包方法 un_pack()。

```
class MACData:
    @staticmethod
    def unpack(mac_data,SentMAC,RcptMAC):
        if mac_data["SentMAC"]==SentMAC and mac_data["RcptMAC"]==
RcptMAC:
            return IPData(**mac_data)
        print("解包失败")
        return None
```

【编程 14.12】编制程序：仿真网络层解包并判断正误。

【目的及编程说明】读者通过编程 14.12 可理解主机对象或路由器对象网络层数据包解封过程，即依据 IPPackedString 解析出 IPData 相关字段的值，并填写在该记录中。本程序还有一个功能——判断解包相关数据的正确性，同时比较客户的目的地是否是本机，并给出提示。

【程序编写】

函数：在原有 IPData 类中新增解包方法 un_pack()。

```
class IPData:
    @staticmethod
    def unpack(ip_data,SourceIP,TargetIP):
        if ip_data["SourceIP"]==SourceIP and ip_data["TargetIP"]==
TargetIP:
            return TransData(**ip_data)
        print("解包失败")
        return None
```

【编程 14.12-1】编制程序：针对接收到的 IP 数据包，提取并输出源 IP 地址、目的 IP 地址、总长度、TTL 和承载的数据（熟悉具体协议）。

【目的及编程说明】读者通过编程 14.12-1 能够仿真实现 IP 数据报的解析过程。

【程序编写】

函数： 在原有 AgreementUtil 类基础上，新增解析 IP 数据包 parse_ip_packet () 方法。

```
@staticmethod
def parse_ip_packet(packet):
    """
    # 解析 IP 数据包
    Returns:发送端 IP,接收端 IP,协议,UDP 数据包
    """
    version_ihl,type_of_service,total_length,identification,flags_
fragment_offset,\
        ttl,protocol,checksum,source_ip,dest_ip=struct.unpack
('!BBHHHBBH4s4s', packet[:20])
    payload=packet[20:]
    return socket.inet_ntoa(source_ip),socket.inet_ntoa(dest_
ip),protocol,payload
```

【编程 14.13】编制程序：仿真传输层解包并判断正误。

【目的及编程说明】读者通过编程 14.13 可理解主机对象传输层数据包解封过程，即依据 TransPackedString 解析出 TransData 相关字段的值，并填写在该记录中。同时可能将多个原属于同一应用层数据包的数据合并成一个数据包。本程序还有一个功能——判断解包相关数据的正确性。

【程序编写】

函数： 在原有 TransData 类中新增解包方法 un_pack ( )。

```
class TransData:
    @staticmethod
    def unpack(trans_data_list,SentPort,RcptPort):
        flag=True
        for trans_data in trans_data_list:
            if not trans_data["SentPort"]==SentPort and trans_data
["RcptPort"]==RcptPort:
                flag=False
        if flag:
            return AppData(**trans_data_list[0])
        print("解包失败")
        return None
```

【编程 14.13-1】编制程序：针对接收到的 UDP 数据报，提取并输出源端口号、目的端口号、长度和承载的数据。

【目的及编程说明】读者通过编程 14.13-1 能够仿真实现 UDP 数据报的解析过程。

【程序编写】

函数：在原有 AgreementUtil 类基础上，新增解析 UDP 数据包 parse_udp_packet () 方法。

```
@staticmethod
def parse_udp_packet(packet):
    """
    # 解析 UDP 数据包
    Returns: tuple: 发送主机端口,接收主机端口,数据
    """
    src_port,dest_port,length,checksum=struct.unpack('!HHHH',packet[:8])
    data=packet[8:]
    return src_port,dest_port,data.decode()
```

【编程 14.14】编制程序：仿真应用层解包并判断正误。

【目的及编程说明】读者通过编程 14.14 可理解主机对象应用层数据包解封过程，即依据 AppPackedString 解析出 AppData 相关字段的值，并填写在该记录中。本程序还有一个功能——判断解包相关数据的正确性。

【程序编写】

函数：在原有 AppData 类中新增解包方法 un_pack ()。

```
class AppData:
    @staticmethod
    def unpack(app_data,SourceAppAddr,TargetAppAddr):
        if app_data["SourceAppAddr"]==SourceAppAddr and app_data
["TargetAppAddr"]==TargetAppAddr:
            return app_data.AppPackTag
        print("解包失败")
        return None
```

14.6　屏幕元素事件识别与控制：X4-人机交互

【编程 14.15】编制程序：在 14.4 节基础上，增加交互式控制按钮。

【目的及编程说明】在 14.4 节基础上，增加交互式控制按钮，如图 14.8 所示。

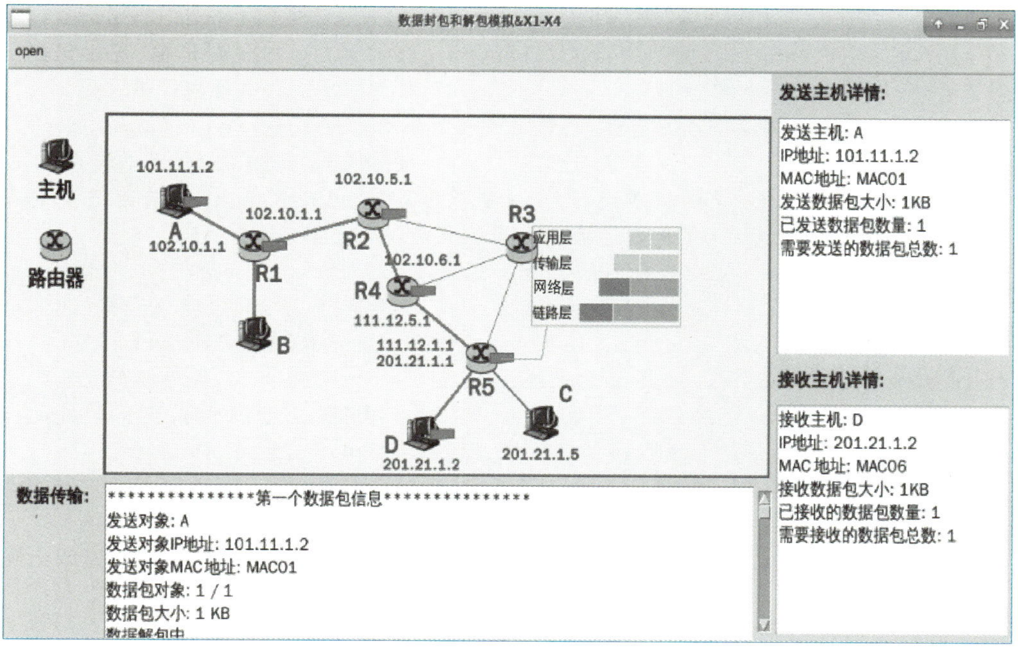

图 14.8　网络协议与数据传输仿真的交互式控制界面

【程序编写】

函数： 在原有 NetWorkAnalog 类基础上，新增创建菜单栏 create_config_button() 方法以及创建页面布局 create_widget() 方法。

```
class NetWorkAnalog(Canvas):
        # 在原有基础上新增创建菜单栏方法以及创建页面布局方法
    def create_config_button(self):
        # 创建一个菜单栏，这里可以将其理解成一个容器，位于窗口的上方
        menubar=tk.Menu(root)
        # 定义一个空菜单单元
        setMenu=tk.Menu(menubar,tearoff=0)
        menubar.add_cascade(label='发送数据包',menu=setMenu)
        setMenu.add_command(label='发送数据包',command=self.send_packet)
        menubar.add_command(label='清除屏幕',command=self.clear_canvas)
        menubar.add_command(label='导出数据',command=self.export_data)
        menubar.add_command(label='导入数据',command=self.import_data)
        root.config(menu=menubar)
    def create_widget(self):
        """
        # 创建整体页面布局
        :return:
        """
```

```
        self.create_rectangle(self.canvas_size[0],self.canvas_size[1],self.canvas_size[2],self.canvas_size[3])       # 矩形框，左上角坐标，右下角坐标
        self.create_image(self.width*0.82,30,image=self.label_top_img,anchor=NW)         # 矩形框，左上角坐标，右下角坐标
        self.create_text(self.width*0.82+120,30+15,text="发送主机详情",anchor="n",font=('微软雅黑',18,'bold'))
        self.create_image(self.width*0.82,self.canvas_size[3]/2,image=self.label_bottom_img,anchor=NW)         # 矩形框，左上角坐标，右下角坐标
        #round_rectangle(self,self.width*0.82,self.canvas_size[3]/2,self.width*0.98,self.canvas_size[3]-30,outline="#ffff00",width=2,fill="#f4b88e")         # 矩形框，左上角坐标，右下角坐标
        self.create_text(self.width*0.82+120,self.canvas_size[3]/2+15,text="接收主机详情",anchor="n",font=('微软雅黑',18,'bold'))
```

【编程 14.16】编制程序：在编程 14.15 基础上，使交互式控制按钮能够完成正确的功能。

【目的及编程说明】通过编程 14.16 可以使最终用户通过交互操作（无须编写程序）实现：(1) 仿真主机对象，产生一个数据包，并填写发送目的地址；(2) 仿真某一台主机对象一层层封包的过程；(3) 查询某一台主机对象或路由器对象的地址相关信息；(4) 仿真某一台路由器接收一个数据包，一层层解包的过程以及进一步一层层封包的过程，并发送数据包；(5) 仿真某一台主机对象接收一个数据包，并一层层解包还原数据的过程。具体操作：当用户选定一个对象（主机对象或路由器对象），即可在界面左下方的输入框中输入相关信息，输入完成后系统将自动判断输入正确与否。

【程序编写】

函数：在原有 NetWorkAnalog 类中新增发送数据包方法 send_packet ()、显示组件网络配置方法 show_network_config ()、导入网络拓扑图方法 import_data ()、导出网络拓扑图方法 export_data ()。

```
class NetWorkAnalog(Canvas):
                              # 在原有基础上新增创建菜单栏方法以及创建页面布局方法
    def send_packet(self):    # 发送数据包
        hosts={}
        for key,tag in self.AllSimObjs.items():
            if tag.ObjType==1 and tag.ConfigCorrect==1:
                hosts[tag.ObjLabel]=tag.ObjID
        child2=tk.Toplevel()
        child2.title("数据包配置")
        child2.geometry('392x306+200+110')
        child2.grab_set()
```

```
        # 设置组件焦点抓取，使焦点在释放之前永远保持在该组件上，只能在该组件上
          操作
        tk.Label(child2,text='发送主机:',font=('黑体',16)).grid(row=
0,column=0,columnspan=2,sticky='w',pady=10)
        send_host=StringVar()
        host_combobox=ttk.Combobox(
            master=child2,                        # 父容器
            height=5,                             # 高度,下拉显示的条目数量
            width=18,                             # 宽度
            state='readonly',                     #readonly(只可选)
            font=('',16),                         # 字体
            textvariable=send_host,               # 通过 StringVar 设置可改变的值
            values=list(hosts.keys()),            # 设置下拉框的选项
        )
        host_combobox.grid(row=0,column=1,pady=10)
        tk.Label(child2,text='接收主机:',font=('黑体',16)). grid(row=
1,column=0,sticky='w',pady=10)#,sticky='w'靠左显示
        receive_host=StringVar()
        ttk.Combobox(
            master=child2,                        # 父容器
            height=5,                             # 高度,下拉显示的条目数量
            width=18,                             # 宽度
            state='readonly',#readonly(只可选)
            font=('',16),                         # 字体
            textvariable=receive_host,            # 通过 StringVar 设置可改变的值
            values=list(hosts.keys()),            # 设置下拉框选项
        ). grid(row=1,column=1,pady=10)
        tk.Label(child2,text='数据大小(kb):',font=('黑体',16)). grid
(row=2,column=0,sticky='w',pady=10)              #sticky='w'为靠左显示
        packet_size=tk.Entry(child2,font=('黑体',16),textvariable=tk.
StringVar())
        packet_size.grid(row=2,column=1,pady=10)
        tk.Label(child2,text='数据标签:',font=('黑体',16)).grid(row=3,
column=0,sticky='w',pady=10)                     #sticky='w'为靠左显示
        packet_label=tk.Entry(child2,font=('黑体',16),textvariable=
tk.StringVar())
        packet_label.grid(row=3,column=1,pady=10)
        tk.Button(child2,text='发送',font=('黑体',16),height=1,
command=send). grid(row=5,column=0,sticky='e',pady=10)
        tk.Button(child2,text='取消',font=('黑体',16),height=1,
command=child2.destroy). grid(row=5,column=1,sticky='e',pady=10)

    def show_network_config(self,obj,message):     # 显示组件网络配置信息
```

```
    ...
class PacketWindow(Toplevel):
    def__init__(self,master,packet,packet_step=["app","trans","ip",
"mac"],*args,**kwargs):
        super().__init__(master,*args,**kwargs);self.master=master
        self.width=300;self.height=400
        self.packet_button_str={"app":"应用层","ip":"网络层","mac":"链路
层","trans":"传输层"}
        if not packet["packet"]:
            packet["mode"]=packet["mode"][::-1]  #True 为封包,False 为解包
        self.packet_option={"app":{"command":self.app_packet if
packet["packet"]else self.app_unpack},"ip":{"command":self.ip_packet
if packet["packet"]else self.ip_unpack},"mac":{"command":self.mac_
packet if packet["packet"]else self.mac_unpack},"trans":{"command":self.
trans_packet if packet["packet"]else self.trans_unpack}}
        self.packet_step=packet_step;self.step=0
        self.packet=packet;self.sendObj:SimHost=packet["sendObj"]
        self.receiveObj:SimHost=packet["receiveObj"]
        self.message=packet["tag"];self.create_widget()
    def create_widget(self):                          # 创建发送数据包界面
        mode_text="封包"if self.packet["packet"]else"解包"
        num,margin_top,button_width,button_height=1,30,120,40
        for data in self.packet["mode"]:
            key=list(data.keys())[0];value=list(data.values())[0]
            if value:
                Button(self,text=self.packet_button_str[key]+mode_
text,command=self.packet_option[key]["command"],font=("",16)).
place(x=40,y=30+(margin_top+button_height)*(num-1),width=
button_width,height=button_height)
                num+=1
        Button(self,text="发送",command=self.send_packet,font=
("",16)).place(x=self.width-60,y=self.height-40,anchor=NW)
        Button(self,text="取消",command=self.destroy,font=("",16)).
place(x=self.width-120,y=self.height-40,anchor=NW)

    def send_packet(self):
        if self.step!=len(self.packet_step):
            messagebox.showerror("注意","尚未完成{}!".format("封包"if
self.packet["packet"]else"解包"))
            return
        self.packet["send"](self.message)          # 发送数据包
        self.destroy()
```

```
    def create_window(self,option):
        toplevel=Toplevel(self);toplevel.title(option["title"])
        toplevel.geometry("450x220+300+300")
        for entry_option in option["entry"]:
            index=option["entry"].index(entry_option)
            key=list(entry_option.keys())[0]
            value=list(entry_option.values())[0]
            Label(toplevel,text=key,font=("",16)).grid(row=index,
column=0,padx=20,pady=10)
            if value is None:
                continue
            Entry(toplevel,textvariable=value,font=("",16),width=
15).grid(row=index,column=1,pady=10)
        Button(toplevel,text="提交",command=option["command"],font=
("",16)).place(x=450-60,y=220-40,anchor=NW)
        Button(toplevel,text="取消",command=toplevel.destroy,font=
("",16)).place(x=450-120,y=220-40,anchor=NW)
        toplevel.attributes("-topmost",True)
        return toplevel
    def app_packet(self):                                    # 应用层封包
        if self.packet_step[self.step]!="app":              # 校验封包顺序
            messagebox.showerror("注意","封包顺序出错！")
            return
        SourceAppAddr=StringVar()                            # 应用层地址
        TargetAppAddr=StringVar()
        def packet():
            toplevel.destroy()
            source_app_addr=SourceAppAddr.get()           # 获取用户输入的应用层地址
            target_app_addr=TargetAppAddr.get()
            app_data=AppData(self.sendObj.ObjId,1,AppPackID,self.
packet["size"],self.packet["tag"],self.sendObj.interface[0][3],self.
receiveObj.interface[0][3])                                  # 封装 AppData
            if app_data.is_valid(source_app_addr,target_app_addr):
                self.master.message.show_message("应用层封包成功！数据包
如下:\n{}".format(self.message))
                self.step+=1
            else:
                messagebox.showerror("提示","应用层地址填写有误，请仔细
检查！")
        toplevel=self.create_window({"title":"应用层封包","entry":[{"发送
主机应用层地址:":SourceAppAddr},{"接收主机应用层地址:":TargetAppAddr}],"comma
nd":packet})# 调用 create_window 方法创建表单界面
```

```
    def app_unpack(self):                                   # 应用层解包
        """ 应用层解包 """
        if self.packet_step[self.step]!="app":
            messagebox.showerror("注意","解包顺序出错!")
            return
        TargetAppAddr=StringVar()
        def packet():
            toplevel.destroy()
            target_app_addr=TargetAppAddr.get()
            if target_app_addr==self.receiveObj.interface[0]["addr"]:
                self.message=self.message.split("&")[1]
                self.master.message.show_message("应用层解包成功!数据包
如下:\n{}".format(self.message))
                self.step+=1
            else:
                messagebox.showerror("提示","应用层地址填写有误,请仔细
检查!")
        toplevel=self.create_window({"title":"应用层解包","entry":[{"接收
主机应用层地址:":TargetAppAddr}],"command":packet})
    def trans_packet(self):                                 # 传输层封包
        """ 传输层封包 """
        if self.packet_step[self.step]!="trans":
            messagebox.showerror("注意","封包顺序出错!")
            return
        SentPort=StringVar();RcptPort=StringVar();SplitCount=IntVar()
        def packet():
            sent_port=SentPort.get();rcpt_port=RcptPort.get()
            split_count=SplitCount.get()             # 获取用户输入的拆包数量
            count=split_appdata(self.packet["size"])
            trans_data=TransData(self.sendObj.ObjId,"1","pack1",
None,self.packet["tag"],None,self.sendObj.interface[0][2],self.
receiveObj.interface[0][2])
            AppPackSize=self.packet["size"];MTU=2048
            # 判断用户封包以及拆包数量是否正确
            if trans_data.is_valid(sent_port,rcpt_port)and split_
count==AppPackSize//MTU+(AppPackSize%MTU > 0):
                toplevel.destroy()
                self.message=AgreementUtil.create_udp_packet(self.
message,int(sent_port),int(rcpt_port))          # 创建 UDP 数据包
                self.master.message.show_message("传输层封包成功!数据包
如下:
\n{}".format(str([str(i+1)+"-"+str(self.message)for i in range(split_
count)])))
```

```
                self.step+=1
            else:
                messagebox.showerror("提示","传输层封包信息填写有误，请仔细检查！")
        toplevel=self.create_window({"title":"传输层封包","entry":[{"发送主机端口:":SentPort},{"接收主机端口:":RcptPort},{"拆包数量":Split Count},{"每个包约2048":None}],"command":packet})

    def trans_unpack(self):                          # 传输层解包
        """传输层解包"""
        if self.packet_step[self.step]!="trans":
            messagebox.showerror("注意","解包顺序出错！")
            return
        RcptPort=StringVar()
        def packet():
            rcpt_port=RcptPort.get()
            if rcpt_port==self.receiveObj.interface[0]["conn_port"]:
                toplevel.destroy()
                data=AgreementUtil.parse_udp_packet(self.message)
                                                     # 解析UDP数据包
                self.message=data[-1]
                self.master.message.show_message("传输层解包成功！数据包如下:\n{}".format(self.message))
                self.step+=1
            else:
                messagebox.showerror("提示","传输层解包信息填写有误，请仔细检查！")
        toplevel=self.create_window({"title":"传输层解包","entry":[{"接收主机端口:":RcptPort}],"command":packet})

    def ip_packet(self):
        ...                         # 网络层数据封包与上述传输层和应用层代码类似

    def ip_unpack(self):
        ...                         # 网络层数据解包与上述传输层和应用层代码类似

    def mac_packet(self):
        ...                         # 链路层数据封包与上述传输层和应用层代码类似

    def mac_unpack(self):
        ...                         # 链路层数据解包与上述传输层和应用层代码类似

class SimHost:
```

```
    ...
    def create_packet(self,AppPackID,AppPackSize,AppPackTag,target
Host:SimHost):
        ...                        # 在原有基础上添加交互界面封包过程
        self.packet_window = PacketWindow(self.canvas,packet =
{"packet":True,"size":int(size),"sendObj":self,"receiveObj":targetHost,
"tag":AppPackTag,
"mode":[{"app":True},{"trans":True},{"ip":True},{"mac":True}]})

    def unpack(self,mac_data)
        ...                        # 在原有基础上添加交互界面解包过程
        self.packet_window = PacketWindow(self.canvas,packet =
{"packet":False,"mode":[{"app":True},{"trans":True},{"ip":True},{"mac":
True}]})

class SimRouter:
    ...
    def pack(self,ip_data):
        ...                        # 在原有基础上添加交互界面封包过程
        self.packet_window = PacketWindow(self.canvas,packet =
{"packet":True,"size":int(size),"sendObj":self,"receiveObj":target
Host,"tag":AppPackTag,"mode":[{"app":False},{"trans":False},{"ip":
True},{"mac":True}]})

    def unpack(self,mac_data)
        ...                        # 在原有基础上添加交互界面解包过程
        self.packet_window=PacketWindow(self.canvas,packet={"packet":
False,"mode":[{"app":False},{"trans":False},{"ip":True},{"mac":True}]})
```

14.7　算法优化与系统功能拓展：X5-完整系统

【编程 14.17】编制程序：搭建一个不同拓扑结构的网络（如星形网络、总线型网络、树形网络，本书以搭建星形网络为例）。

【目的及编程说明】读者利用网络构件搭建一个星形网络（至少包含 6 台主机、2 个路由器，形成 2 个网络之间的连接），并进行正确配置。

【程序编写】

函数：无，通过配置方法配置星形网络结构。

```
# 主机配置
AllSimHost=[
    {"ObjID":"A","IFSnum":1,"AddrStack":[["MAC11","101.11.1.2","10810",
"10.1.2.10:10810:Name1"]]},{"ObjID":"B","IFSnum":1,"AddrStack":[["MAC12",
"101.11.1.1","80","10.1.2.10:10810:Name2"]]},{"ObjID":"C","IFSnum":1,
"AddrStack":[["MAC13","101.11.1.3","10810","10.1.2.10:10810:Name3"]]},
{"ObjID":"D","IFSnum":1,"AddrStack":[["MAC14","101.11.1.4","10810","10.1.
2.10:10810:Name4"]]},{"ObjID":"E","IFSnum":1,"AddrStack":[["MAC15","101.
11.1.5","10810","10.1.2.10:10810:Name5"]]},{"ObjID":"F","IFSnum":1,
"AddrStack":[["MAC16","101.11.1.6","10810","10.1.2.10:10810:Name6"]]}]
# 路由器配置
AllSimRouter=[
    {"ObjID":"R1","IFSnum":4,"AddrStack":[["MAC201","102.10.1.1",None,
None]]},{"ObjID":"R2","IFSnum":4,"AddrStack":[["MAC202","102.10.1.2",None,
None]]}]

# 连接配置
AllSimConn=[
    {"ConnObjID":"conn1","NobjS":"A","IfsS":1,"NobjE":"R1","IfsE":1,"Config
Correct":0},{"ConnObjID":"conn2","NobjS":"B","IfsS":1,"NobjE":"R1","IfsE":
2,"ConfigCorrect":0},{"ConnObjID":"conn3","NobjS":"C","IfsS":1,"NobjE":
"R1","IfsE":3,"ConfigCorrect":0},{"ConnObjID":"conn4","NobjS":"D","IfsS":
1,"NobjE":"R1","IfsE":4,"ConfigCorrect":0},{"ConnObjID":"conn5","NobjS":
"E","IfsS":1,"NobjE":"R2","IfsE":1,"ConfigCorrect":0},{"ConnObjID":"conn
6","NobjS":"F","IfsS":1,"NobjE":"R2","IfsE":2,"ConfigCorrect":0}]
```

函数：通过导入的方式搭建星形网络，在原有 NetWorkAnalog 类基础上新增导入数据方法 import_data()，新增导入数据工具类 ExportUtil，并新增方法 import_data()。

```
class ExportUtil():
    def __init__(self,path):
        self.conn=sqlite3.connect('./network.db')
        self.path=path

    def import_data(self):
        excel_file=pd.ExcelFile(self.path)        # 读取数据表
        sheet_names=excel_file.sheet_names
        cursor=self.conn.cursor()
        for sheet_name in sheet_names:
```

```
        #4.使用 Pandas 读取工作表数据
        df=pd.read_excel(excel_file,sheet_name=sheet_name)
        #5.获取工作表的列名
        columns=df.columns.tolist()
        #6.构造插入语句
        columns_str=','.join(columns)
        placeholders=','.join(['?'for_in range(len(columns))])
         sql = f"INSERT INTO{sheet_name}({columns_str})VALUES
({placeholders})"
        #7.将数据插入数据库
        for index,row in df.iterrows():
            #8.使用动态生成的 SQL 语句将数据插入数据库
            cursor.execute(sql,tuple(row))
    self.conn.commit()

class NetWorkAnalog():
    def import_data(self):
        for tag_id,tag in self.AllSimObjs.items():
            self.delete(tag_id)                        # 删除画布中的所有组件
            self.delete(tag_id+"text")
        for conn in self.conns:
            conn.delete_line()                         # 删除画布中的所有连接线
        self.delete("rectangle")
        self.AllSimObjs.clear()                        # 删除当前所有组件对象
        self.conns.clear()                             # 删除所有连接配置
        file_path=filedialog.askopenfilename()         # 获取用户选择的文件
        if file_path:
            export=ExportUtil(file_path)
            export.import_data()
            self.message.show_message("文件导入成功!")
            self.reload_data()
```

【编程 14.18】编制程序：为编程 14.17 的网络配置基本协议（自己用程序实现一个简单协议，可参照 TCP/IP），使一个数据包能够按照所配置协议，由一个网络的一台主机传输到另一个网络的另一台主机。

【目的及编程说明】读者在编程 14.17 的基础上进一步编制程序 14.18，仿照 TCP/IP 编制简单的协议，并配置于编程 14.17 的网络中，能够完成一个数据包按照所配置协议，由一个网络的一台主机传输到另一个网络的另一台主机。

【程序编写】

函数： 在原有组件类中新增封包方法 pack () 和解包方法 un_pack ()。

```
class SimHost:
    ...
    def pack(self,AppPackID,AppPackSize,AppPackTag,targetHost:SimHost):
        app_data=AppData(self.ObjId,1,AppPackID,AppPackSize,AppPack
Tag,self.interface[0][3],targetHost.interface[0][3])
        If not app_data.is_valid("101.11.1.2:18010:Name1","201.21.1.2:
80:Name2")                              # 判断用户输入的应用层地址是否正确
            print("应用层封包错误")
            return
        app_packet=app_data.pack()
        trans_data=TransData(self.ObjId,"1","pack1",None,AppPackTag,None,
self.interface[0][2],targetHost.interface[0][2])
        if not trans_data.is_valid(80,80):
            print("传输层封包错误")
            return
        trans_data_list=trans_data.pack(app_packet)
        ip_data=IPData(self.ObjID,1,"ipPacket1",trans_data["TransPackID"],
self.interface[0][0],targetHost.interface[0][0])
        if not ip_data.is_valid("101.1.2.11","101.1.3.12"):
                                              # 判断输入的 IP 地址是否正确
            print("网络层封包错误")
            return
        ip_data_list=ip_data.pack(trans_data_list)
        mac_data=MACData(self.ObjID,1,"macPacket1",self.interface[0]
[1],targetHost.interface[0][1])
        if not mac_data.is_valid("MAC1","MAC2"):
                                              # 判断用户输入的 MAC 地址是否正确
            print("链路层封包错误")
            return
        mac_data_list=mac_data.pack(ip_data_list)
        for data in mac_data_list:
            self.send(data)

    def un_pack(self,data):                   # 接收数据包
        ip_data=MACData.unpack(data,"mac1","mac2")
        if ip_data==None:
            print("解包失败")
            return
        trans_data=IPData.unpack(ip_data,"101.1.10.11","101.1.11.12")
        if trans_data==None:
```

```
        print("解包失败")
        return
    app_data=TransData.unpack(trans_data,80,80)
    if app_data==None:
        print("解包失败")
        return
    message=AppData.unpack(app_data,"101.11.1.2:18010:Name1",
"201.21.1.2:80:Name2")
    if message==None:
        print("解包失败")
        return
    print(f"解包成功,数据为{message}")
```

【编程 14.19】编制程序：将封装得到的 IP 数据报、以太网帧交付给网络（传输、路由、转发）仿真程序，输出网络的运行结果，包括：(1) 以太网帧能否被正确传输；(2) IP 数据报能否被正确地从源主机路由、转发至目的主机。

【目的及编程说明】读者通过编程 14.19 可理解网络数据报、数据帧如何被网络设备处理。

【程序编写】

函数： 在原有 SimRouter 类基础上新增封包方法 pack() 和解包方法 un_pack()。

```
class SimRouter:
    ...
    def pack(self,data):
        ip_data=IPData(self.ObjID,1,"ipPacket1",trans_data["TransPackID"],
self.interface[0][0],targetHost.interface[0][0])
        if not ip_data.is_valid("101.1.2.11","101.1.3.12"):
                                        # 判断用户输入的 IP 地址是否正确
            print("网络层封包错误")
            return
        ip_data_list=ip_data.pack(data)
        mac_data=MACData(self.ObjID,1,"macPacket1",self.interface[0]
[1],targetHost.interface[0][1])
        if not mac_data.is_valid("MAC1","MAC2"):
                                        # 判断用户输入的 MAC 地址是否正确
            print("链路层封包错误")
            return
        mac_data=mac_data.pack(ip_data_list)
        self.send(mac_data)

    def un_pack(self,data):             # 接收数据包
```

```
        ip_data=MACData.unpack(data,"mac1","mac2")
        if ip_data==None:
            print("解包失败")
            return
        sourceIp=ip_data["SourceIP"]
        TargetIP=ip_data["TargetIP"]
        self.transmit(ip_data,sourceIp,TargetIP)
    def transmit(ip_data,sourceIp,TargetIP):
        ...                                    #此处省略下一跳判定逻辑代码
        self.pack(ip_data)
```

【编程 14.20】编制程序：针对接收到的以太网帧，对其进行解析，提取并输出源 MAC 地址、目的 MAC 地址、类型和承载的数据。

【目的及编程说明】读者通过编程 14.20 能够仿真实现以太网帧的解析过程。

【程序编写】

函数： 在原有 AgreementUtil 类基础上新增解析以太网帧数据包方法 parse_ethernet_frame()。

```
class AgreementUtil():
    @staticmethod
    def parse_ethernet_frame(frame):
        """
        解析以太网帧数据包
        Returns:发送端 MAC 地址,接收端 MAC 地址,以太网类型,IP 数据包
        """
        dest_mac,src_mac,ethertype=struct.unpack('!6s6sH',frame[:14])
        payload=frame[14:]
        return format_mac_address(src_mac),format_mac_address(dest_
mac),ethertype,payload
```

【编程 14.21】编制程序：为数据传输层增加数据校验功能，即在发送端增加计算校验和并填写至数据包中，在接收端增加计算校验和并输出是否正确的功能。

【目的及编程说明】读者通过编程 14.21 可理解 Internet 校验和的计算与应用方法。针对所产生的 UDP 数据报，计算校验和并填写至 UDP 数据报中；针对接收到的 IP 数据报，计算首部校验和，判断是否出错，并输出判断结果。针对接收到的 UDP 数据报，计算校验和，判断是否出错，并输出判断结果。

【程序编写】

函数： 在原有 TransData 类中的 unpack() 方法基础上进行修改，增加计算校验功能。

```
class TransData:
```

```
    @staticmethod
    def calculate_checksum(data):
        # 计算校验和
        md5_hash=hashlib.md5()
        md5_hash.update(data.encode())
        checksum=md5_hash.hexdigest()
        return checksum
    @staticmethod
    def unpack(trans_data_list,SentPort,RcptPort):
                                                    # 在接收端进行校验和验证
        for trans_data in trans_data_list:
            if trans_data["SentPort"]==SentPort and trans_data["RcptPort"]==
RcptPort:
                checksum=trans_data.get("checksum","")
                app_data_dict=trans_data.copy()
                del app_data_dict["checksum"]
                data=str(app_data_dict)
                if checksum==TransData.calculate_checksum(data):
                    return AppData(**app_data_dict)
                else:
                    print("校验和错误,数据包损坏")
                    return None
        print("解包失败")
        return None
```

第 15 章

数据库思维与关系数据库系统仿真

本章要点：　通过关系数据库系统项目实践；理解关系数据库基本思维，掌握关系数据库语言 SQL。掌握关系数据库系统应用程序开发方法，体验结构化数据管理思维。

15.1 关系数据库系统初步

15.1.1 数据库与关系数据库

数据库与数据库管理系统 数据库（database）是数据的集合，数据库管理系统是组织、存储和操控数据库的软件系统。

关系数据库 目前的典型数据库是以表（table）的形式组织和管理，被称为关系数据库（通常指关系数据库管理系统）。**表**由**行**和**列**组成，列表示数据的某一种属性，行表示一个对象实例数据的各种属性。每个表都有唯一的标识符属性（组），称为**主键**，用于唯一区分表中的每一行。关系数据库组织数据的基本形式就是表，也称为**关系**，并针对关系提供了一系列操作。

关系操作 **选择**是指从给定表的所有行中，选出满足条件的行；**投影**是指从给定表的所有列中，选出指定的一些列；**笛卡儿积**是指将一个表的每一行与另一个表的每一行串接成新行，进而形成新的表；**连接**是指将两个表满足“属性名相同且值相等”的行串接成一行形成新的表；**并**是指将两个表合并成一个新的表，去除重复的行；**差**是指从一个表中移除属于另一个表中的行。这些关系操作可以被组合使用，形成复杂的查询操作，以满足特定的数据检索和操作需求。

15.1.2 SQL

SQL SQL（structured query language，结构化查询语言）是关系数据库管理系统提供给用户使用的一种定义和操控关系数据库的语言。用户使用 SQL 表达期望的操作，而关系数据库管理系统则能执行 SQL 并返回给用户期望的结果。SQL 可以完成各种操作，如数据查询、插入、更新和删除等。其中，关系查询语句是 SQL 最主要、最灵活的语句，用于从表中检索需要的数据。

SQL 的查询语句

```
SELECT [DISTINCT] 列名1 [列别名1][, 列名2 [列别名2]···]
FROM 表名1 [表别名1][, 表名2 [表别名2]···]
[WHERE 条件1]
[ORDER BY 表达式1 [ASC | DESC]···];
```

其中，[] 中的内容表示可以被省略。该语句的含义为：从 FROM 后面列出的“表名1 [, 表名2···]”的表中，找出满足 WHERE 子句中“条件1”的元组，然后按

SELECT 子句给出的“列名 1，[列名 2…]”目标列的顺序，选出元组中的分量形成结果表。(1) FROM 后面如果有多个用逗号区分的“表名 1 [，表名 2…]”，则其做的是笛卡儿积操作；(2) 如果没有 WHERE 子句，则选出所有元组；(3) 如果有 ORDER BY 子句，则结果表要根据指定的“表达式 1”按升序（ASC）或降序（DESC）排序，如果没有指明是 ASC 还是 DESC 则默认按升序排序；(4) 如果 SELECT 子句中有 DISTINCT，则表明结果表中去掉重复的元组，否则结果表中允许有重复的元组；(5) SELECT 子句中的“列 别名”，表明在结果表中以“别名”作为该列的名字；(6) FROM 子句中的“表名 表别名”，表明在该表参与运算时是以表别名的名字参与此 SQL 语句中其他部分的表达式书写；(7) WHERE 子句中的条件，可以使用“Like 字符串”表示模糊的判断，其中给定字符串中可以出现“%”“_”等匹配符，“%”表示可以在该“%”位置用一至多个任意的符号替换，“_”表示可以在该“_”位置用一个任意的符号替换；若要匹配“%”和“_”本身，则可使用“\”转义字符，用于去掉一些特殊字符的特定含义，使其被作为普通字符看待，如用“\%”匹配字符“%”，用“_”匹配字符“_”。

SQL 的查询语句示例 假设有以下三个表：Student（SID，Sname，Sage，Smajor），Course（CID，Cname，Credits），SC（SID，CID，Score）。其中 SID 为学号，Sname 为姓名，Sage 为年龄，Smajor 为专业；CID 为课程号，Cname 为课程名称，Credits 为学分，Score 为成绩。典型查询及 SQL 表达如下。

【示例 15.1】检索学生表中所有学生的姓名和年龄：

SELECT Sname，Sage FROM Student；

【示例 15.2】检索姓名以“张”开头的学生信息：

SELECT*FROM Student WHERE Sname LIKE' 张 %'；

【示例 15.3】检索学过“计算思维导论”课程的学生的姓名及成绩：

SELECT S.Sname，SC.Score FROM Student S，SC，Course C

WHERE S，SID = SC.SID and C.CID = SC.CID and C.Cname = ' 计算思维导论 '；

【示例 15.4】检索学过 2 号课程的学生并按照成绩降序排列：

SELECT*FROM SC WHERE CID = '2' ORDER BY Score DESC。

【示例 15.5】检索成绩表中成绩大于平均成绩的学生信息：

SELECT*FROM Student WHERE SID IN

(SELECT SID FROM SC WHERE Score > (SELECT AVG (Score) FROM SC))。

SQL 的其他语句 除以上功能外，SQL 还有创建数据表的语句 CREATE TABLE、向数据表增加行的语句 INSERT、更新行的语句 UPDATE、删除行的语句 DELETE 等，读者可通过相关书籍或手册自学。

15.1.3 嵌入式 SQL

嵌入式 SQL 嵌入式 SQL 是一种将 SQL 语句嵌入高级语言的技术。它允许开发人员在编程过程中直接使用 SQL 语句来操控关系数据库。这种方式使得在应用程序中执行数据库操作变得更加灵活和方便。在编程语言中使用嵌入式 SQL 时，可以通过特定的接口或库来实现与关系数据库的交互。常见的编程语言如 Java、Python 和 C++ 等都提供了与关系数据库交互的相关库或 API。

首先要理解，开发人员需要使用编程语言提供的 SQL 执行函数来执行 SQL 语句。在执行 SQL 语句之前，需要将 SQL 语句赋值给一个字符串，并确保正确传递必要的参数。例如，在 Java 中可以使用 JDBC（Java database connectivity）API 来准备和执行 SQL 语句：开发人员可以使用 PreparedStatement 对象预编译 SQL 语句，并通过设置参数值来动态生成 SQL 语句；接着使用 executeQuery ( ) 函数执行查询语句，或使用 executeUpdate ( ) 函数执行更新操作；执行 SQL 语句后，开发人员需要处理 SQL 语句的结果。对于查询语句，可以使用编程语言提供的 ResultSet 对象处理查询结果。ResultSet 对象提供了对查询结果集的访问和操作方法，开发人员可以使用它们来提取所需的数据。

对于更新操作或其他修改数据库的 SQL 语句，可以通过返回的执行结果来判断操作是否成功。编程语言通常提供了相应的返回值或状态码来指示 SQL 语句的执行结果。通过嵌入式 SQL，开发人员可以将 SQL 语句与编程语言的灵活性相结合，实现更复杂的数据库操作和业务逻辑。高级语言与数据库语言的交互是通过使用特定的数据库驱动程序或库来实现的。这些驱动程序或库提供了与数据库进行通信和执行数据库操作的接口。

高级语言使用数据库语言的步骤 步骤及需要理解的问题如图 15.1 所示（详细内容请参考高级语言相关的编程手册）。

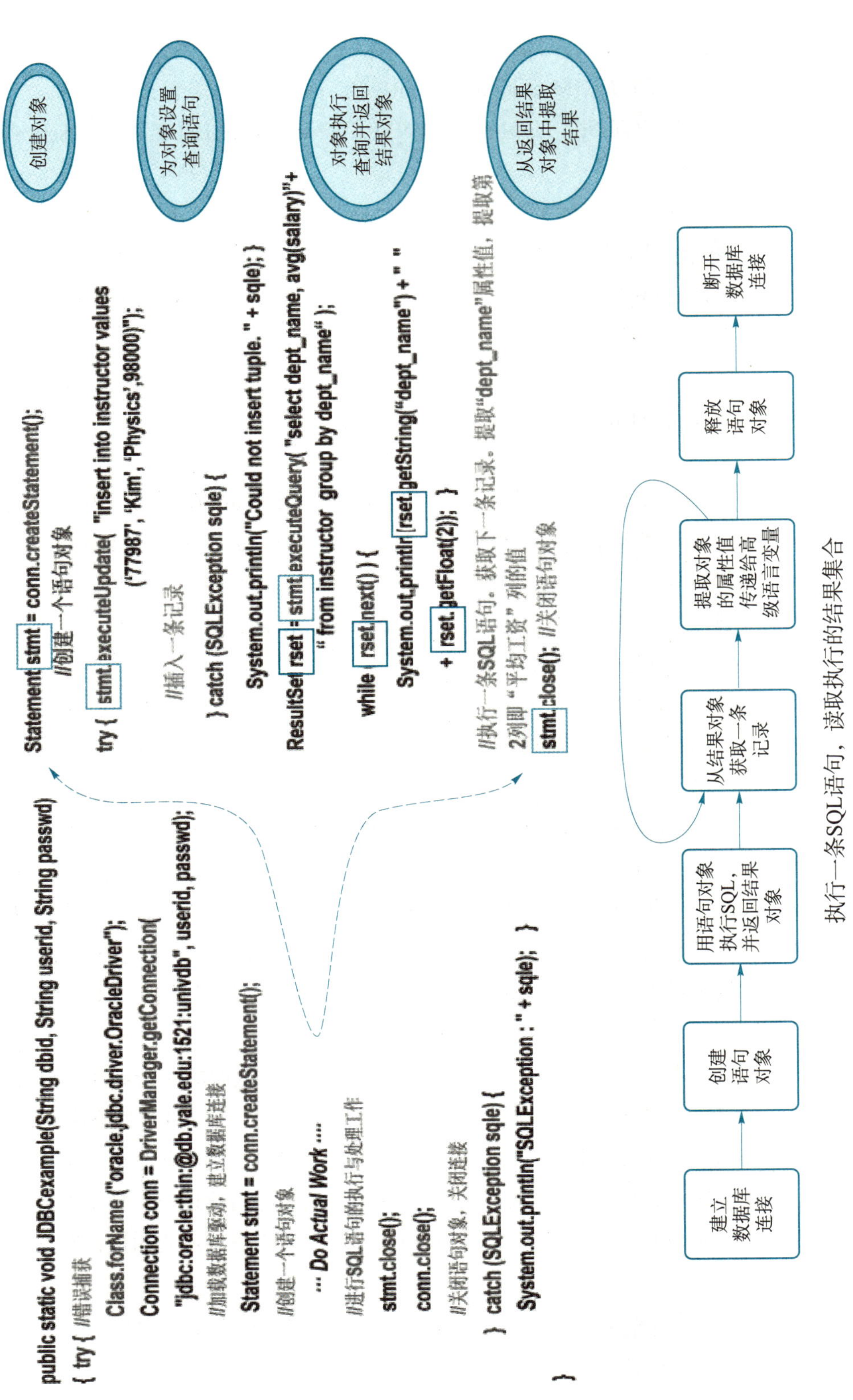

图 15.1　高级语言与嵌入式 SQL 交互要解决的问题

具体步骤一般包括：（1）引入数据库驱动程序或库：在高级语言中，首先需要引入适用于特定数据库的驱动程序或库。这些驱动程序或库通常由数据库供应商提供，用于与其数据库系统进行通信。（2）建立数据库连接：使用驱动程序或库提供的函数或方法，可以创建数据库连接对象，并指定连接参数，如数据库的地址、端口、用户名和密码等。通过该连接对象，高级语言即可以与数据库建立通信。（3）执行数据库操作：一旦建立了数据库连接，高级语言即可使用 SQL 语句或调用驱动程序或库提供的特定函数或方法来执行数据库操作，如查询、插入、更新和删除数据等。这些操作将被发送到数据库服务器进行处理。（4）处理查询结果：如果执行的是查询操作，数据库将返回结果集。高级语言可以使用驱动程序或库提供的方法来处理和解析查询结果，并提取所需的数据。（5）关闭数据库连接：在完成数据库操作后，应该关闭数据库连接，释放资源，并断开与数据库的连接。可以通过调用驱动程序或库提供的关闭连接的函数或方法来完成。需要注意的是，具体的交互方式和语法可能会因不同的高级语言和数据库系统而有所差异。因此，在实际开发中，需要参考相关的文档和示例代码来确切了解如何在特定的高级语言和数据库系统中进行交互。

SQLCA 和 SQLDA SQLCA（SQL communications area）和 SQLDA（SQL descriptor area）是数据库编程中常用的结构体，用于在高级语言中处理 SQL 语句的执行和结果，用于处理错误、异常和数据描述信息。

SQLCA 是一个存储 SQL 语句执行信息的结构体，用于存储与 SQL 操作相关的状态信息和错误信息。它包含了 SQLCODE（SQL 操作的状态码）、SQLERRM（SQL 错误消息）、SQLERRD（SQL 错误的详细信息）等字段。在使用 SQLCA 时，应用程序可以通过读取 SQLCA 中的 SQLCODE 字段来检查 SQL 语句的执行状态。如果 SQLCODE 不等于 0，表示 SQL 语句执行过程中出现错误或异常。此时，应用程序可以使用 SQLERRM 字段中的错误消息来识别和处理错误。错误处理和异常处理是在数据库编程中非常重要的部分。当 SQL 语句执行过程中出现错误时，应用程序需要适当地处理这些错误。通过使用 SQLCA 的相关信息，应用程序可以实现错误处理和异常处理的逻辑，并根据具体情况采取相应的措施。

SQLDA 是一个结构，当高级语言与数据库连接后，数据库管理系统会返回给高级语言一些元信息，例如数据库中包含了哪些表及表名，每个表包含哪些属性及属性名、属性的数据类型等。其也用于存储与 SQL 语句执行相关的数据描述信息，以及 SQL 语句中的参数和结果集的元数据，如参数个数、参数类型、结果集列数、列类型等。

综上所述，SQLCA 和 SQLDA 是在数据库编程中常用的结构体，用于处理 SQL 语句的执行和结果。它们提供了获取 SQL 语句执行状态、错误信息和描述 SQL 语句结构的功能，帮助开发人员实现有效的错误处理和异常处理机制。

高级语言与嵌入式 SQL 语句交互的自学路径如图 15.2 所示，读者可参照相关书籍自学。

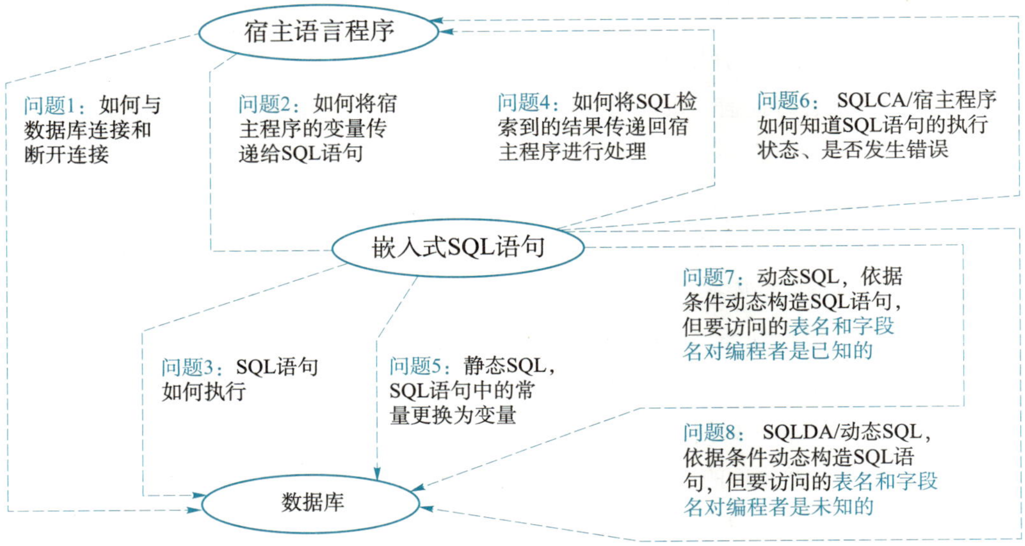

图 15.2　高级语言与嵌入式 SQL 语句交互的自学路径

15.2　关系数据库系统项目总体设计

本章后续内容将以关系数据库的定义与操控为目标，拟开发一个可交互式练习 SQL 语句构造与执行的系统，使读者更好地体验关系数据库系统管理大规模数据的基本思维，掌握 SQL 以及基于 SQL 的数据库应用程序的开发和运行。

目标系统说明 可交互式练习 SQL 语句构造与执行的系统：(1) 建立一个示例数据库 SCT，其中包含三个数据表（Student、SC 和 Course），注意本书是以 SCT 为例，读者做实验时可选择建立其他的数据库和数据表；(2) 利用 Insert、Delete、Update 语句对示例数据库的各个表追加内容；(3) 利用 Select 语句检索示例数据库，并显示检索结果；(4) 编制应用程序，使用户可以针对固定的表输入检索条件，系统自动构造 SQL 语句并执行该 SQL 语句完成检索及输出检索结果；(5) 编制应用程序，使用户可以对数据库中的任何表进行检索条件输入，并构造 SQL 语句、执行 SQL 语句显示检索结果。

15.2.1　项目总体思路

总体思路 关系数据库系统项目开发的总体思路如图 15.3 所示，具体分为五个层面的开发内容，难度由低到高被区分为：

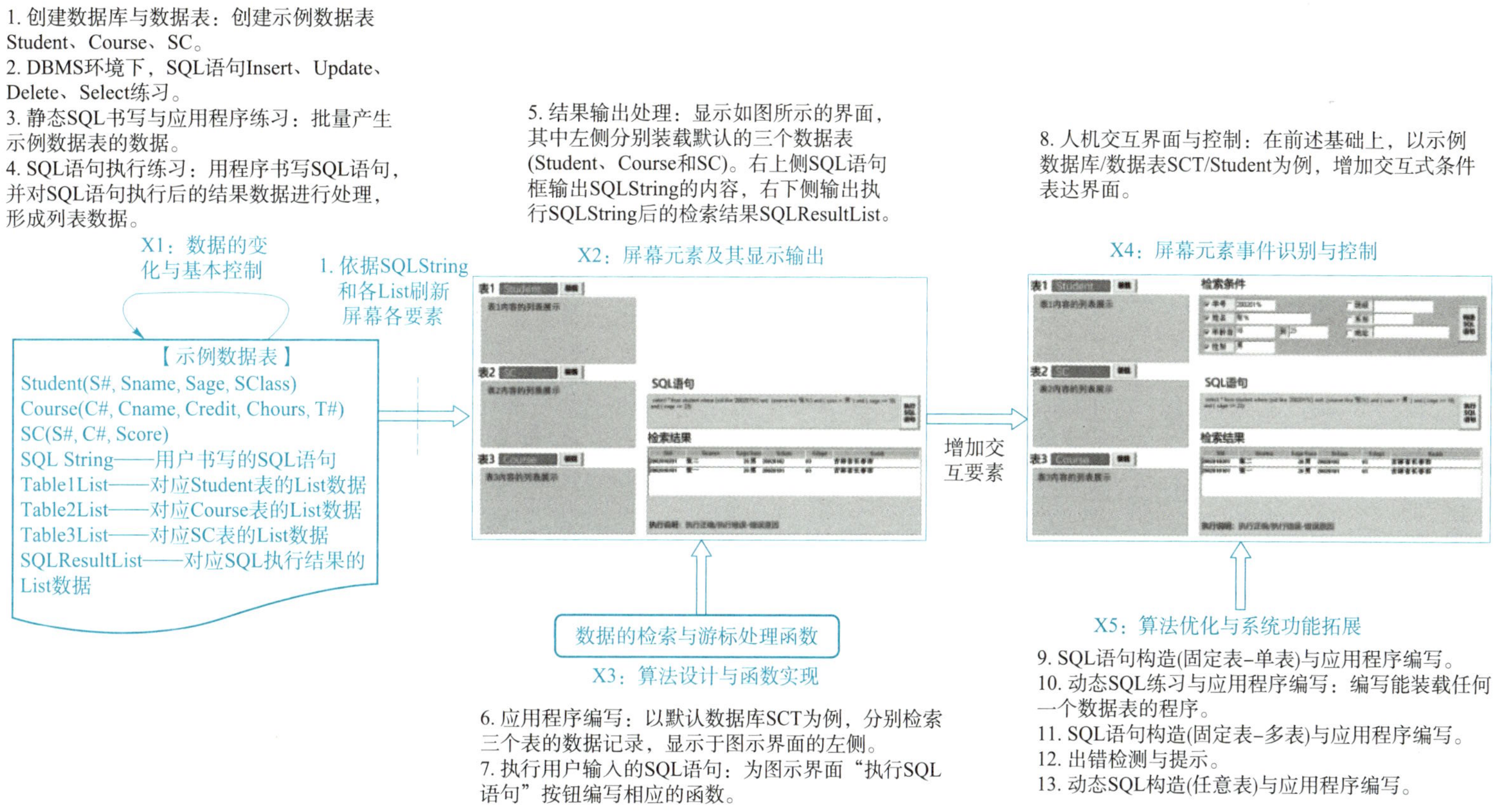

图 15.3 关系数据库系统项目开发总体思路图

X1：数据的变化与基本控制【数据结构】——参见15.3节。

X2：屏幕元素及其显示输出【可视化输出】——参见15.4节。

X3：问题求解相关的算法设计与函数实现【基本算法】——参见15.5节。

X4：屏幕元素事件识别与控制【人机交互】——参见15.6节。

X5：问题求解相关的算法优化与系统功能拓展【完整系统】——参见15.7节。

其中，X1是熟悉一种DBMS，如MySQL或openGauss，利用其交互式界面练习建立数据库、创建数据表以及增删改记录——“交互式命令操作”。X2是建立一个初始界面，能够由用户输入一个SQL语句，此时的SQL语句是一个字符串，但能被执行——“字符串型命令并且被执行”。X3是编写简单界面，针对固定的表，能够通过表单方式输入条件，然后程序自动构造SQL语句并能被执行——“程序自动构造字符串型命令并且被执行”。X4是编写复杂界面，针对多个固定的表，能够通过表达方式输入条件，然后程序自动构造SQL语句并能被执行。X5是编写复杂界面，针对任意的表，能够设计可随表变化的表单，并由用户输入条件，程序自动构造SQL语句并能被执行。此时系统将读取数据字典或SQLDA以获得数据库中表的信息显示给用户，同时能依据用户对表的选择动态改变表单，以便用户随表的变化而输入针对不同表的条件。最终开发的程序可以由用户交互式操作（无须编写程序）来模拟体验数据库系统管理大规模结构化数据的过程。

15.2.2 项目涉及的类库资源

本项目中使用的类库如下所示。请在后面的源程序文件的起始部分放入相关语句。

```
from ttkbootstrap.toast import ToastNotification
from ttkbootstrap.constants import*
from BaseWindow import BaseWindow
from tkinter import messagebox
from tkinter import messagebox
import tkinter.font as tkFont
import pandas as pd
import pymysql
import uuid
```

以下是pymysql的使用样例。参照图15.1和图15.2理解下面的程序语句。

```
import pymysql
if__name__=='__main__':
    # 建立数据库连接的语句 connection
    connection=pymysql.connect(user="root",password="Wyz010810",
database="SCT",host="127.0.0.1",port=3306)
```

```
cursor=connection.cursor()            # 创建游标，一种语句对象
sql="select*from student"             # 设置 SQL 语句字符串
try:
    cursor.execute(sql)               # 用语句对象执行 SQL 语句，执行返回结果
                                        同样由游标对象管理
    ResultList=cursor.fetchall()      # 将游标中的所有记录数据提取至 ResultList
    print(ResultList)                 # 此处可以循环处理结果中的每一条记录
except pymysql.Error as e:            # 捕获报错信息
    print("MySQL Error:",e)           # 输出报错信息
finally:
    cursor.close()                    # 关闭游标
    connection.close()                # 关闭数据库连接
```

15.2.3 项目主要函数调用关系图与项目输出界面演进图

项目的主要函数调用关系图如图 15.4 所示。项目输出界面演进图如图 15.5 所示。

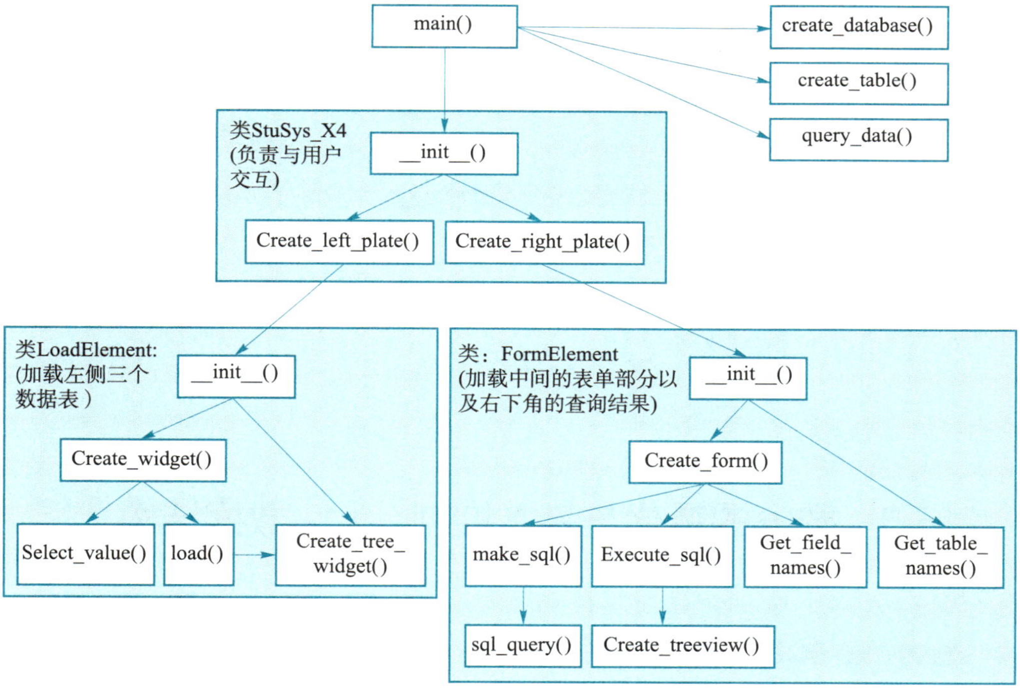

图 15.4 主要函数调用关系图

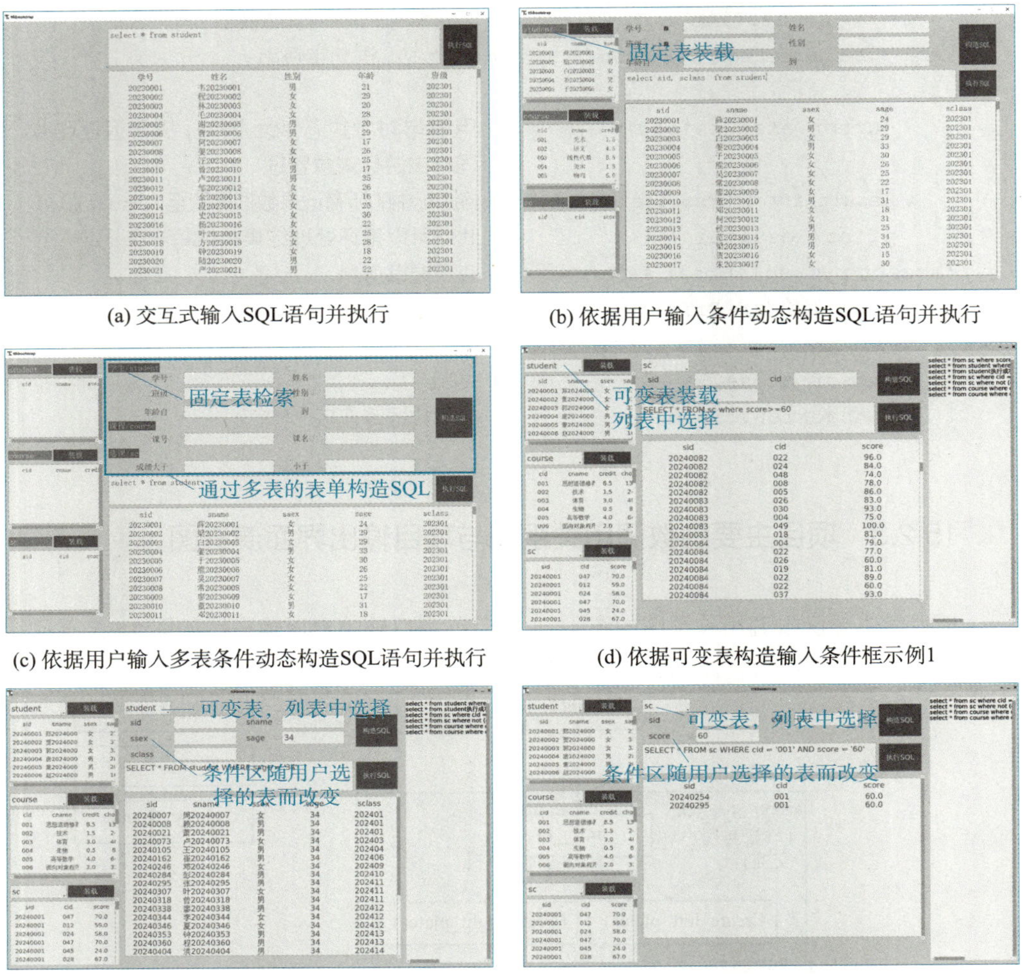

(a) 交互式输入SQL语句并执行

(b) 依据用户输入条件动态构造SQL语句并执行

(c) 依据用户输入多表条件动态构造SQL语句并执行

(d) 依据可变表构造输入条件框示例1

(e) 依据可变表构造输入条件框示例2

(f) 依据可变表构造输入条件框示例3

图 15.5　项目输出界面演进图

15.3　数据的变化与基本控制：X1-数据结构

本章涉及示例数据库 SCT，其中包含三个数据表：

Student（S#char（8）Primary key，Sname char（10），Ssex char（2），Sage integer，SClass char（6））

Course（C#char（4）Primary key，Cname char（30），Credit float（1），Chours integer，T#char（3））

SC（S#char（8）REFERENCES student S#，C#char（4）REFERENCES course C#，Score float（1））

【编程 15.1】创建数据库与数据表：创建示例数据库 SCT，创建示例数据表 Student、Course、SC。

【目的及编程说明】读者通过编程 15.1 可掌握创建数据库与创建数据表的相关方法。创建一个示例数据库 SCT，包含三个相关的示例数据表 Student、Course 和 SC，这是本章后续实践的基础。基本实践内容：（1）创建数据库；（2）创建数据表；（3）连接数据库与断开数据库连接；（4）熟悉实践用典型数据库的操作环境。

【程序编写】

函数： create_database()，create_table()。
输入： 无。
输出： 创建数据库与数据表。

```
def create_database(conn):
    cursor=conn.cursor()                        # 创建游标
    cursor.execute("DROP DATABASE IF EXISTS SCT")
    # 创建数据库
    cursor.execute("CREATE DATABASE SCT CHARACTER SET utf8 COLLATE utf
8_general_ci")
    cursor.close()                              # 关闭游标
def create_table(conn):
    cursor=conn.cursor()                        # 创建游标
    cursor.execute("USE SCT")                   # 指定数据库
    # 创建 student 数据表、Course 数据表、SC 数据表
    cursor.execute("""CREATE TABLE IF NOT EXISTS student(sid CHAR(8)PRI
MARY KEY,sname CHAR(10),ssex CHAR(2),sage INTEGER,sclass CHAR(6))""")
    # 创建
    cursor.execute("""CREATE TABLE IF NOT EXISTS course(cid CHAR(4)
PRIMARY KEY,cname CHAR(30),credit FLOAT(1),chours INTEGER,tCHAR(3))""")
    cursor.execute("""CREATE TABLE IF NOT EXISTS sc
    (sid CHAR(8),cid CHAR(4),score FLOAT(1),CONSTRAINT sc_course_cid_fk
    FOREIGN KEY(cid)REFERENCES course(cid),CONSTRAINT
    sc_student_sid_fk FOREIGN KEY(sid)REFERENCES student(sid))""")
    cursor.close()
if __name__=='__main__':
    conn=pymysql.connect(user="root",password="123456",database="SCT",
host="127.0.0.1",port=3306)
    create_database(conn)                       # 调用创建数据库的函数
    create_table(conn)                          # 调用创建数据表的函数
    conn.close()                                # 关闭数据库连接
```

【编程 15.2】SQL 语句——Insert、Update、Delete、Select 练习。

【目的及编程说明】读者通过编程 15.2 可熟悉实践用典型数据库的交互操作环境，掌握 SQL 语句增、删、改数据记录的基本方法。基本实践内容：(1) 打开并连接数据库；(2) 在交互操作环境中熟悉 SQL 语句 Insert、Update、Delete、Select，为建立三个数据表的数据记录奠定基础。

【程序编写】(略) 本实践内容是 DBMS 交互环境中的练习，无须编写程序。

步骤 1：用户使用 Win + R 键打开界面，输入 cmd 打开命令行。

步骤 2：输入 mysql−u root−p 命令，系统会提示输入密码，输入密码后即可打开 MySQL 交互式界面，以“mysql>”为 MySQL 命令提示符，在此状态下可以输入 SQL 语句进行练习。

```
Microsoft Windows [版本 10.0.19045.4170]
(c) Microsoft Corporation。保留所有权利。

C:\Users\78793>mysql -u root -p
Enter password:*********
Welcome to the MySQL monitor. Commands end with: or\g.
Your MySQL connection id is 8
Server version: 8.2.0 MySQL Community Server-GPL

Copyright (c) 2000,2003,Oracle and/or its affiliates.

Oracle is a registered trademark of Oracle Corporation and/or its
affiliates. Other names may be trademarks of their respective
owners.

Type 'help;' or '\h' for help. Type '\c' to clear the current input statement.

mysql>
```

步骤 3：选择需要使用的数据库，例如在系统提示符下输入 use sct。

步骤 4：可以熟悉 SQL 语句 Insert、Update、Delete、Select 例如：

```
INSERT INTO student VALUES('20200001','张三','男',20,'01');
UPDATE student SET sclass='02'WHERE sid='20200001';
DELETE FROM student WHERE S#='20200001';
SELECT*FROM student;
```

```
Type 'help;' or '\h' for help. Type '\c' to clear the current input statement.
```

```
mysql>use sct
Database changed
mysql>INSERT INTO student VALUES('20200001','张三','男',20,'01');
Query OK,1 row affected(0.01 sec)
mysql>UPDATE student SET sclass='02' WHERE sid='20200001';
Query OK,1 row affected(0.02 sec)
Rows matched: 1 Changed: 1 Warnings: 0

mysql>DELETE FROM student WHERE sid='20200001';
Query OK,1 row affected(0.01 sec)

mysql>SELECT*FROM student;
```

sid	sname	ssex	sage	sclass
20230001	韦 20230001	男	21	202301
20230002	程 20230002	女	29	202301
20230003	林 20230003	女	20	202301
20230004	毛 20230004	女	28	202301
20230005	谢 20230005	男	20	202301
20230006	曹 20230006	男	29	202301
20230007	何 20230007	女	17	202301
20230008	姜 20230008	女	26	202301
20230009	汪 20230009	女	25	202301
20230010	曾 20230010	男	17	202301
20230011	卢 20230011	男	35	202301
20230012	邹 20230012	女	26	202301

【编程 15.3】编制程序：批量产生示例数据库中各数据表的数据。

【目的及编程说明】读者通过编程 15.3 可掌握 SQL 语句增、删、改数据的基本方法，理解宿主程序变量如何传递给 SQL 语句，并理解宿主程序中的 SQL 语句如何被执行。编程 15.3 实现为 Student 表产生 10 000 条以上数据，为 Course 表产生 1 000 条以上记录，为 SC 表产生 10 000×30 条以上记录。要求数据随机产生，但符合一定的编码规律。各字段编码规律如：学号按学年管理，每年约有 2 500 名学生，年龄在 15~35 岁之间，姓名在百家姓中随机选择并结合学号构造，性别分为男、女，班级按学年分班且每班不多于 30 人，课程号分学科，学时在 8~192 学时之间且为 8 的整数倍，学分依据学时换算即每 16 学时为 1 学分；SC 表的学号与课程号均应出现于 Student 表和 Course 表；每个学生学习课程按学年有 16、32、48、64 门递增分布；学生姓名和课程名依据学号、课程号构造或随机产生等。注意读者可依据具体情况自主设计各字段编码规律。

【程序编写】

函数： student_random_record()。
输入： 无。
输出： 向数据库提交样例学生数据。

```
def student_random_record(conn,cursor):            # 随机生成 10000 条学生表数据
    year=time.localtime().tm_year                  # 获取当前系统时间的年份
    num=1;class_num=1;class_id=1;
    for i in range(10000):
        sid="%d"%year+"%04d"%num
        sname=random.choice(last_names_list)+sid
        ssex=random.choice(["男","女"])
        sage=random.randint(15,35)
        sclass="%d"%year+"%02d"%class_id
        sql=f"INSERT INTO student VALUES('{sid}','{sname}','{ssex}',{sage},'{sclass}')"
        cursor.execute(sql)
        sid_list.append(sid)
        if num==2500:                              # 每年学生数为 2500
            year+=1;num=1;class_id=1
        if class_num==30:                          # 班级学生数为 30
            class_id+=1;class_num=1
        num+=1
        class_num+=1
    conn.commit()
```

函数： course_random_record()。
输入： 无。
输出： 向数据库提交样例课程表数据。

```
def course_random_record(conn,cursor):   # 随机生成 1000 条课程表数据
    hours=[i for i in range(8,192+1,8)]
    for i in range(1000):
        cid="%03d"%(i+1)
        cname=random.choice(course_names_list)
                                         # course_names_list 为样例课程名列表
        hour=random.choice(hours)
        credit=round(hour/16,2)
        sql=f"INSERT INTO course(cid,cname,credit,chours)VALUES
                              ('{cid}','{cname}',{credit},{hour})"
        cursor.execute(sql)
        cid_list.append(cid)
    conn.commit()
```

函数： sc_random_record()。
输入： 选课表数据和学生数据。
输出： 向数据库提交样例 SC 表数据。

```
def sc_random_record(conn,cursor):   # 随机生成 10000×30 条以上选课表数据
    for sid in sid_list:
        year=int(sid[:4])             # 取 sid 的前四位学年
        for i in range((year-time.localtime().tm_year+1)*16):
            cid=random.choice(cid_list)
            score=random.randint(0,101)
            sql=f"INSERT INTO sc(sid,cid,score)VALUES('{sid}','{cid}',{score})"
            cursor.execute(sql)
    conn.commit()
if __name__=='__main__':
    conn=pymysql.connect(user="root",password="Wyz010810",database=
"SCT",host="127.0.0.1",port=3306)                # 创建 MySQL 连接
    cursor=conn.cursor()                          # 创建游标
    last_names="李、王……"
    last_names_list=last_names.split(",")
    course_names="语文、数学……"
    course_names_list=course_names.split("、")
    sid_list=[]                                   # 用于存储生成的 sid
    cid_list=[]                                   # 用于存储生成的 cid
    student_random_record(conn,cursor)            # 调用生成学生数据的函数
    course_random_record(conn,cursor)             # 调用生成课程数据的函数
    sc_random_record(conn,cursor)                 # 调用生成选课数据的函数
    cursor.close()                                # 关闭游标
    conn.close()                                  # 关闭数据库连接
```

【编程 15.4】编制程序：书写 SQL 语句，并对 SQL 语句执行后的结果数据进行处理，形成列表数据。

【目的及编程说明】读者通过编程 15.4 可掌握 SQL 语句检索数据（Select 语句）的基本方法，掌握 SQL 语句执行后的结果数据如何被宿主程序进行处理的方法——游标。基本实践内容：(1) 应用程序连接并打开数据库；(2) 游标的定义、打开、关闭；(3) 书写 SQL 语句（SQLString）；(4) 字符串型 SQL 语句的执行；(5) 游标数据的读写处理，即读写游标数据（即数据表中的数据）形成列表数据结构 StudentList、CourseList 和 SCList，为下一节的输出奠定基础。

示例：SQLString=“Insert Student（“20230001”，“张三”，20，“20230101”）”
SQLString=“Insert Course（“C1001”，“数据库”，3，48，T0001）”
SQLString=“Insert SC（“20230001”，“C1001”，85）”

【程序编写】

函数： query_data()。
输入： SQL 语句。
输出： 插入学生信息

```
def query_data(table_name):                    # 游标数据的读写处理，读写游标数据
    SQLString=f"SELECT*FROM{table_name}"
    cursor.execute(SQLString)                  # 执行查询 SQL 语句
    data=cursor.fetchall()                     # 获取游标中的数据
    return data
if __name__=='__main__':
    # 创建 MySQL 连接（连接并打开数据库）
    conn=pymysql.connect(user="root",password="123456",database="SCT",
host="127.0.0.1",port=3306)
    cursor=conn.cursor()                       # 游标的定义、打开
    # 创建示例数据
    SQLString="INSERT INTO student VALUES('20200001','张三','男',20,'01')"
    cursor.execute(SQLString)
    SQLString="INSERT INTO course VALUES('1001','数据库',3,48,'T01')"
    cursor.execute(SQLString)
    SQLString="INSERT INTO sc VALUES('20200001','1001',85)"
    cursor.execute(SQLString)
    conn.commit()
    StudentList=query_data("student")          # 获取学生表数据
    CourseList=query_data("course")            # 获取课程表数据
    SCList=query_data("sc")                    # 获取选课表数据
    cursor.close()                             # 关闭游标
    conn.close()                               # 关闭数据库连接
```

15.4　屏幕元素及其显示输出：X2-可视化输出

本节将实现如图 15.6 所示的数据库查询结果输出界面，界面数据来源于 15.3 节的数据结构。

【编程 15.5】编制程序：显示如图 15.6 所示的界面，其中左侧分别装载数据库中的三个数据表（默认示例 Student、Course 和 SC），右上方 SQL 语句框输出 SQLString 的内容，右下方输出执行 SQLString 后的检索结果 SQLResultList。

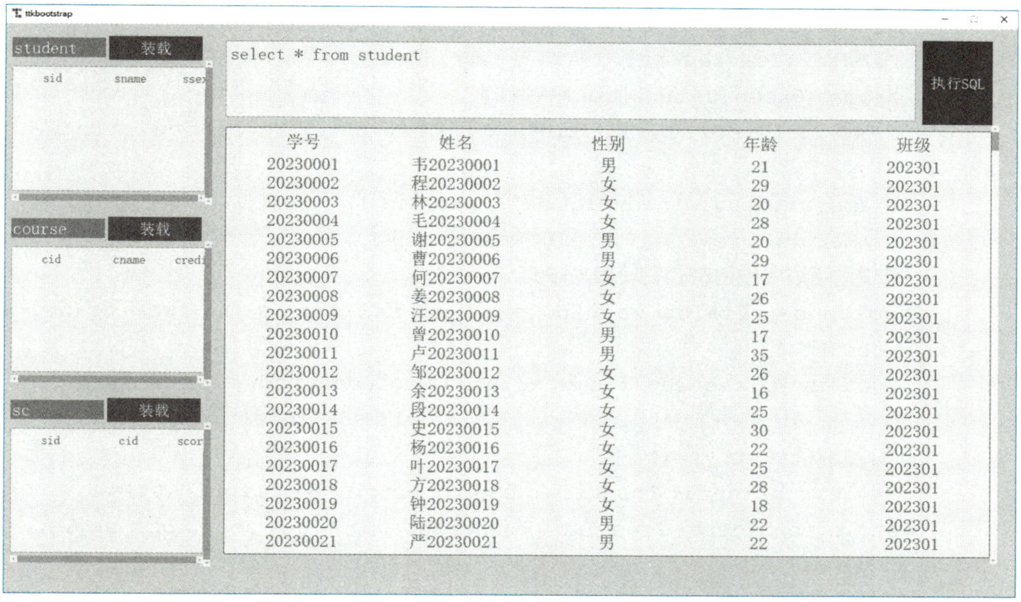

图 15.6　数据库查询结果输出界面

【目的及编程说明】读者通过编程 15.5 可掌握数据表相关数据的检索和处理基本过程与方法。基本实践内容：（1）将 Table1List、Table2List、Table3List 内容以表格形式显示输出（注：DB/Table Building → Cursor/RecordSet → List，这一过程由下一节的编程 15.8 完成；而 Lis → Screen Output 由编程 15.5 完成）；（2）将 SQLString 内容显示于 SQL 语句框中；（3）将 SQLResultList 内容以表格形式显示于检索结果框中。

【程序编写】

函数： FormElement.create_treeview()。
输入： 无。
输出： 显示 SQLResultList 检索结果框。

```
class FormElement():
    def __init__(self,master,node):
        super().__init__(master)
        self.conn=pymysql.connect(user="root",password="123123",dat
abase="sct",host="127.0.0.1",port=3306)
        # 定义字体和按钮的格式
        self.font_style=tkFont.Font(family="Lucida Grande",size=20)
        self.button_font=tkFont.Font(family="Lucida Grande",size=10)
        self.form_content={}           # 存储表单组件引用
        self.create_form()
        self.create_treeview(List)  # 此处 List 可以为编程 15.4 中 StudentList、
                                      CourseList、SCList 等结果表中的一个
```

```
    #创建一个带有滚动条并定义了样式的树形视图控件,用于显示查询结果
    def create_treeview(self,data_frame,fields_mapping):
        frame=Frame(self,height=400)
        frame.grid(row=10,column=0,columnspan=10,rowspan=5,sticky=
NSEW)
        frame.grid_columnconfigure(0,weight=1)
        frame.grid_rowconfigure(0,weight=1)
        #使用字段名映射将列名转换为中文
        columns=[fields_mapping.get(col,col)for col in data_frame.
keys(). tolist()]
        tree=ttk.Treeview(frame,columns=columns,show="headings",
                style="mystyle.Treeview",height=50,selectmode=BROWSE)
        style=ttk.Style()
        style.configure("Treeview.Heading",font=self.font_style)
        style.configure("Treeview",rowheight=30,font=self.font_style,
borderwidth=1)
        for i in columns:                    #根据dataFrame结构生成表
            #为每个列设置标题
            tree.heading(column=i,text=i)
        for i in columns:
            #为每个列设置对齐方式
            tree.column(i,anchor=CENTER,minwidth=100,width=100)
        for row in data_frame.itertuples():
            tree.insert(parent="",index=END,values=[row[i]for i in
range(1,len(row))])                          #将数据的每一行插入树形视图
        tree.grid(row=0,column=0,sticky=NSEW,pady=10)
        y_scrollbar=ttk.Scrollbar(frame,orient='vertical',command=
tree.yview)
        tree.configure(yscrollcommand=y_scrollbar.set)
        y_scrollbar.grid(row=0,column=1,sticky='ns')
        frame.grid_propagate(False)
#该类用于创建一个界面窗口
class StuSys_X4(BaseWindow):
    def __init__(self,master,attr):
        super(). __init__(master,attr)
        self.create_left_plate()
        self.create_right_plate()
    #调用LoadElement创建左侧三个装载表数据的控件
    def create_left_plate(self):
        #创建左侧框架并打包定位
        self.left_frame=Frame(self.master,height=self.attr["height"])
        self.left_frame.pack(side=LEFT,anchor=NW,pady=10,padx=10)
        #创建左侧student装载表
```

```
        load_element1=LoadElement(self.left_frame,"student")
        load_element1.pack(side=TOP,pady=10)
        ...  #course 与 sc 的装载表与上方 student 装载表的创建方式类似
    # 调用 FormElement 创建右侧查询以及结果显示等功能的控件
    def create_right_plate(self):
        # 创建右侧框架并打包定位
        self.right_frame=Frame(self.master,height=self.attr["height"])
        self.right_frame.pack(side=LEFT,anchor=NW,pady=10,padx=10)
        # 创建右侧表单等部分
        form_element=FormElement(self.right_frame,self)
        form_element.pack(side=TOP,pady=10,anchor=NE)
if __name__=='__main__':
    style="morph"
    root=Window(themename=style)
    root_attr={
        "width":root.winfo_screenwidth()*0.88,
        "height":root.winfo_screenheight()*0.90,
    }
    app=StuSys_X4(root,root_attr)
    root.mainloop()
```

函数： LoadElement.create_widget(),LoadElement.create_tree_widget()。
输入： 无。
输出： 显示装载数据表中的按钮与数据控件。

```
class LoadElement():
    def __init__(self,master,table_name):
        super().__init__(master)
        self.master=master
        self.table_name=table_name      # 默认装载的表名
        self.data_frame=pd.DataFrame([])
        # 定义字体和按钮的格式
        self.font_style=tkFont.Font(family="Lucida Grande",size=20)
        self.button_font=tkFont.Font(family="Lucida Grande",size=10)
        self.create_widget()
        self.create_tree_widget()
    def create_widget(self):
        style=ttk.Style()
        # 设置 Label 的字体和字体大小
        style.configure('TLabel',font=('Arial',20))  # 根据需要调整字体大小
        # 创建 Label 控件以显示表名
        label=ttk.Label(self,text=self.table_name,font=self.font_
style,style='TLabel')
```

```
        label.grid(column=0,row=0)
        # 创建装载按钮
        Button(self,text="装载",width=9,command=self.load). grid(column=
1,row=0,padx=5)
    def create_tree_widget(self):            # 左侧三个数据表的显示
        # 创建画布,用于展示装载后的数据
        frame=Frame(self,width=50,height=250)
        frame.grid(row=1,column=0,columnspan=2,sticky=NSEW,pady=5)
        frame.grid_columnconfigure(0,weight=1)
        frame.grid_rowconfigure(0,weight=1)
        columns=self.data_frame.keys(). tolist()
        style=ttk.Style()
        style.configure("Custom.Treeview.Heading",font=("宋体",15))
        style.configure("Custom.Treeview",rowheight=30,font=("宋体",15))
        tree=ttk.Treeview(frame,columns=columns,show="headings",
style="Custom.Treeview",selectmode=BROWSE)
        # 根据 dataFrame 结构生成表
        for i  in columns:
            tree.heading(column=i,text=i)                    # 为每个列设置标题
        for i  in columns:
            tree.column(i,anchor=CENTER,width=80)        # 为每个列设置对齐
                                                             方式
            if columns.index(i)==1 or columns.index(i)==0:
                tree.column(i,anchor=CENTER,width=120)
        for row in self.data_frame.itertuples():             # 将数据的每一行插
                                                             入树形视图
            tree.insert(parent="",index=END,values=[row[i]for i in
range(1,len(row))])
        y_scrollbar=ttk.Scrollbar(self,orient='vertical',command=tree.
yview)
        x_scrollbar=ttk.Scrollbar(frame,orient="horizontal",command=
tree.xview)
        tree.configure(yscrollcommand=y_scrollbar.set)
        tree.config(height=6)
        tree.grid(row=0,column=0,columnspan=2,sticky=NSEW,pady=5)
        y_scrollbar.grid(row=1,column=3,sticky='ns')
        x_scrollbar.grid(row=2,column=0,columnspan=2,sticky='ew')
        frame.grid_propagate(False)
if __name__=='__main__':
    style="morph"
    root=Window(themename=style)
    root_attr={
        "width":root.winfo_screenwidth()*0.88,
```

```
        "height":root.winfo_screenheight()*0.90,
    }
    app=StuSys_X4(root,root_attr)
    root.mainloop()
```

函数： LoadElement.create_form()。
输入： 无。
输出： 显示 SQL 语句框以及“执行 SQL”按钮。

```
class FormElement():
    ...                                      # 在原有基础上添加功能
    def create_form(self):                   # 在类初始化时被调用创建
        # 创建一个文本框，用于显示或编辑 SQL 命令
        self.sql_text=Text(self,height=3,font=self.font_style,
width=46)
        self.sql_text.grid(row=8,column=0,rowspan=2,columnspan=7,
sticky=W)
        # 创建一个 "执行 SQL" 按钮，用于执行文本框中的 SQL 命令
        Button(self,text="\n执 行 SQL\n",command=None,width=8,).grid
(column=8,row=8,rowspan=2,padx=10)
        # 插入默认的查询 SQL
        self.sql_text.insert(1.0,self.default_query_sql)
if __name__=='__main__':
    style="morph"
    root=Window(themename=style)
    root_attr={
        "width":root.winfo_screenwidth()*0.88,
        "height":root.winfo_screenheight()*0.90,
    }
    app=StuSys_X4(root,root_attr)
    root.mainloop()
```

15.5 算法设计与函数实现：X3-基本算法

【编程 15.6】编制程序：以默认数据库 SCT 为例，分别检索三个表的数据记录，显示于图 15.5 所示界面的左侧部分。

【目的及编程说明】读者通过编程 15.6 可掌握游标相关的知识，包括游标的定义、游标的打开与关闭、游标数据（即检索结果数据）的读取等过程与方法。基本

实践内容：(1) 连接数据库；(2) 声明游标（即 SQL 语句）；(3) 打开和关闭游标；(4) 读取游标（即检索结果数据）（注：DB/Table Building → Cursor/RecordSet → List，这一过程由本节的编程 15.6 完成；而 List → Screen Output 由编程 15.5 完成）；(5) 分别完成 Student、Course、SC 表的数据读取——默认读取全部数据，并形成 Table1List、Table2List、Table3List，调用编程 15.5 进行输出显示。

【程序编写】

函数： LoadElement.load()。
输入： 无。
输出： 装载并显示数据。

```
class LoadElement():
    ...                                                   # 在原有基础上添加功能
    def load(self):                                       # 加载数据
        conn=pymysql.connect(user="root",password="***",
database="SCT",host="127.0.0.1",port=3306)                # 创建连接
        cursor=conn.cursor()                              # 创建游标
        SQLString=f"select*from{self.table_name}"
        # 执行 SQL 语句,装载创建类时设定的表,即 X2 中 Stusys_X4 的 creat_left_
          plate() 中 load_element1 = LoadElement(self.left_frame,
          "student")
        self.TableList=pd.read_sql(SQLString,conn)
        self.create_tree_widget()
                                    # 调用 X2 界面函数将 self.TableList 数据展示出来
        cursor.close()
if __name__=='__main__':
    root=Window(themename=style)
    root_attr={
        "width":root.winfo_screenwidth()*0.88,
        "height":root.winfo_screenheight()*0.90,
    }
    app=StuSys_X4(root,root_attr)
    root.mainloop()
```

【编程 15.7】编制程序：针对 Student、Course、SC 三个表，完成各种形式的查询练习，为图 15.5 界面“执行 SQL 语句”编写相应的程序。

【目的及编程说明】读者通过编程 15.7 可掌握 SQL Select 语句的不同书写方法和结果显示方法。基本实践内容：(1) 接收一个 SQLString；(2) 执行 SQLString 并获得结果；(3) 处理 SQL 检索结果形成 SQLResultList；(4) 调用编程 15.4 中的程序显示检索结果。

其中各种形式查询包括：简单查询（重点：检索条件书写、模糊查询、结果排

序）、多表连接查询（重点：连接条件书写）、分组聚集查询（重点：分组条件、求和/求平均值/求最大最小值/计数）、分组过滤查询（重点：分组过滤条件）等。

【程序编写】

函数： FormElement.execute_sql()。
输入： SQL 语句。
输出： 创建执行 SQL，显示查询结果。

```
class FormElement():
    ...                                                # 在原有基础上添加功能
    def sql_query(self,SQLString):                     # 接收 SQLString，执行并形成
                                                         SQLResultList
        SQLResultList=pd.read_sql(SQLString,self.conn)
        return SQLResultList
    def execute_sql(self):        # 执行 SQL 并将 SQL 执行后查询的数据展示
        sql=get_text_content(self.sql_text).lower().strip()
                                  # 获取文本框中的 SQL 语句
        if sql.startswith("select"):
            data_frame=self.sql_query(sql)
            self.create_treeview(data_frame)       # 调用 X2 中的函数显示 data_
                                                     frame
if __name__=='__main__':
    style="morph"
    root=Window(themename=style)
    root_attr={
        "width":root.winfo_screenwidth()*0.88,
        "height":root.winfo_screenheight()*0.90,
    }
    app=StuSys_X4(root,root_attr)
    root.mainloop()
```

15.6 屏幕元素事件识别与控制：X4-人机交互

【编程 15.8】编制程序：在 15.4 节和 15.5 节基础上，以示例数据库/数据表 SCT/Student 为例，增加交互式条件表达界面，如图 15.7 所示。

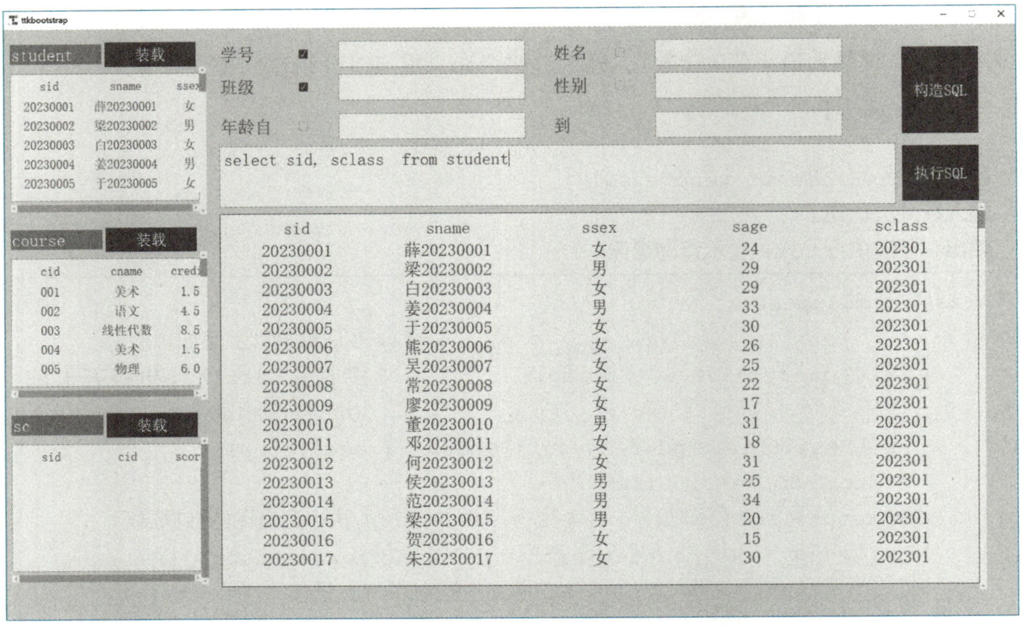

图 15.7　关系数据库系统的交互式控制界面

【目的及编程说明】在 15.4 节和 15.5 节基础上，编程 15.8 要求增加交互式条件表达界面要素，如图 15.7 所示。项目目标是允许用户利用界面表达检索条件，程序基于界面输入条件自动构造 SQL 语句，并执行 SQL 语句完成数据库检索后显示检索结果。编程 15.8 是完成界面，以实现用户交互式检索条件的输入。业务逻辑处理由编程 15.9 完成。

【程序编写】

函数： FormElement.create_form()。
输入： 无。
输出： 创建一个表单。

```
class FormElement():
    ...                                   # 在原有基础上添加功能
    # 构造表单部分
    def create_form(self):
        self.sid_var=IntVar()             # 学号
        self.sname_var=IntVar()           # 姓名
        self.sclass_var=IntVar()          # 班级
        self.ssex_var=IntVar()            # 性别
        self.sage_var=IntVar()            # 年龄
        Label(self,text="学号",font=self.font_style).grid(row=0,column=
0,sticky=W)
        # 创建复选框，表示选择条件的选择状态，并将变量进行关联
```

```
        Checkbutton(self,onvalue=1,offvalue=0,variable=self.sid_
var). grid(row=0,column=1,sticky=W)
        self.sid=Entry(self,width=20,font=self.font_style)
                                                # 条件输入文本框
        self.sid.grid(row=0,column=2,sticky=W)
        ...                                     # 其他字段部分的创建类似，以下省略
        # 配置并创建一个"构造 SQL"按钮
        Button(self,text="\n\n构  造 SQL\n\n",command=self.make_
sql,width=8,
               ). grid(column=8,row=0,rowspan=8)
        # 创建一个"执行 SQL"按钮，用于执行文本框中的 SQL 命令
        self.sql_text=Text(self,height=3,font=self.font_style,
width=75)
        self.sql_text.grid(row=8,column=0,rowspan=2,columnspan=7,
sticky=W)
        Button(self,text="\n执行 SQL\n",command=self.execute_sql,
width=8,
               ).grid(column=8,row=8,rowspan=2,padx=10)
        # 插入默认的查询 SQL
        self.sql_text.insert(1.0,self.default_query_sql)
if __name__=='__main__':
    style="morph"
    root=Window(themename=style)
    root_attr={
        "width":root.winfo_screenwidth()*0.88,
        "height":root.winfo_screenheight()*0.90,
    }
    app=StuSys_X4(root,root_attr)
    root.mainloop()
```

15.7 算法优化与系统功能拓展：X5-完整系统

【编程 15.9】编制程序：为编程 15.8 的界面编写相关业务逻辑程序。

【目的及编程说明】项目目标是允许用户利用界面表达检索条件，程序基于界面自动构造 SQL 语句，并执行 SQL 语句完成数据库检索后显示检索结果。编程 15.8 完成界面要素的处理，即实现用户交互式检索条件的输入。编程 15.9 则是完成所需要的相关业务逻辑程序的编写，包括：(1) 读取用户输入的条件相关的数据；(2) SQL 语

句的构造（包括字符型字段条件构造、数值型字段条件构造）——即形成SQLString；(3) SQL条件执行及其结果处理，即执行SQLString中的SQL语句，并形成SQLResultList。

【程序编写】

函数： FormElement.make_sql ( )。
输入： 无。
输出： SQL语句。

```
class FormElement():
    ...                          # 在原有基础上添加功能
    def make_sql(self):          # 获取用户输入，进行条件判断，进行SQLString的构造
        # 这里以学生表Student为例，其他表的构造方法类似
        SQLString="select*from student where 1=1"  # 表单条件生成SQL语句
        # 添加额外的查询条件：通过一系列的if判断语句，根据用户的输入（如学生ID、
年龄等），向SQLString添加额外的条件
        if self.sid.get()!="":    # 指定了学生ID，添加条件"and(sid like'ID')"
            SQLString+=f"and(sid like'{self.sid.get()}')"
        ...                       # 学生表Student其他判断条件
        if self.end_age.get()!="":
            SQLString+=f"and(sage <'{self.end_age.get()}')"
        if SQLString=="select*from student where 1=1":
            SQLString="select*from student"
        SQLString=SQLString.replace("1=1 and","")
        if(self.sid_var and self.ssex_var and self.sage_var and
                                self.sclass_var and self.sname_var==0):
            pass
        else:
            data=[]
            data.append("sid")if self.sid_var.get()==1 else""
            data.append("sname")if self.sname_var.get()==1 else""
            data.append("ssex")if self.ssex_var.get()==1 else""
            data.append("sage")if self.sage_var.get()==1 else""
            data.append("sclass")if self.sclass_var.get()==1 else""
            SQLString=SQLString.replace("select*",
f"select{','.join(data)}")
        self.sql_text.delete(0.0,END)
        self.sql_text.insert(1.0,SQLString)
if __name__=='__main__':
    style="morph"
    root=Window(themename=style)
    root_attr={
        "width":root.winfo_screenwidth()*0.88,
        "height":root.winfo_screenheight()*0.90,
```

```
    }
    app=StuSys_X4(root,root_attr)
    root.mainloop()
```

【编程 15.10】编制程序：能装载任意一个数据库及其中的不多于三个的表。

【目的及编程说明】读者通过编程 15.10 可掌握数据字典 /SQLDA 的操作技巧。基本实践内容：读取任意一个数据库，例如 SCT{Student，Course，SC}。(1) 读取数据字典，获得该数据库的所有表的集合——TableList，供用户选择其要访问的表；(2) 依据用户选择的表，将该表的数据读取并显示。假设用户选择的是 Student，则执行 Select*from Student，将执行结果依据选择存储于 Table1List、Table2List、Table3List 中。如图 15.8 所示，项目功能是实现图 15.7 左侧的“装载”按钮的事件驱动程序。编程 15.10 为编程 15.7 的一般化版本，即编程 15.7 仅能完成默认数据库中默认数据表的读取，而编程 15.10 可完成任意数据库中任意数据表的读取。

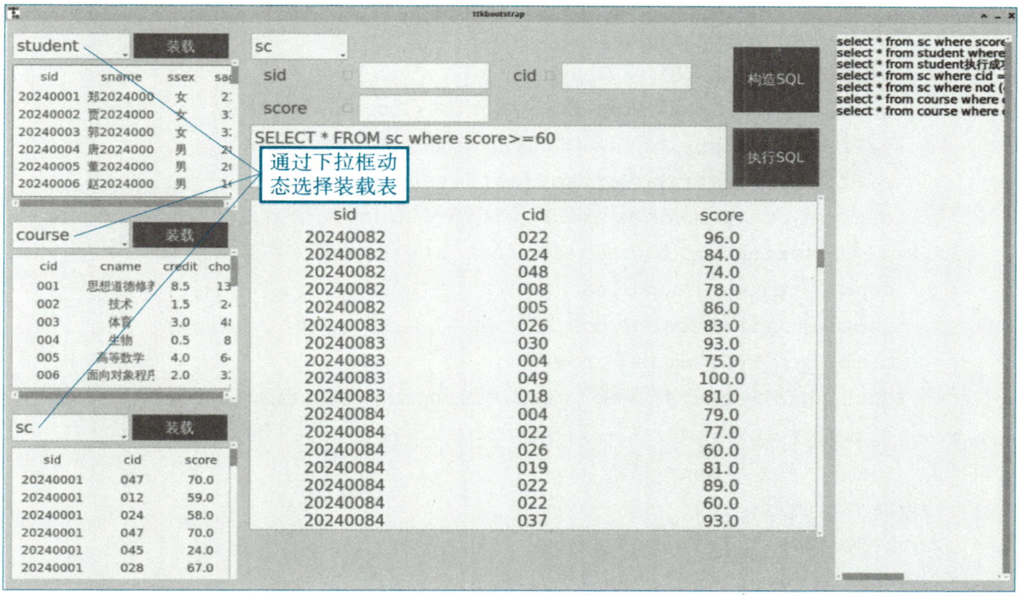

图 15.8 交互式控制界面左侧数据盘的列表控制

【程序编写】

函数： 编程 15.6LoadElement.load() 方法重写。用于查看数据库中的所有表，并将表进行装载显示。

```
class LoadElement():
    ...                                    # 在原有基础上添加功能
    def load(self):                        # 加载数据
        self.data_frame=pd.read_sql(f"select*from{self.table_name}",
```

```
self.conn)                              # self.table_name 中存储了当前选择的表名
        self.create_tree_widget()       # 调用函数进行显示
```

函数： LoadElement.select_value()，LoadElement.create_widget()。
输入： 无。
输出： 装载数据部分的下拉按钮以及装载按钮控件。

```
class LoadElement():
    ...                                                         # 在原有基础上添加功能
    # 获取下拉框中的 table_name 以供后续装载等使用
    def select_value(self,event):
        self.table_name=self.select_stringVar.get()
    # 创建小控件，包括下拉按钮以及装载按钮
    def create_widget(self):
        data_frame=pd.read_sql("show tables",self.conn)
                                                                # 此处获取所有数据库表
        tables=[i[0]for i in data_frame.values.tolist()]
        style=ttk.Style()
        # 设置字体和字体大小
        style.configure('TCombobox',font=('Arial',100))
        self.select_stringVar=StringVar()
        self.select_stringVar.set(self.table_name)
        combo=ttk.Combobox(self,width=10,height=1,textvariable=
self.select_stringVar,font=self.font_style,style="TCombobox")
        combo["values"]=tables
        combo.bind('<<ComboboxSelected>>',self.select_value)
        combo.grid(column=0,row=0)
        Button(self,text=" 装载 ",width=9,command=self.load).grid(column=
1,row=0,padx=5)
    if__name__=='__main__':
    style="morph"
    root=Window(themename=style)
    root_attr={
        "width":root.winfo_screenwidth()*0.88,
        "height":root.winfo_screenheight()*0.90,
    }
    app=StuSys_X4(root,root_attr)
    root.mainloop()
```

【编程 15.11】以示例数据库为例编制程序：编写条件表达更丰富、更复杂的用户交互应用程序。

【目的及编程说明】读者通过编程 15.11 可掌握复杂用户界面的设计及处理技巧。基本实践内容：以示例数据库 SCT{Student，Course，SC} 为例，（1）设计多表连接检

索条件书写界面，如图 15.9 所示；(2) 构造 SQL 语句并输出；(3) 执行所构造的 SQL 语句并输出 SQL 语句执行结果。注：以上为基本实践内容，读者可在此基础上设计更为复杂的用户条件表达界面，如连接条件的表达、与或条件的表达等。

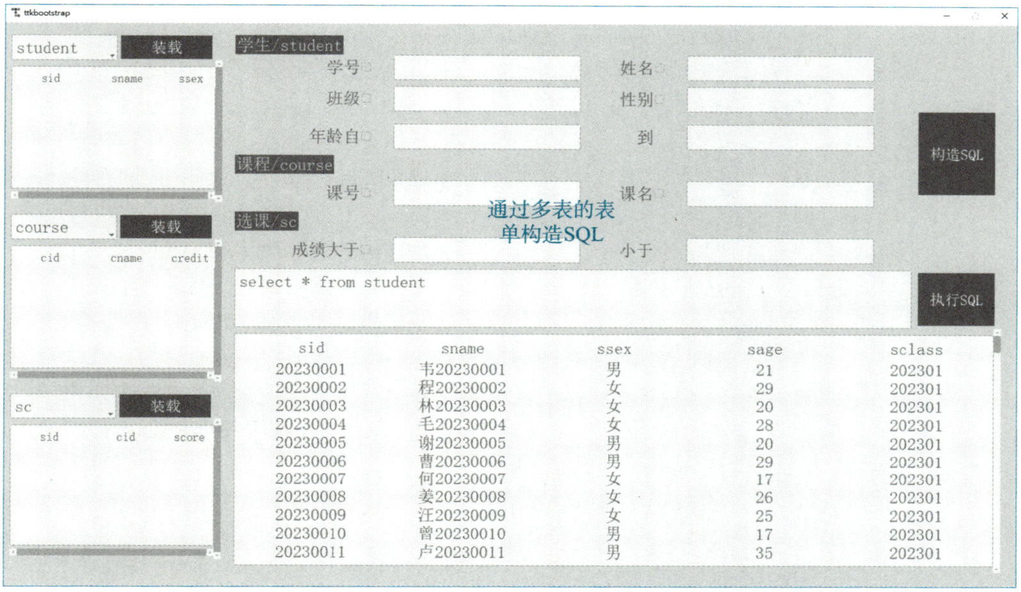

图 15.9 关系数据库系统的多表条件交互式控制界面

【程序编写】

函数： FormElement.create_form() 方法重写，FormElement.make_sql() 方法重写。
输入： 表单数据输入。
输出： 构造完成的 SQL 语句字符串。

```
class FormElement():                    # 在原有基础上添加功能
    ...                                 # 其他类函数
    def make_sql(self):                 # 根据原有方法将函数进行更改，实现多表构造 SQL
        sql="select*from student where 1=1"
        # 如果条件满足，则调整 SQL 查询以包含多个表
        if self.course_id and self.course_name and self.sc_start and
self.sc_end!="":
            sql="select*from student s  join sc on sc.sid=s.sid join
course  c on c.cid=sc.cid"
            if self.sid.get()!="":                  # 检查是否提供了学生 ID
                sql+=f"and(s.sid like'{self.sid.get()}')"
            ...                                     # 其他判断条件语句
        else:
            if self.sid.get()!="":                  # 检查是否提供了学生 ID
```

```
                sql+=f"and(sid like'{self.sid.get()}')"
            ...                                  #其他判断条件语句
            if self.end_age.get()!="":           #检查是否提供了结束年龄
                sql+=f"and(sage <'{self.end_age.get()}')"
                if sql=="select*from student where 1=1":
                sql="select*from student"
        if(self.sid_var and self.ssex_var and self.sage_var and
            self.sclass_var and self.sname_var and self.score_var and
            self.cname_var and self.credit_var and self.chours_var==0):
            pass                                 #如果所有变量均为0,则不执行任何操作
        else:
            data=[]                              #创建一个空列表以存储列名
            data.append("s.sid")if self.sid_var.get()==1 else""
            ...                                  #判断其他列名添加类似语句
            sql=sql.replace("select*",f"select{','.join(data)}")
        sql=sql.replace("1=1 and","")            #如果查询条件未改变,则简化查询语
                                                  句,移除字符串中无用的部分
        self.sql_text.delete(0.0,END)
        self.sql_text.insert(1.0,sql)            #插入新构造的SQL查询字符串

if__name__=='__main__':
    style="morph"
    root=Window(themename=style)
    root_attr={
        "width":root.winfo_screenwidth()*0.88,
        "height":root.winfo_screenheight()*0.90,
    }
    app=StuSys_X4(root,root_attr)
    root.mainloop()
```

【编程 15.12】编制程序：数据库访问状态监测与报警。

【目的及编程说明】读者通过编程 15.12 可掌握宿主程序设置的 SQL 语句被数据库管理系统执行的状态信息。一般宿主程序在与数据库管理系统交互时会设置 SQLCA（SQL 通信区，是一种数据库管理系统返回的 SQL 语句执行状态的数据结构），宿主程序通过设置状态捕获语句并读取 SQLCA，可以判断 SQL 语句是否成功执行，如果出现错误则给出错误类别。特别需要体验的是状态捕获语句的设置位置、状态码的识别以及相应错误状态下的处理函数设置等。基本实践要求：针对前述程序增加相应的状态监测与报警处理语句，能够正确识别 SQL 语句执行状态并反馈。

【程序编写】

函数： FormElement.execute_sql () 方法重写。
注： 该函数在原有函数 execute_sql 函数基础上添加了 try···except 报错捕获功能。

```
class FormElement():
    ...                                          # 在原有基础上添加功能
    def execute_sql(self):                       # 该函数在原有基础上添加了报错捕获语句
        cursor=self.conn.cursor()
        try:
            sql=get_text_content(self.sql_text).lower().strip()
            cursor.execute(sql)
            if sql.startswith("select"):
                data_frame=pd.read_sql(sql,con=self.conn)
                self.create_treeview(data_frame)    # 调用 X2 界面函数展示
                                                      data_frame 数据
        except pymysql.Error as e:
            # 如果执行过程中遇到 pymysql 相关错误,则弹出错误信息框
            messagebox.showerror(str(e.args[0]),str(e.args[1]))
        finally:
            cursor.close()
if __name__=='__main__':
    style="morph"
    root=Window(themename=style)
    root_attr={
        "width":root.winfo_screenwidth()*0.88,
        "height":root.winfo_screenheight()*0.90,
    }
    app=StuSys_X4(root,root_attr)
    root.mainloop()
```

【*编程 15.13】编制程序：可对任意表/任意字段进行检索条件表达的用户交互查询应用程序。

【目的及编程说明】读者通过编程 15.13 可掌握数据字典/SQLDA 的操作技巧。基本实践内容：读取任何一个数据库，例如 SCT{Student，Course，SC}。(1) 读取数据字典，获得该数据库的所有表的集合——TableList，供用户选择其要访问的表；(2) 依据用户选择的表，读取数据字典/SQLDA，获得该数据表的所有字段，供用户选择其要访问的字段，并依据所选择的字段形成如图 15.10 所示的用户界面；(3) 依据用户界面允许用户进行条件表达并依据所表达的条件构造 SQL 语句并输出，执行所构造的 SQL 语句并输出 SQL 语句执行结果。

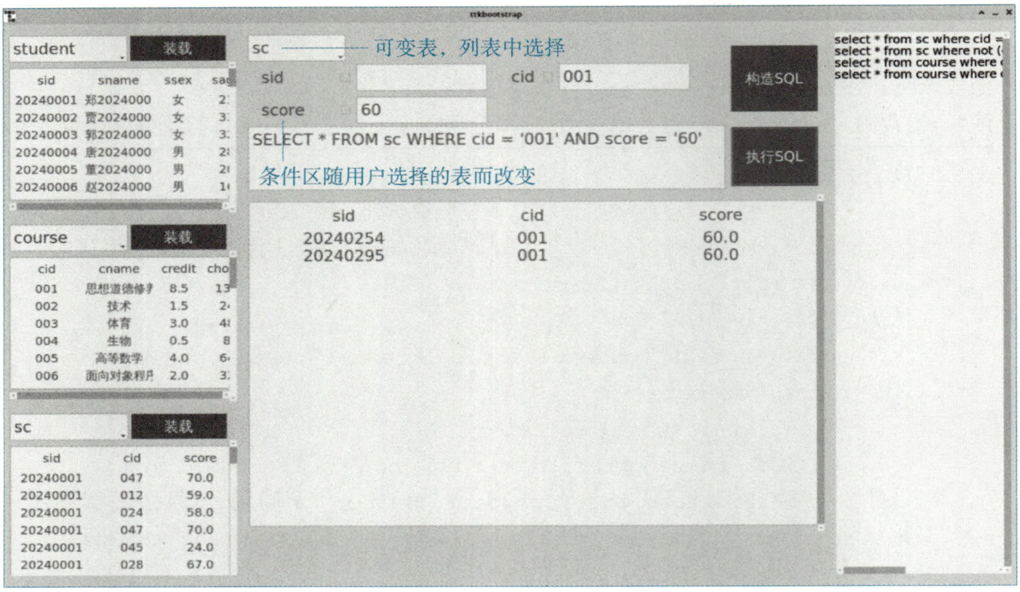

图 15.10 数据库中任意表 / 任意字段条件查询示例（即箭头所指处可选择数据库中任意表来构建条件输入框，条件输入框是依据用户选择的表而动态产生的）

【程序编写】

函数： FormElement.get_table_names()，FormElement.get_field_names()。
输入： 无。
输出： 获取表的数据。

```
class FormElement():
    ...                                         # 在原有基础上添加功能
    def get_table_names(self):                  # 获取该数据库下所有的表
        data_frame = pd.read_sql("show tables", self.conn)
        self.table_names = [i[0]for i in data_frame.values.tolist()]
    def get_field_names(self):                  # 获取所有数据表的所有字段
        data_frame = pd.read_sql(f"desc{self.table_name}", self.conn)
        return data_frame["Field"].tolist()
    def create_form(self):                      # 创建表单区域,根据数据表自动生成表单
        ...                                     # 见下
if __name__ == '__main__':
    style = "morph"
    root = Window(themename = style)
    root_attr = {
        "width": root.winfo_screenwidth()*0.88,
        "height": root.winfo_screenheight()*0.90,
    }
    app = StuSys_X4(root, root_attr)
```

```
    root.mainloop()
```

函数： 编程 15.11 FormElement.create_from() 方法重写。
输入： 无。
输出： 动态构建 form 表单。

```
class FormElement():
    ...                                    # 在原有基础上添加功能
  def create_form(self):                   # 创建表单区域，根据数据表自动生成表单
    self.select_table_name=StringVar()         # 初始化一个 StringVar 对象，
                                                 用于存储当前选中的表名
    self.select_table_name.set(self.table_name)      # 设置默认表名
    combo=ttk.Combobox(self,width=8,height=1,textvariable=self.
select_table_name,font=self.font_style,
                       style="TCombobox")     # 创建一个下拉选择框，允许用户
                                                选择一个数据表
    combo["values"]=self.table_names     # 设置下拉选项为所有表名
    combo.bind('<<ComboboxSelected>>',self.select_table)
                                         # 绑定选择事件处理函数
    combo.grid(column=0,row=0,sticky=W)        # 放置组件
    # 获取当前表的所有字段名
    fields=self.get_field_names()
    num_fields=len(fields)
    num_rows=(num_fields+1)//2           # 计算需要的行数，以每行放置两个字段
    # 根据字段生成表单元素
    for i in range(num_rows):
        for j in range(2): # 每行两列布局
            field_idx=i*2+j
            if field_idx >=num_fields:
                break                    # 如果字段索引超出范围，则退出循环
            field_name=fields[field_idx] # 获取字段名称
            # 为每个字段创建一个标签
            label=Label(self,text=field_name,font=self.font_style)
            label.grid(row=i+1,column=j*2,padx=20,pady=5,sticky=W)
            # 创建一个复选框，用于指示选择状态
            checkbutton_var=IntVar()
            checkbutton=Checkbutton(self,text='',variable=checkbutton_
var)
            checkbutton.grid(row=i+1,column=j*2,padx=0,pady=5,
sticky=E)
            # 创建一个文本输入框，用于输入或显示字段值
            entry=Entry(self,font=self.font_style,width=12)
            entry.grid(row=i+1,column=j*2+1,padx=5,pady=5,sticky=W)
```

```
                # 存储表单组件引用，以便后续使用
                self.form_content[field_name] = (entry, checkbutton_
var, label, checkbutton)
        # 配置并创建一个"构造 SQL"按钮
        style=Style()
        style.configure("custom.TButton",padding=(10,40,10,40))
        Button(self,text="构 造 SQL",command=self.make_sql,width=8,style=
"custom.TButton"). grid(column=8,row=0,rowspan=8)
        # 创建一个文本框，用于显示或编辑 SQL 命令
        self.sql_text=Text(self,height=3,font=self.font_style,width=46)
        self.sql_text.grid(row=8,column=0,rowspan=2,columnspan=7,sti
cky=W)
        # 创建一个"执行 SQL"按钮，用于执行文本框中的 SQL 命令
        Button(self,text="\n执  行 SQL\n",command=self.execute_sql,width=8,).
grid(column=8,row=8,rowspan=2,padx=10)
        # 插入默认的查询 SQL
        self.sql_text.insert(1.0,self.default_query_sql)
```

第 16 章

机器学习思维与卷积神经网络建模与训练

本章要点： 理解机器学习、监督学习、卷积神经网络等相关的基本概念和基本思维；通过项目实践，理解构建、训练和优化卷积神经网络的基本思维，掌握卷积神经网络模型的结构和运行方式。更高要求是掌握深度学习模型训练与优化的工具型应用程序开发方法。

16.1 机器学习与卷积神经网络

16.1.1 机器学习

什么是机器学习 机器学习是一种从大量数据中自动学习和提取模式，从而实现计算机决策程序性能自动优化的方法。在机器学习中，监督学习是一种常见的学习方式，它利用有分类标签的样本数据来训练模型，并通过对新数据进行分类或预测来实现模型的应用。监督学习又可进一步细分，其中之一是分类任务，分类任务是针对输入数据确定其类别标签的任务，通过已有类别标签的大量样本数据训练模型，然后依据模型对未知类别的新数据决策其类别标签。

什么是训练 训练是监督学习中的关键步骤。机器通过大量有类别标签的样本数据，自动学习样本数据中所存在的模式和规律，进而形成模型的过程，被称为训练。

【示例 16.1】

以一元二次多项式模型为例，最终形成的模型为给定确定系数的方程如“$y=0.3x^2+2.1x+1.8$”。当给定 x 值代入方程得到 y 值，如果 $y\geq 0$ 为类别 1，而 $y<0$ 为类别 0；训练是假设模型形式为 $y=ax^2+bx+c$，通过大量有类别标签的样本数据（即一组 $\{<x, y>\}$），其类别为 0 和 1 已知（即已知计算出的 y 值是大于或等于 0 还是小于 0），应用于该模型形式反求出系数 a、b 和 c 的过程。

【示例 16.2】

图像分类任务中可以提供大量图像样本作为训练数据，每个样本都有对应的标签以指明图像所属的类别，一旦模型训练完成，便可用于对新图像进行识别和分类，如识别数字、动物、物体等。

微调或调优 在实际应用中，模型的性能和准确度可能需要进一步提高，为此可以进行模型的微调。微调（fine-tune）又称调优，是通过对已训练的模型进行进一步优化，例如改变训练过程相应的参数（通常被称为超参数），以适应特定的应用场景或数据集。通过微调可以提高模型在特定分类任务中的性能和准确度。

16.1.2 卷积

什么是卷积 卷积是在语音、图像和视频领域中普遍使用的操作，是将一个卷积

算子（有固定值的算子通常称为**滤波器**，而待确定值的算子称为**卷积核**，后续如无特别说明，都以卷积算子来指代）应用于输入的语音、图像和视频，来提取相应特征的数学运算，其本质是通过两个函数 f（原始数据）和 g（卷积算子）生成第三个函数（结果数据）的一种数学运算。

【示例 16.3】

以图像为例，卷积算子可能是 3×3、5×5 或 7×7 的二维矩阵，卷积的计算过程可以简单描述为将卷积算子与输入图像的不同位置元素进行逐元素乘积，并将结果求和得到输出图像对应位置的元素值。该过程将在输入图像上滑动卷积算子，覆盖每一个位置并在每个位置上进行计算，从而产生输出图像，如图 16.1 所示。

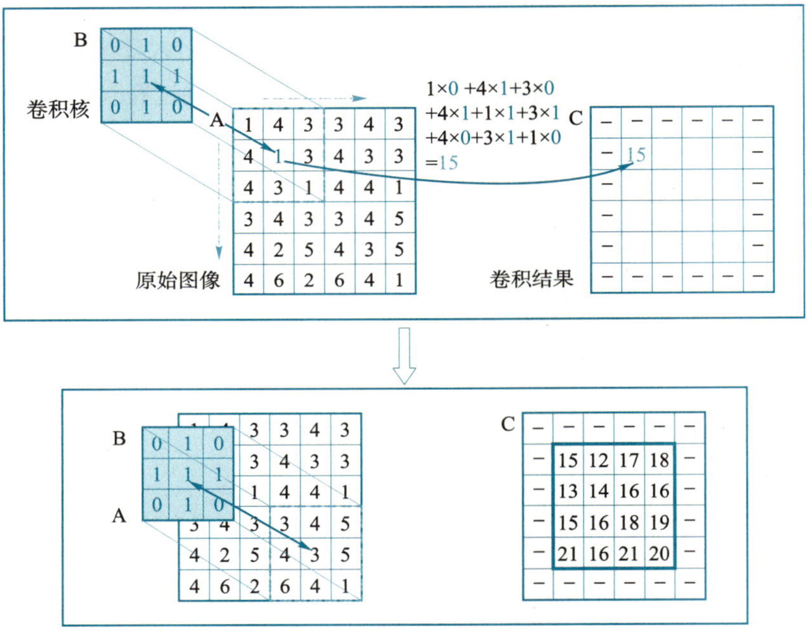

图 16.1 卷积计算过程示意

卷积的作用 卷积操作在语音处理、图像处理和视频处理中有多种作用。以图像处理为例，如图 16.2 所示：(1) 卷积可以用于图像平滑和去噪，通过应用合适的卷积算子，可以减少图像中的噪声并平滑图像的细节；(2) 卷积可以用于边缘检测，通过检测图像中像素值的变化来识别边缘；(3) 卷积还可以用于图像增强、特征提取和图像分割等任务。卷积算子在卷积操作中起着关键的作用。卷积算子定义了卷积操作中的权重参数，决定了对输入图像进行哪些特征提取。不同的卷积算子可以提取不同的图像特征，例如边缘、纹理或角点等。通过选择不同的卷积算子，可以实现对图像不同特征的感知和提取。

图 16.2 不同卷积算子对图像的不同处理结果示意

机器学习——反求卷积核 在机器学习中，更多情况下卷积算子的各元素值是未知的，被称为卷积核。利用已有输出图像和输入图像来反求卷积核各元素的值，该过程称为反卷积或卷积的逆过程。反卷积可以通过数学方法或优化算法来实现，从而推导出在给定输入和输出条件下的卷积核。首先确定一个待优化的机器学习模型即卷积核，需要优化的参数是卷积核矩阵中的元素，即根据已有图像样本及其分类结果求解最优的卷积核矩阵元素。而输入样本为已知卷积运算结果的图像，而标签则为对图像的评价：图像合格和图像不合格。接下来根据特定的目标函数（又称**损失函数**）进行模型的训练，最后获得卷积核用于将来的图像处理。

16.1.3 卷积神经网络

人工智能与神经网络 **人工智能**是指通过计算机系统模拟人类智能行为的科学和技术。在人工智能发展过程中，神经网络（注：神经网络分为生物神经网络和人工神经网络，本书的神经网络均特指人工神经网络）是一种非常重要的技术。**神经网络**是模拟人脑神经系统的计算模型，其通过相互连接的神经元和神经元之间的权重进行信息传递和处理，实现各种智能任务，如图像分类、语音识别和自然语言处理等。**深度学习**是神经网络技术的一个重要分支，通过构建更多层的神经网络实现高级特征的自动提取和分类，从而在许多应用中取得了极大的成功。与传统的浅层神经网络相比，深度学习模型具有更好的特征提取和泛化能力，可以处理更复杂的数据结构，例如图像、声音和文本等。

卷积神经网络 在深度学习中，卷积神经网络（convolutional neural network, CNN）是一种在计算机视觉领域广泛应用的深度学习模型，是一种前馈神经网络结构。它的结构灵感来源于生物学中视觉皮层的工作原理，通过多个卷积层和池化层的组合，逐步提取输入数据的抽象特征，并通过全连接层进行分类或预测，可广泛用于处理具有网格结构的数据，如图像、音频和文本等。前面已经介绍了卷积，接下来先解释池化、全连接层、非线性函数等基本概念，再介绍卷积神经网络的工作过程。

池化 池化是卷积神经网络中常用的一种操作，主要用于降低特征图数据量并保留重要的特征，例如将 128×128 大小的特征图降为 8×8 或 4×4 大小等。池化操作可以通过取局部区域内的最大 / 最小值（称为**最大 / 最小池化**）或者计算局部区域内的平均值（称为**平均池化**）来实现。

全连接层 全连接层是卷积神经网络的最后一层，它将前面层的输出与每个神经元连接，进行最终的分类或预测。全连接层的作用是将高级抽象的特征表示映射到最终的目标类别或预测结果。它提供了网络的输出，将前面层中提取的特征进行组合和整合，从而得出最终的分类结果。

非线性函数 非线性函数在卷积神经网络中也扮演着重要角色，通常被称为**激活函数**。所谓激活函数，本质上就是一个函数映射，它将神经网络的计算结果映射为一个非线性数值，例如 {0，1} 区间的数值，或者直接映射为 0 和 1 等。如果不使用激活函数，则神经网络每一层输出都是上层输入的线性函数，无论神经网络有多少层，输出都是输入的线性组合。而如果使用激活函数，则为神经网络引入了非线性因素，使得神经网络具有可以逼近任何非线性函数的能力，这样神经网络即可应用到众多非线性模型中。常用的非线性函数包括 ReLU（rectified linear unit，修正线性单元）、Sigmoid 和 Tanh 等。ReLU 函数将所有负值映射为 0，正值不变。Sigmoid 函数将输入值映射到 0～1 之间的连续值，常用于二分类任务。Tanh 函数将输入映射到 −1～1 之间的连续值，常用于多分类任务。

卷积神经网络的分类过程 卷积神经网络的分类过程通常包含以下几个步骤：首先，输入图像经过一层卷积层，其中卷积核会对输入图像进行滤波操作，提取出图像特征。接下来，通过激活函数（如 ReLU）对卷积层的输出进行激活，增加网络的非线性能力。然后，通过池化层对特征图进行降维采样，减小特征图尺寸的同时保留重要特征。最后，将经过池化的特征图传递给全连接层，进行分类或预测。可以卷积—池化，再卷积—池化，经过多重卷积—池化后，再进行全连接与分类。

【示例 16.4】

为了更好地理解基于卷积神经网络的图像分类过程，参见图 16.3 的示例。假设有包含多个卷积层、池化层和全连接层的卷积神经网络模型，可以将待分类的图像输入到模型中，通过卷积和池化操作逐步提取图像的特征，并在全连接层进行分类或预测。该过程可以通过模型的前向传播来实现，即从输入层到输出层的信息传递过程。

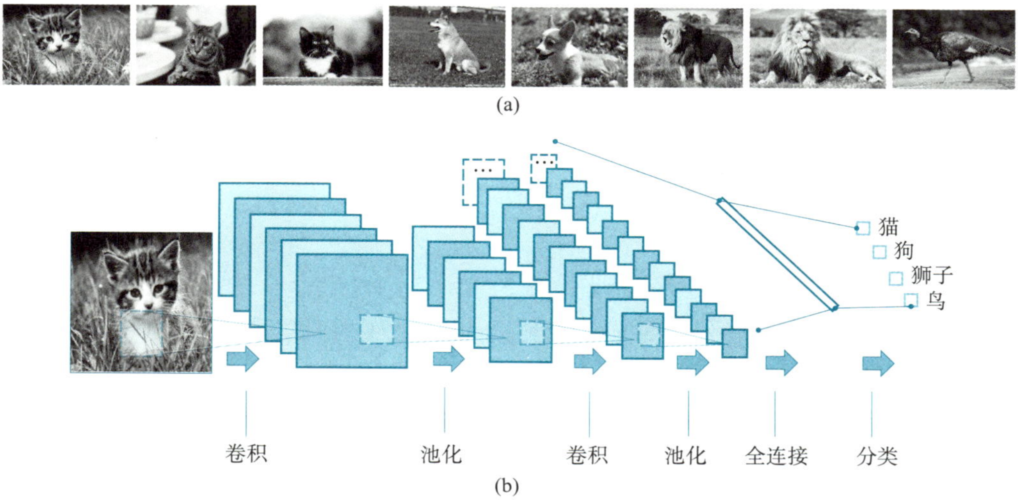

图 16.3　一种用于图像分类的卷积神经网络模型示意

16.1.4　误差反传及卷积神经网络训练

卷积神经网络的训练 卷积神经网络的训练过程是通过“前向传播数据、反向传播误差”即所谓的误差反传算法来实现的。在训练过程中，神经网络通过与标注数据进行比较，计算出模型的预测值与实际值之间的误差或损失，并通过最小化这个误差来调整网络的参数，使得模型的预测结果与真实结果更加接近。

损失函数 误差或损失的计算通常使用损失函数来衡量。常见的损失函数包括均方误差（mean squared error，MSE）和交叉熵损失（cross entropy loss），它们用于不同类型的任务，如回归和分类。损失函数的计算结果代表了神经网络的性能指标，目标是尽可能减小该误差或损失。

参数调整 卷积核和全连接权重的调整算法是基于梯度下降的优化算法。在反向传播过程中，通过计算损失函数对网络参数的偏导数，可以得到参数的梯度信息。然后，根据梯度信息，可以更新卷积核和全连接权重（即产生下一组卷积核的元素值和全连接权重值），使其朝着减小损失的方向调整。

【示例 16.5】

以卷积核调整为例，常用的优化算法包括随机梯度下降（stochastic gradient descent，SGD）和 Adam 算法。随机梯度下降通过计算每个样本的梯度来更新参数，而 Adam 算法结合了梯度的一阶矩估计和二阶矩估计，能够更有效地调整参数。这些优化算法通过迭代更新卷积核的权重，使其能够更好地提取图像的特征。全连接权重的调整算法与卷积核调整类似，也使用梯度下降的方法。根据损失函数对全连接权重的偏导数，可以更新全连接层的权重，使其能够更好地将前面层的特征与最终的分类结果相关联。

16.1.5 深度神经网络

什么是深度神经网络 深度神经网络之所以被称为“深度”，是因为它由多个堆叠的隐藏层（即卷积层、池化层、非线性层）组成，目前的层次可达上百层之多。与传统的浅层神经网络相比，深度神经网络能够学习更加复杂和抽象的特征表示，从而提高模型的表达能力和性能。

典型的深度神经网络 包括多层感知机（multilayer perceptron，MLP）、卷积神经网络（convolutional neural network，CNN）和递归神经网络（recurrent neural network，RNN）等。**多层感知机**是最基本的深度神经网络结构，它由多个全连接层组成。每个全连接层都包含多个神经元，其中每个神经元与前一层的所有神经元相连，多层感知机在处理结构化数据和进行分类任务时表现出良好的性能。**卷积神经网络**是用于图像处理和计算机视觉任务的深度神经网络，它包含卷积层、池化层和全连接层，通过多层卷积和池化操作来逐渐提取图像的高级特征。**递归神经网络**是用于处理序列数据的深度神经网络，它具有记忆和循环的能力，能够处理变长的输入序列。递归神经网络通过循环连接来传递信息，并根据历史输入来预测未来输出，在自然语言处理和语音识别等任务中表现出优异的性能。这些典型的深度神经网络结构代表了深度学习领域的重要进展。它们通过多层的神经网络结构和复杂的特征提取方式，使模型能够更好地理解和处理复杂的数据，提高模型的表达能力和预测性能。

16.2 卷积神经网络模型构建与训练项目总体设计

本章后续内容将以开发一个卷积神经网络可视化模型构建与训练系统为目标，使读者体验构建、训练和优化卷积神经网络模型的基本思维。基于图元建模的卷积神经网络模型构建，可以有效地提高模型的开发效率和可维护性，同时能够让开发者更加直观地理解模型的结构和运行方式，从而能够更好地应对实际应用场景中的深度学习任务。

目标系统说明 卷积神经网络可视化模型构建与训练系统：(1) 提供一组构建卷积神经网络模型的基本图元，如卷积、池化、非线性、全连接、分类等；(2) 利用基本图元，用户可以可视化交互式地构建一个卷积神经网络模型；(3) 系统支持用户针对该神经网络模型开展训练、模型输出和模型应用等工作，即用户所建立的卷积神经网络模型是一个可以执行训练和分类任务的模型。

16.2.1 项目总体思路

总体思路 项目开发总体思路如图 16.4 所示，分为五个层面的开发内容，难度由低到高被区分为：

X1：数据的变化与基本控制【数据结构】——参见 16.3 节。

X2：屏幕元素及其显示输出【可视化输出】——参见 16.4 节。

X3：问题求解相关的算法设计与函数实现【基本算法】——参见 16.5 节。

X4：屏幕元素事件识别与控制【人机交互】——参见 16.6 节。

X5：问题求解相关的算法优化与系统功能拓展【完整系统】——参见 16.7 节。

其中，X1 是使读者熟悉保存各类图元对象的数据结构，通过直接赋值 AllModelObj 和 AllModelConn 建立模型，理解各项数据的含义；X2 是依据前步产生的模型的图元对象数据 AllModelObj 和 AllModelConn，在屏幕上绘制可视化模型；X3 是练习编写对应各图元类别的基本函数，如实现卷积、池化、全连接等的函数；X4 是编写交互式构建模型的界面，并实现用户可视化交互构建卷积神经网络模型，即通过拖曳图元来建立模型；X5 是完整实现依据可视化模型，进行训练、输出和分类等功能，进而理解卷积神经网络的图像分类任务是如何完成的。最终开发的程序可以由用户交互式操作来模拟卷积神经网络模型构建、训练和优化的过程。

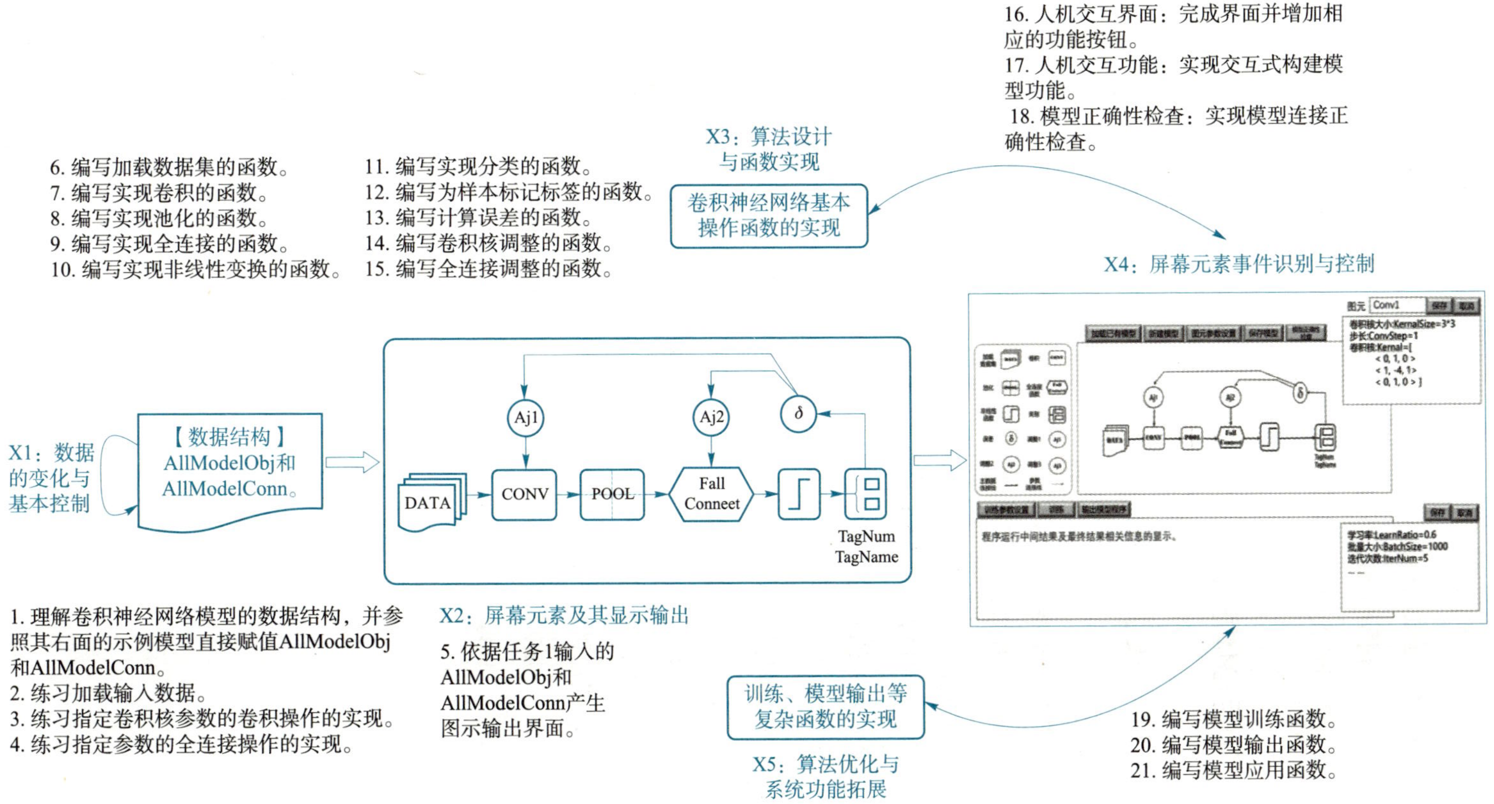

图 16.4 卷积神经网络建模与训练项目开发总体思路图

16.2.2 项目涉及的类库资源

```
# 需要导入的库
from tkinter import Canvas, Frame, BOTH, PhotoImage, filedialog  # 用户界面
from X3 import setload_data, load_data           # X3 中加载数据集方法
import tkinter.scrolledtext as st                # 文本区域部件
from X1 import image_to_array                    # X1 中读取照片方法
from tkinter import messagebox                   # 消息框和对话框
from PIL import Image, ImageTk                   # 对图像进行处理和操作、转换
import ttkbootstrap as ttk                       # 界面美化库
from ttkbootstrap import*                        # 用户界面的库
from X2 import ModelObj                          # X2 图元对象类
import tkinter as tk                             # GUI
import pandas as pd                              # 数据处理和分析
import numpy as np                               # 处理多维数组和执行数值计算
import subprocess                                # 创建和管理新进程
import functools                                 # 函数进行装饰和操作
import pickle                                    # 序列化和反序列化
import sys                                       # 解释器和运行时环境交互
import os                                        # 文件和目录操作
```

16.2.3 项目主要函数调用关系图与项目输出界面演进图

项目主要函数调用关系图如图 16.5 所示。项目输出界面演进图如图 16.6 所示。

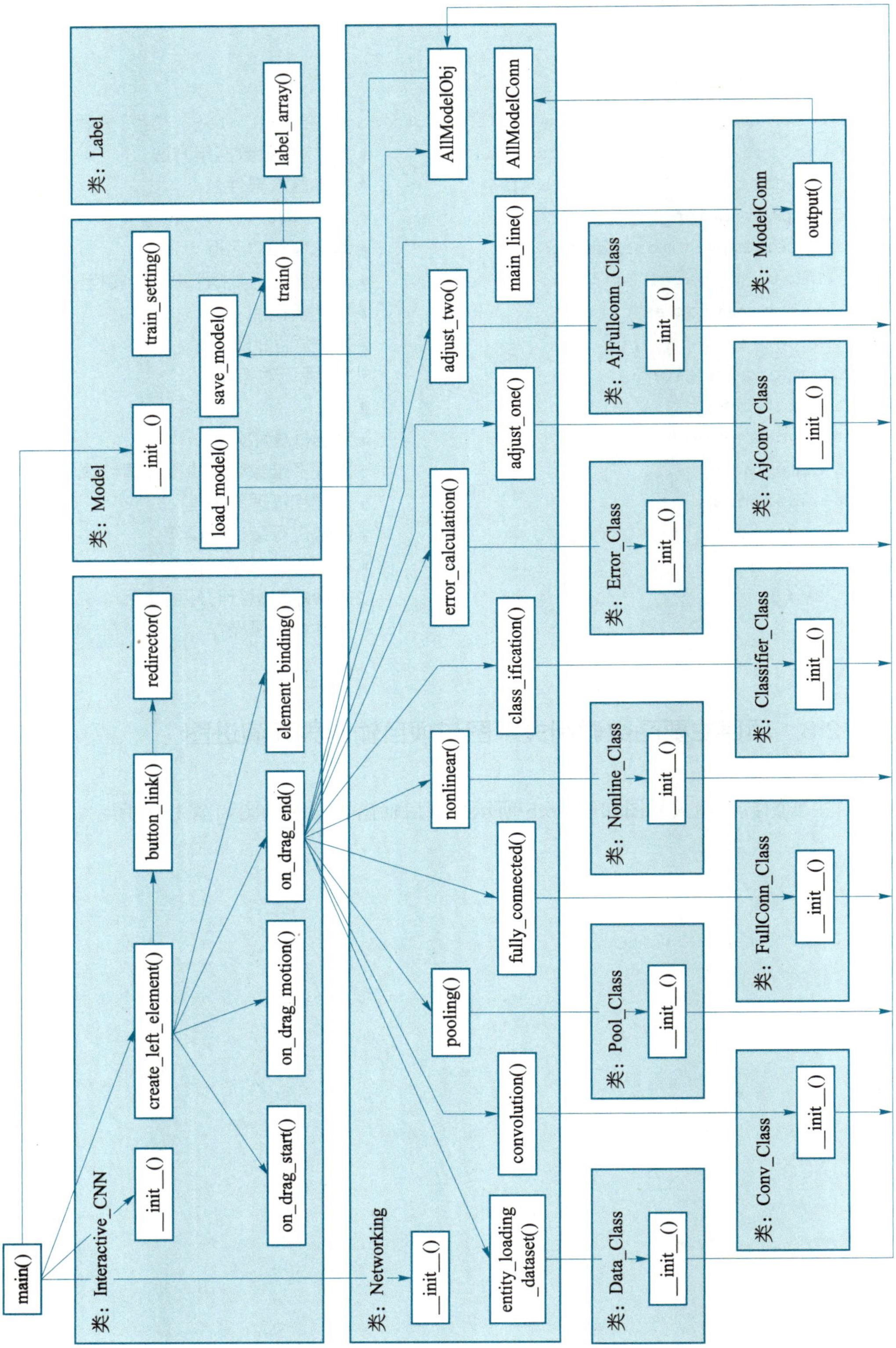

图 16.5 主要函数调用关系图

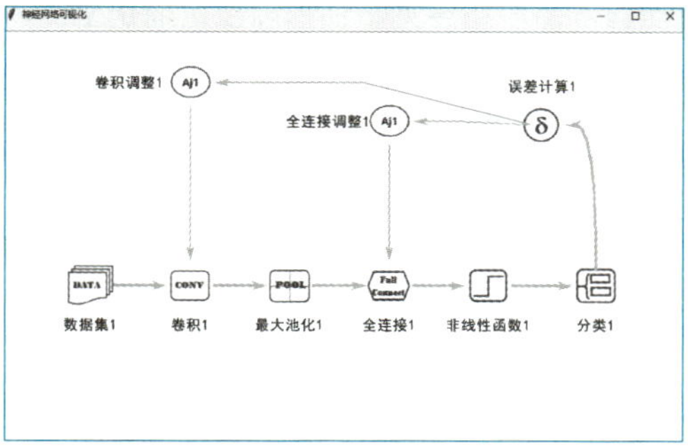

(a) 建立模型数据并依据模型数据绘制神经网络模型

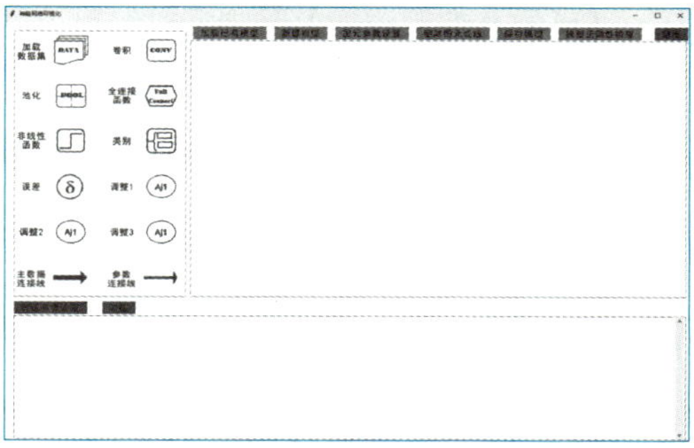

(b) 建立神经网络图元要素(左侧工具盘)

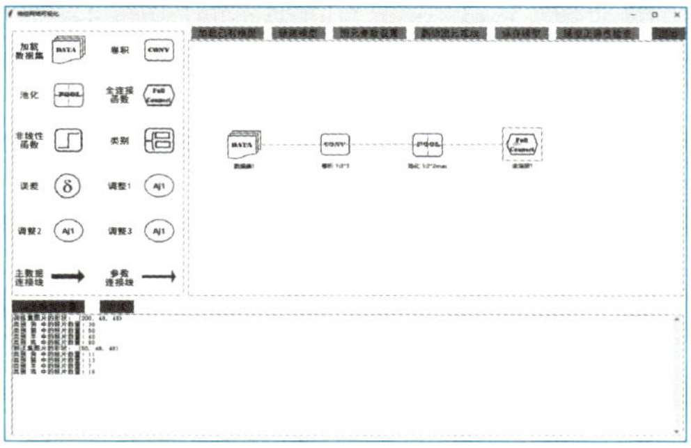

(c) 拖曳图元可视化构建神经网络模型

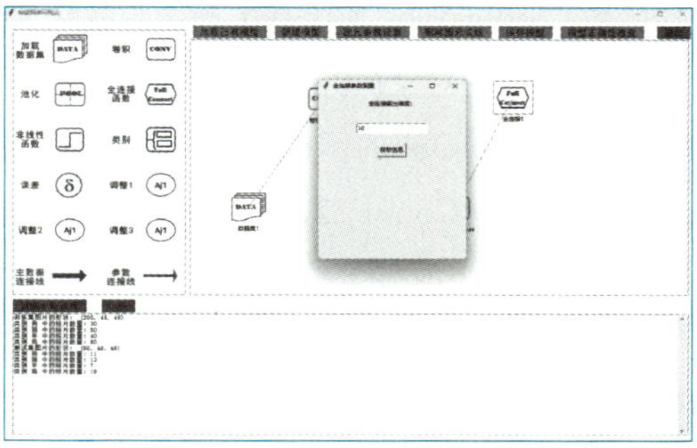

(d) 神经网络模型图元参数设置

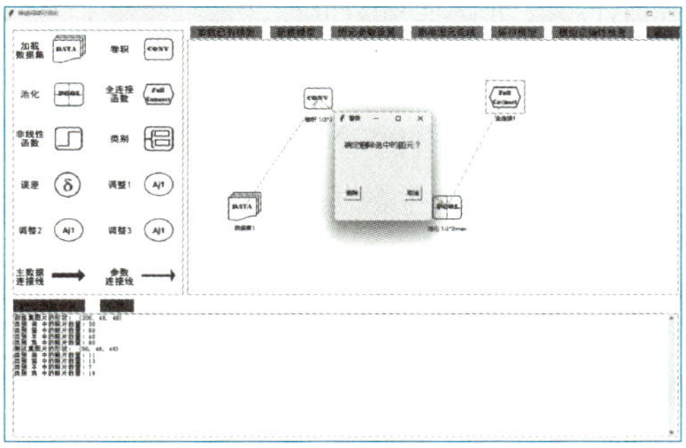

(e) 删除神经网络模型图元

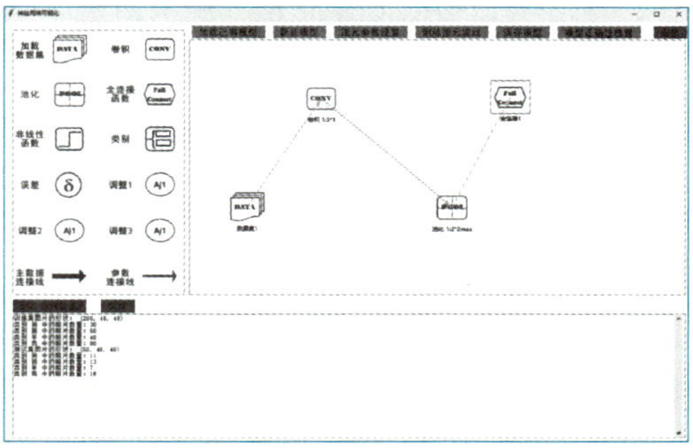

(f) 模型训练参数设置与训练

图 16.6　项目输出界面演进图

16.3　数据的变化与基本控制：X1-数据结构

本节主要使读者理解卷积神经网络可视化模型的数据结构，以及熟悉卷积神经网络的基本操作，如读取图像、给定卷积核参数的卷积操作、给定参数的全连接操作等。

【编程 16.1】编制程序：对卷积神经网络模型的数据结构赋值。

【目的及编程说明】读者通过编程 16.1 可理解可视化构建卷积神经网络模型相关的数据结构及其作用。这里给出的数据结构能够支持 16.2 节及 16.4 节的输出界面，即能够绘制出一张卷积神经网络结构图。编程 16.1 要求为模型对象总表 AllModelObj 和 AllModelConn 赋值，要求包含所有类型的图元对象（详细表述见下文），并建立适当的连接关系。

网络对象总表为 AllModelObj（ObjID，ObjType，ObjLable，ProcFunc，SetParaFunc，ParaString，ObjX，ObjY）。其中：ObjID 表示图元号；ObjType 表示图元类别（1——数据集，2——卷积，3——池化，4——全连接，5——非线性，6——分类，7——误差计算，8——卷积调整，9——全连接调整）；ObjLable 为对象标签；ProcFunc 为该图元被执行时的基本操作函数；SetParaFunc 为给基本操作函数赋参数值的函数；ParaString 为同类不同图元的参数；ObjX、ObjY 为对象在仿真输出屏幕中的位置（示例中未给出，由图形界面中的位置产生）。

AllModelObj 的示例值为 {<DataSet1, 1, “数据集 1”, LoadData, SetDataPara, …, …, …, …>, <Conv1, 2, “3*3 卷积 1”, ConvProc, SetConvPara, …, …, …, …>, <Pool1, 3, “2*2 最大池化 1”, MaxPoolProc, SetPollPara, …, …, …, …>, <FullConn1, 4, “全连接 1”, FullConnProc, SetFullConnPara, …, …, …, …>, <Nonline1, 5, “非线性函数 1”, NonlinearProc, SetNonLPara, …, …, …>, <Classifier1, 6, “分类 1”, ClassifierProc, SetClassifyPara, …, …, …, …>, <Error1, 7, “误差计算 1”, ErrorProc, SetErrorPara, …, …, …, …>, <AjConv1, 8, “卷积调整 1”, AjConvProc, SetAjConvPara, …, …, …, …>, <AjFullconn1, 9, “全连接调整 1”, AjFullconnProc, SetAjFCPara, …, …, …>}。

网络连接对象总表为 AllModelConn（ConnObjID, ConnType, NobjS, NobjE）。其中：ConnObjID 为连接线编号；ConnType 为连接线类别（1——主数据线；2——参数线），连接线为有向箭头线，由源图元对象指向目标图元对象；NobjS 为源图元对象；NobjE 为目标对象。主数据线为数据的输入输出线，即源图元的输出作为目标图元的输入。参数线为参数的设置线，即由源图元产生参数值，并为目标图元设置相应的参数。

AllModelConn 的示例值为 {<Line1, 1, DataSet1, Conv1>, <Line2, 1, Conv1, Pool1>, <Line3, 1, Pool1, FullConn1>, <Line4, 1, FullConn1, Nonline1>, <Line5, 1, Nonline1, Classifier1>, <Line6, 1, Classifier1, Error1>, <Line7, 2, Error1, AjFullconn1>, <Line8, 2, Error1, AjConv1>, <Line9, 2, AjFullconn1, FullConn1>, <Line10, 2, AjConv1, Conv1>}。

【程序编写】

函数：主函数中赋值语句练习。

```
if __name__=='__main__':
    AllModelObj=[
    ['DataSet1',1,'数据集 1','LoadData','SetDataPara',[],120,330],
    ['Conv1',2,'卷积 1','ConvProc','SetConvPara',[],250,330],
    ['Pool1',3,'最大池化 1','MaxPoolProc','SetPollPara',[],380,330],
```

```
['FullConn1',4,'全连接1','FullConnProc','SetFullConnPara',[],510,330],
['Nonline1',5,'非线性函数1','NonlinearProc','SetNonLPara',[],640,330],
['Classifier1',6,'分类1','ClassifierProc','SetClassifyPara',[],780,330],
['Error1',7,'误差计算1','ErrorProc','SetErrorPara',[],710,124],
['AjConv1',8,'卷积调整1','AjConvProc','SetAjConvPara',[],250,70],
['AjFullconn1',9,'全连接调整1','AjFullconnProc','SetAjFCPara',[],510,120]]
AllModelConn=[[1,1,'DataSet1','Conv1'],[2,1,'Conv1','Pool1'],
[3,1,'Pool1','FullConn1'],[4,1,'FullConn1','Nonline1'],
[5,1,'Nonline1','Classifier1'],[6,1,'Classifier1','Error1'],
[7,2,'Error1','AjFullconn1'],[8,2,'Error1','AjConv1'],
[9,2,'AjFullconn1','FullConn1'],[10,2,'AjConv1','Conv1']]
```

【编程 16.2】编制程序：练习加载输入数据。

【目的及编程说明】读者通过编程 16.2 可理解加载数据的过程。本项目中假定输入数据的类型为图像数据，要求读者能够实现将程序指定的图像转换为卷积神经网络模型能够接受的数据格式即数组。具体实现要求：（1）程序读取一个固定路径的图像；（2）将图像缩放为 32×32 固定大小，并将其转换为数组格式；（3）将数组中的具体数值归一化。该程序为编制 LoadData（）奠定基础。

【程序编写】

函数： image_to_array()。
输入： path(某张图像的相对路径)，height 和 width(压缩大小)。
输出： 图像归一化的 numpy 数组。

```
def image_to_array(path,height,width):         # 实现图像转换为数组的功能
    img=Image.open(path). convert("L")          # 转换为灰度模式
    img=img.resize((height,width))              # 将图像缩放为固定大小
    data=np.array(img)                          # 将图像转换为数组格式
    data=data/255.0                             # 将数组中的数值归一化,除以 255
    return data
if__name__=='__main__':
    path = 'data/train/狗/1.jpg'                # 路径
    height,width = 32,32                        # 尺寸:h,w
    data_image = image_to_array(path,height,width)
    print(data_image)
```

【编程 16.3】编制程序：完成指定卷积核参数的卷积操作。

【目的及编程说明】读者通过编程 16.3 可理解卷积操作的具体计算过程。该函数的输入数据为数组格式的数据。具体实现要求：（1）程序中给出卷积核大小为 3×3 的矩阵，并给矩阵赋初始值，例如 [[1, −1, 2], [3, −2, 1], [0, 1, 0]]、[[0, 1, 0], [1, −4, 1], [0, 1, 0]] 或自主设定；（2）默认步长（stride）为 1；（3）完成卷积计算；

（4）返回卷积后的数组。该程序为编制 ConvProc（）奠定基础。

【程序编写】

函数： convolve（）。
输入： data_image（kernel 输入数据）。
输出： 卷积后的数组。

```
def convolve(data,kernel):                        # 定义一个函数，实现卷积操作的功能
    data_height,data_width=data.shape                              # 获取数据高、宽
    kernel_height,kernel_width=kernel.shape                        # 获取卷积核高、宽
    output_height=data_height-kernel_height+1                      # 步长为 1
    output_width=data_width-kernel_width+1
    output=np.zeros((output_height,output_width))                  # 创建一个空数组
    for i in range(output_height):          # 遍历输出数组的每个元素，计算卷积值
        for j in range(output_width):
            data_region=data[i:i+kernel_height,j:j+kernel_width]
            conv_value=np.sum(data_region*kernel)                  # 计算卷积值
            output[i,j]=conv_value                                 # 将卷积赋值
    return output
if __name__=='__main__':
    path='data/train/狗/1.jpg'                                     # 路径
    height,width=28,28                                             # 尺寸：h,w
    data_image=image_to_array(path,height,width)
    kernel=np.array([[1,-1,2],[3,-2,1],[0,1,0]])                   # 定义一个卷积核
    output=convolve(data_image,kernel)                             # 传入数据和卷积核
    print(output)
```

【编程 16.4】编制程序：完成指定参数的全连接操作。

【目的及编程说明】读者通过编程 16.4 可理解全连接操作的具体计算过程。该函数的输入数据为数组格式的数据，输出为计算后的数组。具体实现要求：（1）程序中给定权重矩阵 [[0.1，0.2，0.3]，[0.2，0.3，0.4]] 和偏置向量 [0.1，0.2，0.3]（注：可自主设定参数）；（2）计算输入数据和权重矩阵的乘积（注意矩阵的维度），并加上偏置向量；（3）返回计算后的数组。该程序为编制 FullConnProc（）奠定基础。

【程序编写】

函数： full_connect（）。
输入： 三维数组。
输出： 三维数组全连接操作后的矩阵。

```
def full_connect(input_data,weight_matrix,bias_vector):
    output_data=np.dot(input_data,weight_matrix)         # 计算输入数据和权重
                                                           矩阵的乘积
```

```
    bias_vector=np.expand_dims(bias_vector,axis=0)         # 扩展偏置向量的形状
    bias_vector=np.expand_dims(bias_vector,axis=0)
    output_data=output_data+bias_vector                    # 加上偏置向量
    return output_data                                     # 返回输出数据
if __name__=='__main__':
    weight_matrix=np.array([[0.1,0.2,0.3],[0.2,0.3,0.4]])
                                                           # 给定权重矩阵
    bias_vector=np.array([0.1,0.2,0.3])                    # 给定偏置向量
    # 假设输入数据为一个三维数组，每一层代表一个样本，每一行代表一个特征，每一列代
表一个通道
    input_data=np.array([[[1,2],[3,4],[5,6]],[[7,8],[9,10],[11,12]],
[[13,14],[15,16],[17,18]]])
    output_data=full_connect(input_data,weight_matrix,bias_vector)
    print(output_data)
```

16.4 屏幕元素及其显示输出：X2-可视化输出

本节将实现如图 16.7 所示的卷积神经网络模型的可视化输出界面，界面数据来源于 16.1 节的数据结构 AllModelObj 和 AllModelConn。

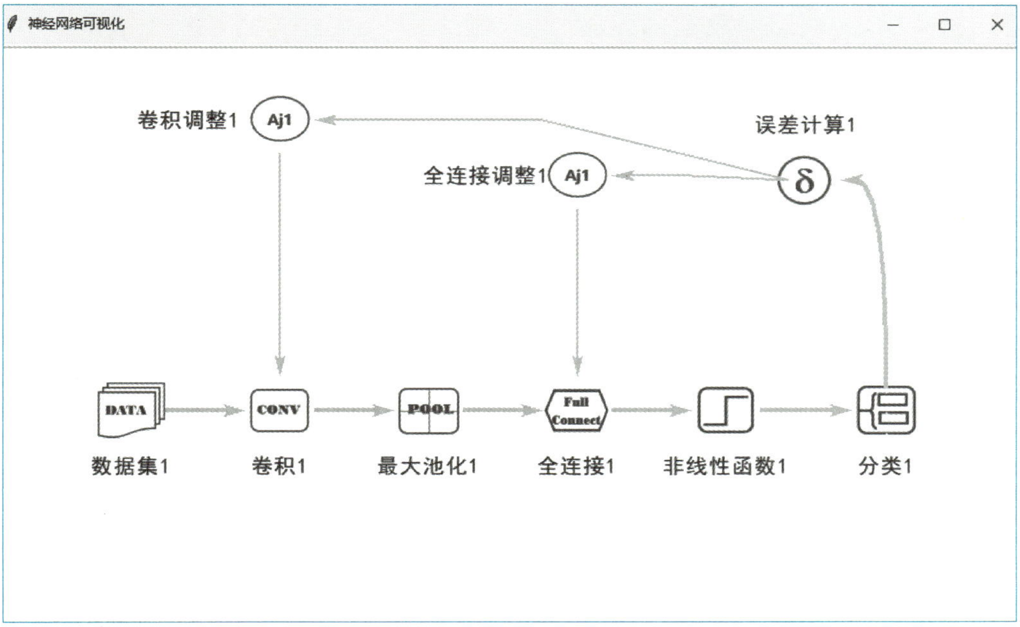

图 16.7 卷积神经网络模型构建的输出界面

【编程 16.5】编制程序：依据 AllModelObj 和 AllModelConn 数据结构产生如图 16.7 的输出界面。

【目的及编程说明】读者通过编程 16.5 可理解卷积神经网络模型构建的输出界面。数据结构及初始值参见编程 16.1。

【程序编写】建立一个类，在类中编写相关函数，以便用类创建对象构建并管理界面要素。用类创建对象时自动执行 _init_()。另一个主要函数 visual_output() 会调用其他函数。

类 / 函数： Networking.__init__(), Networking.visual_output()。
输入： 无。
输出： 见图 16.7。

```
class Networking:
    def __init__(self):
        self.Root=tk.Tk()                                  # 创建一个主窗口
        self.window_width=900; self.window_height=550      # 窗口的宽度与高度
        self.list_image=[]                                 # 图元列表
        self.Item_Record=[[],[]]                           # 记录图元坐标与图元号
    def window(self):
        self.Root.title("神经网络可视化")
        self.Root.geometry("900x550")                      # 设置窗口的大小和位置
        # 创建一个画布并将画布添加到主窗口中
        self.Viewcanvas=tk.Canvas(self.Root,width=self.window_
width,height=self.window_height,bg="white")
        self.Viewcanvas.pack()
        # 绘制矩形框，使用不同颜色和线宽，指定矩形框的左上角和右下角坐标
        self.Viewcanvas.create_rectangle(5,5,895,545,fill=None,outl
ine="lightblue",width=2)
    def connecting_lines(self,obj):
        obj_x=obj.ObjX; obj_y=obj.ObjY                     # 根据对象的 id 计算 x、y 坐标
        text=obj.ObjLable
        if'Error'in obj.ObjID:
           x,y=0,-50
        elif'Aj'in obj.ObjID:
           x,y=-80,0
        else:
           x,y=0,50
        self.Viewcanvas.create_image(obj_x,obj_y,image=self.list_
image[obj.ObjType-1])                                      # 创建图元对象
        self.Viewcanvas.create_text(obj_x+x,obj_y+y,text=text,
font=("黑体",14))                                          # 创建图元对象的标签
    def conn_lines(self,conn):
```

```
        starting=self.Item_Record[1].index(conn[2])
        ending=self.Item_Record[1].index(conn[3])
        smooth=[False,True];width=[2,4]
        start,end=self.Item_Record[0][starting],self.Item_Record[0]
[ending]
        index=1 if conn[1]==1 else 0
        if start[0]==end[0]:
            self.Viewcanvas.create_line(start[0],start[1]+30,end[0],
end[1]-30,arrow=tk.LAST,arrowshape=(16,20,4),fill='lightblue',smooth=
smooth[index],width=width[index])
        elif start[1]==end[1]:
            self.Viewcanvas.create_line(start[0]+30,start[1],end[0]-30,
end[1],arrow=tk.LAST,arrowshape=(16,20,4),fill='lightblue',smooth=
smooth[index],width=width[index])
        else:
            if abs(start[0]-end[0])> abs(start[1]-end[1]):
                # 创建数据线箭头
                self.Viewcanvas.create_line(start[0]-15,start[1],int
((start[0]+end[0])/2),end[1],end[0]+30,end[1],arrow=tk.LAST,
arrowshape=(16,20,4),fill='lightblue',smooth=smooth[index],width=
width[index])
            else:
                # 创建数据线箭头
                self.Viewcanvas.create_line(start[0],start[1]-20,
start[0],end[1],end[0]+30,end[1],arrow=tk.LAST,arrowshape=(16,
20,4),fill='lightblue',smooth=smooth[index],width=width[index])
    def element(self,path):
        img=Image.open(path)                # 加载图元对应的图像文件
        img=img.resize((60,50))             # 使用 resize 方法调整图像
        img=ImageTk.PhotoImage(img)         # 将 Image 对象转换成 PhotoImage 对象
        self.Root.img=img                   # 保存图像的引用，防止被作为垃圾回收
        return img
    def read_element(self):
        img_path=["img/data.png","img/conv.png","img/pool.png","img/
full_connect.png","img/nonlinear.png","img/classifier.png","img/
error.png","img/adjust.png","img/adjust.png"]
        for path in img_path:
            self.list_image.append(self.element(path))
    def visual_output(self,AllModelObj,AllModelConn):
        # 遍历 AllModelObj 列表，在窗口创建图元
        for obj in AllModelObj:
            self.Item_Record[0].append((obj.ObjX,obj.ObjY))
                                            # 记录图元坐标
```

```
            self.Item_Record[1].append(obj.ObjID)      # 记录图元号
            self.connecting_lines(obj)      # 根据图元对象信息在画布上绘制图元
        # 遍历 AllModelConn 列表,在窗口连线图元
        for conn in AllModelConn:
            self.conn_lines(conn)           # 根据连接对象信息在画布上连接图元
if __name__=='__main__':
    ...                        # 复制编程 16.1 的 AllModelObj、AllModelConn 语句
    Net=Networking()                        # 创建 Networking 实例对象
    Net.window()                            # 构造窗口
    Net.read_element()                      # 读取图元
    Net.visual_output(AllModelObj,AllModelConn)        # 在窗口中可视化输
                                                         出图元和连接
    Net.Root.mainloop()                     # 启动主事件循环
```

16.5 算法设计与函数实现：X3-基本算法

【编程 16.6】编制程序：设置加载数据集的参数 SetLoadData() 及加载数据集 LoadData()。

【目的及编程说明】读者通过编程 16.6 可掌握读取文件及数据预处理的相关方法。SetLoadData() 设置加载数据集的相关参数，LoadData() 按所设置的参数读取数据集。SetLoadData() 函数实现的具体要求为：(1) 确定参数信息，如数据集路径信息、图像大小、每批次读入图像的数量等；(2) 返回 DataPara 参数。LoadData() 函数实现的具体要求为：(1) 根据路径信息读入图像；(2) 将图像缩放为固定大小；(3) 将图像转换为数组形式；(4) 将数组中的具体数值归一化；(5) 返回转换后的数组。

【程序编写】ModelObj 是所有图元类的基类，用于所有图元公共特性的实现。Data_Class 是数据集类，用于创建数据集图元对象。在 Data_Class 中编写 SetDataPara() 和 LoadData()。

函数： Data_Class.SetLoadData(), Data_Class.LoadData()。

```
class ModelObj:                                 # 网络对象
    def __init__(self,ObjID,ObjType,ObjLable,ParaString,ObjX,ObjY):
        self.ObjID=ObjID                        # 图元号
        self.ObjType=ObjType                    # 图元类别
        self.ObjLable=ObjLable                  # 对象标签
        self.ParaString=ParaString              # 参数字符串
```

```
        self.ObjX=ObjX                           # 对象位置 x 坐标
        self.ObjY=ObjY                           # 对象位置 y 坐标
class Data_Class(ModelObj):                      # 数据集网络对象，继承基类 ModelObj
    def __init__(self,ObjID,ObjType,ObjLable,ParaString,ObjX,ObjY):
        super().__init__(ObjID,ObjType,ObjLable,ParaString,ObjX,ObjY)
        self.LoadData=self.load_data     # 基本操作函数
        self.SetDataPara=self.SetLoadData        # 参数设置函数
    def SetLoadData(self):                       # 设置数据集路径信息
        train_imgPath=input("请输入训练集文件夹的位置:")
        test_imgPath=input("请输入测试集文件夹的位置:")
        img_width=int(input("请输入图片宽度:"))
        img_height=int(input("请输入图片高度:"))
        batch_size=int(input("请输入每批次读入图像的数量:"))
        # 返回 DataPara 参数,这里用一个字典来存储
        DataPara={"train_imgPath":train_imgPath,"test_imgPath":test_
imgPath,"img_width":img_width,"img_height":img_height,"batch_
size":batch_size}
        return DataPara
    def load_data(self,DataPara):                # 定义加载数据集 load_data()
        global SubFolders
        listimages=[]                            # 存储图像的列表
        list_path=[]
        #read_folders 方法读取文件夹中子文件夹的数据集
        SubFolders,train=read_folders(DataPara["train_imgPath"])
        list_path.append(train)
        _,path_list=read_folders(DataPara["test_imgPath"])
        list_path.append(path_list)
        for data_path in list_path:
            images=[]                            # 存储图像的列表
            for path in data_path:
                img=image_to_array(path,DataPara["img_width"],DataPara
["img_height"])                                  # 读取图像数据
                img=img.T                        # 转置,图像的行和列互换位置
                images.append(img)               # 将图像数组添加到训练集图像列表中
            listimages.append(np.array(images))  # 返回转换后的数组
        return listimages[0],listimages[1]
if __name__=='__main__':
    DataSet=Data_Class("DataSet1",1,"数据集 1",[],120,330)
    DataPara=DataSet.SetDataPara()#setload_data() 函数,获取加载数据集的
参数
    train_images,test_images=DataSet.LoadData(DataPara)
```

【编程 16.7】编制程序：设置卷积参数 setconv_para()及卷积函数 conv_proc()。

【目的及编程说明】读者通过编程 16.7 可实现卷积神经网络中的重要步骤——卷积，它将一个卷积核应用于输入图像以提取特征。setconv_para( ) 设置相关参数，conv_proc( ) 按相关参数完成卷积计算。Setconv_para( ) 实现的具体要求为：(1) 确定参数信息——卷积核大小、步长、填充；(2) 返回 ConvPara 参数。conv_proc( ) 实现的具体要求为：(1) 获取输入数据的大小；(2) 获取卷积核的大小；(3) 计算输出数据的大小；(4) 对每一个输出位置进行卷积操作；(5) 返回卷积计算后的数组（特征向量）。

【程序编写】Conv_Class 是卷积类，用于创建卷积图元对象。在 Conv_Class 中编写 setconv_para( ) 和 conv_proc( )。

函数：Conv_Class.setconv_para( ), Conv_Class.conv_proc( )。

```
class Conv_Class(ModelObj):                                    # 卷积对象
    def __init__(self,ObjID,ObjType,ObjLable,ParaString,ObjX,ObjY):
        super().__init__(ObjID,ObjType,ObjLable,ParaString,ObjX,ObjY)
        self.ConvProc=self.conv_proc                           # 基本操作函数
        self.SetConvPara=self.setconv_para                     # 参数设置函数
    def setconv_para(self):                      # 定义设置卷积参数的函数 SetConvPara()
        kernel_h=int(input("请输入卷积核的高度:"))        # 用户输入卷积核的高度
        kernel_w=int(input("请输入卷积核的宽度:"))        # 用户输入卷积核的宽度
        kernel=[]                                              # 用户输入卷积核的值
        print("请输入卷积核的值(一行一行输入,各值之间用空格分开):")
        for i in range(kernel_h):
            row=[float(val)for val in input().split()]
            kernel.append(row)
        stride=int(input("请输入步长:"))                        # 用户输入步长
        padding=int(input("请输入填充:"))                       # 用户输入填充
        # 返回 ConvPara 参数,这里用一个字典来存储
        ConvPara={"kernel":kernel,"kernel_h":kernel_h,"kernel_w":kernel_w,
"stride":stride,"padding":padding}
        return ConvPara
    def conv_proc(self,image,ConvPara):                 # 定义卷积函数 conv_proc()
        # 获取输入数据的大小,这里假设是单通道的图像
        c,image_h,image_w=image.shape
        kernel_h=ConvPara["kernel_h"]
        kernel_w=ConvPara["kernel_w"]
        kernel=ConvPara["kernel"]
        out_h=(image_h-kernel_h)//ConvPara["stride"]+1
        out_w=(image_w-kernel_w)//ConvPara["stride"]+1
        output=np.zeros((c,out_h,out_w))                 # 初始化输出数据为零矩阵
        for k in range(c):                               # 遍历每个通道
            for i in range(out_h):                       # 遍历每个输出位置
                for j in range(out_w):
```

```
                    stride=ConvPara["stride"]    # 获得步长
                    output[k,i,j]=np.sum(
                    image[k,i*stride:i*stride+3,j*stride:j*stride+3]*
kernel)                                    # 计算卷积
        return output                      # 返回卷积计算后的数组（特征向量）
if__name__=='__main__':
    Conv=Conv_Class("Conv1",2,"卷积 1",[],250,330)
    ConvPara=Conv.SetConvPara()
    Conv=Conv_Class("Conv1",2,"卷积 1",[],250,330)
    ConvPara=Conv.SetConvPara()
    for i in range(len(train_images)//32):
        images=train_images[i*32:(i+1)*32]
        conv_images=[]                     # 存储卷积处理后的图像的列表
        for image in images:               # 获取训练集的图像数据
            dim=len(image.shape)           # 获取矩阵的维度
            if dim==2:                     # 如果是二维矩阵，则转化为三维矩阵
                image_h,image_w=image.shape
                image=np.reshape(image,(1,image_h,image_w))
                # 调用 ConvProc() 函数，根据 ConvPara 参数完成卷积计算
                output=Conv.ConvProc(image,ConvPara)
                conv_images.append(output)        # 将卷积结果存储到列表
            elif dim==3:                   # 若为三维矩阵，则保持不变直接卷积处理
                output=Conv.ConvProc(image,ConvPara)
                conv_images.append(output)
        # 将卷积处理后的图像列表转换为数组形式，方便后续处理
        conv_images=np.array(conv_images)
```

【编程 16.8】编制程序：设置池化参数 setpool_para( ) 及池化函数 pool_proc( )。

【目的及编程说明】读者通过编程 16.8 可掌握池化函数的基本方法。池化的作用是在卷积神经网络的特征提取过程中，对卷积后提取到的数组进行降维处理，从而降低特征数组的维度和计算量。setpool_para( ) 设置相关参数，pool_proc( ) 按相关参数完成池化处理。Setpool_para( ) 实现的具体要求为：(1) 确定参数信息——池化的类型 Poolmode、池化窗口大小 pool_size、步长 stride；(2) 返回 PoolPara 参数。Pool_proc( ) 实现的具体要求为：(1) 获取输入数据的形状；(2) 获取池化窗口的大小；(3) 创建一个输出结果数组，计算池化后的结果大小；(4) 对每个池化窗口应用池化函数，判断池化类型——池化模式为 'max'，则使用窗口中的最大值；池化模式为 'avg'，则使用窗口中的平均值；池化模式为 'min'，则使用窗口中的最小值；(5) 返回池化计算后的数组。

【程序编写】Pool_Class 是池化类，用于创建池化图元对象。在 Pool_Class 中编写 setpool_para( ) 和 pool_proc( )。

函数： Pool_Class.setpool_para()，Pool_Class.pool_proc()。

```
class Pool_Class(ModelObj):                              # 池化对象
    def __init__(self,ObjID,ObjType,ObjLable,ParaString,ObjX,ObjY):
        super().__init__(ObjID,ObjType,ObjLable,ParaString,ObjX,ObjY)
        self.MaxPoolProc=self.pool_proc                   # 基本操作函数
        self.SetPollPara=self.setpool_para                # 参数设置函数
    def pool_proc(self,image,PoolPara):
        pool_mode=PoolPara["pool_mode"];pool_size=PoolPara["pool_size"]
        stride=PoolPara["stride"]
        c,h,w=image.shape                                 # 获取输入特征图的高度和宽度
        out_h=int((h-pool_size)/stride)+1                 # 计算输出特征图的高度
        out_w=int((w-pool_size)/stride)+1                 # 计算输出特征图的宽度
        out=np.zeros((c,out_h,out_w))                     # 初始化输出特征图为全零数组
        for k in range(c):                                # 对于输出的每一个位置上计算:
            for i  in range(out_h):
                for j  in range(out_w):
                    window=image[k,i*stride:i*stride+pool_size,
j*stride:j*stride+pool_size]
                    if pool_mode=="max":                  # 最大池化
                        out[k][i][j]=np.max(window)
                    elif pool_mode=="avg":                # 平均池化
                        out[k][i][j]=np.mean(window)
                    elif pool_mode=="min":                # 最小池化
                        out[k][i][j]=np.min(window)
                    else:                                 # 无效的池化类型
                        raise ValueError("Invalid pooling mode")
        return out                                        # 返回特征图
    def setpool_para(self):                               # 定义设置池化参数的函数
        pool_mode=input("请输入池化模式(max/avg/min):")  # 用户输入池化模式
        pool_size=int(input("请输入池化大小:"))          # 用户输入池化大小
        stride=int(input("请输入步长:"))                 # 用户输入步长
        PoolPara={"pool_mode":pool_mode,"pool_size":pool_size,"stride":
stride}  # 返回 PoolPara 参数,这里用字典来存储
        return PoolPara                                   # 返回 PoolPara 参数
if __name__=='__main__':
    Pool=Pool_Class("Pool1",3,"最大池化 1",[],380,330)
    PoolPara=Pool.SetPollPara()
    ...                                     # 编程 16.7 的 conv_proc 函数主函数方
                                              法继承
    pool_images=[]                          # 存储池化处理后的图像的列表
    for image in conv_images:               # 获取卷积后的图像数据
        output=Pool.MaxPoolProc(image,PoolPara)
        pool_images.append(output)          # 将池化结果存储到列表
```

```
    # 将池化处理后的图像列表转换为数组形式，方便后续处理
    pool_images=np.array(pool_images)
```

【编程 16.9】编制程序：设置全连接参数 setfullconn_para( ) 及全连接函数 fullconn_proc( )。

【目的及编程说明】读者通过编程 16.9 可掌握全连接处理的基本方法。全连接是将前面卷积和池化层提取到的数组转换为一个一维数组，并将其传递给后面的分类器进行分类。全连接层中的每个神经元都与前一层中的所有神经元相连，因此全连接层可以将前一层中提取的所有特征信息汇总到一个向量中，为后续的分类任务提供更加丰富的特征表示。全连接层具有较高的参数数量和计算量。Setfullconn_para( ) 设置全连接相关参数，fullconn_proc( ) 按相关参数完成全连接操作。Setfullconn_para( ) 实现的具体要求为：(1) 确定参数信息——权重矩阵、偏置向量；(2) 返回 FullConnPara 参数。fullconn_proc( ) 实现的具体要求为：(1) 对输入进行展平处理，变换为单通道的二维数组格式（如果输入数据为三通道，则需要将其转换为单通道的二维数组形式）；(2) 计算全连接层的线性变换——inputdata 与权重矩阵 w 做乘法，再加上偏置向量 b；(3) 返回全连接计算后的数组。

【程序编写】FullConn_Class 是全连接类，用于创建全连接图元对象。在 FullConn_Class 中编写 setfullconn_para( ) 和 fullconn_proc( )。

函数： FullConn_Class.setfullconn_para(),FullConn_Class.fullconn_proc()。

```
class FullConn_Class(ModelObj):                              # 全连接对象
    def __init__(self,ObjID,ObjType,ObjLable,ParaString,ObjX,ObjY):
        super().__init__(ObjID,ObjType,ObjLable,ParaString,ObjX,ObjY)
        self.FullConnProc=self.fullconn_proc                 # 基本操作函数
        self.SetFullConnPara=self.setfullconn_para           # 参数设置函数
    def fullconn_proc(self,data,FullConnPara):
        weights=FullConnPara["weights"]                      # 获取权重矩阵
        bias=FullConnPara["bias"]                            # 偏置向量
        # 对输入进行展平处理，变换为单通道的一维数组格式
        data=data.reshape(1,data.shape[1]*data.shape[2])
        # 计算全连接层的线性变换：data 与权重矩阵 w 做乘法，再加上偏置向量 b
        output=np.dot(data,weights.T)+bias
        return output                         # 返回全连接计算后的数组
    # 定义一个函数来设置全连接层的相关参数
    def setfullconn_para(self,poolH,poolW):
        height=poolH
        width=poolW                           # 获取池化后的图像数组的长度和宽度
        num_outputs=int(input("请输入全连接层的输出节点数量："))
        weights=np.random.randn(num_outputs,height*width)
```

```
        bias=np.random.randn(1,num_outputs)
        #返回 FullConnPara 参数，这里用一个字典来存储
        FullConnPara={"weights":weights,"bias":bias,"num_outputs":num_
outputs}
        return FullConnPara
if__name__=='__main__':
    ...                                    #编程 16.8 的 pool_proc 函数主函数方法继承
    _,_,poolH,poolW=pool_images.shape
    FullConn=FullConn_Class("FullConn1",4,"全连接 1",[],510,330)
    FullConnPara=FullConn.SetFullConnPara(poolH,poolW)
    fullconn_images=[]                     #存储全连接处理后的图像的列表
    for image in pool_images:              #获取池化后的图像数据
        output=FullConn.FullConnProc(image,FullConnPara)
        fullconn_images.append(output)     #将全连接处理后的结果存储到列表
    #将全连接处理后的图像列表转换为数组形式，方便后续处理
    fullconn_images=np.array(fullconn_images)
```

【编程 16.10】编制程序：设置非线性参数 setnonl_para()及非线性函数 nonlinear_proc()。

【目的及编程说明】读者通过编程 16.10 可掌握非线性函数使用的基本方法。它的主要作用是引入非线性特性，从而使网络能够学习更加复杂的特征和模式。通过激活函数将线性组合的输出进行非线性变换，使得网络可以处理非线性关系和非线性变换，从而更好地适应数据的复杂性。主要包含的类型为常用的非线性函数（包括 ReLU、Tanh 和 Sigmoid 等）。非线性函数的输入数据是特征向量，最终应该返回应用激活函数后的特征向量。Setnonl_para()设置相关参数，nonlinear_proc()按相关参数完成对输入数据的非线性处理操作。Setnonl_para()实现的具体要求为：(1) 确定参数信息——非线性函数的类型；(2) 返回 NonLPara 参数。nonlinear_proc()实现的具体要求为：(1) 判断 NonLPara，进行相应的计算（Sigmoid/ReLU/Tanh）；(2) 返回计算后的值。

【程序编写】Nonline_Class 是非线性对象类，用于创建非线性图元对象。在 Nonline_Class 中编写 setnonl_para()和 nonlinear_proc()。

函数： Nonline_Class.setnonl_para(),Nonline_Class.nonlinear_proc()。

```
class Nonline_Class(ModelObj):                       #非线性对象
    def__init__(self,ObjID,ObjType,ObjLable,ParaString,ObjX,ObjY):
        super().__init__(ObjID,ObjType,ObjLable,ParaString,ObjX,ObjY)
        self.NonlinearProc=self.nonlinear_proc        #基本操作函数
        self.SetNonLPara=self.setnonl_para            #参数设置函数
    def nonlinear_proc(self,inputdata,NonLPara):      #定义非线性函数
        #从 NonLPara 参数中获取非线性函数类型
```

```
        nonlinearmode=NonLPara["nonlinearmode"]
        if nonlinearmode=="Sigmoid":
            #Sigmoid 函数，将任何实数的输入映射到 0~1 之间的输出
            output=1/(1+np.exp(-inputdata))
        elif nonlinearmode=="ReLU":
            #ReLU 函数，将负数输入置为 0，而正数输入保持不变
            output=np.maximum(inputdata,0)
        elif nonlinearmode=="Tanh":
            #Tanh 函数，将任何实数的输入映射到 -1~1 之间的输出
            output=np.tanh(inputdata)
        else:
            #非法的非线性类型，抛出异常
            raise ValueError("Invalid nonlinear mode")
        return output                                  #返回计算后的值
    def setnonl_para(self):                            #定义设置非线性参数的函数
        #确定参数信息：非线性函数的类型。可以选择"Sigmoid""ReLU"或"Tanh"
        nonlinearmode=input("请输入非线性函数的类型(Sigmoid/ReLU/Tanh):")
        #返回 NonLPara 参数，这里用一个字典来存储
        NonLPara={"nonlinearmode":nonlinearmode}
        return NonLPara                                #返回 NonLPara 参数
if __name__=='__main__':
    ...                                                #编程 16.9 的函数主函数方法
                                                        继承
    Nonline=Nonline_Class("Nonline1",5,"非线性函数 1",[],640,330)
    NonLPara=Nonline.SetNonLPara()
    #存储非线性处理后的图像的列表
    nonlinear_images=[]
    for image in fullconn_images:                      #获取全连接处理后的图像数据
        output=Nonline.NonlinearProc(image,NonLPara)
        #将非线性处理后的结果存储到列表
        nonlinear_images.append(output)
    #将非线性处理后的图像列表转换为数组形式，方便后续处理
    nonlinear_images=np.array(nonlinear_images)
```

【编程 16.11】编制程序：设置分类函数参数 setclassify_para( ) 及分类函数 classifier_proc( )。

【目的及编程说明】读者通过编程 16.11 可掌握输出分类函数的基本方法。Setclassify_para( ) 设置相关参数，classifier_proc( ) 按相关参数完成对输入数据的分类标签设置。Setclassify_para( ) 实现的具体要求为：(1) 设定阈值；(2) 返回 ClassifyPara 参数。Classifier_proc( ) 实现的具体要求为：(1) 找到概率超过阈值的标签分类，就是分类结果；(2) 返回分类标签。

【程序编写】Classifier_Class 是分类对象类，用于创建分类图元对象。在 Classifier_Class 中编写 setclassify_para( ) 和 classifier_proc( )。

函数： Classifier_Class.setclassify_para(),Classifier_Class.classifier_proc()。

```
class Classifier_Class(ModelObj):                          # 分类对象
    def __init__(self,ObjID,ObjType,ObjLable,ParaString,ObjX,ObjY):
        super().__init__(ObjID,ObjType,ObjLable,ParaString,ObjX,ObjY)
        self.ClassifierProc=self.classifier_proc           # 基本操作函数
        self.SetClassifyPara=self.setclassify_para         # 参数设置函数
    def softmax(self,x):                                   # 定义 softmax 函数
        x-=np.max(x)                                       # 减去最大值,防止数值溢出
        return np.exp(x)/np.sum(np.exp(x))                 # 计算指数和归一化
    def classifier_proc(self,inputdata,ClassifyPara):
        # 从 ClassifyPara 参数中获取阈值
        threshold=ClassifyPara["threshold"]
        output=-1                                          # 初始化输出为 -1
        prob=self.softmax(inputdata)
        # 如果概率高于阈值,就将该类别加入输出结果
        prob1=prob[prob >=threshold]
        # 使用 where() 函数来返回等于概率最大值的元素的索引
        index=np.where(prob==max(prob1))
        # 使用 item() 方法来将索引转换为标准 Python 标量
        output=index[1].item(0)+1
        return output                                      # 返回分类标签
    # 定义设置分类函数参数的函数
    def setclassify_para(self):
        # 设定阈值,可以根据数据和任务来调整阈值
        threshold=float(input("请输入分类函数的阈值:"))
        # 返回 ClassifyPara 参数,这里用一个字典来存储
        ClassifyPara={"threshold":threshold}
        return ClassifyPara                                # 返回 ClassifyPara 参数
if __name__=='__main__':
    ...                                                    # 编程 16.10 的函数主函数方法继承
    Classifier=Classifier_Class("Classifier1",6,"分类 1",[],780,330)
    ClassifyPara=Classifier.SetClassifyPara()
    classifier_images=[]                                   # 存储分类处理后的图像的列表
    prob_images=[]                                         # 存储分类处理后的概率向量
    for image in nonlinear_images:                         # 获取非线性处理后的图像数据
        # 调用 softmax 函数,得到概率分布向量
        prob=Classifier.softmax(image)
        prob_images.append(prob)                           # 将概率向量结果存储到列表
        output=Classifier.ClassifierProc(image,ClassifyPara)
```

```
        classifier_images.append(output)        # 将分类结果存储到列表
    # 将分类的结果列表转换为数组形式，方便后续处理
    classifier_images=np.array(classifier_images)
```

【编程 16.12】编制程序：设置标签类别 setlabel_para( ) 及为样本标记标签函数 label_proc( )。

【目的及编程说明】读者通过编程 16.12 可掌握为样本标记标签的过程。Setlabel_para( ) 实现的具体要求为：设置标签类别列表，将标签列表转化为 one-hot 向量的形式。Label_proc( ) 实现的具体要求为：(1) 读取样本数据集，遍历每个样本；(2) 读取标签列表；(3) 将样本和对应的标签组成元组，返回标记了标签的样本列表。

【程序编写】Label 是标签类，用于创建标签图元对象。在 Label. 中编写 setlabel_para( ) 和 label_proc( )。

函数： Label.setlabel_para(), Label.label_proc(), Label.label_array()。

```
class Label:                                        # 标签
    # 设置标签类别列表并将其转化为 one-hot 向量的形式
    def setlabel_para(self):
        label_list=input("请输入标签类别列表（用逗号分隔）：")
        label_list=[int(x)for x in label_list.split(',')]
        num_classes=len(label_list)
        identity_matrix=np.eye(num_classes)
        label_dict={label:identity_matrix[i]for i,label in enumerate
(label_list)}
        return label_dict
    # 读取样本数据集，遍历每个样本，并将样本和对应的标签组成元组
    def label_proc(self,samples,labels,label_dict):
        labeled_samples=[(sample,label_dict[label])for sample,label
in zip(samples,labels)]
        return labeled_samples
    def label_array(self,i):
        path_csv='train.csv'                # 读取标签数据
        df=pd.read_csv(path_csv,header=None,skiprows=range(0,i*32),
nrows=(i+1)*32-i*32)
        # 将标签数据转化成数组
        right_label=df.iloc[:,0].tolist()
        right_label=list(map(int,right_label))
        right_label=[x for x in right_label]
        return right_label
if __name__=='__main__':
    ...                                     # 编程 16.11 的函数主函数方法继承
    LabelPara=Label()
```

```
label_dict=LabelPara.setlabel_para()
right_label=LabelPara.label_array(i)
labeled_samples=LabelPara.label_proc(images,right_label,label_dict)
```

【编程 16.13】编制程序：设置误差参数 seterror_para( ) 及计算误差函数 error_proc( )。

【目的及编程说明】读者通过编程 16.13 可掌握计算误差的基本方法，计算误差的函数（损失函数）通常有交叉熵、均方误差和平均绝对误差（mean absolute error, MAE），使用损失函数计算预测值与真实值之间的误差。seterror_para( ) 设置相关参数，error_proc( ) 按相关参数完成误差相关的计算。seterror_para( ) 实现的具体要求为：(1) 确定参数信息——标签类别，损失函数类型；(2) 返回 ErrorProc 参数。error_proc( ) 实现的具体要求为：(1) 将真实标签类别 label 转换为 one-hot 编码形式；(2) 确定损失函数类别，实现不同的损失函数，计算输入值与 label 之间的误差；(3) 返回误差值 loss。

【程序编写】Error_Class 是误差计算类，用于创建误差计算图元对象。在 Error_Class 中编写 seterror_para( ) 和 error_proc( )。

函数： Error_Class.seterror_para(),Error_Class.error_proc()。

```
class Error_Class(ModelObj):                              #误差计算对象
    def __init__(self,ObjID,ObjType,ObjLable,ParaString,ObjX,ObjY):
        super().__init__(ObjID,ObjType,ObjLable,ParaString,ObjX,ObjY)
        self.ErrorProc=self.error_proc                    #基本操作函数
        self.SetErrorPara=self.seterror_para              #参数设置函数
    def error_proc(self,input,label,ErrorPara):
        label_list,loss_type=ErrorPara                    #读取标签列表和损失函数类型
        #创建一个单位矩阵,大小为标签类别的个数
        one_hot_matrix=np.eye(len(label_list))
        index=[x for x in label]
        label_one_hot=np.take(one_hot_matrix,index,axis=0)
        #确定损失函数类别,实现不同的损失函数,计算输入值与 label 之间的误差
        if loss_type=="CEE":                      #使用交叉熵损失函数
            loss=-np.sum(label_one_hot*np.log(input))/len(input)
        elif loss_type=="MSE":                    #使用均方误差损失函数
            loss=np.sum((input-label_one_hot)**2)/len(input)
        elif loss_type=="MAE":                    #使用平均绝对误差损失函数
            loss=np.sum(np.abs(input-label_one_hot))/len(input)
        else:
            raise ValueError("Invalid loss type")
        return loss                               #返回误差值 loss
    def seterror_para(self):                      #定义设置误差参数的函数
        #确定参数信息:标签类别
```

```
        label_list=input("请输入标签类别列表（用逗号分隔）：")
        label_list=[int(x)for x in label_list.split(',')]
        #假设损失函数类型为交叉熵 CEE
        loss_type=input("请输入损失函数类型(CEE/MSE/MAE):")
        #返回 ErrorProc 参数，这里用一个元组来存储
        ErrorPara=(label_list,loss_type)
        return ErrorPara                        #返回 ErrorPara 参数
if__name__=='__main__':
    ...                                         #编程 16.12 的函数主函数方法继承
    Error=Error_Class("Error1",7,"误差计算 1",[],710,124)
    ErrorPara=Error.SetErrorPara()
    #输入值是一个概率矩阵，真实标签值是一个类别列表
    prob_images=np.squeeze(prob_images)
    loss=Error.ErrorProc(prob_images,right_label,ErrorPara)
```

【编程 16.14】编制程序：设置卷积核调整函数的参数 setajconv_para( ) 及卷积核调整函数 ajconv_proc( )。

【目的及编程说明】读者通过编程 16.14 可掌握更新卷积核的基本方法，反向传播到卷积层的输出，对于卷积核的每一个权重，可以计算出它对误差的贡献，然后使用梯度下降算法更新该权重。setajconv_para( ) 设置相关参数，ajconv_proc( ) 按相关参数完成卷积核调整相关的计算。setajconv_para( ) 实现的具体要求为：(1) 确定卷积调整的参数——卷积核信息，学习率，误差值；(2) 返回参数 AjConvPara。ajconv_proc( ) 的具体实现要求为：(1) 使用误差值计算卷积层的误差项和梯度；(2) 使用梯度下降算法更新卷积层参数；(3) 返回新的卷积层参数。

【程序编写】AjConv_Class 是卷积核参数调整类，用于创建卷积核参数调整图元对象。在 AjConv_Class 中编写 setajconv_para( ) 和 ajconv_proc( )。

函数： AjConv_Class.setajconv_para()，AjConv_Class.ajconv_proc()。

```
class AjConv_Class(ModelObj):                           #卷积调整对象
    def__init__(self,ObjID,ObjType,ObjLable,ParaString,ObjX,ObjY):
        super().__init__(ObjID,ObjType,ObjLable,ParaString,ObjX,ObjY)
        self.AjConvProc=self.ajconv_proc                #基本操作函数
        self.SetAjConvPara=self.setajconv_para          #参数设置函数
    def ajconv_proc(self,images,AjConvPara):
        kernel_grad_list=[]
        bias_grad=0                                     #初始化偏置项梯度为 0
        for c in images:
            #计算卷积核和偏置项的梯度
            #初始化卷积核梯度为零矩阵
            kernel_grad=np.zeros_like(AjConvPara['kernel_info'])
```

```
            for i in range(AjConvPara['loss'].shape[0]):
                for j in range(AjConvPara['loss'].shape[1]):
                    # 将输入数据数组中对应的子矩阵旋转 180 度
                    # 与误差值相乘，累加到卷积核梯度上
                    kernel_grad+=np.rot90(c[i:i+kernel_grad.shape[0],j:
j+kernel_grad.shape[0]],2)*AjConvPara['loss'][i,j]
                    # 将误差值累加到偏置项梯度上
                    bias_grad+=AjConvPara['loss'][i,j]
            kernel_grad_list.append(kernel_grad)
        # 使用 stack 函数沿着第 0 个轴将 100 个 a 数组堆叠起来
        result=np.stack(kernel_grad_list,axis=0)
        # 沿着第 0 个维度求和
        kernel_grad=np.sum(result,axis=0)/len(images)
        # 更新卷积核和偏置项参数
        kernel = AjConvPara['kernel_info']-AjConvPara['learning_
rate']*kernel_grad# 卷积核参数减去学习率乘以卷积核梯度
        return kernel                           # 返回更新后的卷积核
    def setajconv_para(self,loss,ConvPara):
        kernel=ConvPara['kernel']           # 卷积核信息
        learning_rate=float(input("请输入卷积调整的学习率:"))   # 学习率
        loss=np.array([[loss]])
        AjConvPara = {'kernel_info': kernel,'learning_rate': learning_
rate,'loss': loss}
        return AjConvPara
if __name__=='__main__':
    ...                                          # 编程 16.13 的函数主函数方法继承
    AjConv=AjConv_Class("AjConv1",8,"卷积调整 1",[],250,70)
    AjConvPara=AjConv.SetAjConvPara(loss,ConvPara)
    ConvPara['kernel']=AjConv.AjConvProc(images,AjConvPara)
```

【编程 16.15】编制程序：设置全连接调整函数的参数 setajfc_para( ) 及全连接调整函数 ajfullconn_proc( )。

【目的及编程说明】读者通过编程 16.15 可掌握更新全连接参数的基本方法，反向传播到全连接层的输出，对于全连接层的每一个权重，可以计算出它对误差的贡献，然后使用梯度下降算法更新该权重。setajfc_para( ) 设置相关参数，ajfullconn_proc( ) 按相关参数完成全连接参数调整相关的计算。setajfc_para( ) 实现的具体要求为：(1) 确定全连接层调整的参数——全连接权重及偏置，学习率，误差值；(2) 返回 AjFCPara 参数。ajfullconn_proc( ) 实现的具体要求为：(1) 使用误差值计算全连接层的误差项和梯度；(2) 使用梯度下降算法更新全连接层参数；(3) 返回新的全连接层参数。

【程序编写】AjFullConn_Class 是全连接参数调整类，用于创建调整全连接参数图元对象。在 AjFullConn_Class 中编写 setajfc_para( ) 和 ajfullconn_proc( )。

函数： AjFullconn_Class.setajfc_para(), AjFullconn_Class.ajfullconn_proc()。

```
class AjFullconn_Class(ModelObj):                              # 全连接调整对象
    def __init__(self,ObjID,ObjType,ObjLable,ParaString,ObjX,ObjY):
        super().__init__(ObjID,ObjType,ObjLable,ParaString,ObjX,ObjY)
        self.AjFullconnProc=self.ajfullconn_proc               # 基本操作函数
        self.SetAjFCPara=self.setajfc_para                     # 参数设置函数
    def ajfullconn_proc(self,AjFCPara):
        # 计算权重矩阵和偏置向量的梯度,使用链式法则
        gradient_weights=np.outer(AjFCPara['loss'],AjFCPara['learning_
rate'])
        # 更新权重矩阵和偏置向量
        weight_matrix=AjFCPara['weights']-gradient_weights
        bias_vector=AjFCPara['bias']-AjFCPara['learning_rate']*
AjFCPara['bias']
        return weight_matrix,bias_vector  # 返回更新后的权重矩阵和偏置向量
    def setajfc_para(self,loss,FullConnPara):
        weights=FullConnPara["weights"]
        bias=FullConnPara["bias"]
        loss=np.array([loss])
        AjFCPara={                        # 全连接权重,全连接偏置,学习率,误差值
            'weights':weights,'bias':bias,'learning_rate':0.01,'loss':loss}
        return AjFCPara
if __name__=='__main__':
    ...                                   # 编程 16.13 的函数主函数方法继承
    AjFullconn=AjFullconn_Class("AjFullconn1",9,"全连接调整1",[],510,
120)
    AjFCPara=AjFullconn.SetAjFCPara(loss,FullConnPara)
    weight,bias=AjFullconn.AjFullconnProc(AjFCPara)
    FullConnPara['weights']=weight
    FullConnPara['bias']=bias
```

16.6 屏幕元素事件识别与控制：X4-人机交互

交互式构建卷积神经网络模型界面展示如图 16.8 所示。

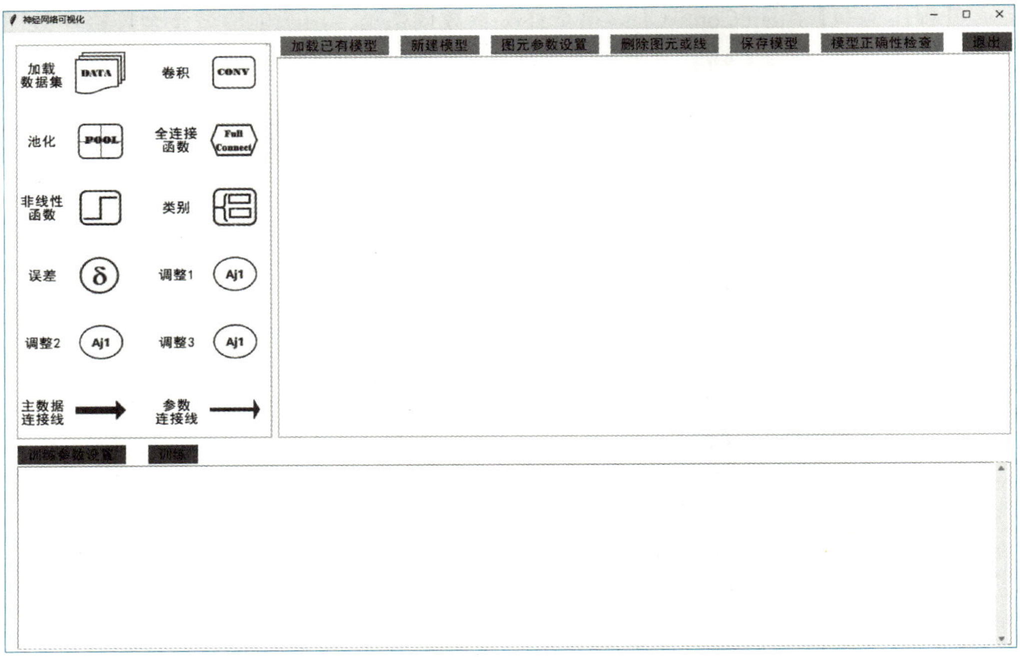

图 16.8　交互式构建卷积神经网络模型界面展示

【编程 16.16】编制程序：按照图 16.8 完成界面程序的编制。

【目的及编程说明】读者通过编程 16.16 可掌握基于图元构建卷积神经网络模型的基本界面布局，其中左上方为基本图元列表，右上方是卷积神经网络模型展示区域，下方为程序运行中间结果及最终结果相关信息的显示。此外还包括图元参数配置框及训练参数配置框（按需弹出）。图元参数配置框的作用是单击某个图元时，弹出该图元需设置的参数，由用户编辑并保存更新。训练参数配置框的作用是单击“训练参数设置”按钮显示需设置的参数，由用户编辑并保存更新。基本实践内容：(1) 基本图元显示。左上方区域中的基本图元显示，每个图元将绑定一组函数。用户将基本图元拖曳到模型展示区中，绘制模型，模型中虽然可能有同类图元，但其参数可能是不同的（即参数是绑定于模型中每个图元对象的）。(2) 将构建的网络结构显示在右上方卷积神经网络模型结构展示区域。(3) 将程序运行中间结果及最终结果的相关信息显示在下方框中。(4) 实现图元参数配置框及训练参数配置框，参数框中的内容用 AllModelObj 中的 ParaString 保存。

【程序编写】建立类 Interactive_CNN，在该类中编写相关界面相关对象的处理函数。

函数： Interactive_CNN.create_left_element(), Interactive_CNN.element_binding()。

```
class Interactive_CNN:
```

```
    def create_left_element(self,List_image):  # 在窗口左侧创建图元菜单/
                                                 图元列表
        element_list=[(135,60),(320,60),(135,156),(320,156),(135,252),
(320,252),(135,348),(320,348),(135,444),(320,444),(135,540),(320,540)]
        for i in range(12):
        # 获取图元对象的类型、标签等信息
        obj_type=i+1
        # 并且要根据需求调整每个对象的位置
        obj_x=element_list[i][0];obj_y=element_list[i][1]
                                            # 依据对象 ID 计算坐标
        # 根据对象的类型绘制相应的图形
        if obj_type==1:                     # 加载数据集
            l1=self.element_binding(obj_x,obj_y,
                    List_image[0],3,"加载"+"\n"+"数据集")
        elif obj_type==2:                   # 卷积
            l1=self.element_binding(obj_x,obj_y,
                    List_image[1],0,"卷积")
        ...                                 # 用相似方法创建其他图元
        # 为左侧菜单的每个图元绑定鼠标单击、移动和释放的事件
        self.Viewcanvas.tag_bind(l1,"<Button-1>",self.on_drag_start)
        self.Viewcanvas.tag_bind(l1,"<B1-Motion>",self.on_drag_motion)
        self.Viewcanvas.tag_bind(l1,"<ButtonRelease-1>",self.on_drag_
end)
    def element_binding(self,obj_x,obj_y,image,y,text):
        l1=self.Viewcanvas.create_image(obj_x,obj_y,image=image)
                                            # 创建图元对象
        self.Viewcanvas.create_text(obj_x-80,obj_y+y,text=text,
font=("黑体",14))
        return l1
    def on_drag_start(self,event):
        # 对象 ID 是由 tkinter 自动分配的
        self.Dragged_item=event.widget.find_closest(event.x,event.y)
        # 获取当前图元的 x 坐标和 y 坐标
        self.Original_x=event.widget.coords(self.Dragged_item)[0]
        self.Original_y=event.widget.coords(self.Dragged_item)[1]
        self.Offset_x=self.Original_x-event.x # 计算鼠标相对于图元的 x 偏
                                                 移量
        self.Offset_y=self.Original_y-event.y # 计算鼠标相对于图元的 y 偏
                                                 移量
        obj_id1=self.Dragged_item[0]        # 获取被拖曳的图元的 ID
        for index,sublist in enumerate(Net.Items1):
        # 检查子列表中是否包含 obj_id1
            if obj_id1==sublist[0]:
```

```
                x=event.x+CNN.Offset_x; y=event.y+CNN.Offset_y
                self.selection_index=index        # 找出被左键单击的图元在网
                                                    络模型总表的位置
                self.selection_type=1
        # 给单击的图元套框
        if obj_id1!=24 and obj_id1!=26:
        self.Viewcanvas.delete(self.selection_rect)
        self.selection_rect=self.Viewcanvas.create_rectangle(self.
Original_x-40,self.Original_y-35,self.Original_x+40,self.Original_
y+35,outline="orange",width=2)
    def on_drag_motion(self,event):             # 定义图元拖曳移动的函数
        x=event.x+self.Offset_x                 # 计算图元新的 x 坐标
        y=event.y+self.Offset_y                 # 计算图元新的 y 坐标
        event.widget.coords(self.Dragged_item,x,y)  # 更新图元的位置
        index=None
        for i,item in enumerate(Net.Second_Items[0]):
            if item[0]==self.Dragged_item[0]:
                index=i;break
        if self.Dragged_item[0]> 26:            # 更新右侧图元的标签的位置
                 Dragged_label_item= (self.Dragged_item[0] +1,)
###########
                 event.widget.coords(Dragged_label_item, x, y + 45)
###########
        # 给拖曳的图元套框
        obj_id1=self.Dragged_item[0]            # 获取被拖曳的图元的 ID
        if obj_id1!=24 and obj_id1!=26:
            self.Viewcanvas.delete(self.selection_rect)
            self.selection_rect=self.Viewcanvas.create_rectangle
(x-40,y-35,x+40,y+35,outline="orange",width=2)
    def on_drag_end(self,event):                # 定义图元拖曳结束的绑定函数
        obj_id1=self.Dragged_item[0]            # 获取被拖曳的图元的 ID
        # 根据图元的类型,复制相应的图像到右侧画布
        if obj_id1==4:                          # 加载数据集
            Net.entity_loading_dataset(event)
        elif obj_id1==6:                        # 卷积
            Net.convolution(event)
        elif obj_id1==8:                        # 池化
            Net.pooling(event)
        elif obj_id1==10:                       # 全连接
            Net.fully_connected(event)
        elif obj_id1==12:                       # 非线性
            Net.nonlinear(event)
        elif obj_id1==14:                       # 分类
```

```
            Net.class_ification(event)
        elif obj_id1==16:                    # 误差计算
            Net.error_calculation(event)
        elif obj_id1==18:                    # 调整 1
            Net.adjust_one(event)
        elif obj_id1==20:                    # 调整 2
            Net.adjust_two(event)
        elif obj_id1==22:                    # 调整 3
            Net.adjust_three(event)
        elif obj_id1==24:                    # 主数据连接线
            Net.main_line(event,1)
        elif obj_id1==26:                    # 参数连接线
            Net.main_line(event,0)
if __name__=='__main__':
    CNN=Interactive_CNN(1400,900)
    img_path=···                             # 此处是图元路径图像列表
    for path in img_path[:-2]:
        CNN.List_image.append(CNN.element(path,70,60))
    CNN.List_image.append(CNN.element(img_path[-2],70,30))
    CNN.List_image.append(CNN.element(img_path[-1],70,30))
    CNN.create_left_element(CNN.List_image)
    CNN.Root.mainloop()
```

函数： Networking.entity_loading_dataset(event)。
输入： 加载数据集图元。
输出： 训练和测试数据集。

```
class Networking:
    def entity_loading_dataset(self,event):
        CNN.Yt=event.y+CNN.Offset_y
        i,x,y,newitem=self.element_adjustment(event,'数据集',0)
        name='数据集'+str(i)
        # 复制图元对象的标签
        self.Second_Items[1].append([CNN.Viewcanvas.create_text(x,y+
45,text=name),name])
        DataSet=Data_Class("DataSet"+str(i),1,'数据集'+str(i),".",x,y)
        self.AllModelObj.append(DataSet)
        CNN.selection_index=len(self.AllModelObj)-1
        CNN.selection_type=1
        # 创建一个 tkinter 根窗口并隐藏
        root1=tk.Tk()
        root1.withdraw()
        #setload_data() 函数,获取加载数据集的参数
```

```
        DataPara=DataSet.SetDataPara()
        self.ImgPath.append(DataPara['train_imgPath'])
        self.ImgPath.append(DataPara['test_imgPath'])
        # 调用 X3 中的 load_data() 函数，根据参数加载数据集
        self.Train_images,self.Test_images=DataSet.LoadData(DataPara)
        # 输出一些信息，检查是否正确加载
        print("训练集图像的形状:",self.Train_images.shape)
        DataSet.images_statistics(DataPara['train_imgPath'])
        print("测试集图像的形状:",self.Test_images.shape)
        DataSet.images_statistics(DataPara['test_imgPath'])
        CNN.new_element_bind(newitem)
```

函数： Networking.convolution()，Networking.pooling()，Networking.fully_connected()，Networking.nonlinear()，Networking.class_ification()，Networking.error_calculation()，Networking.adjust_one()，Networking.adjust_two()，Networking.adjust_three()。

注： 因为函数思路相同，此处仅写 convolution()，其他函数略。

```
class Networking:
    def convolution(self,event):
        i,x,y,newitem=self.element_adjustment(event,'卷积',1)
        Conv=Conv_Class("Conv"+str(i),2,"卷积"+str(i),[],x,CNN.Yt)
        self.AllModelObj.append(Conv)
        CNN.selection_index=len(self.AllModelObj)-1
        CNN.selection_type=1
        top=CNN.creat_window('卷积参数配置')  # 创建弹出窗口
        kernel_size_entry=CNN.create_input_box(top,"卷积核大小:",3)
                                              # 创建输入框，获取卷积核大小
        stride_entry=CNN.create_input_box(top,"卷积步长:",1)
                                              # 创建输入框，获取步长
        name='卷积'+''+str(i)+':'
        def get_input():                      # 创建
            # 获取输入框的内容
            result1=int(kernel_size_entry.get())
            result2=int(stride_entry.get())
            text=str(result1)+"*"+str(result1)
            self.Second_Items[1].append([CNN.Viewcanvas.create_text(x,
y+45,text=name+text),'卷积'+ str(i)])      # 复制图元对象的标签
            # 参数赋值
            self.AllModelObj[-1].ParaString.append([result1,result2])
            self.AllModelObj[-1].ParaString.append(self.AllModelObj[-1].
SetConvPara(self.AllModelObj[-1]))
            #print(self.AllModelObj[-1].ParaString)
```

```
        top.destroy()                              # 关闭窗口
    button=tk.Button(top,text="获取信息",command=get_input)
    button.pack()
    CNN.new_element_bind(newitem)
```

函数： Model.train_setting()。
输入： 无。
输出： 配置训练参数。

```
class Model:
    def __init__(self):
        self.Batch_First=[]                        # 每个批次第一张数据
        self.Batch_First_Sheet=[]                  # 批次第一张数据
        self.Flage=0                               # 是否存在模型
        self.Train_list=[]                         # 存储训练设置参数
        self.Prob_images=[]                        # 存储分类的数据
    def train_setting(self):
        top=CNN.creat_window("训练参数配置")        # 创建弹出的参数配置窗口
        # 创建一个输入框,获取训练轮数
        epoch_entry=CNN.create_input_box(top,"训练轮数:",4)
        # 创建一个输入框,获取学习率
        rate_entry=CNN.create_input_box(top,'学习率:',0.1)
        # 创建一个输入框,获取批次
        batch_size_entry=CNN.create_input_box(top,"批次:",32)
        def get_input():                           # 创建
            # 获取输入框的内容
            result1=int(epoch_entry.get())
            result2=float(rate_entry.get())
            result3=int(batch_size_entry.get())
            self.Train_list.append(result1)
            self.Train_list.append(result2)
            self.Train_list.append(result3)
            # 关闭窗口
            top.destroy()
        button=tk.Button(top,text="获取信息",command=get_input)
        button.pack()
if __name__=='__main__':
    ...                   # 编程 16.16 的 create_left_element 函数主函数实现继承
    Mod=Model()
    Mod.button_link()
```

【编程 16.17】编制程序：交互式构建模型实现。

【目的及编程说明】读者通过编程 16.17 可掌握基于图元构建网络模型的方法，界面展示区如图 16.9 所示。基本实践内容：(1) 单击“加载已有模型”按钮，实现从文件中读取卷积神经网络结构，并输出至界面；(2) 单击“新建模型”按钮，清空当前模型展示区，开始构建新模型；(3) 新增图元，从左侧基本图元列表中选择一个增加到模型展示区中；(4) 实现图元的交互功能，调用相应的图元信息，结果显示在配置图元参数区域，每个图元有默认初始值；(5) 单击“图元参数设置”按钮时，调用 SetParaFunc 函数，用户修改图元参数，配置完毕时保存至 ParaString，通过解析 ParaString 的形式，再进行具体操作函数（如卷积、池化等）参数的设置。

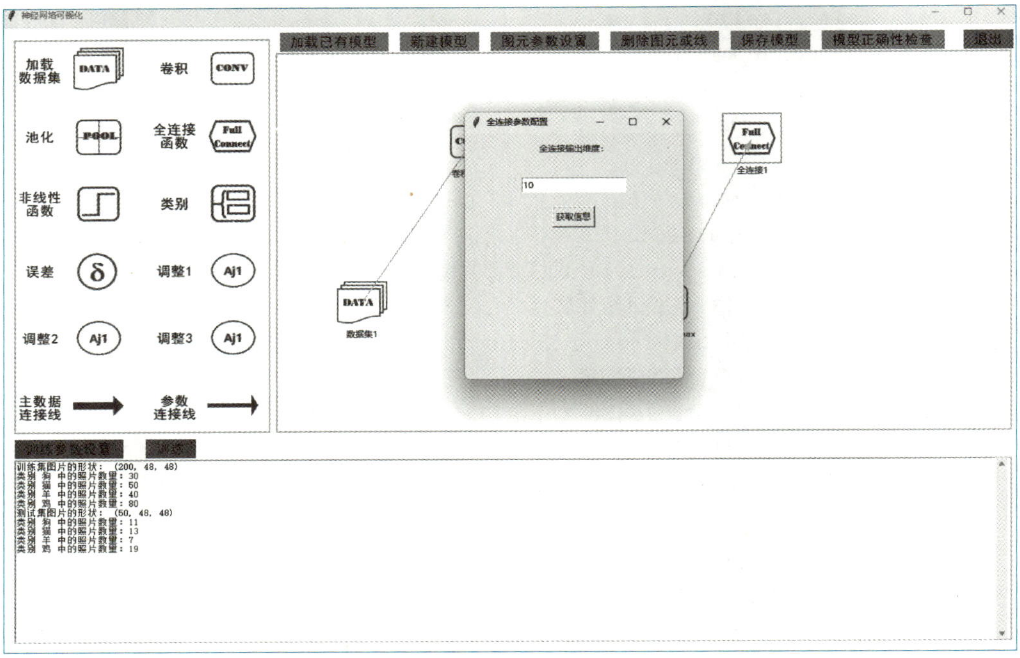

图 16.9　交互式界面的建模与训练控制示意

【程序编写】

函数： Model.load_model()。

```
class Model:
    def load_model(self):
        # 弹出文件对话框，允许用户选择.pkl 文件
        file_path1 = filedialog.askopenfilename(
                filetypes = [("选择网络对象总表","*.pkl")])
        if file_path1:                                # 判断用户是否选择了文件
            with open(file_path1,'rb')as file:        # 读取.pkl 文件内容
                Net.AllModelObj = pickle.load(file)
        print(Net.AllModelObj)
```

```
        # 弹出文件对话框，允许用户选择.pkl 文件
        file_path2=filedialog.askopenfilename(
                filetypes=[("网络连接对象总表","*.pkl")])
        if file_path2:                              # 判断用户是否选择了文件
            with open(file_path2,'rb')as file:      # 读取.pkl 文件内容
                Net.AllModelConn=pickle.load(file)
            print(Net.AllModelConn)
        Net.creating_elements()
        Net.ligature()
```

函数： Interactive_CNN.restart_new_model()。
输入： 无。
输出： 新的窗口。

```
class Interactive_CNN:
    def restart_new_model():                 # 清空当前模型展示区
        # 这将在子进程中调用当前 Python 解释器，并传递当前文件的路径作为参数
        subprocess.call([sys.executable,__file__])
```

函数： Networking.setpara_func(),Networking.modify_conv()。
输入： 无。
输出： 图元配置窗口。

```
class Networking:
    def setpara_func(self):
        ObjIndex=CNN.selection_index
        if self.AllModelObj[ObjIndex].ObjType==2:       # 卷积
            self.modify_conv(ObjIndex)
        elif self.AllModelObj[ObjIndex].ObjType==3:     # 池化层
            ...                                    # 用相似方法写其他参数更新
    def modify_conv(self,ObjIndex):
        top=CNN.creat_window('卷积参数配置')               # 创建弹出窗口
        kernel_size_entry=CNN.create_input_box(top,"卷积核大小:",3)
                                                   # 创建一个输入框，获取卷积核大小
        stride_entry=CNN.create_input_box(top,"卷积步长:",1)
                                                   # 创建一个输入框，获取卷积步长
        name=self.AllModelObj[ObjIndex].ObjLable
        textname,textid=self.query(name)
        textname=textname+':'
        def get_input():                           # 创建
            # 获取输入框的内容
            result1=int(kernel_size_entry.get())
            result2=int(stride_entry.get())
            text=str(result1)+"*"+str(result2)
```

```
            CNN.Viewcanvas.itemconfig(textid,text=textname+text)
            self.AllModelObj[ObjIndex].ParaString[0]=[result1,result2]
            self.AllModelObj[ObjIndex].ParaString[1]=
                self.AllModelObj[ObjIndex].SetConvPara(self.
AllModelObj[ObjIndex])
            top.destroy()                          # 关闭窗口
        button=tk.Button(top,text="获取信息",command=get_input)
        button.pack()
```

【编程 16.18】编制程序：模型连接正确性检查。

【目的及编程说明】读者通过编程 16.18 可实现卷积神经网络模型构建时图元连接正确性的保证方法。基本实践内容：(1) 读者通过新增图元及新增连接关系构建一个卷积神经网络结构；(2) 单击"正确性检查"按钮时，检测连接关系是否合理，具体判断依据如表 16.1 所示，其中√表示连接正确，× 表示连接错误。注：此处表格根据常见的、典型的卷积神经网络结构来构建。

表 16.1　判断连接是否正确

前图元＼后图元	加载数据	卷积	池化	全连接	非线性	分类	计算误差	卷积调整	全连接调整
加载数据	×	√	×	×	×	×	×	×	×
卷积	×	×	√	×	×	×	×	×	×
池化	×	√	×	√	×	×	×	×	×
全连接	×	×	×	√	√	×	×	×	×
非线性	×	×	×	×	×	√	×	×	×
分类	×	×	×	×	×	×	√	×	×
计算误差	×	×	×	×	×	×	×	√	√
卷积调整	×	√	×	×	×	×	×	×	×
全连接调整	×	×	×	√	×	×	×	×	×

【程序编写】

函数： Networking.check_connection()。

```
class Networking:
    def check_connection(self):
        obj_names=['DataSet','Conv','Pool','FullConn',
```

```
                        'Nonline','Classifier','Error',
                        'AjConv','AjFullconn']
        if len(Net.AllModelConn)==0:
            messagebox.showerror("错误","请连接图元！")
            return
        for model_conn in Net.AllModelConn:
            start_name=re.sub(r'\d+','',model_conn[2])
            end_name=re.sub(r'\d+','',model_conn[3])
            start=obj_names.index(start_name)
            end=obj_names.index(end_name)
            if self.RIGHT_MODEL[start][end]==0:
                messagebox.showerror("错误",model_conn[2]+'与'+
                              model_conn[3]+"连接不正确,请检查！")
                return
        messagebox.showinfo("成功","连接正确,恭喜！")
if __name__=='__main__':
    CNN=Interactive_CNN()
    Net=Networking()
    Mod=Model()
    CNN.create_left_element(CNN.List_image)
    Mod.button_link()
    sys.stdout.write=CNN.redirector
    CNN.Root.mainloop()
```

16.7 算法优化与系统功能拓展：X5-完整系统

【编程 16.19】编制程序：训练函数。

【目的及编程说明】读者通过编程 16.19 可掌握卷积神经网络的训练过程。基本流程为输入数据通过前向传播预测标签值，预测标签与真实标签进行比较得出误差，反向传播误差值更新卷积层、全连接层参数，直到误差值达到阈值或迭代次数用尽。基本实践内容：(1) 使用 AllModelObj 中的 SetParaFunc 函数初始化所有需要学习的网络参数；(2) 对于每个 epoch，使用 AllModelConn 中的连接对象确定图元或操作函数之间的关系，使用 AllModelObj 中的 ProcFunc 函数进行前向传播，并使用 AllModelObj 中的 ProcFunc 函数计算误差；然后使用 AllModelObj 中的 ProcFunc 函数进行反向传播，并使用 AllModelObj 中的 SetParaFunc 函数更新网络参数；(3) 直到迭代次数用尽，将生成的网络结构保存到一个文件中，以便后续使用或加载到其他神经网络中；(4) 若更新训练过程参数，请用户单击“训练参数设置”按钮更改参数，设置完毕后单击“保存”按钮；(5) 获取训练参数展示区的字符串，解析字符串，对训练函数进行设置；(6) 单击“训练”按钮进行训练。

注意：此编程有两级难度。低级难度是相同图元有相同的执行函数，即前面已经编程的函数与图元的直接绑定。高级难度是相同图元可以设置不同的执行函数，可由用户为每个图元设置不同的执行函数。例如：三个卷积图元对象假设为 ConvObj1、ConvObj2、ConvObj3。低级难度均对应 SetConvPara() 和 ConvProc()，但三个卷积图元可能对应不同的参数设置，如 ConvObj1 设置为 7×7，ConvObj2 设置为 3×3，ConvObj3 设置为 5×5 等，但都执行 ConvProc() 完成卷积操作。高级难度中，三个卷积图元对应三个可能相同也可能不同的参数设置函数和卷积执行函数，其执行的函数名由 SetParaFunc 和 ProcFunc 两个字段的值来表示，可由用户对该图元的参数设置函数名和卷积执行函数名进行指定。

【程序编写】

函数： Model.train()。

```
fclass Model:
    def determine(self):
        if len(self.Train_list)==0:
            messagebox.showerror("错误","请设置训练参数！")
            return 0
        if len(Net.AllModelObj)==0:
            messagebox.showerror("错误","请先建立网络！")
            return 0
        return 1
    def train(self):                                    #训练
        if self.determine()==0:
            return
        epoch,rate,batch_size=self.Train_list
        first_epoch=1
        LabelPara=Label()
        count=0
        for modelobj in Net.AllModelObj:                #查询误差对象位置
            if modelobj.ObjType==7:                     #如果是误差层，结束
                break
            count+=1
        ErrorPara=Net.AllModelObj[count].ParaString[1]
        while first_epoch <=epoch:
            first_epoch=first_epoch+1
            for i in range(len(Net.Train_images)//batch_size):
```

```
                images=Net.Train_images[i*batch_size:(i+1)*batch_size]
                self.forward_propagation(images)
                # 获取分类结果的概率向量数组
                prob_images=np.squeeze(self.Prob_images)
                batch=len(prob_images)
                # 读取标签数据，将标签数据转化成数组
                right_label=LabelPara.label_array(i,batch)
                loss=Net.AllModelObj[count].ErrorProc(prob_images,
                        right_label,ErrorPara)*0.1   # 计算误差值
                print("当前 epoch:",first_epoch,i*batch_size,":",
                      (i+1)*batch_size,"误差值:",loss)
                print("")
                self.back_propagation(loss,images)
        self.Flage=1
if__name__=='__main__':
    ...                        # 编程 16.18 的 check_connection 函数主函数实现继承
```

函数： Model.forward_propagation()。
输入： 训练图像集。
输出： 示例概率向量数组。

```
class Model:
    def forward_propagation(self,images):       # 前向传播
        outputs=images                          # 存储每一层输出结果的列表
        data_flow=self.flow()                   # 网络数据流列表
        for model_conn in data_flow:
            obj_count=self.query_obj(model_conn)
            modelobj=Net.AllModelObj[obj_count]
            # 如果是卷积层，则调用 ConvProc 函数
            if modelobj.ObjType==2:
                outputs=self.conn_forward(modelobj,outputs)
            # 如果是池化层，则调用 PoolProc 函数
            elif modelobj.ObjType==3:
                outputs=self.pool_forward(modelobj,outputs)
            # 如果是全连接层，则调用 FullConnProc 函数
            elif modelobj.ObjType==4:
                outputs=self.fullconn_forward(modelobj,outputs)
            # 如果是非线性层，则调用 NonlinearProc 函数
            elif modelobj.ObjType==5:
                outputs=self.nonlinear_forward(modelobj,outputs)
            # 如果是分类层，则调用 ClassifierProc 函数
            elif modelobj.ObjType==6:
                outputs=self.classifier_forward(modelobj,outputs)
```

```
        # 将输出结果列表转换为数组形式，方便后续处理
        outputs=np.array(outputs)
        return outputs                              # 返回输出结果数组
    def flow(self):
        data_flow=[]                                # 网络数据流列表
        forword_name=['Conv','Pool','FullConn','Nonline','Classifier']
        for model_conn in Net.AllModelConn:
            start_data=re.sub(r'\d+','',model_conn[2])
            if start_data=='DataSet':
                data_flow.append(model_conn[3])
            if start_data in forword_name:
                if data_flow[-1]==model_conn[2]:
                    data_flow.append(model_conn[3])
        return data_flow
```

函数： Model.back_propagation()。
输入： 误差与图像。
输出： 更新卷积层与全连接层参数。

```
class Model:
    def back_propagation(self,loss,images):
        data_back=[]                          # 网络反向传播列表
        for model_conn in Net.data_flow:
            forword_name=['AjConv','AjFullconn']
            start_data=re.sub(r'\d+','',model_conn[2])
            if start_data=='Error':
                data_back.append([model_conn[3]])
            if start_data in forword_name:
                for i in range(len(data_back)):
                    if data_back[i][-1]==model_conn[2]:
                        data_back[i].append(model_conn[3])
        for i in data_back:
            if'AjConv'in i[0]:
                self.conv_propagation(i[1],loss,images)
            if'AjFullconn'in i[0]:
                self.full_propagation(i[1],loss)
    def conv_propagation(self,conv_name,loss,images):
        ...                                   # 见下
    def full_propagation(self,full_name,loss):
        ...                                   # 见下
```

函数： Model.conv_propagation,Model.full_propagation()。
输入： 误差，需更新层名称。

输出： 更新参数。

```
class Model:
    def conv_propagation(self,conv_name,loss,images):
        positioning=0
        for i in range(len(Net.AllModelObj)):
            if Net.AllModelObj[i].ObjID==conv_name:
                positioning=i
            if Net.AllModelObj[i].ObjType==8:
                modelobj=Net.AllModelObj[i]
                ConvPara=Net.AllModelObj[positioning].ParaString[1]
                AjConvPara=modelobj.SetAjConvPara(loss,ConvPara)
                kernel,bias=modelobj.AjConvProc(images,AjConvPara)
                Net.AllModelObj[positioning
                           ].ParaString[1]['kernel']=kernel
                Net.AllModelObj[positioning
                           ].ParaString[1]['bias']=bias
                break
    def full_propagation(self,full_name,loss):
        # 初始化变量 positioning 为 0,用于记录 full_name 的位置
        positioning=0
        for i in range(len(Net.AllModelObj)):  # 遍历 AllModelObj 列表
            # 查找 full_name 在 Net.AllModelObj 中的位置
            if Net.AllModelObj[i].ObjID==full_name:
                positioning = i
            if Net.AllModelObj[i].ObjType==9:
                modelobj = Net.AllModelObj[i]  # 获取当前模型对象
                # 获取当前模型对象的参数字符串
                FullConnPara = Net.AllModelObj[
                          positioning].ParaString[1]
                # 调用 SetAjFCPara 方法设置特定类型模型对象的参数
                AjFCPara = modelobj.SetAjFCPara(loss,FullConnPara)
                # 调用 AjFullconnProc 方法计算权重和偏置
                weight,bias=modelobj.AjFullconnProc(AjFCPara)
                # 将计算得到的权重和偏置更新到 Net.AllModelObj 中的相应位置
                Net.AllModelObj[positioning
                                ].ParaString[1]['weights']=weight
                Net.AllModelObj[positioning].ParaString[1]['bias']=bias
                break
```

【编程 16.20】编制程序：输出函数。

【目的及编程说明】读者通过编程 16.20 可掌握图像分类过程。该函数的输入为 1 000 幅图像的集合，输出为模型结构（模型的参数）。基本实践内容：(1) 定义输

入数据格式，即图像数据的维度和格式，然后加载数据集对象，使用加载数据集对象的 ProcFunc 将图像数据加载到网络模型中；(2) 使用 SetParaFunc 函数对每个节点进行参数赋值，通过 AllModelConn 表中的连接信息，使用训练完成的神经网络进行预测；(3) 计算预测误差，即使用 AllModelObj 表中的 ProcFunc 函数对预测结果与真实标签进行比较，计算误差；(4) 进行网络优化，即使用 AllModelObj 表中的 ProcFunc 函数对误差进行反向传播，并调整神经网络中的参数和连接权重以最小化误差；(5) 使用 AllModelObj 表中的 ProcFunc 函数对 1 000 幅图像数据进行分类，得到最终的分类结果。

【程序编写】

函数： Model.train, Model.delete_all_files(), Model.save_images_to_folders()。
输入： 数据集。
输出： 将数据集分类保存。

```
class Model:
    def train(self):                                  # 训练
        ...                                           # 方法续写
        self.delete_all_files("test_category/")
        for i in range(len(Net.Train_images) // batch_size):
            images=Net.Train_images[i*batch_size:(i+1)*batch_size]
            image_results=self.forward_propagation(images)
            print(image_results)
            for j in range(len(image_results)):
                self.save_images_to_folders("test_category/",
                        SubFolders[int(image_results[j])-1],images[j])
    def delete_all_files(self, folder_path):
        # 遍历文件夹中的所有子文件和子文件夹
        for root,dirs,files in os.walk(folder_path,topdown=False):
            for file_name in files:
                file_path=os.path.join(root,file_name)
                os.remove(file_path)                  # 删除文件
            for dir_name in dirs:
                dir_path=os.path.join(root,dir_name)
                shutil.rmtree(dir_path)               # 递归删除文件夹
    def save_images_to_folders(self,folder_path,number,image_data):
        sub_folder_path=os.path.join(folder_path,number)
        # 检查数字子文件夹是否存在，若不存在则创建
        if not os.path.exists(sub_folder_path):
            os.makedirs(sub_folder_path)
        # 创建并保存图像到相应的子文件夹中
        image = Image.fromarray((image_data*255).astype(np.uint8))
```

```
    rotated_image = image.rotate(-90)          # 顺时针旋转 90 度
    # 获取数字子文件夹中已有的图像数量
    existing_images = os.listdir(sub_folder_path)
    image_count = len(existing_images)
    image_path = os.path.join(sub_folder_path, str(image_count +
1) + ".jpg")
    rotated_image.save(image_path)
```

图书在版编目（CIP）数据

计算机科学导论 ： 计算思维程序实践 / 战德臣主编 ；
聂兰顺等副主编． -- 北京 ： 高等教育出版社，2025. 7.
ISBN 978-7-04-064589-7

Ⅰ. TP3

中国国家版本馆 CIP 数据核字第 2025ZN8941 号

Jisuanji Kexue Daolun

策划编辑 赵冠群
责任编辑 赵冠群
封面设计 王凌波
版式设计 董思含
责任绘图 于 博
责任校对 王 雨
责任印制 赵义民

出版发行 高等教育出版社
社　　址 北京市西城区德外大街4号
邮政编码 100120
购书热线 010-58581118
咨询电话 400-810-0598
网　　址 http://www.hep.edu.cn
http://www.hep.com.cn
网上订购 http://www.hepmall.com.cn
http://www.hepmall.com
http://www.hepmall.cn

印　　刷 三河市春园印刷有限公司
开　　本 787mm×1092mm 1/16
印　　张 40
字　　数 790千字
版　　次 2025年7月第1版
印　　次 2025年7月第1次印刷
定　　价 108.00元

物 料 号 64589-00